अन्तर्नाद

बूँद बूँद जिन्दगी का

अनबाउंड स्क्रिप्ट का उपक्रम

आत्मकथा : अन्तर्नाद
लेखक : राम चन्द्र
संस्करण : प्रथम
वर्ष : 2024 ई.

ISBN : 978-81-19745-80-7

प्रकाशक : बुक चैरिअट
बी-10, सेवेन वंडर्स बिज़नेस सेंटर,
प्लॉट नं. जी-20 बेसमेंट, प्रीत विहार,
नई दिल्ली - 110092

ANTARNAAD
by Ram Chandra

Printed in India

अन्तर्नाद

बूँद बूँद जिन्दगी का

आत्मकथा

मेरी अपनी यादें जो अभी जिन्दा हैं

My own memories that are still alive

राम चन्द्र

पूर्व प्राचार्य

केंद्रीय विद्यालय संगठन नई दिल्ली

लेखक का परिचय

नाम	:	राम चन्द्र
कार्यस्थल	:	सेवानिवृत्त प्राचार्य (केवीएस)
श्रेणी	:	क्लास-I सेंट्रल गवर्नमेंट अधिकारी
वर्तमान पता	:	1/181, न्यू सिविल लाइन्स, निकट जीएसटी (कस्टम) कार्यालय फतहेगढ़, जिला-फर्रुखाबाद (उ.प्र.) पिन कोड-209601
मोबाइल नंबर	:	9450155040
व्हाट्सऐप नबंर	:	6388394646
ईमेल	:	rc1948jhs@gmail.com

अनुभव एवं कार्य:

लेखक को शिक्षक और प्राचार्य के रूप में माध्यमिक और उच्चतर माध्यमिक स्तरों पर लगभग पैंतीस वर्षों का शिक्षण और प्रशासनिक अनभुव प्राप्त है। लेखक की कविताएँ, लेख और पुस्तक समीक्षाएँ मध्य प्रदेश से प्रकाशित साहित्यिक पत्रिका 'आभा' और केवीएस नई दिल्ली की 'संगम' के साथ-साथ केंद्रीय विद्यालय स्तर की विभिन्न पत्रिकाओं में प्रकाशित हुई हैं। लेखक ने स्कूली शिक्षा के क्षेत्र में एक प्रख्यात शिक्षाविद का दर्जा प्राप्त किया है और केवीएस और अन्य राज्य सरकारी स्कूलों द्वारा माध्यमिक स्तर पर आयोजित सेमीनारों में अपने शोध-पत्र और लेख प्रस्ततु किए हैं।

सेवानिवृत्ति के बाद की गतिविधियाँ:

लेखक विभिन्न साहित्यिक और सामाजिक-सांस्कृतिक गतिविधियों और समाज के कल्याण के आयोजन करने और भाग लेने में सक्रिय रूप से लगे हुए हैं। लेखक केंद्रीय विद्यालय पूर्व अधिकारी समिति (केवीपीएएस) कानपुर क्षेत्र के महासचिव हैं, जिसका उद्देश्य स्कूली शिक्षा में शैक्षणिक मानकों को बढ़ाना और विशेष रूप से उत्तर प्रदेश में सेवानिवृत्त केवीएस अधिकारियों और शिक्षकों का कल्याण सुनिश्चित करना है।

समर्पण

ममतामयी माताजी श्रीमती चमेली देवी और वात्सल्य की प्रतिमूर्ति पिताजी श्री बच्चन लाल को समर्पित है ये हमारा अन्तर्नाद आत्मकथा के रूप में। जिन्होंने मेरी परवरिश अपने जीवन में तमाम अभावों और तकलीफ़ों को सहते हुये की और मेरे जीवन का निर्माण किया। उन्होंने मेरे व्यक्तित्व को एक ऐसा आकार दिया जिससे कि मैं विषम परिस्थितियों में भी अडिग रहते हुये एक अच्छे इंसान के स्तर से कभी न फिसलूँ। मैं अपने माता पिता के प्रति और उनके त्याग एवं बलिदान के प्रति कृतज्ञ होते हुये उन्हें नमन करता हूँ।

राम चन्द्र

प्राक्कथन

इतिहास में बहुत सारी बातें छद्म रूप में छिपी रहती हैं। हम प्रयास करते हैं पर उनकी सत्यता की तह तक पहुँचना बहुत मुश्किल होता है और यदि कोई व्यक्ति अपने जीवन में होने वाली घटनाओं को एक वृहद् आयाम में समेटने का प्रयास करता है तो उस काल विशेष का इतिहास और सामाजिक परिवेश अपने आप उस लेखन में झलकने लगता है। छोटी से छोटी घटनाओं और विलुप्त होते जा रहे शब्दों का प्रयोग भी उस काल की वस्तु स्थिति को दर्शाता है और सही मायने में उन घटनाओं का अंतस में गहरा प्रभाव डालता है जो कि अंतरात्मा को झकझोर देता है यही अन्तर्नाद है। जिसके स्पन्दन को हम लेखक द्वारा वर्णित घटनाओं के विन्यास में महसूस कर सकते हैं।

घर परिवार के लोगों के सम्बन्ध, शैक्षिक संदर्भों में साधारण से लगने वाले व्यक्तियों के सानिध्य में गुजरा हुआ एक एक पल जीवन के लिये अमूल्य निधि के समान होता है। जिसे हम तब महसूस करते हैं जब बहती हुयी नदी का प्रवाह थमने लगता है और हम उसके किनारे खड़े हो कर उन अमूल्य क्षणों को याद कर के उन्हें शब्दों के माध्यम से एक आकार प्रदान करते हैं। प्रस्तुत आत्मकथा में बहुत सारी घटनायें साधारण किन्तु विलक्षण हैं जिन्हें शब्दों के माध्यम से तराशना हर एक के वश की बात नहीं है। बहुत सारे शब्दों को हम सुनते चले आये हैं परन्तु उनकी उत्पत्ति से अनभिज्ञ हैं। सामाजिक विषमताओं से भी शब्दों की उत्पत्ति और उनका प्रचलन समाज में किस प्रयोजन से किया जाता था इस सबकी जानकारी इस आत्मकथा में पढ़ने को अवश्य ही मिलेगी, इसे इसी तरह से समायोजित किया गया है। इसकी भाषा एवं शैली एक आम आदमी के सामने एक अलग सा आकर्षण उत्पन्न करती है। जो इसको पढ़ना प्रारम्भ करेगा तो फिर वह इसे पूरा ही पढ़ने को उतावला हो जायेगा।

आदरणीय श्री राम चन्द्र जी ने जो प्रयास किया है वह अवश्य ही सफल होगा एवं हताशा और निराशा से घिरे लोगों के लिये प्रेरक सिद्ध होगा। इस पुस्तक में सबसे ज्यादा आकर्षक विविध घटनायें और उनका प्रस्तुतीकरण है जो लीक से हट कर दिखायी पड़ता है। पाठकों को इससे एक अच्छी जानकारी के साथ साथ एक ईमानदार, स्वावलम्बी एवं सफल व्यक्तित्व बनने के लिए प्रेरणा भी मिलेगी। ऐसा मेरा पूर्ण विश्वास है कि पुस्तक समस्त पाठकों को रोमांचित करने में सफल होगी।

शुभकामनाओं सहित।

मदन लाल अनंग
पूर्व बैंक अधिकारी
लखनऊ, उ.प्र.

अभिव्यक्ति

पिताजी की बिटिया मीनेश सिंह की तरफ से

आत्मकथा 'अन्तर्नाद' (बूँद बूँद जिन्दगी का) पुस्तक की समीक्षा करने की एक छोटी सी कोशिश !

'अन्तर्नाद' के लेखक यानी कि अपने पिताजी को मैं साधुवाद देना चाहूँगी कि उन्होंने मेरी बात को प्राथमिकता दी और उम्र के इस पड़ाव में अपनी आत्मकथा लिख कर इतने कम समय में एक मुश्किल काम को दो वर्ष से भी कम अवधि में पूरा कर दिया। इस आत्मकथा में लेखक ने अपने जीवन के समस्त पहलुओं का एक एक तथ्य व घटनाक्रम बड़ी ही ईमानदारी, मेहनत और सजीवता से प्रस्तुत किया है। उन्होंने अपनी जिन्दगी के अन्तर्द्वन्द्व को 'अन्तर्नाद' आत्मकथा के रूप में पेश किया है जो सही मायने में उनकी अपनी बूँद बूँद जिन्दगी का निचोड़ है।

इस आत्मकथा के शीर्षक का चयन ही इतना मार्मिक है कि हर कोई सोचने को विवश हो जायेगा कि वस्तुत: ये अन्तर्नाद है क्या ? यह शीर्षक ही पूरी आत्मकथा को पढ़ने के लिये प्रेरित करता है कि बूद बूँद जिन्दगी का अन्तर्नाद है क्या? जब विषय (शीर्षक) ही मन को झकझोरने वाला हो तो पुस्तक के अन्दर क्या है, अवश्य जानने का मन करेगा। इसके लिये मैं अपने पिताजी का बारम्बार प्रशस्ति वाचन करती हूँ कि उन्होंने इतना बड़ा साहसिक कार्य किया तथा अपने जीवन के साठ वर्ष तक के सफर के समस्त घटना क्रम को पुस्तक के रूप में रोचक ढंग से प्रस्तुत किया है।

लेखक ने बहुत ही जिन्दादिली से अपनी यादों को संजोया है जो उनके ही शब्दों में, 'मेरी अपनी यादें जो अभी जिन्दा हैं' प्रकट हुयी हैं। लेखक की वैचारिक अभिव्यक्ति, शब्दों का चयन, देशज भाषा का प्रयोग और हर परिस्थिति का मार्मिक चित्रण इतना सजीव है कि कोई भी उनकी विद्वत्ता की दाद दिये बिना नहीं रह सकता है। मेरी नजर

में इतना विद्वान, इतना धैर्यवान, इतनी तर्क संगत वैज्ञानिक सोच वाला, हर कला हर क्षेत्र में चाहे पढ़ाई हो, लिखाई हो, सिलाई हो, शिक्षण हो, प्रशिक्षण हो, सम्बोधन हो, प्रबोधन हो, प्रबंधन हो, प्रशासन हो हर क्षेत्र में पारंगत इंसान मिलना असम्भव सा है।

लेखक ज्ञान की खान हैं यह तो उनकी आत्मकथा से जाहिर हो चुका है। अब अगर हम उस ज्ञान के प्रकाश को थोड़ा भी प्रसारित कर पायें तो सही मायने में उनके प्रति हमारा प्रेम व आभार होगा।

'अन्तर्नाद' शीर्षक अपने आप में सार्थक है। इसको आत्मकथा कहें, कहानी कहें, उपन्यास कहें या कोई ग्रंथ कहें। हम कुछ भी कहें इसमें कोई अतिशयोक्ति नहीं होगी। इस पुस्तक में विचारों का प्रस्तुतीकरण इतना शानदार है कि इसको बिना पूरा पढ़े बीच में छोड़ने का मन नहीं करता है।

आत्मकथा को भी इतनी रोचक शैली में लिखा जा सकता है यह सोचने को विवश हूँ। यूँ कह सकते हैं कि गागर में सागर समाया हुआ है। पुस्तक पढ़ने से मालूम होता है कि तत्कालीन समाज में कितनी रूढ़िवादिता, भ्रान्तियाँ, अन्धविश्वास, भेदभाव और वैमनस्य व्याप्त था जिसका सजीव चित्रण किया गया है। इसके अतिरिक्त कई शब्दों के उद्भव के बारे में अद्भुत जानकारी दी गयी है जैसे दिगम्बर, नंगा लुच्चा, गिरमिटिया और मैसूर आदि जिनके वास्तविक स्वरूप को समझना मुश्किल था। इस आत्मकथा में जितने भी पात्र आये हैं उनके व्यक्तित्व के जो शब्द चित्र प्रस्तुत किये गये हैं उन्हें पढ़ते ही पाठक के सामने उनका स्वरूप साकार हो उठता है।

लेखक एक ऐसी शख्सियत हैं जिनके बारे मैं जितना भी लिखूँ उतना ही कम पड़ेगा। मेरी समाज के हर आम और खास से गुजारिश है कि इस अनूठी, अतुल्य, बेजोड़ और एक अलग तरह की लिखी गयी आत्मकथा को एक बार अवश्य पढ़ें और मार्गदर्शन लें। उनके द्वारा प्रस्तुत अकाट्य प्रसंगों से दिशाबोध ले कर समाज को जाग्रत करें। उन्होंने इस पुस्तक में समाजोपयोगी हर चीज को इस पुस्तक में सम्पदा के तौर पर संजोया है। उनके जीवन का यथार्थ ही इस पुस्तक में मिलेगा अर्थात उन्होंने जो जिया है वही लिखा है।

मैं ईश्वर से प्रार्थना करती हूँ कि वे हमेशा स्वस्थ रहें, प्रसन्न रहें ताकि इस आत्मकथा का अगला भाग यथा शीघ्र लिखें और हम सभी उनके अनुभवों से लाभान्वित हो सकें। इस आत्मकथा के माध्यम से लेखक की केवल आपबीती की ही जानकारी नहीं मिलेगी बल्कि समाज को बहुत कुछ ऐसा भी मिलेगा जो लोगों के जीवन को दिशा

देने का भी काम करेगा। वर्तमान पीढ़ी को इसमें बहुत कुछ ऐसा मिलेगा जो उसके लिये अनुकरणीय होगा और किसी धरोहर से कम नहीं होगा।

लेखक केवल मेरे पिताजी ही नहीं हैं अपितु वे मेरे मार्गदर्शक, मेरे प्रेरणास्रोत और मेरे स्वाभिमान हैं। उन्होंने सदैव हम सभी भाई बहनों को सत्य व कर्तव्यनिष्ठा का पाठ पढ़ाया और इतना मजबूत बना दिया कि हम सभी किसी भी विषम परिस्थिति का डट कर मुकाबला कर सकते हैं। मुझे मेरे पिताजी ने इतना स्वाभिमानी, धैर्यवान, गंभीर, कर्तव्यनिष्ठ और सहिष्णु बनाया कि आज मैं स्वाबलम्बी हूँ और अच्छे पद पर कार्यरत हूँ। मुझे याद है जिस दिन मैंने पहली बार अपनी नौकरी ज्वाइन की थी तो उन्होंने मुझे नसीहत दी थी कि कभी भी वेतन नोंचना नहीं बल्कि वेतन अपनी मेहनत से कमाना अर्थात Never snatch the salary but earn it by your hard work. कभी भी बैसाखी (लाठी) का सहारा मत लेना। अपने परिश्रम और ईमानदारी से अपना मुकाम बनाओ। उनकी ये सीख मैं हमेशा याद रखती हूँ। मुझे याद है मैं उस समय कक्षा सात में पढ़ रही थी और उस समय मेरा हस्त लेख (Hand writing) अच्छा नहीं बनता था जिसे सुधारने का पूरा श्रेय मेरे पिताजी को जाता है। एक बार मैं एक पेज सुलेख लिख कर पिताजी के पास दिखाने ले गयी थी। मैंने अपने हिसाब से बहुत सुन्दर लिखा था और मैं मन ही मन बहुत प्रसन्न थी कि मेरे सुलेख की प्रशंसा होगी परन्तु जो सोचा था वैसा कुछ भी नहीं हुआ। पिताजी ने कॉपी देखी और देखते ही गुस्सा हो कर मुझ पर चिल्लाये और मेरी कॉपी फेंक दी। मैं रोते रोते अपनी कॉपी उठा लायी और काफी देर बाद हिम्मत कर के फिर से कॉपी दिखायी। तब उन्होंने बताया कि अच्छे लेख के लिये जरूरी होता है कि एक एक अक्षर के बीच की दूरी समान हो, उसका आकार समान हो, उसकी बनावट का झुकाव एक दिशा में हो या फिर वह सीधा भी हो सकता है अथवा बाएँ या दाएँ झुका हुआ भी हो सकता है। इसके अलावा हर शब्द के बीच की दूरी भी समान हो तो लेख कभी भी खराब नहीं हो सकता है। उसके बाद मैंने उन्हीं के दिशा निर्देश के अनुसार लिखने का अभ्यास किया और आज मेरा हिन्दी और अंग्रेजी का हैण्ड राइटिंग हजारों क्या लाखों से ज्यादा सुन्दर है। यह मैं नहीं कह रही हूँ बल्कि यह कथन हमारे पिताजी का है जो उन्होंने आपनी आत्मकथा में दर्शाया है।

मेरे पिताजी ने हम लोगों को सदैव दया, करुणा, प्रेम और इंसानियत का पाठ पढ़ाया है जो इस आत्मकथा में हर जगह पर देखने को मिलता है। आज हम जो भी हैं अपने पिताजी की शिक्षाओं की बदौलत हैं। धन्य हैं हम सभी जिन्हें यह आत्मकथा पढ़ने

का अवसर मिला है। कई स्थलों पर लेखक के मर्म को महसूस कर के मेरी भी आँखे नम हो आयीं। मैं अपने आप को भाग्यशाली मानते हुये गौरवान्वित अनुभव कर रही हूँ कि मैं उनकी बेटी हूँ।

मीनेश सिंह
पी.जी.टी. प्राणि विज्ञान
केंद्रीय विद्यालय संगठन
दिनांक:19.03.2024

अभिवादन

अन्तर्नाद आत्मकथा के लेखक के लेखन से मैं अभिभूत हूँ। इसके अन्तर्गत जीवन की कटु सच्चाइओं की अभिव्यक्ति मिलती है। लेखक ने अपने जन्म से ले कर अपनी सेवानिवृत्ति तक की तमाम घटनाओं का मार्मिक चित्रण किया है। आत्मकथा पढ़ना आरम्भ करने के बाद ऐसा लगता ही नहीं है कि अब बन्द कर दिया जाये। इसको पढ़ते पढ़ते कई जगहों पर विकट परिस्थिति में भी उससे निपटने में लेखक के अदम्य साहस की दाद देनी पड़ेगी।

यह आत्मकथा पढ़ने के बाद मुझे यह महसूस होता है कि जीवन के हर क्षेत्र की जानकारी हासिल कर के सफलता पायी जा सकती है। फिर चाहे शिक्षा जगत की हो अथवा शिक्षण जगत की हो, व्यक्ति के निजी जीवन की हो या परिवारिक जीवन की हो, सामुदायिक जीवन की हो या सामाजिक जीवन की हो हर स्तर पर साहस व आत्मबल के साथ हर परिस्थिति का मुकाबला करते हुये आम आदमी भी आगे बढ़ सकता है। ऐसी अद्भुत पुस्तक के लेखक परम श्रद्धेय, प्रेरणा पुरुष, मार्ग दर्शक और अभिभावक मेरे पिताजी हैं जिनको मैं नमन करता हूँ। विश्वास है यह आत्मकथा आम आदमी के जीवन में प्रकाश स्तम्भ का काम करेगी।

विनय कुमार
प्रवक्ता भूगोल
श्री फारुख हुसैन (पी.जी. कालेज)
निधौली कलाँ, एटा (उ.प्र.)

मेरे आदर्श एवं प्रेरणा-स्रोत

वैसे तो किसी व्यक्ति की आत्मकथा (स्वलिखित जीवनी) अत्यंत व्यक्तिगत एवं उसके निजी जीवन से जुड़ी घटनाओं, संघर्षों, तथ्यों, जीवन यात्रा एवं उसके खट्टे मीठे अनुभवों का संग्रह मात्र होता है। किंतु इस पुस्तक के लेखक की जीवन यात्रा प्रेरणादायक है एवं जिन परिस्थितियों से गुजर कर कठिन से कठिनतम समय को पार कर, निर्धनता, भुखमरी, सामाजिक क्रूरता एवं कटुता के बाद भी आशावान बने रहकर दिशाहीन बालक से ज्ञान के प्रसारक के रूप में आगे बढ़ते रहे।

लेखक की अद्भुत लेखन कला, शब्दों का चयन, ध्यानाकर्षण योग्य विशेषता उनकी याददाश्त है। बाल्यावस्था से लेकर 60 वर्ष की आयु तक का सफर 75 वें जन्मदिन से लिखना प्रारंभ कर 77 वें जन्म दिवस तक पूर्ण करना कोई साधारण व्यक्ति के वश की बात नहीं है। जिस आयु में अधिकांशत: मनुजों की स्मरणशक्ति क्षीण हो जाती है उस आयु में प्रारंभ से अधिवर्षता आयु तक का क्रमागत सजीव शब्द चित्रण जिस सुंदरता एवं सटीकता से किया है वह असाधारण एवं अद्भुत है।

सम्माननीय लेखक महोदय के जीवन का प्रारंभ सामाजिक पिछड़ेपन, जातिवाद, अत्याचारों, रूढ़िवादी व्यवस्था व वैमनस्यता और निर्धनता से हुआ और अधिवर्षता आयु तक भी अपनी सच्चाई व ईमानदारी के कारण आर्थिक तंगी का सामना करते रहे। लेखक के पिताजी द्वारा कहे शब्द "अगर तुमने अध्यापक बनकर भिखारी बने रहने की ठान ही ली है तो तुम्हारा कुछ नहीं हो सकता" उद्धृत करने को विवश होता हूँ। क्योंकि लेखक ने स्वयं छात्र जीवन में अधिकांश शिक्षकों का द्वेषपूर्ण व संवेदनशून्य व्यवहार एवं जो उपेक्षा स्वयं छात्र के रूप में भोगी होगी शायद वही उनके लिए अध्यापक बनने का प्रेरणा स्रोत रहा है। इसके कई प्रमाण स्वयं अध्यापक रहते छात्रों के सर्वांगीण विकास एवं उनके साथ किसी भी दशा में अन्याय व पक्षपात न होने पाए इस हेतु पूरे सेवा काल में तत्पर रहे, पुस्तक में अनेक स्थानों पर देखने को मिलते हैं। सामाजिक कुव्यवस्था ने ठोकरें मारकर उनको इतना कठोर बना दिया कि किसी भी विपरीत दशा में अविचलित रहे अथवा डिगे नहीं। किंतु इस कठोरता

के बाद भी अंदर कोई कोमल हृदय संवेदना से परिपूर्ण व्यक्तित्व आज भी वास करता है। जीवनपर्यंत मुसीबतें झेलने के बाद भी कुमार्गगामी नहीं हुये जिसका श्रेय निश्चित रूप से उनके माताजी पिताजी एवं उनके द्वारा दिए गए संस्कारों को जाता है। अपने जीवन यात्रा में लेखक का मन कई बार व्याकुल दिखा किंतु कभी भी अपने पथ से विचलित नहीं हुए और न ही कोई विचलित कर सका जिसका श्रेय उनकी दृढ़ इच्छाशक्ति एवं उनकी धर्मपत्नी श्रीमती सरला देवी को जाता है जिन्होंने जीवन के हर उतार चढ़ाव, अच्छे बुरे समय पर सदैव डटकर साथ दिया एवं मनोबल बढ़ाये रखा। परिणामस्वरूप आर्थिक अभाव में भी संयमित रहे एवं धैर्य ने उनका साथ कभी नहीं छोड़ा।

लेखक विज्ञान के छात्र होने के कारण सदैव तर्कशील एवं वैज्ञानिक सोच के बने रहे किंतु परिस्थितिवश विज्ञान में शिक्षा जारी न कर पाने पर हिंदी भाषा की सेवा में जुट गए एवं परास्नातक उपाधि धारण की। जीवनपर्यंत हिंदी को पोषित करते रहे एवं भाषा विज्ञान पर भी कार्य करते रहे तथा अनेक व्याख्यान, शोधपत्र एवं काव्य लेखन भी प्रकाशित हुए। लेखक एक उत्कृष्ट एवं प्रतिष्ठित शिक्षाविद, मुखर वक्ता एवं साहित्य साधक के रूप में आज भी हमारा एवं समाज का मार्गदर्शन कर रहे हैं। इस पुस्तक के लेखक सदा से मेरे आदर्श रहे हैं। मैं सौभाग्यशाली हूँ जिसे लेखक का पुत्र होने का गौरव प्राप्त है एवं वर्तमान में प्राविधिक शिक्षा विभाग उत्तर प्रदेश में राजपत्रित अधिकारी के रूप में व्याख्याता भौतिकी के पद पर कार्यरत हूँ ।

साभार!

अनुरोध कुमार
व्याख्याता भौतिकी
प्राविधिक शिक्षा विभाग, उ.प्र.

उद्गार

मेरे पिताजी मेरे आदर्श

यह एक केवल आत्मकथा नहीं बल्कि जीवन में सफलता प्राप्त करने की मार्गदर्शक कुंजी है। लेखक (मेरे पिताजी) ने अपने जीवन की समस्त अच्छी बुरी घटनाओं के माध्यम से हर उस हताश निराश व्यक्ति को एक सीख दी है कि जीवन हताशावश हार मान कर बैठने का नहीं बल्कि उस हताशा से लड़कर सफलता को प्राप्त करने का नाम है। जीवन में ऐसे कई पड़ाव आते हैं जब हम अपने आदर्शों के साथ आगे बढ़ने में खुद को असमर्थ मानने लगते हैं; किन्तु ऐसे में भी अपने आदर्शों को बिना त्याग किये आगे बढ़ने में यह पुस्तक हमारे लिए पथप्रदर्शक के रूप में सहायक है।

मैं नीलेन्द्र कुमार, श्री रामचन्द्र जी (लेखक अन्तर्नाद) का पुत्र हूँ और बचपन से ही मुझे लिखने और पुस्तकें पढ़ने का बहुत अधिक शौक नहीं रहा है और ना ही मैं बहुत अच्छा लेखक हूँ फिर भी आज खुद को कुछ लिखने से रोक नहीं पाया क्योंकि जिस दिन से मुझे यह पता चला कि पिताजी अपनी आत्मकथा लिख रहे हैं उसी दिन से मेरे मन में जिज्ञासा थी कि मैं आत्मकथा के पूर्ण होते ही उसे पढ़ूँगा क्योंकि बचपन में कभी कभी पिताजी के मुँह से ही उनके जीवन की कठिनाइयों के बारे में मैंने सुना था और उन्हीं से मुझे प्रेरणा भी मिली। वे हमेशा से मेरे आदर्श मेरे हीरो रहे हैं लेकिन आज उनकी आत्मकथा पढ़ कर मेरे मन में उनके लिये सम्मान, आदर, गर्व और अधिक बढ़ गया है साथ ही खुद पर अभिमान आ गया है कि मैं उनका पुत्र हूँ।

इस पुस्तक को पढ़ते समय मैं एक पुत्र के रूप में तो खुद को प्रत्येक पल के साथ जोड़ ही पा रहा था किंतु, यह पुस्तक समाज के हर उस व्यक्ति को अपनी खुद की कहानी जैसी लगेगी जिसने जीवन में कभी हार ना मानी हो और हमेशा संघर्ष कर खुद को साबित किया हो। साथ ही उन व्यक्तियों के लिए एक उम्मीद की किरण के

तौर पर उनमें नई ऊर्जा का संचार करेगी जो जीवन के थपेड़ों से निराश होकर हार मान चुके हैं।

मैं लेखक (मेरे पिताजी) को बहुत बहुत धन्यवाद देना चाहता हूँ कि उन्होंने यह पुस्तक लिखी साथ ही ढेरों शुभकामनाएँ भी देना चाहता हूँ।

आपका पुत्र
नीलेन्द्र कुमार
उप सेनानी(डेप्युटी कमांडेंट)
भारत तिब्बत सीमा पुलिस बल,
गृह मंत्रालय।

प्रशस्ति वाचन

मेरे पिताजी अर्थात इस पुस्तक के लेखक एक उच्च कोटि के शिक्षक के साथ साथ एक कवि, साहित्यकार और समाज सुधारक के रूप में हम सब का मार्गदर्शन कर रहे हैं। यह पुस्तक मेरे लिए क्या किसी भी पाठक के लिए अत्यंत प्रेरणादायक सिद्ध होगी। इस पुस्तक की लेखन शैली अत्यंत प्रभावशाली एवं अंतर्मन को उद्वेलित करने वाली है।

जिस प्रकार से लेखक द्वारा अपने जीवन की समस्त घटनाओं एवं अनुभवों को प्रस्तुत किया गया है वह असाधारण है एवं लगातार पढ़ते रहने को प्रेरित करती है। इस पुस्तक की कलात्मकता इसमें समाहित छात्रों के सुधारात्मक शिक्षण तकनीक, अनुशासन से संबंधित अंश एवं किसी हिन्दी विषय के स्नातक के लिए पर्याप्त पठन सामग्री का होना है। अपितु किसी भी विधा का विद्यार्थी इस पुस्तक को पढ़ने के पश्चात निश्चित रूप से लाभान्वित होगा ऐसा मेरा पूर्ण विश्वास है। मैं लेखक के बारे में यह अवश्य कहूँगा कि लेखक न केवल साहित्य बल्कि विज्ञान के विषयों का भी श्रेष्ठ ज्ञान रखते हैं जिसका भरपूर लाभ मुझे पठन पाठन करते समय मिला और मैं तकनीकी शिक्षा में स्नातक हो सका।

मैं पिताजी (लेखक) के उत्तम स्वास्थ्य एवं दीर्घायु की मंगल कामना करता हूँ और आशा करता हूँ कि भविष्य में उनके लेखन के माध्यम से और भी प्रेरणा और मार्गदर्शन प्राप्त होता रहेगा।

सादर!

शैलेन्द्र कुमार

सहायक अध्यापक,

प्राथमिक शिक्षा विभाग,(उ.प्र.)

दो शब्द

परस्पर आत्मीय वार्तालाप में मेरी एक दिन आदरणीय श्री मदन लाल अनंग साहब से अपने अपने बचपन के बारे में चर्चा होने लगी। उस चर्चा के दौरान प्रसंग वश मैंने अपने परिवार के बारे में बताते हुये अपने पिताजी के द्वारा एक फ़ौजी सिपाही के तौर पर महीनों की जोखिम भरी समुद्री यात्रा करते हुये जापान के विरुद्ध होने वाले द्वितीय विश्व युद्ध में शामिल होने की कहानी बतायी जो उन्हें बहुत ही मर्मस्पर्शी लगी। वह कहानी सुन कर उन्होंने कहा कि यह दास्तान तो आपको लिखना चाहिये। उनके इन प्रेरक शब्दों को सुन कर मुझे लगा कि मैं अपने पिताजी की वह द्वितीय विश्व युद्ध की आप बीती विभीषिका को लिपिबद्ध करूँ जो मैंने अपने बचपन में उनके मुख से सुनी थी। उसी दौर में मुझे अपने पुराने साथी पूर्व प्राचार्य केंद्रीय विद्यालय संगठन आदरणीय श्री छोटे लाल बौद्ध की आत्मकथा 'दलित दंश' पढ़ने को मिली। मैंने कई साहित्यकारों की आत्म कथायें पढ़ी हैं परन्तु बौद्ध साहब की आत्मकथा जितनी बेबाकी, ईमानदारी और साफगोई से लिखी गयी वह अन्यत्र दुर्लभ है। क्योंकि कोई भी अहंकारी व्यक्ति अपनी आत्मकथा लेखन के साथ न्याय नहीं कर सकता है। वह या तो तथ्य छिपायेगा या फिर आत्मश्लाघा करेगा। हमारे लेखन के लिये प्रेरक के तौर पर आदरणीय बौद्ध साहब भी हैं।

मैंने अपने जन्म का परिचय देते हुये आत्मकथा का शुभारंभ ही पिताजी के द्वारा सुनायी गयी द्वितीय विश्व में झेली हुयी विभीषिका से किया है। इस आत्मकथा का लेखन मैंने अपने पचहत्तरवें जन्म दिवस से आरम्भ किया था और इसका समापन अपने सतहत्तरवें जन्म दिवस पर किया अर्थात इसके लेखन में दो वर्ष लग गये। इसमें मैंने उन तमाम घटनाओं, समाज में व्याप्त जातीय ऊँच नीच और भेदभाव का जिक्र किया है जिनसे मेरे जीवन का विकास विनाशक स्तर तक प्रभावित हुआ है। मैंने अपने सामाजिक और परिवारिक जीवन में आने वाले उतार चढ़ाव का भी ब्यौरेवार वर्णन पूरी ईमानदारी से किया है। कई जगहों पर कटुता और मृदुता के दृश्यों की स्वाभाविक प्रस्तुति हुई है। संपूर्ण लेखन में घोर निराशा के बीच भी आशा

की किरण नजर आती है। अपने संपूर्ण सेवा काल के दौरान पूरे भारतवर्ष के जिन क्षेत्रों में मैं रहा वहाँ के समाजिक, सांस्कृतिक, धार्मिक, आर्थिक, राजनैतिक परिवेश और वहाँ के लोगों के चाल ढाल, रीति रिवाज, व्यवहार, वार्तालाप, बोली भाषा, खानपान व सहयोग असहयोग आदि का बारीकी से वर्णन किया है। यह आत्मकथा उपदेशक के रूप में तो नहीं पर दिग्बोधक अवश्य सिद्ध होगी।

लेखन के पश्चात इसके नामकरण (शीर्षक) की बात मन में आयी। अपने जीवन की अनुभूत कटु सच्चाई को एक शब्द में कैसे व्यक्त करूँ जिससे मेरे अस्तित्व के केंद्र में जो कुछ भी घुमड़ रहा है वह ज्यों का त्यों थोक में बाहर आकर साकार हो सके। बस यही सोचता रहा। एक एक कर के कई शीर्षक मस्तिष्क में आये जैसे प्रतिध्वनि, अनुगूंज, हुंकार, अंतर्ध्वनि और अन्तर्नाद। इन सभी शीर्षकों को कसौटी पर कसने के बाद मुझे जो अहसास हुआ कि इनमें से केवल और केवल एक ही शीर्षक ऐसा है जो मेरा और मेरे लेखन का पूर्णता के साथ प्रतिनिधित्व कर सकता है और वह है 'अन्तर्नाद'। यही वह शीर्षक है जो हमारे दिल दिमाग को झकझोरने वाले कटु और मधुर अनुभवों को भाव जगत से निकाल कर वस्तु जगत में ला कर परिभाषित करता है। इसी में मेरे अन्त:करण में मौजूद दर्द अथवा आह्लाद से उत्पन्न ध्वनि तरंगों को विस्तारित कर के अनन्त ब्रह्माण्ड तक पहुँचाने की क्षमता है।

राम चन्द्र
लेखक आत्मकथा
अन्तर्नाद

आभार

आदरणीय अनंग साहब और आदरणीय बौद्ध साहब की प्रेरणा से मेरे अन्तस में भाव जागा कि मैं भी आत्मकथा लिखूँ। इन दोनों महानुभावों का मैं अपने प्रेरक के रूप में आभार व्यक्त करता हूँ। 'अन्तर्नाद' के रूप में जब मेरी आत्मकथा पूर्ण हुयी तो इसके टंकित स्वरूप की पी.डी.एफ. बना कर आदरणीय मदन लाल अनंग साहब को भेजी और साथ ही अपने पाँचों बच्चों को अवलोकन व उनकी अभिव्यक्ति के लिये भेज दी। आदरणीय अनंग साहब ने इस पुस्तक का 'प्राक्कथन' लिख कर पुस्तक की गरिमा बढ़ाई है। मैं उनके इस महती योगदान के लिये हार्दिक आभार व्यक्त करता हूँ। मेरे पाँचों बच्चों की लिखित या मौखिक रूप में पुस्तक के समर्थन में सशक्त अभिव्यक्तियाँ प्राप्त हुयीं। जिनमें बड़ी बेटी मीनेश सिंह ने 'अभिव्यक्ति' शीर्षक से अपनी प्रतिक्रियायें भेजीं। बेटे विनय कुमार की अभिव्यक्ति 'अभिवादन' शीर्षक से प्राप्त हुयी और उनसे छोटे बेटे अनुरोध कुमार की अभिव्यक्ति 'मेरे आदर्श एवं प्रेरणा स्रोत' शीर्षक से प्राप्त हुयी। उनसे छोटे बेटे नीलेन्द्र कुमार की प्रतिक्रियायें उद्गार 'मेरे पिताजी मेरे आदर्श' शीर्षक से प्राप्त हुयीं। सबसे छोटे बेटे शैलेन्द्र कुमार की भी 'प्रशस्ति वाचन' के रूप में अभिव्यक्ति प्राप्त हुयी। मुझे प्रसन्नता है कि मेरे सभी बच्चों ने अपनी अभिव्यक्तियाँ इतनी उच्च कोटि की दीं जिनका तथ्य, कथ्य, और शैली अत्यन्त मार्मिक और प्रभावी है। मेरे हिसाब से उनके सम्बन्ध में यह उक्ति सटीक बैठती है कि जैसे किसी प्रतिभावान परीक्षार्थी के लिये कहा जाये कि 'परीक्षार्थी परीक्षक से बेहतर है'। मैं अपने सभी बच्चों का प्रशस्ति वाचन करता हूँ।

मैं अपने जीवन दाता, अपने जीवन रक्षक माता पिता को नमन करता हूँ। मेरे जीवन को सँवारने में मेरे सगे सम्बन्धी, मेरे परिवारीजन, मेरे रिश्तदार, मेरे मित्र अमित्र, मेरे भाई भतीजे, मेरे मार्गदर्शक , मेरे शिक्षक, मेरे सहकर्मी आदि सभी के अमूल्य योगदान के लिये मैं उनका आभारी हूँ। मैं अपनी जीवन संगिनी श्रीमती सरला देवी का आभारी हूँ जिन्होंने कदम कदम पर हताशा निराशा, अभाव और अकाल जैसी स्थितियों में भी मेरा साथ दिया और मेरी सहयात्री रह कर मेरे मनोबल को कभी डूबने

नहीं दिया। इस सहकार के लिये मैं बारम्बार उनका हृदय से आभार व्यक्त करता हूँ। मैं अपने बच्चों का भी आभारी हूँ जिन्होंने विषम परिस्थितियों में भी मितव्ययिता के साथ अपने अध्ययन के क्षेत्र में अथवा अपने कर्म क्षेत्र में अपना सर्वश्रेष्ठ परिणाम दिया। मुझे विश्वास है कि मेरी इस आत्मकथा में समाज के हर वर्ग के लिये उपयोगी विषय वस्तु मिलेगी। अंततः उन सभी भूले बिसरे लोगों के प्रति भी आभारी हूँ जो कभी मेरे सम्पर्क में रहे हों।

इस पुस्तक के टंकण, डिजाइन, सम्पादन और प्रकाशन के गुरुतर दायित्व का निर्वहन हमारे पुत्र श्री अनुरोध कुमार ने किया है। उनके इस श्रम साध्य प्रयत्न से मैं अभिभूत हूँ उपकृत हूँ। इस पुस्तक को आकर्षक बना कर मूर्त रूप प्रदान करने के लिये मैं प्रकाशक 'बुक चैरिअट' का हार्दिक आभार व्यक्त करता हूँ।

राम चन्द्र
लेखक आत्मकथा
अन्तर्नाद

अन्तर्नाद

मैं कैसे कहूँ कि वो घड़ी शुभ थी या अशुभ जब मेरा जन्म हुआ था। वैसे भी साधारण परिवारों में अन्य प्राणियों की तरह बच्चे पैदा होते थे न कि उनका जन्म होता था। जन्म तो कुलीन और धनाढ्य परिवारों के बच्चों का होता था। परन्तु साधारण परिवार का होते हुये भी मेरा जन्म ही हुआ था। आज दिनांक 12.03.2022 को मेरा पचहत्तरवाँ जन्मदिन है अर्थात आज ही की तिथि को भारत की आजादी के चन्द महीनों बाद सन 1948 में मेरा जन्म हुआ था।

मुझे नहीं मालूम लेकिन मेरी माताजी (श्रीमती चमेली देवी) बताया करतीं थी कि जब मेरा जन्म हुआ था उस समय खूब ढोलक बजी थी, खूब खुशियाँ मनायी गयीं थीं और मिठाइयाँ भी खूब बाँटी गयीं थीं। दान दक्षिणा व नेग दस्तूर भी खूब दिया गया था। हर माता पिता के लिये उसकी अपनी सन्तान हीरो होती है। यदि वह संतान लड़का हो तब तो फिर कहना ही क्या? तब तो उसका जन्म लेना क्या पैद होना भी सार्थक व धन्य माना जाता था।

मेरी माताजी बताया करतीं थीं कि शैशवावस्था में मेरी भौंहें नहीं थीं। मेरी दादी जी ने मुझे गोद में ले कर दुलार किया। उन्होंने दुलराते हुये मेरे लिये कहा था 'अले ले ले जे मेरे बिन भौंहन के लोचन हैं'। शायद उनको नहीं मालूम था कि लोचन आँख या नेत्र का पर्यायवाची होता है क्योंकि वे पढ़ी लिखी नहीं थीं। उनके हिसाब से बिन भौंहों के लोचन का मतलब बिन भौंहों की आँखे नहीं था बल्कि उनके द्वारा रखा हुआ मेरा नाम था। वे मुझे लोचन कह कर ही पुकारतीं थीं जिससे मेरा नाम ही लोचन पड़ गया था। यद्यपि तथाकथित नामकरण संस्कार के बाद मेरा नाम राम चन्द्र हो गया था परन्तु मैं अपनी दादी के लिये वही लोचन बना रहा। मैं अपने माता पिता के लिये लाड़ लड़ैता लल्ला था। मुझे नहीं पता कि उनके असीम प्यार के आगे मैं कभी (उनके लिये) राम चन्द्र नाम का बेटा भी हो पाया था। इतना अवश्य था कि मेरे चाचा जी

(श्री बंसीलाल) मुझे मेरा पूरा नाम न ले कर चन्दरा कह कर पुकारते थे। ऐसा शायद उनके भी असीम प्यार के कारण रहा हो।

मेरा जन्म एक कर्मकाण्डी परिवार में हुआ था। जहाँ देवी देवताओं और भूत बाधाओं का भयंकर प्रकोप रहा करता था। पूरा परिवार क्या समाज ही इतना धर्म भीरु था। उनके लिये यदि आँधी में छप्पर-छानी भी उड़ जाये तो वे यही मानते थे कि किसी प्रेतात्मा का दुष्प्रभाव है और बिना पूजा पाठ के ये बाधा दूर नहीं होगी। कहीं मेरे ऊपर किसी हवा बयार (भूत चुड़ैल) का असर न हो और मुझे किसी की नजर न लगे इसके लिये माताजी हमेशा मेरी झाड़ फूँक करती रहतीं थीं तथा मेरी नजर उतारती रहतीं थीं। क्योंकि मैं उस समय उनके लिये बहुत ही सुन्दर और प्यारा सा बच्चा था। ऐसा मुझे मेरी माताजी ही बताया करतीं थीं। उन्होंने ही मुझे यह भी बताया था कि मेरे जन्म पर तमाम भूत बाधाओं और कुल देवी व कुल देवता को प्रसन्न बनाये रखने के लिये बकरे की बलि चढ़ायी गयी थी। फिर उसके बाद परम्परा के अनुसार हर साल मेरे जन्म दिन पर बलि चढ़ायी जाती थी।

परन्तु यह परम्परा रूढ़ि न बन सकी। मुझसे छोटे मेरे भाई (रामकृपाल) के जन्म से इसमें एक परिवर्तन आया। वह परिवर्तन था कि हर जन्म दिन पर बलि न चढ़ाई जाये। बल्कि हर बच्चे (केवल लड़के) के जन्म पर और उसके विवाह के अवसर पर ही बलि चढ़ाई जाये। बस इतना ही काफी होगा। इसी के अनुसार रस्म अदायगी होने लगी। ये वैचारिक क्रान्ति मेरे नाना जी (चौधरी श्री रुस्तम चन्द) के सुझाव से आयी थी। वे उस समय (उन्नीसवीं और बीसवीं शताब्दी के सन्धि काल में) पढ़े लिखे और जागरूक व्यक्ति थे। वे एक बहुत आला दर्जे के अल्हबई (आल्हा गाने वाले) और किस्सा गो (किस्से कहानियाँ सुनाने वाले) थे। अनगिनत किस्से कहानियाँ उन्हें कंठस्थ थे। वे रामचरित मानस के दोहे चौपाइयों के श्रेष्ठ विश्लेषक तथा व्याख्याकार भी थे। विद्वान होने के नाते गँवई गाँव के लोग उनको आदर के साथ आमंत्रित करते थे और वे यथावसर उक्त विधाओं में से जो चाहते, सुनने की फरमाइश करते थे। अधिकतर लोग रात रात भर रामचरित मानस, आल्हा या किस्सा कहानियों का आनंद लेते रहते थे।

आज हम पाँच भाई हैं। मैं राम चन्द्र! मेरे चार छोटे भाई क्रमशः रामकृपाल, प्रेम चन्द्र, मदन चन्द्र व कुँअर चन्द्र। माता पिता के लिये पाँचों भाइयों में प्रत्येक के जन्म दिन पर और विवाह की वर्ष गाँठ पर यदि बलिदान की परम्परा बनी रहती तब तो सभी भाइयों के पाँच जन्म दिन और पाँच वैवाहिक वर्ष गाँठ मनाने या बलिदान करने

पड़ते। इसका मतलब कि हर साल के दस महीने अर्थात लगभग हर महीने का एक दिन या किसी किसी महीने के दो दिन भी नियत हो जाते केवल बलिदान के लिये। यह सब एक निर्धन परिवार के लिये क्या किसी धनी परिवार के लिये भी बहुत बड़ा मुश्किल काम था। वह तो मेरे नाना जी की सूझ बूझ और दूरदर्शिता ही थी कि ऐसी रीति-रिवाज और परम्परा के बोझ से बच गये तथा इससे होने वाले इतने बड़े खर्च की तबाही से छुटकारा मिल सका।

मेरे जन्म के कुछ समय बाद से ही मेरे परिवार की आर्थिक स्थिति बहुत ही अधिक दयनीय हो चुकी थी। मेरे पिता जी (श्री बच्चन लाल) हाड़तोड़ मेहनत करते थे। तब कहीं गुजर बसर हो पाती थी लेकिन वे (मेरे पिताजी और मेरी माताजी) किसी भी परिस्थिति में हिम्मत न हारने वाले अदम्य साहस के धनी इंसान थे।

एक दिन प्रसंग आने पर मेरे पिताजी आप बीती बताने लगे। उस समय मैं छोटा ही था परन्तु उनकी बातें ध्यान से सुनता व समझता था जो कहानियों की तरह रोचक लगतीं थीं। ये बातें मेरे जन्म से पूर्व उस समय की हैं जब मेरे पिता जी मेरे जन्म से पूर्व भारतीय सेना (Indian Army) में कार्यरत थे जो अंग्रेजों के नियंत्रण में थी। जिसमें भारतीय सैनिकों के दस्ते में अधिकारी अंग्रेज ही होता था। वे (अंग्रेज) शायद ही कभी अपने भारतीय सिपाहियों के प्रति मानवीय व्यवहार करते हों। जब पिताजी सेना में भर्ती होने के लिये गये थे। तब गाँव का मुखिया उन्हें भर्ती कराने के लिये ले गया था। सेना में भर्ती के लिये जो भी व्यक्ति किसी को ले जाता था तो उसको वहाँ अंग्रेजों की तरफ से दो रुपये दिये जाते थे। उस दौरान एक सिपाही का वेतन ही कुल रु. 13/- तेरह रुपये प्रतिमाह था। जब द्वितीय विश्वयुद्ध (1942 या कहें 1939 से 1945 तक) चल रहा था। तब उनकी तैनाती जापान पर आक्रमण करने वाले दस्ते में हुई थी जिसको समुद्री रास्ते से अपना सफर तय करना था। वे अपने साथियों व अधिकारियों के साथ बर्मा (जो आज म्यांमार के नाम से जाना जाता है) रंगून के रास्ते सिंगापुर से समुद्री जहाज पर बैठे थे। तब न तो संचार के विशेष साधन सुलभ थे और न ही यातायात के। जहाज में पर्याप्त रसद (खाने पीने के लिये राशन व अन्य युद्धक सामग्री आदि) ले कर चले थे जो महीनों के लिये काफी थी। वे सिंगापुर से चल कर जावा, सुमात्रा, मलाया आदि में ही अटके रह गये। क्योंकि जापान ने हवाई हमला शुरू कर दिया था जिससे आगे बढ़ने की कोई संभावनायें नहीं थीं।

एक बात बहुत ही आश्चर्यजनक किन्तु सत्य थी वह यह कि फौज को बढ़ना है और आगे ही बढ़ना है फिर भले ही दुश्मन आक्रामक क्यों न हो। ऐसे में पीछे हटने की

कोई गुंजाइश नहीं थी क्योंकि आगे बढ़ने पर दुश्मन के हाथों से भले ही बच निकलें परन्तु पीछे हटे नहीं कि अंग्रेज (सिपाही) फौजी (जो उस समय अपने ही थे) के हाथों मरना तय था। इसे ही कहा जाता है आगे कुआँ और पीछे खाई या यों कहें कि धर्म संकट की स्थिति। यह भी कह सकते हैं 'करें तो क्या करें', 'जायें तो कहाँ जायें'? अर्थात एक ही विकल्प या संकल्प कहें कि जितना संभव है आगे और केवल आगे बढ़ते रहें।

उन्होंने एक रोचक प्रसंग का जिक्र किया था। सिंगापुर से समुद्री मार्ग से रवाना होकर कई दिनों का सफर करने के बाद एक छोटा सा टीला दिखायी दिया। उस टीले को देख कर पिताजी के साथियों ने जहाज का लंगर डाल दिया। उन्होंने उस टीले पर उतर कर टहलना चाहा। कुछ लोगों के उतरते ही वह टीला हिलने लगा और एकाएक जलमग्न होने लगा। वे सभी लोग पहले से ही अत्यंत सतर्क थे। कुछ लोग ही टीले पर उतर पाये थे कि वे खतरा भाँप कर झपट कर अपने जहाज पर चढ़ गये। जो एक दो लोग छूट गये थे उनको भी रस्सियों के सहारे खींच कर जहाज पर चढ़ा लिया। अल्प समय में ही देखते ही देखते वह टीला जलमग्न हो गया। तब कहीं उनको अहसास हुआ कि वह टीला नहीं था अपितु वह समुद्री मछली थी। ऐसी जान जोखिम में डाल कर यात्रा करते हुये जावा, सुमात्रा, मलाया जैसे छोटे छोटे द्वीपों में ही भटकते रह गये। वह तो अच्छा रहा कि उन द्वीपों में गिरमिटिया मजदूरों के वंशजों की बहुतायत थी। वे मजदूर काफी पहले अंग्रेजों द्वारा एग्रीमेंट या करार पर रखे गये थे जो बाद में डचों के अधीन हो गये थे। ये एग्रीमेंट शब्द ही हिन्दुस्तानी में ग्रिमेंट और बाद में गिरमेंट हो कर उससे गिरमेट तथा अन्ततः अपभ्रंश होते होते गिरमिटिया हो गया।

इन द्वीपों में यत्र तत्र गिरमिटिया मजदूरों के वंशज बहुतायत में रह रहे थे जो मूलतः भारतीय ही थे। उनके दिलों में भारतीय सैनिकों के लिये अपनापन था जिससे वे लोग (अंग्रेजी फौज के सिपाही) लुक छिप कर वहाँ बने रहे। जैसे तैसे जीवन निर्वाह किया। कुछ हद तक मलेशिया व इंडोनेशिया में भी डचों का आधिपत्य था। जिनकी टक्कर औपनिवेशिक कारणों से जापान से होती रहती थी। इन द्वीपों के निवासी डचों के अलावा बहुतायत में गिरमिटिया वंशज ही थे। वे डचों के अत्याचार और आतंक से आजिज आ चुके थे। ऐसी दशा में वहाँ के बासिन्दों ने (गिरमिटिया मजदूरों ने) उन डचों की अपेक्षा जापानियों का साथ दिया। इस प्रकार जापान कुछ हद तक अपने मकसद में कामयाब भी हुआ।

भारतीय सैनिक अभावग्रस्त हो कर भी वहाँ पर प्रवासी भारतीयों (गिरमिटिया लोगों के वंशजों) के मध्य निर्वाह करते रहे। इस प्रकार जब तक रसद रहती तब तक खान

पान चलता रहता। जब समाप्त हो जाती और जब तक उसकी आपूर्ति नहीं हो पाती तब तक मलाया के निवासियों के द्वारा उपलब्ध करायी गयी खाद्य सामग्री पर निर्भर रहते अथवा जंगलों में पायी जाने वाली खाने योग्य वस्तुओं (मूल, फल, सब्जी व मांस) पर निर्भर रहते। जापानियों का शत्रु होने के कारण एक जगह पर स्थिर हो कर रह भी नहीं सकते थे। समय समय पर विस्थापित हो कर कभी समुद्र तट पर तो कभी जंगल में बसेरा करना पड़ता था। समुद्र तट पर तो कभी कभी मछलियाँ भी उपलब्ध नहीं होती थीं। तब तो झींगा, केकड़ा, सीप और घोंघे ही पकड़ कर भून खा कर प्राणों का रक्षण करना पड़ता था। मुख्यतः रसद व युद्धक सामग्री की आपूर्ति का मूल केन्द्र भी सिंगापुर ही था। वह भी अवसर मिलने पर ही आपूर्ति हो पाती थी। तब तक भयंकर अभाव व सांसत में ही दिन काटने पड़ते थे।

उस समय अंग्रेजी फौज जापानियों के विरुद्ध आक्रामक थी। तभी अमेरिका व अन्य मित्र देश भी जापान पर आक्रमण कर रहे थे। जिससे जापान को मात खानी पड़ी। परन्तु इसी काल खंड में विश्व पटल पर एक बड़ा घटना क्रम उभरा वह यह कि उसी समय सुभाष चन्द बोस के नेतृत्व में आजाद हिन्द फौज की स्थापना हुई और उसका भी मुख्यालय सिंगापुर में ही रखा गया था। जापान के शासकों ने सुभाष चन्द बोस के इस कदम का समर्थन किया। उस समय बहुत से भारतीय सैनिक और असैनिक लोग अथवा गिरमिटिया मजदूर उसके (जापान) अधीन बन्धक थे। उनको उन्होंने इस शर्त पर मुक्त करना आरम्भ किया कि वे सभी 'आजाद हिन्द फौज' में ही शामिल होंगे।

अब अंग्रेजों के सामने एक नयी और विषम परिस्थिति पैदा हो गयी थी क्योंकि जहाँ पर केवल उनकी अपनी भारतीय सेना ही अस्तित्व में थी जो जापान की सेना से युद्ध कर रही थी। वहाँ अब आजाद हिन्द फौज भी अंग्रेजों की शत्रु के रूप में अस्तित्व में आ चुकी थी। अंग्रेजों को अब दो शत्रुओं से युद्ध करना पड़ रहा था। एक तो बाहरी (जापनी) शत्रु और दूसरा आन्तरिक शत्रु (आजाद हिन्द फौज) अर्थात अग्रेजों के सामने तो शत्रु था ही उनके पीछे भी शत्रु था। उस समय एक बड़ा परिवर्तन सामने आया। भारतीय सेना (Indian Army) के सैनिक लगातार आजाद हिन्द फौज (Indian National Army / I.N.A.) में शामिल होने के लिये आकर्षित हो रहे थे। वे धीरे धीरे चोरी छिपे I.N.A. में शामिल हो रहे थे। जिससे अंग्रेज शासक के पाँव उखड़ गये। इसी दौर में अंग्रेजों ने एक बड़ा निर्णय लिया। उस समय भारतीय सेना में दक्षिण पूर्व एशियायी द्वीपों में जो भारतीय सैनिक थे। उन्हें किसी तरह वहाँ से

लाकर कड़ी निगरानी में बर्मा में रखा जाये। वहाँ से सभी भारतीय सैनिकों को उनके घरों को भेज दिया जाये। उनको कार्य मुक्ति आदेश के साथ अपने अंग्रेज सिपाहियों की निगरानी में उनके घर भेज दिया। मेरे पिताजी को भी उसी व्यवस्था के अंतर्गत अंग्रेज सिपाहियों कि निगरानी में घर भेज दिया गया। इस प्रकार वे अपने मकसद में सफल हो गये। जहाँ थोक में भारतीय सैनिक आजाद हिन्द फौज में शामिल हो सकते थे सो ऐसा नहीं हो सका।

वह दौर ऐसा ही था जिसमें सामाजिक ताना बाना चरमराया हुआ था। गाँव में जातिवाद छुआछूत व वैमनस्य चरम पर था। हमारे गाँव में बड़ी आबादी राठौर ठाकुरों की थी और अभी भी है। परन्तु वे बहुत पहले गौड़ ठाकुर हुआ करते थे जो सामाजिक हीनता से बचने के कारण राठौर बन गये थे। ऐसा मुझे एक इतिहासज्ञ से बहुत बाद में ज्ञात हुआ था जो डी. एन. डिग्री कालेज फतेहगढ़ में इतिहास के प्रोफेसर थे। ठाकुरों के तीन चौथाई आबादी वाले गाँव चन्दरपुर में तमाम जातियों की जो एक चौथाई आबादी बची थी उसका अस्तित्व बँधुआ कामगार के अतिरिक्त कुछ भी नहीं था।

बानगी के तौर पर गाँव में भंगी से लेकर ब्राह्मण तक सभी जातियों के लोग रहते थे या रखे गये थे। अर्थात दो घर भंगियों के थे। दो घर धानुकों के थे। चार घर चमारों के थे। दो घर धोबियों के थे। दो घर कहारों के थे। एक घर कुम्हार का था। एक घर तेली का था। एक घर भुर्जी का था। एक घर बेहना (मुसलमान) का था। एक घर गड़रिया का था। एक घर सुनार का था। पाँच घर काछिओं के थे। दो घर अहीरों के थे। दस घर कोरियों के थे। दो घर बढ़इयों के थे। दो घर लोहारों के थे। एक घर ब्राह्मण का था। शेष आबादी ठाकुरों की थी।

ये सारी जातियाँ सामाजिक छुआछूत के क्रमिक आधार पर बसी हुयीं थीं। ये जातियाँ गाँव के दक्षिण से उत्तर की ओर बसायी गयीं थीं। जिनमें अस्पृश्यता (अछूत) से स्पृश्यता (सछूत) के बढ़ते क्रम में दक्षिण से उत्तर की ओर गाँव की बस्ती थी। उस समय के लोगों की मान्यता थी कि इन अस्पृश्य लोगों के शरीर से हवा भी स्पर्श हो कर उन सवर्णों तक न पहुँचे। क्योंकि हवा का बहाव ज्यादातर पश्चिम से पूरब की ओर होता है अथवा पूरब से पश्चिम की ओर होता है। कभी कभी उत्तर से दक्षिण की ओर भी होता है परन्तु दक्षिण से उत्तर की ओर शायद ही कभी होता हो।

इनमें से कुछ जातियाँ खेतिहर थीं खास तौर पर अहीर, गड़रिया व काछी। इनके पास थोड़ी थोड़ी जमीन भी थी शेष जातियाँ भूमिहीन थीं। अधिकांश जमीन जायदाद के

मालिक ठाकुर ही थे। अन्य जातियों के पास अपने पुश्तैनी धंधे के अतिरिक्त कोई काम नहीं था। इन सभी जातियों की निर्भरता ठाकुरों पर ही थी। बस्ती के हिसाब से केवल मेरा परिवार न मालूम कैसे ब्राह्मण के घर के पीछे और ठाकुरों के घर के आगे बना हुआ था। अर्थात आगे ब्राह्मण, पीछे ठाकुर और बायीं ओर बढ़ई व दायीं ओर लोहार। मेरी जाति (कोरी) व मेरा परिवार किराना व कपड़ा के व्यवसाय से जुड़ा हुआ था। इसीलिये सामाजिक व आर्थिक स्थिति में ठीक था। शायद यही कारण था कि मेरा परिवार और बिरादरी के लोग या तो बीच गाँव में बसे हुये थे या फिर गाँव की उत्तर दिशा में बसे हुये थे। यदि अन्य जाति का व्यक्ति आत्मनिर्भर रहना या बनना चाहे तो उसको ये अवसर नहीं मिल पाता था।

मेरे गाँव में जितनी भी जातियाँ थी उन सभी से जाति आधारित काम लिया जाता था और कई बार उनसे छोटी सी गलती होने पर भी उनको मारपीट व गाली गलौज कर के अपमानित किया जाता था। उदाहरण के तौर पर नाई को पूरे गाँव के ठाकुरों के बाल बनाने पड़ते थे और कई बार बुजुर्गों की मालिश भी करनी पड़ती थी। गाँव में नाइयों का एक ही परिवार था वे दो भाई थे बड़े कलिका प्रसाद उर्फ़ खलका और कभी कभी खलकुआ तथा दूसरे भाई जयराम थे। बाद में दोनों लोगों की जजमानी आधी आधी हो गयी। एक बार साठ बरस के खलका एक ठाकुर नव युवक क़ी दाढ़ी बना रहे थे तो धोखे से उस्तरा उसकी दाढ़ी में लग गया तो उसने खलका को खींच कर तमाचा मार दिया। कामगार लोगों का इस तरह का अपमान आम बात थी। गाँव के बढ़ई जाति के लोगों को हल कुदाल से ले कर लकड़ी का जो भी काम था वह सब करना पड़ता था उसी प्रकार लोहारों को लोहे का काम करना पड़ता था। गाँव के कहारों को लोगों के यहाँ तिथि त्यौहार व शादी विवाह एवं अन्य कर्म काण्डों के अवसर पर पानी भरना तथा छिड़काव आदि करना पड़ता था। धोबियों को सभी लोगों के कपड़े घर घर से ला कर धोने पड़ते थे। इसके अलावा प्रसूता के गंदे दागी कपड़े (सौंर के कपड़े) भी धोने पड़ते थे। चमारों को मरे जानवर ढोने पड़ते थे। भंगियों को मैला ढोना पड़ता था। धानुकों क़ी महिलाओं को दायी का काम करना तथा प्रसूताओं क़ी देखभाल और मालिश करनी पड़ती थी। कुम्हार, माली, तमोली आदि जो लोग हमारे गाँव में नहीं रहते थे उनको पड़ोसी गाँव से बुलाया जाता था। सबसे मजेदार बात यह थी कि उन लोगों को अपने काम का कोई नकद भुगतान नहीं मिलता था। उन्हें फ़सल कटने पर छोटे बड़े परिवार के काम के हिसाब से अढ़इया अथवा पसेरी भर अनाज साल भर में हर परिवार से मिलता था। इससे यह आंकना मुश्किल नहीं है कि कामगार जाति के लोगों की सामाजिक, आर्थिक व शैक्षिक दशा क्या थी? कई बार फसल बरबाद होने पर ये कामगार भी भुखमरी की कगार पर पहुँच जाते थे। बाकी जातियों के लोग

भी नाम मात्र के दाम पर ठाकुरों के यहाँ मजदूरी करते थे या बंधुआ मजदूर की तरह बासी रोटी के भरोसे ही काम करते रहते थे।

यद्यपि मेरा परिवार वैचारिक रूप से कुछ विकसित था। इसलिये जब मेरे पिताजी फौज से डिस्चार्ज हो कर घर आये तो अपने पुश्तैनी व्यवसाय कपड़ा बुनने में लग गये। यह एक ऐसा व्यवसाय था जिससे घर के छोटे बड़े सभी सदस्यों को काम मिल जाता था अर्थात छोटी और बड़ी सभी उम्र के सदस्यों के लिये काम था। जैसा कि मैं पहले बता चुका हूँ। किसी को भी आत्म निर्भर बनने का अवसर उपलब्ध नहीं था। चूँकि पिताजी फौज से वापस आये थे इसलिये उन पर लोगों का दबाव काम नहीं किया। जिसके चलते मेरे परिवार के साथ एक षड्यंत्र रचा गया। वो यह कि मेरे चाचा जी को बहला फुसला कर उन्होंने अपने जाल में फाँसा। कुछ दिनों तक ठीक से अपने साथ रखा। उन्होंने अपने प्लान के अनुसार कुछ दिनों के पश्चात उनके खिलाफ षड्यन्त्र कर दिया अर्थात थाने में जुआ खेलने व चोरी करने के इल्जाम में रिपोर्ट लिखवा दी। फिर क्या था करो तो ठाकुरों की बेगार नहीं तो भोगते रहो पुलिस का उत्पीड़न।

अब ठाकुरों को पूरा मौका अपनी दबंगयी दिखाने का मिल जाता था। वे सीधे तौर पर पिताजी से नहीं भिड़ते थे परन्तु चाचाजी को पकड़वाने हेतु पुलिस से छापा डलवाते थे। जब चाचाजी घर पर नहीं मिलते थे तो वे पिताजी को यह कह कर जलील व लज्जित करते या करवाते थे कि तुम तो एक ऐसे अपराधी के भाई हो जो चोरी डकैती कर के माल घर में लाता है। जिसकी बदौलत तुम लोग मौज करते हो। चूँकि कानूनी तौर पर कुछ कर नहीं सकते थे इसलिए अक्सर मौखिक तौर पर स्वयं व पुलिस के द्वारा अपमानित व लज्जित करते और करवाते रहते थे।

वह दौर ही ऐसा था। लोग जरायम पेशा (अपराधी) होते नहीं थे बल्कि तैयार किये जाते थे। ऐसे बनाये गये जरायम पेशा लोगों का ठाकुर लोग भरपूर दुरुपयोग करते थे। वे अक्सर लड़ाई दंगा मार पीट और यहाँ तक कि लूट पाट भी करवाते थे। उनका कहा न मानने पर वे उनको पुलिस से प्रताड़ित करवाते थे। कुल मिलाकर यही कहा जा सकता है कि वे अच्छे भले आदमी को एक ऐसा यंत्र बना कर तैयार कर देते थे जो सोते जागते उन्हीं का (ठाकुरों का ही) नाम जपता रहे । उन्हीं की माला फेरता रहे। इससे यह समझा जा सकता है कि हमारे समाज में जातीय दंभ व जातीय हीनता कितने चरम पर थी। ये दोनों ही स्थितियाँ मानव जीवन को उस कगार पर ले जाकर खड़ा कर देती हैं जहाँ जिन्दगी सारहीन हो जाती है।

क्या तथाकथित किसी ऊँची या नीची जाति में पैदा होना मनुष्य के अपने वश में है? एक बार थाने के आठ नम्बर रजिस्टर में नाम दर्ज हो जाये फिर तो उसका और उसके परिवार का पुलिस और अपराधी का अटूट सम्बन्ध जुड़ जाता था। पुलिस उस व्यक्ति को रात या दिन में कभी भी पकड़ सकती थी या नजरबन्द कर सकती थी। आठ नम्बर रजिस्टर वह रजिस्टर है जिसमें जरायम पेशा जाति के लोगों अर्थात अपराधियों का नाम दर्ज रहता था। यह अपराधी कर्म से नहीं बल्कि जन्म से होते थे।

यह एक अचंभित कर देने वाला तथ्य था। उस समय गाँवों में कुछ जातियाँ घोषित जरायम पेशा होती थीं। उनके घर में जब कोई बच्चा (लड़का) पैदा होता था। तब कोई भी यह कह कर बधाई नहीं देता था कि बधाई हो! तुम्हारे घर बेटा पैदा हुआ है। उस समय उस बच्चे का नामकरण संस्कार भी नहीं होता था। ऐसे बच्चे के पैदा होने पर गाँव का मुखिया उसकी सूचना थाने में देता था। वह सूचना यही कह कर देता था कि अमुक जरायम पेशा परिवार में एक अपराधी पैदा हुआ है। अतः पुलिस वाले उस बच्चे का जो भी नाम रखें वही नाम जरायम पेशा वाले आठ नम्बर रजिस्टर में दर्ज कर दिया जाता था। अर्थात उस बच्चे का नामकरण घर में नामकरण संस्कार में न रख कर पुलिस थाने में रखा जाता था। इस प्रकार समाज में जो तथाकथित जरायम पेशा जातियाँ थीं उनके घरों में मातायें बच्चे को जन्म न देकर सीधे अपराधी को जन्म देतीं थीं।

उस समय हर गाँव में एक मुखिया और एक चौकीदार होता था। दोनों ही सरकारी मुलाजिम (कर्मचारी) होते थे परन्तु वे दोनों ही अवैतनिक होते थे। मुखिया जब चाहे जिसको चाहे उसी को अपने दरवाजे पर बुला सकता था। जब कभी गाँव में पुलिस आये तो वह भी सीधे मुखिया के ही दरवाज़े पर पहुँचती थी। यदि किसी के घर दविश देनी हो तब भी वह पुलिस के साथ मौके पर रहता था। यदि किसी के यहाँ कुर्की हो तब भी वह पुलिस व कुर्क अमीन के साथ मौके पर रहता था। कुर्की के बाद कुर्क सामान की सुपुर्दगी या तो मुखिया खुद लेता था अथवा किसी अन्य को दिलवा देता था।

यदि किसी को फौज या पुलिस में भर्ती होना होता था। तब भी मुखिया की अहम भूमिका होती थी। वह भर्ती होने वाले व्यक्ति को भर्ती स्थल पर ले जाता था। वहाँ पर उस व्यक्ति का परिचय देकर भर्ती करा देता था। चूँकि उस समय फौज पुलिस में सिपाही भर्ती के लिये पढ़ा लिखा होना अनिवार्य नहीं था। इसलिये मुखिया स्वयं ही उस व्यक्ति का नाम, जाति व आयु तस्दीक करता था। जिस किसी व्यक्ति को भर्ती होना होता था। उसे मुखिया घर से सिखा कर अपने साथ ले जाता था। वह पक्के

तौर पर सिखाता था कि अपनी उम्र सत्रह साल बताना फिर भले ही उसकी वास्तविक उम्र सोलह साल ही क्यों न रही हो। क्योंकि उस समय भी फौज पुलिस में भर्ती की न्यूनतम उम्र सत्रह वर्ष ही थी।

जैसा ऊपर बता चुके हैं कि चौकीदार भी अवैतनिक सरकारी मुलाजिम होता था। जिसको थाने की तरफ से एक लाल रंग का साफा मिलता था। एक लाठी व चौकीदारी का एक पट्टा (बेल्ट) मिलता था। गाँव में यदि कोई भी बारदात होती थी तो वह थाने में जा कर उसकी सूचना देता था। यह उसका दायित्व था कि वह सूचना दे कर थाने के प्रति अपनी जवाबदेही पूरी करे।

चौकीदार का भी अलग रुतवा होता था। वह गाँव की जिस गली में लाल साफा बाँध कर या कन्धे पर डाल कर निकल जाता था। लोग उसे देखते ही सोच विचार में पड़ जाते थे। यही सोचते थे कि आज न मालूम क्यों, चौकीदार का इधर आना हुआ है? हाँ एक बात अवश्य थी कि मुखिया कोई सवर्ण और चौकीदार अवर्ण ही होता था। लेकिन दोनों का सम्बन्ध मल और कमल अर्थात कीचड़ और कमल की तरह का होता था। क्योंकि कमल को खिलने के लिये कीचड़ का साथ अनिवार्य है अन्यथा कमल का अस्तित्व ही नहीं रह सकता है। वे थाना जा कर गाँव के किसी भी व्यक्ति की शिकायत या चुगली कर सकते थे। इस प्रकार गाँव की सम्पूर्ण आबादी पर ये दो ही भारी थे।

गाँव की दशा अत्यन्त शोचनीय व दयनीय थी। यदि ठकुर सुहाती (बेगार करना व हाँ में हाँ मिलाना) करो तब तक तो ठीक था अन्यथा मुसीबतों का सामना करने के लिये तैयार रहो। एक बार ऐसा ही हुआ कि मेरे पिताजी से एक ठाकुर (श्रीपाल सिंह) ने बेगार के लिये कहा। वह उन्हीं का हम उम्र था और पड़ोसी भी था। जब वह बेगार के लिये कहने को आया तो पिताजी ने मना कर दिया। उनके मना करने पर वह अनाप शनाप गालियाँ बकने लगा। पिताजी को सहन नहीं हुआ और उन्होंने उसकी पिटाई कर दी। परिणाम वही हुआ जिसका अँदेसा था। उस व्यक्ति के परिवार वालों ने अकेला पाकर सामूहिक रूप से पिताजी पर हमला कर दिया। उन लोगों ने काफी मारपीट की जिससे पिता जी को काफी चोटें आयीं। आये दिन इस तरह की वारदातें किसी न किसी के साथ होने लगीं थीं।

अतः हम लोगों को भी ठाकुरों के किसी न किसी एक गुट का सहारा लेना ही पड़ता था। इस तरह से गाँव में खुल कर मजबूत गुटबन्दी हो चुकी थी। उस समय पूरे गाँव में दो गुट हो गये थे। उन गुटों में अपनी अपनी शान की खातिर अक्सर आपस में भिड़न्त होने लगी। हम लोगों के लिये वह स्थिति कुछ राहत भरी थी। ऐसी दशा में

जब भी हम लोगों से कोई एक गुट भिड़ता था। तब दूसरा गुट हमारे पक्ष में आ जाता था लेकिन हुआ वही जो नहीं चाहते थे। हम लोग चाहते यही थे कि किसी के सहारे न रह कर आत्मनिर्भर रह सकें। वह अवसर हाथ में कभी नहीं आया। परिणामतः किसी न किसी गुट के साथ में ही रहना पड़ा। इस तरह की घटनाओं ने खुल कर शत्रु पक्ष और मित्र पक्ष तैयार कर दिये। हाँ, इतना होने पर ये अवश्य हुआ था कि तब पूरे गाँव के ठाकुरों से मोर्चा न लेकर किसी एक खास गुट से मोर्चा लेना होता था। हम लोगों के साथ में ठाकुरों का कोई एक गुट अवश्य होता था क्योंकि वे दोनों गुट अहंकार के कारण एक नहीं हो पा रहे थे। जिससे हम लोगों को पूर्व जैसी प्रताड़ना का शिकार होने से राहत मिल जाती थी।

जब कभी ठाकुरों की गुटबन्दी कुछ नरम पड़ती थी तब अन्य जातियों पर जुल्म ज्यादती बढ़ जाती थी। इन परिस्थितियों ने ठाकुरों से इतर जाति वालों को एक नई विभीषिका में झोंक दिया था। हर जाति के लोग आत्मसम्मान की रक्षा के लिये आततायियों के विरुद्ध लामबन्द हो गये थे। व्यक्ति को जो समय अपने परिवार के विकास में लगाना चाहिये था वह समय उनसे बदला लेने के लिये दाँव पेंच अपनाने में ही डूब जाता था। परिणाम हुआ कि अन्य जातियों के लोग कामकाज के आभाव में निर्धनता का शिकार हो गये। वे सभी दर दर भटकने के लिये विवश हो गये। ये सब कुछ व्यक्ति अपनी अस्मिता को बचाने हेतु करता था अर्थात तब वह सब कुछ आत्मसम्मान की रक्षा के लिये बाध्य हो कर ही करना पड़ा था। कई बार सामाजिक जीवन से फिसल कर असामाजिक जीवन जीने के लिये भी विवश होना पड़ता था। उन परिस्थितियों का सामना छोटी सी अवस्था से ही मुझे भी करना पड़ा था। जिनका विस्तृत विवरण हम समय समय पर करते रहेंगे।

आजादी के पश्चात प्रथम दशक में ही सरकारी व्यवस्था काम करने लगी थी। हमारे गाँव के बीच में एक पक्की इमारत थी। जिसमें चार कमरे, एक बरामदा, एक बड़ा सा आँगन था। उस आँगन में एक कुआँ भी था। सुना जाता है कि वह पक्की इमारत एक रानी साहिबा की थी। वे जब कभी गाँव आतीं थीं तो उसी इमारत में रुकतीं थीं। वही इमारत रानी साहिबा ने आजादी के बाद प्राइमरी स्कूल के लिये दान कर दी थी जो विद्यालय के लिये एक आदर्श इमारत मानी जाती थी। इसी इमारत में जिला परिषद द्वारा संचालित प्राइमरी स्कूल चल रहा था।

वैसे तो पढ़ाई लिखाई के लिये समाज या मेरे घर का वातावरण कोई उत्साह जनक नहीं था। मैं अपने हम उम्र ताऊजात दो भाइयों (महावीर व पातीराम) के साथ घर से बाहर पूरे पूरे दिन खेलता रहता था। वे लोग अपने घर से पैसे उठा कर लाते थे।

वे अपनी मंडली में पैसे दिखा कर शेखी बघारते थे। एक बार अपने उन बचपन के साथियों की देखा देखी मैंने भी माताजी के रखे हुये पैसों में से दो आने चुपके से उठा लिये थे या यह भी कह सकते हैं कि चुरा लिये थे। मुझे क्या हम में से किसी को भी यह बोध नहीं था कि माता पिता की गैर जानकारी में ऐसा काम करना गलत होता है।

मेरी माताजी को जब पता चला कि ये पैसा चुरा कर बाहर ले गया है। तब वे मुझसे बहुत नाराज हुयीं और उन्होंने दो तीन तमाचे भी जड़ दिये। मुझे डाँट डपट कर इतना तराशा कि भविष्य में मैं ऐसा काम कभी न करूँ। उस दिन के बाद मेरा उन दोस्तों के साथ खेलना भी कम हो गया था। तब एक आना का भी बहुत बड़ा महत्व होता था। मनोरंजन के नाम पर केवल मेला और बाजार ही थे। साल भर में केवल एक बार क्वार के महीने में पंद्रह दिन के लिये सिकन्दरपुर में रामलीला का मेला लगता था। सिकन्दरपुर हमारे गाँव से तीन मील की दूरी पर है। उस मेले में जब हम अपने भाइयों व साथियों के साथ मेला देखने जाते थे तो मेला में खर्च करने के लिये मुझे एक आना मिलता था। उस दिन हम अपने को बड़ा आदमी समझते थे। उस दिन मेले से मूँगफली, सिंघाड़े और पट्टी आदि खरीद कर खूब खाते थे। वैसे ज्यादातर तो एक अधन्ना (दो पैसे) ही मिलता था।

यद्यपि मेरी माताजी कम पढ़ी लिखी थीं इसके बावजूद भी वे बहुत जागरूक थीं। जब उन्होंने मुझे पूरे पूरे दिन ही बाहर खेलते पाया तब उन्होंने मेरे चाचाजी को मेरे साथ स्कूल भेज कर कक्षा एक में मेरा दाखिला करा दिया। शायद 1955 का साल रहा होगा जब मेरा स्कूल में दाखिला हुआ था। उस समय सरकारी स्कूल में सरकारी तौर पर दो ही श्रेणी के अध्यापक हुआ करते थे। एक हेड मास्टर और दूसरे सहायक अध्यापक। संख्या में एक हेड मास्टर और तीन या चार सहायक अध्यापक होते थे। इसके साथ साथ सामाजिक रूप से भी उन अध्यापकों की दो ही श्रेणियाँ होतीं थीं। एक पंडित जी और दूसरे मुंशी जी। किसी भी पद पर होने के बाद अध्यापक यदि ब्राह्मण है तो उसे पंडित जी बोलते थे। इसके अलावा अध्यापक किसी भी जाति या धर्म का होने पर उसका सम्बोधन मुंशी जी हुआ करता था। ऐसे समय में कक्षा एक में मेरा दाखिला हुआ था।

उस समय हेडमास्टर पंडित श्याम लाल दीक्षित थे। वे अकबरपुर के पास जसुआमई के रहने वाले थे। जैसा मुझे बाद में मालूम हुआ था कि उन्होंने दखिला के समय मेरे चाचा जी से मेरी उम्र पूछी थी। तब चाचा जी ने मेरी उम्र पाँच छः वर्ष बताई थी।

उनके उम्र बताने पर पंडित श्याम लाल दीक्षित जी ने कहा सात साल से कम का नहीं होगा। इस प्रकार उन्होंने मेरा दाखिला करते समय मेरी जन्म तिथि 12.03.1948 लिखी थी। उसी के आधार पर उस समय मेरी उम्र लगभग सात वर्ष रही होगी। उस समय भी दाखिले की उम्र पाँच वर्ष से सात वर्ष के मध्य ही थी। पंडित श्यामलाल दीक्षित के अलावा तीन शिक्षक और भी थे। उनमें पंडित विपिन बिहारी अकबरपुर के रहने वाले थे। पंडित प्रकाश चन्द्र दुबे पलिया के रहने वाले थे। इनके अतिरिक्त मुंशी चन्द्रसेन सिंह जो ठाकुर थे और मेरे गाँव (चन्दरपुर) के ही निवासी थे।

कक्षा एक व दो की पढ़ाई के दो साल बोदका (बुदक्का) व पट्टी के साथ पूरे हुये। उस समय कलम सरकंडे या नरकुल या नेजा की बनती थी। चाकू या ब्लेड से कलम की नोक (खत) बनाते थे। किसी के भी माता पिता या सगे सम्बन्धी वह कलम आसानी से बना लेते थे। भले ही वे पढ़े लिखे न हों। वे कलम का खत इतना अच्छे से बनाते थे ताकि पट्टी पर लिखावट अच्छी बने। बोदका भी कुम्हार लोग बड़े अच्छे ढंग से तैयार करते थे। उसमें छोटी छोटी दो कुल्ली (कुज्जी) या चुकरियाँ होती थीं। वे आपस में डमरूनुमा जुड़ी होती थीं। उनमें से एक में खड़िया का गाढ़ा घोल व लत्ता या कपड़े का टुकड़ा डाल कर रखते थे ताकि खड़िया सूखने न पाये। दूसरे में कालिख घोल कर लत्ता डाल कर रखते थे। खड़िया में कलम डुबो कर पट्टी पर वर्णमाला या इमला या सुलेख लिखते थे। खड़िया से लिखते लिखते पट्टी जब भद्दी पड़ जाती थी तब उस पट्टी को बोदका में रखी हुई कालिख से पोत कर काला कर लेते थे। उसके बाद घुट्टा (काँच का चौड़ी पट्टी वाला कंगन सा) से घोटते थे ताकि काली पट्टी खूब चिकनी और चमकदार हो सके। उस पट्टी पर खड़िया से लिखा हुआ काफी आकर्षक दिखता था। जब कभी भी सुलेख लिखवाया जाता था तब मुंशी जी या पंडित जी जिस किसी का लेख अच्छा होता था उसकी तारीफ करते थे। जिसका लेख कम अच्छा होता था उनको बहुत ही आत्मीयता के साथ समझाते व प्रोत्साहित करते थे। सभी अध्यापक सुलेख पर विशेष ध्यान देते थे।

एक बार मैंने अपनी कलम का खत कुछ मोटा रखा। उस कलम के खत को पट (नीचे की ओर या उल्टा) कर के सुलेख किया। वह सुलेख मुझे तो बहुत अच्छा लगा लेकिन आमतौर पर कलम का खत चित कर के (खत ऊपर की ओर करके) लिखा जाता था। उस सुलेख को ही ठीक माना जाता था। जब मैंने अपना सुलेख पंडित विपिन बिहारी से जँचवाया तो वे मेरा सुलेख देखते ही आगबबूला हो गये। उन्होंने मेरी पट्टी पर लिखे हुये सुलेख को उल्टी कलम से एक कोने से दूसरे कोने की ओर काट दिया

(क्रास कर दिया)। इतना ही नहीं गुस्से में उन्होंने पटरी (बारह इंच वाला लकड़ी का स्केल) ले कर मेरी दोनों हथेलियों पर ताबड़तोड़ पाँच छः प्रहार किये। एक बार पटरी का किनारा ऐसा लगा कि हाथ के अँगूठे की खाल ही उपट गयी। मेरी हथेली का वह घाव बहुत दिनों बाद ठीक हुआ था लेकिन उस चोट का निशान (गूँथ) अब तक बना हुआ है।

उस समय यह एक अच्छी बात थी कि शिक्षक अत्मीयता से पढ़ाते थे और समझाते भी थे। पीटते भी थे और दुलारते भी थे। खेल कूद व प्रतियोगिताओं में भागीदारी का बिना पक्षपात के अवसर देते थे। हमारे घर का वातावरण कुछ अधिक ही वैष्णव विचारधारा का था। भजन कीर्तन की किताबें घर में ही मौजूद रहतीं थीं। जब मैं कक्षा तीन में था तब मुझे भजन गायन प्रतियोगिता में गाने का अवसर मिला। तब मैंने ये भजन

भीलनी के जूठे बेर बेर बेर खाय गये।
भीलनी के बेर राम बेर बेर खाय गये॥

सुनाया था। उस समय मुझे सुर लय ताल का कुछ भी भान नहीं था लेकिन मेरी बेझिझक प्रस्तुति पर सभी ने (बच्चों व अध्यापकों ने) खूब तालियाँ बजायीं व तारीफ की थी। उस समय भी पढ़ाई के साथ सांस्कृतिक कार्यक्रमों पर विशेष ध्यान दिया जाता था। इसके साथ साथ शारीरिक व्यायाम पर भी काफी ध्यान दिया जाता था। व्यायाम में पी. टी. परेड के साथ साथ लेजम, डम्बल (डम्ब बेल) व लाठी का प्रदर्शन भी होता था। लेजम करीब डेढ़ फुट लम्बा हाथ में पकड़ने लायक एक उपकरण होता था (है)। उस लम्बी मोटी डंडी में दोनों शिरों पर चेन जड़ी होती थी। उसी चेन की हर कड़ी में बड़ी बड़ी दो दो गोलाकार टीन की पत्तियाँ पड़ी होती थीं। चेन के मध्य में पकड़ने के लिये एक मूँठ बनी होती थी। जब लेजम का टीम प्रदर्शन होता था तब सभी बच्चे अपनी अपनी लेजम की डंडी को बायें हाथ से बीचोबीच पकड़ते थे। वे चेन में बनी मूँठ को दायें हाथ से पकड़ कर लय ताल पर ऊपर नीचे दायें बायें हिलाते हुये डंडी के साथ टकरा कर बजाते थे। जिससे झम झम की निकलती हुई आवाज का प्रदर्शन अत्यन्त मनोहारी लगता था। डम्बल की बनावट भी बीच में पकड़ने के लिये हत्था होता था। उसमें दोनों तरफ लट्टू बने होते थे। दोनों हाथों में एक एक डम्बल पकड़ कर पूरी टीम एक साथ पी.टी. की तर्ज पर प्ले करते थे। खट खट की सामूहिक आवाज के साथ डम्बल का प्रदर्शन बहुत ही आकर्षक लगता था। लाठी का प्रदर्शन भी आक्रमण व बचाव की मुद्राओं को प्रदर्शित करता था। इसके अलावा खो खो, कबड्डी, दौड़, ऊँची व लम्बी कूद आदि प्रतियोगिताएँ भी आयोजित होतीं थीं।

सभी अध्यापक पढ़ाई के साथ साथ समय पालन पर विशेश ध्यान देते थे। यदि कोई विद्यार्थी विद्यालय में विलम्ब से आता था तो उसे डाँटा फटकारा जाता था। विद्यालय आने में यदि कोई अंजा (गैप) करता था या अनुपस्थिति रहता था। तब उस विद्यार्थी के आस पास रहने वाले विद्यार्थियों से पता लगवाया जाता था कि ऐसा कौन सा कारण है जिससे अमुक लड़का पढ़ने नहीं आता है। यदि बीमारी या कोई अन्य खास वजह नहीं तो क्या वजह है? अगर वह लापरवाही या मस्ती के कारण विद्यालय नहीं आता है। उस स्थिति में ऐसे विद्यार्थी को पकड़ कर या टाँग कर विद्यालय लाने का आदेश दिया जाता था। उस काम के लिये हेड मास्टर की तरफ से तन्दुरुस्त विद्यार्थियों का एक पकड़ दस्ता तैयार किया जाता था। तत्पश्चात तैयार किये गये पकड़ दस्ते को भेजा जाता था। ये छापामरी स्कूल की ओर से अक्सर चलती रहती थी। एक बार एक विद्यार्थी (राजपाल सिंह जिसे लल्ला कहते थे) कई दिनों से स्कूल नहीं आया था। एक दिन पकड़ दस्ते को सूचना मिली कि वह लड़का अभी अपने घर पर ही है। अचानक वो दस्ता उसे पकड़ने के लिये उसके घर पहुँचा। जैसे ही उसे पकड़ने को बढ़ा कि वो लड़का पकड़ से छूट गया। उस लड़के ने भागना शुरू कर दिया। वह अपने घर चन्दरपुर से सिकन्दरपुर तक पाँच किलोमीटर लगातार दौड़ता रहा और पकड़ दस्ता उसको खदेड़ता रहा। वह लड़का सिकन्दरपुर में जाकर पंडित विद्याशंकर शुक्ल के घर में छिप गया। वह पंडित विद्याशंकर हमारे गाँव के रिश्तेदार थे परन्तु वहाँ से वह भाग नहीं पाया और दस्ते ने उसको पकड़ लिया। पकड़ दस्ता सिकन्दरपुर से गाँव के विद्यालय तक उसे हाथापाई के बीच घसीट कर लाया था। विद्यालय में हेड मास्टर व अन्य अध्यापक उसका इन्तजार कर रहे थे। दण्ड देने के लिये मार पीट की बजाय एक अलग तरीका चुना गया था। वो तरीका यह था कि उस लड़के के हाथों को मेज के पायों के नीचे दबाया गया। उसके बाद मेज को धीरे धीरे हिलाया गया। परन्तु उस लड़के ने दर्द सह लिया और मुँह से उफ तक नहीं की। जब यह देखा कि ऐसी सजा का कोई असर नहीं हुआ तब जमीन पर पाँव टिकाकर हेड मास्टर ने मेज पर अपना ही वजन रख दिया। तब कहीं उस लड़के के मुँह से चीख निकली। उस समय विद्यालयों में ऐसी सजा मिलती थी।

खास बात यह थी कि किसी बच्चे को कितनी भी बड़ी या कड़ी सजा क्यों न दी जाये परन्तु उस बच्चे के अभिभावक चूँ तक नहीं करते थे। अभिभावकों का कहना था कि लड़के की हड्डी पसली मेरी और चमड़ी आपकी। अर्थात कोई भी सजा दो या चमड़ी तक उतर जाये बस मरने न पाये पर मेरा बच्चा पढ़ जाये। सभी अध्यापक बच्चों की

पढ़ाई पर बहुत जोर देते थे जिस तरह से कोई अभिभावक अपने बच्चों की पढ़ाई पर ध्यान देता है।

भाषायी दक्षता के लिये सुलेख के साथ साथ श्रुतलेख (इमला) भी करवाते थे। उसमें पुस्तक का कोई अंश बोल कर पूरी कक्षा से लिखवाया जाता था। उसके द्वारा किसने कितनी गलतियाँ की हैं, जाँचने पर पता चल जाता था। यहाँ तक कि कमी कहाँ पर है? यह भी पता लग जाता था। श्रुतलेख से बच्चे के सुनने, लिखने, समझने के कौशल की जाँच हो जाती थी। बोलने और पढ़ने के कौशल की जाँच पुस्तक का कोई अंश पढ़वाकर कर ली जाती थी। इस तरह बच्चे के पाँचों भाषायी कौशलों का परीक्षण हो जाता था। भले ही आज की तरह उस समय तकनीकी शिक्षण का विकास नहीं हुआ था परन्तु विविध गति विधियों द्वारा बच्चे का सर्वांगीण विकास करने का प्रयास किया जाता था।

आंकिक दक्षता के लिये गिनती (एक से सौ तक), पहाड़ा (एक से बीस तक), पौआ, अद्धा, पौना, सवैया, ड्योढ़ा, अढ़ैया (लँगड़ा पहाड़ा) पूरे के पूरे बीस तक हर विद्यार्थी को रटवा दिये जाते थे। उस समय पाँचवां पास करने के बाद किसी विद्यार्थी को कभी भी जोड़ने घटाने या हिसाब किताब करने के लिये दैनिक जीवन में कोई कठिनाई नहीं होती थी। इसके अलावा साधारण ब्याज, चक्रवृद्धि ब्याज, लघुतम, महत्तम, औसत, अनुपात, समानुपात, प्रतिशत, दशमलव व अंश हर वाली (लँगड़ी) भिन्नें, कोष्ठक वाली भिन्नें आसानी से पढ़ा दी जाती थीं। जिससे विद्यार्थी के व्यावहारिक जीवन में कोई कठिनाई नहीं रह जाती थी।

उस समय गहन पढ़ाई के बाद पहली बार पाँचवीं की बोर्ड परीक्षा होती थी। जिसका आयोजन जिला स्तर पर जिला परिषद के द्वार किया जाता था। हमारी पाँचवीं की बोर्ड परीक्षा का परीक्षा केन्द्र प्राइमरी पाठशाला सिकन्दरपुर में रखा गया था। उस परीक्षा में कुछ एक को छोड़ कर सभी पास हो गये थे। सत्र 1959-60 में पाँचवाँ पास करने के बाद मेरा दाखिला सत्र 1960-61 में जीटी रोड स्थित जूनियर हाई स्कूल सिकन्दरपुर में कक्षा छः में करा दिया गया। वहीं पर कक्षा छः से मुझे अंग्रेजी का अक्षर ज्ञान कराया गया था। उस समय विषय के रूप में अंग्रेजी की पढ़ाई कक्षा छः से ही आरम्भ होती थी। उस स्कूल में कक्षा छः से कक्षा आठ तक की पढ़ाई होती थी। कई विषय पढ़ाये जाते थे। जिनमें हिन्दी, अंग्रेजी, गणित, बीज गणित, रेखा गणित, इतिहास, भूगोल, नागरिक शास्त्र थे। इनके साथ साथ वाणिज्य, कला, वस्तु कला, क्राफ्ट और कृषि विज्ञान भी पढ़ाये जाते थे। वहाँ कुल छः अध्यापक थे।

जिनमें एक हेडमास्टर श्री रामदास जी थे जो सिकन्दरपुर के निवासी थे। वे इतिहास भूगोल व नागरिक शास्त्र पढ़ाते थे। उनके दाहिने पैर का पंजा काफी मोटा था। ऐसा बताया जाता था कि उनको पील पाँव (हाथी पाँव) की बीमारी थी। वे साधारण पैंट व शर्ट पहनते थे। एक थे ठाकुर श्री राजेश्वर सिंह जी जो जगत पुर के निवासी थे। उनका पहनावा खद्दर का धोती कुर्ता था। वे विज्ञान व अंकगणित पढाते थे। एक मास्टर साहब श्री राधेश्याम जी थे। वे भी सिकन्दरपुर के ही निवासी थे। उनकी भी वेशभूषा पैंट और शर्ट थी। वे बीज गणित, रेखा गणित व विज्ञान पढ़ाते थे।

अंग्रेजी के अध्यापक श्री गिरीशचन्द्र चतुर्वेदी जी थे। वे गदनपुर तुर्रा के निवासी थे। वे काली नदी के तट पर स्थित अपने गाँव से करीब तीन कोस (नौ किलोमीटर) साइकिल से चल कर स्कूल आते थे। अंग्रेजी के अध्यापक और पंडित होने के बाद भी वे बहुत सरल व मधुर स्वभाव के अच्छे इंसान थे। वे जितनी तन्मयता से तीनों कक्षाओं में अंग्रेजी पढ़ाते थे उतनी ही आत्मीयता व स्नेह से अपने विद्यार्थियों को चाहते भी थे। पी. टी. परेड व व्यायाम वही कराते थे। कला और क्राफ्ट भी वही पढ़ाते थे। कला में चित्र व अन्य तरह की कलाकृतियाँ बनवायी जाती थीं। क्राफ्ट में जिल्दसाजी करना, दफ्ती के पैड बनाना, कागज के लिफाफे बनाना, तकली से सूत कातना, रुई से सूत कातने के लिये पोनी बनाना, काते गये सूत को अटेरन पर चढ़ा कर उसकी गुच्छी बनाना आदि काम सिखाते थे। दस्तकारी या हस्तशिल्प आदि गाँधी जी की क्राफ्ट आधारित बेसिक शिक्षा में शामिल थे। उसके अन्तर्गत जिस क्षेत्र में जो कच्चा माल उपलब्ध होता था। वहाँ पर उसी तरह के शिल्प को अपनाया जाता था। इसको ही बेसिक शिक्षा का आधार माना जाता था।

पी.टी. में लेजम, डम्बल और लाठी के साथ अभ्यास करवाते थे जिसके लिये प्रति सप्ताह इण्टरवल के बाद शनिवार निश्चित किया गया था। चूँकि विद्यालय प्रांगण में इतनी जगह नहीं थी कि वहाँ पर पी. टी. करवायी जा सके। इसलिये सभी बच्चों को कतार बद्ध कर के कस्बे के बाहर बाग में ले जाते थे। उनकी सहायता के लिये श्री प्रकाश चन्द्र हजेला प्रसार अध्यापक जो तालग्राम के रहने वाले थे वे भी साथ जाते थे। हजेला साहब जिन्हें प्रसार अध्यापक भी कहते थे। वे कृषि व वाणिज्य विषय पढ़ाते थे। हजेला साहब तालग्राम से सिकन्दरपुर तक साइकिल से आते जाते थे। वे दोनों तरफ की करीब छः कोस अर्थात अठारह बीस किलोमीटर की दूरी प्रतिदिन तय करते थे। हजेला साहब दुबले पतले छरहरे शरीर के थे। वे अधिकांशतः सफेद हाफ शर्ट व खाखी हाफ पैंट पहनते थे। कभी कभार मलमल का सफेद कुर्ता और पाजामा भी पहनते थे। अध्यापक उन्हें पी.सी. हजेला के नाम से भी पुकारते थे परन्तु विद्यार्थी

हजेला मास्टर साहब ही कहकर सम्बोधित करते थे। पंडित गिरीशचन्द्र चतुर्वेदी पी.टी. वाले दिन सफेद हाफ शर्ट और खाखी हाफ पैंट पहनकर आते थे। बाकी दिनों में वे शर्ट व पैंट पहनते थे। दोनों ही लोग अपने अपने विषय में पारंगत थे। साथ ही वे मधुर स्वभाव व आकर्षक व्यक्तित्व के धनी इंसान भी थे।

एक थे पंडित प्रहलाद नारायण। वे छिबरामऊ से उत्तर की ओर काली नदी के किनारे बसे हुए गाँव उधरनपुर के निवासी थे। वे भी साइकिल से हजेला साहब के बराबर की दूरी तय कर के अपने गाँव से स्कूल आते थे। वे अधिकतर धोती कुर्ता और गाँधी टोपी पहनते थे। वे सभी कक्षाओं में हिन्दी पढ़ाते थे। संयोग से कक्षा छः से कक्षा आठ तक वे ही हमारे कक्षा अध्यापक भी रहे। उनके मुँह और दाँतों की बनावट अद्भुत थी। जब भी वे किसी से मुखातिब होते थे तो लगता था कि हँस रहे हैं या हँसना क्या यों कहें कि खीसें निपोर रहे हैं। वे देखने में तो सरल लगते थे परन्तु व्यवहार से ऐसा लगता था कि उनमें पारिवारिक कट्टरता और ब्राह्मणी सामाजिक विषमता की कठोरता रची बसी हो। आजादी मिलने और भारतीय संविधान लागू होने के करीब बारह वर्षों के बाद भी उनमें व्यावहारिकता नहीं आयी थी। यहाँ तक कि उनके स्वभाव में वह मधुरता नहीं थी जो पंडित गिरीश चन्द्र चतुर्वेदी में थी।

पंडित प्रहलाद नारायण जब हाजिरी भरते थे तब हर विद्यार्थी के नाम के साथ उसकी जाति भी पुकारते थे। यदि एक नाम के दो या तीन विद्यार्थी होते थे तब उनको नाम के साथ प्रथम द्वितीय और तृतीय कह कर भी पुकारते थे। लेकिन मेरे नाम का कोई अन्य विद्यार्थी नहीं था फिर भी वे मुझे व मेरे जैसे कुछ अन्य विद्यार्थियों को जो अनुसूचित जाति के थे उनको नाम के साथ बाद में हरिजन लगा कर पुकारते थे। यह सिलसिला कक्षा छः से शुरू हुआ था और कक्षा आठ तक अनवरत चलता रहा। शायद उनको गाँधी टोपी से जितना लगाव था उतना ही गाँधी जी के हरिजन शब्द से भी लगाव था।

जूनियर हाईस्कूल तक पहुँचते पहुँचते अब मैं बड़ा हो चला था। पढ़ाई के साथ साथ कुछ घर का भी काम समेटना पड़ता था। जैसे सुबह उठते ही घर की झार बुहार करना फिर उस कूड़े को झबइया (झल्ली) में भर कर सिर पर लाद कर गाँव के बाहर अपने वाले कूड़े के ढेर पर डालना। साथ ही उधर से तालाब के किनारे दिशा मैदान से भी फारिग हो कर के आना। उसके बाद खेतों से बकरियों के लिये हरियाली चारा लाना। उस समय ये काम हमारी दिनचर्या के हिस्सा बन चुके थे। इतना करते करते ज्यादातर मुझे देर ही हो जाती थी। हरियाली लेकर आते ही कभी कभी देर होने की वजह से बिना नहाये ही रोटी खा लेते थे फिर बस्ता लेकर पढ़ने के लिये सिकन्दरपुर

को चल पड़ते थे। मेरे गाँव चन्दरपुर से सिकन्दरपुर तक लगभग तीन मील या पाँच किलोमीटर की दूरी थी। कंधे पर बस्ता डालकर नंगे पाँव अविराम भागकर वह दूरी तय करके पहुँचते थे। कहने का तात्पर्य यह कि घर से चले और भागते हुये सीधे स्कूल की कक्षा में ही जा कर रुकते थे। ये हमारा नित्य प्रति का काम था। घर से चलते समय माताजी बस्ते में ही रोटी सब्जी एक साथ बाँध कर रख देतीं थीं। वह खाना हम मध्यावकाश में अपने साथियों के साथ स्कूल के सामने सड़क पार बनी हुई तिर्वा कोठी की सीढ़ियों पर बैठ कर खा लेते थे।

खाने के बाद कुएँ पर पानी पीते थे। वह कुआँ भी स्कूल के सामने ही सड़क के किनारे बना हुआ था। वहाँ पर रस्सी बाल्टी और एक लोटा रखा रहता था। स्पृश्यता के हिसाब से हमारे गाँव व सिकन्दरपुर कस्बें में और जूनियर हाईस्कूल के वातावरण में कोई फर्क नहीं था। खाना खाने के बाद पानी पीने के लिये हमें अपने सवर्ण सहपाठी पर निर्भर रहना पड़ता था। उस समय हमको यह अधिकार ही नहीं था कि हम कुएँ पर चढ़ कर स्कूल की उस बाल्टी को भर कर पानी पी सकें। हमारे गाँव के एक सवर्ण (ठाकुर) सहपाठी ओंकार सिंह जो कि हमारे अच्छे मित्र भी थे, वे ही हमको पानी पिला दिया करते थे। इसके लिये विद्यालय की ओर से भी कोई सुनवाई नहीं थी जिससे कि इस अस्पृश्यता जैसी बीमारी का कुछ इलाज हो सके।

विद्यालय जाने के लिये पहली बार मुझे पहनने के लिये खाखी हाफ पैंट बनवाया गया था जब मैं गाँव से कस्बे में पढ़ने के लिये गया था। एक साल नंगे पाँव जा कर पढ़ने के बाद मुझे चमड़े के जूते पहनाये गये थे। उस समय उनकी कीमत यही कोई दो रुपये रही होगी। जूते पहन कर गाँव से स्कूल तक जाने में कुछ समय ज्यादा लग जाता था क्योंकि मैं उस रफ्तार से नहीं दौड़ पाता था जितना कि नंगे पाँव दौड़ लेता था। कोई भी विद्यार्थी जूते या चप्पल पहन कर जाता था तो उसको अपने जूते चप्पल स्कूल बरामदा के बाहर ही उतार कर लाइन से रखने पड़ते थे क्योंकि सभी को कक्षा में टाट पट्टी पर ही बैठना होता था। मैं एक दिन जूते पहनकर स्कूल पहुँचा और जूते उतार कर बाहर कतार में रख कर कक्षा में पढ़ने लगा। जब छुट्टी की घंटी लगी तो जूते पहनने की याद ही नहीं रही और मैं बिना जूता पहने ही घर पहुँच गया। जब माताजी ने देखा और पूछा कि जूते कहाँ हैं? तब मुझे याद आया कि जूते तो मैं स्कूल में ही भूल आया। इस तरह पहली बार जूता पहनने के चन्द रोज बाद ही मुझे जूतों से हाथ धोना पड़ा फिर मुझे नये जूते पहनने के लिये लम्बा इंतजार करना पड़ा।

उस समय जूनियर हाई स्कूल तक पहुँचते पहुँचते अध्यापकों के विभागीय व सामाजिक वर्गीकरण में एक विशेष अन्तर देखने को मिला। वह अन्तर यह था कि जहाँ प्राइमरी स्कूल में पंडित जी व मुंशी जी का सम्बोधन हुआ करता था। वहाँ अब वह हेड मास्टर साहब व मास्टर साहब तक ही सिमट कर रह गया था। ये सम्बोधन विद्यार्थियों के लिये ही थे परन्तु अध्यापकों के लिये उनका परस्पर सम्बोधन अलग था। यदि कोई पंडित है तो पंडित लगा कर उस अध्यापक का नाम पुकारते थे। यदि कोई ठाकुर या हजेला है तो ठाकुर या हजेला लगा कर नाम पुकारना पड़ता था। जो अपनी जाति को नहीं लिखते थे। उनको सभी अध्यापक या विद्यार्थी उनका नाम लेते हुये मास्टर साहब कह कर बुलाते थे। यहाँ तक आते आते मुंशी जी का संबोधन लुप्त हो चुका था।

तब जूनियर हाई स्कूल की भी शिक्षा व्यवस्था जिला परिषद के ही अधीन थी। कक्षा छः व सात की गृह परीक्षाएँ होती थीं और कक्षा आठ की परीक्षाएँ जिला परिषद के अन्तर्गत पूरे जिले की एक साथ होती थीं। सन 1962-63 मार्च में बोर्ड परीक्षाएँ हुईं थीं। उन परीक्षाओं का परीक्षा परिणाम गर्मी की छुट्टियों के अन्त में घोषित हुआ था। तब पास की हुई बोर्ड परीक्षा का अंक पत्र गजट के अनुसार स्कूल में ही तैयार किया जाता था। जो भी विद्यार्थी परीक्षा में पास हुये थे उनके अंक पत्र वितरित किये गये। जिसमें मुझे भी परीक्षा पास करने के परिणाम स्वरूप कक्षा आठ का अंक पत्र दिया गया था। सभी विद्यार्थियों की तरह मैं भी उनके साथ प्रसन्न था। इसी बीच न जाने क्या हुआ? पंडित प्रहलाद नारायण मेरे पास आये और बोले। तुम्हारे अंक पत्र में कुछ त्रुटि हो गयी है। अतः उस त्रुटि को सुधारने के लिये अपना अंक पत्र मुझे वापस कर दो ताकि उसमें अपेक्षित सुधार कर के तुम्हें दिया जा सके। मैंने अपना अंक पत्र उनको दे दिया। थोड़ी देर बाद जब उन्होंने मेरा अंक पत्र लौटाया तो उसमें मुझे उत्तीर्ण के स्थान पर अनुत्तीर्ण लिखा मिला। मेरे पूछने पर उन्होंने बताया कि वह अंक पत्र किसी दूसरे का था जिसके अंक तुम्हारे नाम से लिख गये थे। तुम्हारे असली अंक यही हैं और तुम पास नहीं हो बल्कि फेल हो। यह देख व सुन कर मुझे बहुत बड़ा झटका लगा। मुझे लगा कि मैं संज्ञाहीन हुआ जा रहा हूँ। जहाँ पास होने की अपार खुशी थी वहीं फेल होना जान कर पल भर में दुख का पहाड़ सा टूट पड़ा लेकिन मैं मन मसोस कर रह गया। मैंने उस हादसे को किसी तरह सहन किया। इस प्रकार मैं पहली बार फेल हो कर कहने के लिये तो एक साल पिछड़ गया परन्तु वह एक साल मुझे मेरे वास्तविक जिन्दगी में न मालूम कितने सालों के लिये पीछे धकेल गया। जब मैंने

घर आ कर उस घटना क्या दुर्घटना के बारे में अपनी माताजी को बताया तो उन्हें भी धक्का लगा और उन्हें मेरा फेल होना अटपटा ही नहीं अपितु अप्रत्याशित भी लगा। फेल होने पर घर वाले इस मनः स्थिति में नहीं थे कि मुझे आगे पढ़ाया जाये परन्तु मेरी माताजी ने मुझे फिर तसल्ली दी और आगे पढ़ने के लिये प्रोत्साहित किया।

वह काल खण्ड मेरे परिवार के लिये भीषण संकट के तौर पर साबित हुआ। पिताजी उस समय बीमार रहते थे क्योंकि उनका काम ही ऐसा था। उन्हें लगातार चार से छः घंटे तक बैठ कर काम करना पड़ता था। वे गढ़वाई (वीविंग पिट) में बैठ कर कपड़ा बुनते थे। लगातार एकाग्रता के साथ एक ही आसन में बैठे रहना अपने आप में कठिन काम था। जिसके लिये खाली पेट बैठो तो मुश्किल और खाना खा कर बैठो तो भी मुश्किल था। अब यदि काम करो तो रोजी (भोजन) अन्यथा रोजा (उपवास) का सामना करना पड़ता था। वह एक ऐसा संक्रमण काल था जब कपड़ा बुनाई का पुस्तैनी धन्धा भी मन्दा पड़ गया था। यहाँ तक कि धीरे धीरे वह बन्द ही हो गया था। उसका प्रमुख कारण था कि तब तक मिल का कपड़ा बाजार में आने लगा था। वह कपड़ा तुलनात्मक रूप से हाथ से बुने हुये कपड़े की अपेक्षा देखने में अच्छा लगता था और सस्ता भी था। अब नौबत ये आ गयी कि हाथ खाली तो पेट भी खाली। किसी के यहाँ मजदूरी कर नहीं सकते थे। यदि करते भी तो एक दिन की मजदूरी एक रुपया ही मिलती थी। तब हमारे नानाजी ने पिताजी को अपने पास बुला लिया। वे उस समय जो काम शौकिया तौर पर खुद करते थे वही काम उन्होंने पिताजी को भी सिखाया। वो काम था देशी (बंगाली) भट्टा लगाना। वह काम सीखने के बाद पिताजी अपने क्षेत्र में आ कर खुद करने लगे। कुछ साल वह काम तत्परता से किया और अपेक्षित सफलता भी मिली लेकिन वह काम भी ऐसा ही था जो खाना खाये या बिना खाये ही कई कई घंटे बैठ कर ही करना पड़ता था। परिणामतः पिताजी पेट के मरीज बन गये और वे उस बीमारी का सामना करते करते उससे आजिज आ गये। उस बीमारी के चलते पिताजी गाँव से चार या पाँच कोस के इर्द गिर्द ही भट्टा लगाने का काम करते थे। उसी दौर में सिकन्दरपुर के पंडित गिरिवर लाल जी से पिताजी की मुलाकात हुई। वे बड़े सम्मान के साथ पिताजी को बच्चन लाल कह कर बुलाते थे। वे रहने वाले तो गदनपुर तुर्रा के थे लेकिन कुछ साल पहले सिकन्दरपुर जूनियर हाईस्कूल के हेडमास्टर पद पर कार्यरत थे और वहाँ से रिटायर हो कर उन्होंने अपना घर सिकन्दरपुर में ही बना लिया था। उन्होंने अपना घर बनाने के लिये पिताजी से एक भट्टा लगवाया था। तब उन्होंने पिताजी की हालत देखी थी। उस समय पिताजी

दर्द के कारण पेट में अँगौछा या तौलिया बाँध कर काम करते थे। यद्यपि वे (पंडित गिरिवर लाल) थे तो अध्यापक परन्तु उन्होंने कुछ बीमारियों के इलाज के लिये आयुर्वेद के नुस्खे खोज निकाले थे। उन नुस्खों में से उदर रोग का एक नुस्खा पिताजी को लिख कर दिया था।

मुझे वह नुस्खा पूरा का पूरा तो याद नहीं है फिर भी कुछ चीजों के नाम याद हैं। जैसे ढाक (ढकौआ) व आक (अकौआ) के फूल बराबर मात्रा में। अरण्ड (अण्डी) के हरे पत्ते व उसका तेल, दालचीनी की लकड़ी, हींग, आमा हल्दी आदि। अरण्ड के पत्ते को छोड़ कर सारी चीजें सिल पर पीस लेते थे। फिर अण्डी के तेल में गरम कर के अण्डी के पत्ते पर लगा कर के पेट के ऊपर बाँध लेते थे। उपचार की ये विधि काफी हद तक कारगर रही। वो उपचार काफी दिनों तक चलता रहा परन्तु रोग का स्थायी समाधान नहीं मिल सका। पिताजी के पेट में ऐसा भयंकर दर्द उठता था जिससे कभी कभी हम लोग पूरी पूरी रात उनके पास बैठे रहते थे। हमारे गाँव में एक डॉक्टर साहब थे। उनका नाम तो शायद विश्वनाथ प्रताप सिंह था लेकिन सभी लोग उनको बड़े कह कर बुलाते थे क्योंकि वे अपने भाइयों में सबसे बड़े थे। आमतौर पर उनको इस नाम से केवल उनके हम उम्र लोग ही पुकारते थे। हमारी पीढ़ी के लोग उनको डॉक्टर साहब कह कर ही सम्बोधित करते थे। सुना जाता है कि उन्होंने चिकित्सक की उपाधि के लिये कोई पढ़ाई नहीं की थी बल्कि किसी चिकित्सक से ही उन्होंने इंजेक्शन लगाना सीखा था। बीमारियों के हिसाब से इलाज के लिये भी कुछ दबाइयों के नाम पूछ कर याद कर लिये थे। लोग बताते थे कि वे अपने घर पर ही बैंगन में इंजेक्शन लगाने का अभ्यास करते थे फिर बाद में लोगों को इंजेक्शन लगा कर उनका इलाज करने लगे थे। इलाज करने में पैसा ठीक ठाक मिले इसलिये वे इंजेक्शन लगाने को ही प्राथमिकता देते थे। उनके पास एक ही सिरिंज व नीडिल थी। वे जिस किसी के यहाँ दवा देने के लिये जाते थे तो मरीज के पास ही उनको बिठाने के लिये पिढ़ी (चौकी) डाल दी जाती थी क्योंकि उस समय बैठने के लिये कुर्सी तो किसी किसी के यहाँ ही होती थी। वे जा कर मरीज के पास बैठ जाते थे और मरीज के घर वाले से कहते थे कि इंजेक्शन लगाने के लिये इस सिरिंज व सुई को गर्म पानी में कुछ देर डाल कर उबाल दो। चूँकि उन्हें उस एक ही सिरिंज को सालों साल चलाना होता था इसलिये हर मरीज के यहाँ पहुँच कर वे यही प्रक्रिया अपनाने का आदेश देते थे। लोग आदर के साथ उनकी बतायी हुयी बात का पालन करते थे।

मैंने अपने पिताजी की असाध्य हालत देखी और माताजी की ओर मुखातिब हुआ। तो माताजी ने कहा कि जाओ डॉक्टर साहब को बुला लाओ। मैं रात में ही डॉक्टर साहब के यहाँ गया और उन्हें बुला लाया। डॉक्टर साहब की एक आदत बहुत अच्छी थी कि ठाकुर होते हुये भी उनमें घमंड बिल्कुल नहीं था। उन्हें बुलाने के लिये कोई दिन में जाये या रात में, वे आने के लिये कभी मना नहीं करते थे। डॉक्टर साहब मेरे घर पर आये और उपर्युक्त प्रक्रिया के अनुरूप उन्होंने अपनी सिरिंज व नीडिल स्टेरिलाइज करवाई तत्पश्चात वे पिताजी को इंजेक्शन लगा कर चले गये परन्तु पिताजी को कोई लाभ नहीं हुआ। पिताजी की गंभीर हालत को देख कर माताजी ने घर परिवार वालों को इकट्ठा किया और उनसे पिताजी के इलाज हेतु सिकन्दरपुर ले जाने के लिये कहा। तब एक चारपायी में रस्सी और बल्ली बाँध कर डोली बनाई गयी जिसमें उन्हें लिटाकर इलाज के लिये कन्धे पर लाद कर सिकन्दरपुर ले गये। डॉक्टर साहब ने घर पर जो इंजेक्शन लगाया था। हम अपने साथ में उस इंजेक्शन की छोटी सी खाली शीशी भी लिये गये। वहाँ जाकर डॉक्टर भद्रदत्त साहब को वह इंजेक्शन की खाली शीशी भी दिखायी थी। तब उन्होंने पूछा कि इसके साथ कुछ और भी था जिसे घोल कर इंजेक्शन लगाया हो। जिसके जवाब में मैंने उनको बताया कि यही दबाई सिरिंज में भरकर इंजेक्शन लगाया था। तब डॉक्टर साहब खूब हँसे और बोले ये तो दबाई है ही नहीं बल्कि दबाई को घोलने के लिये जो इंजेक्शन का पानी आता है। वही पानी तुम्हारे गाँव वाले डॉक्टर साहब ने इंजेक्शन बता कर लगा दिया। डॉक्टर साहब की ये बात सुन कर मैं और साथ में गये हुये लोग भी भौंचक्के रह गये। यह जान कर कि गाँव में डॉक्टर साहब ने धोखा दिया। मुझे क्रोध तो आया मगर तुरन्त ही दिमाग में एक विचार भी आया। शायद डॉक्टर साहब के पास उस बीमारी की कोई उपयुक्त दबाई नहीं रही होगी। इसलिये उन्होंने कोई अंट शंट दबा नहीं दी। उसके बजाय उन्होंने परिवार के लोगों की तसल्ली के लिए डिस्टिल्ड वाटर का ही इंजेक्शन लगा दिया। मैं तब तो इतना नहीं समझ सका था कि डॉक्टर साहब अच्छे चिकित्सक भले ही न रहे हों परन्तु उनमें मानवीय पक्ष बहुत ही ज्यादा सबल था। इसलिये वे किसी का भी अनिष्ट नहीं कर सकते थे। आज मैं उस बात को समझ सकता हूँ। खैर वहाँ से दवाई ली और पिताजी को लेकर घर आ गये। धीरे धीरे पिताजी को आराम मिल गया।

मैंने अपनी माताजी के ही परामर्श से अपने पुराने स्कूल से जुलाई 1963 में कक्षा आठ फेल का स्कूल लीविंग सर्टिफिकेट ले लिया। तत्पश्चात भारतीय शिक्षा सदन इण्टर कालेज सिकन्दरपुर जा कर कक्षा आठ में एडमिशन ले लिया। वह कालेज सिकन्दरपुर में पूरब की ओर जीटी रोड पर ही स्थित है। इस प्रकार मेरी आगे की

पढ़ाई आरम्भ हो गयी। उस कालेज का कैम्पस बहुत बड़ा था और आज भी है। उसका आयाम बहुत विशाल था। एक बहुत बड़े क्षेत्र के लिये वह कालेज किसी वरदान से कम नहीं था। उस समय उस कालेज के पूरब में लगभग पन्द्रह किलोमीटर दूरी पर जीटी रोड पर ही तेरा जाकट में स्वामी इकरसानंद इण्टर कालेज था। पश्चिम में लगभग छः किलोमीटर दूर अकबरपुर में आर.वी.एम. इण्टर कालेज था। उत्तर में काली नदी पार लगभग बीस किमी की दूरी पर कमालगंज में आर.पी. इण्टर कालेज था। इसके अलावा दक्षिण में ईशन नदी पार तक लगभग चालीस किलोमीटर के बीच में कोई कालेज नहीं था। कन्नौज और छिबरामऊ के मध्य एक वही अच्छा कालेज था। दोनों कस्बों के बीच की दूरी लगभग पचास किलोमीटर थी। उनके मध्य में पड़ने वाले स्कूल कालेजों में कोई दाखिला नहीं लेता था बल्कि बी.एस.एस. इण्टर कालेज सिकन्दरपुर में ही सभी विद्यार्थी पढ़ने आते थे। पन्द्रह किलोमीटर व उससे अधिक दूरी के विद्यार्थी सिकन्दरपुर में ही किराये पर कमरा ले कर रहते तथा पढ़ाई करते थे। उससे कम दूरी के विद्यार्थी साइकिल से आते थे। शेष सभी विद्यार्थी जो पाँच किलोमीटर तक की दूरी वाले थे वे अपनी दूरी पैदल ही नापते थे। मैं भी अपने गाँव चन्दरपुर से लगभग पाँच किलोमीटर की दूरी तय कर के पैदल ही सिकन्दरपुर कालेज जाता था।

जब मैंने वहाँ पढ़ाई आरम्भ की थी तब उस कालेज के प्रबन्धक श्री शम्भू दयाल सक्सेना थे। वे सिकन्दरपुर के ही निवासी थे। वे लम्बे छरहरे कद काठी वाले अत्यंत उदार और सौम्य व्यक्तित्व के धनी इंसान थे। वे हमेशा साधारण से लिवास (धोती, कुर्ता व टोपी) में रहते थे। उनका ध्येय कालेज से पैसा कमाना नहीं था अपितु तत्कालीन पीढ़ी का बौद्धिक, शैक्षिक, नैतिक, शारीरिक व सामाजिक विकास करना ही उनका परम लक्ष्य था।

उस कालेज का परिसर लगभग 500 मीटर लम्बा व चौड़ा वर्गाकार था। तीन ओर से इमारत बनी हुयी थी अर्थात दक्षिणी किनारे पर पूरब से ले कर पश्चिम तक। पश्चिमी किनारे पर उत्तर से दक्षिण तक और पूर्वी किनारे पर दक्षिण से ले कर उत्तर तक। लगातार बड़े बड़े कमरे व उनके साथ ही बरामदे भी बने हुये थे। उत्तर की ओर रोड के साथ मेंन गेट, कार्यालय व प्रशासनिक विंग था। भवन के अन्दर बीचो बीच बड़ा सा प्रांगण (मैदान) था। मुख्य द्वार से अन्दर की ओर कालेज के दक्षिणी किनारे पर बने पुस्तकालय तक रास्ता था। उस रास्ते के दोनों ओर डिडोनिया के साढ़े तीन फुट ऊँचे झाड़ लगे थे। जिनकी नियमित कटाई छँटाई होती रहती थी। वे दृश्य कालेज प्रांगण की शान में चार चाँद लगा रहे थे। वहाँ की व्यवस्था बहुत ही चुस्त व दुरुस्त थी।

कालेज के प्रधानाचार्य श्री कृष्ण कुमार श्रीवास्तव (के.के. श्रीवास्तव) थे। वे जिला मुख्यालय फतेहगढ़ के एमआईसी तिराहा के निकट के स्थायी निवासी थे। वे सिकन्दरपुर मे ही आवास बना कर रह रहे थे। कालेज के प्रति उनका लगाव व समर्पण देखते ही बनता था। उनकी कार्य शैली देख कर अच्छे से अच्छा प्रशासक भी उनसे प्रेरणा ले सकता था। उनका दोहरा कदकाठी, भरा हुआ शरीर, आकर्षक चेहरे पर छविदार मूँछें उनके व्यक्तित्व की विशेषतायें थीं। वे जब भी कालेज निरीक्षण पर निकलते थे। उस वक्त उनके हाथ में दो फुट का लम्बा व चिकना काला बेंत (रूल) होता था। वे किसी भी मिलने वाले को एक ही नजर में प्रभावित कर लेने वाले व्यक्तित्व के धनी सदाचारी प्रेरणा पुरुष थे। प्रतिदिन प्रातः व दोपहर इण्टरवल के पश्चात प्रत्येक कक्षा व पुस्तकालय सहित सभी विभागों का निरीक्षण करना उनकी दिनचर्या में शामिल था। कालेज में उनके रहते अनुशासन की समस्या का कोई प्रश्न ही नहीं उठता था। क्लास रूम के सामने वरामदों में कोई भी शिक्षक या विद्यार्थी घूमता हुआ नजर नहीं आता था। सभी शिक्षक और विद्यार्थी अपनी अपनी कक्षाओं में नजर आते थे। जिन शिक्षकों का क्लास नहीं होता था वे शिक्षक पुस्तकालय या शिक्षक-कक्ष में ही नजर आते थे। कालेज के लिये मैनेजर श्री शम्भू दयाल सक्सेना व प्रधानाचार्य श्री कृष्ण कुमार श्रीवास्तव का योग वरदान सिद्ध हुआ। कालेज में सभी संकाय (फैकल्टी) थे यथा विज्ञान, कला, वाणिज्य, कृषि विज्ञान। इनके अतिरिक्त स्काउट/गाइड, ए.सी.सी. (छोटे बच्चों का टुप एन.सी.सी. की तर्ज पर), एन.सी.सी. (जूनियर विंग), एन.सी.सी. (सीनियर विंग) एवं एन.एस.एस. आदि संचालित थे।

कालेज के उप प्रधानाचार्य श्री पी.के. अग्निहोत्री थे। वे व्यक्तित्व से व स्वभाव से शिक्षक ही जँचते थे। अपने विद्यार्थियों के प्रति उनका व्यवहार अत्यन्त आत्मीय था। सन 1963 में जब मैंने वहाँ कक्षा आठ में एडमिशन लिया था तब वे मुझे अंग्रेजी पढ़ाते थे। उनके पढ़ाने की शैली बहुत प्रभावशाली थी। उनका ब्लैक बोर्ड राइटिंग अति सुन्दर था। उनकी पान खाने की आदत थी। पान खाने के बावजूद ऐसा नहीं लगता था कि पान की पीक के निशान उनके मुख पर या कपड़ों पर कहीं दिखायी पड़ते हों। मैंने उनको सदैव शर्ट व पैंट में ही देखा था। वे कालेज में अधिकतर धारीदार कमीज व हल्के रंग का पैंट पहन कर आते थे। उनका आचरण, रहन-सहन, व्यवहार, वार्तालाप व शिक्षण अनुकरणीय था। भूगोल के प्रवक्ता श्री ओम दत्त सक्सेना (ओ.डी. सक्सेना) थे। वे गेहुआँ रंग व सामान्य कद काठी के फुर्तीले व सौम्य व्यक्तित्व के धनी इंसान थे। प्रधानाचार्य, श्री के.के. श्रीवास्तव, उप प्रधानाचार्य श्री पी.के. अग्निहोत्री व प्रवक्ता श्री ओ.डी. सक्सेना में काफी निकटता थी। संभवतः

वरिष्ठता क्रम में भी यही लोग आते थे। क्योंकि जब अग्निहोत्री साहब अवकाश पर रहते थे तब सक्सेना साहब ही उप प्रधानाचार्य के दायित्व निर्वहन में नजर आते थे। इनमें प्रधानाचार्य प्रशासन सँभालते थे और शेष दोनों लोग प्रशासन, अध्यापन व निरीक्षण में सहायता करते थे।

कालेज शिक्षक रत्नों से भरा हुआ था। कक्षा आठ में ही श्री आत्मा प्रकाश शुक्ल सामाजिक विषय पढ़ाते थे। वे दुबले पतले छोटे व हल्के शरीर के थे। कक्षा में घुसते ही मेज पर पैर लटका कर बैठ जाना और पढ़ाना शुरू कर देना। यही उनकी विशेषता थी। वे बहुत ही मृदुल स्वभाव के थे। वे सिकन्दरपुर के ही रहने वाले थे जो पंडित गिरिवर लाल के पुत्र थे। वे पंडित गिरिवर लाल जिनका जिक्र मैंने पूर्व में ही पिताजी के इलाज के सम्बन्ध में हुये सम्पर्क की बावत किया था। एक थे श्री देवेन्द्र कुमार शुक्ल (डी.के. शुक्ल) जो शुक्ला जी के नाम से जाने जाते थे। वे गोरे नाटे मोटे व गोल चेहरे के शख्स थे। वैसे तो वे हिन्दी पढ़ाते थे। वे पढ़ाने के नाम पर कक्षा में आते जरूर थे मगर आते ही या तो मेज पर बैठ कर पैर हिलाते हुये किस्सा कहानियाँ सुनाने लगते थे या कक्षा में ही चहल कदमी करते हुये दुनियादारी की बातें सुनाते रहते थे। हाँ जब कभी कविता पढ़ाते थे तब वे खूब गा गा कर पढ़ाते थे। शुक्ला जी भी सिकन्दरपुर के ही रहने वाले थे। वे अपना एक प्राइवेट स्कूल भी चला रहे थे। कालेज में अपने शिक्षक साथियों से कहीं अधिक उनके बाहर के मित्र मिलने आते थे।

श्री ओम प्रकाश केला कला अध्यापक थे। वे साँवले रंग के सामान्य कद काठी वाले गंभीर इंसान थे। सभी उनको गंभीर साहब के उपनाम से पुकारते थे। शायद उनका उपनाम ही गंभीर था। वे काफी बन ठन कर रहते थे। जब अपने सिर के बालों की माँग बनाते थे तो वह भी विचित्र ढंग से। शायद पहले वे माँग खींच कर सिर के बीचों बीच माथे पर एक कँगूरा सा बनाते थे। तत्पश्चात बालों के उस कँगूरे को दाहिने कंधे की ओर दबाकर (प्रेस करके) सिर में चिपका लेते थे। जिससे उनकी माँग के बालों की बनावट मोर के सिर के आकार की आकर्षक लगती थी। बालों का इस प्रकार का बनाव तथा उनके आँखों की बनावट से ऐसा लगता था मानों उन्होंने कटीला सुरमा लगा रखा हो। वे ए.सी.सी. के इंचार्ज थे और उसकी ट्रेनिंग करवाते थे। वे पी.टी. परेड के साथ साथ अन्य व्यायम भी करवाते थे। मैं भी ए.सी.सी. का कैडेट था।

श्री नरोत्तम सिंह राठौर (एन.एस. राठौर) जो दोहरी देह के मोटे व भरे हुये चेहरे के स्वामी थे। वे भैंसासुर (हयात नगर) के रहने वाले राठौर ठाकुर थे। उनका गाँव सिकन्दरपुर से तीन किलोमीटर दूर दक्षिण की ओर स्थित था। वे प्रति दिन वहीं से

कालेज आते थे। वे देखने में जितने भारी भरकम थे उतने ही सरल और शान्त स्वभाव के थे। सभी उन्हें राठौर साहब कह कर पुकारते थे। वे गणित पढ़ाते थे और एन.सी.सी. (जूनियर विंग) के इंचार्ज थे। मैं ए.सी.सी. में होने के कारण एन.सी.सी. (जू.वि.) में शामिल नहीं हो सका। वहाँ मैंने इतना अवश्य पाया कि जिस जूनियर हाईस्कूल से मैं कक्षा आठ फेल हो कर कालेज आया था। वहाँ के और यहाँ कालेज के अध्यापकों के सम्बोधन में बड़ा अन्तर मिला। वहाँ ब्राह्मण को पंडित जी लगा कर मास्टर साहब व अन्य को मास्टर साहब से सम्बोधित करते थे। परन्तु यहाँ पर सभी का एक सम्बोधन रह गया था। वो यह कि न तो मास्टर साहब, न पंडित जी, बस साहब रह गया। जैसे सक्सेना साहब, गंभीर साहब, राठौर साहब या अग्निहोत्री साहब। ऐसे विशाल कालेज के परिसर में पहुँच कर पढ़ना मेरे लिये गौरव की बात थी।

वहाँ एक विशेष बात और भी थी। पूरे कालेज के विद्यार्थियों को इण्टरवल में प्रतिदिन कुछ न कुछ रिफ्रेशमेंट (नाश्ता) बाँटा जाता था। इसके इंचार्ज संस्कृत के अध्यापक अग्निहोत्री साहब थे। हर दिन रिफ्रेशमेंट उनकी ही देख रेख में बाँटा जाता था। किसी को नाश्ता न मिले या कोई दुबारा ले जाये उनके रहते हुये ऐसा सम्भव नहीं था। फिर भी एक दिन एक घटना घटी जिसका अँदेशा नहीं था। एक लड़के ने नाश्ता दुबारा ले लिया जिससे अग्निहोत्री साहब आग बबूला हो गये। उन्होंने उस लड़के को खदेड़ लिया। वह लड़का पूरे कैम्पस में दौड़ता रहा और अग्निहोत्री साहब उसको खदेड़ते रहे। आखिरकार वे थक गये तथा अधिक न दौड़ सके क्योंकि वे एक पाँव से लँगड़े भी थे और उनकी अवस्था भी पचास के ऊपर थी। अग्निहोत्री साहब खादी का कुर्ता, धोती व टोपी पहनते थे। वैसे वे बहुत ही आत्मीय स्वभाव के सरल व्यक्ति थे। मुझे भी उन्होंने कक्षा आठ में संस्कृत पढ़ायी थी। इस तरह इन महानुभावों के सान्निध्य व संरक्षण में मैंने सत्र 1963-64 में कक्षा आठ पास कर लिया। अब सत्र 1964-65 में मैं कक्षा नौ में पहुँच गया। मेरी हिन्दी, अंग्रेजी, गणित, विज्ञान एवं कला विषय के साथ कक्षा नौ की पढ़ाई शुरू हो गयी। प्रत्येक विषय के सुयोग्य शिक्षक मिले। हिन्दी श्री विद्याशंकर शुक्ल पढ़ाते थे। वे गेहुआँ रंग के लम्बे छरहरे ठोस व स्वस्थ कद काठी वाले व्यक्ति थे। वे सिकन्दरपुर के ही रहने वाले थे। उनके सौम्य चेहरे पर हमेशा काला चश्मा चढ़ा रहता था। कई महीनों बाद मुझे ज्ञात हुआ कि उनके एक ही आँख थी। वे हिन्दी व संस्कृत के उच्च कोटि के विद्वान थे। उनकी अध्यापन की शैली और तथ्य व कथ्य की संप्रेषणीयता अद्भुत थी। मुझसे उनकी बहुत ही अधिक आत्मीयता थी। मेरे गाँव में ही पंडित लक्ष्मी नारायण दुबे के यहाँ उनकी ससुराल थी। मेरा घर

पंडित लक्ष्मी नारायण के घर के पीछे ही गली में था अर्थात उनके घर का पिछवाड़ा मेरे दरवाजे के सामने था। उस समय एक कहावत खूब प्रचलन में थी कि 'काला बाँभन गोरा सूद' ये दोनों ही बहुत खतरनाक होते हैं। पंडित लक्ष्मी नारायण का रंग बहुत काला था। इतना काला कि उजाले में उनको खड़ा करने पर उनकी छाया और उनके अपने रंग को अलग कर पाना मुश्किल था। मेरे परिवार के साथ उनके अत्यंत आत्मीय सम्बन्ध थे। वे मुझसे बहुत स्नेह करते थे। रक्षाबंधन पर हर बार वे हमारे घर आ कर परिवार के सभी सदस्यों के राखी बाँधते थे। वे बुलाने पर घर में सत्य नारायण की कथा भी कहने आते थे। भयंकर छुआछूत के बाद भी वे हमारे यहाँ कथा वाचन आदि के लिये आते थे। जब कि अनुसूचित जाति की अन्य जातियों में वे कभी नहीं जाते थे। उनके घर में हर रोज शाम को रामचरित मानस का पाठ होता था। एक बार उन्होंने मुझे रामचरित मानस सुनने के लिये बुलाया था। शायद तब मैं कक्षा पाँच में पढ़ रहा था। उनके बुलावे पर मैं रामचरित मानस सुनने के लिये उनके घर हर शाम को जाने लगा। दो लोग पाठ करते थे। एक वे स्वयं और दूसरे थे ठाकुर जयपाल सिंह। कभी कभी टीकाकार के रूप में वयोवृद्ध ठाकुर हरी सिंह भी आते थे। वे दोहा चौपाइयों के कई कई तरह से व्याख्यायें व भावार्थ कर के सुनाते थे। सुन कर अच्छा लगता था। ये वही ठाकुर हरी सिंह थे जो जूनियर हाईस्कूल में मेरे साथ पढ़ने वाले मेरे मित्र ओंकार सिंह के पिता भी थे। अपने उन मित्र का जिक्र मैं पूर्व में कर चुका हूँ।

मुझे लगता है कि रामचरित मानस पढ़ने वाले वे दोनों ही लोग शायद दसवीं कक्षा तक पढ़ाई कर चुके थे। यह कह पाना मुश्किल है कि दसवाँ पास कर पाये थे या नहीं। कभी कभी रात का एक बज जाता था। तब तक मेरे घर का दरवाजा बन्द हो जाता था। तब वे (पंडित लक्ष्मी नारायण) मेरे साथ गली में आ कर आँगन की ओर वाली घर की दीवार पर मुझे सहारा दे कर चढ़ा देते थे फिर मैं दीवार पर चढ़ कर आँगन में कूद जाता था। इस तरह कभी कभी बिना कुछ खाये ही घर पर आ कर सो जाता था। ये प्रक्रिया लगातार लगभग तीन साल चली होगी। इस प्रकार सम्पूर्ण रामचरित मानस आद्योपांत चार बार सुनी होगी। यही वह दौर था जब मैं समय निकाल कर शंकर जी पर सुबह शाम नित्य दो बार जल चढ़ाता था। मैं इतना आस्थावान भक्त हो चुका था अर्थात किसी श्रेष्ठ कर्मकाण्डी से कम नहीं था। सन 1963 की उस एक घटना ने मुझे अन्दर तक हिला दिया था जब मैं जूनियर हाईस्कूल की कक्षा आठ में फेल हो गया था। मुझे महसूस हुआ कि जब मैं इतना पूजा पाठ करने वाला आस्तिक (भगवान में आस्था रखने वाला) व्यक्ति हूँ फिर मेरे ही साथ ऐसा हुआ है तो क्यों

हुआ है? उसके बाद का यही वह क्षण था जब मेरी आस्तिकता और आस्था दोनों ही अन्दर से दरक गयीं थीं। धीरे धीरे मैं अन्दर ही अन्दर उन कर्म काण्डों से दूर होता चला गया। रामचरित मानस का पाठ सुनना या सत्य नारायण की कथा सुनना या शंकर जी पर जल चढ़ाना आदि मैं उन जैसे आस्था मंडित कार्यों से विरत होता चला गया। अब मेरे पास रह गया केवल मानवीय पक्ष जो शायद मुझमें पहले से ही था। मैंने किसी को भी यह जाहिर नहीं होने दिया कि मैं धीरे धीरे आस्तिक की बजाय नास्तिक हो चला हूँ। इतना होने के बाद भी मैं भाव जगत से वस्तु जगत में नहीं आ पाया था।

पंडित लक्ष्मी नारायण दुबे अपने बहनोई श्री विद्याशंकर शुक्ल के लिये अपने घर से करीब डेढ़ लीटर दूध हर दिन मेरे हाथों भेजते थे। मैं वह दूध एक ढक्कन वाले कड़ादार डिब्बे (कड़ब्बे) में रोजाना उनके घर से सिकन्दरपुर उनकी बहन (बिटो) के घर कई वर्षों तक ले जाता रहा। वे (बिटो बुआ) अक्सर बीमार रहती थीं आखिरकार उनकी मृत्य हो गयी। उसके बाद उनके वहाँ दूध पहुँचाना भी बन्द हो गया। मुझे याद है कि वहाँ जब उनकी (बिटो बुआ की) तेरहवीं हुई थी तो उसमें शामिल होने के लिये पंडित विद्याशंकर जी ने मुझे भी आमंत्रित किया था। मैं उसमें गया था लेकिन वहाँ भी मेरे ही गाँव के आमंत्रित किये गये एक व्यक्ति ने (श्रीपाल सिंह जिसका जिक्र मैं पहले ही पिताजी के साथ हुई हाथापाई की घटना में कर चुका हूँ) मुझे वहाँ बैठ कर खाना खाते वक्त झिड़का था। उसने कहा, दूर हट यहाँ सबके बीच में बैठ कर खाना खा रहा है। यद्यपि उसका ये दुष्कृत्य सार्वजनिक नहीं हो पाया था। उस घटना की जानकारी मुझे आमंत्रित करने वाले व्यक्ति पंडित विद्याशंकर शुक्ल जी के पास तक नहीं पहुँची थी। इस तरह बात जहाँ की तहाँ दब गयी। मुझ में हिन्दी के प्रति विशेष रुचि पैदा होने का श्रेय भी परम आदरणीय श्री विद्याशंकर शुक्ल जी को ही जाता है।

कक्षा नौ व दस में अंग्रेजी पढ़ाने वाले श्री देवदत्त द्विवेदी (डी.डी. द्विवेदी) जी थे। वे अत्यंत शालीन और मधुर स्वभाव के सरल इंसान थे। सामान्य कद काठी, गोरा रंग, छबीले चेहरे पर नजर का चश्मा खूब फबता था। वे कपूरी तम्बाकू का सेवन करते थे। उनके पास तम्बाकू रखने के लिये एक सफेद रंग का स्टील के जैसा डिब्बा था। उनकी शिक्षण की शैली अत्यन्त रोचक व प्रभावी थी। वे अत्यन्त ही दयालु थे और यथासंभव हर किसी की सहायता करने को तत्पर रहते थे। वे सिकन्दरपुर के ही रहने वाले थे। उनके बड़े भाई डॉक्टर थे जिनका नाम था डॉक्टर भद्रदत्त द्विवेदी। वे उस क्षेत्र के अच्छे चिकित्सकों में से एक थे। उनका जिक्र मैं पूर्व में ही अपने पिताजी के

इलाज के संदर्भ में कर चुका हूँ। श्री डी.डी. द्विवेदी के अलावा अंग्रेजी के दूसरे भी शिक्षक थे। उनका नाम श्री श्याम बाबू दुबे (एस.बी. दुबे) था। दुबे जी लम्बी कद काठी के गोरे फुर्तीले व कसे हुये शरीर के व्यक्ति थे। वे भी सिकन्दरपुर के ही निवासी थे। वे वालीबॉल के अच्छे खिलाड़ी थे। वे कालेज की छुट्टी के बाद कुछ शिक्षकों व सीनियर कक्षाओं के विद्यार्थियों के साथ संध्या के समय दो तीन मैच खेलते थे। वे ज्यादातर बॉलिंग करते थे। रिटर्न बॉल या किसी की भी सर्विस को वे नेट पर जाकर 'आई राइट' कह कर रिसीव भी करते थे। ये उनका खेल प्रेम था। इसके अतिरिक्त वे कमजोर बच्चों को प्रातः अपने घर पर बुलाकर मामूली पैसों में ही गाइड करते थे। मैं अपने घर से सबेरे ही उनके घर पर जा कर अंग्रेजी विषय में गाइडेंस/कोचिंग लेता था। उनका ग्रामर व ट्रांसलेसन पढ़ाने का तरीका बहुत रोचक था कुल मिला कर अपने विद्यार्थियों के लिये वे अत्यन्त प्रिय थे।

श्री राज बहादुर कटियार (आर.बी. कटियार) विज्ञान के अध्यापक थे। वे रसायन विज्ञान के निष्णात शिक्षक थे। उनका शिक्षण तो प्रभावी था ही साथ ही वे किसी को भी बोर होने से बचा सकते थे शिक्षण की ऐसी कला थी उनमें। वे हँस मुख थे व दूसरों को भी खुशियाँ बाँटते थे। उनका गोरा बदन, सौम्य चेहरा और कद काठी अत्यन्त आकर्षक था। वे अपने स्वभाव व वार्तालाप से किसी को भी प्रभावित कर लेने वाले व्यक्तित्व के धनी इंसान थे। गणित के शिक्षक श्री कुशवाहा साहब थे। वे नवयुवक तथा अध्येता थे। उनसे मेरा अधिक सहकार (मेल मिलाप) नहीं हो पाया। इतना ही कह सकते हैं कि वे बहुत अच्छा पढ़ाते थे। उनके अधिकतर विद्यार्थी गणित में उत्कृष्ट अंक पाते थे। यद्यपि वे वहाँ ज्यादा समय तक नहीं रह पाये थे क्योंकि उनका चयन किसी दूसरे विभाग में हो गया था। जिससे वे कालेज छोड़ कर चले गये थे।

कला के शिक्षक थे श्री प्रेम कुमार झा (पी.के. झा)। सुना जाता था कि वे जिला फर्रुखाबाद में ही नवाबगंज ब्लाक के किसी गाँव के रहने वाले थे। वे लम्बे चौड़े भारी भरकम शरीर वाले गेहुआँ रंग के सरल इंसान थे। वे मलमल का सफेद कुर्ता व सफेद पाजामा पहनते थे। वे ज्यामितीय कला पढ़ाते थे। उनके व्यक्तित्व की एक विशेषता थी कि वे अक्सर खखारते रहते थे और खखार कर कभी थूकते नहीं थे। वे अपने मुख में ही रख कर उसे धीरे धीरे मुँह चला कर चूसते रहते थे। जब उनका मुँह खाली हो जाता था तब वह पुनः खखारते और वही क्रिया जारी रखते। वे स्वभाव से बहुत अच्छे थे। अपने विद्यार्थियों के प्रति शिक्षण के लिये समर्पित थे। यहाँ तक कि उनके विषय में किसी भी विद्यार्थी के अंक शायद ही कभी 60% से कम आये हों। कला का दूसरा भाग चित्र कला, मॉडल, पेस्टल वर्क श्री गंभीर साहब पढ़ाते थे। उनके व्यक्तित्व का जिक्र मैं पहले ही कर चुका हूँ।

श्री चन्द्र प्रकाश सक्सेना (सी.पी. सक्सेना) कालेज के व्यायाम शिक्षक थे। उनका दायित्व प्रार्थना सभा के कार्यक्रम से आरम्भ होता था और दोपहर बाद छुट्टी होने तक पी.टी. परेड व कालेज में अनुशासन बनाये रखने का था। वे कालेज में हमेशा ही सफेद हाफ शर्ट व ढीला ढाला खाखी हाफ पैंट पहनते थे। कद काठी सामान्य से कुछ ज्यादा थी। स्वास्थ्य अच्छा था पर पेट कुछ बड़ा था। चेहरे पर चेचक के दाग थे परन्तु रंग खिलता होने के कारण बुरे नहीं लगते थे। वे जब मुस्कराते थे तब लगता था कि मुँह में दाँतों के बीच लौंग दबाये हों। मुस्कराते समय उनके सामने के ऊपर व नीचे के चार चार दाँत दिखायी दे जाते थे। सभी विद्यार्थियों से उनका व्यवहार आत्मीय था।

श्री प्रहलाद चन्द्र सक्सेना (पी.सी. सक्सेना) विशिष्ट पहचान वाले दूसरे व्यक्ति थे। वे पुस्तकालय अध्यक्ष (लाइब्रेरियन) थे। उनका कद काठी सामान्य था। वे दुबले पतले फुर्तीले और गौर वर्ण के थे। उनके दोनों होंठ कुछ मोटे थे पर अच्छे लगते थे। कुल मिला कर वे अपने शरीर की तुलना में कई गुना ज्यादा काम करते थे। कालेज के विशाल पुस्तकालय का प्रबन्धन, जरूरतमन्दों को पुस्तकों का वितरण और संग्रह बखूबी निपटाते थे। उनका शरीर हल्का जरूर था परन्तु व्यक्तित्व बहुत भारी था।

मैंने जिन जिन महानुभावों का ऊपर जिक्र किया है। उनमें कौन कौन इस दुनिया में है और कौन नहीं, मुझे नहीं पता। परन्तु मैंने उन सभी के व्यक्तित्व और कृतित्व पर प्रकाश डालने का प्रयास किया। जिन जिन का योगदान किसी न किसी रूप में मेरे व्यक्तित्व व जीवन निर्माण में रहा। उन सभी का सानिध्य व आशीर्वाद जो मुझे मिला वह मेरे लिये अविस्मरणीय रहेगा। वे सभी सदा सदा के लिये मेरे प्रेरणा स्रोत एवं वंदनीय बने रहेंगे।

हमारे घर की आर्थिक स्थिति ठीक नहीं थी। पिताजी को अपनी पुरानी आर्मी सर्विस और पूर्व सैनिक होने के आधार पर पुनः सर्विस करने का मौका मिल गया। वे 1964 में सिविल (सिविलियन आर्मी स्टाफ) एम.ई.एस. में भर्ती हो गए थे। तत्पश्चात घर का पूरा दायित्व मेरी माताजी के साथ साथ मेरे ऊपर आ पड़ा था।

अब हम अपने तत्कालीन उन सहपाठियों का भी जिक्र करना चाहेंगे जो खास तौर पर हमारे ही गाँव के रहने वाले थे। उनके द्वारा किये गये व्यवहार को भी हम रेखांकित करना चाहेंगे। गाँव के प्राइमरी स्कूल से लेकर जूनियर हाई स्कूल और वहाँ से इंटर कालेज तक कुल ग्यारह सहपाठी कक्षा दस तक पहुँचे थे। जिनमें ग्यारहवाँ मैं ही था। उनमें क्रमशः वीरभान सिंह, वीरपाल सिंह, मानसिंह (मन्ना), रूपेंद्र सिंह (रुप्पा), रनपाल सिंह, चन्द्रपाल सिंह (चन्दू), ब्रजनंदन सिंह, मनोहर सिंह, राजपाल सिंह

(लला), ओम प्रकाश सिंह (ओमा) और मैं (राम चन्द्र)। इनमें से केवल राजपाल सिंह जो कायमगंज के पास गाँव पहाड़पुर के रहने वाले थे। वह हमारे ही गाँव में अपनी ननिहाल में अपने मामा नत्थू सिंह उर्फ एम.एल.ए. साहब के यहाँ रह कर पढ़ रहे थे। उनमें से मुझे छोड़ कर सभी दस लोग ठाकुर जाति के थे। गाँव के इतने सहपाठियों में से मैं ही अकेला अवर्ण (अनुसूचित जाति का) था शेष तथाकथित सवर्ण (ठाकुर) थे। ज्यादातर का तो मेरे लिये सम्बोधन आमने सामने नाम ले कर होता था। परन्तु कुछ दूर होने पर जातीय संबोधन कोरी भी न कर के कुरीटा बोल कर करते थे। वे जो कुछ भी बोलते थे उसे आसानी से सुना जा सकता था। जैसे कुरीटा भी आ गया है। अब चलो चलते हैं। इतना सब कुछ होने के बावजूद भी उन सभी में सामूहिक नहीं बल्कि अलग अलग दो लोग ऐसे थे जो मुझसे आत्मीयता रखते थे। उनके नाम थे ओम प्रकाश (ओमा) और चन्द्र प्रकाश (चन्दू)। उन दोनों के माता पिता का भी व्यवहार कट्टरवादी छुआछूत वाला नहीं था। उनके घरों में जाने पर वे अपने बच्चों के साथ चारपायी पर बैठने को कह देते थे। तब मुझे ऐसा लगता था कि मैं भी मनुष्यों की श्रेणी का एक प्राणी हूँ अन्यथा अस्पृश्यता का दंश जीवन में कैसा होता है ? मुझसे बेहतर तो वही जान सकता है जिसने मुझसे ज्यादा भोगा या झेला हो। कालेज में सभी की धाक जमी हुई थी। पढ़ाई में नहीं बल्कि लड़ाई और झगड़ा में। इन सभी का पढ़ना गौण और दबंगई करना प्रमुख था। उनका कालेज के सहपाठियों से झगड़ा करना प्रथम कार्य था। सिकन्दरपुर के उत्तर में काली नदी की दूरी करीब 10 किलोमीटर थी। वहाँ से दक्षिण में ईसन नदी की दूरी करीब 18 किलोमीटर थी। अतः दोनों नदियों के मध्य की दूरी लगभग तीस किलोमीटर थी। उतने विस्तार में केवल इन्हीं लोगों की चलती थी। जब कोई अपरिचित झगड़ा करता था। तब वे केवल यही बोलते थे कि जानते नहीं हो ? हम चन्दरपुर के रहने वाले हैं। चन्दरपुर गाँव के नाम की धाक चारों ओर दबंगई और गुंडई की वजह से जमी हुई थी। कमाल की बात तो यह थी कि उन लोगों में कुछ तो बहुत निर्भीक थे। वे चलते फिरते किसी से भी झगड़ा कर देते थे। निर्भीक यहाँ तक कि कभी कभी अपनी गोट में अवांछित चीज (तमंचा आदि) भी ले कर चलते थे। इतना ही नहीं कालेज में भी उन चीजों को ले कर पहुँच जाते थे। जब कभी कक्षा में जाँच होती थी। तब वे चुपके से दूसरे साथी के पास पहुँचा देते थे। यदि फिर भी बात न बनी तो वे दूसरे सेक्सन के साथियों को हस्तान्तरित कर देते थे लेकिन अपनी आदत से बाज नहीं आते थे। कभी कभी मजबूरन मुझे भी उनमें शामिल होना पड़ता था अथवा जबरन शामिल कर लिया जाता था। उन सभी का यही मानना था कि ये तो इतना सीधा और पढ़ाकू

है। इस पर कोई शक ही नहीं करेगा। भले ही इसकी गोट में तमंचा क्या कोई भी औजार क्यों न रख दिया जाये। उनके लिये यह कहावत सटीक बैठती है कि कुत्ते की पूँछ बारह वर्ष तक पत्थर के नीचे क्यों न दबी रहे। वह जब भी निकाली जायेगी तो टेढ़ी की टेढ़ी ही निकेलेगी।

यद्यपि कक्षा नौ से ही सभी ने सिकन्दरपुर में कोचिंग करना या ट्यूशन पढ़ना आरम्भ कर दिया था। ग्यारह लोगों में केवल हम दो लोग ही ऐसे थे जो आर्थिक अभाव के कारण ट्यूशन नहीं पढ़ पा रहे थे। एक मैं और दूसरे ओम प्रकाश सिंह थे। हम दोनों लोगों ने कुछ महीनों के लिये अंग्रेजी तथा विज्ञान की कोचिंग क्रमशः श्री श्याम बाबू दुबे और श्री राज बहादुर कटियार से पढ़ी थी। कक्षा दसवीं में मैं कुछ महीनों के लिये सिकंदरपुर में किराये पर कमरा ले कर पढ़ने लगा था। उसी दौर में विज्ञान व गणित की कोचिंग पढ़ी थी। कमरे का मासिक किराया मात्र छः रुपये था। जब वह भी चुकाना भारी पड़ने लगा तब कमरा छोड़ दिया था। उसके बाद मैंने कुछ दिनों के लिये घर से सिकंदरपुर जा कर कोचिंग पढ़ी। जब कक्षा दस की परीक्षाएँ होने को थीं तब परीक्षाओं के दौरान हम सभी ग्यारहों लोगों ने सिकन्दरपुर में एक ही कमरा किराये पर लिया था। वहीं रात को रुकते थे तथा अपनी अपनी लालटेन की रोशनी में पढ़ाई करते थे। प्रातः सात बजे कालेज जा कर परीक्षा देते थे। परीक्षा देने के बाद खाना खाने के लिये सभी अपने अपने घरों को चले जाते थे। कालेज से घर जाते वक्त लगभग सभी लोग आगे पीछे हो जाते थे। घर से लौटते वक्त भी दो या तीन टोलियों में वापस आते थे।

एक दिन घरों से लौटते वक्त उन सभी लोगों ने एक योजना बनायी। यह सोच कर कि इसको (अर्थात मुझे) किसी भी तरह नीचा दिखाया जाये क्योंकि मैं पढ़ने में बहुत ज्यादा तेज तर्रार न होने पर भी सामान्य से कुछ अच्छा ही था। उन सभी ने मिलकर मेरे खिलाफ शरारत करने की योजना बनायी। उसका अहसास मुझे उनके व्यवहार व हाव भाव से हो गया था। एक दिन वे कमरे पर कुछ समय पहले पहुँच गये। चूँकि अगले दिन गणित का पेपर होना था इसलिये उन्होंने एक शरारत को अंजाम दिया। उनके अनुसार ऐसा कुछ खास किया जाये ताकि इसका (मेरा) गणित का पेपर खराब हो जाये। क्योंकि पाँच विषयों में से यदि एक विषय का भी पेपर खराब हो जायेगा तो ये फेल हो जायेगा ऐसा उनका मानना था। मैं अक्सर अकेले ही घर से कमरे पर देर से पहुँचता था। उन सभी की योजना में ओम प्रकाश सिंह (ओमा) भी शामिल थे लेकिन उदासीन। यद्यपि वे मुझसे मित्रता रखते थे फिर भी वे मुझे कुछ न बता सके क्योंकि वे

उन सबका विरोध भी नहीं कर सकते थे। उन सभी ने कमरे पर मेरे पहुँचने से पहले पहुँच कर अपनी पूर्व निर्धारित योजना (शरारत) को अंजाम दिया। वे सभी अपनी अपनी लालटेन की रोशनी में पढ़ने लगे थे या फिर पढ़ने का दिखावा करने लगे। जैसे ही मैं कमरे में पहुँचा तो सभी अपनी पढ़ाई में तल्लीन दिखे। मैं भी अपनी लालटेन जला कर पढ़ने बैठ गया। सभी लोग कनखियों से मुझे देख कर मुस्कराते और फबती कसते थे। वे यह कह कर चिढ़ा रहे थे कि आज तो लोगों के मूत के चिराग जल रहे हैं। यह कह कर वे हँस पड़ते थे। मुझे कुछ भी अहसास नहीं था। ऐसा मैंने सोचा भी नहीं था कि मेरे साथ कोई षड्यंत्र भी हो सकता है। जब तक लालटेन में मिट्टी के तेल का असर रहा तब तक वह (थोड़ी देर तक) जलती रही। जैसे ही मिट्टी के तेल का असर खत्म हुआ। मेरी लालटेन फक फक कर के बुझ गयी। मैं सोच कर हैरान था कि मेरी लालटेन जल क्यों नहीं रही है? जब कि पूरी तेल से भरी हुयी है। मैं बार बार लालटेन को हिला कर देखता, उसका ढक्कन खोल कर देखता, उसमें अपनी उँगली डाल कर टटोलता, सोचता क्या तेल खत्म हो गया है? परन्तु लालटेन पूरी की पूरी भरी हुयी थी फिर भी लालटेन जलती क्यों नहीं है? ऐसा सोचते सोचते मैं चिन्ता में डूब गया और परेशान हो कर लेट गया। लेट कर मैं सोचने लगा कि शायद इन लोगों ने मेरी लालटेन का तेल निकाल कर फेंक दिया है और उसको पानी से भर कर रख दिया है। वे सब लोग भी थोड़ी देर पढ़ने के बाद लेट गये और सो गये। मुझे देर रात तक नींद नहीं आयी। मैं पढ़ाई न कर पाने के कारण चिन्ता में डूबा रहा। लेटे लेटे आधी रात के बाद मुझे भी नींद आ गयी और मैं सो गया। उक्त कहानी तो मेरे साथ किये गये षड्यंत्र का एक हिस्सा भर थी। षड्यंत्र का दूसरा भाग उससे भी भयावह था जिसका मुझे कुछ भी अँदेसा नहीं था। वह यह था कि वे लोग पूरे के पूरे सुबह कुछ जल्दी उठ कर परीक्षा देने के लिये तैयार हो गये। मैं देर से सो पाने के कारण उनके साथ नहीं उठ पाया। यद्यपि मैं भी जाग चुका था। वे सभी लोग आधे अधूरे ही तैयार हो कर कमरे से बाहर निकलने लगे। वे अपने प्लान के मुताबिक बातें करते हुये बाहर से किबाड़ बन्द करने लगे। मुझे लगा कि उन लोगों का प्लान मुझे कमरे में बन्द कर देने का है ताकि मैं परीक्षा ही न दे सकूँ। परन्तु मैं तेजी से उठा और दरवाजे का एक पल्ला पकड़ कर खड़ा हो गया। चूँकि मैं एक किनारे दरवाजे के निकट ही सोता था। मैंने दरवाजे का पल्ला पकड़ कर अपनी ओर खींच लिया। अतः वे मुझे कमरे के अन्दर बन्द नहीं कर सके। मैं बिना किसी तैयारी के (बिना कुल्ला दतून किये) अपना प्रवेश पत्र व कलम लेकर बाहर आ गया। मैंने सामान्य लहजे में उनसे कहा कि यार तुम लोग तो मुझे बन्द ही किये दे रहे थे क्योंकि उन लोगों से अकड़ कर बोल भी नहीं सकता था। खैर जैसे तैसे मैं परीक्षा दे आया। मेरा पेपर उम्मीद से कहीं ज्यादा अच्छा हुआ था।

दसवीं कक्षा की परीक्षाएँ सम्पन्न हो चुकीं थीं। सभी लोग अपने अपने घरों को वापस जा चुके थे। वे अपने पारिवारिक स्तर के अनुरूप कार्यों में व्यस्त हो गये। कुछ सैर सपाटे में व्यस्त हो गये। कुछ एक अपने घरेलू कामों में हाथ बँटाने लगे। मैं भी अपने चाचाजी के साथ ईंट भट्टा (पजाये) पर काम करने लगा। उन भट्टों में तीस हजार से ले कर एक लाख तक ईंटों की पकाई होती थी। उसमें नीचे से ऊपर तक ईंटों की परतों के बीच में कोयला और लकड़ी की परतें लगायीं जाती थीं। कोयला व लकड़ी में अग्नि प्रज्ज्वलित की जाती थी जिससे ईंटें पक सकें।

एक लाख ईंट के भट्टे के लिये यदि चौकोर फड़ (बेस) बनाया जाये तो करीब करीब 30'×30' का वर्गाकार आधार बनेगा। उस आधार वाली जमीन पर 30' लम्बाई के आर पार ईंट के ऊपर ईंट रख कर 6" चौड़ी व 9" ऊँची नालियाँ बनायी जाती थीं। उनमें लकड़ी बिछायी जाती थी। नालियों के ऊपर उक्त विधि से स्तूपाकार गोल या चौकोर करीब 11' ऊँचा भट्टा लगाया जाता था। भट्टे की जैसे ही जैसे ऊँचाई बढ़ती जाती थी वैसे ही वैसे हर परत पर उसकी चौहद्दी करीब तीन इंच घटती जाती थी ताकि भट्टा फटने या फट कर खसने से बच जाये। इस प्रकार भट्टा की 11' ऊँचाई तक पहुँचते पहुँचते 30'×30' आधार के स्थान पर उसकी छत मात्र 27'×27' रह जाती थी। ज़ब भट्टा तैयार हो जाता था तब उसकी छत पर मिट्टी डाल कर पाट दिया जाता था ताकि उसके अंदर की गैस बाहर न निकल सके। इसके बाद उसकी दीवारों का गीली मिट्टी से लेप कर दिया जाता था। तत्पश्चात भट्टे के बेस पर बनी नालियों में बिछी हुयी लकड़ी में आग लगा कर पूरे भट्टे में बिछी हुयी लकड़ी व कोयले क़ी परतों में आग पहुँचा कर ईंटें पकाने का काम किया जाता था। ईंट पकाने की यह प्रक्रिया चिमनी वाले भट्टे से अलग थी। इसे बंगाली भट्टा भी कहते थे। यद्यपि ये काम चाचाजी से पहले मेरे पिताजी किया करते थे। जैसा कि मैं पूर्व में जिक्र कर चुका हूँ। ये काम जब तक मेरे पिताजी करते रहे तब तक उन्होंने वह काम हम लोगों को छूने तक नहीं दिया। परन्तु धनाभाव के कारण मैं भी छुट्टियों भर भट्टों पर मेहनत मजदूरी (सिर पर ईंटें लाद कर ढुलाई) करने के काम में चाचा जी के साथ लगा रहता था। जैसा मैं पहले बता चुका हूँ कि मेरे घर की आर्थिक दशा ठीक नहीं थी। मेरे चाचाजी भट्टा लगाने का ठेका लेते थे। भट्टा लगाने के लिये मजदूर भी ठेके पर लगाये जाते थे जिन्हें ईंट ढुलाई का काम करना पड़ता था।

भट्टा लगाने की जगह का चयन विशेष प्रकार किया जाता था कि भट्टे की उस जगह से ईंटों के चट्टों की दूरी चारों ओर लगभग बराबर हो। क्योंकि ईंट पथाई किसी खेत

में की जाती थी और वह पथाई लगभग 200 से 300 फीट के दायरे में चारों ओर होती थी। पथी हुयी उन ईंटों के चट्टे या टामा लगाये जाते थे जो कन्नी ईंटों को एक दूसरे पर रख कर ग्यारह ईंटों की ऊँचाई में लगाये जाते थे। उन चट्टों की ऊँचाई एक सामान्य कद वाले आदमी के गले तक होती थी। ईंट ढुलाई के लिये दस से पन्द्रह लोगों की एक टीम होती थी। उस टीम के प्रत्येक सदस्य को ठेकेदार चट्टे के चट्टे ईंट गिन कर सौंप देता था ताकि हर कोई अपनी क्षमता के अनुसार ईंट ढुलाई कर सके। जिससे मजदूरी के भुगतान के वक्त हिसाब किताब करने में कोई झंझट न पड़े।

एक ईंट का औसत वजन पक्का ढाई सेर होता था जो आज की मीट्रिक प्रणाली के अनुसार लगभग तीन किलोग्राम (3Kg) होना चाहिये। हर कोई अपने सिर पर गद्दीदार मुरैठा (लम्बे मोटे कपड़े की खोपड़ी के ऊपर गोल गद्दी बना कर) रख कर ईंटें ढोता था। मुरैठा इसलिये बाँधा जाता था ताकि ईंट सिर पर रखने से कहीं सिर में चुभे नहीं और सिर में घाव होने से बचा जा सके। एक व्यक्ति अपनी सामर्थ्य के अनुसार एक बार में अपने सिर पर नौ से सोलह ईंटें तक लाद लेता था अर्थात कुल वजन तीस किलोग्राम से लेकर पचास किलोग्राम तक हो जाता था। इस तरह से लोगों में ईंट ढुलाई की होड़ लगती थी। एक व्यक्ति कम से कम एक हजार ईंटें और अधिक से अधिक दो हजार तक ईंटें चट्टे से भट्टे पर चढ़ा लेता था। उस समय ईंटों की ढुलाई का प्रति हजार रेट एक रुपया से बीस आना (एक रुपया पच्चीस पैसा) तक था। जिससे एक व्यक्ति को एक दिन की मजदूरी एक रुपया से लेकर दो रुपये तक मिल पाती थी। मैंने कभी भी दो रुपये की ईंट ढुलाई नहीं कर पायी थी। क्योंकि मेरी सामर्थ्य एक बार में तेरह ईंटें ही लादने की थी। भला जमीन पर पाँव के पंजों के बल बैठ कर सिर पर तेरह ईंटें लादना। लगभग 40Kg वजन सर पर रखना फिर ईंटों को हाथ लगाये बिना शरीर व गर्दन का संतुलन बना कर दोनों घुटनों पर हथेलियाँ रख कर ताकत लगा के उठना। उसके बाद वहाँ से करीब 100 से 150 फीट दूर भट्टे तक ईंटें ढो कर ले जाना फिर भट्टे के साथ बनी ईंटों की सीढ़ियों पर चढ़ना और उसके ऊपर ईंटें पहुँचाना। ये काम एक बार का नहीं था अपितु चौबीस घंटों में सोलह सोलह घंटों तक अनवरत चलते रहने वाला काम था। तब कहीं डेढ़ रुपया से लेकर दो रुपये तक प्रति दिन लोग कमा पाते थे। ये काम गर्मियों के दिनों (मई व जून के महीनों में) में ही हो पाता था क्योंकि उससे पहले खेतों की फसलों की कटाई व मड़ाई होती थी। उसके बाद में बरसात आरम्भ होने के कारण नहीं हो सकता था। मैंने यह काम कई वर्षों तक लगातार किया।

मेरी हाईस्कूल की परीक्षा मार्च 1966 में सम्पन्न हो चुकी थी। जिसका परिणाम जून माह के अन्त में घोषित होना था। परीक्षा परिणाम समय पर घोषित हुआ। उस समय रिजल्ट समाचार पत्रों में आता था। उत्तर प्रदेश माध्यमिक शिक्षा परिषद अपनी नीति के अनुसार रिजल्ट किसी एक विशेष समाचार पत्र में गजट करता था। हम लोग परीक्षा परिणाम देखने के लिये अपने गाँव से कस्बे में सिकन्दरपुर जाते थे। क्योंकि उस समय समाचार पत्र हमारे गाँव में किसी के पास नहीं आता था इसलिये गाँव से चल कर सिकन्दरपुर गये। वहाँ पहुँच कर पता लगा कि परीक्षा परिणाम वाला समाचार पत्र बस स्टेण्ड के पास एक किराने की दूकान पर दूकानदार के पास है। वह व्यक्ति एक विद्यार्थी का रिजल्ट देखने के लिये पहले पचास पैसे (आठ आना) लेकर ही रिजल्ट बताता है। ऐसा भी नहीं था कि हम अपना रिजल्ट किसी दूसरे के यहाँ जा कर देख लें क्योंकि किसी एक कस्बे में उस समाचार पत्र की एक ही प्रति किसी पहुँच वाले व्यक्ति को मिल पाती थी। जिससे विवश हो कर अपना परीक्षा परिणाम देखने के लिये सभी लोगों को उसी के पास जाना पड़ता था। मुझे भी सेठ जी के यहाँ जाना पड़ा। मैंने पहुँचते ही उनको रिजल्ट देखने की कीमत आठ आना दिये। उनके पूछने पर कि किस श्रेणी में परिणाम देखूँ तो मैंने उनको द्वितीय श्रेणी में देखने को कहा। तब परीक्षा परिणाम रोल नम्बर से तो घोषित होते ही थे परन्तु अलग अलग तीन श्रेणियों क्रमशः प्रथम, द्वितीय और तृतीय श्रेणियों में भी घोषित होते थे। मैं परीक्षा में सफल पाया गया जिससे मेरी प्रसन्नता का ठिकाना न रहा।

मैंने घर आ कर सभी को अपना रिजल्ट बताया। मेरे परिवार में माताजी व सगे सम्बन्धी सभी बहुत खुश हुये। उस समय किसी भी परीक्षा में पास होना ही बहुत बड़ी सफलता थी। यह कोई नहीं पूछता था कि किस श्रेणी में पास हुये। तब प्रथम श्रेणी पाना असम्भव सा था। द्वितीय श्रेणी में पास होना भी बड़ी शोहरत की बात थी। मुझे बाद में पता चला कि मेरे सहित साथ के ग्यारह परीक्षार्थियों में केवल दो लोग ही पास हुये थे। ओम प्रकाश सिंह (ओमा) और मैं बाकी नौ लोग फेल हो गये थे। मैं और ओम प्रकाश दोनों लोग द्वितीय श्रेणी में पास हुये थे। मेरे साथ किये गये षड्यंत्र के बारे में काफी दिनों के बाद ओम प्रकाश ने मुझे बताया था कि तुम्हारी लालटेन का तेल बाहर फेंक दिया गया था। उसके बाद उस लालटेन को सभी ने अपनी पेशाब से भर दिया था। तभी तो सभी तफरी (मौज) लेकर कह रहे थे '*भाई आज तो लोगों के मूत के चिराग जल रहे हैं*'।

ओम प्रकाश सिंह ने दसवाँ पास करते ही बी.टी.सी. (ट्रेनिंग) के लिये फार्म भर दिया था। उनका ट्रेनिंग के लिये मेरिट के अनुसार चयन भी हो गया क्योंकि सामान्यतः द्वितीय श्रेणी के लोग मिलते ही मुश्किल से थे। एक साल (वास्तविक आठ नौ महीने) में ही उनकी बी.टी.सी. ट्रेनिंग पूरी हो गयी। ट्रेनिंग के बाद वे अगली साल ही किसी प्राइमरी स्कूल में नियुक्ति पाकर पढ़ाने लगे थे अर्थात अध्यापक बन कर सरकारी नौकरी में आ गये थे।

मैंने उसके बाद बी.एस.एस. इण्टर कालेज सिकन्दरपुर में जाकर कक्षा ग्यारह में विज्ञान व गणित के साथ एडमीशन ले लिया। शेष नौ लोगों में राजपाल सिंह (लला) अपने गाँव पहाड़पुर तहसील कायमगंज जिला फर्रुखाबाद चले गये। फिर वहाँ उन्होंने क्या किया क्या नहीं कुछ पता नहीं चला। रह गये ग्यारह में से आठ लोग, उनमें भी चन्द्र प्रकाश सिंह की असामयिक मृत्यु हो गयी और रूपेन्द्र सिंह अपने भाई के पास शिकोहाबाद चले गये थे। शेष छः लोग न तो आगे पढ़ पाये और न कभी आगे बढ़ पाये। बाद में केवल वीरभान अपने भूतपूर्व सैनिक चाचा के कारण फौज में भर्ती हो गये थे। बाकी सभी अपनी खेती किसानी और घर गृहस्थी में मशगूल हो गये। आज लगभग चालीस वर्ष हो गये। मुझे आज तक उनमें से कभी किसी का कोई हाल चाल या समाचार नहीं मिल सका।

यदि मैं चाहता तो मैं भी दसवाँ पास कर के बी.टी.सी. ट्रेनिंग कर लेता और 1967 में ही प्राथमिक शिक्षक पद पर नियुक्ति पा जाता। मगर मैंने ऐसा नहीं किया क्योंकि मैं सोचता था कि यदि मैंने बी.टी.सी. ट्रेनिंग कर ली तो मेरी दिशा और दशा सुनिश्चित हो जायेगी। मैं एक सीमित दायरे में सिमट कर रह जाऊँगा। मैं चाह कर भी इसके अलावा कुछ नहीं कर पाऊँगा। जब कि मैं चाहता था कि मैं कुछ बड़ा करूँ और बड़ा बनूँ। अतः मैं कक्षा ग्यारहवीं विज्ञान में एडमीशन ले कर पढ़ाई करने लगा। चूँकि अपने भाइयों में मैं ही सबसे बड़ा था और मेरे छोटे भाई भी छोटी कक्षाओं में पढ़ रहे थे। जिससे मैं उन कठिन परिस्थितियों के बोझ तले दबा रहा।

मेरी माताजी का स्वास्थ्य ठीक नहीं रहता था फिर भी उन्हें हर तरह से घर का पूरा प्रबंधन देखना पड़ता था यद्यपि कमाई के नाम पर मैं भी सिफर ही था। स्थिति वही थी कि चूल्हा फूँकूँ या दरवार करूँ अर्थात पढ़ूँ या काम करूँ। ऐसी ही परिस्थितियों में व्यक्ति समय से पहले बड़ा ही नहीं बल्कि बूढ़ा भी हो जाता है। मैं भी उन्हीं में से एक हूँ। मेरा परिवार भूमिहीन था। मेरे चाचाजी भूमिहीन होने के कारण ठाकुरों की खेती बटाई पर करते थे। हम लोगों को भी उसी काम में लगाये रहते थे। फसल तैयार

होने पर खाने के लिये अनाज घर में आ जाता था। फसल पैदावार घर में आने के पूर्व के कुछ महीने घोर संकट में कटते थे। पिताजी को वेतन शायद सत्तर रुपये प्रति माह अथवा जो भी मिलता था, समय से मिल जाता था। परन्तु बड़ा परिवार होने के कारण खर्च की पूर्ति नहीं हो पाती थी। वह वेतन भी राशन पानी, दवा इलाज तथा पढ़ाई लिखाई के लिये अपर्याप्त ही रहता था।

हम सभी भाइयों का पारिवार की विषम परिस्थितियों में केवल शारीरिक श्रम तथा सादगी के साथ मितव्ययिता का ही योगदान रहता था। मेरी प्रेरणा मेरा साहस मेरी माताजी ही थीं। उन्होंने हम लोगों को कभी भी हताश नहीं होने दिया। हम जब भी कभी निराश होते थे तो वे सदा यह कह कर तसल्ली देतीं थीं कि सब दिन एक से नहीं होते हैं। आज ये दिन हैं तो आने वाले समय में ये भी नहीं रहेंगे। हाँ आज का समय जिन्दगी के लिये एक नया तजुर्बा देकर जरूर जायेगा।

यह लगभग वही दौर था जब देश में खाद्यान्न का संकट चल रहा था। उस समय राशन कोटे की दूकानों पर बड़े दाने वाली लाल रंग की ज्वार आती थी। वह भी एक महीने या दो महीने में एक बार मिल जाती थी। खाद्यान्न संकट औसत आमदनी वाले लगभग सभी परिवारों पर छाया रहता था। एक परिवार को पेट भरने के लिये जहाँ मात्रा में तीन-चार किलोग्राम अनाज प्रतिदिन चाहिये था। वहाँ महीने भर के लिये दस या पन्द्रह किलोग्राम ही मिल पाये या व्यवस्था हो पाये। तब उतने में महीना कैसे मिल सकता है। माताजी को गृह प्रबंधन में काफी किफायत करनी पड़ती थी फिर चाहे पेट भरे या न भरे पर किसी तरह से सभी जीवित बने रहें। इसके लिये वे उस ज्वार में से प्रति दिन आधा किलो के लगभग ले कर उसे भिगो कर उबाल लेती थीं। तत्पश्चात हम भाइयों को थोड़ी थोड़ी कर के चबाने के लिये दे देतीं थीं। हम लोग भी वह चबेना चबा कर पानी पी लेते थे। पूरे चौबीस घंटों के लिये ये उम्मीद छोड़ कर कि बीच में कुछ और खाने को मिलेगा। सुना जाता था कि भारत सरकार उस लाल रंग के ज्वार को अमेरिका से सस्ती कीमत पर आयात करती थी क्योंकि अमेरिका में लोग तो उस ज्वार को खाते ही नहीं थे यहाँ तक कि सुअर भी उसे खाने में कोई रुचि नहीं रखते थे। ऐसी स्थिति में उस ज्वार को जमीन में दफनाने के अलावा कोई विकल्प नहीं बचता था। ऐसे समय में अमेरिकियों को उस लाल रंग की ज्वार को विक्रय के लिये भारत जैसा बड़ी जनसंख्या वाला देश मिल गया। इस प्रकार वह भारत को ज्वार सप्लाई करने लगा।

पंडित जवाहर लाल नेहरू की मृत्यु के बाद लाल बहादुर शास्त्री का छोटा कार्यकाल छोड़ कर इन्दिरा गान्धी की सरकार बनी। उन्हीं के शुरुआती दौर में भारत में हरित क्रान्ति का सच्ची निष्ठा के साथ आह्वान किया गया। उसी प्रक्रिया में भूमिहीनों व खेतिहर मजदूरों को ग्राम समाज की परती भूमि के आवंटन की योजना का सूत्रपात किया गया। भारत सरकार का यह एक ऐसा कदम था जिससे देश में बेकार पड़ी हुई जमीन का सदुपयोग हुआ। उस योजना से देश की निष्क्रिय पड़ी जनशक्ति को सक्रियता मिली। उन्हें उपयोगी बनाकर देश के विकास (सम्पन्नता) की दिशा में गतिमान कर दिया गया। देश में अनाज की आत्म निर्भरता के लिये करीब दो पंच वर्षीय योजनाओं का ही समय लगा था। अतः सरकार की जन कल्याणकारी और सकारात्मक नीतियों का सुखद परिणाम सामने आया। इस प्रकार भारतवर्ष अन्न के घोर अकाल के संकट से उबर गया और बाहर से अनाज के आयात से मुक्ति पा गया। इससे साफ जाहिर होता कि जनहित में लागू की गयी नीतियाँ और उनका ईमानदारी से किया गया क्रियान्वयन देश को सम्पन्नता की गोद में बिठा देता है। खाली पेट को भर देता है,। खाली हाथ को काम दे देता है। अशान्त मन मस्तिष्क को सुख शान्ति प्रदान करता है। कहा तो यही जाता है कि एक बार पेट खाली रहे तो चलेगा परन्तु हाथ खाली न रहे। अगर हाथ खाली रहेगा तो दिमाग खाली रहेगा। यदि दिमाग खाली रहा तो खुराफात सूझेगी अर्थात खाली दिमाग शैतान का कारखाना होता है। इसलिये हर पेट को रोटी, हर हाथ को काम और हर खेत को पानी अवश्य मिलना चाहिये अन्यथा की स्थिति में अभाव और अराजकता का वातावरण छा जाता है। जिसके परिणाम स्वरूप देश व समाज विकास की अपेक्षा विनाश के गर्त में चला जाता है। हमारे देश में यहीं से हरित क्रान्ति का सूत्रपात हुआ था। यह बात उसी समय मेरी समझ में आ गयी थी कि यदि किसी भी देश की सरकार चाह ले तो उस देश का कोई भी नागरिक भूखा या विपन्न नहीं रह सकता है। यदि नहीं तो हर कोई अपने आपको कंगाल, रुग्ण, और असमर्थ महसूस करेगा।

यदि किसी के भी श्रम का शोषण सुगम हो सकता है तब ऐसे व्यक्ति को कभी भी उसके श्रम का समुचित पारिश्रमिक नहीं मिल सकता है। फिर चाहे वो शोषक बाहर वाला हो या घर वाला सगा सम्बन्धी ही क्यों न हो। शोषक शोषण करने की फिराक में ही रहेगा। उस दौर में हम लोग भी काम करने के लिये हीरो और दाम व नाम पाने में जीरो ही साबित हुये। यह हमारा नित्य प्रति का ढर्रा था कि पढ़ाई करना और कालेज से लौटने के बाद एक मजदूर का काम भी करना। घर के पालतू पशुओं के चारापानी

व गोबर कूड़ा करना अर्थात घर से लेकर खेतों में काम करने तक की व्यस्तता आम बात थी।

कालेज से लौटने के बाद मुझे कभी भी ऐसा अवसर नहीं मिला कि मैं घर पर पढ़ाई कर सकूँ। केवल रात्रि विश्राम के समय में से कटौती कर के एक या दो घंटे पढ़ने के लिये निकाल लेता था। उस समय जीवन का यह एक अच्छा अनुभव रहा कि जिन्दा रहने के लिये खाना और खाने के लिये कमाना अत्यन्त अनिवार्य होता है। साधन हीनता में कमाने के लिये गात से ज्यादा मेहनत करनी पड़ती है। यही क्रम सालों साल चलता रहा। उस अथक परिश्रम का एक लाभ अवश्य मिला कि हम लोगों को फिर भूखे पेट नहीं सोना पड़ता था।

हमारे जीवन का एक सुखद पहलू यह भी है कि उस कठिन दौर में भी हम कुमार्ग गामी नहीं हुये। जिससे हम लोग जीवन के दिशाहीन अंधकार की अतल गहराइयों में भटकने से बच गये। इसका पूरा श्रेय हमारे माता पिता व उनकी शिक्षाओं को जाता है। कुछ समय पश्चात 1966 में पिताजी का तबादला फतेहगढ़ से मद्रास कोयम्बटूर हो गया। उन्हें फतेहगढ़ की अपेक्षा वहाँ पर वेतन कुछ बढ़ कर मिलने लगा। अतः हम लोगों का ईमानदारी से मेहनत करना और पिताजी का समय से मनी आर्डर आना, इसका प्रतिफल यह हुआ कि घर का खर्च ठीक से चलने लगा। इन्हीं परिस्थितियों में दिन, रात व महीने गुजरते चले गये। आखिरकार वह समय आ पहुँचा जब ग्यारहवीं कक्षा की वार्षिक परीक्षा सन्निकट थी। व्यस्तताओं में साल बीत गया और पढ़ाई के नाम पर शून्यता रही। जब परीक्षा दी और परिणाम निकला तो मैं फेल हो गया। इसमें मुझे कोई अचरज नहीं हुआ क्योंकि अध्ययन के अभाव में ये तो होना ही था फिर भी मेरे फेल होने से जिनको खुशी हुई उन्होंने खुशियाँ मनायीं परन्तु मैं और मेरा परिवार चिन्ता में डूब गया। हर साल की तरह फिर वही गर्मियाँ और गर्मियों के दो महीनों में वही ईंट भट्टा का काम। मई व जून के दो महीने फिर हाड़ तोड़ मेहनत की तब तक कालेज खुलने का समय निकट आ गया।

तमाम तरह की विसंगतियों के बाद भी मन में क्रूरता ने अपना ठिकाना नहीं बना पाया था। यही कारण रहा होगा कि हमारे अन्दर संवेदना, करुणा, दया, प्रेम और सहानुभूति के भाव घनीभूत बने रहे। मैं जब भी किसी को असहाय हालत में देखता था तब मेरा मन करता कि पैसे से भले ही मदद न कर सकूँ परन्तु शारीरिक रूप से उसके दुख दर्द में खड़ा हो जाऊँ। हमारे पारिवारिक ताऊजी श्री सियाराम एक बार बहुत बीमार पड़े। उनके कोई सन्तान नहीं थी उन्होंने मुझसे कहा कि बेटा मुझे

फतेहगढ़ के मिशन अस्पताल में दिखा दो। मैं उनको गाँव से सिकन्दरपुर तक अपनी साइकिल से ले गया। वहाँ से बस पर बैठा कर फतेहगढ़ ले गया। सिकन्दरपुर से फतेहगढ़ बस स्टेशन तक का भाड़ा उस समय कोई पाँच रुपये रहा होगा। फतेहगढ़ बस स्टेशन से रिक्शा द्वारा उनको मिशन अस्पताल ले गया। वहाँ पर उनकी जाँच कराई। जाँच में डॉक्टर ने उनको टी.बी. बतायी। ताऊ जी टी.बी. का नाम सुन कर बोले, इस उमर में मुझे टी.बी. हो ही नहीं सकती है। तब उनकी उम्र यही कोई सत्तर वर्ष के आस पास रही होगी। यह वाकया भी लगभग 1967 का होगा। अन्ततः उन्होंने अपना टी.बी. का इलाज कराने से इनकार कर दिया।

अस्पताल में जाँच कराने में ही शाम हो चुकी थी। उन्होंने कहा कि अब रात में कहाँ पहुँचेंगे इसलिए रात यहीं रुक जाते हैं। अतः हम लोग उस मिशन अस्पताल के अन्दर मुख्यद्वार के निकट टीन से बनाये गये आश्रय स्थल (शेल्टर) में रुक गये। रात में न कुछ खाने को और न कुछ खास ओढ़ने बिछाने को था। हमारे पास एक छोटा सा गुदड़ीनुमा गद्दा था। मैंने वही बिछाया और एक चद्दर ओढ़ कर दोनों लोग एक साथ लेट गये। आधी रात के आस पास उन्होंने मुझसे कहा कि लल्ला मुझे बहुत जोर की ठंड लग रही है अब सहन नहीं हो रही है। वे बोले अब तो ठंड से राहत का सिर्फ एक ही तरीका समझ में आ रहा है कि तुम मुझे अपने पास कस कर चिपटा लो ताकि तुम्हारे शरीर की गर्मी से मुझे आराम मिल सके। टी.बी. का नाम सुन कर कहाँ तो मैं स्वयं को उनसे दूर रखना चाहता था और कहाँ यह नौबत आ गयी कि उनको अपने शरीर से चिपटा कर लेटना पड़ा। सारा संकोच और छूत से टी.बी. लगने के भय को दरकिनार किया। उसके बाद मैंने उनके बताये हुये के अनुसार रात काटी।

सुबह जल्दी उठ कर वहाँ से रेलवे स्टेशन फतेहगढ़ आये। उन्हें वहाँ से पैसेंजर ट्रेन पर बैठा कर रेलवे स्टेशन गुरसहायगंज आ गये। रेलवे स्टेशन पर बैठ कर वे बोले कि जाओ बैसन पुरवा से मुंशीलाल को बुला लाओ। उनसे मेरा नाम बता कर कहना कि उन्होंने तुम्हें बुलाया है। अब ताऊजी को रेलवे स्टेशन पर ही बैठा कर मैं पैदल ही बैसन पुरवा के लिये रवाना हो गया। गुरसहायगंज रेलवे स्टेशन से ठीक उत्तर की ओर खेतों से होते हुये करीब एक घंटा पैदल चल कर मैं वहाँ पहुँचा गया। उन रिश्तेदारों को पूरा दास्तान सुनाया। वे सब लोग बहुत ही अच्छे थे। मेरी बात सुन कर मामाजी श्री मुंशीलाल (पारिवारिक चाचा जानकी प्रसाद के साले) मेरे साथ रेलवे स्टेशन पर आये। वे उन्हें अपने साथ अपने गाँव बुला ले गये। लगभग उन दो दिनों में मेरे पेट में रोटी का एक निवाला भी नहीं पहुँचा था। मैं भूखे पेट ही स्टेशन से वापस अपने

घर लौट आया। घर पहुँचते ही बड़ी अम्मा (ताईजी) ने मुझसे पूछा लल्ला दाऊ (ताऊजी) कहाँ हैं? जब मैंने उनको पूरा किस्सा सुनाया तब वे बहुत दुखी हो कर बोलीं बेटा कहाँ छोड़ आये हो? मुझे पता चला कि ताऊजी बैसन पुरवा कुछ ही दिन रुके थे। उसके बाद वे वहाँ से धमियाँपुर अपने छोटे भाई की ससुराल चले गये थे। वहाँ से घर वापस आते आते उनको करीब पन्द्रह दिन लग गये थे। अधिकतर लोग ऐसी घटनाओं या ऐसे कामों से कतराते हैं लेकिन मैंने ऐसा करना कभी मुनासिब नहीं समझा। ऐसे कई मौके आये जब मैंने लोगों का बढ़ चढ़ कर साथ दिया। जिनका समय समय पर आवश्यक हुआ तो जिक्र करता रहूँगा।

सत्र 1966-67 में मेरा ग्यारहवीं कक्षा में फेल होना मेरे मनोबल व मान प्रतिष्ठा के लिये बहुत घातक सिद्ध हुआ। उस कक्षा में पढ़ाने वाले सभी अध्यापकों की दृष्टि में मैं एक असफल विद्यार्थी भर बन कर रह गया था। उस गिरी हुई मनोदशा में भी मेरी माताजी ने मुझे फिर तसल्ली दी और हिम्मत बँधायी। तब मैंने जैसे तैसे सत्र 1967-68 में पुनः कालेज में ग्यारहवीं विज्ञान की कक्षा में एडमीशन ले लिया। मेरी पढ़ाई आरम्भ हो गयी थी। अब मैं तन्मयता से पढ़ने लगा। यद्यपि मुझे घरेलू कामों से पूरी तरह से तो छुटकारा नहीं मिल सका था। परन्तु तब तक मेरे छोटे भाई भी घर के कामों में कुछ हाथ बँटाने लायक हो गये थे जिससे मुझे काफी राहत मिल चुकी थी।

वह वर्ष मेरे लिये एक अहम परिवर्तन ले कर आया। यद्यपि सब कुछ बदल चुका था परन्तु मेरे लिये मेरे कालेज का वातावरण और मेरी कक्षा ग्यारहवीं में फेल होने वाली छवि नहीं बदली थी। अर्थात मैं कई महीनों तक असफल व्यक्तित्व को ढोकर ही पढ़ता रहा। हिन्दी, अंग्रेजी, गणित, भौतिक विज्ञान व रसायन विज्ञान विषय ले कर पढ़ाई करने लगा। लगभग छः महीने पढ़ाई हो चुकी थी उसके बाद संयोग से माध्यमिक शिक्षा परिषद उत्तर प्रदेश ने एक व्यवस्था दी थी कि यदि कोई चाहे तो अंग्रेजी को वैकल्पिक विषय के रूप में बनाये रख सकता है। अतः अंग्रेजी पढ़ने की कोई अनिवार्यता या बाध्यता नहीं है। जब यह मालूम हुआ तो ग्यारहवीं विज्ञान के दो चार छात्रों के अलावा सभी ने अंग्रेजी विषय छोड़ दिया था। अंग्रेजी विषय छोड़ने वाले उन लोगों में से एक मैं भी था। मैं केवल चार विषय से ही पढ़ाई करने लगा। यद्यपि यह व्यवस्था केवल एक साल ही चल पायी। अगले वर्ष फिर ज्यों की त्यों लागू हो गयी थी लेकिन मेरे बैच वालों को चार ही विषयों में बारहवीं की परीक्षा देनी पड़ी थी।

इण्टरमीडिएट (ग्यारहवीं तथा बारहवीं) में जो अध्यापक मुझे पढ़ा रहे थे। उनमें से हिन्दी पढ़ाने वाले श्री रामस्वरुप रतन जी थे। वे सिकन्दरपुर के ही मूल निवासी थे।

वे गोल चेहरा, सामान्य कद काठी, पेट कुछ बढ़ा हुआ, भरे हुये शरीर और गेहुआँ रंग के अपने विषय के एक सफल अध्यापक थे। वे अपने विद्यार्थियों के हित व उनके भविष्य निर्माण के लिये शिक्षण में पूरी ईमानदारी अपनाते थे। वे चेहरे पर बड़े फ्रेम वाला नजर का चश्मा लगाते थे। वे अधिकांशतः आसमानी रंग की हाफ शर्ट और हलके रंग वाले पैंट पहनते थे। वे ना काहू से दोस्ती ना काहू से बैर वाले सिद्धान्त का अनुसरण करते थे। बस अपने काम से काम, अपनी ड्यूटी की और चलते बने।

श्री रूप किशोर शर्मा (आर.के. शर्मा) साहब मुझे भौतिक शास्त्र पढ़ाते थे। वे अपने विषय के परम योग्य और दक्ष अध्यापक थे। वे चाहे शर्ट पैंट में रहें या कुर्ता पाजामा में। सदैव सादा लिबास में ही रहते थे। जाड़ों में तो कभी कभी शाल ओढ़ कर आते थे। कुर्ता पाजामा भी बिल्कुल नेता विहीन सा लगता था। वे हृष्ट पुष्ट और स्वस्थ कद काठी के सौम्य इंसान थे। वे कभी कभी कालेज में बिना दाढ़ी बनाये ही चले आते थे। यही कहा जा सकता है कि वे मस्त मौला से दिखने वाले वैज्ञानिक व दार्शनिक का मिलाजुला रूप थे।

रसायन शास्त्र पढ़ाने वाले अध्यापक थे श्री होम करन कटियार (एच.के. कटियार)। वे गुरसहायगंज और कन्नौज के बीच जी.टी. रोड स्थित गाँव किसबापुर के निवासी थे जो अधिकतर सिकन्दरपुर में ही रहते थे। वे शायद किराये के मकान में रहते थे। वे अपने सिर के बालों को लहरदार सँवारते थे ठीक पानी की तरंगों की तरह। उनके माथे पर दाहिनी ओर बेर के आकार की उभार लिये हुये एक गाँठ थी जो बुरी नहीं लगती थी। शायद उनकी उस गाँठ में दर्द नहीं होता था इसलिए उनके माथे पर उपेक्षित सी पड़ी हुई थी। वे कपड़े पहनने के अत्यधिक शौक़ीन थे। वे अधिकतर हाफ शर्ट और पैंट पहनते थे जो सप्ताह भर में कम से कम तीन बार तो बदलते ही थे। उनके कपड़ों के रंगों का चयन आकर्षक व शानदार होता था। वे सामान्य कद काठी, गेहुआँ रंग, हलके शरीर के चुस्त व फुर्तीले व्यक्ति थे। वे अपने विषय के ज्ञान में तो ठीक थे लेकिन अपने छात्रों तक कभी कभी तथ्य या विषय वस्तु को पहुँचाने में (सम्प्रेषण में) सफल नहीं हो पाते थे या शायद मुझे ही ऐसा लगता हो।

गणित पढ़ाने वाले श्री एस.के. कटियार स्टाइलिश अध्यापक थे। उनका कद लम्बा, गोरा बदन और चेहरा अण्डाकर था। उनके बाल काले थे और बालों की साज सज्जा ऐसी कि एक भी बाल अनियंत्रित नहीं था। उनका पहनावा भी सुन्दर व सौम्य था। कुल मिला कर तेज तर्रार छवि और उनकी बातों में ओज था। वे अपने विषय में पारंगत थे। उनकी आवाज इतनी ऊँची थी कि यदि कक्षा में डेढ़ सौ बच्चे हों तब भी सबको सुनाई देगा। कालेज में नयी नयी ज्वाइनिंग थी। अवस्था भी उनकी यही

कोई तीस से पैंतीस वर्ष की रही होगी। उनका व्यक्तित्व जितना प्रभावी था उतना ही प्रभाव वे शिक्षण में भी रखते थे। अच्छे शिक्षक होने के साथ साथ उनका स्वभाव एक वकील जैसा था। जिस प्रकार वकील पूर्णतः व्यावसायिक होता है। अगर वह परिचित होगा तो आपसे कुशल क्षेम के कुछ सवाल कर लेगा लेकिन किसी कानूनी बात को पूछेंगे तो वह मौन हो जाता है। उसका मौन इस बात का संदेश देता है कि पहले बोलने की फीस जमा करो और वकालतनामा भरवाओ तभी किसी केस पर विचार विमर्श (डिस्कशन) संभव है।

कटियार साहब का व्यवहार ठीक एक वकील की तरह था। वे कोई भी सवाल कक्षा से बाहर पूछने पर मौन हो जाते थे। ज्यादा पूछने पर बेझिझक कहते थे कि तुम्हें ट्यूशन की जरूरत है। यदि पढ़ना चाहो तो हमारे आवास पर सुबह या शाम को आ सकते हो। इस तरह से वे सुबह एक बैच व शाम को कम से कम दो बैच पढ़ाते थे। इस प्रकार वे ट्यूशन के लिये मशहूर क्या बदनाम हो गये थे। मुझे भी ट्यूशन के लिये मजबूर होना पड़ा। मैंने भी ग्यारहवीं कक्षा में नहीं बल्कि बारहवीं कक्षा में चार पाँच महीने के लिये टुयूशन पढ़ी थी। कक्षा ग्यारहवीं व बारहवीं गणित की किताबों की काफी लम्बी सूची थी जो उस समय पढ़नी पड़तीं थीं। उन किताबों के नाम थे बीजगणित, ट्रिगोनोमेट्री, कोआर्डिनेट ज्योमेट्री, वेक्टर एनालिसिस, कैलकुलस (डिफरेंशियल और इंटीग्रल कैलकुलस), स्टेटिक्स, डायनामिक्स आदि। वे त्रिकोणमिति से चल कर इन किताबों को जिस तेजी से पढ़ाते पढ़ाते आगे बढ़ते थे। उतने ही स्टेटिक्स व डायनामिक्स तक आते आते शान्त हो चुकते थे। यही दिनचर्या उनके जीवन का हिस्सा बन चुकी थी। उनसे मेरा इतना ही लगाव (सम्बन्ध) था कि वे मेरे गणित के अध्यापक थे और मैं उनका छात्र था।

सच पूछा जाये तो इंटरमीडिएट में पढ़ाने वाले किसी भी अध्यापक से मेरे आत्मीय सम्बन्ध नहीं जुड़ पाये थे और न ही मैं किसी के भी मन मस्तिष्क में एक अच्छे विद्यार्थी होने की छवि बना पाया था केवल एक अध्यापक को छोड़ कर। वे थे श्री पूर्ण आनंद श्रीवास्तव (पी.ए. श्रीवास्तव)। उन्हें हम लोग पूर्ण आनंद न कह कर पूर्णानंद कहते थे। उनका व्यक्तित्व और कृतित्व सामान्य लोगों से बिल्कुल भिन्न था। उनका कद काठी लम्बा व ठोस। गौर वर्ण, सुन्दर भरा हुआ चेहरा। बहुत ही छोटी छोटी पतली मूँछें। पैर के अँगूठे से लेकर मस्तक तक तराशा हुआ साँचे में ढाला सा शरीर। उस पर उनका सेलेक्टेड शानदार पहनावा। चाहे वे शर्ट पैंट पहनें या कुर्ता पाजामा। सब कुछ उनके व्यक्तित्व से मेल खाता हुआ। जब वे किसी से बात करते थे। तब सौम्य मुद्रा में दिखते थे। अधिकांशतः बात करते वक्त उनके ऊपर का होंठ कुछ सिकुड़

जाता था। जिससे उनके ऊपर के चार दाँत झाँकने लगते थे जो देखने में और भी अधिक आकर्षक लगते थे। वे अंग्रेजी के अच्छे विद्वान व श्रेष्ठ प्रवक्ता (अध्यापक) थे। उनकी पढ़ाने की शैली व कौशल दोनों ही अद्वितीय थे। उनकी सम्प्रेषणीयता (कम्युनिकेशन स्किल) कमाल की थी। संयोग कहें या दुर्योग मैंने भावुकता में आकर चार विषय के चक्कर में ग्यारहवीं कक्षा में कुछ महीने अंग्रेजी पढ़ कर छोड़ दी थी। जिससे मैं उनके ज्ञान के असीम भंडार से कम लाभान्वित हो पाया था। इतना अवश्य था कि उनका सानिध्य व मार्ग दर्शन मुझे फिर भी मिलता रहा क्योंकि वे एन.सी.सी. सीनियर विंग के कमांडिंग आफीसर थे। मैंने भी 1966-67 में एन.सी.सी. ज्वाइन कर ली थी। जब वे NCC की यूनिफार्म पहन कर कमाण्ड देते थे तब उनकी पर्सनालिटी अत्यंत आकर्षक व प्रभावी दिखती थी। तब मैं उनका पूर्व विद्यार्थी और मात्र एक कैडेट था। NCC का मेरा एनरोलमेंट नम्बर 352499 था। मेरी NCC कम्पनी 41 उ.प्र. बटालियन (NCC 41 UP Bn) फतेहगढ़ के अन्तर्गत आती थी। काफी सख्त ट्रेनिंग हुआ करती थी। ट्रेनिंग कराने वाले सूबेदार डोगरा साहब व हवल्दार देवराज अर्स हुआ करते थे। वे लोग अपने कैडेट्स को काफी मेहनत और ईमानदारी के साथ पी.टी. परेड करवाते थे साथ ही साथ मैप रीडिंग व फायरिंग तक की ट्रेनिंग दिया करते थे।

हमारे साथियों में से ही एक अण्डर आफीसर हुआ करते थे रामेश्वर दयाल दोहरे। वे थे तो विद्यार्थियों में से ही एक बनाये गये अण्डर आफीसर लेकिन जब कमाण्ड के लिये खड़े होते थे तब किसी फौजी कमाण्डर से किसी भी दशा में कम सख्त नहीं दिखते थे। परेड के मध्य में अवकाश भी होता था। उसमें रिफ्रेशमेंट के तौर पर अधिकतर ब्रटेनिया मॉरी गोल्ड बिस्कुट दिये जाते थे जो स्वाद और गुणवत्ता में श्रेष्ठ माने जाते थे। शायद वह एक छोटा पैकेट उस समय भी चार आने का आता था। इस प्रकार हम सभी कैडेट्स को समस्त औपचारिकताओं (प्रोटोकाल) के साथ कठिन प्रशिक्षण और परीक्षणों के दौर से गुजरना पड़ता था। अन्ततः 1968 में N.C.C. 'B' Certificate एन.सी.सी. (बी.) प्रमाण पत्र के लिये मेरा दस दिन का कैंप एस.एन. इण्टर कालेज कन्नौज के परेड मैदान में लगा था। वहाँ पर तमाम जगहों की एन.सी.सी. कंपनियाँ आयी हुयीं थीं। मैंने जिन्दगी में पहली बार तम्बू में दस दिन रह कर खुले आकाश के नीचे कैम्प लाइफ का आनन्द लिया था। उसी साल तमाम औपचारिक परीक्षाओं के पश्चात मुझे N.C.C. 'B' Certificate का सम्मान प्राप्त हुआ।

यद्यपि इंटरमीडिएट में पढ़ाने वाले शिक्षक अपनी जगह पर ठीक थे। परन्तु जो मुझे महसूस होता था कि उनमें कहीं अन्दर तक एक जातीय दंभ अपना स्थान बना चुका था। यद्यपि वे सभी लोग वर्तमान के ओबीसी वर्ग के ही थे। वे स्वयं को सवर्णों से किसी भी प्रकार से कम नहीं समझते थे। यहाँ तक कि अनुसूचित जाति के अपने ही विद्यार्थियों से छुआछूत में भी आगे थे। हो सकता है कि समाज में उनकी परवरिश एक संभ्रांत और समृद्ध परिवार में हुई हो। जिससे उनमें जातीय श्रेष्ठता का दंभ समाया हुआ हो। उनमें जितना जातीय दंभ था उतना उस समय मुझे अपने ब्राह्मण शिक्षकों में भी नहीं मिला। उस मिथ्या दंभ का अभिशाप मुझे अपने उन ओ.बी.सी. शिक्षकों के सान्निध्य में भोगना पड़ा। यह एक संयोग ही कहा जा सकता है कि मुझे ग्यारहवीं व बारहवीं कक्षा में पढ़ाने वाले कोई भी शिक्षक अन्य पिछड़ा वर्ग से इतर नहीं थे। चूँकि उस समय आज की तरह अन्य पिछड़ा वर्ग की जातियों का संवैधानिक वर्गीकरण प्रचलन में नहीं था। इसलिये अनुसूचित जाति के छात्रों के प्रति उन लोगों (पिछडों) में जातीय श्रेष्ठता का दंभ कूट कूट कर भरा था। यही दंभ उन्हें तथाकथित नीची जाति (अनुसूचित जाति) के विद्यार्थियों के प्रति पक्षापाती होने के लिये विवश करता रहा होगा। उन शिक्षकों की उस कुटिलता का मैं और मेरे जैसे अन्य साथी किस प्रकार शिकार हुये या किये गये जिसका जिक्र फिर कभी करूँगा।

जैसा कि मैं पहले कह चुका हूँ वह वर्ष (1968) मेरे लिये अहम परिवर्तन ले कर आया। उन परिवर्तनों में एक अहम परिवर्तन था कि मेरे चाचाजी की इच्छा के अनुसार मैं विवाह करूँ। उन्होंने मेरी माताजी के समक्ष यह बात रखी और मेरी शादी के लिये उन्हें मना लिया। उस समय संयुक्त परिवार हुआ करते थे। उनमें परवरिश के कारण पीढ़ियों का अन्तर (generation gap) साफ देखा जा सकता था। मेरे पिताजी उस समय मद्रास में ही तैनात (पोस्टेड) थे। उनके पास पत्र भेज कर उनकी भी सहमति ले ली गयी। मगर सहमति नहीं ली गयी तो केवल मेरी। जब कि मेरे मन में था कि मुझसे भी पूछा जाये ताकि मैं भी अपने मन की बात कह सकूँ। यद्यपि मुझे शादी से इनकार नहीं करनी थी फिर भी मैं यह कहना चाहता था कि मेरे जन्म के बाद वाली बलिदान की जो रस्म अदायगी की गयी थी वह मेरी शादी पर न की जाये। उस समय यह माना जाता था कि लड़का या लड़की की विवाह योग्य अवस्था हो चुकी है तो विवाह कर दिया जाये। इसमें जिसका विवाह होना है उससे क्या पूछना? उसको यह कह देना ही काफी था कि तुम्हारी शादी है। फिर भी मैंने माताजी से अपनी मंशा जाहिर कर दी। हालांकि मेरी शादियाँ पहले भी आयीं थीं परन्तु बात आयी गयी हो

गयी। मैं वर्ष (1967-68) में ग्यरहवीं कक्षा में तन्मयता से पढ़ाई कर रहा था। उसी दौर में ताबड़तोड़ लगातार दो शादियाँ आयीं। जिनमें पहले वालों ने 'लड़का काला है' यह कह कर, इनकार कर दिया तो मुझे लगा कि अच्छा ही रहा। ये साल तो टल गया लेकिन मेरा सोचना धरा का धरा रह गया जब मेरी शादी के लिये दूसरी पार्टी आ गयी या यों कहें कि मेरे चाचाजी के द्वारा लायी गयी।

मुझे अपने कक्षा दसवीं के साथी राम शरण शाक्य की बात याद आ गयी। वे सिकन्दरपुर के ही रहने वाले थे। उनके घर के सामने ही उनके पड़ोसी का कमरा था। मैं उस कमरे में करीब चार पाँच महीने के लिये किराये पर रह चुका था। उनका घर जूनियर हाईस्कूल सिकन्दरपुर के बिल्कुल बगल में था। उस कमरे का किराया उस समय छः रुपये महीना था। वे हमारे सहपाठी ही नहीं अपितु परम मित्र भी थे। एक दिन वे मेरे ही पास बैठे थे। हम दोनों लोग जामुन खा रहे थे। जामुन खाते खाते वे मुझसे बोले। भैया आज मुझे इन जामुनों से जलन (ईर्ष्या) हो रही है। मैंने उनसे पूछा कि भाई ऐसी क्या बात है? तब जवाब में उन्होंने कहा था कि मुझे इनसे ईर्ष्या इसलिए हो रही है क्योंकि ये जामुन मुझसे भी ज्यादा काले क्यों हैं? मुझे उनकी बात पर हँसी आ गयी और हम दोनों लोग काफी देर तक हँसते रहे। वे साँवले जरूर थे लेकिन बड़े ही नेक दिल और एक मुकम्मल इंसान थे। चेहरा गोल, स्वस्थ शरीर, मेरी तरह उनके भी ऊपर के सामने वाले दोनों दाँतों के बीच कफ़ी जगह थी जिसमें अगर बनावटी दाँत लगाया जाये तो एक छोटा सा दाँत लग सकता था। फिर भी देखने में उनकी छवि आकर्षक थी। उस समय रेडियो पर सीलोन से बिनायिका सीरीज नाम से गानों का प्रसारण हुआ करता था जिसके वे बहुत शौकीन थे। उसी समय आल इण्डिया रेडियो से बदल कर हिन्दी में 'ये अकाशवाणी है' कर के उद्घोष होता था। जिसकी वे बहुत ही सलीके से ज्यों की त्यों आवाज निकाल कर आवृत्ति करते थे साथ ही साथ सुने हुये समाचारों के अंश भी बोलते थे। जब वे समाचार बोलें और परदे के पीछे हों तो कोई यह अनुमान नहीं लगा सकता था कि यह आवाज रेडियो से प्रसारित नहीं हो रही है या किसी अन्य व्यक्ति की आवाज है। कई वर्षों तक हमारा साथ रहा परन्तु लगभग तेरह वर्षों से हमारी उनकी मुलाकात नहीं हो पायी है। आज भी मुझे उनकी याद आ जाती है।

मेरा रंग तो पक्का है ही उस पर कोई दूसरा रंग नहीं चढ़ाया जा सकता है। मेरे पक्के रंग की तरह मेरा स्वभाव भी अलग तरह का था यानी कि पक्का था उसमें बदलाव कठिन था। जिसमें अन्दर से भावुकता तो थी लेकिन कठिन परिस्थितियों के वशीभूत उसने कठोरता और कटुता का आवरण ओढ़ रखा था। यह कठोरता भी मुझे समाज की

ओर से पुरस्कार के रूप में ही मिली थी। उसी दौर में मेरी शादी के लिये मुझे देखने के लिये जो लोग आये थे उन्होंने मुझ पर बिना कुछ दोष (कमी निकाले) लगाये मुझे पसन्द कर लिया। शायद यही सोच कर कि लड़का पढ़ता है कुछ तो कर ही लेगा। कुछ दिनों बाद वे (हमारे होने वाले ससुर) आये और चाचाजी व माताजी से बोले। हम दहेज देने की स्थिति में नहीं हैं इसलिये हमें निभा लें तो बहुत ही अच्छा होगा। माताजी व चाचाजी ने कहा कि ठीक है आप जो भी कर पायें वही ठीक है। हमारी तरफ से कोई बात सामने नहीं आयेगी। माताजी व चाचाजी की यह बात सुन कर उनके चेहरे पर संतोष का भाव (मुस्कान) तैर गया। उन्होंने उसी समय अपनी गोट से पचास रुपये निकाल कर माताजी के हाथ पर रख दिये और बोले लड़का मेरा पक्का है। मैं इतना ही दे सकता हूँ। यही रुकाई, यही टीका और यही लगुन है। हम शादी छँटवाकर पीली चिट्ठी भेजेंगे और मुहूर्त के अनुसार आप बारात लेकर आयें।

तब लड़की वाले तो लड़का देख जाते थे परन्तु लड़के वाले बहुत कम ही लड़की देखने जाते थे। लड़की कितनी पढ़ी है, कितनी लम्बी है, रंग कैसा है? ये सब बातें फिजूल की मानी जातीं थी। यद्यपि मुझे भी अवसर दिया गया कि लड़की देख आओ परन्तु मैं ही यह सोच कर मुकर गया कि लड़की देखने का मतलब लड़की पसन्द करना या ना पसन्द करना है। कहीं लड़की देख कर मैंने पसन्द कर ली और उसने मुझे नापसन्द कर दिया तब नजारा कैसा होगा? इसलिए भरी मुँदी ही ठीक है। अर्थात बन्द मुट्ठी लाख की औ खुल गयी तो खाक की। यही सोच कर मैं लड़की दिखायी करने नहीं गया था।

मेरी शादी के कुछ दिन पहले ही मेरे पिताजी मद्रास से छुट्टी लेकर घर आ गये थे। यद्यपि उन्होंने अपने पेट का आपरेशन हाल ही में अपने विभाग की ओर से की गयी चिकित्सकीय व्यवस्था के अन्तर्गत करवाया था। उनके ऑपरेशन में नाभि की बगल से दाहिनी ओर नीचे से ऊपर की ओर लगभग ग्यारह इंच लम्बा चीरा लगा था। उनकी जिस बीमारी का हम पहले जिक्र कर चुके हैं उस बीमारी की वहाँ जाँच करवायी गयी। उस जाँच से पता चला कि उन्हें अन्त्रिशोथ या एपेंडिसाइटिस का भयंकर रोग था। जिसका बिना ऑपरेशन इलाज संभव नहीं था। वे ऑपरेशन के पश्चात पूर्णतः स्वस्थ हो चुके थे परन्तु डॉक्टर ने भारी काम करने को मना किया था। उनकी सबसे बड़ी और जीवट की बात तो यही थी कि उन्होंने घर पर तब तक कोई खबर नहीं दी जब तक अपनी बीमारी की जाँच से ले कर ऑपरेशन कराने तक की प्रक्रिया पूरी नहीं हो गयी। इस प्रकार वे ऑपरेशन करा के स्वस्थ हो कर कोयम्बटूर

मद्रास से अवकाश ले कर घर आ गये। वहीं से हमारे लिये, हमारे सभी भाइयों व माताजी के लिये तमाम कपड़े खरीद कर लाये थे। यहाँ तक कि चढ़ावा के सारे कपड़े व साड़ियाँ आदि भी वहीं से खरीद कर लाये थे। चढ़ावा के लिये कुछ जेवर गहने आदि माताजी ने पहले ही बनवा लिये थे। इस प्रकार हमारी औकात के मुताबिक शादी के लिये पूरी खरीदारी हो गयी थी।

शादी की तैयारियाँ चल ही रहीं थीं कि जल्द ही वह तिथि बैशाख पूर्णिमा नजदीक आ गयी। शायद मई 1968 का पहला पखवाड़ा रहा होगा। कालेज में मेरी ग्यारहवीं की वार्षिक परीक्षा लगभग समाप्त हो चुकी थी। केवल रसायन विज्ञान का प्रेक्टिकल रह गया था जो बारात जाने वाले दिन से एक दो दिन पूर्व ही समाप्त हुआ था। घर में तमाम वैवाहिक कार्यक्रम चल रहे थे। वैवाहिक रस्म के मुताबिक काले से गोरा करने या कठोर हाथ पैरों को कोमल करने के लिये उबटन किया जाता था (है)। यह काम उस समय या तो नाइन करती थी या घर में बड़ी भाभी किया करती थी। नाइन उपलब्ध नहीं थी और मेरी कोई बड़ी भाभी थी ही नहीं कयोंकि अपने भाइयों में मैं ही सबसे बड़ा था। बाद में यह काम मेरी बुआ जी (रामवती) ने सँभाला और जोराबरी सात उबटन की जगह दो या तीन उबटन कर दिये थे।

बारात जाने वाले दिन कई रस्में अदा की जाती हैं। इनमें निकरौसी के बाद एक रस्म कुआँ बारे की होती थी (है)। जिसमें लड़के की माँ कुएँ में पैर लटका कर कुएँ की जगत पर (कुएँ के मुहान पर) बैठ जाती थी (है)। अर्थात मेरी माताजी भी कुएँ में पैर लटका कर बैठ गयीं। उसमें होता यही है कि माँ को उसका बेटा वचन देता है और कहता है कि शादी के बाद मैं तुम्हें कभी दुखी और लाचार नहीं होने दूँगा। इसी तरह से लड़का इस रस्म में माँ को कुएँ से पाँव निकालने व उठने के लिये कहता है परन्तु माँ नहीं उठती है। इस तरह लड़का कुएँ में पैर लटकाये बैठी माँ के सात चक्कर लगाता है। लड़का हर चक्कर में बढ़नी (सींक का झाड़ू) की एक सींक कुएँ में डाल कर माँ को कन्धे से पकड़ कर उठाता है और माँ को दुखी न होने देने का वचन भी देता है। हर चक्कर में वही प्रक्रिया अपनाता है तब कहीं सातवें चक्कर के बाद में माँ बेटे से संकल्प ले कर पूरी तरह से आश्वस्त होती है उसके बाद ही कुएँ से पैर निकाल कर उठती है और अपने बेटे को सफल जीवन की कामना करते हुये आशीष देती है। मेरी माताजी ने भी ऐसा ही किया था।

इस रस्म के बाद कोई भी लड़का अपने घर न जा कर सीधा अपनी बारात में ही जाता था। शायद कहीं कहीं पर आज भी ऐसा ही होता हो। मैं जहाँ तक समझ पा रहा हूँ

कि माँ को यह अहसास होने लगता है कि बेटे के विवाह के बाद वह उसकी अपनी गोद से उतर कर धरती पर अपने पैरों पर खड़ा होने जा रहा है। जिसका हाथ शादी होने वाली किसी लड़की (बहू) के हाथ में सदा सदा के लिये होगा। बेटा अपनी माँ को कहीं भूल ही न जाये इसलिये इस रस्म के रूप में विवाह के सात फेरों से पूर्व कुएँ में पैर लटकाये बैठी माँ की सात बार परिक्रमा कर के संकल्प लेना पड़ता है। उसका बेटा संकल्प लेता है कि माँ मैं आप को अपने कार्य व व्यवहार से कभी निराश नहीं करूँगा। इस प्रकार विवाह से पूर्व माँ के प्रति ये यादें पक्का की जाती हैं जो जीवन पर्यन्त स्मरण रहती हैं।

इतना सब कुछ होने के बाद बैल गाड़ियों पर सज-धज कर बारात चलने को तैयार हुयी। बारात गाँव चन्दरपुर से रोहली होते हुये धमियाँपुर के लिये चली। बाराती बैलगाड़ी में थे और मुझे एक पालकी में बैठाया गया। पालकी गाँव के बाहर पहुँचते ही रुकी और वहाँ मुझे पालकी से उतार कर बैलगाड़ी पर बिठा दिया गया। कहाँरों ने खाली पालकी को एक बैलगाड़ी में लाद लिया और वे भी उसी बैलगाड़ी में सवार हो कर बारात के साथ चल दिये। बारात दिन ढले धमियाँपुर के धुरे (सीमा) पर पहुँच गयी।

वहाँ पहुँच कर मेरे चाचाजी ने मुझे गौर से देखा और मुझे देखते ही वे गुस्सा हो कर बोले बिना दाढ़ी बनाये ही शादी करने के लिये चल (पड़े नहीं) पड़ीं। तब कोई बड़े बुजुर्ग नाराज होने पर पुल्लिंग का प्रयोग न कर के स्त्रीलिंग में ही सम्बोधन करते थे। वहाँ गाँव के निकट बारात पहुँची और बारातियों ने एक बान गोला दागा जिसकी आवाज गाँव में पहुँची। गोले की आवाज जैसे ही गाँव में पहुँची वैसे ही पूरे गाँव में हलचल मच गयी। गाँव भर में शोर हो गया कि बारात आ गयी। उधर गाँव वाले बारात की अगवानी (reception) के लिये गाँव के बाहर आ रहे थे और इधर मेरे एक पारिवारिक चाचा श्री राम स्वरूप जी एक ब्लेड का इन्तजाम कर के मेरी दाढ़ी बनाने में लगे हुये थे। बिना रेजर के ब्लेड से कहीं दाढ़ी बनी और कहीं दाढ़ी कटी अर्थात दाढ़ी की चमड़ी कुछ ज्यादा ही छिल गयी थी।

बारात चढ़ाने की तैयारी हुयी और मुझे वहाँ से फिर पालकी में बिठाया गया। हम सभी बाराती मय बैलगाड़ियों के जनवासे के लिये रवाना हुये। घरातियों व गाँव वालों ने बारातियों की अगवानी गाजे बाजे से की। गाँव के कुछ मनचले लौंडों ने धूल उछाल कर स्वागत किया फिर बारात को जनवासा दिया गया। जनवासा का मतलब गाँव के किनारे खाली जगह बता दी गयी थी और कह दिया गया था कि यहाँ बारात

रुकेगी। बारातियों ने बैलगाड़ी पर रखी हुयीं दरियाँ उतार कर उस खाली जगह पर बिछा लीं तत्पश्चात वहाँ पर बैठ कर या कुछ लोग लेट कर आराम करने लगे। उसके बाद बारात चढ़ाने का बुलावा आया और सभी लोग बारात चढ़ाने के लिये तैयार हुये। मुझे फिर पालकी में बिठाया गया क्योंकि उस समय घुड़चढ़ी का चलन नहीं था। इस प्रकार बड़ी ही शान शौकत से दरवाजे पर बारात चढ़ी। जब द्वार चार की रस्म चल ही रही थी कि अन्दर से औरतों का झुंड गीत गाते हुये झाँका। उनमें से कुछ तो गा रही थीं और कुछ निरख परख कर रही थीं। उन्हीं में से किसी एक ने परख कर कहा कि लड़का तो ठीक है लेकिन साँवला है और भौंहें भी जुड़ी हुईं हैं। ये लड़का पक्का गुस्सैल होगा। इस तरह से उत्साह और उल्लास से द्वार चार की रस्म सम्पन्न हुयी। उसके बाद मुझे जब भी किसी रस्म के लिये वहाँ (उस घर में) जाना पड़ा तो पालकी से ही ले जाया गया।

थोड़ी देर बाद रस्म के अनुसार पौनछक दी गयी। पौनछक का मतलब एक टोकरी भरकर पूड़ी इस हिसाब से बारातियों को देना जिससे कि किसी भी बाराती को खाने के लिये उसके हिस्से में आधी या पौन पूड़ी ही आये अर्थात पौन पूड़ी खा कर छक जाओ। बारातियों के लिये शाम की यही दावत होती थी। पौनछक के बाद कुछ तो सोने (की तैयारी करने) लगे। पिताजी और चाचाजी शायद उस रात सोये ही नहीं थे क्योंकि उनको चढ़ावा चढ़ाने से लेकर ऐपन बारी भेजने जैसे काफी काम निपटाने थे।

आधी रात के बाद भोर होने से पहले ही भाँवरों के लिये बुलावा आ गया। मुझे फिर पालकी में बिठा कर वहाँ ले जाया गया। मंडप में सप्त पदी के विधान से भाँवरें पड़ीं। इस प्रकार विवाह सम्पन्न हो गया। इसके बाद बाती मिलवायी की रस्म पूरी हुईं। (बाती मिलवायी का मतलब मिट्टी के एक दीपक में दो बातियाँ पास पास जला दी जातीं हैं और उन दोनों बातिओं को वरवधू सोने की सींक (सलाई) से एक साथ मिला देते हैं)। जब वहाँ से जनवासे में चलने को तैयार हुये तब पता चला कि मेरा एक जूता गायब था। जूता गायब क्या हुआ किसी ने चुरा लिया था। बाद में पता चला कि वह जूता चुराने का हक सालियों का होता है। मेरी कोई साली नहीं थी इसलिए यह काम मेरी पत्नी (श्रीमती सरला देवी) की मौसेरी बहन सुशीला ने किया था। जूता तब तक वापस नहीं मिलता था जब तक उसका नेग न दे दिया जाये। मुझे भी शायद दो रुपये नेग देना पड़ा था तब कहीं जूते वापस मिल पाये थे। अगले दिन मंडप में कलेवा के लिये बुलावा आया। कलेवा में जाने के लिये दूल्हे के भाई व बहनोई को ही अनुमति होती थी। इसके अतिरिक्त कोई भी अनमेल व्यक्ति शामिल नहीं हो सकता था।

जब लोग कलेवा में पहुँचे तो वहाँ मंडप में बैठने के लिये एक पलँग बिछा हुआ था। जिस पर दरी व चद्दर बिछाया गया था। दूल्हे की होशियारी जाँचने के लिये औरतें पलँग पर दरी के नीचे लहँगा या पेटीकोट बिछा देतीं थी। यदि दूल्हा बिना किसी शक संकोच के पलँग पर बैठ जाता तो समझ लिया जाता था कि दूल्हा भोंदू है। जिससे वह (दूल्हा) उपहास का पात्र बन जाता था। इस प्रकार वहाँ पर बैठी सभी औरतों को खिलखिला कर हँसने का मौका मिल जाता था।

मैं और मेरे साथ मेरे भाई जैसे ही मंडप में पहुँचे वैसे ही हम लोगों को पलँग पर बैठने का संकेत मिला। मैं बैठने वाला ही था कि मेरे बड़े मौसेरे भाई (ओम प्रकाश) ने मुझे रोक दिया जिससे मैं बैठने में ठिठुक गया। इतने में उन्होंने दरी उठा दी तो वही दिखा जिसका अँदेसा था। उस पलँग पर दरी के नीचे पेटीकोट बिछा दिया गया था। उन लोगों ने पेटीकोट उठा कर अलग रख दिया। इस तरह उन बेचारियों को न तो ये कहने का मौका मिला कि दूल्हा भोंदू है और न उन्हें खिलखिला कर हँसने का ही मौका मिला। मंडप में कलेवा के समय गाँव की व रिश्तेदारों की स्त्रियाँ बारी बारी से दूल्हे को एक दो कौर खाना खिलाती थीं। उसके बाद वे अपनी सामर्थ्य के अनुसार एक रुपया, दो रुपये या पाँच रुपये की नजर भेंट भी करती थीं। रिश्ते के हिसाब से कोई पैर छूती थीं और कोई हाथ चूम कर पीठ पर हाथ फेरतीं थीं। यह सब कुछ होने के बाद जब मैं जनवासे के लिये चलने को उठा तो पता चला कि वहाँ अभी दो रस्में बाकी हैं जिन्हें परिया गूँथ के नाम से जाना जाता था। मतलब मंडप में उलटी रखी हुयी परिया अथवा सरवा अथवा मिट्टी का प्याला जिसे बायें पैर के अँगूठे से उलट कर सीधा करना होता था। दूसरी रस्म थी कि मंडप में लगी हुयी मूँज की गूँथ को एक हाथ से ढीला कर के खोलना पड़ता था। इन दोनों रस्मों को पूरा करने के लिये भी नेग या उपहार दिये जाते थे। उस समय ये सब करने में दूल्हा बहुत नखरे लिया करता था ताकि कुछ बड़ी रकम या दान दक्षिणा मिल सके। परन्तु मैंने वह सब बहुत ही सादगी, शालीनता व शीघ्रता के साथ कर दिया था। वहाँ पर उपस्थित महिलाओं में खुसफुस शुरू हो गयी। किसी किसी ने सराहना की तो किसी ने कुछ चाहत न रखने का ताना मारा। किसी ने यों ही रस्म अदायगी कर देने पर पैसे वाला होने का भी ताना मारा और कहा कि उनके कौन पैसे की कमी है।

पहले शादी बारात में बहुत स्वागत सत्कार होता था। अगर बारात किसी गरीब के भी घर जाये तो भी कम से कम दो दिन रुकती थी। किसी किसी के यहाँ तो बारात पाँच पाँच दिन तक रुकती थी। मेरी भी बारात दो रात और तीन दिन रुकी थी। दूसरे

दिन दावत बेटी वाले ही देते थे। उसके अगले दिन घर परिवार व गाँव वाले मिलकर देते थे। इस प्रकार हँसी खुशी से शादी हुई एवं तीसरे दिन दोपहर के बाद बारात की विदाई हुई। बारात विदाई के समय फिर वही सब कुछ हुआ इस बार पालकी दूल्हा के लिये नहीं बल्कि दुल्हन के लिये सजायी गयी। विदाई के बाद जैसे ही बारात गाँव से निकल कर पड़ोसी गाँव के पार हुई वैसे ही पालकी फिर रुकी। दुल्हन को एक साज सज्जा की हुई बैलगाड़ी में बिठा दिया गया। संयोग से मुझे पहले ही उस बैलगाड़ी में स्थान मिल चुका था अथवा स्थान दिया जा चुका था। इस तरह हम शादी कर के और विदा करा के अपने गाँव के निकट पहुँच गये। वहाँ पुनः बैलगाड़ी रोकी गयी और बैलगाड़ी से दुल्हन को उतार कर पालकी में बिठाया गया तथा कहाँर उस पालकी को घर के द्वार तक ले गये। दरवाजे पर अपनी बहू का स्वागत करने के लिये माताजी घर, गाँव व रिश्तेदारियों की तमाम महिलाओं की एक बड़ी फौज के साथ खड़ी थीं। रस्म और रिवाज के अनुसार स्वागत सत्कार के साथ हम लोगों ने घर में प्रवेश किया। इस प्रकार हमारी शादी धूमधाम से सम्पन्न हुई। शादी के अवसर पर हमारे उस छोटे से घर में रिश्तेदारों की बहुत बड़ी भीड़ थी। जिससे कि हम दोनों (पति पत्नी) की मुलाकात और बातचीत भी नहीं हो पायी थी। तब तक चौथे दिन चौथी चलाने के लिये चौथियार भी आ गये और वे रस्म के मुताबिक विदा करा ले गये।

मेरी माताजी ने चौथियारों के साथ अपनी बहू की विदा कर दी। विदायी के लिये आये चौथियारों (मेरे ससुर) को माताजी ने अगले सप्ताह ही उधर से विदा कर देने के लिये भी कह दिया था। विदायी के लिये मुहूर्त वाला दिन आया। माताजी ने तीन चार लोगों के साथ मुझसे विदा करा लाने के लिये कहा। मैं विदा कराने के लिये जाने की तैयारी करने लगा। तैयारी में कपड़ों पर प्रेस कर रहा था कि प्रेस करते वक्त मेरा पसंदीदा पैंट कोयले की प्रेस से जल गया। मन मुताविक कपड़े न होने के कारण मेरा मन खिन्न हो गया और मैंने विदा कराने के लिये जाने से इनकार कर दिया। खैर माताजी व पिताजी ने मुझ पर ज्यादा दबाव नहीं डाला। विदायी के लिये हमारे दो छोटे भाई, पारिवारिक चाचा चन्देश्वर प्रसाद, उनकी पत्नी और उनका लड़का रमेश चन्द्र कुल पाँच लोग गये थे। चाचा जी की भी ससुराल उसी गाँव धमियाँपुर में ही थी। वे लोग जैसे ही धमियाँपुर हमारी ससुराल पहुँचे वैसे ही वहाँ के लोगों में खुशी छा गयी लेकिन घर परिवार वालों ने देखा कि इनमें से वो लड़का नहीं है जिससे बेटी की शादी की गयी थी। ज़ब पूछताछ शुरू हुई तो थोड़ी देर में ही ये साफ हो गया कि लड़का विदा कराने के लिये नहीं आया है बल्कि लड़के के भाई और चाचा विदा

कराने के लिये आये हैं। यह पूरी सूचना देने के लिये रमेश ने अपनी अहम भूमिका निभायी थी। उसने सब कुछ स्पष्ट कर दिया कि भैया का पैंट प्रेस करते समय जल गया था जिससे वे गुस्सा हो गये और घर से बाहर जाकर बाग में बैठ गये। यह बात जान कर पूरे गाँव में चक चक होने लगी। कोई कहने लगा कि ये तो बहुत गलत बात है। ऐसा कहीं होता है कि लड़का पहली विदा में ही न आये। कोई कह रहा था कि मैंने तो पहले ही कहा था कि लड़का गुस्सैल लगता है और वही हुआ जो सोच रहे थे। घर में ज्यादातर लोग यही कह रहे थे कि विदा नहीं होगी लेकिन मेरे सास ससुर ने धैर्य से काम लिया। चाचाजी चन्देश्वर प्रसाद ने बात सँभाल ली और उन्होंने हमारे सास ससुर को अपनी बातों से संतुष्ट कर लिया। वैसे भी मेरे सास ससुर बहुत सुलझे हुये व समझदार अच्छे इंसान थे। पूरे गाँव के विरोध के बाद भी उन्होंने विदा करने का दृढ़ निश्चय कर लिया था। अतः उन्होंने अगले दिन हँसी खुशी से अपनी बेटी की विदा कर दी। वहाँ का ये सारा वाकया क्रमवार भाइयों ने व चाचाजी ने व स्वयं मेरी पत्नी ने घर आ कर मुझे बताया था।

मुझे बाद में अहसास हुआ कि मेरी इस भूल का अथवा अड़ियलपन का बहुत बड़ा दुष्परिणाम भी हो सकता था। तभी मुझे यह भी अहसास हुआ कि लड़का व लड़की के माता पिता यदि समझदार और सहनशील हैं तो बिगड़ती हुई बात बनती चली जाती हैं और यदि दोनों के माता पिता में कोई एक भी असहिष्णु हैं तो बनती हुई बात बिगड़ती चली जाती है। इस मामले में मैं बहुत सुखी रहा कि मेरे माता पिता और सास ससुर दोनों ही बहुत अच्छे थे। जिनके प्यार और सानिध्य से मेरा पारिवारिक जीवन सुखमय होता चला गया। अतः अभावों के जीवन में भी मेरी खुशियाँ कभी कम नहीं हुयीं। वैसे भी सीखा जाये तो प्रकृति से बहुत कुछ सीखा जा सकता है। उदाहरण के तौर पर जब धान की पौध की रुपायी की जाती है तो पौध एक जगह से उखाड़ कर दूसरी जगह किसी खेत में रोपी जाती है। देखने में तो यह प्रक्रिया बहुत छोटी, सीधी और सरल लगती है लेकिन यदि समझा जाये तो मालूम पड़ता है कि यह सब कुछ इतना आसान नहीं है क्योंकि पौध अलग खाद पानी व वातावरण वाले खेत में तैयार की जाती है। तत्पश्चात वहाँ से उखाड़ कर दूसरे खाद पानी और वातावरण वाले खेत में रोपी जाती है अर्थात एक जगह से जड़ों का उखड़ना और दूसरी जगह पर जड़ों का जमना उस पौधे के जीवन के लिये बहुत बड़ा झटका होता है। परिणाम स्वरूप उस पौधे को पुनः जीवन्त होने के लिये काफी समय (लगभग पन्द्रह दिन) लग जाता है। तब तक वह पौधा पीला, मुर्झाया, निर्जीव सा खेत में पड़ा रहता है और लम्बे अरसे

के बाद कहीं अपनी जड़े जमा कर सरसब्ज हो पाता है फिर ये तो मानव जीवन है। इसे तो तमाम भावुकताओं और आवेगों से जूझते हुये पूर्णतः बदले हुये परिवेश में स्वयं को स्थापित करना होता है फिर उसके लिये कितना कठिन है जिसे आज भी अबला कहा जाता है। ऐसे में दोनों पक्षों के अभिभावकों की ओर से संरक्षण की आवश्यकता होती है।

गर्मी की वार्षिक छुट्टियाँ आरम्भ होने से पहले ही हमारा ग्यारहवीं कक्षा का रिजल्ट घोषित हुआ और मैं पास हो गया। मेरे लिये शादी के बाद का ये पहला पुरस्कार था। वैसे शादी भी मेरे लिये किसी बड़े पुरस्कार से कम नहीं थी। कारण यह था कि हमारे गाँव में कहीं से भी अच्छे घर व शिक्षित परिवारों से शादियाँ नहीं आती थीं। ये जो मेरी शादी हुई थी उसके लिये भी जब मेरे ससुर जी मुझे देख कर रिश्ता पक्का कर के अपने घर गये थे तो उन्होंने यह बात अपने घर परिवार में बतायी थी। तब उनके बड़े पुत्र अर्थात मेरे बड़े साले श्री शिवकुमार जी जो उस समय शिकोहाबाद डिग्री कालेज में बी.एस.सी. एग्रीकल्चर से फाइनल में पढ़ रहे थे उनको ये रिश्ता पसन्द नहीं आया था। उनका कहना था कहीं दूसरी जगह लड़का देखो। हाँ अगर चन्दरपुर में ही देखना है तो केवल एक ही घर ठीक है और वह घर श्री बच्चन लाल का है। उनका एक लड़का है जो सिकन्दरपुर में पढ़ता है और उसे मैं जानता हूँ। परन्तु जब उनको यह मालूम हुआ कि रिश्ता वहीं पक्का हुआ है जिन्हें वे बता रहे हैं। तब कहीं उनको तसल्ली हुयी और बिना किसी प्रतिरोध के सहमत हो गये। यह वाकया भी मेरी शादी के बाद मेरी पत्नी ने ही मुझे बताया था। अच्छे व शिक्षित घर परिवारों से मेरे गाँव में शादियाँ क्यों नहीं आती थीं उसके भी कुछ खास कारण थे। जैसा कि क्षेत्र के चारों ओर के सभी लोग जानते थे। मेरा गाँव केवल दो बातों के लिये मशहूर था। पहली बात तो यह कि पूरा गाँव ठाकुरों से ले कर कोरियों तक फौजी था और अधिकांश घरों में कम से कम एक फौजी पाया जाता था। दूसरी बात यह थी कि जिस किसी घर में फौजी नहीं होता था उस घर में एक या दो दबंग और लठैत या फिर तथाकथित डकैत अवश्य होते थे। यद्यपि यह बात अलग है कि हमारे लोगों में दबंग, लठैत या तथाकथित डकैत इसीलिये पनपे थे क्योंकि उन्होंने गाँव के अत्याचारी ठाकुरों के विरुद्ध आत्मसम्मान की रक्षा के लिये मोर्चा खोल रखा था। मेरे परिवार में चूँकि पिताजी फौजी थे इसलिये पठन पाठन का उदय हो रहा था। उस पूरे गाँव में पढ़ने वालों में अपनी जाति बिरादरी का पहला व्यक्ति मैं ही था और मैंने 1966 में मैट्रिक पास कर लिया था।

मुझसे पहले की पीढ़ी में तो चौथी पास दरोगा और मिडिल पास अध्यापक बन जाते थे क्योंकि आजादी के बाद जब मेरा जन्म हुआ था तब मेरे खानदान से मेरी बुआजी रामकली जो 1948 में अध्यापक थीं। उनके बारे में बताया जाता था कि वे मिडिल पास थीं और वे फतेहगढ़ के निकट भुड़नामऊ में पढ़ातीं थीं। कैसी विडंबना है कि उस समय भी एक ही परिवार में दो पीढ़ी पहले के भाइयों में एक भाई सम्पन्न हो गया और दूसरा भाई निर्धन रह गया। अगली पीढ़ी में उनकी आर्थिक व सामाजिक स्थिति में बहुत बड़ा अन्तर आ गया। इतना बड़ा अन्तर कि एक धनवान हो कर कर्ज बाँटने के लिये सक्षम हो गया और दूसरा कर्ज लेने और मजदूरी करने के लिये विवश हो गया। ऐसा ही मेरे पूर्वजों के साथ हुआ। हमारे परदादा श्री पूरन लाल से पूरन रह गये और पारिवारिक परदादा कलू से कलूमल सेठ हो गये। उनकी अगली पीढ़ी में हमारे दादा जी श्री बल्देव प्रसाद जो बल्देव से भी घिस कर बल्ला रह गये और पारिवारिक दादा श्याम लाल, हनुमन्त प्रसाद व उनके छोटे भाई श्री छेदा लाल सेठ कहलाने लगे। श्री छेदा लाल सेठ जिनको मैंने भी देखा है वे अन्त तक सेठ के सम्बोधन से ही पुकारे जाते रहे और अन्त तक उनका स्तर लगभग वही रहा।

हमारे परिवार के ही हमसे एक पीढ़ी पहले के सदस्य थे श्री मान सिंह उर्फ़ मन्ना और श्री राम किशन जो हमारे परिवारिक रिश्ते में ताऊ थे। मान सिंह के दो पुत्र और एक पुत्री थे जिनमें बड़े श्री राम भरोसे लाल और छोटे श्री बाबू राम थे तथा उनमें सबसे छोटी उनकी बहन जगरानी थीं। श्री रामकिशन के तीन पुत्र व दो पुत्रियाँ थीं। उनके नाम क्रमशः श्री सुखवासी लाल, श्री महावीर प्रसाद, श्री पाती राम और सुख देवी व विद्या देवी थीं। श्री मान सिंह की आसामयिक मृत्यु होने के कारण उनकी पत्नी अर्थात मेरी ताई (परिवारिक) ने श्री राम गुलाम (मेरे गाँव नाते के ताऊ) से पुनर्विवाह कर लिया तथा उनके एक पुत्री हुयी जिसका नाम फूलमती था। इस प्रकार उन्होंने (श्री राम गुलाम ने) मान सिंह के तीन बच्चों व अपनी एक बेटी की परवरिश की। श्री राम गुलाम का यह कृत्य श्री मान सिंह के परिवार के प्रति बहुत बड़ा उपकार था। समय समय पर श्री राम भरोसे लाल व उनके भाई बहनों और उनके बच्चों का भी यथावसर जिक्र करता रहूँगा।

इसके बाद हमारे पिताजी (अपने पिता से) दो भाई और एक बहन हुये। मेरे पिताजी श्री बच्चन लाल, चाचाजी श्री बंसी लाल व बुआ जी रामवती कुल तीन भाई बहन थे। हमारे पारिवारिक दादा तीन भाई थे। जिनमें श्री श्याम लाल बड़े, श्री हनुमन्त प्रसाद मझले तथा श्री छेदा लाल छोटे थे। उन सभी की सन्तानें अर्थात बुआ, चाचा व ताऊ आदि परिवारीजनों में श्री श्याम लाल के केवल एक बेटी रम्पा हुयी थी। उसके बाद

उन दादा की मृत्यु हो गयी थी। उनसे छोटे भाई (श्री हनुमन्त प्रसाद) की पहली पत्नी से चार लड़के व एक लड़की हुये। वे क्रमशः सर्व श्री सियाराम (या श्रीराम), सूबेदार प्रसाद, जगन्नाथ प्रसाद, चन्देश्वर प्रसाद व रामकली (जो अध्यापक बन गयीं थीं) थे। श्री होरी लाल उनके एक पुत्र और भी थे जो उनकी दूसरी पत्नी की सन्तान थे। अर्थात उनकी वह दूसरी पत्नी मेरी सगी दादी थीं क्योंकि मेरे दादा श्री बलदेव प्रसाद की मृत्यु के बाद हमारी दादी ने हमारे परिवारिक दादा श्री हनुमन्त प्रसाद से पुनर्विवाह कर लिया था। इस प्रकार एक पिता व दो माताओं से कुल 6 अर्थात (5+1) सन्तानें थीं।

उनमें सबसे छोटे भाई श्री छेदा लाल की पहली पत्नी से तीन बेटे व दो बेटियाँ थीं। वे क्रमशः सर्व श्री रामेश्वर प्रसाद, रामस्वरूप, रामसनेही तथा अमिरती व रामप्यारी थे। अर्थात एक माँ से कुल 5 संतानें थीं। उनकी दूसरी पत्नी से एक बेटी व दो बेटे थे। वे क्रमशः राम ढकेली, राम शरण व जानकी प्रसाद थे अर्थात दूसरी पत्नी से 3 संतानें थीं। इस प्रकार एक पिता श्री छेदा लाल और दो माताओं से कुल 8 अर्थात (5+3) संतानें थीं। इसके अतिरिक्त उनके (श्री छेदा लाल के) एक और भी पालित बेटी रम्पा थी वह उनके सबसे बड़े भाई श्री श्यामलाल की बेटी थी जिनकी मृत्यु के बाद उन्होंने अपनी बड़ी भाभी अर्थात श्याम लाल क़ी पत्नी से पुनर्विवाह कर लिया था जिनका जिक्र ऊपर किया जा चुका है। हम यह भी कह सकते हैं कि यह एक ऐसी संतान (रम्पा) थी जिसके दो मातायें और दो पिता थे अर्थात एक पिता जन्म देने वाले (श्री श्याम लाल) थे तथा दूसरे पिता पालन करने वाले (श्री छेदा लाल) थे। उसी प्रकार एक माँ जिसने जन्म दिया और दूसरी माँ (सौतेली) जिसके साथ रह कर पालन हुआ अर्थात दो मातायें व दो पिता जिनके कुल 9 अर्थात् (5+3+1) संतानें थीं। इन वंशावलियों को प्रस्तुत करने का हमारा जो ध्येय रहा है वह यही कि-

(1) हम यह बता सकें कि हमारे पिताजी की तीन पीढ़ियों से पहले हमारे परदादा और हमारे पारिवारिक परदादा में जो आर्थिक असमानता थी वह जमीन और आसमान की थी। वह हमारे पिताजी की पीढ़ी तक आते आते समान धरातल पर आ चुकी थी। इस पीढ़ी तक आते आते सभी एक दशा में रह कर एक ही दिशा का अनुसरण करने को विवश हो गये थे। अर्थात हमारे पिताजी भी फौज में मुलाजिम बने और ठीक उसी प्रकार हमारे पारिवारिक ताऊ श्री सियाराम व चाचा श्री जगन्नाथ प्रसाद भी फौजी बने।

(2) हम यह बता सकें कि आज की तरह उस समय भी हमारे समाज में महिलाओं के लिये पुनर्विवाह की व्यवस्था थी। जिन महिलाओं के पति गुजर जाते थे

उनको यह अवसर (छूट) रहता था कि वे अपने पति की मृत्यु के बाद अपने पति के भाइयों में से ही किसी का भी वरण कर सकतीं थीं और इस प्रकार वे पुनः सम्मान पूर्वक अपना पारिवारिक जीवन बिता सकतीं थीं। उपर्युक्त तीन उदाहरण इस बात के प्रमाण हैं जिनमें पहला उदाहरण है श्री हनुमन्त प्रसाद का जिनकी पत्नी की मृत्य हो गयी और इधर मेरे दादा जी श्री बल्देव प्रसाद की भी मृत्यु हो चुकी थी जिसके कारण मेरी दादी और पारिवारिक दादा जी (श्री हनुमन्त प्रसाद) का पुनर्विवाह हो गया था। वहीं दूसरा उदाहरण है कि श्री छेदा लाल ने अपने बड़े भाई (श्री श्याम लाल) की मृत्यु के बाद उनकी विधवा पत्नी अर्थात भाभी से दूसरा विवाह कर लिया था जब कि उनकी अपनी एक पत्नी पहले से ही थी और तीसरा उदाहरण था हमारे गाँव नाते के ताऊ श्री रामगुलाम का जिनसे हमारी परिवारिक ताई ने पुनर्विवाह कर लिया था। ऐसी सामाजिक व्यवस्था से मानव जीवन में निराशा का संचार नहीं होता है। इस प्रकार असहाय भी परस्पर सम्बल पा कर सफल व सुखी जीवन जी सकते (जी लेते) हैं। मैं अपना या अपनी पीढ़ी का जिक्र फिर कभी करूँगा।

सत्र 1967-68 का वार्षिक ग्रीष्मावकाश बीत चुका था। मैं अपनी बारहवीं कक्षा के अध्ययन में लग गया। यह वर्ष मेरे लिये कुछ सहूलियत वाला रहा। एक कहावत है कि यदि किसी को मुक्ति चाहिये तो उसे खुद ही मरना पड़ता है। मुझे नहीं पता कि किसी को मरने के बाद मुक्ति मिली है या नहीं लेकिन जीवन में यदि किसी को सफल होना है तो उसे खुद ही कठिन मेहनत करनी पड़ती है। इसके अलावा मुक्ति (सफलता) का कोई दूसरा विकल्प नहीं रह जाता है। किन्हीं अन्य क्षेत्रों में सफलता का कोई छोटा मार्ग (शार्ट कट) मिल भी जाये परन्तु ज्ञानार्जन के लिये लगन के साथ अध्ययन के अलावा कोई दूसरा रास्ता नहीं रह जाता है। कहा तो यही जाता है कि शादी हुयी और पढ़ाई गयी लेकिन मेरे साथ कुछ इसके विपरीत और सुखद हुआ। इसमें मेरी पत्नी का पूरा योगदान रहा था। वे हमारी किताबें सुसज्जित करके कमरे में रख देतीं थीं। मेरे बदले में वे घर के अन्दर के सारे घरेलू काम खुद करके मुझको छुटकारा दिलातीं थीं जिससे बचे हुये समय में मैं पढ़ाई कर पाता था।

बरसात के करीब तीन महीनों में मैंने पढ़ाई घर से ही कालेज जा कर की थी। संभवतः सितम्बर के माह में ही मैं एक कमरा किराये पर ले कर सिकन्दरपुर रहने लगा था। वह कमरा श्री अनोखे लाल जाटव मास्टर साहब का था। उनका पैतृक घर सिकन्दरपुर के उत्तरी सिरे पर था लेकिन यह नया घर उन्होंने जी.टी. रोड के किनारे सिकन्दरपुर में ही बी.एस.एस. इंटर कालेज के निकट बनवाया था। वह उनका कई

कमरों का पक्का मकान था जिसमें से पीछे वाला कमरा मैंने बारह रुपये प्रति माह की दर से किराये पर लिया था। उस कमरे का वास्तविक किराया तो उस समय पन्द्रह रुपये रहा होगा लेकिन मुझे उन्होंने अनुसूचित जाति या समाज का होने के कारण रियायत कर के बारह रुपये में ही दे दिया था। यही वह समय था जब किसी तरह मेरी पढ़ाई की नियमित व्यवस्था बन पायी थी। अब मैं नियमित तौर पर कमरे पर रह कर पढ़ाई करने लगा था लेकिन प्रातः खाना खाने के लिये प्रति दिन घर पर ही जाता था और शाम को खाने के लिये भी ले कर आता था। मेरा कमरा ऐसी जगह पर था जहाँ से कस्बे के अन्दर कहीं भी दस मिनट में पहुँच सकते थे। चाहे किसी अध्यापक के यहाँ ट्यूशन पढ़ने जाना हो अथवा अपने कालेज जाना हो। मुझे दस मिनट से ज्यादा समय नहीं लगता था। मैंने श्री एस.के. कटियार से गणित तथा श्री रूप किशोर शर्मा से भौतिक विज्ञान की ट्यूशन पढ़ना आरम्भ किया। हमारी पढ़ाई सुचारु रूप से चलने लगी। चौबीस घंटों में केवल घर जा कर खाना खाने और अध्यापकों के यहाँ व कालेज में जाने आने में जो भी दो या तीन घंटे व्यय होता था। उसके अलावा रात में मात्र तीन से चार घंटे सोने के लिये होते थे। शेष कालेज से ले कर कमरे तक पन्द्रह सोलह घंटे पढ़ाई पढ़ाई और केवल पढ़ाई में ही व्यतीत होते थे।

किताबों की पूरी व्यवस्था हो गयी थी लेकिन बहुत आसानी से नहीं हो पायी थी। खर्चों में मितव्ययिता या किफायत कहाँ तक कर सकते थे इसके लिये भी सोचना पड़ता था। जैसे गणित का अभ्यास करने के लिये पिछले सालों की कापियों के बचे हुये पन्ने सिल कर रफ वर्क या अभ्यास करने के लिये मोटी मोटी कापियाँ बना लेते थे। उन्हीं पर अभ्यास करता रहता था। उस समय मिट्टी का तेल (केरोसिन ऑयल) यद्यपि लगभग बारह आना लीटर ही मिलता था फिर भी वह खरीदने के लिये मुझे भारी पड़ता था। इसके लिये मैंने लालटेन न जला कर डिब्बी या कुप्पी या दिया जलाना शुरू कर दिया था। वह कुप्पी भी बाजार की खरीदी हुई नहीं थी बल्कि घर पर ही तैयार कर ली थी। इसके लिये बूट पालिश की बड़ी डिब्बी लेकर उसके ढक्कन के सेंटर में साइकिल की बाल बॉडी की मोटाई के बराबर छेद किया ताकि उसमें साइकिल के पुराने ट्यूब की बाल बॉडी फिट हो जाये। ट्यूब की बाल बॉडी का ऊपर वाला हिस्सा, जिसमें बॉल ट्यूब लगा रहता है, उसे हटा दिया। तत्पश्चात उसका बचा हुआ हिस्सा (नॉब) डिब्बी के ढक्कन में नीचे से पहना कर उसके साकेट को ढिंवरी से ढक्कन के ऊपर कस दिया। अब बाल बॉडी का एक सिरा डिब्बी के ढक्कन में कसा हुआ तथा उसका दूसरा सिरा ढिंवरी कसने के लिये ऊपर की ओर लम्बवत खुला रहा। बस फिर क्या उस बाल बॉडी में नीचे की ओर से धागे की या पतले सूती कपड़े की बत्ती बना

कर डाल ली जाती और उस डिब्बी में रुई का एक फाहा बनाकर रख दिया जाता है ताकि डिब्बी बन्द भी हो सके और डिब्बी में डाला गया तेल फैलने न पाये।

अब उस डिब्बी में तेल, जो लगभग बीस से तीस एम.एल. आया होगा इस प्रकार उसमें तेल डाल कर रोशनी की थी। अब अगर रोशनी बढ़ानी हो तो नॉब के ऊपरी सिरे पर लगी हुई ढिंवरी को सामान्य से दो पेंच नीचे कर देंगे जिससे रोशनी बढ़ जायेगी और यदि रोशनी घटानी हो तो ढिंवरी सामान्य से दो पेंच ऊपर कर देंगे तो रोशनी घट जायेगी। उस चिराग से न तो धुआँ की समस्या थी न ही कालिख की। ऐसे स्वनिर्मित चिराग को रातभर जलाने के लिये अधिक से अधिक दो बार तेल डालना पड़ता था। रोशनी करने के लिये जितना तेल लालटेन में एक महीना में खर्च होना था। उतने तेल से उस चिराग के माध्यम से पूरे साल रोशनी हुयी। उस समय घोर विपन्नता थी और आज की तरह सुविधाएँ उपलब्ध नहीं थीं इसलिये इस तरह की व्यवस्थाएँ करनी पड़ती थीं। इतना काम करने में अधिक से अधिक दस मिनट लगेंगे। जबकि इसके बनाने की प्रक्रिया को पढ़ने में इससे ज्यादा भी समय लग सकता है। ऐसा लिख कर किसी को बोर करने का मेरा कोई इरादा नहीं था और न ही है लेकिन जो मैंने किया या मुझे करना पड़ा था, मैंने वही लिखा।

अब पूरी तन्मयता के साथ मैं अपनी पढ़ाई में जुट गया। सभी विषयों को समान समय देता था केवल गणित को छोड़ कर। गणित का पाठ्यक्रम काफी लम्बा था। कई पुस्तकें होने के कारण अधिक समय देना पड़ता था। कई बार ऐसा हुआ कि शाम को पढ़ने बैठा तो पढ़ते पढ़ते कब सबेरा हो गया कुछ पता ही नहीं चला। कठोर परिश्रम के बाद मुझमें पढ़ाई के प्रति आत्म विश्वास जागने लगा तथा मेरा मनोबल भी ऊँचा हुआ। अब मैं अपने अन्दर से इतना मजबूत हो गया था कि चाहे जितना कठिन प्रश्नपत्र आये फिर भी मैं द्वितीय श्रेणी में तो पास हो ही जाऊँगा। संभवतः फरवरी के अन्त तक मेरे भौतिक शास्त्र व रसायन शास्त्र के बोर्ड प्रेक्टिकल हो चुके थे। मार्च के अन्त तक परीक्षाएँ भी हो चुकीं थीं। जून 1969 में इंटरमीडिएट के परीक्षा परिणाम घोषित हो गये थे। मैं आत्मविश्वास व अनुमानित स्वमूल्यांकन के अनुसार द्वितीय श्रेणी में उत्तीर्ण हो गया।

जैसा कि मैं पूर्व में अपने विज्ञान के अध्यापकों का ज़िक्र कर चुका हूँ। मेरे विज्ञान के दोनों विषयों (भौतिक शास्त्र एवं रसायन शास्त्र) के प्रेक्टिकल में मुझे पास भर के अंक दिये गये थे। अनुसूचित जाति के मेरे अन्य साथियों को भी इसी रेंज में नाप दिया गया था। बोर्ड परीक्षा के लिखित प्रश्न पत्रों में कई सवर्ण साथी विद्यार्थियों के मुझसे कम अंक आये थे लेकिन प्रेक्टिकल परीक्षाओं में मेरी तुलना में उनको कहीं

अधिक अंक दिये गये थे। अर्थात तीस अंकों के प्रेक्टिकल में मुझको अगर तेरह अंक तो उनको अट्ठाईस से तीस अंक तक दिये गये थे। परिणामतः उनमें से कई प्रथम श्रेणी में पास हो गये और मैं लिखित परीक्षा में अच्छे अंक लाकर भी द्वितीय श्रेणी में ही पास हो सका। मैं अपने देश व समाज की चार मंजिली वर्ण व्यवस्था की इस विषमता की प्रताड़ना का भुक्त भोगी रहा हूँ कयोंकि मुझे सदा सदा इसके लिये अभिशप्त रहना पड़ा।

कालेज खुलने पर मैं अपने अन्य साथियों के साथ श्री एस.के. कटियार के पास खड़ा था। कटियार साहब प्रसन्न मुद्रा में सभी से पास होने की खबर एक एक कर के पूछ रहे थे। अपने परीक्षा परिणाम के अनुसार कटियार साहब को सभी बताते जा रहे थे। खास तौर पर वे गणित में मिलने वाले अंक अवश्य पूछते थे। मैं भी उन लोगों के साथ खड़ा जवाब सुन सुन कर मुस्करा रहा था। अचानक उनकी नजर मेरे ऊपर पड़ी और वे बोल पड़े कि तुम क्यों हँस रहे हो? तुम क्या पास हो गये हो? मुझे उनके इस तरह के अप्रत्याशित प्रश्न को सुनकर अन्दर ही अन्दर बहुत झुंझलाहट हुयी। मैंने उनको कुछ और पूछने का अवसर न देते हुये कहा हाँ श्रीमान जी मैं पास हो गया हूँ और गणित में मेरे अच्छे अंक आये हैं। उन्होंने ये सुनकर ऊपर से अपनी खुशी जाहिर की पर अन्दर तो कपट कतरनी चलती ही रही।

सन 1967 से 1970 तक का समय कई तरह की चुनौतियों तथा अवसरों का समय रहा है। 1966 में दसवीं पास करने के बाद घरेलू परिस्थितियों के कारण पहली बार 1967 में मैंने फतेहगढ़ पहुँच कर फौज की भर्ती देखी थी। मैं भर्ती हो गया था और मेडिकल भी हो चुका था। मेरी माताजी को जैसे ही मेरे फौज में भर्ती होने की खबर मिली कि उहोंने मेरे पास चाचाजी को भेज कर मुझे वापस घर बुला लिया था। इस तरह मैं फौज में नहीं जा पाया। पुनः 1968 में मैं फतेहगढ़ में जाकर नेवी बॉयज़ में भर्ती हो गया था। तब भी माताजी ने जाने से मना कर दिया था। मेरे घर की आर्थिक दशा ठीक न होने के कारण मैं अधिक परेशान था। मैं अपने सारे सपनों को ताक पर रख कर किसी तरह से किसी भी नौकरी में जाना चाहता था लेकिन ऐसा कुछ भी संभव न हो सका।

इंटरमीडिएट के बाद मैंने पूर्व निर्धारित योजना के अनुरूप जुलाई 1969 में नेहरू डिग्री कालेज छिबरामऊ में बी.एस.सी. प्रीवियस (पी.सी.एम.) से एडमिशन ले लिया। उस कालेज का एक बैच मुझसे पहले पास होकर निकल चुका था। मेरे लिये कालेज का यह दूसरा बैच था। उस समय बी.एस.सी./बी.ए./बी.काम. आदि का डिग्री कोर्स केवल दो वर्ष का ही होता था। वह कालेज भी साइंस विषय का होने के

कारण अपने आस पास के जिलों में इकलौता ही था। गाँव से छिबरामऊ कालेज की दूरी लगभग दस किलोमीटर थी। मैं प्रतिदिन घर का काम निपटा कर साइकिल से कालेज जाता था। वह अपने आप में थकान भरा काम हो जाता था। हिन्दी माध्यम से अंग्रेजी माध्यम की पढ़ाई भी मेरे लिये एक चुनौती के रूप में थी। साइकिल चलाने की थकान तथा अनमेल भाषा के लेक्चर से अर्थात दोनों के मिले जुले प्रभाव से पढ़ाया जाने वाला विषय समझ में कम आता था और नींद ज्यादा आती थी। कक्षा में बैठ कर पढ़ाई करने का मतलब सब कुछ सिर के ऊपर से निकल जाता था यद्यपि पढ़ाने वाले सभी प्रोफेसर बहुत अच्छे थे।

कालेज के प्राचार्य प्रोफेसर श्री पी.पी. गुप्ता साहब थे। वे भारी भरकम शरीर और महान व्यक्तित्व के धनी मधुर स्वभाव वाले इंसान थे। जैसा कि उनकी बोली भाषा से मालूम पड़ता था। संभवतः वे मेरठ या उसके आस पास के रहने वाले थे। वे बहुत अच्छे प्रशासक थे। उनका अपने साथियों व छात्रों के साथ अत्यंत आत्मीय व्यवहार था। वे हमको Physical Chemistry भौतिक रसायन पढ़ाते थे। वास्तव में इतने सरल तरीके से किसी भी कठिन टॉपिक को पढ़ाने की महारत उनको ही हासिल थी।

कार्बनिक रसायन शास्त्र (Organic Chemistry) के प्राध्यापक श्री ए.के. सक्सेना साहब थे। वे छरहरे शरीर के फुर्तीले व्यक्ति थे। जब वे पढ़ाने के लिये क्लास में आते थे तो आते ही अपने हाथ मेज पर टिका कर कुछ इस तरह से रख लेते थे। जिससे उनकी हथेलियाँ मेज पर न हो कर अधमुँदी मुट्ठी सी आधी ऊपर की ओर बनी रहें और केवल हाथ का अँगूठा व उसके पास वाली उगली (तर्जनी) मेज पर टिके रहें। वैसे तो हर किसी के लिये इस तरह से खड़े होना साधारण बात नहीं है लेकिन उनके लिये यह आम बात थी। वे बहुत अच्छा पढ़ाते थे। सभी के प्रति उनका व्यवहार सौम्य व आत्मीय था।

अकार्बनिक रसायन शास्त्र Inorganic Chemistry पढ़ाने वाले प्रोफ़ेसर श्री राम बख्श वर्मा साहब थे। वे उमर्दा के रहने वाले थे जो पहले जिला फर्रुखाबाद में आता था। वर्तमान में वह कस्बा जिला कन्नौज के अन्तर्गत आता है। वे काफी लम्बे कद काठी के तेज तर्रार स्वभाव वाले व्यक्ति थे। वे पहनावे और हावभाव से नेता टाइप के इंसान थे। उनकी आवाज काफी ऊँची थी। वे बहुत अच्छा और लगन से पढ़ाते थे।

भौतिक विज्ञान (Physics) दो लोग पढ़ाते थे। एक थे प्राध्यापक श्री सतीश चन्द्र त्रिपाठी साहब (एस.सी. त्रिपाठी)। वे काली नदी पार जहानगंज के पास गाँव सिरौंज

के रहने वाले थे। वे गौर वर्ण और सामान्य कद काठी के स्वस्थ शरीर के व्यक्ति थे। वे काफी बनठन कर रहते थे तथा उल्टी माँग काढ़ते थे। पढ़ाने में बहुत अच्छे थे। दूसरे प्राध्यापक थे श्री नरेन्द्र सिंह सेंगर साहब (श्री एन.एस. सेंगर)। वे कहीं तिर्वा के आस पास के रहने वाले थे। उनका व्यक्तित्व बहुत ही आकर्षक और प्रभावशाली था। वे अत्यन्त स्नेहिल स्वभाव के मिलनसार व्यक्ति थे। वे भौतिक शास्त्र पढ़ाने के साथ साथ प्रेक्टिकल भी करवाते थे।

गणित पढ़ाने वाले प्राध्यापक श्री वी.एस. तिवारी साहब थे। कक्षा में घुसने के साथ ही पढ़ाना आरम्भ कर देते थे और पीरियड समाप्ति तक अविराम पढ़ाते रहते थे। वे बहुत अच्छा पढ़ाते थे। एक प्राध्यापक श्री मिश्रा जी थे। वे दोनों भाषाओं को (हिन्दी व अंग्रेजी) पढ़ाते थे। अवस्था यही कोई साठ के समीप रही होगी। वे मलमल का कुर्ता और पाजामा पहनते थे। वे छिबरामऊ के ही रहने वाले थे। वहाँ के सभी प्राध्यापकों (Professors) में केवल प्राचार्य पी.पी. गुप्ता व श्री मिश्रा जी ही उम्रदराज थे। शेष सभी लोगों की आयु तीस से पैंतालीस वर्ष के मध्य रही होगी। इनमें ज्यादातर लोग नेहरू डिग्री कालेज और छिबरामऊ ब्लाक से सटे हुये प्रोफेसर्स कालोनी के आवासों में ही रहते थे।

मेरे कई सहपाठी थे जिनमें कमल किशोर दुबे जो हमारे मित्र भी थे। वे हमारे गाँव के पड़ोस के ही पलिया बूँचपुर के निवासी थे। उनके अलावा भी कई साथी थे जिनमें ब्रज किशोर मिश्रा जो सिकन्दरपुर से थे। सैयद साजिद अली, फशीउल हसन ये दोनों गुरसहाय गंज के निकट समधन कस्बा के थे। प्रभात कुमार जो कालेज के चेयरमैन राज किशोर दुबे के सुपुत्र थे पर मेरी किसी के प्रति कोई अभिन्नता नहीं थी। विश्वविद्यालय की परीक्षाएँ आयोजित हुयीं उसमें कुछ तो पास हो गये परन्तु अधिकतर फेल हो गये। उन्हीं फेल होने वालों में से मैं भी एक था। वह 1969-70 का सत्र था उसके बाद मेरी पढाई बाधित हो गयी अर्थात रेगुलर पढ़ाई नहीं हो सकी। हमारे उन तमाम सहपाठियों में काफी बाद में केवल ब्रज किशोर मिश्रा का तो पता चला था कि वह आर.बी.आई. (RBI) में क्वाइन आफीसर बन गया था। शेष का कुछ भी पता न चल सका कि उनमें से कौन कहाँ क्या कर रहा है?

इंटरमीडिएट करने के बाद मैं जीवन में पहली बार 1969 में रेलवे पी.डब्ल्यू.आई की परीक्षा देने इलाहाबाद गया था। तब का अनुभव अत्यन्त कटु रहा था। मैं रेलवे के द्वारा उपलब्ध कराये गये यात्रा टिकट (रेलवे पास) पर गुरसहायगंज से रेलगाड़ी पर सवार होकर कानपुर पहुँच गया। काफी देर इन्तजार करने के बाद वहाँ से रात में

इलाहाबाद के लिये रेलगाड़ी मिली। मैं उस पर सवार हो कर आधी रात के बाद तीन बजे के आस पास रेलवे स्टेशन इलाहाबाद पहुँच पाया। परीक्षा केन्द्र पर जाने के लिये काफ़ी अँधेरा था इसलिये प्लेटफार्म पर बनी हुई बेंच पर बैठ कर मैं सूर्योदय का इंतजार करने लगा। यात्रा की थकान और रात में जागने के कारण बेंच पर टेक लगा कर बैठ गया। कुछ आलस महसूस हुआ तो मैंने अपने जूते (जो प्लास्टिक के थे) फर्श पर उतार दिये और बेंच पर अपने झोले का तकिया लगा कर लेट गया जिससे मुझे झपकी आ गयी। यद्यपि मैं बार बार आँख खोल कर अपने जूते भी देख लेता था कि कहीं कोई उठा न ले जाये।

सूर्योदय होने वाला था। मैं उठ कर बेंच से पीठ टेक कर बैठ गया। बीच बीच में झपकी भी आ जाती थी। इतने में मैंने देखा कि पूरब की ओर से प्लेटफॉर्म पर कोई टहलता हुआ आ रहा है। वह व्यक्ति बेंच के सामने से निकलने की बजाये बेंच के पास से निकला। उसने फर्श पर पड़े हुये मेरे जूतों में जोर से ठोकर मारी। ठोकर के परिणाम स्वरूप एक जूता तो वहीं पास में छिटक कर पड़ा रह गया परन्तु दूसरा जूता वहाँ से करीब दस मीटर दूर तक सरकता हुआ चला गया। मैं जब तक सँभल पाता तब तक वह व्यक्ति जूते के पीछे भाग खड़ा हुआ। वह अपनी ठोकरों से जूते को सरकाता हुआ प्लेटफॉर्म पर करीब दो फर्लांग दूर निकल गया होगा। उसने भागते ही भागते वह जूता उठाया और आगे जा कर भीड़ में खो गया।

मैं मन मसोस कर वहीं बैठा रह गया। मैं सोचने लगा कि उस व्यक्ति ने ऐसा क्यों किया है? क्योंकि एक जूता तो उसके लिये भी किसी काम का नहीं हो सकता है। यह भी हो सकता है कि ये उसका चोरी करने का नायाब तरीका हो। जिस तरह से लोग कहते हैं कि शातिर लोग तो आँख का काजल भी चुरा लेते हैं। एक जूता अपने कब्जे में रख कर जरूर उसने मुझ पर नजर रखी होगी। उसने सोचा होगा कि वह व्यक्ति वहाँ से कब उठकर जाता है? सोचा होगा कि एक जूता ले कर कोई क्या करेगा? खिसिया कर वह जूता वहीं छोड़ जायेगा। वह व्यक्ति जैसे ही वहाँ से उठकर चला जायेगा। वैसे ही दूसरा जूता भी वह वहाँ जा कर उठा लेगा। बस इस तरह जूतों की जोड़ी पहनने के लिये तैयार। उस घटना से ये तो जाहिर हो ही गया कि शातिर लोग बिना किसी की आँखों में मिर्च झोंके भी अपने उद्देश्य में सफल हो जाते हैं। आखिरकार वह एक जूता ले कर मैं क्या करता सो उसे वहीं छोड़ कर मैं अपने परीक्षा केन्द्र के लिये नंगे पाँव ही रवाना हो गया।

रिक्शा कर के मैं परीक्षा केन्द्र पहुँचा। वहाँ नंगे पाँव बैठ कर परीक्षा दी फिर वहाँ से वापस रेलवे स्टेशन पर आ गया। वहाँ से मुझे फिर रेलगाड़ी रात में ही मिली जिसमें सवार होकर मैं कानपुर के लिये चल पड़ा। रेलगाड़ी में मुझे बैठने के लिये जगह नहीं मिली। भीड़ के बीच नंगे पाँव ही खड़ा रहा जिससे मेरे तलवे तमतमाने लगे। निवेदन करने पर भी सीट पर टेक लगाने के लिये कोई चार अंगुल जगह देने को तैयार नहीं था। मैं किसी तरह बैठ पाने की उधेड़ बुन में खड़ा था। उसी वक्त सिंगल सीट पर बैठा हुआ एक लड़का शायद टॉयलेट करने के लिये गया था। मैं अवसर पाकर उस सीट पर जा कर बैठ गया। मुझे थकान से कुछ राहत मिल पायी थी तब तक वह लड़का वापस आ गया। वह मुझसे उठने के लिये बोला। मैं उसकी सीट खाली करते हुये सरक कर सीट के एक कोने पर बैठ गया। मैंने उसे थोड़ी देर बैठे रहने के बाद उठने का आश्वासन भी दिया परन्तु वह नहीं माना और उसने मुझे धक्का मार दिया जिससे मैं नीचे फर्श पर गिरते गिरते बचा। मुझे गुस्सा आ गया और मैंने उसे तमाचा मार दिया। वह लड़का मुझे चिपट पड़ा। उससे मार पीट और झींगा झोटी में मेरी शर्ट के कई बटन टूट गये। दृश्य बहुत भयावह हो चुका था। क्रोध में आ कर मैंने उस लड़के के बाल पकड़ कर उसका सिर उसी सिंगल सीट के नीचे घुसा दिया। इतने में उस लड़के के साथ वाले जो ऊपर सामान रखने वाली रेक पर बैठे हुये थे वे नीचे कूदे और मेरी पीठ पर ताबड़ तोड़ घूँसों से प्रहार करने लगे। मुझे नहीं पता कि मेरी पीठ पर कितने घूँसे पड़े होंगे पर इतना अवश्य था कि मैं उस लड़के (नौ जवान) को अपने घुटनों से दबाये था। अब मेरी पीठ पर उसके साथ वाले चार पाँच लोग लदे हुये घूँसों के प्रहार कर रहे थे। अर्थात उस लड़के के ऊपर मैं और मेरे ऊपर उसके साथ वाले वो चार पाँच लोग। कुल मिला कर सारा बोझ उस लड़के पर पड़ रहा था जिससे वह चिचियाने लगा तब कहीं वे लोग मेरे ऊपर से हटे और मैं खड़ा हो गया। अब वे मुझे छोड़ कर उस लड़के को उठा कर सँभालने लगे। मैं जहाँ पहले खड़ा था वहीं पर जा कर खड़ा हो गया तत्पश्चात मामला धीरे धीरे शान्त हो गया।

इसके बाद मुझे भी अहसास हुआ कि क्रोध में या भावुकता में आकर ऐसा निर्णय कभी नहीं लेना चाहिये जिससे रिस्क फैक्टर बढ़ जाये। यद्यपि रेलगाड़ी के सहयात्रियों के साथ मित्रता या शत्रुता ठीक वैसे ही होती है जैसे ज्ञानार्जन के ढाई तरीकों में आधा वाला तरीका होता है जो परिस्थितिवश अपने आप आता है और परिस्थिति के हटते ही लुप्त भी हो जाता है। अर्थात ज्ञानार्जन के ढाई तरीकों में एक तो पुस्तकों के अध्ययन का है, दूसरा विद्वानों के संसर्ग का है और आधा वाला ज्ञान स्वतः तब आता है जब कोई अपनों की अन्तिम यात्रा में जाता है। वहाँ का दृश्य देख कर मन में वैराग्य उत्पन्न होता है और वह सोचता है कि इस दुनिया में कुछ भी स्थायी नहीं है।

कोई किसी का नहीं है और हर किसी को एक दिन ये संसार छोड़ कर जाना पड़ता है। ये ज्ञान जो वहाँ के दृश्य को देख कर स्वयं आता है किसी के द्वारा कुछ न बताने पर भी परन्तु अन्तिम संस्कार कर के जैसे जैसे लोग अपने घर की ओर लौटते हैं वैसे वैसे वह ज्ञान धीरे धीरे लुप्त होता जाता है। बस घर के अन्दर आते ही सब कुछ भूल कर केवल दुनियादारी याद रह जाती है अर्थात पिताजी की प्रापर्टी कितनी है? पैसा कितना है? पासबुक कहाँ है? नकदी और जेबर कितना है? इसी में अटक जाते हैं। वैराग्य का भाव तिरोहित हो जाता है। वही दशा सह यात्रियों के साथ की मैत्री और वैमनस्य की होती है।

मैं कानपुर रेलवे स्टेशन पर उतर कर वहाँ से उसी लटी फटी दशा में बाहर आया। बाजार में जा कर दूकान से एक जोड़ी चप्पलें खरीदीं। तत्पश्चात पुनः रेलगाड़ी पकड़ कर गुरसहायगंज आ गया। गुरसहायगंज से बस द्वारा सिकन्दरपुर पहुँचा फिर वहाँ से पैदल चल कर चन्दरपुर घर पहुँच गया। मेरे घर वालों ने मेरी वह उजड़ी हुई दशा देखी तो उन्होंने हाल पूछा। मैंने ज्यों का त्यों सारा वृत्तान्त सुना दिया। माताजी ने काफी चिन्ता व्यक्त की और ढेर सारी नसीहतें भी दीं। मैंने भी मौन रह कर सब कुछ सुना महसूस किया और पश्चाताप भी किया।

दो दिन की यात्रा पूरी करने के बाद मैं घर लौटा था। मैंने घर लौट कर झोले से सामान निकाल कर बाहर रख दिया साथ ही जो खाना घर से ले गया था वह भी ज्यों का त्यों वापस लाकर रख दिया। माताजी ने खासी डाँट लगायी कि खाना ले गये और खाया नहीं यद्यपि वे जानतीं थीं कि ये बाहर जाने पर खाना नहीं खाता है परन्तु उनको यह नहीं मालूम था कि दो दो दिन तक खाली पेट रहा जा सकता है। साथ ही साथ पत्नी ने भी सवाल दाग दिया आपने दो दिनों में क्या खाया था? कुछ खाया भी था या नहीं? आखिरकार बताना ही पड़ा कि दो दिन की यात्रा में कहीं कुछ भी नहीं खाया।

एक बार मेरे पिताजी ने मुझसे परामर्श के तौर पर कहा था। तुम इस दौर में यदि कुछ करना चाहते हो तो केवल मेडिकल, इंजीनियरिंग या वकालत के बारे में सोचो। इन्हीं पेशों में सुखी जीवन व्यतीत करने की कुछ संभावनायें हैं। वही लक्ष्य रख कर तैयारी करो और उसी के अनुसार पढ़ाई करो। मैंने उन तीनों पेशों के लिये मना कर दिया था। तब उन्होंने मुझसे पूछा था आखिर क्या करना या बनना चाहते हो? उनके पूछने पर मैंने उन्हें बताया था कि मैं अध्यापक बनना चाहता हूँ। तब उन्होंने निराशा व्यक्त करते हुये कहा था कि ठीक है जब जिन्दगी भर भिखारी बने रहने की ठान ही चुके हो तब किया भी क्या जा सकता है? क्योंकि मुझे पता था कि मेडिकल और इंजीनियरिंग

के लिये पैसे और समय की आवश्यकता होगी जो मेरे परिवार के लिये आसान नहीं था। इसमें कोई संदेह नहीं है कि धनहीनता व्यक्ति को नपुंसक बना देती है। यद्यपि कहा यही जाता है कि धन ही सब कुछ नहीं होता है पर सच्चाई भी यही है कि धन के बिना भी सब कुछ नहीं होता है। अब बची वकालत की पढ़ाई जिसके लिये मैं स्वयं ही तैयार नहीं हुआ। मनुष्य परिस्थितियों का दास होता है ऐसा कहा जाता है जो कुछ हद तक मैंने भी महसूस किया था। यदि मुझे भी अध्ययन के लिये सर्व साधन सुलभ हुये होते तो शायद मुझे इतने धक्के न खाने पड़ते और न ही जिन्दगी के हर मोड़ पर तमाम विफलताओं का सामना करना पड़ता।

अब मेरा विज्ञान विषयों से अध्ययन का सपना तो ध्वस्त हो ही चुका था और मनोबल भी जवाब दे रहा था तथा साहस भी ठंडा पड़ रहा था। लेकिन मेरा वैज्ञानिक स्वभाव (Scientific temperament) और कुछ करने की प्रबल इच्छाशक्ति अभी ज्यों की त्यों बरकरार थी। अब केवल एक ही यक्ष प्रश्न सामने रह गया था। वह यह कि विवाह के बाद की जिम्मेदारियाँ कैसे पूरी हों? कभी दसवीं पास करने के बाद बी.टी.सी. न करने का निर्णय बार बार याद आता रहता था जिससे मैं अपने अन्तर्मन में उदास हो जाता था। एक दिन मेरी माताजी ने मुझे चिन्तित व उदास देखा तो उन्होंने धीरज बँधाया। उन्होंने निश्चिन्त रहने की सलाह देते हुये मुझसे कहा सब ठीक हो जायेगा। वास्तव में जैसा कि मैंने महसूस किया है कि माँ से बढ़कर इस दुनिया में अपने बच्चे के दुख दर्द को दूसरा कोई नहीं समझ सकता है। मैं पूर्ण विश्वास के साथ कह सकता हूँ कि मेरी माताजी मुझे मुझसे ज्यादा जानतीं थीं। जब भी कभी मैं निराश होता था तब वे मुझे तसल्ली देतीं थीं।

वर्ष 1970 अनेकानेक विफलताओं के बाद भी हमारे परिवार के लिये एक बहुत बड़ी खुशी लेकर आया था। मेरे घर में 25 नवंबर को प्रथम संतान के रूप में मेरी बेटी ने जन्म लिया। बेटी का जन्म क्या मुँह माँगी मुराद पूरी हुयी थी। सम्पूर्ण परिवार आमोद मग्न हो गया। इस खुशी के आगे सारे दुख हिरन हो गये (भाग गये)। हम सभी ने मिल कर खूब खुशियाँ मनायीं। भावी समय 1971 और 1972 मेरे लिये मरुस्थल में यात्रा करने जैसा रहा था। मेरी शादी के एक साल बीतते ही मेरे भाई रामकृपाल का भी रिश्ता आया और दो साल पूरे होते होते उनकी भी शादी हो गयी। परिवार बढ़ता जा रहा था और मकान वही पुराना था। जिसमें कुल एक कमरा लगभग तीस फुट लम्बा था। उसके आगे करीब बीस फुट लम्बा बरामदा था जिसे हम लोग अधपटा कहा करते थे। उस अधपटा के आगे (अट्ठारह फुट) लम्बा एक छप्पर था। छप्पर

के आगे छोटा सा आँगन था और आँगन के दूसरे किनारे पर एक छोटी कोठरी थी। उसे पिताजी ने सन 1962-63 में छोटे से छप्पर की जगह पर बनवाया था। वह भी गाँव के एक ठाकुर पंजाब सिंह के साझे में एक भट्टा लगाया था। उस भट्टे के लिये छिबरामऊ के एक मिल से कम कीमत पर अधजला कोयला खरीद कर लाये थे। उस कोयले में दम न होने के कारण भट्टे की जो ईंट पक कर निकली थी। वह खरी न पक कर अधपकी ही रह गयी थी। उसी ईंट से वह कोठरी बनायी गयी थी। इस प्रकार हम लोगों के पास कुल इतने मकान का आधा हिस्सा था क्योंकि उस पूरे मकान का आधा हिस्सा चाचाजी के पास था।

मैं भी पिताजी के साथ कोयला खरीदने के वक्त छिबरामऊ गया था। जिस ट्रक में कोयला भर कर लाया गया था उसी ट्रक में बैठ कर मैं भी गाँव तक आया था। जब ट्रक से कोयला गिराया जा रहा था तब मैं ट्रक के ऊपर ही चढ़ा हुआ था। पल्लेदारों ने जैसे ही कोयाला गिराने के लिये ट्रक के साइड में हुयी लगी खिड़की खोली वैसे ही कोयला सरसरा कर नीचे गिरने लगा और साथ में मैं भी उस कोयले के साथ सरक कर खिड़की के रास्ते नीचे आ गया क्योंकि मैं उस समय ट्रक के ऊपर ही मौजूद था। वह तो खैर हो गयी कि खिड़की के रास्ते जब मैं नीचे गिरा तो ज्यादा चोट नहीं आयी। बस बायें पैर की बायीं ओर जाँघ में किसी कील से या फिर कोयले की कंकड़ी की नोंक से करीब चार पाँच इंच लम्बा चीरा (घाव) लग गया था। वह लगभग छः महीनों में मुश्किल से ठीक हो पाया था। घाव तो ठीक हो गया था लेकिन उस घाव का निशान (गूँथ) ठीक नहीं हुआ। वह निशान आज तक बना हुआ है।

हमारे उस मकान के आधे हिस्से में चाचा जी का कब्जा था जिसमें उनका परिवार (कुल सात लोग) रहते थे। आधे हिस्से में हम पाँच भाई माता पिता के साथ रहते थे। हम दो भाइयों की शादियाँ होने के बाद अब हमारी बेटी सहित कुल दस सदस्य हो गये थे। एक कमरा जिसका एक ही निकास था। हाँ अधपटा में जरूर दो निकास थे। जिसकी वजह से चाचाजी के लिये एक निकास अलग और हम लोगों के लिये दूसरे दरवाजे का निकास अलग था। कोई भी घरेलू सामान दोनों लोगों (चाचाजी का व हमारा) का उस एक निकास वाले कमरे में अलग अलग हिस्से में रखा जाता था। पहले ज्यादा सामान इकट्ठा करने की रिवाज नहीं थी। अनाज रखने के लिये दोनों लोगों के पास एक एक कुठला था। जिनमें प्रत्येक में करीब साढ़े चार पाँच मन तक अनाज आ जाता था। अर्थात आज की मीट्रिक प्रणाली के अनुसार एक कोठी या बखारी या कुठला में लगभग दो कुन्तल अनाज आ जाता था। वह अनाज बरसात के

महीनों के लिये भंडारण कर के रखा जाता था। साल के बाकी महीनों में खेती पाती के माध्यम से अनाज या अन्य खाद्य वस्तुओं की व्यवस्था होती रहती थी। महिलायें अनाज घर में ही हाथ की चक्की से पीस लेतीं थीं। धान भी घर में ही ओखली मूसल से कूट लेतीं थीं। पहले आटा पिसाई व धान कुटाई मेरी दादी व मेरी माताजी और चाचीजी कर लेतीं थीं। पर मेरी शादी के बाद इन कामों में मेरी पत्नी भी हाथ बँटाने लगीं थीं। घर में चावल या आटा का स्टाक अधिक से अधिक चार दिनों के लिये रहता था। इस प्रकार दाल, चावल, आटा आदि रखने के लिये दोनों लोगों के यहाँ चार चार या पाँच पाँच घड़े रखे रहते थे।

इतना मकान हमारे परदादा ने अपने लिये बनाया होगा जो उनके लिये पर्याप्त रहा होगा। उनके बाद उनके उत्तराधिकारी (हमारे दादा जी) ने अपने परिवार के साथ अपना जीवन बिताया होगा। दादा जी के बाद हमारे पिताजी और चाचाजी ने अपने परिवारों के साथ निर्वाह किया अर्थात सात लोग हम और सात लोग चाचाजी। कभी कभार एक या दो रिश्तेदार भी आ जाते थे अर्थात हर समय उतनी ही जगह में पन्द्रह सोलह लोगों का रहना यदि कठिन नहीं तो आसान भी नहीं था। कुल जगह कितनी थी? तीस फुट लम्बी और तीस फुट चौड़ी अर्थात कुल नौ सौ वर्ग फुट अर्थात एक सदस्य के लिये साठ वर्ग फुट। अर्थात लगभग आठ गुणा आठ वर्ग फुट का क्षेत्र पल्ले पड़ा। उतनी सी जगह में ही दोनों लोगों के परिवारों का चूल्हा, चक्की, ओखली, मूसल, राशन, पानी, कपड़ा-लत्ता ये सब कुछ रखना। इसके अलावा उतनी जगह में ही उठने, बैठने तथा लेटने के लिये इन्तजाम करना। साथ ही छोटे बड़े का लिहाज करते हुये पर्दा का भी ख्याल रखना। ये सब कुछ काफी कठिन साबित होता था।

हमारी शादी से पहले जाड़ों में रात्रि के समय सोने के लिये हम लोगों की सामूहिक व्यवस्था होती थी। इसके लिये कमरे के अन्दर ही एक तरफ जमीन पर धान का खूब ऊँचा गद्देनुमा पुआल बिछा कर बिस्तर बना लिया जाता था। उसी पर चद्दर या कथरी या गुदड़ी बिछा कर सभी एक साथ लेटते थे। सभी को ओढ़ने के लिये दो ही रजाइयाँ पर्याप्त होतीं थीं। ऐसा ही इन्तजाम चाचा जी के परिवार के लिये भी कमरे के बाहर अधपटा में एक किनारे कर लिया जाता था। गर्मियों का नजारा कुछ अलग ही हुआ करता था क्योंकि रात में अन्दर वाले कमरे में या अधपटा में सोने का मतलब भट्ठी में तपने के बराबर था। इसलिये महिलायें व बच्चे छप्पर में लेटते थे। बाकी लोग उम्र के वरीयता क्रम में कोई छत पर, कोई आँगन में और कोई घर से बाहर चबूतरे पर या खेतों में लेटते थे।

हाँ इतना अवश्य था जैसा ऊपर बता चुका हूँ कि उस मकान के अलावा वही एक कोठरी अतिरिक्त थी जिसमें शादी के बाद मुझे लेटने बैठने का अवसर मिल जाता था। ऐसी दशा में जब हम दोनों भाइयों की शादी हो चुकी थी। तब अनुमान लगाना बहुत कठिन नहीं है कि पर्दे के साथ हम लोगों को सोने के लिये मुश्किल से जगह मिलती होगी। ऐसी विषम परिस्थितियों में हम दोनों भाइयों की पत्नियाँ ज्यादातर अपने मायकों में ही रहतीं थीं। उन परिस्थितियों को समझ कर माताजी ने विचार किया कि पुराने जर्जर मकान को गिरा कर दुबारा बनाया जाये भले ही कच्चा क्यों न बने। तब कम पैसा होने पर भी कोई मेहनत करने वाला व्यक्ति सफल हो सकता था। हुआ भी वही कि माताजी ने कच्ची ईंटें (पानी वाली) तालाब से पाथने के लिये हम लोगों से कहा। हम सभी भाई जो जिस लायक था उस हिसाब से काम पर लग गये। ईंटों के साँचे (फर्मा) बनवाये। तत्पश्चात तालाब से मिट्टी निकाल कर ईंटें पाथना (बनाना) शुरू कर दिया। एक ईंट की लम्बाई एक फुट, चौड़ाई नौ इंच और मोटाई तीन इंच होती थी। हम लोग पूरे दिन जुटे रहने के बाद बमुश्किल चार या पाँच सौ ईंटें तैयार कर पाते थे। यह काम एक माह से भी अधिक चला था। इस तरह लगभग दस हजार ईंटें तैयार हो पायीं थीं। हाथों की उँगलियों के नाखून घिस चुके थे। उनसे खून झलकने लगा था। कुछ नाखून ज्यादा घिस कर चटक गये थे। जिनमें मेरा बायें हाथ की तर्जनी का एक नाखून आज भी बढ़ने के साथ ही फटता जाता है। वह नाखून समूचा न निकल कर दो हिस्सों में फटा हुआ निकलता है। इस काम में मेरे भाइयों ने भी जी जान लगा कर मेहनत की थी। जब ईंटें तैयार हो चुकीं तब उनकी ढुलाई की बात आयी। हम सभी भाइयों ने ही सारी ईंटें सिर पर रख कर ढोयीं थी। ईंटें इकट्ठी हो गयीं। अब धन्नों (शहतीर या लकड़ी के बीम) का तथा गुज्जों का इन्तजाम भी करना था। खैर यह सब भी हो गया क्योंकि कुछ सामान पुराने मकान का निकल आया था। कुछ नया था जिसके लिये मैंने औसत दर्जे का एक नीम ही खरीद लिया था। उस नीम की शाखाओं को भी मैंने ही काटा था। मैं जब शाखा काट रहा था तो अनुभवहीनता के कारण हुआ यों कि शाखा कटने ही वाली थी कि वह टहनियों और पत्तों के वजन के कारण झोंके के साथ एक झटके में चरमरा कर नीचे गिरने को हुयी और उसका संतुलन डगमगा गया। जिससे उस शाखा का मोटा वाला सिरा मेरे दाहिने पैर को छूते हुये हल्की सी रगड़ के साथ नीचे गिर गया। वह हल्की सी रगड़ थी जिसमें पैर तो टूटने से बच गया था परन्तु उस रगड़ से पैर के टखना और घुटना के मध्य सामने की ओर हड्डी के ऊपर से त्वचा व मांस गायब हो गया था। घाव इतना ज्यादा हो गया था कि बहुत दिनों बाद ठीक हुआ। मेरे दाहिने पैर में उस चोट का निशान आज भी बना

हुआ है। इस प्रकार लकड़ी का पूरा सामान शायद तीन सौ रुपये में आ गया था यद्यपि इतने रुपये भी जुटा पाना मुश्किल हो गया था।

पुराना मकान गिराया गया और नींव खोदी गयी। कुल जगह पीछे वाले आधे कमरे की लम्बाई पन्द्रह फुट, चौड़ाई दस फुट थी। उसके आगे अधपटा की लम्बाई व चौड़ाई दस दस फुट थी तथा छप्पर की लम्बाई नौ फुट और चौड़ाई वही आठ फुट थी। आगे थोड़ा आँगन बचता था। पूरे मकान का आधा हिस्सा यही था। मकान की चिनाई के लिये राज मिस्त्री श्री राम लड़ैते को लाये थे। वे गाँव के रिश्ते में फूफा लगते थे और हमारे गाँव में ही अपने ससुर श्री रामलाल के यहाँ रह रहे थे। उन्होंने कमरे के पीछे की दीवार बना दी थी।

धन्नियों की लम्बाई को देखते हुये जब आगे की दीवार बनाने के लिये कमरे की चौड़ाई नापी गयी तो पता चला कि पुराने मकान की दीवारें नयी दीवारों की तुलना में अधिक चौड़ी थीं इसलिये पिछले कमरे की कुल 15' लम्बे दौर की चौड़ाई में दो फुट चौड़ी जगह बच गयी थी। उस बची हुई जगह का कुछ हिस्सा तो अधपटा वाली जगह में शामिल हो गया था। लेकिन दो फुट चौड़ा और करीब छः फुट लम्बा हिस्सा पड़ोसी के आँगन की तरफ छूट रहा था। मैंने उस दो फुट चौड़ी और छः फुट लम्बी जगह में एक जीना (सीढ़ियाँ) बनाने का विचार मिस्त्री को बताया। उस जगह का इस्तेमाल आसानी से किया जा सकता था। उसके लिये पड़ोसी के आँगन कि ओर अधपटा वाली बगल की दीवार में चढ़ने उतरने के लिये खिड़की लगा कर जीना बना दिया जाये। मिस्त्री की समझ में ये बात नहीं आयी और वे बोले दो फुट चौड़ी जगह में जीना नहीं बन सकता है। यह कह कर उन्होंने काम छोड़ दिया।

कहा जाता है कि आवश्यकता आविष्कार की जननी होती है सो वह पहला अवसर था जब मैंने बिना किसी से प्रशिक्षण लिये राजगीरी का काम स्वयं करना आरम्भ कर दिया। मैंने अपने विचार के हिसाब से उस दो फुट चौड़ी जगह में पहले बताये के अनुसार अधपटा में अन्दर से खिड़की लगा कर जीना तैयार कर दिया। इसको संयोग ही कहा जाये कि हमारे छोटे भाई राम कृपाल के ससुर श्री गबदे लाल उस समय हमारे घर पर आये थे। उनको चिनाई करना आता था। अतः उन्होंने मौके को देख व समझ कर बिना किसी संकोच के मकान की चिनाई का काम सँभाल लिया। उन्होंने पन्द्रह बीस दिन लगातार लग कर वह मकान तैयार कर दिया। उनका यह सहयोग मेरे प्रति बहुत बड़ा उपकार था जिसे मैं कभी भुला नहीं पाऊँगा। मेरे चाचाजी को यह सब रास नहीं आ रहा था। उन्होंने काम में अड़चन डालना शुरू कर दिया था। शायद

उनकी मंशा रही हो कि आधे मकान की जो दीवारे छूट रही हैं। वे भी साथ में तैयार होती चलें। उस कलह के बीच हमारा मकान तो तैयार हो ही चुका था और उसके बाद भी काफी ईंटें बच गयी थीं तो माताजी ने उनकी मंशा भाँप कर कह दिया कि बची हुयी ईटे लगवा लो फिर क्या था ईंटें, राज मिस्त्री व लेबर सब कुछ था ही। कुछ धन्नों का इन्तजाम करना पड़ा और लगे हाथ उनका भी मकान तैयार हो गया। इसे कहते हैं कि हर्र लगी न फिटकरी रंग चोखा आया।

क्या कहूँ! जिस तरह से ये सारे काम चलते जा रहे थे वैसे ही अभाव ग्रस्तता भी साथ साथ चल रही थी। घर के कामों की वजह से हम लोग कोई कमाई नहीं कर पाते थे। उस कंगाली में माताजी व हम सभी भाइयों को भूख सहन करने की विवशता थी परन्तु मेरी पत्नी भी पूरे दिलो दिमाग से मेरे उन दुर्दिनों में सहभागिनी रहीं। उन्होंने हमारे मनोबल को जीवित बनाये रखने में हमारा पूरा साथ दिया था जब कि कोई कोई ऐसे भी होते हैं जो दो टूक जवाब देते हैं कि तुम सब जाओ भाड़ में तुम्हारे साथ में मैं क्यों भूखी मरूँ? उन्हीं दिनों मेरे पारिवरिक भतीजे धनीराम ने कई बार अपने घर से रोटी लाकर मेरी पत्नी को व मेरी बेटी को खिलाई थी। धनीराम मेरे परिवारिक भाई श्री राम भरोसे लाल (जिनका मैं पहले ही जिक्र कर चुका हूँ) का बड़ा बेटा था जो कि बहुत ही दयालु था। खैर उन सब विसंगतियों के बीच मकान बन कर तैयार हो गया और कुछ असुविधायें कम हो गयीं।

इसी बीच मेरी पत्नी ने मुझे बताया कि अगर व्यवस्था हो सके तो बीड़ी बनाने के लिये पत्ती व तम्बाकू की व्यवस्था करो। जिससे मैं बीड़ी बनाया करूँ तो कुछ राहत मिलेगी। उस समय गाँव का एक मुसलमान लड़का कुतुबुद्दीन जो शायद सिकन्दरपुर से किसी एजेंसी से बीड़ी बनवाने के लिये थोक में सामान लाता था। वह गाँव में लोगों से बीड़ी बनवाकर वहाँ जमा कर आता था। उस समय बीड़ी बनवाने का रेट भी दो रुपये प्रति हजार का रहा होगा। मेरे भाई प्रेमचन्द्र ने पत्ती और तम्बाकू लाने की जिम्मेदारी सँभाली। मेरी पत्नी ने इस तरह बीड़ी बनाना शुरू कर दिया था। हम लोगों के लिये वह काम कठिन था फिर भी बीड़ी बनाने की पूरी प्रक्रिया को देखते समझते रहते थे। उस पूरी प्रक्रिया में पहला काम था पत्ती तम्बाकू लाना जो मेरे भाई ने सँभाल लिया था। जिसके यहाँ से वह सामान लाते थे उसे बिरंचदार या ब्रांच का मालिक कहते थे। उसका काम था कि कारीगरों को सामान की आपूर्ति करे। जब बीड़ी बनकर तैयार हो जायें तो सभी के घरों से बीड़ी मँगवाये फिर पहले उनकी छँटाई (अच्छी व खराब की) करे उसके बाद अच्छी बीड़ी के बंडल गिनती कर के अपने स्टॉक में रखे। जितनी

बीड़ी जमा हुयीं उनकी संख्या कारीगर की डायरी में चढ़ा दे। जब महीना पूरा हो जाये तो हर कारीगर के द्वारा बनायी गयी बीड़ी का हिसाब जोड़ कर बताये। इस प्रकार वह रेट के हिसाब से पूरे काम का दाम चुकता करता था। किसी के यहाँ से एक माह में तीस हजार किसी के यहाँ से चालीस हजार बीड़ी बनती थीं। मेरे यहाँ से लगभग साठ हजार प्रति माह अर्थात दो हजार प्रति दिन बीड़ी बनती थीं अर्थात चार रुपये प्रतिदिन और एक सौ बीस रुपये प्रति माह की कमाई होने लगी थी अर्थात बहुत बड़ी रकम घर में आने लगी और कंगाली खत्म हुयी।

अब पूरे परिवार को काम करने के लिये एक रास्ता मिल चुका था। मैं बीडी बनाने की प्रक्रिया का जिक्र कर रहा था। उसमें पहला काम होता था पत्ती की गड्डियों को पानी से भिगोना। उसके लिये गड्डियाँ पानी से भरी बाल्टी में डुबोकर निकाल कर बाहर निचुड़ने के लिये रखते जाइये ताकि पत्ती पर इतना पानी न बना रहे कि वह रात भर रखी रहने से सड़ जाये। पत्ती भिगो कर रात भर नरम होने के लिये रखना पड़ता था। भीगी हुयी पत्ती रात भर रखी रहने से नरम हो जाती थी परन्तु सड़ने नहीं पाती थी। पत्ती भिगोने का यही पैमाना था। अगला काम था पत्ती कटाई करना। पत्ती काटने के लिये बीड़ी कम्पनी का एक फर्मा मिलता था जो विषम चतुर्भुज के आकार में होता था। उसकी दोनों लम्बाइयाँ तथा दोनों चौडाइयाँ आपस में न तो समान और न ही समानान्तर होती थीं। उसे एक टिन शीट से चौकोर काट कर तैयार किया जाये तो उसका एक कोना लम्बा नुकीला बन जाता है जिस पर सत्तर डिग्री का कोण बनता है और उसके सामने वाला कोण अस्सी डिग्री का रहता है। इसके अतिरिक्त एक कोण नब्बे डिग्री का तथा उसके सामने वाला कोण एक सौ बीस डिग्री का बनता है। उस फर्मा से पत्ती काटी जाती थी। फर्मा को लम्बी चौड़ी पत्ती पर कुछ इस तरह से तिरछा करके रखा जाता था ताकि पत्ती की बीचो बीच वाली नस कटी हुई पत्ती के बीच में तिरछी आ जाये। वह भी चौड़ाई की ओर दाहिने कोने से लेकर बायीं ओर लम्बाई के बीचो बीच आकर खतम हो जाये। पत्ती ऐसी इसलिए काटी जाती थी ताकि पत्ती की नस बीड़ी बनाते समय लपेटे में आकर बीड़ी के अन्दर छिप जाये जिससे बीड़ी का आकार और तराश अच्छी आये। यदि पत्ती की वह नस बीचो बीच में ऊपर से नीचे तक बनी रहती है तो बीड़ी बनाते समय वह लपेटे में बाहर आ जाती है जिससे बीड़ी हवा के सम्पर्क में आकर ऐंठ जाती है। ऐसी बीड़ी ब्रांच वाला अपने यहाँ जमा करते समय छँटनी में निकाल देता है।

छँटनी का मतलब अगर एक हजार बीड़ी में सौ बीड़ी छँट गयीं तो उतनी बीड़ी की बनवाई का नुकसान होगा और उतनी ही बीड़ी की पत्ती तम्बाकू का भी नुकसान होगा जो छँटनी होगी उसकी उतनी पत्ती तम्बाकू के नुकसान की वसूली भी बीड़ी बनवाई में से ही की जायेगी। अब आप सोच सकते हैं कि एक हजार में सौ बीड़ी की छँटाई का मतलब दस प्रतिशत बनवाई तथा दस प्रतिशत कीमत के सामान की भरपाई अर्थात पूरी कमाई में से बीस प्रतिशत का नुकसान हो जाता है। अब आप तुलना कीजिये उस कारीगर के काम से जो एक हजार बीड़ी के सामान से अपनी सावधानी और होशियारी से एक हजार की जगह ग्यारह सौ बीड़ी बनाकर देता है और उसकी छँटनी भी नहीं होती है और दूसरा वह जो एक हजार की जगह नौ सौ दे पाता है। अर्थात एक कारीगर उतनी ही मेहनत में बीस प्रतिशत (दस प्रतिशत बनवाई और दस प्रतिशत सामान की भरपाई) का घाटा उठता है और दूसरा कारीगर उतने में ही बीस प्रतिशत का लाभ कमा लेता है। मेरी पत्नी बीस प्रतिशत लाभ वाली कारीगर रही हैं। इस प्रक्रिया में अगला बारीक काम होता है बीड़ी का बंडल बनाना। वह भी कम्पनी की जरूरत के हिसाब से गिनती करके बनाया जाता है। बंडल बनाने में यही होशियारी हो सकती है जैसे कि अगर कोई बीड़ी छँटने वाली हो तो उसको बंडल में किनारे पर न लगाकर तराश कर बीच में लगा देते हैं। इस प्रकार अन्त में सारे बंडल गिन कर कुल बीड़ी संख्या में कितनी हुयीं उनको एक टोकरी में रख कर बिरंचदार के यहाँ ले जाकर जमा कर देते हैं।

इस पूरे काम की प्रक्रिया में कई काम होते हैं जिनमें क्रमशः पत्ती भिगाना, पत्ती काटना, पत्ती के बीच में बची हुई नस को छीलना आदि ताकि बीड़ी की लपेट आसानी से लगायी जा सके। इस प्रकार बीड़ी बनाना तथा अन्त में बनी हुई बीड़ियों के गिन गिन कर बंडल बनाना। तपश्चात ब्रांचदार के पास जाकर बीड़ी जमा करना। यह एक ऐसा काम था जिसमें छोटे से लेकर बड़े तक का योगदान संभव था। मैंने व भाइयों ने पत्ती काटना सीखा, पत्ती छीलना सीखा और साथ में ही बीड़ी बनाना भी सीखा। कुशल कारीगर के हाथ से तो पत्ती उठा कर उस पर अल्प मात्रा में तम्बाकू रखना, लपेटा लगा कर नक्की बनाना और धागा बाँध कर टुपाई करना ये सब काम जादू की तरह पलक झपकते ही पूरा हो जाता है और बस बीड़ी तैयार हो जाती है। मुझे इतना काम सीखने में महीनों लग गये पर ऐसा कभी नहीं हो पाया कि मैं भी किसी दिन एक हजार बीड़ी बना पाता। सभी भाइयों ने बीड़ी बनाना सीख लिया था। सभी अपनी अपनी क्षमता के अनुसार बीड़ी बना लेते थे परन्तु ऐसा शायद ही कभी हो पाया हो

कि हम सभी भाइयों ने मिल कर एक दिन में दो हजार बीड़ी बनायी हों जब कि मेरी पत्नी प्रति दिन दो हजार बीड़ी बनातीं थीं।

उसी दौर में मेरे पारिवारिक चाचाजी श्री मुरलीधर भी ब्रांच का काम चलाने लगे थे। वह ऐसा समय था जब पूरे गाँव में आर्थिक तंगी थी। अतः अर्थिक रूप से कमजोर लोगों ने बीड़ी बनाना सीख लिया था। उस काम की आमदनी से मजदूर वर्ग के लोगों की दो वक्त की रोटी आसानी से चलने लगी थी। उस काम की वजह से खेती पाती और दूसरे कामों के लिये भी मजदूरी बढ़ चुकी थी क्योंकि बीड़ी बनाने की वजह से उतनी तो कमाई ठंडे में रह कर घर में ही हो जाती थी। तब फिर कोई धूप में बाहर हाड़तोड़ मेहनत करने क्यों जाये? बीड़ी के काम के कारण लोगों को अब मजदूर भी आसानी से नहीं मिलते थे। हमारी पीढ़ी का यही वो दौर था जब लोगों ने अपने बच्चों को स्कूल भेजना व पढ़ाना लिखाना शुरू किया था ज़ब कि हमारी पीढ़ी के लोगों में शायद ही कोई अन्य व्यक्ति मैट्रिक कर पाया हो। यद्यपि उस समय कई लोग फौज में भर्ती हो गये थे। मेरे अतिरिक्त बहुत बाद में केवल एक लड़का रामनरेश इंटर कर पाया था और प्राइमरी टीचर बन गया था।

उस दौर में हमारे बाद की पीढ़ी में कई बच्चे अच्छे पढ़ लिखकर नौकरियों में भी निकल गये। कुल मिलाकर लोगों के लिये अब शिक्षा का मार्ग प्रशस्त हो चुका था। उस समय कमाई और पढ़ाई का बहुत अच्छा तालमेल था। खूब पढ़ते थे और बीच बीच में समय निकाल कर काम में अपने माता पिता का हाथ भी बँटाते थे। वहीं गाँव के ठाकुरों ने बीड़ी बनाने के धन्धे को तौहीन के रूप में लिया। उसी तर्ज पर कि शेर कभी घास नहीं खाता बल्कि वह घास खाने वालों को ही खा जाता है। ठाकुरों की अपनी पीढ़ी का तो मैं जिक्र कर चुका हूँ। उनमें एकाध को छोड़कर फौज में भी नहीं जा सके। उनकी अगली पीढ़ी परिवार बढ़ने और जमीन की हिस्सेदारी घटने से अत्यधिक त्रस्त व अभाव ग्रस्त हो गयी। वे शिक्षा में भी पिछड़ गये क्योंकि न तो उनके पास उतने साधन थे और न पहले वाली सम्पन्नता रही। हाँ एक चीज बरकरार रही पहले की तरह बाद में भी वह थी ठकुरैती अकड़ (जली हुई रस्सी की ऐंठन की तरह) परन्तु पहले वाली शानो-ओ-शौकत गायब थी।

मैं अपने परिवार में इतना घुलमिल गया कि दो तीन साल 1971 से 1973 का समय कठिन होते हुये भी कब बीत गया मुझे कुछ पता ही नहीं चला। हाँ एक बात अवश्य थी कि उस दौर में मुझे कुछ पुरस्कार और कुछ दण्ड अवश्य मिले। पहला पुरस्कार तो यह कि 1972 में मेरे पिताजी का ट्रांसफर मद्रास से आगरा हो गया था। दूसरा यह

कि उसी दौरान चाचाजी की राय के अनुसार हम लोगों ने सूबेदार काछी का दो बीघा खेत उनके साझे में ही खरीदा लिया था। खेत खरीदने के लिये भी दो बीघा जमीन शायद एक हजार रुपये प्रति बीघा की दर से तय हुई थी। उस जमीन को खरीदने के लिये कुछ रुपये तो पिताजी ने दिये थे और शेष रुपये माताजी के जेवर बेंच कर पूरे किये थे। इस प्रकार पिताजी के नाम से एक बीघा जमीन का बैनामा करा लिया गया। तीसरा यह कि कुछ महीनों बाद मेरे पुत्र का जन्म वर्ष 1972 में 30 दिसम्बर को हुआ। सभी लोग अत्यन्त प्रसन्न हुये और खुशियाँ मनायीं। घर में सब कुछ ठीक चल रहा था परन्तु काम ज्यादा पड़ने के कारण 1973 के आरम्भ में ही मेरी पत्नी बीमार रहने लगीं क्योंकि उन्होंने अपनी सामर्थ्य से कहीं ज्यादा मेहनत करके दिन के अतिरिक्त रात में भी बीड़ी बनायीं जिससे वे बीमार हो कर बहुत कमजोर हो गयीं थीं। अब उनके लिये काम करना तो दूर की बात थी बल्कि बच्चे को दूध पिलाना भी मुश्किल हो गया था।

पहले हम जैसे लोगों के घरों में ठाकुरों की तरह संडास (लेटरिन) नहीं होते थे। इसलिये क्या आदमी क्या औरतें सभी लोग दिशा मैदान (टट्टी) के लिये बाहर खेतों में ही जाते थे। कई औरतें एक साथ मिल कर ही बाहर जाती थीं। एक दिन मेरी पत्नी भी माताजी व एक दो अन्य महिलाओं के साथ बाहर (दिशा मैदान) गयीं थीं। उधर से लौटते वक्त कमजोरी की वजह से वे बेहोश हो कर जमीन पर गिर गयीं। मुझे जब खबर मिली तो मैं तथा मेरे भाई प्रेम चन्द्र उनको उठा कर लाने को दौड़ पड़े। वहाँ पहुँचकर जब उनको बेहोशी हालत में जमीन पर पड़ा पाया तो उन्हें जमीन से उठा कर खड़ा करने का प्रयास किया परन्तु खड़ा नहीं कर पाये। ऐसी दशा में मैंने सहारा दिया और भाई ने उनको पूरी ताकत से उठा कर अपने कंधे पर डाल लिया। इस तरह से उनको घर ले आये और घर लाकर उन्हें चारपाई पर लिटाया। उनके ऊपर हवा करते रहे और मुँह में पानी डालते रहे तब कहीं काफी देर बाद उनको होश आया। काफी दिनों तक सिकन्दरपुर से उनका इलाज चलता रहा परन्तु कोई खास राहत नहीं मिली। उनकी कमजोरी को देखते हुये घर परिवार वालों ने बहुत चिन्ता की और सलाह दी कि इनको फतेहगढ़ जिला अस्पताल में ले जाकर दिखाओ और इलाज कराओ। मैं उनको जब अस्पताल ले गया तो वहाँ डॉक्टर ने देखकर परामर्श दिया कि आप इनका टीबी अस्पताल में चेकअप कराओ। जब मैं टीबी अस्पताल में ले कर पहुँचा तो डॉक्टर ने एक्स-रे लिया उसके बाद बताया कि इन्हें टीबी है। डॉक्टर की परामर्श के अनुसार मैं वहाँ से एक महीने की दवा लेकर घर चला आया।

ऐसा विपरीत समय एक तो बीमारी दूसरे काम बन्द और जब काम बन्द तो आमदनी भी बन्द। घर की दशा कब बनती है और कब बिगड़ जाती है कुछ कहा नहीं जा सकता है। मेरे घर में जो कड़की पहले थी उसने फिर से अपना डेरा जमा लिया। यही कहा जा सकता है कि इंजन ठप तो पूरी रेलगाड़ी ठप। ऐसी स्थिति में मैं फिर से वही पूर्णकालिक खेती किसानी पर उतर आया। चूंकि पिताजी आगरा आ चुके थे इसलिये उनके आने से हमें काफी राहत मिली। हमारे चारों छोटे भाई जिनका न तो पढ़ाई में मन लगता था और न काम में मन लगता था। ऐसी दशा में गृह कलह के अलावा कुछ शेष नहीं रह जाता है। ऐसे में माताजी ने बारी बारी से दो दो भाइयों को पिताजी के पास आगरा भेज दिया। जिनमें से कुछ दिनों बाद मेरे दो छोटे भाई घर लौट आये और शेष दो भाई नियमित तौर पर वहीं बने रहे। वहाँ रह कर पिताजी के दोस्त श्री सरदार सिंह ने उनको एलपीजी गैस एजेंसी में भरे हुये सिलिंडर घर घर वितरण करने के काम में लगवा दिया। हमारे भाई भी वहाँ रहकर कठिन परिश्रम कर के कुछ कमाई करने लगे। सभी ने कठोर मेहनत की और वहाँ डटे रहे। कई महीनों तक उन्होंने वह काम किया। वे वहाँ काम भी करते रहे और बीच बीच में फौज की भर्ती भी देखते रहे। आखिर मेरे तीसरे नम्बर के भाई प्रेम चन्द्र वहाँ रहते हुये पिताजी के फौजी होने का लाभ मिलने के कारण फ़ौज में भर्ती हो गये थे। वे सन 1974 में फौज के ए.एस.सी. में ड्राइवर के तौर पर भर्ती हो गये थे। इस तरह हमारे घर में हमारी पीढ़ी के वे पहले फ़ौजी नौकर पेशा बने।

मेरे दो छोटे भाई, माताजी, मैं और मेरी पत्नी व बच्चे ये सभी लोग घर पर रह गये थे। मेरे दो भाई तो पढ़ ही रहे थे मैंने भी खेती किसानी करते करते फिर से पढ़ने का मन बनाया। मैं एक दिन नार्मल स्कूल छिबरामऊ जाकर बी.टी.सी. का फार्म ले आया और ट्रेनिंग करने के लिये फार्म भर दिया। ये वही ट्रेनिंग थी जिसे मैं दसवाँ पास कर के 1966-67 में ही पूरी कर सकता था। जिससे ट्रेनिंग पूरी करते करते मुझे अध्यापक की नौकरी भी बिना किसी इंतजार के मिल जाती। उसी ट्रेनिंग के लिये मैंने 1973 में (सात साल बाद) फार्म भरा था। तब तक बी.टी.सी. की न्यूनतम योग्यता हाई स्कूल की जगह इंटरमीडिएट हो चुकी थी। मेरिट के हिसाब से मेरा बी.टी.सी. में चयन तो हो गया था परन्तु एडमिशन के लिये फिर वही पैसे की मुश्किल आ पड़ी। फीस व किताब कापियों तक का कुल खर्च लगभग दो सौ रुपये की आवश्यकता थी। व्यवस्था कहाँ से हो तब माताजी ने अपना तथा अपनी बहू यानी कि मेरी पत्नी का जेवर मुझे दिया और कहा छिबरामऊ सर्राफ के यहाँ इसे बेंच लेना तो पढ़ाई के लिये

व्यवस्था हो जायेगी। मैंने वही किया कि माताजी के द्वारा दिया गया जेवर छिबरामऊ ले जाकर सर्राफ के यहाँ बेंच दिया जिससे मुझे करीब ढाई सौ रुपये मिल गये। मैंने इस तरह से बीटीसी में नार्मल स्कूल छिबरामऊ जाकर एडमिशन ले लिया।

हमारे गाँव से नार्मल स्कूल की दूरी लगभग बारह किलोमीटर थी जिसे प्रतिदिन साइकिल से नापना पड़ता था। मेरे साथ में एक सहपाठी जाने के लिये मिल गये थे उनका नाम देवेन्द्र सिंह (दिब्बा) था। जब मैंने दसवाँ पास किया था तब वह (दिब्बा) पाँचवीं या छठी कक्षा में रहे होंगे। 1966 में समय की या आसन्न परिस्थिति की उपेक्षा करने का यह दुष्परिणाम हुआ कि मैं जिन्दगी में आठ साल तो पीछे हो ही गया तथा धनाभाव में जो मुसीबतें झेलीं सो ब्याज में मिलीं। अब हमारी बी.टी.सी. कि ट्रेनिंग शुरू हो चुकी थी। हम दोनों (मैं और दिब्बा) लोग रोजाना गाँव से नार्मल स्कूल तक साइकिल से ही जाते थे। कभी समय से और कभी कभी देर से पहुँचते थे। जिस दिन देर से पहुँचते थे उस दिन नार्मल स्कूल के परिसर में बने हुये घने बगीचे (झाड़ियों) में बैठकर अगले पीरियड का इंतजार करते थे। तब तक दिब्बा अपनी सिगरेट सुलगा कर कश लेते थे। कभी कभी मेरे होंठों पर भी रखकर कश लेने के लिये कहते थे। कारण यही था कि जब भी कोई घृणित कर्म करता है तो वह कभी अकेला नहीं रहना चाहता है। फिर जैसे ही दूसरे या तीसरे पीरियड की (देरी के हिसाब से) घंटी लगती थी वैसे ही हम लोग कक्षा में दाखिल हो जाते थे। हर पीरियड में अध्यापक अपने अपने पीरियड की हाजिरी लेते थे। सभी अध्यापकों में मैं श्री पातीराम जी से घुल मिल पाया था। इसके अतिरिक्त एक शर्मा जी थे जिनसे मेरा कुछ सम्पर्क था। वे हास्टल वार्डन थे और पढ़ाते भी थे। शेष अध्यापकों से मेरे संबन्ध प्रगाढ़ नहीं हो पाये थे।

वहाँ के प्राचार्य श्री आर.पी. पाठक साहब थे। उनमें कई विशेषतायें थीं। वे सामान्य कद-काठी के गेहुँआँ रंग के सरल स्वभाव के इंसान थे और वे इतनी ऊँची आवाज में बोलते थे कि शायद उनकी ही आवाज उनको मुश्किल से सुनाई देती होगी। सामने वाले की श्रवण शक्ति कितनी ही अच्छी क्यों न रही हो फिर भी उनकी आवाज सुनने के लिये उनकी तरफ कान और ध्यान दोनों ही लगाने पड़ते थे। एक बार कालेज में लेट पहुँचने के कारण हम लोगों (मुझे व देवेन्द्र) को उनके आफिस में पेश होना पड़ा था। वे काफी देर तक डाँटने की मुद्रा में हम लोगों को समझाते रहे और भविष्य में देर से न आने की हिदायत देकर छोड़ दिया था। मैंने जो अनुभव किया था कि क्रोधित होने पर भी वे कभी आपा नहीं खोते थे। उनके समझाने व डाँटने के लहजे व सामान्य

वार्तालाप की आवाज में ज्यादा अन्तर नहीं था। इसके अलावा सुना जाता था कि उनमें कई विशेषताएँ और भी थीं। जैसे कि वे किसी चपरासी को अपनी सब्जी लेने के लिये हिदायत के साथ बाजार भेजते थे। यह कहकर कि जितनी सब्जी बतायें उतनी ही लाना व अच्छी सब्जी लेकर आना। जैसे पाव भर आलू, सौ ग्राम टमाटर, सौ ग्राम प्याज, पचास ग्राम लहसुन, दो दो पैसे की धनिया व मिर्च आदि। उसी हिसाब से अनुमानित पैसे भी देते थे। वे यह कह कर भेजते थे कि यदि पैसे कम पड़ जायें तो अपने पास से दे देना फिर वापस आकर मुझसे ले लेना। जब वह व्यक्ति सब्जी लेकर लौटता था तो यह अवश्य पूछते थे कि कितने पैसे बचे तत्पश्चात वे बचे हुये पैसे वापस ले लेते थे। शायद उस समय बाजार से इन तमाम चीजों को लाने के लिये आठ आने पर्याप्त हुआ करते थे। बेचारा चपरासी इतनी मितव्ययिता देखकर अपने आप को ही कोसता होगा। यदि कभी उसे दो चार पैसे अपनी जेब से भी देने पड़ते होंगे तो माँग भी नहीं पाता होगा। शायद वे विज्ञान के छात्र रहे होंगे इसलिये उन्होंने अपने उस वैज्ञानिक स्वभाव Scientific temperament के कारण एक प्लान बनाया। अपने प्लान के अनुसार उन्होंने जो निर्णय लिया उसने तो सभी को चौंका ही दिया था। हुआ यों कि वे एक दिन एक छतरी से पैराशूट की प्रक्रिया का प्रयोग करना चाहते थे। अतः उन्होंने अपने सभी अध्यापकों व छात्र अध्यापकों को एकत्र करके अपनी मंशा जाहिर की। योजना बनायी कि एक चपरासी को छत की मुँडेर से छतरी पकड़ कर नीचे कूदने के लिये कहा जाये। जैसे ही वह कूदेगा तो छतरी खुल जायेगी और वह आसानी से जमीन पर उतर (लैंड कर) जायेगा। उनके इस आत्मविश्वास की दाद देनी पड़ेगी परन्तु उन्होंने इतना नहीं सोचा कि यदि लैंडिंग के वक्त छतरी न खुली तो बेचारे चपरासी की क्या गति होगी ? उस समय वहाँ पर उपस्थित किसी अध्यापक ने सुझाव दिया था कि साहब इस प्रयोग के लिये तो चपरासी के वजन के बराबर किसी बोरी में ईंटें भी भर कर उपयोग की जा सकती हैं। ईंटों से भरी उस बोरी में छतरी का हत्था बाँध कर छत की मुँडेर से ठेल (धकेल) दिया जाये। जिससे वह बोरी में बँधी हुयी छतरी खुल कर आसानी से जमीन पर लैंड कर सकेगी। यदि छतरी न खुली तो भी बोरी जमीन पर आयेगी और किसी की जान भी जोखिम से बच जायेगी। इस पर उन्होंने विचार करते हुये कहा तुम ठीक कहते हो। ऐसा ही ठीक रहेगा। तदनुसार ईंटों से भरी बोरी को छतरी के हत्थे में बाँध कर छत की मुँडेर से सावधानी पूर्वक धकेला गया। फिर क्या था, वही हुआ जिसका अँदेसा था। वह छतरी नहीं खुली और ईंटों से भरी बोरी धड़ाम से नीचे जमीन पर आ गिरी। यह देख कर वे बोले अच्छा रहा कि चपरासी बच गया।

हमारे अध्यापकों या प्राध्यापकों में श्री पातीराम जाटव जो कि छिबरामऊ के ही निकट रसूलपुर के रहने वाले थे। वे शिक्षा सिद्धान्त और शिक्षण विधियाँ पढ़ाते थे। वे साँवले रंग व सामान्य कद काठी के व्यक्ति थे। उनके दोनों होंठ मोटे थे। वे पढ़ाने में बहुत अच्छे और समय के पाबन्द थे। वे अपने छात्राध्यापकों (शिष्यों) के प्रति अत्यन्त सरल सहज व सुगम थे। सभी उनका सम्मान करते थे। दूसरे अध्यापक श्री शर्मा जी थे। वे हम लोगों को शिक्षा मनोविज्ञान व कक्षा शिक्षण के व्यावहारिक पक्ष को पढ़ाते थे। वे हास्टल वार्डेन भी थे। सभी के प्रति उनका व्यवहार आत्मीय था। मौलाना साहब एक कला अध्यापक थे। वे कला की कक्षाएँ लेते थे। इसके अलावा वे कक्षा शिक्षण के निरीक्षक भी थे। हमारे छात्राध्यापक साथियों में देवेन्द्र सिंह के अलावा जो ज्यादा निकट थे उनमें हाकिम सिंह जो नार्मल स्कूल के निकट जोर का नगला के रहने वाले थे। दूसरे एक साथी राजेन्द्र सिंह जो मुहम्मदाबाद संकिसा मार्ग पर स्थित एक गाँव के रहने वाले थे। एक साथी हरीराम जो कसाबा के रहने वाले थे। शेष तमाम लोगों के साथ कोई ज्यादा मेल मिलाप नहीं हो पाया था क्योंकि हम अपने घर से आते जाते थे जिससे वहाँ मेलजोल के लिये समय नहीं मिल पाता था।

वहाँ पर हमारे गाँव के ही एक व्यक्ति श्री विक्रम सिंह राठौर गार्ड के तौर पर कार्यरत थे। उन्होंने वहाँ के आफिस के हेड क्लर्क श्री मन्नी लाल दीक्षित की बेटी की शादी हमारे ही गाँव के पंडित लक्ष्मी नारायण से करवा दी थी। ये वही पंडित लक्ष्मी नारायण थे जिनका जिक्र मैं पहले ही कर चुका हूँ। विक्रम सिंह राठौर नार्मल स्कूल में गार्ड और गाँव के ठाकुर होने के बावजूद भी मेरे प्रति उनका व्यवहार अत्यन्त शालीन और आत्मीय था।

इस प्रकार मेरा बी.टी.सी. का शिक्षा सत्र जुलाई 1973 से लेकर मार्च 1974 तक करीब नौ महीने में ही पूरा हो गया था। ट्रेनिंग करने और परीक्षा देने के बाद परीक्षा परिणाम भी घोषित हो गया। हम लोग पास हो गये थे लेकिन तब जुलाई 1974 तक हम लोगों को नियुक्ति नहीं मिल पायी थी। फिर कारण चाहे बेरोजगारी का स्तर बढ़ना रहा हो अथवा सरकारी तंत्र की त्रुटिपूर्ण नीतियाँ रही हों। अतः उस सत्र के बी.टी.सी. वाले नियुक्ति का इन्तजार करने के लिये विवश होने लगे। मैं भी उन इंतजार करने वालों में से एक था। संभवतः यह त्रासदी 1984 तक चलती रही उसके बाद ही लोगों की नियुक्तियाँ हो पायीं होंगी। अब निठल्ला बैठकर इतना लम्बा इंतजार कौन कर सकता है? फिर भी काफी लोगों के लिये इसके अलावा कोई अन्य चारा नहीं था। कुछ लोगों ने नौकरी के लिये दूसरे विभाग टटोले। उनमें से कुछ लोग उच्च शिक्षा के लिये आगे बढ़ गये।

अब बचा मैं सो बीच में ही अटक गया। इंतजार करें तो कितना और आगे पढ़ें तो कैसे? बस असहाय जैसी स्थिति में पुनः घर और खेती बाड़ी के कामों में लग गया। इधर मेरी पत्नी की तबियत खराब चल ही रही थी वह एक अलग चिन्ता का विषय था। वैसे तो यही कहा जाता था कि टी.बी. कोई असाध्य रोग नहीं है जो ठीक न हो। सामान्यतः लगातार नौ दस महीने दवा खाने के बाद यह रोग खतम हो जाता है मगर फतेहगढ़ में उनका इलाज कराते करीब एक साल से ज्यादा हो गया था। इलाज से काफी लाभ हुआ परन्तु पहले जैसी स्वस्थ नहीं हो पायीं। इसी बीच 1975 में हमारे यहाँ बहुत ही प्यारी बच्ची (दूसरी बेटी) ने जन्म लिया। वह काफी हृष्ट पुष्ट तन्दुरुस्त व सुन्दर थी। आर्थिक विपन्नता के कारण बच्चे भी कुपोषण का शिकार हो गये। हमारा बेटा विनय कुमार इतना कमजोर हो गया कि तीन साल का होने बाद भी खड़ा नहीं हो पाता था। ऐसी परिस्थिति में 1975 में ही माताजी उसको लेकर आगरा चलीं गयीं। उनके साथ में हमारे दोनों छोटे भाई भी आगरा चले गये।

अब हम दोनों लोग और हमारी बेटियाँ घर पर रह गये। बड़ी बेटी मीना जो अब बातें करने लगी थी। वह भूख लगने पर खाना भी माँगती थी। एक शाम घर में खाने को कुछ नहीं था। मैं दूकान से एक पाव गुड़ खरीद कर लाया था। हम दोनों लोगों ने विचार किया कि बिटिया के सामने पूरा गुड़ रख देते हैं वह जितना खा पायेगी खा लेगी उसके बाद जितना बचेगा वही हम लोग खा लेंगे। हुआ यह कि देखते ही देखते मेरी बेटी ने वह पूरा पाव भर गुड़ खा लिया। हम दोनों लोग देखते ही रह गये। छोटी बेटी उस समय गोद में थी जिसके लिये हम दूध की भी व्यवस्था नहीं कर पा रहे थे। मुझे ऐसा लगता था कि यह गरीबी मेरा पीछा नहीं छोड़ेगी। अन्ततः पूर्ण स्वस्थ होने के बाद भी डेढ़ साल के अन्दर ही हमारी छोटी बेटी हम लोगों का साथ छोड़ गयी। हम लोग अत्यन्त दुखी हुये परन्तु इन परिस्थितियों से अब हमारा समझौता हो चुका था।

इधर हमारी पत्नी को हल्का सा बुखार बना रहता था। तब मैंने अपनी माताजी को खबर कर के कहा था कि आपकी बहू की बीमारी ठीक नहीं हो रही है। अब आप आगरा में इलाज के लिये पता करवाओ जिससे कि अच्छा इलाज करवाया जा सके। पिताजी ने वहाँ पता किया और उन्होंने मेरे पास खबर भेज कर कहा बहू को लेकर यहाँ आ जाओ तो जाँच करवा के दवा दिलवाई जाये। हम लोग वहाँ गये तथा उनकी जाँच करवा कर दवा दिलवायी। वहाँ उनका लगभग दो साल तक इलाज चला। नियमित रूप से हर महीने आगरा जाना और वहाँ से दवा लेकर घर आना दिनचर्या में शामिल हो चुका था। आगरा में इलाज कराने से सफलता मिली और रोग से छुटकारा मिल गया।

मैं बी.टी.सी. कर ही चुका था। उसके बाद 1974 के जून माह में मेरे गाँव के ही महाशय श्री बाबू सिंह चौहान से एक दिन मेरी मुलाकात हुयी। वे अच्छे पढ़े लिखे और खुले विचारों वाले इंसान थे। देखने में सादा जीवन उच्च विचार का पालन करने वाले लगते थे। सिर व मूँछ मुँड़वा कर सफेद बनियान या कुर्ता और सफेद धोती धारण करते थे। एक दम सन्यासी का जीवन था। उन्होंने मुझसे एक प्राइवेट जूनियर हाईस्कूल का हेडमास्टर बनने का प्रस्ताव रखा। वह एक मान्यता प्राप्त स्कूल था। चौहान साहब वहाँ पढ़ाने के साथ साथ उस स्कूल की व्यवस्था भी सँभालते थे। वैसे उस स्कूल के संस्थापक और प्रबन्धक ठाकुर श्री राजेन्द्र सिंह सिसोदिया थे। वह स्कूल उन्हीं की जगह में खुला हुआ था जो उनके घर के बगल में था। वह स्कूल हमारे गाँव से लगभग पन्द्रह किलोमीटर दूर था और जगह का नाम था नरुइया। नरुइया जीटी रोड स्थित सराय प्रयाग से दो किलोमीटर दूर दक्षिण की ओर है। वहाँ प्रति दिन घर से जाना और वहाँ से वापस आना था। पूरे माह के लिये वेतन के कुल साठ रुपये मिलने थे। मैंने इतने पर भी हाँ कर दी और वहाँ जाकर पहली जुलाई 1974 से पढ़ाने लगा। चौहान साहब तो नियमित रूप से वहीं श्री राजेन्द्र सिंह के घर पर ही रहते थे। जब कभी जरूरत पर ही वे अपने घर आते थे। वहाँ पर मुझे अपनी योग्यता के अनुरूप काम तो मिल गया लेकिन काम के अनुरूप वेतन नहीं मिल सका। एक उपलब्धि अवश्य हुई कि मैं गुमनामी के अंधकार से निकल कर पहचान के उजाले में पहुँच गया था। अब लोग मुझे मास्टर साहब कह कर सम्बोधित करने लगे थे।

उस दौर में अर्थात 1974 से 1978 तक के मध्य मुझे कई बदलाव देखने को मिले। उस बीच कई उपलब्धियाँ भी हासिल हुईं। यद्यपि 1975-76 में आपात काल चल रहा था परन्तु कुछ वर्ष पूर्व (श्रीमती इंदिरा गाँधी के कार्यकाल में) एक नीतिगत महत्वपूर्ण निर्णय लिया जा चुका था। वह निर्णय था कि सम्पूर्ण भारतवर्ष में ग्राम समाज की बंजर पड़ी हुई जमीन का खेतिहर मजदूरों व भूमिहीनों को पट्टा आबंटन किया जाये। सभी जगहों की तरह हमारे गाँव में भी इस संदर्भ में जिला प्रशासन सक्रिय हुआ। उस समय हमारी ग्राम सभा में करीब दो सौ एकड़ जमीन परती पड़ी हुयी थी। भारत सरकार की ओर से उस ऊसर बंजर भूमि का आबंटन करना तय किया गया। यह आबंटन भूमिधरों, नाबालिगों व नौकर पेशा लोगों को छोड़कर किया गया था। तमाम जातियों के जितने भी भूमिहीन और बालिग लोग थे उन सभी को तीन तीन एकड़ जमीन का पट्टा कर दिया गया। हम पाँच भाइयों में से एक भाई फौज में था और सबसे छोटा भाई नाबालिग था इसलिये उन दोनों लोगों को छोड़ कर घर

में बचे हम तीनों भाइयों के नाम से तीन तीन एकड़ जमीन के पट्टे हो गये। इस तरह जिस घर में खेती के नाम पर एक बीघा जमीन होनी कठिन थी उस घर में एक साथ नौ एकड़ जमीन हो जाना एक बहुत बड़ी उपलब्धि थी। इस काम के लिये मैंने अपने दो साथियों चाचा होरी लाल व चाचा मलिखान सिंह के साथ मिलकर अगुआई की। तहसील प्रशासन से सम्पर्क साध कर पूरे गाँव के भूमिहीनों को पट्टा आवंटन करवाने के लिये प्रयास किया था। जिसके तहत तहसील की ओर से सरकारी अधिकारी व कर्मचारी गाँव आकर मौका मुआयना कर गये थे। तदनुरूप उन्होंने अपने कर्मचारियों (लेखपाल, कानूनगो और नायब तहसीलदार राजस्व) को भूमि आवंटन का आदेश पारित कर दिया। उसी व्यवस्था के तहत हम लोगों को तीन तीन एकड़ के हिसाब से परती भूमि का आवंटन हुआ था। उसमें हमारे गाँव के तत्कालीन प्रधान श्री जयसिंह का सराहनीय योगदान रहा।

यह सब कुछ देख व समझ कर गाँव के ठाकुरों को हजम नहीं हुआ। उन्होंने कुछ गैर ठाकुर जाति के लोगों को विरोध के लिये तैयार किया। खास तौर पर हमारी कोरी जाति के ही अनपढ़ गँवार लोगों को तैयार करके जिलाधिकारी फर्रुखाबाद को शिकायतें भिजवायीं। जिनमें आरोप थे कि गाँव में भूमि आवंटन में तहसील प्रशासन की ओर से लोगों से पैसा ले कर बहुत बड़े पैमाने पर धाँधली की गयी है। परिणामतः जिलाधिकारी फर्रुखाबाद का दौरा हुआ। उन्हीं साजिश कर्ताओं सहित पूरे गाँव के लोगों को इकट्ठा कर के मीटिंग हुई। उसमें यही दलील रखी गयी कि इतनी अधिक भूमि आवंटन होने से गाँव में ग्राम समाज की भूमि समाप्त हो जायेगी। यदि भविष्य में गाँव में कोई सरकारी योजनायें आयीं तो भूमि का अभाव होने से उन योजनाओं का क्रियान्वयन नहीं हो पायेगा। जिससे गाँव की पूरी आबादी उसके लाभ से वंचित रह जायेगी। जिलाधिकारी की समझ में जो कुछ भी आया हो पर उसने निर्णय लिया कि प्रत्येक भूमिहीन सदस्य को तीन तीन एकड़ का पट्टा न दे कर दो दो एकड़ का पट्टा दिया जाये और पूर्व में तीन तीन एकड़ के किये गये पट्टों का आदेश निरस्त किया जाता है। तहसील प्रशासन को अनुपालन के लिये ऐसा लिखित आदेश पारित कर पहुँचा दिया गया। जब कि असलियत यह थी कि जितनी भी खेती के योग्य ग्राम समाज की परती भूमि या बाग बगीचे तालाब आदि थे वे सब के सब ठकुरों के अवैध कब्जे में थे। वह सारी भूमि आवंटन होने से बच जाये इसीलिए उनके द्वारा ये षड्यंत्र रचा गया था। वे अपनी साजिश में सफल हो गये। मुझे यह कहने में बिल्कुल संकोच नहीं है कि जिन लोगों ने शिकायतें करवायी थीं वे तो दूध के धुले बने रहे और जिन्होंने

की थीं वे ही मूर्ख बन गये। अर्थात जहाँ तीन तीन एकड़ जमीन के पट्टे मिल चुके थे वहाँ मात्र दो दो एकड़ जमीन रह गयी थी। इस प्रकार ऐसे मूढ़मति अपना नुकसान करा बैठे। ऐसे मूर्ख ही अपने पाँव में कुल्हाड़ी मारते हैं या जिस डाल पर बैठे होते हैं उसी को काटते हैं।

उसके बाद तहसील प्रशासन भी उसी तरह काम करने लगा जिस तरह कोई गर्म दूध पीने से जल जाये तो वह मट्ठा भी फूँक फूँक कर पीता है। तत्कालीन प्रधान ने ठाकुर होते हुये भी हम लोगों का बहुत साथ दिया था। अधिकारियों, कर्मचारियों व अन्य लोगों का ध्यान आकर्षित करने के लिये मैंने अपनी वेशभूषा बदली। पैंट शर्ट के स्थान पर धोती कुर्ता पहनना शुरू कर दिया। मुझे जहाँ तक याद है उस समय धोती कुर्ता (मोटे कपड़े के) यही कोई दस रुपये में तैयार हो जाते थे। तहसील में लेखपाल आदि अब मुझे नेता जी कह कर पुकारने लगे थे। सबकी देखा देखी घर परिवार तथा गाँव के तमाम लोगों ने भी नेता जी कहना शुरू कर दिया था। मजेदार बात यह थी कि कभी कभी धोती कुर्ता में ही मैं अपने स्कूल भी चला जाता था। फिर वहाँ से जब मन करता था तब धोती कुर्ता में ही अपनी ससुराल भी चला जाता था। मुझे धोती कुर्ता में देख कर भले ही किसी को अटपटा न लगता हो परन्तु मेरी श्रीमती जी को अच्छा नहीं लगता था। वे मेरी उस वेशभूषा पर अपनी अस्वीकृति जाहिर कर देतीं थी।

इधर हम लोगों ने ग्राम प्रधान व लेखपाल से मिल कर उन सारी जमींनो को खोज निकाला था जिन पर पहले से ही खेती की जा रही थी। वे जमीनें ग्राम समाज की थीं पर ठाकुरों के अबैध कब्जे में थीं। हम तीनों लोगों (जिनका जिक्र ऊपर कर चुके हैं) को पट्टा निरस्तीकरण से दुबारा पट्टा होने तक के मध्य काफी समय मिल गया था। गाँव में मौके पर जा जा कर जमींनो को खोजा और देखा। उसके बाद सबसे पहले हम लोगों ने उन्हीं सारी जमीनों का आवंटन कराया था। चूँकि जिलाधिकारी के आदेश के अनुसार दो एकड़ भूमि ही आवंटित हो सकती थी इसलिये उससे अधिक जमीन किसी को भी आवंटित नहीं की गयी। मजेदार बात यह थी कि जब सभी लोगों को तीन तीन एकड़ भूमि आबंटित हुई थी तब ठाकुरों के कब्जे वाली उनकी पूरी अवैध जमीन उन्हीं के पास छूट गयी थी लेकिन जब लोगों को दो दो एकड़ जमीन मिली थी तब वही अवैध कब्जे वाली जमीन लोगों ने पहले आवंटित करवायी थी। जिस लक्ष्य को लेकर ठाकुरों ने षड्यंत्र किया था उनका वह षड्यंत्र धरा का धरा रह गया अर्थात उनको अपने मुँह की खानी पड़ी।

उसके बाद अगला बदलाव यह हुआ कि मेरे सबसे छोटे भाई कुँअर चन्द्र, जिनका पढ़ने लिखने से मन ऊब चुका था उनकी 1978 में फौज में नौकरी लग गयी। उनको पढ़ने के लिये कालेज भेजा जाता था परन्तु वे कालेज जाने की अपेक्षा अपने दोस्तों के साथ छिबरामऊ सिनेमा देखने निकल जाते थे। ये ढर्रा उनकी दिनचर्या का हिस्सा बन चुका था। उनकी उम्र लगभग अट्ठारह साल होने वाली थी तथा कद काठी व स्वास्थ्य अच्छा होने कारण पिताजी ने उन्हें भी घर से आगरा बुला लिया था। वहीं पिताजी के माध्यम से उनकी भी फौज में नौकरी लग गयी थी। इस तरह अब हमारे घर में दो लोग फौजी बन चुके थे। हमारे परिवार की यह एक बहुत बड़ी उपलब्धि थी। अब आगरा में पिताजी के पास मुझसे छोटे भाई राम कृपाल रह गये थे। मैं और मेरे चौथे नम्बर के भाई मदन चन्द्र घर में थे। अतः हम केवल तीन लोग बिना नौकरी के रह गये थे।

तीसरे नम्बर के छोटे भाई प्रेम चन्द्र की फौज में नौकरी लग ही चुकी थी। उनकी भी शादी सम्बन्ध की बात चल रही थी। हम लोगों ने अपना पुश्तैनी घर गिराकर फिर से बना लिया था। वह घर भी हम सभी भाइयों की शादी होने के बाद की स्थिति में अपर्याप्त लगने लगा। आखिरकार उस घर के अलावा दूसरा एक नया घर बनाने की योजना बनानी पड़ी। हमारे पास दूसरा घर बनाने के लिये गाँव के उत्तर की तरफ एक प्लाट था। वह प्लाट चाचाजी व उनके एक मित्र श्री बनवारी लाल के साझे में घिरा हुआ पड़ा था। चूँकि उस समय तक चाचाजी हमारे संयुक्त परिवार का हिस्सा थे। अतः माताजी ने उनसे विचार विमर्श कर उसी प्लाट में नया घर बनाने की योजना बनाई। हम लोगों ने उसी योजना के अनुसार तैयारियाँ शुरू कर दीं। उस समय हम केवल तीन भाई घर में मौजूद थे। हम तीनों भाइयों ने मिल कर पहले की तरह तालाब के किनारे ईंटें पाथना (तैयार करना) शुरू कर दिया। वही बड़ी बड़ी ईंटें। करीब बीस दिन पथाई कर के लगभग दस हजार ईंटें तैयार कर लीं। उसके बाद वह सारी ईंटें सिर पर लाद कर ढोयीं और अपनी उस नयी जगह पर इकट्ठी कीं। मकान तैयार होने से पहले ही वर्ष 1977 में भाई की शादी हो गयी थी।

संयुक्त परिवार में एक सिद्धान्त काम करता है। वह यह कि केन्द्र से परिधि की ओर गमन अर्थात जिसकी नयी शादी होती है उसे घर के अन्दर रहने का अवसर दिया जाता है। जैसे ही जैसे वरीयता क्रम में शादियाँ होती जाती हैं वैसे ही वैसे पहले वालों को क्रमशः बाहर का रास्ता देखना पड़ता है। तीसरे भाई की शादी के बाद हम और ठीक हमसे छोटे भाई दोनों लोग बाहर वाली स्थिति में आ गये। अब नया मकान

बनाना जरूरत ही नहीं बल्कि मजबूरी हो गया था। अब हम अपने नये प्लाट की ओर मुखातिब हुये। वह प्लाट काफी बड़ा था। वहाँ मकान की चिनाई करवाने के लिये श्री रघुनाथ को तैयार किया। वे अपनी ही जाति बिरादरी के थे और गाँव के रिश्ते में ताऊ लगते थे।

उन्हें उस जगह ले गये और ईंटें दिखा कर मैनें उनसे कहा कि इतनी ईंटों में एक कमरा और बरामदा बना दीजिये। उसकी लम्बाई कितनी होगी यह आपको ही तय करनी है परन्तु इस बात का ध्यान रहे कि ये ईंटें पूरी की पूरी खप जायें अर्थात ईंटें न तो कम पड़ें और न ही बचें। उन्होंने लगभग पच्चीस फुट लम्बे कमरे की नींव खुदवा दी थी। जब मैंने उनसे कहा कि ईंटें कम पड़ जायेंगी तो वे बोले 'राजा राम करे सो होय' चिन्ता काहे को करते हो ईंटें कम नहीं पड़ेंगी। उन्होंने मकान की नींव भरना शुरू किया। नींव भी पूरी नहीं भर पायी थी तभी मुझे लगा कि ईंटें कम पड़ जायेंगी क्योंकि उससे पहले मैं एक मकान बनवा चुका था। फिर उस पच्चीस फुट लम्बे कमरे की नींव को कम करके करीब अट्ठारह फुट रखी और चिनाई करवाई। मेरे इस सुझाव से उनको अपनी कुछ तौहीन (बेइज्जती) महसूस हुई फिर भी वे सहन करके चिनाई करते रहे। उस समय एक राजमिस्त्री को कुल दस रुपये पूरे दिन काम करने के मिलते थे। एक मजदूर को कुल पाँच रुपये मिलते थे। करीब दस दिन चिनाई करने के बाद कमरा बरामदा पटान पर पहुँच गया। ईंटें पूरी की पूरी खतम हो गयीं। मिस्त्री साहब बहुत खुश हुये और बोले लल्ला तुमने ठीक किया जो कमरा छोटा करवा दिया अन्यथा ईंटें कम पड़ जातीं। मैंने भी उनकी हाँ में हाँ मिलायी परन्तु मैं मन ही मन सोच रहा था कि अगर मैं 'राजा राम करे सो होय' पर बना रहता तो मकान नहीं बन पाता बल्कि मकान की आधी अधूरी दीवारें ही बन पातीं। जिन पर फूस की झोपड़ी ही डालनी पड़ती।

उस कमरा बरामदा को पाटने के लिये धन्नी (शहतीर) व गुज्जे एकत्र किये। उनमें से कुछ तो पुराने घर के बचे हुये उठा लाये। कुछ पड़ोस के गाँव भैंसासुर से नये खरीद लाये। उस गाँव से पूरा सामान हम लोग अपने कंधों पर ही लाद कर लाये थे। दीवारों पर धन्नी चढ़ा कर मोटी पतली के हिसाब से रख दी गयीं अर्थात जो मोटी थीं उनमें बीच की दूरी परस्पर कुछ ज्यादा थी तथा जो पतली थीं उनको कम दूरी पर रखा गया ताकि वे छत की मिट्टी का बोझ साध सकें। इतना काम होने के बाद रघुनाथ ताऊ ने कहा जाओ धन्नी नेतने (व्यवस्थित करने) के लिये चन्नी के बाप चुन्नी को बुला लाओ। ये बात मेरे पल्ले नहीं पड़ी और मैंने उनसे पूछा कि वे कहाँ मिलेंगे? तब उन्होंने बताया

चन्नी (रामचरन) के पिता चुन्नी (चुन्नी लाल) को बुला लाओ। वे अपने ही गाँव के रहने वाले हैं और वही धन्नी नेतने का काम करते हैं। इससे मेरे मन में विचार आया कि गाँव का हर व्यक्ति किसी न किसी काम में माहिर होता है। जब जिस व्यक्ति की जिस काम के लिये जरूरत पड़ती है तब उसे आदर के साथ बुलाया जाता है। मेरे बुलावे पर उन्होंने बिना किसी ना नुकुर के आकर काम में सहायता की। उनके धन्नी नेतने के वक्त मैंने ध्यान दिया कि उनके इस काम में ऐसी कौन सी कला है अथवा कौन सा विज्ञान है जो मुख्यतः उन्हीं को बुलाया जाता है।

उनके इस काम में भी विज्ञान छिपा हुआ था। जिस ओर पानी का उतार रखना होता था उसके विपरीत सिरे को हर दस फुट की दूरी पर छः इंच ऊँचा रखा जाता था। अतः कमरे की लम्बाई अट्ठारह फुट होने के कारण कुल ढलान लगभग दस इंच रखा गया। यह ढलान दोनों ओर कोनों पर दीवार की ऊँचाई की ओर से नाप कर दूसरी ओर दस इंच नीचा रखा गया। अतः एक ओर अपने आप ही दस इंच ऊँचा और दूसरी ओर उतना ही नीचा हो गया। अब उनका काम था कि ऊँचाई की ओर से हर दो फुट पर करीब दो इंच हर धन्नी को नीचा कर के जमाते हुये आगे चलते जाओ। इस प्रकार आखिरी धन्नी जहाँ पर पानी छत से बाहर उतरना था वहाँ पर धन्नी दीवार से सटा कर रख दी जाती है। अब सारी धन्नियाँ ऊँचाई की ओर से नीचे की तरफ ढलान में रखी जा चुकी थीं। इसे जाँचने के लिये एक लम्बा बाँस ऊँचाई की तरफ वाली पहली धन्नी से अगली चौथी धन्नी पर इस प्रकार रखा गया जिससे यह पता लग सके कि कोई धन्नी ऊँची या नीची तो नहीं है। यदि उनमें कोई ऊँची नीची होती भी है तो उसको आवश्यकतानुसार ऊँचा या नीचा कर लेते हैं। इस प्रकार उसे उचित ढलान के आधार पर एक तल में ले आते हैं। इसी प्रक्रिया को बाँस आगे बढ़ा कर दुहराते जाते हैं। इस प्रक्रिया का उपयोग पारा लेवल के अभाव में किया जाता था। इतना करने के बाद पानी उतरने के लिये ढलान की समस्या समाप्त हो जाती है। उसके बाद दो धन्नियों के बीच की जगह में उनके ऊपर लकड़ी के गुज्जे या पटियाँ करीने से रख दी जाती हैं। जिससे छत का कोई हिस्सा ऐसा नहीं बचता है जहाँ पर मजबूती के हिसाब से लकड़ी न बिछायी जा चुकी हो। तत्पश्चात पूरी छत को चटाई से या सरकंडों से ढक दिया जाता है ताकि उसके ऊपर डाली जाने वाली मिट्टी का एक कण भी नीचे न आये। इसी से एक पहेली ने भी जन्म लिया 'पिठी गुदगुदी पेट हड़ौआ'। इसका यही मतलब हुआ कि मकान की छत (पीठ) सपाट चिकनी और पेट (छत का निचला फलक) ऊबड़ खाबड़ लकड़ियों वाला। इस तरह मकान पट कर तैयार हो गया और अब हम लोगों का यही नया ठिकाना हो गया था।

भूमि आवंटन के बाद अब पूरे गाँव के लोग भूमिहीन से भूमिधर (भूस्वामी) बन चुके थे। जमीन की पैमाइस व कब्जा देने दिलाने में लगभग डेढ़ साल तो लग ही गया होगा। सभी लोगों ने खेत जोतने के लिये अपने अपने हल कुदाल और बैल या भैंसा खरीद लिये थे। कब्जा मिलने के बाद पहली ही बरसात में आवंटित भूमि की जुतायी शुरू कर दी गयी थी। कुछ निकम्मे और निठल्ले लोग भी थे जिनकी जमीन परती की परती ही बनी रही। ये वही लोग थे जिन्होंने तीन तीन एकड़ जमीन के आबंटन का विरोध किया था। उन्होंने यह भी आरोप लगाया था कि इन लोगों ने मनमानी जगहों पर अपना आबंटन करा लिया है। दूसरी बार भी आबंटन किये जाने पर उन लोगों ने कोई रुचि नहीं दिखायी। यही कारण था कि उन्हें गाँव के दक्षिणी किनारे पर आवंटन मिला था जहाँ मरे हुये जानवर डाले जाते थे।

आज वे लोग तो नहीं हैं परन्तु न मालूम उनकी संतानों ने आज तक उस जमीन पर हल चलाया या नहीं। मुझे भी आबंटन में जो जमीन मिली थी वह गाँव के पूर्वोत्तर सिरे पर मौजा धिंगपुर की सीमा पर मिली थी। वहीं पर मेरे एक भाई व दोनों चाचा जिनका मैं जिक्र पहले कर चुका हूँ उनको भी आबंटित हुई थी या कहें करवायी थी क्योंकि सभी लोगों को एक ही क्षेत्र में जमीन मिलना वहीं पर सुलभ था। अब हम दो भाइयों की चार एकड़ जमीन एक जगह पर एक साथ थी। हमारे तीसरे भाई की जमीन गाँव में हमारे घर के निकट मिली थी। गाँव के बाहर की जमीन पर दूसरे गाँव की सीमा होने के कारण नाप जोख व कब्जा लेने में समय अवश्य ज्यादा लगा लेकिन उसके बाद कोई कठिनाई सामने नहीं आयी परन्तु जो जमीन गाँव वाली थी वह हमारे नये मकान के सामने ही थोड़ी दूरी पर थी। उस जमीन की नाप जोख होने बाद भी कब्जा लेने में ठाकुरों ने नाकों चने चबवा दिये।

हम लोग गाँव वाले खेत के चारों ओर खाई बना रहे थे। उसी वक्त एक महाशय करन सिंह ठाकुर अपने भतीजे राजपाल सिंह के साथ वहाँ पर आये और आते ही काम बन्द कराने लगे। उनका दावा था कि जहाँ तुम लोग खाई डाल रहे हो वहाँ मेरा कब्जा है। इसीलिए वे काम बन्द कराना चाहते थे। काम बन्द न करने पर उन्होंने भरपूर प्रतिरोध किया परन्तु जब यह देखा कि काम बन्द नहीं हो रहा है तो जहाँ खाई डाली जा रही थी उस जगह पर वह व्यक्ति लेट गया। काम फिर भी बन्द नहीं हुआ तब मौके की नजाकत को देखकर उसके भतीजे ने अपने चाचा को लकड़ी के कुन्दे की तरह खाई से बाहर यह कहते हुये घसीट लिया कि बिना वजह क्यों मरना चाहते हो? खैर जैसे तैसे उस जमीन को खाई बना कर चारों ओर से घेर लिया। इस प्रकार उस पर

हमारा कब्जा हो पाया। आज कल तो वह खेत चारों ओर से मकानों से घिर गया है।

खेती सँभालने के लिये मैंने भी दो भैंसा खरीदे थे इसके अलावा हल, कुदाल, फावड़ा भी खरीद लिये थे। सामान ढोने के लिये भैंसा या बैलगाड़ी तैयार कर ली थी। अब मेरे लिये इधर खेतों को तैयार करना और उधर विद्यालय की अपनी ड्युटी भी करना अर्थात समयानुकूल दोनों काम संभालते रहते थे। मेरे दोनों भाइयों ने (जो घर रह गये थे) यथा अवसर बहुत मेहनत की। उन्होंने जहाँ कहीं असमतल जगह थी उसको समतल किया। चारों एकड़ की चौहद्दी खाई तैयार की। ब्लाक से कम कीमत पर ऊसर के प्रभाव को खतम करने वाली केमिकल (पाइराइट) की बोरियाँ लाकर फैलाना। बरसात में उस केमिकल मिली मिट्टी पर हल चलाना। यह एक बहुत बड़ा काम था। अनवरत कठोर परिश्रम करने के बाद अवन भूमि को खेती योग्य कर पाये। अब उसमें कोई भी फसल की जा सकती थी। सबसे पहले उस खेत में धान लगाया गया। परती जमीन तथा अच्छे से जुताई गुड़ाई व खाद पानी की वजह से धान की अच्छी पैदावार हुयी। उसके बाद तो आलू, प्याज, धनिया, मिर्च, बैंगन गोभी, सरसों, गेहूँ, चना और खरीफ की फसल तथा गन्ना आदि हर फसल उगाई गयी।

खेती की सिंचाई के लिये हम दो लोगों (मैंने व मलिखान सिंह) ने साझे में एक ट्यूब वेल लगाया था जो काफी कामयाब रहा। खेती में उसकी उपयोगिता तब ज्यादा महसूस होती थी जब गेहूँ की सिंचाई करनी होती थी क्योंकि उस क्षेत्र में चारों ओर एक किलोमीटर की दूरी में कोई भी सिंचायी का साधन नहीं था। हमारी दोनों लोगों की आठ एकड़ भूमि के अलावा भी उस क्षेत्र में करीब पन्द्रह एकड़ जमीन दूसरे लोगों की थी। वह जमीन भी हमारे ही ट्यूब वेल से सींची जाती थी। उस अतिरिक्त सिंचाई से बिजली बिल का भुगतान हो जाता था। अब खेती करने के लिये सारी व्यवस्थाएँ पूरी हो चुकीं थीं। फसल चक्र में रवी, खरीफ के अलावा जायद की भी कुछ फसलें तैयार कर लेते थे। अपनी खेती होने के कारण अब अटाई बटाई की खेती से छुटकारा मिल चुका था। जो कुछ मेहनत करते थे वह अपने खेतों में ही करते थे। जब मुझे छुट्टी मिलती या अवसर मिलता तो हल चलाने से लेकर खेती के हर काम में मैं भी हाथ बँटाता था।

विद्यालय के दिनों में मैं नियमित रूप से पढ़ाने के लिये अपने स्कूल नरुइया जाता था। एक दिन जब मैं नरुइया पढ़ाने जा रहा था तो मेरे गाँव के ही एक वयोवृद्ध ठाकुर अहिबरन सिंह ने मुझे टोका और बोले एक बात कहें। मैंने कहा हाँ कहिये। वह बोले कि पढ़ा लिखा मजदूर दो रुपये रोजाना पर और बिना पढ़ा लिखा मजदूर पाँच रुपये रोजाना पर बताओ कौन ज्यादा ठीक है? मैंने अपने अन्दर झुँझलाहट होने के बाद

भी संयत हो कर जवाब दिया। **मैंने कहा पहली बात तो यह कि पढ़े लिखे व्यक्ति को (जो कि अध्यापक हो उसे) मजदूर कहना कहाँ तक उचित है? दूसरी बात यह कि जहाँ जा कर मैं बैठता हूँ वहाँ करोड़ों लोगों का पहुँचना सपने के बराबर है फिर मुझे वहाँ दो रुपये रोजाना मिलते तो हैं अगर वहाँ बैठने भर के लिये मुझे दो रुपये रोजाना देने भी पड़ें तो मैं दे सकता हूँ।** यह जवाब सुन कर उस व्यक्ति का चेहरा उतर गया और वह बिना किसी बहस व तर्क के वहाँ से चला गया।

जब मैं नरुइया में पढ़ा रहा था। वहाँ मेरे एक दूसरे साथी भी पढ़ाने आते थे। उनका नाम था श्री जगदीश सिंह यादव। वे समधन के निकट किसी गाँव के रहने वाले थे। वे बात बात में अक्सर बोलते रहते थे कि मैं तो बी.एस.सी. बी.एड. हूँ। उनके इस कथन का मुझ पर कुछ और असर हुआ हो अथवा न हुआ हो परन्तु इतना असर जरूर हुआ था कि मुझमें पुनः पढ़ने की इच्छा जागृत हुई। अतः मैंने फिर से पढ़ने व प्राइवेट परीक्षा देने का निर्णय लिया। पढ़ने के लिये मैंने 1976-77 में ही बी.ए. प्रथम वर्ष में एडमिशन ले लिया। बी.ए. में विषय भी ऐसे ही चुने जिनमें कम मेहनत करने पर भी अच्छे अंक प्राप्त हो सकें अर्थात अपनी अभिरुचि के विषयों का चयन किया। वह विषय थे सामान्य हिन्दी, साहित्यिक हिन्दी, शिक्षा शास्त्र और समाज शास्त्र। इस तरह मैंने अध्ययन आरम्भ कर दिया। समय आने पर कानपुर विश्वविद्यालय से बी.ए. प्रथम वर्ष की परीक्षा दी। संयोग से परीक्षा केन्द्र भी नेहरू डिग्री कालेज छिबरामऊ में ही पड़ा जिससे फ़र्रुखाबाद की दौड़ बच गयी। पेपर अच्छे हुये और समय पर परीक्षा परिणाम घोषित हुआ जिसमें मैं अच्छे अंको से पास हुआ। उसी आधार पर मैंने 1977-78 में बी.ए. द्वितीय वर्ष का फार्म भर दिया और सन 1978 में बीए फाइनल की परीक्षा भी हो गयी। जब परीक्षा परिणाम घोषित हुआ तो मैं द्वितीय श्रेणी में अच्छे अंको से पास हुआ। इसके अतिरिक्त 1978 में ही मुझे दो उपलब्धियाँ और भी मिलीं। एक तो मेरी पत्नी पूर्णतः स्वस्थ हो गयीं। दूसरी उपलब्धि यह कि मेरे घर दूसरे पुत्र अनुरोध कुमार का जन्म हुआ।

वह दौर ऐसा था जिसमें मेरा मानसिक बोझ या तनाव कुछ कम हुआ था और मनोबल भी बढ़ा था। बी.ए. करने के बाद मैंने बी.एड. करने के अलावा भी कुछ सुन रखा था। मुझे पता लगा कि इससे कहीं ज्यादा बेहतर एल.टी. की ट्रेनिंग होती है। तब बी.एड. को बहुत सम्मान की दृष्टि से नहीं देखते थे क्योंकि बी.एड. में किसी भी कालेज में एडमिशन लिया जा सकता था। उसमें कभी कभार ही पढ़ने के लिये जा कर मात्र आठ नौ महीने के भीतर परीक्षा हो जाती थी। बस एक साल होते होते

लोग परीक्षा पास कर के बी.एड. की डिग्री पा जाते थे। उस समय टीचर्स ट्रेनिंग डिग्री कोर्स केवल एक साल का होता था फिर चाहे बी.एड. करो या एल.टी.। मैंने बी.एड. का इरादा त्याग कर सरकारी कालेज से एल.टी. करने का विचार बनाया फिर सन 1979 के आरम्भ में उत्तर प्रदेश के तीनों एलटी कालेजों से ट्रेनिंग के लिये फार्म भर दिये। तब पूरे उत्तर प्रदेश में केवल तीन ही सरकारी एल.टी. कालेज थे। जिनमें एक रचनात्मक एल.टी. (Constructive L.T.) लखनऊ था। दूसरा बेसिक एल.टी. (Basic L.T.) बनारस था और तीसरा केन्द्रीय अध्यापन विज्ञान संस्थान इलाहाबाद Central Pedagogical Institute Allahabad or C.P.I. था। इन तीनों संस्थानों में से सी.पी.आई. का नाम सबसे ऊँचा था।

एल.टी. में चयन मेरिट के हिसाब से किया जाता था। चयन प्रक्रिया के पश्चात मेरिट सूची सर्व प्रथम C.P.I. इलाहाबाद की ही प्रकाशित हुई थी। उसकी मेरिट सूची में मेरा नाम आ गया था। एलटी में प्रवेश पाने के लिये पन्द्रह दिनों का समय भी सुनिश्चित कर दिया गया था। अब मुझे एक अवसर मिल चुका था जिससे मेरे जीवन की दशा व दिशा बदलने की संभावनायें नजर आमे लगी थीं। मैं इलाहाबाद जाने की तैयरी करने लगा। कुछ रुपये तो माताजी ने घर से कर दिये थे और कुछ रुपये मैंने उधार लेकर कुल पाँच सौ रुपये का इन्तजाम कर लिया था क्योंकि एडमिशन फीस से लेकर कापी किताबों और एक महीने के मेस चार्ज को मिला कर लगभग साढ़े चार सौ रुपये का खर्च बनता था। इसके अतिरिक्त आने जाने के लिये भाड़े का इन्तजाम अलग से करना पड़ा था।

सीपीआई इलाहाबाद में प्रवेश पाने के लिये दिनांक 13.07.1979 को मैं जूनियर हाईस्कूल नरुइया से कार्य मुक्त हुआ फिर अगले ही दिन इलाहाबाद जाने के लिये तैयार हुआ। उस समय इलाहाबाद जाने के लिये हमारे निकटस्थ रेलवे स्टेशन गुरसहायगंज से कोई भी सीधी रेलगाड़ी नहीं थी। तब गुरसहायगंज से कानपुर और कानपुर से इलाहाबाद के लिये गाड़ी मिलती थी अर्थात घर से जल्दी चलने पर इलाहाबाद रात में ही पहुँचना हो पाता था। इसलिये दोपहर बाद ही घर से चल कर अगले दिन सुबह इलाहाबाद पहुँच जाते थे। इलाहाबाद जाने के लिये यह मेरा दूसरा अवसर था। दोपहर बाद घर से चला और अगले दिन सुबह रेलवे स्टेशन इलाहाबाद पहुँच गया। इलाहाबाद जल्दी पहुँचने की वजह से मन में विचार आया कि संस्थान तो करीब साढ़े दस बजे खुलेगा। तब तक क्यों न संगम स्नान कर लिया जाये। स्टेशन से बाहर निकल कर मैंने संगम के लिये रिक्शा किया और मैं उस रिक्शे पर बैठकर

जैसे ही कुछ दूर चला कि किसी ने रिक्शा वाले को राम जुहार किया। उस व्यक्ति ने रिक्शा वाले से कूटभाषा (Code Language) में कुछ बात की उसके बाद वह भी उसी रिक्शा के पाँवदान पर आ कर बैठ गया।

उसके बाद कमाल की बात जो मैंने देखी वो यह कि रिक्शा वाला रिक्शा का एक पैडल अपने बायें पैर से चला रहा था और दूसरा पैडल पाँवदान पर बैठा व्यक्ति अपने दाहिने हाथ से चला रहा था। इतना अच्छा तालमेल उन दोनों के हाथ व पैर वाले पैडल का था जिससे रिक्शे की गति बिल्कुल कम नहीं हुयी। उन दोनों ने इसी तरीके से करीब पाँच किलो मीटर रिक्शा चलाया होगा। तब कहीं हम संगम तट पर पहुँचे। संगम पर पहुँच कर मुझे पता लगा कि पाँवदान पर बैठ कर हाथ से पैडल चलाने वाला व्यक्ति कोई और नहीं था बल्कि वह एक संगम तट का नाविक (मल्लाह) था। उस नाविक ने कहा चलिये बाबू जी हम आपको संगम पर ले चल कर स्नान करायेंगे। वहाँ से त्रिवेणी की धारा करीब दो फर्लांग रही होगी जहाँ पर गंगा और यमुना की दोनों धारायें मिल रहीं थीं। सरस्वती का मुझे पता नहीं कि वह वहाँ पर किसी ओर से आकर मिली भी या नहीं। नाव पर बैठने से पूर्व ही मैंने नाविक से उसका भाड़ा पूछा तो वह बोला आप जो भी देना चाहें, दे देना। अब मैं नाव पर सवार हो कर यमुना की मध्य धारा में पहुँच चुका था। मैंने उससे नाव यमुना के दूसरे तट पर ले जाने को कहा ताकि मैं दिशा मैदान हो लूँ। यमुना के दूसरे तट पर दूर दूर तक कोई नजर नहीं आ रहा था। उस ओर पहुँच कर मैं अपना सूट केस उठा कर नाव से उतर गया। नाव वाले ने कहा कि सूट केस आप यहीं नाव पर रखा रहने दीजिये परन्तु मैंने उसकी नहीं मानी और सूट केस अपने साथ लिये चला गया। जब मैं थोड़ी देर बाद फ्रेश हो कर नाव पर आया तब उसने मुझसे सवाल किया। क्या आप फर्रुखाबादी हो? मैंने हाँ में सिर हिलाया। मैंने उससे कहा कि यह सब पूछने की क्या जरूरत पड़ गयी? तब वह बोला कि फर्रुखाबादी लोग कभी भी किसी पर राह चलते भरोसा नहीं करते। मुझे यह सब सुनकर अटपटा लगा परन्तु सोचा कि उसे कभी तो ऐसा अनुभव हुआ होगा। उसी के आधार पर उसने सवाल किया होगा या उसने सुन रखा होगा कि फर्रुखाबादी लोग कभी किसी पर विश्वास नहीं करते।

अब मैं उस स्थान पर पहुँच चुका था जहाँ पर गंगा यमुना दोनों नदियों की धारायें साफ मिलती हुयीं दिखायी दे रहीं थीं। वहाँ साफ नजर आ रहा था कि गंगा का पानी मटमैला और यमुना का पानी कुछ कालापन लिये हुये था। दोनों धाराओं का पानी कुछ दूर तक अलग अलग रंग का दिखाई दे रहा था परन्तु काफी आगे चल कर पूरा

का पूरा पानी मटमैले रंग का ही नजर आ रहा था। दोनों नदियों के संगम पर बीच धारा में पण्डों ने अपने अपने मचान बना रखे थे। शायद नाविक मुझे अपने चहेते पण्डे के पास ले गया होगा। वहाँ पहुँच कर मैं नाव से उतर कर मचान पर चढ़ गया। उस मचान पर ही कपड़े उतार कर स्नान करने को तैयार होने लगा क्योंकि मचान की ऊँचाई पानी के तल से यही कोई छः इंच रही होगी। मचान पर बैठकर जैसे ही मैंने लपक पर पानी लेना चाहा वैसे ही पण्डे ने मुझे रोका। उसने रोकते हुये कहा कि बाबूजी पहले आप गंगा जी को दूध व नारियल चढ़ाइये तत्पश्चात मंत्रोचार के साथ विधि विधान से स्नान कीजिये। यद्यपि मैंने वह सब करने में अपनी कोई रुचि नहीं दिखाई फिर भी उसने वह सब कुछ करने के लिये तमाम तरह की बातें कर के मुझे बाध्य कर दिया। यहाँ तक कि वो मुझसे बोला कि ऐसी उपेक्षा की भावना तो नास्तिक भी नहीं रखते हैं।

आखिरकार मैं उसकी (पंडे की) बातों में आ कर वह सब करने को राजी हो गया। सबसे पहले दूध चढ़ाया। दूध कितना था? एक छोटे से कुल्हड़ में कोई पाँच एमएल रहा होगा। पण्डे ने वह दूध चढ़वाने के बीस आने माँगे। उस समय बीस आने बहुत बड़ी रकम होती थी। इसलिये मैंने खीचतान करते करते उसको चार आने दिये। उसके बाद उसने नारियल हाथ पर रख दिया और चुल्लू भर पानी ले कर हमारे हाथ पर छोड़ा। तब मैंने उससे पूछा कि नारियल कितने रुपये का होगा। उसने नारियल की कीमत पाँच रुपये बतायी और काफी न नुकुर के बाद वह एक रुपया लेने पर राजी हो गया। मैंने भी सोचा कि करीब आठ आने का तो नारियल होगा ही और आठ आने इसके पूजा पाठ के हो जायेंगे। पण्डे ने मंत्र पढ़ा और नारियल गंगा में छोड़ने को कहा। जैसे ही मैंनें नारियल गंगा में छोड़ा वैसे ही उसने नारियल को धारा में गिरने से पहले ही गपक (कैच कर) लिया। इस तरह उसका नारियल दूसरे ग्राहक के लिये बचा रह गया जब कि वह मुझसे एक रुपया वसूल ही चुका था।

अब मैंने गंगा स्नान किया और कपड़े पहन लिये। अपना सूट केस ले कर नाव पर चढ़ने को हुआ। तब तक पुजारी ने मेरे माथे पर टीका लगा दिया। उसने उस टीके के भी बीस आने माँगे पर जैसे तैसे मुझे टीका लगवाई के भी चार आने देने पड़े। अब मैं टीका लगवाने के बाद चलने को हुआ तो माँग काढ़ने के लिये उसने मुझे शीशा कंघा दे दिया। कंघा लेकर मैंने माँग काढ़ी और तंज कसने के लहजे में कहा क्या इसका भी कुछ होता है? तब वह बोला हाँ बाबू जी। इसके भी चार आने होते हैं। इस तरह शीशे में मुँह दिखाई का भी एक आना देकर मैं मुक्त हुआ।

गंगा स्नान कर के मैं नाव पर सवार हो कर तट की ओर रवाना हुआ। थोड़ी ही दूर नाव चल पायी होगी कि यमुना की बीच धारा में पहुँचते ही दो नावें दायें और बायें से तिरछी तिरछी आयीं। उन्होंने मेरी नाव को आगे से घेर लिया। दोनों नावों पर लकड़ी के छोटे छोटे मन्दिर बने हुये रखे थे। उन नावों पर भी दो दो पुजारी बैठे हुये थे। वे लोग अपनी नाव से उतर कर मेरी वाली नाव पर आ गये। वे मुझसे पूजा पाठ कराने के लिये कहने लगे। लाख मना करने पर भी वे लोग नहीं माने। वे कभी पिण्ड दान के लिये तो कभी ब्रह्म भोज कराने के लिये प्रवचन देते रहे। मेरे मना करने पर भी वे पुण्य प्राप्त कराने के वास्ते ब्रह्म भोज पर अड़ गये। जब मैंने उनसे पूछा कि क्या करना पड़ेगा? तब उन्होंने बताया कि एक सौ एक ब्राह्मणों को भोजन कराना होगा। मैंने कहा ठीक है, मैं अपने घर जा कर भोज कराऊँगा। तब वे बोले कि पुण्य तो यहाँ पर भोज कराने से होता है। मैंने उनसे कहा कि यहाँ कैसे हो पायेगा? उन्होंने बहुत सरल तरीका बताया कि आप ग्यारह सौ रुपये हम लोगों को दे दीजिये। इतने में ही सब कुछ हो जायेगा। मेरे पास इतने रुपये नहीं हैं, यह कहने पर वे बोले कुछ कम दे दो और घटा कर ग्यारह सौ से पाँच सौ एक रुपये पर आ गये। जब उन्होंने भाँप लिया कि कुछ मिलने वाला नहीं है तो वे घटते घटते दो सौ इक्यावन, फिर एक सौ एक, फिर इक्यावन, फिर इक्कीस और अन्त में ग्यारह रुपये पर आ गये। अर्थात जिस ब्रह्म भोज का पुण्य ग्यारह सौ रुपये में मिलना था वही पुण्य अब ग्यारह रुपये में मिल रहा था। मुझे अपने संस्थान में जाने के लिये देर हो रही थी। यह सोच कर मैंने उनसे पीछा छुड़ाने के लिये आखिर में पाँच रुपये दे ही दिये। अब तक उन लोगों ने भी परख लिया होगा कि कुछ मिलने की उम्मीद नहीं है तो वे पाँच रुपये ले कर बिना पूजा कराये ही अपनी अपनी नाव पर चले गये। मैंने अपने नाव वाले से चलने को कहा और वह चल पड़ा। मैं सोच रहा था कि ऐसे लोगों से बच पाना यमराज से पीछा छुड़ाने से भी ज्यादा कठिन है। जब मेरी नाव कुछ दूर निकल गयी तो बड़बड़ाहट में मेरे मुँह से निकल गया साले एक नम्बर के लुटेरे हैं। मेरी उस आवाज को उन्होंने सुन लिया और वे वहीं से चिल्ला कर बोले हरामी दूर निकल गया है वरना मार कर यहीं जमुना में फेंक देते और सारा सामान भी ले लेते। यह सब सुन कर मैं स्तब्ध रह गया। इसी बीच मेरी नाव धीरे धीरे किनारे जा लगी।

नाव से उतर कर मैंने नाव वाले से पूछा कि भाई कितने पैसे दे दें। उसने कहा होते तो दो सौ रुपये हैं। आप हमें एक सौ पचास रुपये दे दें। तब मैंने कहा कि यह तो बहुत बड़ी रकम है। वह घटते घटते पचास रुपये पर आ गया। मैंने झुँझला कर उसको दस

रुपये दिये। इतने पर वह झगड़ने लगा। अब मेरे व उसके बीच जोर जोर से बात होने लगी। इतने में आस पास जितने भी आठ दस नाविक थे सभी इकट्ठे हो कर एक सुर में उस नाव वाले का पक्ष ले कर कहने लगे फिर तो आपको पहले ही नाव तय कर के ले जानी थी। मौके को देख कर मैंने नर्मी बरतते हुये कहा तब तो इन्होंने भाड़ा पूछने पर यही कहा था कि आप जो देंगे वही ले लेंगे। ऐसा कहते हुये मैंने उसकी ओर दस रुपये बढा दिये। दस रुपये देख कर सभी बोले ये तो कम हैं। आप ठीक ठीक दे दीजिये। मैंने उससे पीछा छुड़ाते हुये उसको बीस रुपये दे दिये। तब कहीं उस नाव वाले से छुटकारा मिल सका।

मेरी संगम स्नान की अभिलाषा एक आस्थावान भक्त के रूप में कम तथा पर्यटक के रूप में ज्यादा थी फिर भी जिस स्थान पर मैं गया था वहाँ के लोगों की हर पहुँचने वाले के सम्बन्ध में यही धारणा बनती होगी कि एक यजमान और आया है। मेरा यह सोचना कि मैं वहाँ आस्था के नाते नहीं अपितु पर्यटन के नाते गया था ठीक वैसे ही था जैसे कोई कुएँ में कूद कर सूखा निकलने की उम्मीद करे। संगम पर मेरा जाना भले ही अप्रत्याशित रहा हो लेकिन उसने मुझे जिन्दगी के बहुत बड़े पाठ अनायास ही पढ़ा दिये जिन्हें मैं वर्षों पर्यंत प्रयास कर के भी नहीं पढ़ पाता। वैसे भी धर्मांधता से तो मुझे 1964 में ही छुटकारा मिल चुका था परन्तु जब कोई लम्बे समय तक किसी भी कर्म का अभ्यासी रह चुकता है तो उसका मन अकस्मात उन कर्मों की ओर आकर्षित हो जाता है। शायद उसी का यह प्रतिफल रहा हो जो मैंने भोगा था। इन सभी अनुभवों से मेरे अन्दर पण्डे पुजारियों और नाव वालों के प्रति जो धारणा बनी उसने मेरे अन्दर उन छल प्रपंचियों के लिये उपेक्षा का भाव भर दिया। उसके बाद मैं साल भर वहाँ रह कर पढ़ाई करने के दौरान कई बार संगम पर गया परन्तु अकेला नहीं अपितु एक समूह में जाता था जिससे एक अकेला समझ कर कोई धन तथा भावनाओं का बलात दोहन न कर सके।

अब मैं अपने गन्तव्य सी.पी.आई. पहुँचा। एल.टी. प्रवेश के लिये माह जुलाई 1979 का तीसरा सप्ताह आरम्भ हो चुका था। वहाँ मेरे लिये सब कुछ नया था। मेरी पहली मुलाकात अदरणीय श्री एच.सी. गुप्ता जी से हुई। उनके पास अन्य साथियों की तरह मैंने भी शुल्क के तौर पर अपने सारे देय भुगतान कर दिये। शुल्क भुगतान की रसीद भी उन्होंने दी। वहाँ पर अध्ययन के लिये कब और किस किस तैयारी के साथ आना है वह विवरण भी मुझे उनसे ही मिल गया। वहाँ की व्यवस्था के अनुरूप उस संस्थान में मुझे छात्रावास का एक कमरा आबंटित कर दिया गया था। मेरे रूम पार्टनर श्री बड़े लाल जी थे। वे इलाहाबाद के ही मंझनपुर तहसील के निवासी थे। वे उस समय

बेसिक शिक्षा परिषद किसी विद्यालत में पढ़ाते थे तथा वहाँ से अध्ययन का अवकाश (Study Leave) ले कर एलटी प्रशिक्षण के लिये आये थे। वे स्वभाव एवं व्यवहार से बहुत अच्छे व मिलनसार इंसान थे। मुझे नहीं पता कि उम्र में वे मुझसे बड़े थे या मैं परन्तु पहली ही मुलाकात में उन्होंने मुझे भाई साहब कह कर सम्बोधित किया था फिर उन्होंने पूरे वर्ष भर मुझे कभी भी यह मौका नहीं दिया कि मैं उनको भाई साहब बोल सकूँ।

जहाँ तक मैं समझ पा रहा हूँ कि मेरा वह संस्थान यदि सरकारी न होता तो वहाँ पढ़ना मेरी औकात से बाहर होता क्योंकि इतने उच्चकोटीय व अंतर्राष्ट्रीय स्तर के संस्थान और फैकल्टी मेंम्बर पर जितना खर्च आता वह व्यय करने की स्थिति में मैं नहीं था। उस दशा में ऐसे विश्व स्तरीय संस्थान में पढ़ने का मेरा सपना कभी पूरा नहीं होता। संस्थान में छात्रावास मिलने के बाद मैं वहाँ अपने रहने की पूरी व्यवस्था कर के वापस घर चला आया।

सी.पी.आई. में एडमिशन लेने के बाद थोड़े दिनों के अन्तराल से एल.टी. के लिये मेरा चयन पत्र दूसरे संस्थानों से भी आया था जो क्रमशः बेसिक एल.टी. बनारस तथा रचनात्मक एल.टी. लखनऊ दोनों जगह से था परन्तु मैं उससे पूर्व ही एक उच्च कोटीय संस्थान सी.पी.आई. में एडमिशन ले चुका था। सी.पी.आई. के प्रशासनिक व शैक्षणिक भवन और छात्रावास दोनों अगल बगल थे। उसके सामने से सिविल लाइन से दारागंज की ओर सड़क जा रही थी जिसे एम.जी. रोड का नाम दिया गया था। सी.पी.आई. के बगल में के.पी. कालेज का परिसर था (है)। दोनों के मध्य से दक्षिण की ओर सड़क गयी हुई थी जो जी.आई.सी. इलाहाबाद के सामने से होती हुई आगे जाती थी। सी.पी.आई. के दक्षिण में जी.आई.सी. था। उन दोनों भवनों की बाउण्ड्री वाल मिली हुयी थी। सी.पी.आई. की आदर्श कक्षाएँ (modal classes) जी.आई.सी. में ही आयोजित की जातीं थीं। सी.पी.आई. परिसर के एक सिरे पर आदर्श प्राथमिक विद्यालय भी था।

छात्रावास परिसर में पश्चिम की ओर मेस चलता था। सी.पी.आई. का बहुत बडा परिसर था उसमें बहुत बड़ा पुस्तकालय, बहुत बड़ा छात्रावास, बहुत बड़ी शिक्षा संसद और लगभग सौ छात्राध्यापकों को एक साथ बैठ कर कक्षा शिक्षण के लिये बनाया गया बहुत बड़ा (Lecture theatre) व्याख्यान कक्ष था। उत्तर प्रदेश माध्यमिक शिक्षा परिषद के निदेशक के समकक्ष प्राचार्य का स्तर, उनको रहने के लिये बड़ा सा बंगला था। उप शिक्षा निदेशक के समकक्ष उप प्राचार्य का पद था। सह शिक्षा निदेशक के स्तर के कई प्रोफेसर थे। डी.आई.ओ.एस. व जिला बेसिक शिक्षा अधिकारी के

समकक्ष व्याख्याता थे। इसके अलावा वे सभी असाधारण प्रतिभा के धनी थे। हर प्रोफेसर या लेक्चरर के लिये अलग अलग विभाग, कार्यशालाएँ व कक्ष थे।

जुलाई 1979 में ही प्रशिक्षण का सत्र आरम्भ हो चुका था। जितने भी लोगों ने एडमिशन लिये थे वे सभी सी.पी.आई. परिसर में पहुँच चुके थे। मैं भी यथा समय वहाँ पहुँच गया था। सभी लोग छात्रावास में अपने अपने आबंटित कमरे में ठहरे हुये थे। उस वर्गाकार दो मंजिले छात्रावास के प्रत्येक कमरे में दो दो छात्राध्यापक ठहराये गये थे। छात्रावास के मुख्य द्वार में प्रवेश करते ही एक बड़ा सा चौकोर प्रांगण था और ठीक सामने पीछे की पूरी साइड में मनोरंजन कक्ष तथा कामन रूम थे। शेष तीन ओर से बने हुये कमरों में भूतल पर कुछ पूर्व छात्राध्यापकों को रात्रि में ठहरने की सुविधा मिल जाती थी। कई बार माध्यमिक शिक्षा व प्राथमिक शिक्षा विभाग के अधिकारी भी सरकारी काम से इलाहाबाद आने पर वहीं ठहरते थे।

सभी लोगों को प्रथम दिवस ही व्याख्यान कक्ष में एकत्र होने के लिये कहा गया। हम लोगों का व्याख्यान कक्ष भी अनुमानतः तीस फुट चौड़ा और सौ फुट लम्बा था। बैठने की अच्छी और स्थायी व्यवस्था थी। प्रवेश द्वार के साथ वाली दीवार में काफी लम्बा एक ब्लैक बोर्ड था। पास में ही टीचर्स चेयर और टेबल रखी रहती थी और द्वार के दायीं ओर छात्राध्याकों को बैठने की व्यवस्था थी। मेज और बेंच स्थायी तौर पर इस तरह से फिक्स की गयीं थीं जिससे एक के पीछे एक बैठने वाले को आगे वाले की आड़ न हो अर्थात पहली कतार (row) फर्श पर तथा उसके पीछे वाली हर कतार अपने आगे वाली कतार से करीब एक फुट सीढ़ीनुमा ऊँचाई पर थी इस प्रकार करीब सौ लोगों को बैठने के लिये व्यवस्था थी। श्री गुप्ता जी जो व्याख्याता थे और कक्षा अध्यापक भी थे। हर दिन वे लेक्चर होने से पूर्व उपस्थिति लेते थे उसके बाद टाइम टेबल के हिसाब से कक्षाएँ चलतीं थीं।

सी.पी.आई. का इतिहास और महत्ता के बारे में श्री एच.सी. गुप्ता जी ने बताया था कि यह संस्थान बहुत पुराना है और इसकी शुरुआत अंग्रेजों के समय में हुयी थी। उस भवन का अधिकतर हिस्सा वर्तमान भवनों के अनुरूप था पर कुछ हिस्सा पुराना खपरैलों वाला भी था। बताया गया था कि वहाँ पन्द्रह प्रतिशत सीटें विदेशी छात्रों को पढ़ने के लिये आरक्षित (reserved) थीं। वह सीटें या तो विदेशियों द्वारा भरी जातीं थीं या फिर साल भर खाली रहतीं थीं परन्तु भारतीयों द्वारा नहीं भरी जातीं थीं। व्याख्यान कक्ष का पहला सेशन बहुत ही यादगार रहा। वहाँ से सभी लोग छात्रावास में आ गये। दोपहर का समय हो चला था इसलिये हम लोग मध्याह्न भोजन के लिये

मेस में पहुँचे। जहाँ पर पुनः परस्पर मुलाकात हुई और सभी ने बैठ कर भोजन किया। उस रसोईघर में दो महाराज हुआ करते थे। एक गोरे रंग के जो बुढ़ापे की ओर अग्रसर थे। उनकी कमर झुकी हुई थी। वे हमेशा शरीर पर केवल धोती और कंधे पर गमछा रखते थे। इसलिए शरीर के ऊपरी भाग पर वस्त्र न होने के कारण उनका जनेऊ हमेशा उनके महाराज होने का साक्ष्य देता रहता था। वे खाना खिलाते वक्त बड़े प्रेम से पूछते थे बाबू कुछ और लेंगे! इन्हीं के यहाँ मैं खाना खाता था। दूसरे साँवले रंग के गठीले शरीर के थे। वे भी अपने काम के प्रति गंभीर और ईमानदार थे। अब रसोई में जा कर भोजन करना हम लोगों की दिनचर्या का हिस्सा बन चुका था।

धीरे धीरे सहपाठियों से परिचय और जान पहचान बढ़ने लगी। हमारे रूम पार्टनर श्री बड़े लाल जी बहुत ही आत्मीय थे। हमारे ठीक दाहिनीं ओर बगल वाले रूम में कन्नौज के रामेश्वर दयाल दोहरे व औरैया के सुरेश चन्द्र गुप्ता रह रहे थे। बायीं ओर की विंग के एक कमरे में लल्लूराम बाँदा निवासी और रामफल चित्रकूट वाले रह रहे थे। वृन्दावन वर्मा उरई के निकट इटौंजा जिटकिरी के निवासी थे। उनके रूम पार्टनर रामपाल उनके साथ रह रहे थे। इसी प्रकार अलग अलग कमरों में कई साथी रह रहे थे जिनमें नाथूराम, राम औतार दोहरे, रामनाथ सुमन, प्रताप भानु कपूर, राम किशोर त्रपाठी, राधे श्याम तिवारी, रुद्र प्रताप सिंह आदि थे। इनमें ज्यादातर मध्य उत्तर प्रदेश के थे। कुछ पूर्वी उत्तर प्रदेश के थे। कुछ एक वर्तमान उत्तरा खण्ड के थे।

हमारा संस्थान (सी.पी.आई.) प्रशिक्षक रूपी रत्नों का आगार (भंडार) था। जिनमें प्राचार्य, प्रोफेसर व व्याख्याता सभी ज्ञान, आचरण व व्यवहार में अनुकरणीय थे। एक ही सप्ताह बीता होगा। संस्थान के द्वारा एक नोटिस जारी किया गया था। जिसमें शिक्षा संसद के पदाधिकारियों के चयन की सूचना जारी की गयी थी। ये पदाधिकारी छात्राध्यापकों में से ही चयनित होने थे। जिसके लिये शिक्षा संसद सभागार में सभा का आयोजन किया गया। हर वर्ष दो पदों पर साल भर के लिये पदाधिकारियों का चयन किया जाता था। वे दोनों पद शिक्षा संसद में मंत्री और संयुक्त मंत्री के थे। इन पदों पर पदाधिकारियों का चयन किसी एक नियत विषय पर वाद विवाद प्रतियोगिता के माध्यम से किया जाना था अर्थात उस प्रतियोगिता में प्रथम स्थान पाने वाला मंत्री और द्वितीय स्थान पाने वाला संयुक्त मंत्री का पद पाता था।

उक्त पदाधिकारियों के चयन के लिये वाद विवाद प्रतियोगिता का आयोजन हुआ। जिसमें विषय रखा गया 'बच्चे के व्यक्तित्व निर्माण के लिये विद्यालय उत्तरदायी' है। पक्ष या विपक्ष में वक्ताओं को अपनी बात रखनी थी। पक्ष और विपक्ष के लिये

अलग अलग कई छात्राध्यापक प्रतिभागी के तौर पर प्रस्तुत हुये। संसद लग चुकी थी जिसकी अध्यक्षता संस्थान के प्राचार्य महोदय कर रहे थे। संस्थान के तीन प्रोफेसर निर्णायक दल की भूमिका में निर्णय देने के लिये तैयार थे। वक्ता को अपनी बात कहने से पहले अध्यक्ष को संबोधित करने की अनिवार्यता थी। साथ ही साथ अपने तथ्यों की तर्कपूर्ण प्रस्तुति, पुष्टि तथा प्रतिपक्षी वक्ता के तर्कों का खंडन करना होता था। यदि वक्ता अध्यक्ष को सम्बोधित करने में चूक जाता तो उस स्थिति में उसे अयोग्य घोषित कर दिया जाता था। अधिकतर प्रतियोगी बनारस विश्वविद्यालय व इलाहाबाद विश्वविद्यालय के थे। हमारे जैसे कुछ एक प्रतियोगी कानपुर तथा अन्य विश्वविद्यालयों से भी थे।

वाद विवाद का समय पाँच मिनट रखा गया था। चार मिनट होते ही वार्निंग की घंटी बजती थी जो इस बात का संकेत थी कि आपके पास अब केवल एक मिनट शेष बचा है। आपको इसी एक मिनट में अपनी बात पूरी करनी है। बहुत अच्छे-अच्छे वक्ता आये जिनमें काफी अध्येता और विद्वान भी थे पर उनमें कई तो पाँच मिनट में अपनी भूमिका ही बना पाये। कई भूमिका के साथ आधी अधूरी ही बात रख पाये। कुछ ही थे जो वाद विवाद के नियमों पर खरे उतरते हुये अपनी बात पूरी रख पाये। ऐसे ही वक्ताओं में से जिन्होंने तर्क पूर्ण तरीके से जोरदार तथ्यों के साथ अपनी प्रस्तुति दी उनमें से दो लोगों का चयन हुआ। उनमें जो प्रथम स्थान पाने वाला था वह बनारस विश्वविद्यालय का ब्रजेश कुमार मिश्रा था और द्वितीय स्थान पाने वाला मैं था। यद्यपि मेरे जिन साथियों ने मुझे प्रतिभागिता के लिये प्रेरित किया था उन्हें तथा उनके अतिरिक्त भी तमाम साथियों ने प्रस्तुति व उसके प्रभाव को आंकते हुये मेरे बारे में अनुमान लगाया था कि मैं ही प्रथम आऊँगा। फिर भी जो परिणाम घोषित हुआ वह मेरे लिये गरिमापूर्ण था। अब मैं केन्द्रीय अध्यापन विज्ञान संस्थान इलाहाबद की शिक्षा संसद का संयुक्तमंत्री बन चुका था।

सभी छात्राध्यापकों को शिक्षण के विषय तथा प्रशिक्षक नियत कर दिये गये थे। सभी को विषय उनकी अपनी योग्यता और अभिरुचि के हिसाब से मिले। मैंने अपनी रुचि के हिसाब से गणित और हिन्दी दोनों विषयों को कक्षा शिक्षण के लिये चुना था। गणित के प्रशिक्षक श्री बेणी माधव गुप्ता (बी.एम गुप्ता) साहब थे और हिन्दी के श्री के.पी. मिश्रा जी थे। वे दोनों ही विद्वान अत्यन्त आत्मीय थे और उनमें कम समय में ही अधिकाधिक ज्ञान देने की क्षमता थी। श्री बी.एम. गुप्ता साहब हम लोगों को शिक्षण विधियाँ पढ़ाते थे। द्विवेदी जी शिक्षा सिद्धान्त पढ़ाते थे। प्रोफेसर एस.एन. राय उप प्राचार्य साहब शिक्षा मनोविज्ञान पढ़ाते थे। प्रोफेसर भृगुराम मिश्र जी शिक्षा

का इतिहास और भारत व इंग्लैंड की शिक्षा के स्वरूप का तुलनात्मक अध्ययन पढ़ाते थे। हर प्रोफेसर अपने आप में ज्ञान के लिये एक व्यक्ति न होकर एक संस्था था। प्रशिक्षण व कक्षा शिक्षण नियमित तौर पर आरम्भ हो चुका था।

कक्षा शिक्षण के लिये हम लोगों को शर्ट पैंट और टाई पहनना अनिवार्य था। यही वहाँ की वेशभूषा थी जो पहनने के लिये लागू की गयी। वहाँ मैंने जिन्दगी में पहली बार टाई बाँधी थी। अब टाई बाँध कर ही कक्षाओं में पढ़ाने जाता था। कक्षा शिक्षण में मेरा ब्लैक बोर्ड राइटिंग सीधा नहीं होता था। बोर्ड पर लिखते वक्त लाइन टेढ़ी हो जाती थी। उस समय हमारे आलोचक/प्रशिक्षक श्री बी.एम. गुप्ता साहब थे। उन्होंने मुझे बोर्ड पर सीधा लिखने की तकनीक बताकर लिखने का अभ्यास कराया था। उसके बाद से मेरी ब्लैक बोर्ड राइटिंग सीधी और सुन्दर हो गयी थी। एक दिन हुआ यों कि वे अकस्मात ब्लैक बोर्ड के पास मेरे बगल में आ कर खड़े हो गये। उन्होंने चाक लेकर एक लाइन ब्लैक बोर्ड पर लिखी उसके बाद उन्होंने मुझसे कहा कि आप लिखिये। मैंने भी लिखा परन्तु उनकी तरह मेरा राइटिंग सीधा व अच्छा नहीं बन पा रहा था। तब वे पास में ही खड़े खड़े बोले कि लिखते वक्त किसी भी दशा में कमर नहीं झुकनी चाहिये। यदि कमर न झुके तो ब्लैक बोर्ड लेख अपने आप सीधा व सुन्दर हो जायेगा। यदि हाथ बढ़ा कर लिखना हो तो लपक कर या झुक कर नहीं लिखना चाहिये बल्कि ब्लैक बोर्ड के समानान्तर उसके साथ आगे बढ़ते रहना चाहिये। यदि कोई भी इस तरीके को या सिद्धान्त को अपनायेगा तो ब्लैक बोर्ड पर लिखी हुई लाइन सीधी व सुन्दर दिखेगी वह कभी भी ऊपर या नीचे की ओर टेढ़ी नहीं होगी। उनका दिया हुआ गुरुमंत्र मेरे बहुत काम आया और उस दिन से मेरा ब्लैक बोर्ड राइटिंग अच्छा हो गया।

सी.पी.आई. में एक प्रोफेसर थे डॉ. भृगुराम मिश्र। वे देखने में जैसे लगते थे वैसे ही उनके कुछ क्रिया कलाप भी थे जो उनकी आदत में शामिल हो चुके थे। जैसे चाय कितनी ही गरम क्यों न हो वे चाय का प्याला मुँह से लगा लेते थे तो होठों से तभी हटाते थे जब पूरा का पूरा प्याला खाली हो जाता था। सुना जाता था कि उन्होंने अपने जीवन का लम्बा समय इंग्लैंड में बिताया था। वे शिक्षा के क्षेत्र में विश्व स्तरीय शिक्षाविद थे। वे अनेक देशों की शिक्षा व शिक्षण के स्वरूपों (pattern) के ज्ञाता थे। उन्होंने इंग्लैंड की शिक्षा के स्वरूप के बारें बताया था। वहाँ की शिक्षा प्रणाली भारत की शिक्षा प्रणाली से बिल्कुल भिन्न थी। वहाँ पर कक्षा एक से पढ़ाई आरम्भ हो कर ग्यारहवें तक चलती रहती थी। कक्षा ग्यारह तक परीक्षायें पास करने की एक ही

व्यवस्था थी कि हर कक्षा में एक साल अध्ययन के बाद अगली कक्षा में प्रोन्नत होना अनिवार्य था अर्थात ग्यारहवें तक किसी भी कक्षा में कोई भी विद्यार्थी फेल नहीं होता था। बारहवीं कक्षा में एक साल पढ़ने के बाद परीक्षा के नाम पर केवल अभिरुचि परीक्षण (aptitude test) होता था।

उस परीक्षण में बच्चे की अभिरुचि का पता लगाया जाता था। यही कि वह किस क्षेत्र को अपना कार्य क्षेत्र बनाना चाहता है। इसके लिये मेडिकल, इंजीनियरिंग, कला, साहित्य, विज्ञान, अर्थ शास्त्र, प्रशासनिक सेवा, सेनाओं में जल, थल और वायु सेना आदि विशेष क्षेत्र थे। अतः इन्हीं क्षेत्रों का ध्यान रखते हुये प्रश्न पत्र डिजाइन किये जाते थे। तत्पश्चात छात्रों की अभिरुचि व उपलब्धि के आधार पर वे स्वयं अपने क्षेत्र का चयन कर के अपने कार्य क्षेत्र का निर्धारण करते थे। उसी के अनुसार उनका कार्य क्षेत्र निर्धारित हो जाता था। सबसे बड़ी और अच्छी बात यह थी कि वहाँ पर बिना किसी भेदभाव के सभी के लिये शिक्षा का समान अवसर सुलभ था अर्थात बच्चा किसी का भी हो परन्तु उसके पठन पाठन का सम्पूर्ण दायित्व राष्ट्र का था। भारतीय परिवेश में जहाँ भेदभाव के कई स्तर हैं। जैसे अमीर गरीब, जातीय ऊँच नीच, क्षेत्रीय प्रभाव, धार्मिक वैषम्य एवं व्यक्ति विशेष की वैयक्तिक सोच आदि। जिस कारण बच्चे को उसके प्रति पक्षपात का दृष्टिकोण रखने वाले शिक्षकों की बदनियती का शिकार होना पड़ता है। जिससे सामान्य स्तर का बच्चा फेल हो कर एक ही क्लास में पड़ा रह जाता है। इस प्रकार वह अपने जीवन में बहुत पिछड़ जाता है। कुल मिला कर राष्ट्र का बहुत बड़ा नुकसान होता है। वहाँ के हिसाब से वैसी परिस्थिति में जो भी बच्चा पढ़ लिख कर तैयार होगा तो उसका योगदान निःसंदेह राष्ट्र के लिये ही होगा।

हमारे यहाँ के हिसाब से वैमनस्य में पल कर वह न तो खुद के लिये कुछ कर पाता है और न ही राष्ट्र के लिये कुछ कर पाता है। सन 1979 में यह बात उन प्रोफेसर साहब ने हम लोगों को बतायी थी। तभी उन्होंने यह भी बताया था कि ऐसी शिक्षा व्यवस्था लागू हुये वहाँ करीब साढ़े तीन सौ साल बीत चुके हैं अर्थात इस शिक्षा व्यवस्था का सूत्रपात वहाँ पर सत्रहवीं शताब्दी में ही हो चुका था। जब कि हमारे देश में बोर्ड परीक्षा के नाम पर तमाम बैरियर हैं। क्रमशः कक्षा पाँच, कक्षा आठ, कक्षा दस और फिर कक्षा बारह में बोर्ड परीक्षाओं का आयोजन होता था अर्थात बारहवीं कक्षा तक चार बाधायें (barrier) पार करनी पड़तीं थीं। यद्यपि वर्तमान में केवल दो ही कक्षायें दसवीं व बारहवीं बोर्ड की रह गयीं हैं। वैसे तो हमारे यहाँ हर कक्षा को

पास करना एक बाधा ही है। यहाँ के विद्यार्थी विद्यालय के शिथिल प्रशासन और शिक्षकों के स्वार्थी व अड़ियल रवैया के कारण भी बहुत प्रभावित होते हैं। अर्थात वे उन परिस्थितियों के शिकार (victim) हो जाते हैं तथा बहुत से विद्यार्थी असमय में ही विद्यालय से पलायन भी कर जाते हैं।

पूरे प्रशिक्षण का पाठ्यक्रम इतना सुसज्जित और सुव्यवस्थित था जो कि मुझे कहीं भी देखने को क्या सुनने को भी नहीं मिला जितना कि सी.पी.आई. में था। वहाँ शिक्षण में समस्त प्रासंगिक प्रश्नपत्रों का पाठ्यक्रम तो पढ़ाया ही जाता था। इसके साथ ही साथ हर छात्राध्यापक को उपचारात्मक शिक्षण में विशेषज्ञ बनने का अवसर मिलता था जो रुचि और पात्रता के आधार पर अर्थात ग्रेजुएशन में लिये गये विषयों के अनुसार होता था। मुझे भी हिन्दी में उपचारात्मक शिक्षण में विशेज्ञता (specialisation in remedial teaching) प्राप्त करने का अवसर मिला था। वर्तमान में तमाम शिक्षण संस्थानों में उपचारात्मक शिक्षण का जितना हंगामा होता है उस दृष्टि से वहाँ के लोग या तथाकथित शिक्षाविद उपचारात्मक शिक्षण का ककहरा तक नहीं जानते हैं। उपचारात्मक शिक्षण का उनके लिये मात्र इतना ही उद्देश्य होता है कि जिस विषय में बच्चे के कम अंक आये हैं तो उसको उस विषय में अधिक काम देकर अधिक अभ्यास कराया जाये। जब कि उपचारात्मक शिक्षण का मुख्य लक्ष्य बच्चे के पिछड़ने के मुख्य कारणों का पता लगाना तथा उन कारणों का निवारण करना होता है। वरना जिस बोझ के कारण किसी का चलना दूभर हो जाये उसे राहत देने की नीयत से अज्ञानता वश उस पर थोड़ा वजन और लाद दिया जाये जिससे वह वेदम हो कर बैठ क्या पसर जाये। अर्थात किसी भी विद्यार्थी के पिछड़ने के कारणों को बिना जाने उनका पिछड़ापन दूर करना संभव नहीं है। क्या बोरिंग कक्षा शिक्षण और भार स्वरूप होम वर्क देकर उसकी अन्तर्निहित शक्तियों को कुचलना नहीं है? शिक्षक की इस जानकारी के अभाव से पहली बेंच पर बैठने वाला बच्चा धीरे धीरे बैक बेंचर हो जाता है। इतना ही नहीं वह कक्षा में बैठने से भी कतराने लगता है फिर एक दिन ऐसा आता है कि वह विद्यालय ही छोड़ जाता है। ऐसी विसंगति से बचने के लिये किसी भी विद्यालय में उपचारात्मक शिक्षण के विशेषज्ञ होना अनिवार्य है। जिससे बच्चे की शारीरिक, मानसिक, पारिवारिक, सामाजिक, धार्मिक, आर्थिक, पर्यावरणीय स्थितियों व क्षमताओं का आकलन किया जा सके। कहीं सांस्थानिक व सामाजिक परिवेश की अव्यवस्था के चलते उसे विद्यालय की पढ़ाई छोड़ने को विवश न होना पड़े। उपचारात्मक शिक्षण के कुछ प्रमुख पहलू हैं। उनके द्वारा विद्यार्थी के

शिक्षण में (कक्षा के अन्दर तथा कक्षा के बाहर) पिछड़ने के कारणों का पता लगाया जा सकता है। उसके आधार पर उनका समाधान दिया जा सकता है।

विषयगत पिछड़े पन की बात तो अन्त में आती है जिसको दूर करने के लिये तत्सम्बन्धित विषय में शिक्षक को निदानात्मक परीक्षण (diagnostic test) आयोजित करना होता है। इसमें कुछ ऐसे छोटे छोटे प्रश्नों को प्राथमिकता के तौर पर रखा जाता है। जो विषयगत प्रकरण को पढ़ाने से सम्बंधित हों एवं आधारभूत ज्ञान (fundamentals) व पूर्वज्ञान (previous knowledge) पर अधारित हों। उस परीक्षण को जाँचने के बाद जहाँ जैसी कमी मिले वहाँ उसी के अनुरूप उपचारात्मक परीक्षण (remedial test) आयोजित करना चाहिये। उस परीक्षण का मूल्यांकन करने के बाद जिन बिंदुओं पर विद्यार्थी का पिछड़ापन हो उन बिंदुओं को ध्यान में रखते हुये उपचारात्मक शिक्षण की कक्षाओं का आयोजन करना चाहिये। उसके लिये छोटे छोटे प्रश्न उत्तर सहित डिजायन किये जायें और विद्यार्थियों को बताये जायें। ठीक वैसे ही सरलतम प्रश्न अभ्यास के तौर पर भी हल करने के लिये दिये जा सकते हैं। शिक्षक को इस बात का ध्यान रखना चाहिये कि जिस तरह से माँ अपने बच्चे की परवरिश करने में अपने बच्चे का ध्यान रखती है, जिस तरह से डॉक्टर अपने रोगी का ध्यान रखता है ठीक उसी तरह से वह अपने विद्यार्थी के शैक्षिक पिछड़ेपन का उपचार कर रहा है। इसमें बहुत सावधानी व धैर्य की जरूरत होती है।

मेरे प्रिय साथियों में बी. लाल, वृन्दावन वर्मा, राम औतार दोहरे, नाथू राम, लल्लूराम, एस.सी. गुप्ता, राम नाथ सुमन, प्रताप भानु कपूर, रामेश्वर दयाल दोहरे, सरनाम सिंह, रामेन्द्र सिंह राठौर ऊगरपुर वाले, रमेश चन्द्र सक्सेना फर्रुखाबाद वाले आदि थे। इनमें से ज्यादातर कन्नौज, कानपुर, इटावा, बाँदा एवं फर्रुखाबाद के ही थे और राधेश्याम तिवारी एवं रामकिशोर त्रिपाठी दोनों ही बनारस के आस पास के थे। शायद मैं इन सभी से उम्र में बड़ा था केवल बड़े लाल को छोड़ कर। इसलिये सभी मेरे प्रति सम्मान का भाव रखते थे। इनमें से कोई भी मेरा नाम नहीं लेता था बल्कि मास्टर साहब कह कर सम्बोधित करते थे। बी. लाल जी भी भाई साहब कह कर ही पुकारते थे।

कई बार हम सभी लोग मिल कर इलाहाबाद की अलग अलग जगहों पर घूमने के लिये भी गये। उन जगहों में प्रमुख तौर पर प्रयागराज स्टेशन के निकट नारायणी आश्रम गये। नारायणी आश्रम एक साधारण सा पार्क दिखता था जो कहने भर के लिये आश्रम था परन्तु वहाँ जैसा सुनने में आया था कि वहाँ से बाम्बे तक के लिये

एक गुप्त मार्ग (सुरंग) था जिसके माध्यम से कभी तस्करी हुआ करती थी। इसके अतरिक्त भरद्वाज आश्रम, इलाहाबाद हाईकोर्ट परिसर, सुमित्रानंदन पंत आवास, इलाहाबाद विश्वविद्यालय यू.पी.पी.एस.सी. परिसर, इलाहाबाद रेलवे जंक्शन, एयर फोर्स स्टेशन मनौरी, अल्लागंज, बिरहाना रोड, इलाहाबाद का किला, किले के अन्दर अक्षय वट, गंगा पार पूर्वी तट पर बसा हुआ नगर झूसी जहाँ बहुत बड़ा कबीर मठ और उसी के निकट पांडव की गुफा के बारे में बताया गया था। मुट्ठीगंज, दारागंज और इलाहाबाद का संगम तट आदि का भी अवलोकन किया था।

इलाहाबाद का किला संगम के निकट यमुना तट पर स्थित है। उस किले का निर्माण अकबर के समय में हुआ था। तब उस शहर का नाम अल्लाहबाद था जो बाद में इलाहाबाद हुआ। वैसे अंग्रेजों के समय में अलाहाबाद (Allahabad) ही रहा परन्तु अब बदल कर उसे प्रयागराज कर दिया गया है। आज उस किले के बहुत बड़े हिस्से में फौज का कब्जा है। इसी किले के पूर्वी हिस्से में एक वट वृक्ष है जो अक्षय वट के नाम से जाना जाता है। जिसके बारे में ख्याति है कि वह बरगद कभी नष्ट न होने वाला वृक्ष है। मैं उस जगह पर गया था। वहाँ की व्यवस्था कुछ अलग दिखाई पड़ी। पण्डे पुजारियों का वहाँ पर भी कब्जा था। जिस फर्श पर हम चढ़े या खड़े थे वहाँ पर कोई वृक्ष नहीं था। वहाँ पूछने पर पता चला कि आप छत पर खड़े हैं। इस जीने से नीचे उतर कर जाने पर वहाँ तलघर में वट वृक्ष मिलेगा। नीचे जाने की भी चार आने फीस अलग से थी। फीस वसूली करने वाला यह भी बताते जाता था कि नीचे मूर्तियों पर पैसा चढ़ाने के लिये यहीं पर खुल्ला (चेंज) करा लीजिये। चेंज करने के लिये रेजगारी के ढेर लिये कई लोग अलग से बैठे थे। वे एक रुपया के बारह आने के हिसाब से रेजगारी देते थे। रेजगारी में वे लोग चलन से बाहर हो चुके सिक्के ही देते थे। उन सिक्कों में पाँच पैसे व दस पैसे के सिक्कों को छोड़ कर मीट्रिक प्रणाली लागू होने से पहले चलने वाले सिक्के शामिल होते थे अर्थात पुराने एक पैसा, दो पैसा, एक आना के सिक्के होते थे जो केवल वहीं चलते थे और बाजार में वे सिक्के चलन से बाहर हो चुके थे।

कहने का तात्पर्य आप अपनी श्रद्धा के अनुसार एक रुपया, दो रुपये या इससे अधिक की भी रेजगारी लेते हैं तो वह पूरी की पूरी रेजगारी वहीं पर चढ़ा देनी पड़ेगी अर्थात यह समझ लीजिये कि वहाँ पर उन पण्डा पुजारियों का भारत सरकार की व्यवस्था के अलावा उनका अपना अलग सिक्का चलता था। जब हम अपने साथियों के साथ सीढ़ियों के रास्ते नीचे उतर कर गये तो वहाँ कई देवी देवताओं की मूर्तियाँ रखी हुई मिलीं। सभी ने अपनी श्रद्धा के अनुसार चढ़ावा चढ़ाया। रास्ता संकरा पर कुछ ऐसा

घुमावदार था जिससे उस रास्ते से हो कर हर कोई हर मूर्ति के सामने से निकले और वहाँ पर पैसे चढ़ाये। मेरे जैसे एक दो लोग बिना पैसे चढ़ाये आगे बढ़ते तो पुजारी कह कर पैसे चढ़वा लेता था।

मेरा जो मुख्य उद्देश्य था वह अक्षय वट देखने का था। आगे बढ़ कर देखा कि बरगद की एक मोटी शाखा जमीन में गाड़ रखी थी। उसका ऊपरी हिस्सा तना के रूप में दिखता था। वह तना पूरा का पूरा लाल रंग के कपड़े से लपेट रखा था। लाल रंग की लपेटी हुई पट्टी के हर लपेट में बरगद के हरे पत्तों वाली छोटी छोटी टहनियाँ खोंस रखीं थीं। देखने वाला यही समझता था कि ये टहनियाँ वास्तविक हैं। जब मैंने यह जानने का प्रयास किया कि बरगद की शाखायें केवल तलघर तक ही सीमित हो कर क्यों रह गयीं? ऊपर उस फर्श पर क्यों नहीं दिखायी दीं जहाँ पर हम खड़े थे। वहाँ नीचे पहुँच कर असलियत जानने की जिज्ञासा हुयी। यही कि बरगद क्या वास्तिवक है या छलावा है। यही परखने के लिये मैंने उस तथाकथित बरगद की टहनी को पकड़ कर हल्के से खींचा तो वह टहनी उखड़ कर मेरे हाथ में आ गयी। यह दृश्य देख कर पुजारी आग बबूला हो गया। वह मेरे साथ हाथापाई पर उतारू हो गया। हम साथियों ने जैसे तैसे उससे पीछा छुड़ाया और सभी लोग बाहर आ गये। कहने का आशय यही है कि आस्था की अंधी होड़ में कानून को धता बताते हुये लोग कितनी ठगी करते हैं? जहाँ न वट वृक्ष है, न कोई देवस्थान है, बस है तो फरेब से तैयार किया हुआ भ्रामक वातावरण। जहाँ पर हम जैसे लोग जा कर अपना समय व पैसा नष्ट करते हैं। ठीक यही व्यवस्था वहाँ से हटकर दूसरी जगह भरद्वाज आश्रम में भी थी। कुछ समय बाद मैं अपने पिताजी के पुराने साथी श्री बैजनाथ सिंह यादव के पास मिलने गया। वे उस समय अल्लागंज में किराये पर कमरा ले कर रह रहे थे। वे हमारे पड़ोसी गाँव नौली के रहने वाले थे जो जीटी रोड स्थित सिकन्दरपुर से उत्तर की ओर करीब तीन किलोमीटर दूरी पर स्थित है। हमारा गाँव सिकन्दरपुर से पाँच किलोमीटर दक्षिण की ओर है। इस तरह वे हमारे निकटस्थ भी थे एवं हमारे पिताजी के साथ भी रह चुके थे। वे दोनों लोग फतेहगढ़ से एक साथ ट्रांसफर पर जा कर मद्रास कोयम्बतूर में भी रहे थे। वहाँ से सन 1972 में पिताजी ट्रांसफर हो कर एम.ई.एस. 509 बेस वर्कशॉप आगरा आ गये थे और श्री बैजनाथ सिंह की पोस्टिंग एम.ई.एस. इलाहाबाद किला के अन्दर हुई थी। जब मैंने उनको अक्षय वट की कहानी बतायी तो वे हँसने लगे और हँसते हुये उन्होंने बताया कि वह अक्षय वट तो किले के अन्दर उस जगह पर है जहाँ पर हमारा एम.ई.एस. है। उस जगह पर आम लोगों का प्रवेश वर्जित है। जिस जगह पर पूजा पाठ करवाया जाता है वहाँ पर तो कुछ भी नहीं है।

दूसरा किस्सा दारागंज का है। वह इलाहाबाद में गंगा के किनारे पण्डों का बहुत बड़ा मुहल्ला है। वहाँ पर ज्यादातर पण्डा लोग ही रहते हैं। वहाँ के पण्डों का रहन सहन व पहानावा ओढ़ावा अलग ही था। भारी भरकम शरीर पर बड़ा सा खोपड़ा। वह भी मुंडन किया हुआ चिकना घोटा। बड़ी बड़ी मल्टी परपज मूँछें। दिन में शरीर के ऊपरी हिस्से पर कपड़े के नाम पर केवल जनेऊ। अधोवस्त्र में धोती और पैरों में खड़ाऊँ। मैंने उनकी जिन मल्टी परपज मूँछों का जिक्र किया है। जब वह दिन में संगम तट पर अपनी गद्दी पर बैठ कर यजमानों को कर्म काण्ड करवाते थे तब उनकी बड़ी बड़ी मोटी मूँछें गिलहरी की पूँछ की तरह नीचे की ओर लटकती दिखतीं थीं। उनके माथे पर बड़ा सा लाल रंग का तिलक होता था। इस प्रकार की उनकी वेशभूषा रहती थी। इस तरह हवन, पिण्डदान, ब्रह्म भोज आदि आदि तमाम तरह के कर्मकाण्ड करवाते थे। तत्पश्चात शाम को मोटी रकम कमा कर अपने अपने घरों में ले जाते थे। वे शाम होते ही घर पर स्नान आदि कर के तैयार होते थे। बदन पर बड़े प्रिंट वाला टी शर्ट और धोती की जगह लुंगी पहनते थे। इसके बाद जो मूँछें दिन भर उपेक्षित सी लटकी रहती थीं उनमें तेल लगाकर उन्हें तराशते थे फिर उन्हें छल्लेदार बना कर ऊपर की ओर बिच्छू के डंक की तरह ऐसी सेट करते थे ताकि मूँछों के ऊपर आसानी से नींबू रखा जा सके। सिर में तेल लगा कर, हाथ में कान की ऊँचाई तक का लट्ठ लेकर बाहर टहलने के लिये निकलते थे। कुल मिला कर दिन में पण्डागीरी और रात में गुंडागीरी या दादागीरी करते हुये पाये जाते थे। यह उनकी दिनचर्या का हिस्सा हुआ करता था।

हम अपने साथियों के साथ लगभग हर रविवार को संगम तट पर जाया करते थे। कोई पुण्य कमाने के लिये नहीं बल्कि पूर्व में मल्लाह द्वारा अपने साथ किये गये दुर्व्यवहार का सबक सिखाने जाते थे। उससे उत्पन्न हुयी कुण्ठा, आक्रोश व झेंप के मिले जुले प्रभाव को दूर करने के कारण जाते थे। हम लोग जब भी जाते थे तो वहाँ जा कर किसी भी नाव वाले को बुला कर बिना तय तोड़ के नाव पर सवार हो लेते थे। नाव पर बैठ कर संगम में स्नान करते तथा बिना किसी पूजा पाठ के वापस किनारे पर आ जाते थे। किनारे पर आकर उसको भाड़े के तौर पर सभी लोगों की तरफ से दो रुपये देते थे। जिसे देख कर वह भड़क जाता था। जब वह पैसे कम हैं कह कर दो रुपये प्रति व्यक्ति के हिसाब से भाड़ा माँगता तो हम लोग यही कह कर कि इतने से ज्यादा नहीं देंगे वहाँ से चल देते थे। कई लोग होने के कारण वह झगड़ा नहीं कर सकता था। आखिर में उतने ही पैसे दे दो कह कर वह पीछे पीछे दौड़ता था। तब वही दो रुपये उसे हाथ में न दे कर फेंक देते थे। जिसे वह उठा कर चला जाता था। यह सब केवट की उस पहले वाली घटना के कारण बदला हुआ व्यवहार था। शायद

बदले की भावना से अथवा उसके द्वारा किये गये उस कृत्य के विरोध के परिणाम स्वरूप परन्तु मन में कुछ अटपटा सा लगता रहा इसलिए उस रवैया को एक ही दो बार अपना कर छोड़ दिया।

ऐसे ही हम लोग एक दिन संगम स्थल पर इधर से जा रहे थे। उधर से स्नान कर के हमारे बी.एस.एस. इण्टर कालेज सिकन्दरपुर के पुराने शिक्षक श्री पूर्ण आनन्द श्रीवास्तव जी आ रहे थे जिन्होंने मुझे इण्टरमीडिएट में पढ़ाया था। वे हमारे एन.सी.सी. आफीसर भी रह चुके थे। हम लोग आमने सामने हुये तो वे मुझे देखते ही मुस्कराते हुये मेरा नाम ले कर पूछने लगे। तुम यहाँ कैसे? मुझे भी आश्चर्य हुआ कि सन 1968 के बाद 1979 अर्थात लगभग बारह साल बाद मिलने पर भी उन्होंने मुझे मेरा नाम लेकर पुकारा जो मेरे लिये आश्चर्यचकित कर देने वाली बात थी। मैंने उनकी उस मुस्कान और प्रश्न का उत्तर उनके चरण स्पर्श कर अभिवादन कर के दिया। जब मैंनें उनके समक्ष अपना तथा अपने साथियों का परिचय दिया और बताया कि हम लोग यहाँ पर सेंट्रल पेडागाजिकल इंस्टीट्यूट इलाहाबाद से एल.टी. कर रहे हैं। यह सुन कर वे बहुत प्रसन्न हुये तत्पश्चात वे हम लोगों को उज्ज्वल भविष्य का आशीर्वाद दे कर वहाँ से प्रस्थान कर गये। उसके बाद हम लोग भी स्नान कर के वहाँ से चले आये। कई दिनों तक हमारे शिक्षक श्री पूर्ण आनन्द श्रीवास्तव जी हम लोगों की चर्चा के केन्द्र बने रहे। जैसा कि उनके सान्निध्य को पाकर आज मैं महसूस कर रहा हूँ यही कि जीवन में कुछ लोग ऐसे भी आते हैं जो आदरणीय तो होते ही हैं साथ ही स्मरणीय भी हो जाते हैं।

ऐसा ही एक क्षण तब आया जब सी.पी.आई. कैम्पस में अकस्मात मेरी मुलाकात उन महानुभाव से हो गयी जो 1974 में बी.टी.सी. के दौरान नार्मल स्कूल छिबरामऊ में मेरे प्राचार्य थे। जिनका जिक्र मैं पहले कर चुका हूँ। जिन्होंने पैराशूट की प्रक्रिया का प्रयोग उस समय नार्मल स्कूल छिबरामऊ में करवाया था। उन्होंने मुझे देखते ही पहचान लिया और पूछने लगे तुम यहाँ पर कैसे? मैंने भी उन्हें पहचान लिया और उनके चरण स्पर्श किये। मैंने बताया कि मैं यहाँ सी.पी.आई. में एल.टी. कर रहा हूँ। यह सुन कर वे बहुत प्रसन्न हुये। मेरे पूछने पर उन्होंने मुझे बताया कि वे इलाहाबाद माध्यमिक शिक्षा परिषद में उप निदेशक के पद पर नियुक्त हो कर आये हैं। जी.आई.सी. इलाहाबाद में उस समय विज्ञान प्रदर्शनी लगी हुई थी। वे उसका निरीक्षण करने के लिये आये थे। उन्होंने मुझे भी प्रदर्शनी देखने के लिये साथ लिया और वहाँ बुला कर ले गये। वहाँ जा कर न केवल उन्होंने प्रदर्शनी दिखायी बल्कि वहाँ के स्टाफ से परिचय भी करवाया। मेरी पहचान उनके लिये एक पूर्व छात्राध्यापक के रूप में थी परन्तु उन्होंने मुझे जो आत्मीयता दी वह अविस्मरणीय रहेगी।

इलाहाबाद में रहते हुये ही मैं अपने एक साथी प्रभूदयाल के साथ भारत के तथाकथित बहुत बड़े समाजिक और सांस्कृतिक जीसंगठन में दो तीन बार वहाँ की मीटिंगों में भी गया था। वहाँ पर मुझे जो देखने या सीखने के लिये मिला वो यह कि उसके प्रथम सत्र में कोई भी पी.टी. परेड में शामिल हो सकता है। राष्ट्र प्रेम से ओतप्रोत उनके प्रवचन सुन सकता है। दूसरे सत्र में एक आम सभा का आयोजन होता था जिसमें प्रथम सत्र में शामिल हुये कुछ नये सदस्यों को छोड़ कर सभी को शामिल होने का मौका मिलता था। उस आम सभा में समाज के जरूरतमन्दों की किस तरह से तथा किन स्तरों पर सहायता कर सकते हैं? इस पर विचार किया जाता था और सभी सदस्यों के विचार आमंत्रित किये जाते थे। तीसरे सत्र में खास सभा का आयोजन होता था जिसमें आम सभा के कुछ चुनिन्दा लोगों को शामिल होने का मौका मिलता था। इस सत्र में उस संगठन की कुछ खास नीतियों को बताया जाता था जो पहले और दूसरे सत्र में प्रचारित बातों तथा तथ्यों के बिल्कुल विपरीत होतीं थीं। मसलन शूद्रों को अशिक्षित बनाये रखने के लिये क्या करना चाहिये? उनमें नशा आदि की आदत डालने के लिये या बनाये रखने के लिये क्या क्या किया जाये? वे तनाव मुक्त रह कर स्वतंत्र चिन्तन न कर सकें इसके लिये क्या योजना होनी चाहिये? उनका नैतिक बल व मनोबल कैसे गिराया जा सके? इस पर भी निरन्तर योजनायें तैयार की जायें।

अन्ततः उन योजनाओं को लागू किया जाये। मोटे तौर पर शूद्रों को यथास्थिति में बनाये रखने के लिये योजना बद्ध तरीके से उनको शारीरिक रूप से व मानसिक रूप से प्रताड़ित करते रहना चाहिये। उन्हें आर्थिक रूप से, शैक्षिक रूप से वंचित रखने का प्रयास करते रहना चाहिये। नैतिक रूप से पतित करते रहना चाहिये। मसलन बाल मजदूरी के लिये मजबूर करना जिससे वे पढ़ लिख न सकें। चोरी चकारी में फँसाये रखना जिससे वे मेहनत कर के कुछ कमा न सकें। नशे की आदत डलवा कर उन बस्तियों में देशी या कच्ची शराब के ठेके या अड्डे स्थापित करना। यदि कुछ सम्पन्न लोग हैं तो उनकी बहू बेटियों को जबरन पकड़ कर बलात्कार करना जिससे उनका मनोबल नीचा बना रहे। उनमें जो बुद्धिजीवी हों उनको सामाजिक तौर पर गाली गलौज व मारपीट कर के अपमानित करना। इनके अलावा यदि लोग इन सब षड्यन्त्रों से भी काबू में न आयें तो उनके खेत खलिहान व अन्य जायदाद को आग के हवाले कर के नष्ट कर देना आदि।

इन योजनाओं के क्रियान्वयन पर चर्चा करना उनके मुख्य बिन्दु हुआ करते थे। इस तीसरे सत्र में तमाम हिन्दू संगठनों के प्रमुख लोग रहते थे। जिसमें सवर्ण, शूद्र और

एससी एसटी के कट्टर समर्थक लोग होते थे। जिनका राष्ट्रभक्ति के नाम पर या देश प्रेम के नाम पर ब्रेन वाश किया जा चुका होता था। मात्र वे लोग ही उस तीसरे चरण की मीटिंग में शामिल हो सकते थे। मुझे वहाँ तक पहुँचने में मेरे साथी की वजह से किसी ने भी रोका टोका नहीं। उसके पश्चात चौथे सत्र की मीटिंग में केवल सवर्ण पहचान वाले कुछ विशिष्ट लोग रह जाते थे। उनको ही पॉलिसी बताने व लागू कराने के लिये शामिल किया जाता था। यह एक ऐसा संगठन, जिसके बाहरी स्वरूप का दिखावा लोकप्रिय व आकर्षक लगता था (है) परन्तु उसका वास्तविक (आन्तरिक) स्वरूप ठीक उसके विपरीत, विनाशक और भयावह था (है)। ठीक वैसे ही जिस प्रकार हाथी के दाँत दिखाने के लिये और तथा चबाने के लिये और होते हैं।

एक बार मैं अपने उन्हीं साथी के साथ उनके गाँव हंडिया गया था जो इलाहाबाद की फूलपुर तहसील में था। उस गाँव में मकान के नाम पर ज्यादातर तो खपरैल पड़े हुये थे। कुछ प्रतिष्ठित सवर्णों के घर पक्के बने हुये थे। हमारे साथी का घर गाँव के दक्षिणी किनारे पर था क्योंकि वे चमार जाति के थे। मुझे उनके साथ साफ सुथरे कपड़ों में देख कर कुछ तथाकथित उच्च जाति वाले व्यक्तियों ने एकाध सवाल पूछे। जिनमें कुशल क्षेम पूछने जैसी कोई बात नहीं थी। उनके सवालों में नाम, जाति व काम आदि के बारे में जानने की जिज्ञासा थी। मेरे साथी को तो वे जानते ही थे पर मेरे बारे में जानना चाहते थे। मैंने अपना नाम बताया और इलाहाबाद में ले रहे शिक्षक प्रशिक्षण के बारे में बताया। वे बोले सो तो ठीक है लेकिन तुम्हारी जाति क्या है? अर्थात बिना जाति बताये उनकी जिज्ञासा शांत होने वाली नहीं थी। मैंने अपनी जाति बतायी कि मैं कोरी जाति का हूँ। उन्होंने मेरी ओर आश्चर्यचकित हो कर देखा और पूछा। ये कोरी क्या होता है? मैंने उनको बताया कि जाटव जाति की तरह कोरी भी अनुसूचित जाति के अन्तर्गत एक जाति है। अब उनको एक नया सवाल मिल गया। वे बोले ये जाटव क्या जाट होता है? मैंने कहा जाट नहीं चमार होता है। गजब तो तब हुआ जब वो कहने लगे कि चमार कौन होता है? तब मैंने अपने उन मित्र की ओर इशारा किया जिनके साथ मैं गया था। यह समझ कर वे हँसे और हँस कर बोले अरे सीधे क्यों नहीं कहते कि चमर कुरिया हो। वहाँ अलग अलग न तो कोरी जाति का अस्तित्व था और न ही चमार जाति का अस्तित्व था। दोनों जातियों (चमार+कोरी) को मिला कर ही पुकारते थे चमर कुरिया या कुरि चमरा। अब यह नहीं कहा जा सकता है कि जातियों के इस तरह के मिश्रण का कारण क्या रहा है? हो सकता है कि उस क्षेत्र में यह सब बौद्ध धर्म के प्रभाव के कारण हुआ हो अथवा कोई समाज सुधारक हुआ हो जिसने

इस तरह से अलग जातियों को मिला कर संगठित करने का प्रयास किया हो अथवा सवर्णों की मानसिक उपज रही हो ताकि दोनों जातियों को एक साथ अपमानित कर के पुकार सकें। कारण जो भी रहा हो पर मैंने जो वहाँ देखा सुना वही लिखा।

मुझे अपने रूम पार्टनर के साथ नागपंचमी के अवसर पर इलाहाबाद में ही उनके मित्र के यहाँ जाने का मौका मिला। उनके वह मित्र पासवान जाति के थे। हमारे यहाँ जिसे नागपंचमी का त्यौहार कहा जाता है उसे उस क्षेत्र में गुड़िया के नाम से जाना जाता है। नागपंचमी के दिन नागों को दूध पिलाना तथा उनकी पूजा करना तो हमारे क्षेत्र में भी प्रचलित है परन्तु इलाहाबाद या पूर्वांचल में इसके अतिरिक्त गुड़िया पीटने की भी परम्परा है। जहाँ तक मैं समझ पा रहा हूँ कि यह त्यौहार पूरी तरह से नागवंशियों का है जो वर्तमान के नागवंशी (मूल निवासी) अपने पूर्वजों (नागों) को तो दूध पिलाते हैं। उनकी वन्दना अर्चना मान प्रतिष्ठा करते हैं साथ ही साथ अपने पूर्वजों पर अत्याचार करने वाले शत्रुओं / आर्यों का प्रतिकार व धिक्कार करते नजर आते हैं। इसके प्रमाण स्वरूप प्रतीकात्मक तौर पर गुड़िया बना कर पीटते भी हैं। उस क्षेत्र में यह परम्परा न मालूम कब शुरू हुई थी परन्तु अब तक चली आ रही है। दूसरी विशेष बात यह देखने को मिली कि वहाँ अपने गेस्ट को खाना खिलाते व परोसते वक्त केवल तीन ही रोटियाँ अथवा पूड़ियाँ परोसते हैं। जब कि हमारे क्षेत्र में तीन की संख्या को अशुभ मानते हैं। यहाँ तक कि यदि किसी को तीन रोटी परोसी जायें तो व्यक्ति खाना छोड़कर ही चला जाये। यद्यपि मैंने वहाँ पर अपनी किसी तरह की असहमति नहीं जतायी और आराम से खाना खा लिया। वहाँ से चले आने के बाद मैंने अपने रूम पार्टनर मित्र से तीन रोटियाँ परोसने के बारे में बताया कि हमारे यहाँ इसको बुरा मानते हैं परन्तु यहाँ तो लोग पहली बार में तीन रोटियाँ ही परोसते हैं। तब उन्होंने बताया कि हम लोगों के यहाँ तीन की संख्या को शुभ और पवित्र मानते हैं। इसलिये अपने मेहमान को या घर परिवार वालों को भी तीन रोटियाँ ही परोसते हैं।

हमारे देश में एक क्षेत्र में जो परम्परा बुरी मानी जाती है वही परम्परा दूसरे क्षेत्र में अच्छी मानी जाती है। इसके अतिरिक्त वहाँ एक बात और देखने को मिली कि किसी के भी परिवार में लड़का हो या लड़की वह अपने से बड़ों के पैर छूते हैं जब कि हमारे यहाँ केवल लड़का अपने से बड़ों के पैर छूता है और लड़की छोटी हो या बड़ी सभी स्त्री पुरुष उसके पैर छूते हैं। इन परम्पराओं को हम एक जगह से दूसरी जगह पर भिन्न पाते हैं। अतः एक से दूसरे का सामान्यीकरण नहीं कर सकते हैं।

सी.पी.आई. में रहते हुये एक बार मेरे पास खर्च के लिये पैसे की कमी पड़ गयी। मेरी जेब में मात्र बीस पैसे बचे थे। उन पैसों से मैं क्या खरीदता और क्या न खरीदता। लगभग दो सप्ताह मुझे बिना पैसों के ही गुजारने पड़े। वह तो अच्छा था कि मेस के लिये पूरे माह के पैसे पहले ही जमा करा लिये जाते थे जिससे भोजन की चिन्ता नहीं रहती थी। संकोच वश पिताजी को मैंने पैसे भेजने के लिये नहीं कहा। मैंने अपने सबसे छोटे भाई कुँअर चन्द (फौजी) को पोस्ट कार्ड लिख कर पैसे भेजने के लिये कहा। उन्होंने मेरे पास बीस रुपये का मनीआर्डर भेजा था। जिसमें वही करीब दो सप्ताह का समय लग गया था। हमारे पास वहाँ पर इतना पैसा तो कभी नहीं रहा जिससे कि हम मन माफिक कुछ खरीद सकें या कुछ कर सकें। कहने का आशय यही कि मुझे वहाँ भी मितव्ययिता से ही काम चलाना पड़ा था।

कुछ लोग मितव्ययिता और लोभ को एक ही श्रेणी में रखते हैं। जब कि दोनों में बहुत बड़ा अन्तर है। लोभी व्यक्ति कई बार लोभ वश अपने अनिवार्य काम पर भी खर्च नहीं करता है बल्कि उस काम को ही टाल जाता है। जब कि मितव्ययी व्यक्ति किसी भी कार्य का पहले मूल्यांकन करता है। उसके बाद न्यूनतम खर्च कर के अपना काम कर लेता है। खर्च करने वालों की चार श्रेणियाँ होती हैं। पहला लोभी, दूसरा मितव्ययी, तीसरा खर्चीला और चौथा फिजूल खर्ची अर्थात अति खर्चीला।

पहला वाला लोभी: अर्थात जो एक काम के लिये उतना भी खर्च नहीं करना चाहता है जितना न्यूनतम आवश्यक है परिणामतः वह उस काम को टाल जाता है और भविष्य में उस काम के अभाव में पश्चाताप करता रहता है।

दूसरा वाला मितव्ययी: अर्थात जो किसी काम पर न्यूनतम व्यय कर के अपने काम को सफलता पूर्वक सम्पन्न कर लेता है। वह उस काम के साथ ही दूसरे काम की भी संभावनायें तलाश लेता है अर्थात एक रुपये में दो काम कर लेने की कला उसमें होती है।

तीसरा वाला खर्चीला: अर्थात जो किसी काम पर अपेक्षा से अधिक खर्च हो जाने पर भी परवाह नहीं करता है और

चौथा वाला फिजूल खर्ची: अर्थात जो दूना या उससे भी अधिक खर्च कर देता है अर्थात दो रुपये (दूने) में एक काम करता है। ऐसा व्यक्ति सदैव अभाव ग्रस्त रहता है।

मैं व्यय करने के लिये सदैव दूसरी श्रेणी का ही पक्षधर रहा हूँ। किसी भी काम में तीन चीजें व्यय होती हैं। वे हैं समय, श्रम व पैसा। ये तीनों ही चीजें धन की श्रेणी

में आती हैं। अतः एक रुपया में दो काम का आशय दोनों कामों में पैसा तो न्यूनतम उतना ही लगता है जितना लगना चाहिये परन्तु उचित प्रबन्धन के द्वारा दो काम एक साथ करने पर एक काम करने में जितना समय, श्रम और पैसा (भाड़ा आदि के रूप में) व्यय होता है लगभग उसी समय, श्रम और भाड़े में दूसरा काम भी हो जाता है। मिसाल के तौर पर यदि किसी को बाजार से अपने या अपनों के लिये दवाइयाँ लेने जाना है। तब उसको घर से जाते समय अपने घर में यह भी संभावना तलाश लेनी चाहिये कि अपने घर में कोई अन्य सामान राशन या सब्जी आदि तो नहीं लानी है। यदि हाँ तो औषधि लाने के साथ साथ उतने ही समय और श्रम में वह दोनों काम किये जा सकते हैं अथवा यदि हम कहीं बाहर से वापस अपने घर आ रहे हैं तो घर से पता कर लें कि कोई जरूरी सामान तो नहीं लाना है? तदनुसार बाजार से वह सामान भी खरीद कर लेते चलें। इस प्रकार आप अपने समय और श्रम को बचा सकते हैं। कुछ कामों के लिये आने जाने में वाहन का भी उपयोग करना पड़ता है। एक रुपये में दो काम अथवा एक बार में दो काम का हमारा मतलब यही रहा है कि इससे समय, श्रम और वाहन भाड़ा एक ही बार व्यय करने पर दोनों काम हो जायेंगे। यदि दो काम करने के लिये दो बार जायेंगे। तो वाहन भाड़ा दो बार भरना पड़ेगा। दोनों ही बार उतना उतना समय व श्रम भी व्यय करना पड़ेगा।

एक बार मैं इलाहाबाद से अपने घर छुट्टी पर आया था। यह सन 1979 की बात है। मुझे कानपुर विश्वविद्यालय से एम.ए. कि परीक्षा के लिये फार्म भरना था। मैं जिस दिन वहाँ से चला था उस दिन फीस जमा न कर पाने पर या तो उसके लिये छुट्टियों के बाद का पूरा एक दिन खपाना पड़ता या फिर दुबारा आना पड़ता या फिर असफल होने पर पूरा साल ही छूट जाता जो कि मैं नहीं चाहता था। फीस जमा करने के लिये समय कम था इसलिये मैंने इलाहाबाद से घर आते समय कन्नौज में ट्रेन छोड़ दी और सराय मीरा के एस.बी.आई. ब्रांच में परीक्षा शुल्क जमा किया। इस प्रकार समय रहते परीक्षा शुल्क जमा हो गया और मैं बिना किसी दुश्चिन्ता के अपने घर आ कर अवकाश भी बिता सका। हर कोई अपने हिसाब से समय और श्रम की बचत कर सकता है। अपने जीवन को बिना किसी आपाधापी के सुव्यवस्थित कर सकता है। इसे हम एक पन्थ दो काज या आमों के आम गुठलियों के दाम भी कह सकते हैं अर्थात दावे के साथ यह कहा जा सकता है कि बचत करना भी आमदनी का बहुत बड़ा स्रोत है।

उस समय मेरे अभिन्न साथियों में या परम प्रिय मित्रों में वृंदावन वर्मा थे। वे गिरे वक्त में हमारे काम आ जाते थे। स्वभाव, आचरण और व्यवहार से वे सौम्य थे। सन 1979 का अवसान था। हल्का सा जाड़ा पड़ रहा था। वे हमारे साथ एक बार हमारे घर आये। वहाँ एक रात रुक कर मुझे वे अपने घर बुला ले गये। उनका घर उरई के निकट पोस्ट इटौंजा गाँव जिटकिरी था। वह क्षेत्र बुन्देलखण्ड की रीति रिवाजों वाला है। खानपान में कोई खास अन्तर नहीं था परन्तु बाकी बातों में काफी कुछ बदला हुआ मिला। जैसे ही हम लोग उनके घर पहुँचे कि उनकी भाभी ने लपक कर उनके पैर छू लिये। मैं उनके साथ में था तो उन्होंने मेरा परिचय अपने दोस्त के रूप में कराया अतः उनकी भाभी ने मेरे भी पैर छू लिये। यद्यपि मुझे अटपटा लगा क्योंकि मेरे क्षेत्र में देवर अपनी भाभी के पैर छूता है। खैर वह वक्त प्रतिकार या स्वीकार का नहीं था सो मैं चुप रह गया। एकान्त मिलने पर मैंने वर्मा जी से इस परम्परा के बारे में विरोध जताते हुये पूछा। मैंने कहा कि आपके यहाँ ये सब उल्टा होता है जब कि मेरे यहाँ तो देवर भाभी के पैर छूता है। तब उन्होंने बताया कि हमारे यहाँ महिलायें अपने पति के भाई को बहुत बड़े सम्मान का दर्जा देती हैं या यों कहें कि पति से किसी भी दशा में कम नहीं मानतीं हैं। उन्होंने कहा इस क्षेत्र में यह रीति बहुत पुरातन है। उसके बाद मैं उनके साथ एक शादी में भी गया था। वहाँ भी उन्हीं की तरह मुझे सम्मान दिया गया था। इससे यह जाहिर होता है कि हमारे देश में हर पचास से सौ किलोमीटर के अन्तराल पर बोली भाषा बदल जाते हैं और रीति रिवाज भी बदल जाते हैं अर्थात जो रीति रिवाज हमारे यहाँ उचित मानते हैं वही दूसरी जगह उसके उलट पाया जाता है। दो दिन बिताने के बाद हम लोग वहाँ से सीधे इलाहाबाद वापस चले गये।

सी.पी.आई. में विधिवत प्रशिक्षण चलता रहा। बहुत कुछ नया सीखने को मिला। वहाँ परीक्षाओं में प्रथम द्वितीय व तृतीय श्रेणी पाने के लिये अंक योजना अन्य संस्थाओं और विश्वविद्यालयों से भिन्न थी। वहाँ उत्तीर्ण होने के लिये तृतीय श्रेणी में 33% अंकों के स्थान पर 40% अंक लाने पड़ते थे। द्वितीय श्रेणी में 45% के स्थान पर 50% और प्रथम श्रेणी के लिये 60% के स्थान पर 75% अंक लाने पड़ते थे। इसी आधार पर परीक्षा परिणाम घोषित किये जाते थे। इस प्रकार हमारी परीक्षाएँ सम्पन्न हुईं तथा उनका मूल्यांकन हुआ। सन 1980 में परीक्षा परिणाम घोषित किये गये और मैं लिखित व प्रायोगिक दोनों परीक्षाओं में द्वितीय श्रेणी में पास हुआ था। वर्ष 1980 मेरे लिये अत्यन्त सुखद रहा। वर्ष 1980 जुलाई में ही मेरा एलटी का परीक्षा परिणाम घोषित हुआ था। उन्हीं दिनों मेरे तीसरे पुत्र का जन्म हुआ था जिसका नाम बहुत बाद में नीलेन्द्र कुमार रखा गया।

एल.टी. का परीक्षा परिणाम निकलने के बाद मैं दुबारा नरुइया पढ़ाने नहीं पहुँचा। मैं अपने पड़ौसी गाँव धिंगपुर में स्थित जूनियर विद्यालय सार्वजनिक शिक्षा निकेतन में जुलाई 1980 से पढ़ाने लगा। वहाँ भी मुझे गणित पढ़ाने के लिये मिला। वह विद्यालय हमारे खेतों के निकट था जिसका लाभ मुझे एक रुपया में दो काम करने के अवसर की तरह मिला। वहाँ पढ़ाने के लिये मैं शायद कभी भी घर से तैयार हो कर नहीं गया था बल्कि अपने घर से सुबह अँधेरे में ही हल और भैंसे ले कर चला जाता था। सूर्योदय तक मैं करीब तीन बीघा खेत जोत लेता था। तब तक मेरे छोटे भाई रामकृपाल घर से मेरे लिये खाना व विद्यालय में पहन कर जाने वाले कपड़े ले कर पहुँच जाते थे। मैं हल छोड़ कर हाथ पाँव धोकर खाना खाता और साफ कपड़े पहन कर अपने विद्यालय में समय पर पहुँच जाता था। मेरे विद्यालय जाने के बाद वे थोड़ा बहुत खेत जोत कर पाटा लगा देते थे। अतः मुझे एक साथ दो काम सँभालने का मौका मिला। अब घर द्वार व खेती बाड़ी सब कुछ सुधर चुका था। घर की जरूरत के अनुसार अनाज से लेकर साग सब्जी तक सब कुछ खेत में ही उगाते रहे इस प्रकार बाजार की निर्भरता कम हो गयी।

तभी वर्ष 1980 के अंत में हमारे बड़े साले श्री शिव कुमार आर्या साहब ने मेरे पास संदेश भेजा कि केन्द्रीय विद्यालय संगठन में शिक्षकों की रिक्तियाँ निकलीं हैं। जिसमें उम्होंने यह भी बताया था कि आप अपने निवास स्थान के निकटस्थ केन्द्रीय विद्यालय से फार्म ले कर भर दें। मेरे लिये केन्द्रीय विद्यालय का नाम बिल्कुल अजूबा था। मैंने अपने गाँव पड़ौस में लोगों से केन्द्रीय विद्यालय का पता लगाया तो मालूम हुआ कि फतेहगढ़ कैंट में केन्द्रीय विद्यालय है। उस समय का केन्द्रीय विद्यालय फतेहगढ़ में कैंट क्षेत्र की बैरिक में चल रहा था। मैं पता लगा कर केन्द्रीय विद्यालय पहुँचा। वहाँ जा कर फार्म के लिये पता लगाया तो मालूम हुआ कि आफिस में एक बाबू रामदास हैं उनके पास फार्म मिलेगा। संभवतः मैं माह दिसम्बर 1980 में आफिस पहुँचा था। वहाँ जाकर फार्म माँगा तो बाबू रामदास जी ने एक रुपया नकद भुगतान पर मुझे एक फार्म दिया था। उस समय फार्म का मूल्य ही एक रुपया था। मैंने फार्म लेकर प्राइमरी अध्यापक के पद के लिये भर दिया और निर्दिष्ट पते पर भेज दिया।

सन 1981 के अप्रैल में मेरा इण्टरव्यू काल लेटर आया। मेरा इंटरव्यू केन्द्रीय विद्यालय ए.एम.सी. कैंट लखनऊ में हुआ था। मैं इंटरव्यू दे कर घर आ गया। केन्द्रीय विद्यालय संगठन से मेरा चयन प्राइमरी टीचर तदर्थ के रूप में हुआ था। मेरा नियुक्ति पत्र वहाँ से केन्द्रीय विद्यालय आर.आर.सी. फतेहगढ़ के लिये आ गया।

केन्द्रीय विद्यालय के इस पद पर कार्यभार ग्रहण करने के लिये मैं अपने पूर्व विद्यालय सार्वजनिक शिक्षा निकेतन धिंगपुर से दिनांक 21.10.1981 को कार्यमुक्त हुआ। दिनांक 23.10.1981 को केन्द्रीय विद्यालय आर.आर.सी. फतेहगढ़ में पहुँच कर मैंने उक्त पद पर कार्यभार ग्रहण कर लिया। वहाँ पहुँच कर मेरी मुलाकत विद्यालय के प्राचार्य महोदय श्री आर.पी. द्विवेदी साहब से हुई। वे अत्यन्त सुलझे हुये व्यक्ति थे। मुझसे उन्होंने पढ़ाने के लिये अपने पसन्दीदा विषय के बारे में पूछा तो मैंने उनको बताया कि गणित मेरी पसन्द का विषय है। टाइम टेबल इंचार्ज से कह कर उन्होंने कक्षा पाँच के सभी सेक्शन का गणित पढ़ाने के लिये टाइम टेबल दिलवा दिया। मैं मेहनत से अपनी कक्षाओं को पढ़ाने लगा। एक दिन उन्होंने मुझे प्रिंसिपल चेम्बर में बुला कर कहा। आपकी टीचिंग रिपोर्ट मुझे मिली है। आप बहुत अच्छा पढ़ाते हैं। अब मैं चाहता हूँ कि आप एक सेक्शन कक्षा छः का भी पढ़ायें। मैंने हाँ कर दी और अगले दिन से मैं कक्षा छः को भी गणित पढ़ाने लगा।

कक्षा छः का एक विद्यार्थी अजय यादव बहुत शरारती था। वह किसी भी अध्यापक को चैन से पढ़ाने नहीं देता था। जैसे ही कोई अध्यापक ब्लैक बोर्ड पर लिखने के लिये जाता वैसे ही वह लड़का चाक का टुकड़ा फेंक कर उस अध्यापक की पीठ में मारता था। अपनी आदत के अनुसार ये हरकत उसने मेरे साथ भी की। मैंने उसे रंगे हाथ पकड़ लिया। मैंने उसे समझाया कि शरारत मत करो अगर कहीं कुछ समझ में न आता हो तो मुझसे बार बार पूछ सकते हो। मैं पूरा प्रयास करूँगा तुम्हें समझाने के लिये। इतना कुछ समझाने के बाद भी वह अपनी हरकत से बाज नहीं आया। हर अध्यापक के साथ उस लड़के का ये रवैया एक आम बात थी। मेरे बार बार मना करने के बाद जब वह नहीं माना तो मैंने एक दिन अपने ऊपर चाक उछालते हुये उसे पकड़ लिया। मैंने उसे पकड़ कर उसकी पीठ में दो तीन घूँसे जमा दिये। मार खा कर वह जमीन पर मुँह के बल लेट गया। उसके मुँह के बल धरती पर लेटने के दो ही कारण हो सकते थे। पहला यह कि वह घूँसे खा कर जमीन पर औंधे मुँह पसरने का नाटक कर रहा हो या फिर दूसरा कारण यह भी रहा हो कि वो वास्तव में घूँसे खा कर पसर गया हो। कारण जो भी रहा हो कुछ देर बाद वह स्वतः उठा और मुझे देख लेने की धमकी देते हुये जा कर अपनी सीट पर बैठ गया। मुझे पता चला कि वह फतेहगढ़ के एक नामी वकील नरेंद्र सिंह यादव का बेटा है। अगर वह घर जा कर अपने पिता से शिकायत कर देता है तो काफी मुश्किल आ सकती है। जैसा मुझे मालूम हुआ कि उस लड़के ने घर जा कर अपने पिता से शिकायत की परन्तु उन्होंने अपने बेटे की

शिकायत को अन्यथा न लेकर उसे समझाया। उससे कहा कि शिक्षक ने तुम्हें दण्ड दिया वह उचित था और तुम्हारी भलाई के लिये ही था। उस दिन के बाद उस लड़के ने मेरे ऊपर क्या किसी भी अध्यापक के ऊपर चाक नहीं फेंकी और वह शिष्ट विद्यार्थियों की तरह कक्षा और विद्यालय में पेश आने लगा। ऐसे शरारती बच्चे अधिकतर अपनी कक्षा के स्तर की पढ़ाई से ऊपर होते हैं जिससे उनके स्तर से नीचे की पढ़ाई में उनका मन नहीं लगता है क्योंकि जो पढ़ाया जा रहा होता है उसे वह घर पर पहले ही पूरा पढ़ चुके होते हैं। इसीलिए ऐसे विद्यार्थी शरारत के द्वारा संकेत देते हैं कि उन्हें ये जो पढ़ाया जा रहा है उसमें उनकी कोई रुचि नहीं है। इसलिए ऐसे विद्यार्थियों को कक्षा स्तर से कुछ ऊपर का कठिन या चैलेंजिंग काम देना चाहिये। ऐसे छात्र अधिकांशतः गिफ्टेड चिल्ड्रेन की श्रेणी में आते हैं।

इसे संयोग ही कहा जा सकता है कि वही लड़का मुझे (शायद 1998 में) फतेहगढ़ चौराहे पर मिल गया। मुझे देख कर मुस्कराया और अपने सिर से कैप उतार कर मेरे पैर छुये। वह बोला सर मुझे पहचाना। मैं उसके चेहरे की तरफ देख कर पहचानने का प्रयास कर रहा था परन्तु वह मेरी पहचान से बाहर था। वह उस समय आर्मी यूनीफार्म में था। तब उसने मुझे याद दिलाया कि सर मैं वही अजय हूँ जिसको आपने छठी क्लास में पीठ में घूँसे मारे थे। बोला सर मैं आर्मी में मेजर हूँ। सन 1981 को बीते काफी अन्तराल हो चुका था। उस समय जो दुबला पतला लड़का था वह लगभग सत्रह वर्षों के बाद सुन्दर आकर्षक व्यक्तित्व का नव युवक मेरे सामने खड़ा मुस्करा रहा था। मुझे उस घटना की वजह से याद आ गया। मैंने उससे कहा तुम अभी तक उन घूँसों को भूले नहीं हो। वह फिर से हँसते हुये बोला सर मैं कैसे भूल सकता हूँ। वह सजा ही मेरी जिन्दगी के लिये टर्निंग प्वाइंट साबित हुयी। उसके बाद से मैं पूरे मनोयोग से पढ़ाई करने लगा। प्लस टू करने के बाद मैंने एनडीए किया। कमीशन पाकर मैं सेना में गया और आज मेजर हूँ। मुझे हार्दिक प्रसन्नता हुयी तथा उसे उसके भावी जीवन की सफलता के लिये शुभ कामनाएँ दीं। यह सारा दृश्य फतेहगढ़ चौराहे का है। उसके बाद हम दोनों लोग वहाँ से चले गये।

तब केन्द्रीय विद्यालय आर.आर.सी. फतेहगढ़ में मेरा कुल समय छः महीने का ही रहा परन्तु अत्यन्त सुखद रहा। तदर्थ होने के बाद भी वेतमान के अनुसार मुझे भी वेतन मिलता था। उस समय प्राइमरी शिक्षक को कुल ₹330/- शुरुआती वेतन तथा उस पर डीए मिलता था। तब भी कुल मिला कर चार सौ रुपये के आस पास वेतन मिलता था। रहने के लिये मैंने अपना ठिकाना नेकपुर कलाँ में (भट्ठा मड़ैयाँ) बनाया

था। वहाँ पर हमारे गाँव रिश्ते की बुआ रहतीं थीं। उन्होंने अपने घर के पास में ही बीस रुपये महीने पर एक कमरा किराये पर दिलवा दिया था। उनके सहारे ही हम वहाँ पर बने रहे। खाने पकाने की असुविधा होने के कारण मैं अपनी पत्नी और बच्चों को भी बुला ले गया। उस समय हमारे चार बच्चे (एक बेटी और तीन बेटे) थे। उस वक्त खाने के लिये मैं आटा दाल और ईंधन साइकिल पर अपने घर से ही लाद कर लाता था। बाकी खर्च के लिये दो जगह मैंने ट्यूशन पढ़ाना शुरू कर दिया था। अपने बच्चों के लिये दूध लाने के लिये मैं अपने ही विद्यालय के चतुर्थ श्रेणी कर्मचारी अमरजीत सिंह यादव के यहाँ जाता था। वहाँ उनके बच्चों को पढ़ा भी देता था तथा उन्हीं के यहाँ से दूध भी ले आता था। वे उस समय हमारे अवासीय कमरे के निकटस्थ गाँव मसेनी में रह रहे थे। वहाँ उनका अपना निजी मकान था। उन्होंने अपने घर में कई भैंसें पाल रखीं थीं। महीने भर मैं उनके यहाँ से डेढ़ लीटर प्रति दिन के हिसाब से दूध लाता था। मेरा ट्यूशन का कितना हुआ या उनका एक माह के दूध का कितना बना? उसका बस एक ही हिसाब था कि ट्यूशन पढ़ाने का पैसा व दूध का पैसा बराबर हो जाता था। मैं न तो उनसे ट्यूशन का कुछ माँगता था और न वे मुझसे दूध का कुछ लेते थे। इस प्रकार हमारा उनका लेनदेन बराबर होता रहता था। दूसरी ट्यूशन मैं पीबी सिंह राठौर के बच्चों को पढ़ाता था। वे उस समय कर्नल गंज पुलिस चौकी के निकट फतेहगढ़ के कैंट रोड पर अपने मकान में रह रहे थे। वे भी केन्द्रीय विद्यालय में टीजीटी हिन्दी थे।

जब मैं केन्द्रीय विद्यालय फतेहगढ़ में फार्म लेने गया था। तभी मेरी मुलाकात श्री आर.पी. दिवाकर से हुई थी। वे उस समय पी.आर.टी. थे। अपनी नियुक्ति के बाद जब मैंने वहाँ कार्यभार ग्रहण किया तो मेरी मुलाकात कई और लोगों से हुयी। उनमें श्री आरबीएल सन्त से मुलाक़ात हुयी जो टी.जी.टी. साइंस थे। श्री राम पाल सिंह से मुलाक़ात हुयी जो पी.आर.टी. थे और श्री जी.एस. आर्या से मुलाक़ात हुयी जो पी.आर.टी. थे। वे सभी लोग बहुत ही सौम्य थे। उन लोगों से मेरी आत्मीयता ज्यादा थी। उन्होंने मुझे काफी सहयोग भी दिया। उस समय सन्त जी कर्नलगंज में श्री माधुरी शरण के यहाँ किराये पर रह रहे थे। श्री दिवाकर जी पुल मंडी में श्री ए.एल. कनौजिया साहब के यहाँ रहते थे तथा आर्या जी दाल मंडी में किसी के यहाँ किराये पर रहते थे।

श्री राम पाल सिंह नवदिया में अपने मामा के बेटे मथुरा प्रसाद लेखपाल के यहाँ रहते थे। ये सभी लोग मेरे प्रति अत्यन्त उदार भाव रखते थे और वे मुझे यथावसर सहयोग भी करते थे। एक बात जो उस समय भी मैंने अनुभव की थी वह यह कि जातीय

खींचतान इनमें तथा अनुसूचित जाति से इतर शिक्षकों में बनी रहती थी क्योंकि वे चारों लोग अनुसूचित जाति के थे। यहाँ तक कि उनका प्राचार्य महोदय से भी छत्तीस का आँकड़ा रहता था। मैं उन सभी लोगों में घुलमिल गया था।

प्राचार्य महोदय श्री आर.पी. द्विवेदी जी भी मुझे बहुत स्नेह करते थे। तदर्थ होते हुये भी वे मुझे सम्मान की दृष्टि से देखते थे। कभी कभी वे मुझसे कह जाते थे। आप तो रेगुलर टीचर हैं। क्योंकि संगठन से तदर्थ नियुक्ति में मेरी अलग पहचान थी। वह इसलिये क्योंकि पहले तदर्थ नियुक्ति का चलन कम ही था। उस समय पी.जी.टी. अंग्रेजी श्री एसपी सिंह व पी.जी.टी. गणित श्री जे.एस. राठौर थे। श्री पी.बी. सिह राठौर टी.जी.टी. हिन्दी थे। मेरे इन सभी लोगों से बहुत गहरे तो नहीं परन्तु मधुर सम्बन्ध थे। हम लोगों के परिचय का दायरा इसलिए और भी सीमित था क्योंकि प्राइमरी, जूनियर व दसवीं तक की कक्षाएँ लोको के पास कैंट की बैरकों में चलती थीं। केवल इंटर की कक्षाएँ सीनियर विंग फतेहगढ़ चौराहे पर स्थित मेंन बिल्डिंग में चलतीं थीं। इसलिए हम लोगों का मेल मिलाप किसी खास अवसर के अलावा कम ही हो पाता था।

केन्द्रीय विद्यालय आर.आर.सी. फतेहगढ़ में ही रह कर मैंने दिसम्बर 1981 में पी.जी.टी. हिन्दी पद के लिये फार्म भर दिया था। पहले केन्द्रीय विद्यालय संगठन की रिक्तियाँ अधिकांशतः हर साल दिसम्बर माह में ही घोषित की जातीं थीं। माह अक्टूबर 1981 से अप्रैल 1982 तक का हमारा समय तदर्थ प्राइमरी अध्यापक की तौर पर उस केंद्रीय विद्यालय में बहुत ही सम्मान पूर्वक बीता। अगले वर्ष जुलाई 1982 से विद्यालय स्तर पर ही उसी पद पर मेरा चयन हो जाये इसके लिये हमारे साथियों ने प्रयास किया। प्राचार्य महोदय श्री आरपी द्विवेदी की निष्पक्षता व उदारता से मुझे सफलता भी मिली। अतः जुलाई 1982 में मुझे पुनः प्राथमिक शिक्षक के पद पर तदर्थ नियुक्त कर लिया गया। इस तरह केन्द्रीय विद्यालय में पढ़ाने का मुझे दूसरा अवसर मिल गया। जिसके फलस्वरूप मैंने पी.जी.टी. हिन्दी पद के इंटरव्यू की तैयारी फतेहगढ़ में राम पाल सिंह के साथ रह कर उनके निवास नवदिया पर ही की थी।

माह सितम्बर 1982 में फतेहगढ़ रह कर पढ़ाने के दौरान ही मैं पी.जी.टी. (हिन्दी) पद का इंटरव्यू देने गया था। वह इंटरव्यू केन्द्रीय विद्यालय आर.डी.एस.ओ. लखनऊ में हुआ था। मेरी तैयारी बहुत अच्छी थी। डॉक्टर सरला शुक्ला उस इंटरव्यू कमेटी

की हेड थीं। वे लखनऊ विश्वविद्यालय के हिन्दी विभाग की अध्यक्ष थीं। इंटरव्यू कमेटी के अन्य सदस्य भी अपने अपने विषयों के विशेषज्ञ थे। उस इंटरव्यू बोर्ड ने लगभग आधे घंटे तक विषय से सम्बन्धित तथा मनोविज्ञान और सामान्य ज्ञान पर अधारित तमाम प्रश्न पूछे। मैंने कुछ प्रश्नों को छोड़ कर सभी प्रश्नों के उत्तर दिये। जिन प्रश्नों के उत्तर मैं नहीं जानता था। उनके लिये मैंने असमर्थता जाहिर करते हुये इनकार कर दिया। इससे एक बात तो स्पष्ट हो जाती है कि संदिग्ध उत्तर देने से इंटरव्यू देने वाला एक बार में दो गलतियाँ करने से बच जाता है। अर्थात जो प्रश्न पूछा गया है उसका जवाब तो नहीं ही आता है और जो बताया गया है वह भी सटीक नहीं मालूम है। अतः इंटरव्यू देने वाले को एक बार में दो गलतियाँ करने से बचना चाहिये। सौ प्रतिशत प्रश्नों के उत्तर तो कोई भी नहीं दे सकता है इसलिए न मालूम होने पर असमर्थता जाहिर करने में ही भलाई है।

इंटरव्यू देने के लिये दो विधियाँ अपनायी जाती हैं। एक तो इंटरव्यू कमेटी की ही उनकी अपनी होती है। वह यह कि कमेटी का एक सदस्य सवाल पूछता है तो उस प्रश्न के उत्तर से ही नया सवाल निकाल कर अगला सवाल वही सदस्य अथवा कोई अन्य सदस्य पूछता है। दूसरी यह कि इंटरव्यू देने वाले के जवाब देने के कौशल पर निर्भर करता है। वह उत्तर इस ढंग से दे कि उस उत्तर से जो अगला प्रश्न बने वह उस क्षेत्र से ही बने जिस क्षेत्र में इंटरव्यू देने वाले को महारत हासिल हो। इंटरव्यू देने वाला व्यक्ति इंटरव्यू कमेटी के सदस्यों के अनुरूप यदि सवालों का जवाब देता जाता है तो वह सौ प्रतिशत जवाब देने में सफल हो सकता है फिर भी इंटरव्यू रोचक व जीवन्त नहीं हो पाता है। यदि साक्षात्कार देने वाला व्यक्ति कमेटी के सदस्यों को अपने अनुरूप प्रश्न कराने में सफल हो पाता है तो वह इंटरव्यू लम्बा, रोचक तथा उमंग से भरपूर रहता है। ऐसी दशा में यदि आधा घंटा भी इंटरव्यू चल पाता है तो सौ प्रतिशत चयन की संभावनाएँ बन जाती हैं। अर्थात इंटरव्यू देना भी एक कला क्या विज्ञान है जिसको अपनाने से सफलता सुनिश्चित हो जाती है।

पी.जी.टी. हिन्दी पद के लिये मेरा इंटरव्यू अच्छा हुआ था। जिसके परिणाम स्वरूप मेरा चयन हो गया। मेरा नियुक्ति पत्र चन्दरपुर मेरे घर पर पहुँच गया था। घर से मुझे सूचना मिली थी कि केंद्रीय विद्यालय संगठन से पी.जी.टी. हिन्दी पद के लिये मेरा नियुक्ति पत्र (काल लेटर) आया है। यह खबर पा कर मेरी खुशी का ठिकाना नहीं रहा। मैं फतेहगढ़ से घर पहुँच गया। वहाँ से मैंने अपना नियुक्ति पत्र लिया तथा पुनः फतेहगढ़ आ गया। मैंने यह खुशी अपने साथियों से साझा की। वे सभी लोग बहुत

प्रसन्न हुये। प्राचार्य महोदय को भी मैंने अपनी इस सफलता की सूचना दी। जिससे वे प्रसन्न तो हुये ही थे साथ ही उन्होंने मेरी तारीफ भी की थी। दिसम्बर 1981 में मैंने पी.जी.टी. हिन्दी पद का फार्म भरा था। मुझे सितम्बर 1982 में इंटरव्यू लेटर मिला। तथा दिसम्बर 1982 में अखिल भारतीय स्तर पर चयन के बाद मुझे नियुक्ति पत्र मिल गया। अर्थात एक वर्ष के अन्दर ₹ 500/- से ₹ 900/- के वेतनमान में मेरा चयन हो गया था।

मेरे लिये वह एक बहुत बड़ी उपलब्धि और गर्व की बात थी। दिसम्बर 1982 की तेरह तारीख तक मुझे कार्यभार ग्रहण करना था। वह नियुक्ति पत्र तत्कालीन सहायक आयुक्त केन्द्रीय विद्यालय संगठन गौहाटी संभाग श्री एस.के. सुकुमारन साहब के हस्ताक्षर से निर्गत हुआ था। कार्यभार ग्रहण करने के लिये मुझे केन्द्रीय विद्यालय लोकरा आसाम जाना था। लोकरा केन्द्रीय विद्यालय संगठन गौहाटी संभाग आसाम के अन्तर्गत है। मुझे उस जगह का तथा वहाँ तक जाने के लिये रूट का कुछ भी पता नहीं था। उस समय केन्द्रीय विद्यालय आर.आर.सी. फतेहगढ़ में प्राइमरी शिक्षक पद पर श्री ए.के. सिंह तोमर कार्यरत थे। उन्होंने मुझे लोकरा की भौगोलिक स्थिति तथा वहाँ तक पहुँचने का मार्ग बताया था क्योंकि वे केन्द्रीय विद्यालय क्रमांक एक सोलमारा तेजपुर, आसाम में रह चुके थे। यह जानकारी पा कर मैं जाने की तैयारी के लिये अपने घर चला गया। मैं अपने घर से तैयार हो कर मय बिस्तर के फतेहगढ़ आ गया। मुझे दिनांक 05.12.1982 को केन्द्रीय विद्यालय फतेहगढ़ के स्टाफ और प्रचार्य महोदय ने फेयरवेल दिया। उन्होंने सम्मान पूर्वक नये पद का पदभार ग्रहण करने की शुभकामनाएँ दीं।

केन्द्रीय विद्यालय आर.आर.सी. फतेहगढ़ से विदा लेने के बाद मैंने दिनांक 06.12.1982 की शाम को प्रस्थान किया। मुझे भेजने के लिये राम पाल सिंह पुलिस लाइन चौराहे तक आये थे। वहाँ से कानपुर जाने के लिये मुझे कोई बस नहीं मिली। काफी इन्तजार के बाद उन्होंने एक ट्रक रुकवाकर मुझे कानपुर के लिये उस पर बैठा दिया था। मैं कानपुर तक ट्रक से ही गया और कानपुर टाट मिल के आगे सेंट्रल रेलवे स्टेशन को जाने वाली सड़क के (जी.टी. रोड कानपुर) तिराहे पर उतर गया। वहाँ से स्टेशन तक लगभग एक किलोमीटर कन्धे पर बिस्तर रख कर पैदल ही गया क्योंकि रात के ग्यारह बज रहे थे। वहाँ उस जीटी रोड तिराहे से रेलवे स्टेशन तक कोई रिक्शा भी नहीं मिला था। उस समय रात के करीब बारह बजे कानपुर सेंट्रल रेलवे स्टेशन से आसाम के लिये तिनसुकिया मेल चलती थी।

गाड़ी के समय से थोड़ा ही पहले मैं स्टेशन पहुँच पाया था और समय रहते मैंने कुली से बात कर ली थी कि वह मुझे तिनसुकिया मेल के जनरल कोच में बैठा दे। क्योंकि उस गाड़ी में जनरल डिब्बे दो ही लगते थे वह भी एक डिब्बा सबसे आगे इंजन के साथ और दूसरा पीछे गार्ड कोच के साथ लगता था। अकेले सामान लेकर दौड़ना अपने आप में एक बहुत बड़ा चुनौती भरा काम था। गाड़ी अपने समय पर आ गयी। कुली ने मेरा बिस्तर जनरल कोच में दरवाजे से बाहर ही खड़े खड़े अन्दर ठेल दिया। भीड़ बहुत थी जिससे मुझे दरवाजे पर भी पाँव रखने की जगह नहीं मिल पा रही थी। कुली की सहायता से मैं जैसे तेसे उस डिब्बे के दरवाजे के थोड़ा अन्दर हो पाया था या यों कहें कि मुझे भी कुली ने सामान की तरह कोच के अन्दर ठेल दिया।

मैं डिब्बे के अन्दर तो घुस गया परन्तु बेशुमार भीड़ के कारण मेरे दोनों पैर फर्श पर नहीं आ पाये थे। काफी देर तक मैं एक ही पैर पर खड़ा रहा। यहाँ तक कि मैं थोड़ा तिरछा हो कर कोच की दीवार से सहारा लेना चाहता था परन्तु भयंकर भीड़ की वजह से वह भी संभव नहीं हो सका जिसकी वजह से मुझे कानपुर से मुगलसराय तक एक पाँव पर ही खड़े खड़े जाना पड़ा। उसके बाद ही मुझे बमुश्किल दोनों पैरों पर खड़े होने का मौका मिला। मुझे जहाँ तक याद है कि उस यात्रा में मुझको पटना के बाद ही सीट पर बैठने का मौका मिला था। सात दिसम्बर 1982 के दिन और रात की यात्रा करते हुये आठ दिसम्बर 1982 को सुबह मैं न्यू बोंगाई गाँव की अगली स्टेशन रंगिया पहुँचा था। पूर्व जानकारी के अनुसार मुझे वहीं (रंगिया) उतर कर न्यू मीसामारी रेलवे स्टेशन के लिये दूसरी गाड़ी पकड़नी थी। रंगिया स्टेशन पर कुछ समय इन्तजार करने के बाद नार्थ लखीमपुर की ओर जाने वाली ट्रेन मिली जो न्यू मीसामारी होते हुये जाती थी। करीब ग्यारह बजे मैं उस गाड़ी पर बैठ कर चल पड़ा। मुझे लगा था कि मैं दोपहर बाद तीन बजे तक विद्यालय पहुँच जाऊँगा और अपना कार्यभार ग्रहण कर लूँगा। मेरा ऐसा सोचना व्यर्थ का रहा क्योंकि वह गाड़ी न्यू मीसामरी करीब नौ बजे रात में पहुँची थी।

जैसा कि मुझे मेरे मित्र ए.के. सिंह तोमर ने बताया था। आप जैसे ही गाड़ी से उतर कर स्टेशन से बाहर जायेंगे वहाँ आर्मी की गाड़ियाँ तैयार खड़ी मिलेंगी। उनमें से लोकरा चारद्वार वाली गाड़ी का पता लगा कर अपना परिचय देते हुये उस पर बैठ लेना। मैंने वैसा ही किया। मैं बाहर जा कर लोकरा जाने वाली पाँचवीं असम राइफल्स की गाड़ी पर बैठ गया। गाड़ी में बैठे हुये जब मेरा परिचय असम राइफल्स के लोगों से हुआ तो वे यह जानकर बहुत खुश हुये कि मैं केन्द्रीय विद्यालय लोकरा में ज्वाइन करने के

लिये आया हूँ, । वहाँ की रीति के अनुसार सम्मान सूचक सम्बोधन 'गुरुजी' कह कर उन्होंने मेरा स्वागत किया। वे मुझे अपने साथ ले गये और हम आधी रात को लोकरा पहुँच गये। मेरे ठहरने का इंतजाम उन्हीं लोगों ने किया था। वे मुझे एक बैरिक में ले कर गये ज़हाँ कतार बद्ध तमाम चारपाइयाँ पड़ी हुयीं थीं। उनके बीच एक खाली चारपाई पर वे मुझे लेटने को कह कर चले गये। नयी जगह पर मैं काफी देर तक लेटा जागता रहा। करीब तीन बजे के आस पास मुझे नींद आयी होगी। मैं सो ही पाया था कि चार पाँच बजे के बीच असम राइफल्स का एक जवान आया। उसने गुरुजी उठिये सबेरा हो गया है कह कर मुझे जगा दिया। मैं उठ कर बैठ गया। जब उसने मुझे अपने साथियों से अलग पाया तो वह बोला आप कौन? मैंने उसे अपना परिचय दिया। वह बोला ठीक है सर आप अभी थोड़ी देर और आराम कर लीजिये। मैं तब तक आपके लिये नाश्ते का बन्दोबस्त करता हूँ। आप सुबह छः बजे तक उठकर नहा धो कर तैयार हो जाइये। मैं कुछ देर तक चारपाई पर लेटा रहा। सुबह उठकर जब तक मैं स्नान कर के लौटा तब तक वह जवान मेरे लिये नाश्ता ले कर आ गया। एक अपरिचित के लिये इतना ध्यान देना मेरे लिये बहुत गर्व और संतोष की बात थी। वे कौन थे और अब कहाँ होंगे? मुझे पता नहीं परन्तु मेरा उनको स्पेशल सैल्यूट है।

मैं वहाँ से तैयार हो कर करीब आठ बजे अपना बिस्तर वहीं छोड़ कर केन्द्रीय विद्यालय लोकरा में ज्वाइन करने के लिये चल पड़ा। बैरिक से निकलते ही मेंन रोड पर पहले असम राइफल्स पब्लिक स्कूल मिला। वहाँ मैंने किसी से केन्द्रीय विद्यालय का पता पूछा तो उसने बताया कि यहीं बगल में है। मैं वहाँ से आगे चला तो केन्द्रीय विद्यालय के सामने से निकल कर आगे असम राइफल्स मन्दिर के सामने पहुँच गया। वहाँ पर जब पूछा तो किसी ने बताया वह तो पीछे ही है। वहाँ से लौटकर मैं पुनः केन्द्रीय विद्यालय के सामने से निकलता हुआ पब्लिक स्कूल के सामने पहुँच गया और फिर किसी से पूछा तो वह मुझे केन्द्रीय विद्यालय के गेट पर छोड़ आया। मैं ज़ब केन्द्रीय विद्यालय गेट पर पहुँचा तो मुझे ऐसा नहीं लगा कि मैं केन्द्रीय विद्यालय गेट पर खड़ा हूँ। वहाँ बाउंड्री वाल की जगह तिहरे कँटीले तारों की फेंसिंग थी। गेट क्या लकड़ी की पट्टियों से बना एक छोटा सा टट्टर लुढ़का हुआ सा लगा था। बिल्डिंग के नाम पर कुछ पुरानी सी बैरिक दिख रहीं थी। मैं उस परिसर में घुस गया जहाँ मुझे कुछ लोग दिखायी दिये। मैंने पहले तो यह कनफर्म किया कि क्या ये केन्द्रीय विद्यालय ही है? उत्तर हाँ में मिलने पर मैंने प्राचार्य महोदय का चेम्बर पूछा। उस व्यक्ति ने इशारे से बता दिया तब मैंने प्राचार्य महोदय के चेम्बर के समक्ष पहुँच कर उनसे अन्दर जाने की अनुमति माँगी। उन्होंने अनुमति देने की बजाय प्रश्नगत मुद्रा में मुझे देखा और मुस्कराते हुये बोले, I think you are Mr. Ram Chandra. मैंने यस सर कह

कर उनका अभिवादन किया। उन्होंने मुझे बुला कर चेम्बर में बिठाया तथा कुशल क्षेम पूछा। उसके बाद उन्होंने मुझे कार्यभार ग्रहण कराया। इस प्रकार मैंने पी.जी.टी. हिन्दी पद पर दिनांक 09.12.1982 को प्रातः अपना कार्यभार ग्रहण कर लिया।

कार्यभार ग्रहण करने के बाद प्राचार्य महोदय ने मेरा अन्य स्टाफ मेंम्बर्स से परिचय कराया। प्राचार्य महोदय उत्तर प्रदेश से कानपुर के पास शुक्लागंज जिला उन्नाव के रहने वाले थे। उनका नाम था श्री प्रेम शंकर शुक्ल। वे बहुत ही हँसमुख और मिलनसार व्यक्ति थे। उनका व्यक्तित्व अत्यंत आकर्षक था। वे हिन्दी अंग्रेजी व संस्कृत के प्रकाण्ड विद्वान थे। वे उदार और मृदुल स्वभाव के होने के कारण सभी को प्रभावित कर लेते थे। मेरे कार्यभार ग्रहण करने के बाद ही उन्होंने मेरे रहने के लिये लोकरा के निकट वाले कस्बा बालीपारा में व्यवस्था कर दी थी। उन्होंने मेरा बिस्तर जो बैरिक मे रखा था। उसे मँगवा कर उस गाड़ी में रखवा दिया जिस गाड़ी में बैठ कर स्कूल के बच्चे बालीपारा की ओर आते जाते थे। उनके मिलने वाले मित्र शर्मा जी जो बिहार के निवासी थे। उनके माध्यम से बालीपारा में एक कमरा भी किराये पर दिलवा दिया था। वहाँ से आने जाने का इन्तजाम बच्चों वाली उसी गाड़ी में करवा दिया था। इस प्रकार पहले ही दिन से मुझे रहने का ठिकाना मिल गया और मैं निश्चिंत हो कर अपनी ड्यूटी करने लगा।

केन्द्रीय विद्यालय लोकरा में मेरे कार्यभार ग्रहण करने से पूर्व ही पूरा असम अशान्त था और दंगा की आग में धधक रहा था। दंगाई कोई और नहीं थे बल्कि वे वहाँ के ऐसे शरारती तत्व थे जो विद्यार्थी संगठन का भावनात्मक दोहन कर के अपनी राजनीतिक रोटियाँ सेंक रहे थे। वे कांग्रेस का तख्ता पलट करना चाहते थे। उन दिनों हत्यायें और आगजनी आम बात थी। कई कई दिन तक यातायात बाधित रहने लगा। इन परिस्थितियों को देखते हुये यही कयास लगाये जाने लगे थे कि कहीं बांगलादेशी घुसपैठिये तो सक्रिय नहीं हो रहे हैं? कहीं बांगला देश की सरकार भारत को अस्थिर करने की फिराक में तो नहीं है? इन्हीं संभावनाओं के चलते वहाँ की सेना ने सतर्कता के तहत यातायात सीमित कर दिया था।

रात्रि में आबादी वाले क्षेत्र को कोई निशाना न बना सके इसलिये ब्लैक आउट लागू कर दिया गया था। सूर्यास्त के बाद अपने घर में कोई भी रोशनी नहीं कर सकता था। मुझे महीनों ब्लैक आउट में रहना पड़ा। कई कई दिन के बाद विद्यालय जाने का मौका मिल पाता था। इस परिस्थिति को समझ कर प्राचार्य महोदय ने एक तदर्थ

प्राथमिक शिक्षक श्री एम.डी. मिश्रा को मेरे साथ रख दिया था। हम दोनों लोग एक साथ मिल कर पकाने खाने लगे और अपनी ड्यूटी के लिये भी आने जाने लगे। हम लोगों ने बालीपारा में कई जगह पता लगाया था कि कहीं कोई ऐसा ढाबा मिल जाये जहाँ भोजन में रोटी और सब्जी मिल जाया करे। परन्तु उस पूरे कस्बे में माछ भात और दाल भात के अलावा कहीं कुछ नहीं मिला।एक दिन एक ढाबा वाले ने ही बताया था कि बालीपारा तेजपुर रोड पर सरदार का एक ढाबा है जो बालीपारा से करीब आठ किलोमीटर की दूरी पर है। वहाँ पर रोटी सब्जी मिल सकती है। हम दोनों लोग (मैं और एम.डी. मिश्रा) एक दिन सरदार जी के ढाबा पर पहुँचे। वहाँ जा कर मैंने पूछा तो उन्होंने बताया कि हम लोग दिन में तो दाल भात से ही काम चलाते हैं। परन्तु शाम की शाम हम लोग अपने लिये रोटी बनाते हैं। अगर आप चाहें तो शाम को आ सकते हैं और आपको रोटी व सब्जी या दाल जो हम अपने लिये बनायेंगे वह आपको भी खिला देंगे। प्रति दिन शाम को वहाँ पहुँचना ही एक समस्या थी। फिर वहाँ जाने का इरादा त्याग कर स्टोव खरीदा और लगातार गर्मी की छुट्टियों तक चावल दाल या चावल सब्जी बना खाकर ही निर्वाह किया। एक रात को मैं और मिश्रा जी दोनों लोग एक ही तखत पर लेटे हुये थे। अचानक मकान का टिन शेड खड़खड़ाने लगा। आस पास के लोगों का भयंकर शोर गुल सुनायी दिया। ऐसा लगा कि धरती डगमगा रही हो। तखत थरथराया और रात को सोते में ही मेरा एक पैर अनायास ही फिसल कर जमीन पर जा टकराया। मैं फर्श पर गिरते गिरते बचा। प्रातः उठ कर मैंने अपने मकान मालिक से मुहल्ले में हुये शोर गुल और मकान का टिन शेड खड़खड़ाने के बारे में पूछा। तब उन्होंने बताया कि रात को भूकम्प आया था। भूकम्प आने पर सभी लोग भयभीत हो कर घरों से बाहर निकल जाते हैं। इसी वजह से घबराहट में उनकी चीखें निकल जाती हैं। आज रात को वही शोर गुल हुआ था। हम दोनों लोग भूकम्प जैसी घटना से अनभिज्ञ थे इसलिये निश्चिंत हो कर कमरे में ही सोते रहे। हमारे लिये वह पहला अनुभव था। हमारे मकान मालिक ने ही बताया कि पूरे असम और पड़ोसी राज्यों में अक्सर भूकम्प आते रहते हैं। इसलिए पूरे नार्थ ईस्ट में जो भी घर बनते हैं वे लकड़ी के खम्भे गाड़ कर उनमें बाँस की परदेनुमा टट्टियाँ बाँधी जातीं हैं। फिर उनमें मिट्टी या बालू सीमेंट से प्लास्टर कर के ढाँचा तैयार कर लेते हैं। बाद में उस बाँस के मकान के ढाँचे पर झोपड़ी नुमा टिन शेड डाल लेते हैं अथवा फूस की झोपड़ी डाल लेते हैं। लोग अपनी अपनी आर्थिक स्थिति के अनुसार टिन शेड या फूस की झोपड़ी डाल कर अपना आवास तैयार कर लेते हैं। इस तरह भूकम्प में मकान ढहने पर भी जान माल का खतरा नहीं रहता है।

वहाँ का हर मकान हरियाली से भरपूर होता है अथवा यह भी कह सकते हैं कि हर मकान एक बगीचे में ही बना होता है। मकान के परिसर में एक कुआँ, कुछ नारियल गाछ (पेड़), कुछ ताम्बूल (पान) की बेलें, सुपाड़ी के पेड़ अवश्य होते हैं। साथ ही उसमें मछली पालने के लिये एक छोटा सा गड्ढा या तालाब (पोंड) भी होता है। इसके अतिरिक्त केला, आम और लीची के भी पेड़ लगाये जाते हैं। कभी कभी ये घर खेतों में ही बनाये जाते हैं। मुख्य तौर पर वहाँ धान की ही खेती की जाती है। इस दशा में वहाँ पर पर्यावरण प्रदूषण की कोई समस्या नहीं थी।

असम का वह समय अत्यन्त विषम था। हमारे अपने घर परिवार के लोग असम में हो रही हिंसा की खबरों को रेडियो पर सुन कर चिन्तित रहते थे। उस समय यही संचार का एक माध्यम था। मैं दिसम्बर 1982 में वहाँ पहुँचा था तथा मार्च 1983 तक मेरे पास घर का कोई पत्र या संदेश नहीं पहुँच पाया था। मेरा भी कोई पत्र घर तक नहीं पहुँचा था। उसका मुख्य कारण वहाँ की विध्वंशक और अराजक गतिविधियाँ थीं। अप्रैल 1983 के अन्त में मेरे पिताजी का लिखा हुआ एक पत्र मुझे आर्मी पोस्टल सर्विस के माध्यम से मिल पाया था। उसी पत्र के माध्यम से मुझे एक खुशखबरी भी मिली थी। वो खुशखबरी थी कि मेरे घर में मेरे पुत्र ने जन्म लिया है। यह खबर मैंने अपने साथियों को बतायी तो सभी लोग प्रसन्न हुये। मैंने मिठाई खिला कर सभी का मुँह मीठा कराया। चूंकि वह संदेश मुझे पत्र द्वारा प्राप्त हुआ था इसलिये हमारे प्राचार्य महोदय ने प्रहसन या मजाक के रूप में कह दिया कि इसका मतलब मेल चाइल्ड। प्राचार्य महोदय का एक स्वभाव था। वे कभी कभी दुअर्थी शब्दों का प्रयोग किया करते थे। यहाँ भी मेल दो अर्थों में प्रयोग किया गया था। एक तो डाक द्वारा सूचना मिलने के कारण मेल चाइल्ड (mail child) कहा तथा दूसरे लड़का होने के कारण मेल चाइल्ड (male child) कहा। काफी बाद तक लोग मेरे बेटे को मेल चाइल्ड कह कर ही उसकी कुशल क्षेम पूछते रहे थे। उसी के बाद मेरा भी पत्र घर तक पहुँच सका था। तब न तो टेलीफोन की और न ही दूरदर्शन की सुविधा उपलब्ध थी। उस शुरुआती दौर में मुझे कुल ₹ 820/- रुपये प्रति माह वेतन के मिलते थे। गर्मी की छुट्टियों में मैं करीब तीन हजार रुपये तथा परिवार व बच्चों के लिये कुछ कपड़े ले कर अपने घर गया था।

हमारे तीन बच्चों का एडमिशन केन्द्रीय विद्यालय में होना था। मेरी सबसे बड़ी बेटी का एडमिशन कक्षा छः में होना था। उसके बाद के बेटे का एडमिशन कक्षा तीन में होना था। उससे छोटे बेटे का एडमिशन कक्षा एक में होना था। इसके लिये केन्द्रीय

विद्यालय संगठन की एडमिशन पोलिसी के अनुसार जिस कक्षा में एडमिशन होना होता है उससे पूर्व की कक्षा के प्रमाणपत्र की प्रति को जिला के तत्सम्बन्धित शिक्षा अधिकारी से प्रतिहस्ताक्षरित करा के लानी पड़ती है। जिसके माध्यम से केन्द्रीय विद्यालय में बच्चे को उसी आधार पर प्रवेश मिल जाता है। मुझे अपने दोनों बच्चों के पूर्व विद्यालय के कक्षा छः व कक्षा दो के लीविंग प्रमाण पत्र प्रतिहस्ताक्षरित कराने थे। जब मैं गर्मी की छुट्टियों में घर पहुँचा तो उन दोनों प्रमाण पत्रों को ब्लाक छिबरामऊ एस.डी.आई. से प्रतिहस्ताक्षर करवाने के लिये गया था। वे एस.डी.आई. महोदय उस समय फतेहगढ़ में रह रहे थे। वह मात्र एक संयोग ही था कि जब मैं उनके निवास पर गया और उनको देखा तो हम दोनों एक दूसरे को देखते ही रह गये। क्योंकि हम दोनों 1979-80 के बैच में एल.टी. के सहपाठी थे। हम दोनों के मुँह से निकल गया आप यहाँ कहाँ? वे थे श्री राधेश्याम तिवारी। राधेश्याम तिवारी जो संस्थान के उस बैच के सबसे अधिक पढ़ाकू तथा सर्वाधिक अंक पाने वाले प्रशिक्षु थे जो बाद में उत्तर प्रदेश बेसिक शिक्षा विभाग में जिला फर्रुखाबाद के ब्लाक छिबरामऊ में एस.डी.आई. (आज के बी.ई.ओ.) बने। तब उनका और हमारा वह नया परिचय हुआ था। उन्होंने बताया कि वे एल.टी. करने के बाद ही एस.डी.आई. के रूप में चयनित होकर बेसिक शिक्षा विभाग में नियुक्त हो गये थे।

उन्हीं तिवारी जी से पता चला था कि प्रशिक्षण के पश्चात रामपाल अपने ट्रेड अध्यापन से हटकर फतेहगढ़ सिखलाइट रेजिमेंटल सेन्टर के रिकार्ड आफिस में आडीटर बन गये थे। इसी तरह तमाम लोग ऐसे थे जो शिक्षा विभाग के अतिरिक्त अन्य विभागों में नौकरी करने लगे थे। जिनमें नाथूराम प्रान्तीय सरकार के किसी विभाग में लग गये थे। रामऔतार दोहरे जो आज कल रामऔतार गौतम के नाम से जाने जाते हैं वे सिंडीकेट बैंक में कैशियर पद पर कार्यरत हैं। रामकिशोर त्रिपाठी जो फतेहगढ़ आर्मी रिकार्ड आफिस में आडीटर की पोस्ट पर तैनात हुये। वे आगे भी प्रतियोगी परीक्षाएँ देते देते पी.सी.एस. के द्वारा एस.डी.एम. बन गये थे। इनके अतिरिक्त तमाम सहपाठी थे जिनका जिक्र मैं यथा अवसर करता रहूँगा।

पहले जिला बेसिक शिक्षा आधिकारी का सर्वोच्च पद डी.आई. होता था। वर्तमान में वही पद जिला बेसिक शिक्षा आधिकारी (B.S.A.) के नाम से जाना जाता है। तब का जो पद एस.डी.आई. था आज वही पद ब्लाक शिक्षा अधिकारी या सहायक बेसिक शिक्षा अधिकारी या B.E.O. कहलाता है। मैंने भी अपना परिचय दिया। मैंने बताया कि मेरा चयन पी.जी.टी. हिन्दी पद पर केन्द्रीय विद्यालय संगठन में हो गया है और

मैं केन्द्रीय विद्यालय लोकरा असम में पोस्टेड हूँ। मैंने अपने दोनों बच्चों, बेटी कुमारी मीनेश और बेटा विनय कुमार के ट्रांसफर सर्टिफिकेट प्रतिहस्ताक्षरित कराये फिर मैं उनसे एक आत्मीय मिलन के पश्चात अपने घर चन्दरपुर लौट गया था।

गर्मियों की पचास दिन की छुट्टियाँ बिताने के बाद मैं अपने परिवार को भी लोकरा ले गया था। मैंने कानपुर से लोकरा जाने के लिये अपना व अपने परिवार का रिजर्वेशन करा लिया था। धमियापुर अपनी ससुराल वालों को अपने सपरिवार असम जाने की खबर कर दी थी। मैंने पहले ही बता दिया था कि हम लोग गुरसहायगंज से गाड़ी पकड़ेंगे। हम लोग घर से रेलवे स्टेशन गुरसहायगंज पहुँचे। वहाँ पर कुछ देर गाड़ी का इंतजार किया। स्टेशन पर मैंने इधर उधर देखा कि शायद धमियापुर से कोई आया हो पर वहाँ कोई नहीं दिखाई दिया। थोड़ी देर बाद हमारी गाड़ी आ गयी और हम लोग उस पर सवार हो गये। हम लोग गाड़ी में बैठे कर बार बार खिड़की से झाँक कर बाहर देखते जा रहे थे। अचानक प्लेटफार्म पर मुझे अपने सास ससुर गाड़ी के साथ दौड़ते हुये दिखायी दिये। मेरी सासजी के हाथ में एक कटोरदान था। शायद उसमें कुछ खाने के लिये था। मैंने उनको जब तक आवाज लगायी तब तक गाड़ी चल पड़ी थी। वे गाड़ी के साथ काफी दूर तक दौड़ीं और हमारे कम्पार्टमेंट के पास तक आ गयीं। उन्होंने खिड़की से कटोरदान पकड़ाने का प्रयास भी किया लेकिन खिड़की में लगी हुयी राड के कारण वह कटोरदान उसी में अटक गया। परिणामतः न तो हम उनसे कटोरदान ले पाये और न ही हम लोग उनसे मिल पाये। कुछ संयोग ही ऐसा था कि मुलाकात नहीं हो पायी। वह दृश्य आज भी आँखों से ओझल नहीं हो पा रहा है।

जिस ट्रेन से हम लोग कानपुर गये थे उसका अन्तिम स्टेशन कानपुर अनवरगंज था। अनवरगंज से आटो कर के हम लोग कानपुर सेंट्रल स्टेशन पहुँचे। आटो वाले ने स्टेशन परिसर के बाहर ही छोड़ दिया। कुली की सुविधा न होने के कारण बाहर से हम लोगों को सामान सहित अन्दर जाना काफी मुश्किल हो गया था। घंटाघर की ओर से प्लेटफार्म पर जाने के लिये बाहर ही हमने सारा सामान इकट्ठा किया और सामान व बच्चों को सहेजने लगे। सामान तो दुरुस्त था परन्तु हमारा बीच वाला बेटा (अनुरोध कुमार) जो अन्वेषी प्रकृति का था और अभी समझदार हो रहा था वह वहाँ पर दिखायी नहीं दिया। शायद वह खेल खेल में रेलवे वेटिंग हाल की ओर चला गया था। हम लोग काफी परेशान थे। तब तक देखा कि वह सामने से हँसता हुआ आ रहा है। मैंने उसे झपट कर उठा लिया। तब कहीं जान में जान आयी। हम सभी लोग ट्रेन के आने से पूर्व ही प्लेटफार्म पर पहुँच चुके थे। गाड़ी पर सुविधा पूर्वक सामान चढ़ाने

व खुद चढ़ने के लिये कुली कर लिया था। लगभग दोपहर के आस पास गाड़ी आयी और हम सपरिवार गाड़ी पर चढ़ गये। हमने कुली की सहायता से सारा सामान भी चढ़ा लिया था। जिस आसाम मेल से हम लोग गये थे वह ट्रेन दूसरे दिन सायं चार बजे के बाद रंगिया स्टेस्न पर पहुँची। हम लोगों को वहीं उतर कर न्यू मीसामारी के लिये दूसरी ट्रेन पकड़नी होती थी सो हम लोग वहाँ उतर गये। वहाँ से शाम लगभग सात बजे दूसरी ट्रेन मिली। उस ट्रेन पर हम लोग जैसे तैसे सवार हो गये। सभी लोगों को बैठने की जगह भी नहीं मिल पायी थी। धीरे धीरे जैसे ही गाड़ी आगे बढ़ी तो कुछ स्टेशन निकलने के बाद सभी को बैठने भर की जगह मिल गयी थी।

रात भर चल कर सुबह चार पाँच बजे के बीच गाड़ी न्यू मीसामारी पहुँची थी। वहाँ पहुँच कर कुली की सहायता से पूरा सामान ले कर हम सभी लोग स्टेशन से बाहर आये। वहाँ पर असम राइफल्स की गाड़ी तैयार खड़ी थी। उस गाड़ी पर सामान चढ़वाया और बच्चों समेत हम सभी लोग चढ़ गये। हम लोगों के अलावा कई अन्य लोग भी लोकरा जाने के लिये उस गाड़ी पर बैठे हुये थे। गाड़ी सुबह करीब छः बजे लोकरा पहुँच गयी। गाड़ी ड्राइवर ने मेरे निवेदन करने पर सामान सहित हम लोगों को केन्द्रीय विद्यालय परिसर में पहुँचा दिया था। विद्यालय गेट तथा प्राचार्य महोदय के आवास का गेट आमने सामने था। मैंने सामान उतार कर प्राचार्य महोदय को अपने आने की सूचना दी। वे अत्यन्त प्रसन्न हुये। उन्होंने कुछ लोगों से कह कर मेरा सामान विद्यालय के बगल में खाली पड़े एक क्वार्टर में रखवा दिया। हम सभी लोग उस क्वार्टर में ठहर गये। लोकरा बाजार से कुछ खाने की व्यवस्था की तत्पश्चात मैं अपने विद्यालय की ड्यूटी पर चला गया। हमारे बच्चे उसी क्वार्टर में विश्राम करते रहे। दूसरे दिन हम लोग अपने किराये वाले मकान में बालीपारा चले गये।

शुरू के कुछ महीनों के लिये मैं अपने परिवार के साथ बालीपारा वाले किराये के मकान में रहा था। बरसात का मौसम था और भयंकर बरसात हुयी जिससे उस क्षेत्र में बाढ़ आ गयी। बाढ़ का एक कारण यह भी था कि बालीपारा पहाड़ी नदी मानश्री के मोड़ (दो ओर से घिराव के मध्य) पर स्थित था। जिससे बाढ़ जल्दी आती भी थी और जल्दी उतर भी जाती थी। एक दिन सायं काल अचानक बाढ़ आ गयी। पानी घर के अन्दर घुस आया जो एक दरवाजे से घुस कर दूसरे दरवाजे से होते हुये धारा के रूप में बहने लगा। मेरे दो बच्चे कुमारी मीनेश तथा विनय कुमार कुछ बड़े थे। दो बच्चे अनुरोध कुमार व नीलेन्द्र कुमार छोटे थे। सबसे छोटा बेटा शैलेन्द्र कुमार गोद में था। बाढ़ का पानी बढ़ता ही चला गया। जमीन पर बिछा हुआ तखत भी पानी में

डूब गया। ऐसी स्थिति में मैंने अपना बड़ा सा बाक्स तखत के ऊपर रखा फिर बाक्स के ऊपर बेंत की कुर्सी रखी और कुर्सी पर कपड़ा डाल कर छोटे बेटे को उस पर लिटा दिया। मैंने अपने दोनों छोटे बच्चों को कुर्सी पकड़ा कर बाक्स पर अगल बगल खड़ा कर दिया। फिर दोनों बड़े बच्चों को तखत पर खड़ा कर दिया। हम दोनों लोग तखत के बगल में फर्श पर पानी में ही खड़े रहे। इस स्थिति में हम लोगों को लगभग चार घंटे लगातार खड़े रहना पड़ा था।

बाढ़ का पानी एक दरवाजे से दूसरे दरवाजे की ओर बह रहा था। इसी बीच एक बड़ा सा साँप पानी के बहाव के साथ कमरे के अन्दर आ गया। हम लोग भयभीत हुये परन्तु वह साँप भी हम लोगों की ही तरह आपदा का मारा था जो पानी के बहाव के साथ ही लपलपाता हुआ दूसरे दरवाजे से बहकर निकल गया। वह दृश्य अत्यन्त भयावह और रोमांचकारी था। करीब ढाई फुट पानी के गहराई वाले बहाव में हम लोग घंटों तक खड़े रहे। पाँच छः घंटों के बाद पानी घट गया और पूरा घर कीचड़ से भर गया। हम लोग उसकी सफाई में लग गये और कई घंटे सफाई करते करते पलस्त पड़ गये।

उस समय मेरी तरह लगभग सभी अध्यापक वहाँ के लिये नये ही थे। केवल प्राचार्य महोदय को छोड़ कर। स्टाफ मेंम्बर्स में जो पहले व्यक्ति मिले थे उनका नाम श्री मोहिनी मोहन मिश्रा (M.M. Mishra) था जो पी.जी.टी. अंग्रेजी थे। उनके नाम में तीन एम आने के कारण लोग उनको एम क्यूब कह कर पुकारते थे। वे भी उत्तर प्रदेश के जिला रायबरेली के रहने वाले थे। विशेष बात यह थी कि उनकी ननिहाल सिकन्दरपुर के श्री विद्याशंकर शुक्ल के परिवार में थी जिन विद्याशंकर शुक्ल का जिक्र मैं अपने अध्ययन काल में पहले ही कर चुका हूँ। श्री मिश्रा जी ने मुझसे तीन महीने पहले ही वहाँ पर अपना कार्यभार ग्रहण किया था। वे कद काठी में नाटे थे शायद उनकी लम्बाई पाँच फुट के आस पास रही होगी। कद के हिसाब से उनकी मोटाई कम नहीं थी। अंग्रेज़ी के अच्छे विद्वान थे। वे नाटे होने की वजह से ऊँचा दिखने के लिये अपने शारीरिक हाव भाव से हर संभव प्रयास किया करते थे। खाने पीने के बहुत शौकीन थे तथा लोगों से मेल जोल रखना भी काफी पसन्द करते थे। उन्हें रहने के लिये एक अच्छा सरकारी क्वार्टर लोकरा आवासीय परिसर में ही मिल गया था और वे उसी में सपरिवार रह रहे थे।

दूसरे महाशय थे श्री ए.पी. मिश्रा जो पी.जी.टी. केमिस्ट्री थे। उन्होंने भी वहाँ मुझसे एक माह पूर्व कार्यभार ग्रहण किया था। वे गौर वर्ण, लम्बे, छरहरे और चुश्त शरीर

के आकर्षक व्यक्तित्व सम्पन्न अच्छे इंसान थे। वे भी उत्तर प्रदेश के जिला व शहर आगरा के निवासी थे। वे एक माह पहले केन्द्रीय विद्यालय आर.आर.सी. फतेहगढ़ में थे और वहाँ से टी.जी.टी. साइंस पद से प्रमोशन पा कर पी.जी.टी. रसायन विज्ञान बन कर लोकरा पहुँच गये थे। उनका भी सरकारी आवास श्री एम.एम. मिश्रा के बगल में ही था। एक पी.जी.टी. मेरे वहाँ पहुँचने के कुछ महीने बाद आये थे। वे श्री एस.सी. त्रिवेदी पी.जी.टी. बॉयो थे। वे पश्चिमी उत्तर प्रदेश के रहने वाले थे और दिल्ली के किसी केन्द्रीय विद्यालय में टी.जी.टी. साइंस थे। वहाँ से वे प्रमोशन पर पी.जी.टी. बॉयो बन कर केन्द्रीय विद्यालय लोकरा आये थे। उनका व्यक्तित्व बहुत ही सुन्दर व आकर्षक था। उन्हें भी आते ही लोकरा आवासीय परिसर में क्वार्टर मिल गया था। इस प्रकार अब हम चार पी.जी.टी. रेगुलर स्टाफ के रूप में हो चुके थे। प्राइमरी शिक्षकों में कुछ उत्तर प्रदेश के भी थे जिनमें श्री नवरंग प्रसाद (एन. प्रसाद) बनारस के, श्री पी. पाण्डेय (फुन्नू पाण्डेय) गाजीपुर के और शिव शंकर मल्ल पूर्वांचल के ही किसी जिले के थे। ये सभी पी.आर.टी. मेरे कार्यभार ग्रहण करने से पहले ही वहाँ पर कार्यरत थे। श्री आर.एस. विश्वकर्मा एस.यू.पी.डब्ल्यू. टीचर उत्तर प्रदेश कानपुर के रहने वाले थे।

प्राइमरी शिक्षकों में ज्यादातर असम के ही थे यथा श्री पी. के. फूकन, श्रीमती एम. कलिता (मिनती कलिता) जो पहले मिनती सैकिया थीं, श्रीमती मोमिनी शर्मा (एम. शर्मा), श्री प्रदीप बारडोलोई, श्रीमती प्रतिमा भगवती (पी. भगवती), श्री डी. बी. लिम्बू (दिल बहादुर लिम्बू) आदि। अन्य शिक्षक व आफिस स्टाफ मुख्यतः असम से ही थे। जैसे कुमारी आराधना विश्वास म्यूजिक टीचर, कुमारी कल्पना नाथ ड्राइंग टीचर, श्री शैलेन्द्र भट्टाचार्या पुस्तकालयाध्यक्ष, श्री सुभाष चक्रबर्ती योगा टीचर, श्री जी. डे (गौरांग डे) यूडीसी, श्री पी.के.एच. बरुआ (प्रेम कुमार हाथी बरुआ) एल.डी. सी., श्री राजू डे चतुर्थ श्रेणी कर्मचारी, श्री मजीद व श्री बनारसी बाँसफोर चतुर्थ श्रेणी कर्मचारी आदि थे।

हमारे प्राचार्य महोदय बहुत ही उदार और दयालु थे। मैंने जुलाई 1983 में उनसे अपने बच्चों के एडमिशन के लिये कहा तो उन्होंने हमारे तीनों बच्चों का एडमिशन कर लिया। कक्षा सात में बेटी कुमारी मीनेश का, कक्षा तीन में बेटे विनय कुमार का और कक्षा एक में दूसरे बेटे अनुरोध कुमार का एडमिशन कर लिया था। इस तरह अब हम चार लोग बच्चों की उस गाड़ी में बैठ कर विद्यालय से बालीपारा आने जाने लगे

थे। कुछ समय बाद लोकरा आवासीय परिसर में केन्द्रीय विद्यालय का एक क्वार्टर खाली होने पर मुझे मिल गया था क्योंकि वहाँ के ड्राइंग टीचर का ट्रांसफर अन्यत्र हो गया था। प्राचार्य महोदय ने वह क्वार्टर मेरे नाम एलाट कर दिया था। उस क्वार्टर का कुल भाड़ा नौ रुपये प्रति माह था। अब हम सभी लोग बालीपारा छोड़ कर लोकरा आवासीय परिसर में पहुँच गये थे। लोकरा का वह आवास भी छोटे छोटे दो कमरों वाला था और साथ में लगी हुई किचिन थी। काफी दूर पिछले छोर पर लैटरिन बनी हुई थी। कमरों के बाद फेंसिंग के नाम पर कतारबद्ध केले के पेड़ (कोल गाछ) लगे हुये थे। बीच आँगन में कुछ पपीते के पौधे लगे थे। आस पास झाड़ झंखाड़ इतने अधिक थे जिससे साँप या अन्य जीव जन्तु बड़ी आसानी से घूम सकते थे। कभी कभी साँप कमरे में एक ओर से घुस कर दूसरी ओर निकल जाते थे। कुल मिला कर वहाँ क्वार्टर की बजाय जंगल में बनी कुटिया का लुत्फ मिलता था। इतना अच्छा था कि कभी कोई हादसा नहीं हुआ।

मैं एक बार मेघालय की राजधानी शिलांग के हैपी वेली केन्द्रीय विद्यालय में स्काउट मास्टर ट्रेनिंग प्रोग्राम में गया था। हैपी वेली वह घाटी है जो मार्च-अप्रैल के महीनों में कई किलोमीटर दूर तक फूलों से भर जाती है और वह फूलों के समुद्र की तरह लहराती है। स्काउट मास्टर ट्रेनिंग प्रोग्राम के ही दौर में उस समय लोकरा के क्वार्टर पर मेरी पत्नी के अलावा कोई जिम्मेदार नहीं था। वे भी मेरी गैर मौजूदगी में बीमार पड़ गयीं। उन्होंने अपनी बीमारी की खबर श्री ए.पी. मिश्रा को भेजी। वे तुरन्त भागते हुये क्वार्टर पर आये और उनको (मेरी पत्नी को) आनन फानन में ले जाकर असम राइफल के अस्पताल में भर्ती करा दिया। घर पर बच्चों के लिये खाने का भी उन्होंने ही इन्तजाम किया था। मेरी अनुपस्थिति में जिस अपनत्व के साथ उन्होंने मेरे परिवार को जो सहारा दिया उससे यह तो स्पष्ट हो गया कि वे एक सहृदय इंसान थे। बाद में पता लगा कि वे स्नान कर रहे थे और खबर पाकर बिना कच्छा बदले ही कपड़े पहन कर हमारे क्वार्टर पर पहुँच गये थे। उन्होंने तुरन्त हमारी पत्नी को अस्पताल में भर्ती कराने के साथ साथ मेरे परिवार की देखभाल भी की। मेरे वापस आने तक मेरी पत्नी अस्पताल से ठीक हो कर घर भी आ चुकीं थीं। यह सब श्री ए.पी. मिश्रा की सहृदयता और उपकार का ही परिणाम था जो हर किसी के वश की बात नहीं थी।

मेरा असम का प्रवास लगभग छः वर्ष का रहा जो समान्य से काफी लम्बा था। मैंने अपने उस सम्पूर्ण प्रवास में कई तरह के परिवर्तन देखे थे। फिर चाहे वे परिवर्तन विद्यालय के अन्दर हुये हों या सामाजिक परिवेश में हुये हों या वहाँ की राजनैतिक

उथल पुथल के रहे हों। 1982 के दिसम्बर माह में मैंने कार्यभार ग्रहण किया था उस समय वहाँ का सामाजिक ढाँचा चरमराया हुआ था। असामाजिक और अराजक गतिविधियाँ चरम पर थीं। काफी तादाद में हत्या, लूटपाट, आगजनी आम बात थी। असमिया व गैर असमिया का विवाद भी भयंकर रूप ले चुका था। सन 1947 के विभाजन के बाद सन 1971 में भारत पाकिस्तान का भीषण युद्ध हुआ। ये युद्ध पश्चिमी पाकिस्तान से पूर्वी पाकिस्तान को स्वतंत्र कराने के लिये भारत ने लड़ा अर्थात उसके बाद आजाद होने के पश्चात पूर्वी पाकिस्तान ही बांगलादेश कहलाया। उस युद्ध के कारण पूर्वी पाकिस्तान के काफी लोग शरणार्थी के रूप में भारत आये और भारत सरकार की मान्यता के अनुरूप असम में बस गये थे।

इसके अतिरिक्त काफी संख्या में नेपाली पहले से ही आश्रय पाये हुये थे। उनके साथ साथ अपने व्यवसाय और आजीविका के लिये हिन्दी भाषी क्षेत्रों के लोग भी काफी संख्या में वहाँ रह रहे थे। परिणामतः वहाँ के लोगों में एक अलग तरह का आक्रोश पनप चुका था। वहाँ के कुछ शातिर या तथाकथित बुद्धिजीवियों ने एक नारा दिया था। 'एक असमिया व्यक्ति एक-एक बिहारी, बांगलादेशी और नेपाली को प्रति दिन मारेगा'। एक बिहारी से उनका आशय था कि देश के किसी भी क्षेत्र का यदि कोई हिन्दी भाषी है तो उसे वहाँ के लोग बिहारी कह कर सम्बोधित करते थे। उनका मानना था कि ये जितने भी आसाम से बाहर के लोग हैं वे सभी वहाँ की जमीन व अन्य संसाधन और राजनीति में सहभागी अर्थात अतिक्रमणकारी हो गये हैं जिससे वहाँ के लोगों का हक मारा जा रहा है। ऐसा दुष्प्रचार कर के कुछ अवसरवादियों ने वहाँ के विद्यार्थी संगठन आसू AASU (All Assam Students Union) को अपने पक्ष में कर लिया था। उनकी भावुकता का दुरुपयोग कर के पूरे आसाम में दंगा फसाद और आगजनी करवाना शुरू कर दिया था। अराजक तत्वों ने सरकारी सम्पत्ति, पोस्ट आफिस तथा रेलवे स्टेशन तक को जलाना शुरू कर दिया था। स्थितियाँ तत्कालीन हितेश्वर सैकिया की कांग्रेस सरकार के नियंत्रण से बाहर हो गयीं थीं उसके बाद तो अति हो गयी। उन्हीं तत्वों ने आर्मी की गाड़ियों को भी आग के हवाले करना शुरू कर दिया था। परिणाम स्वरूप कानून व्यवस्था को आर्मी ने अपने हाथों में लिया। तब कहीं लम्बे अरसे के बाद वहाँ की हिंसक घटनायें कुछ कम हो सकीं थीं।

सामाजिक आस्थिरता के द्वारा राज्य सरकार की अस्थिरता अथवा राजनैतिक अस्थिरता पैदा की गयी थी। उसके बाद जो बड़ा राजनैतिक परिदृश्य उभर कर सामने आया वह यह था कि आसू (AASU) देखते देखते राजनीतिक संगठन में

बदल गया। उस संगठन अथवा पार्टी का नाम A.G.P. अथवा असम गण परिषद पड़ा। उस पार्टी के लोगों ने चुनाव के माध्यम से प्रदेश की सत्ता पर कब्जा करने की ठान ठान ली। उसी के अनुरूप उन्होंने समाज में उथल पुथल करना जारी रखा और असम के बाहर के लोगों को निशाना बनाना जारी रखा। उसी दौरान असम की राजधानी गौहाटी (दिसपुर) के भी आस पास का क्षेत्र बुरी तरहा प्रभावित हो गया। गौहाटी के निकट स्थित माली गाँव के केन्द्रीय विद्यालय के एक अध्यापक की प्रातःकाल विद्यालय जाते समय रास्ते में हत्या कर दी गयी। यह वातावरण लगातार 1983 से 1984 तक जारी रहा। उसके बाद जब चुनाव हुये तो A.G.P. असम गण परिषद एक सशक्त राजनीतिक पार्टी बन कर उभरी और उस पार्टी के प्रमुख युवा नेता प्रफुल्ल कुमार महन्तो मुख्य मंत्री बन गये।

अब हम वापस अपने विद्यालय के वातावरण पर प्रकाश डालना चाहेंगे। विद्यालय में मेरे ज्वाइन करने के समय रेगुलर स्टाफ अत्यंत कम संख्या में था अधिकतर लोग तदर्थ ही थे। यह सब वहाँ के क्षेत्रीय लोगों का अखिल भारतीय सेवाओं के प्रति रुझान न होने के कारण था। वहाँ के लोग भारतवर्ष के दूसरे राज्यों में दूरदराज जाना पसंद नहीं करते थे। आगे चल कर यही कारण केन्द्रीय विद्यालय संगठन में स्पेशल रिक्रूटमेंट की सबसे बड़ी वजह बना। विशेष तौर पर एन.ई. रीजन के लिये भारत सरकार से वहाँ भर्तियों की अनुमति ली गयी थी। जिनमें वहाँ के क्षेत्रीय लोगों के साथ साथ अन्य प्रान्तों के लोगों का भी चयन किया गया था। इस काम को पूरा करने में भी करीब तीन वर्ष लग गये। जैसा हम कि बता चुके हैं कि हमारे विद्यालय में हमसे पूर्व केवल दो ही पी.जी.टी. रेगुलर थे। वे क्रमशः श्री एम.एम. मिश्रा पी.जी.टी. अंग्रेजी और श्री ए.पी. मिश्रा पी.जी.टी. केमिस्ट्री थे। इन दोनों लोगों के व्यक्तित्व के बारे में तो मैं जिक्र कर ही चुका हूँ। इनके कृतित्व के बारे में समय समय पर जिक्र करता रहूँगा। मेरे बाद एक और पी.जी.टी. बायो श्री एससी त्रिवेदी ने ज्वाइन किया था जैसा कि पूर्व में बता चुके हैं। विद्यालय में रेगुलर स्टाफ की कमी के कारण तदर्थ शिक्षकों की नियुक्तियाँ की ही जातीं थीं। पहली साल प्राचार्य महोदय ने श्री एम.एम. मिश्रा की पत्नी को तदर्थ टी.जी.टी. हिन्दी पद पर रखा था। श्री ए.पी. मिश्रा की पत्नी को भी तदर्थ टी.जी.टी. संस्कृत पद पर रख लिया था। पहली वर्ष (1983) में ही मिश्रा द्वय में एक दूसरे को नीचा दिखाने की होड़ लग गयी। यह सिलसिला पूरे साल चलता रहा।

श्री एम.एम. मिश्रा कुछ ज्यादा ही महत्वाकांक्षी थे। वे पहले कभी प्राचार्य महोदय श्री पी.एस. शुक्ल के साथ केन्द्रीय विद्यालय चकेरी क्रमांक-1 कानपुर में रह चुके थे। शुक्ला जी वहाँ पी.जी.टी. हिन्दी एवं मिश्रा जी टी.जी.टी. अंग्रेजी थे। वहाँ पर उनके एक दूसरे के प्रति व्यवहार बराबरी वाले थे। श्री एम.एम. मिश्रा केन्द्रीय विद्यालय लोकरा में भी वही व्यवहार बनाये रखना चाहते थे। वह रवैया प्राचार्य जी को पसन्द नहीं आता था क्योंकि प्राचार्य जी चाहते थे कि उनके साथ में प्राचार्य और शिक्षक का रिश्ता रहे। मिश्रा जी उस चाहत के अनुसार खरे नहीं उतर सके जिसका परिणाम हुआ कि उन दोनों लोगों के बीच तनातनी हो गयी। श्री ए.पी. मिश्रा ने अपना आचरण और व्यवहार संयत बनाये रखा। मैं इन लोगों से अलग अधिकारी और कर्मचारी के अनुरूप आचरण करता रहा। उन मिश्रा द्वय में तो छत्तीस का आंकड़ा था ही। एम.एम. मिश्रा की प्राचार्य महोदय से भी खटपट चल रही थी। ऐसी स्थिति में एम.एम. मिश्रा की मुझसे कुछ अलग ही अपेक्षा थी। वे चाहते थे कि मैं प्राचार्य जी से बोलना बन्द कर के उनका समर्थन करूँ जो किसी भी दशा में संभव नहीं था।

अगली वर्ष 1984 में दुबारा भी प्राचार्य महोदय ने श्री ए.पी. मिश्रा की पत्नी का तदर्थ टीजीटी संस्कृत में चयन कर लिया। चूँकि प्राचार्य महोदय और एम.एम. मिश्रा में परस्पर व्यावहारिक कटुता थी इसलिये उन्होंने एम.एम. मिश्रा की पत्नी का चयन नहीं किया। परिणामतः वह प्राचार्य महोदय के साथ साथ मुझसे भी तन गये अथवा यों कहें कि मुझसे भी दुश्मनी मानने लगे। वे चाहते थे कि मैं प्राचार्य महोदय की अपेक्षा उनके पक्ष में रहूँ। उनकी यह बदमिजाजी इतनी बढ़ गयी कि सीमा से परे हो गयी। उन्होंने प्राचार्य प्रकरण को दरकिनार करते हुये लोगों को मेरे विरुद्ध भड़काना शुरू कर दिया। उन्होंने मुझे सामाजिक बहिष्कार की स्थिति में ला कर खड़ा कर दिया। उनके सजातीय लोग मेरे विरुद्ध हो गये जो उत्तर प्रेदेश के थे। उन्होंने मुझसे बोल चाल भी बन्द कर दिया था।

ये वही एम.एम. मिश्रा थे जिनको मैं साइकिल पर बैठा कर सिकन्दरपुर से अपने घर चन्दरपुर ले गया था। जब वो जून 1983 में अपनी ननिहाल सिकन्दरपुर गये थे। मैंने जिस व्यक्ति का आदर सत्कार अपने मेहमानों की तरह किया था वही बन्दा इतना भावशून्य और संवेदनहीन निकला। उसने मेरी मान मर्यादा की सामाजिक हत्या करने में कोई कोर कसर नहीं छोड़ी। एक इंसान से यह अपेक्षा कभी नहीं की जा सकती। उसने मेरे साथ बोल चाल तो बन्द कर ही दिया था उसके अलावा भी उसने

मेरे साथ घृणित काम किया। वह यह कि उसने कुछ लुच्चे लफंगों से मिल कर पूरे लोकरा में मेरे विरुद्ध वाल राइटिंग करवायी थी। पूरे क्षेत्र में यह फैलाया कि केन्द्रीय विद्यालय लोकरा का पी.जी.टी. हिन्दी रामचन्द्र चमार है। वहाँ पर जितने भी उसके परिचित थे उनमें उसने मेरे प्रति घृणा की भावना भरने का पूरा प्रयास किया।

यद्यपि असमियों व नेपालियों ने उसके इस दुष्प्रचार को नकार दिया जिससे मुझ पर कोई दुष्प्रभाव नहीं पड़ा। हाँ जो लोग यूपी बिहार से थे और खास तौर पर ब्राह्मण थे वे कुछ समय तक इस जातीय भेद भाव की गन्ध को लादे घूमते रहे। ये कहावत है कि साँप को चाहे जितना भी दूध पिलाओ मगर उसका जहर ही बनता है अमृत नहीं, हालांकि सभी ब्राहण एक से नहीं होते हैं। वहीं हमारे दूसरे साथी श्री ए.पी. मिश्रा जो बहुत ही शालीन, विनम्र थे। वे इतना सब कुछ होने के बाद भी मेरे साथ घुलमिल कर अपनत्व के साथ बने रहे। उनके उस आत्मीय व्यवहार से आज भी उनके प्रति मेरा मन सम्मान के भाव से भरा है। उसी दौरान प्राचार्य महोदय ने मुझे विद्यालय के बच्चों के साथ मेघालय की राजधानी शिलांग भेजा था। जहाँ पुलिस बजार स्थित केन्द्रीय विद्यालय में संभागीय प्रतियोगिताओं का अयोजन होना था। प्राचार्य महोदय ने बच्चों को एस्कोर्ट करने के लिये मुझे, ए.पी. मिश्रा व उनकी पत्नी को नियुक्त कर दिया। वह एक ऐसा अवसर था जब मैं अपने परिवार को भी घुमाने के लिये शिलांग लेकर जा सका। वहाँ रहते हुये चेरापूँजी, अपर शिलांग, हैपी वैली आदि का भी भ्रमण कर सका। शिलांग पुलिस बाजार से हैपी वेली जाते समय मैंने कुछ खास देखा था। एक तो यह कि हैपी वैली से पहले रोड के किनारे दोनों तरफ लगभग एक किलोमीटर तक गोमांस की दूकाने सजी हुयीं थीं। दूकाने इस प्रकार सजायी गयीं थीं कि लगातार सड़क के दोनों तरफ बाँस की बल्लियों पर गायों व बैलों के मांस के समूचे लोथड़े टाँग रखे थे। दूर तक तमाम बल्लियाँ गाड़ी गयीं थी। हर दो बल्लों के बीच ऊपरी शिरों पर लम्बी लम्बी बल्लियाँ बँधी हुयीं थीं। उन बल्लियों पर काफी दूर तक चमड़ी उधेड़े हुये पशुओं के समूचे मांस के लोथड़े टँगे थे। मैंने वहाँ पर इस तरह पहली बार मांस का खुला व्यवसाय देखा था। दूसरा यह कि नागथमाई से पहले ही रास्ते में दोनों ओर गेरू मिट्टी के पहाड़ों की खुदाई होते हुये देखी थी। उस समय वेली में लहराते हुये फूलों का दृश्य देखने को नहीं मिला था क्योंकि तब फूलों के खिलने का मौसम नहीं था।

शिलांग से लौटते हुये हम लोग मालीगाँव में ठहरे थे। मालीगाँव में पहाड़ी पर कामाख्या देवी का बहुत विशाल मंदिर है। हम लोग वहाँ से पहाड़ की चोटी पर स्थित

कामाख्या मंदिर तक पैदल ही चल कर गये थे। मिथकों के अनुसार ऐसी मान्यता है कि जब शंकर जी अपनी पत्नी सती का शव अपने कंधे पर ले कर तांडव करते हुये पृथ्वी पर विचरण कर रहे थे तो उनका यह दृश्य विष्णु से नहीं देखा गया और उन्होंने अपने सुदर्शन चक्र से सती के एक एक अंग को काट कर धरती पर गिरा दिया था। इस प्रकार पूरे देश में जहाँ जहाँ सती के अंग कट कट कर गिरे थे वहाँ वहाँ पर शक्ति पीठ का निर्माण हुआ। मालीगाँव की उस पहाड़ी पर सती का जननांग गिरा था। उसी की वहाँ पर कामाख्या शक्तिपीठ के नाम से स्थापना हुई। वहाँ पहुँच कर देखा तो मंदिर के चारों ओर दूर दूर तक कहीं कोई ऐसा स्थान नहीं दिखायी दिया जो रक्त रंजित न रहा हो। श्रद्धालुओं का तांता ऐसा लगता कि लोगों को देवी दर्शन के लिये लम्बी कतार लगानी पड़ती। जिनको दर्शन जल्दी करने होते थे वे लोग विशेष दक्षिणा की कतार में खड़े हो कर दर्शन करते थे। बस उनका रेट अलग अलग था। वहाँ के पुजारियों ने पाँच सौ व एक हजार रुपयों की अलग अलग कतारें लगवा रखीं थीं। उनको सीधे शार्ट कट रास्ते से दर्शन करवा दिये जाते थे।

हम लोग (मैं, ए.पी. मिश्रा व हम दोनों का परिवार) तो आम लोगों की कतार में खड़े थे ताकि वहाँ का भक्ति सौंदर्य बारीकी से देख व समझ सकें। दर्शन के लिये जो लोग प्रवेश पाते थे वे लगभग पचास मीटर की लम्बी कतार को धीरे धीरे रेंग कर पूरी करते थे। फिर वहाँ से यू टर्न लेकर पचास मीटर वापस आते थे। इसी प्रकार फिर से यू टर्न लेकर चक्कर लगाते रहते थे। कुछ नहीं तो दस बार यू टर्न ले कर आगे बढ़ते रहते। तब कहीं शक्तिपीठ के गर्भ गृह में दर्शन के लिये पहुँच पाते थे। इन्हीं दर्शनार्थियों में कुछ बलिदान का भी संकल्प ले कर आते थे। बलिदान के लिये अधिकतर लोग बकरा या मेढ़ा लाते थे। कुछ लोग मुर्गा, बतख या कबूतर भी लाते थे। यदि कोई नहीं भी लाता था तो उसको श्रद्धा के अनुसार पुजारी को बताना पड़ता था कि वह किस प्राणी की बलि चढ़ाना चाहता है। पुजारी को उसी की बाजार कीमत चुका कर मंत्र पढ़वाने होते थे। बलिदान चढ़ाने वाले जो पुजारी होते हैं वे शरीर के ऊपरी भाग पर केवल जनेऊ पहने होते हैं तथा वे कमर में सिन्दूरी रंग की धोती पहने होते हैं। जिससे बलि चढ़ाते समय यदि बकरे का रक्त छिटक कर कपड़े पर गिर जाये तो उसके दाग का पता न लगे। चमकते दमकते माथे पर सिन्दूर का लम्बा खड़ा रक्त वर्ण तिलक लगाते हैं।

जो बलि वेदी होती है वहाँ पर एक काठ का कुन्दा गड़ा होता है। उस काठ के कुन्दे पर यू आकार की लोहे की दो छड़ें गड़ी होतीं हैं। छड़ों के उस खाँचे में छोटे या बड़े

बकरे की गरदन आराम से आ जाती है। लकड़ी के कुन्दे के पास में एक गहरा कुण्ड होता है। कुण्ड के ऊपर लोहे की पट्टियों का जाल पड़ा रहता है। जब कोई बकरे या मेढ़े की बलि चढ़वाता है तो वहाँ का पुजारी बलि चढ़ाये जाने वाले पशु की गरदन उस बलिवेदी के खाँचे में फँसा देता है फिर बलि चढ़वाने वाला व्यक्ति बकरे की गरदन में पड़ी रस्सी को पकड़ कर यों खींचता है कि पूरी गरदन खिंच कर खाँचे के पास आ कर कस जाये तथा दूसरी ओर उसका धड़ रह जाये। कोई अन्य व्यक्ति उसकी अगली टाँगों को पकड़ कर पूरे धड़ को पीछे की ओर तराशता है। उसके बाद वह पुजारी आता है जिसे बलि चढ़ानी होती है। उसके हाथ में एक बड़ा भारी धारिया (एक प्रकार का तलवार नुमा गड़ासा) होता है। वह उस धारिया से गरदन पर कुछ यों वार करता है जिससे एक ही झटकें में बकरे की गरदन कट जाये। वह भी इस प्रकार कि उसकी अगली टाँगों से खोपड़ी तक का गोश्त खोपड़ी के साथ चला आये। ऐसा इसलिए क्योंकि पूरी खोपड़ी व गरदन मंदिर के लिये होती है। शेष बचा हुआ धड़ उस व्यक्ति के लिये होता है जो बलि चढ़वाने के लिये बकरा ले कर आता है। बकरा कटते ही पुजारी उसकी गरदन ले कर देवी को रक्त अर्पण करने के लिये गर्भगृह में चला जाता है फिर वहाँ से वह गरदन ला कर अन्य तमाम गरदनों के ढेर में डाल देता है। इधर धड़ का सारा रक्त कुण्ड के जाल पर गिर जाता है जो बह कर सीधे उसी गहरे कुण्ड में एकत्र होता रहता है। यही क्रम पूरे दिन चलता रहता है। नवदुर्गा में बलिदानों की यह संख्या प्रति दिन के हिसाब से हजारों में पहुँच जाती है। रही बात मुर्गा, बतख और कबूतर की तो उनको तो यों ही मरोड़ कर वे अपने शिकार के ढेर में डाल लेते हैं। शाम तक जितनी भी खोपड़ियाँ इकट्ठी होती हैं उनको अगली सुबह ट्रेक्टर ट्राली में भर कर मार्केट में भेज कर बेंच दिया जाता है। वहाँ पर लगे हुये थोक खरीदार उन्हें खरीद कर पूरे दिन फुटकर में बेंचते रहते हैं।

मैंने अपने असम प्रवास के दौरान वहाँ के तमाम क्षेत्रों का भ्रमण किया था। वहाँ मैंने यह पाया कि पूरे प्रान्त में महादेव और पार्वती के विविध रूपों का आराधन बहुत बड़े स्तर पर किया जाता है। महादेव तो हर छोटे बड़े शहर और कस्बे में मिलेंगे जिन्हें किसी न किसी बड़े नाम से प्रतिष्ठित किया गया है। इतना ही नहीं बल्कि महादेव के उन नामों को किसी न किसी बड़े असुर राजा के नाम से भी जोड़ दिया गया है जैसा कि मिथकों से हमें जानकारी मिलती है। असम की सांस्कृतिक राजधानी शोणितपुर जो आज तेजपुर के नाम से ख्याति प्राप्त है। वहाँ तथा उसके आस पास के क्षेत्रों में हर छोटी बड़ी जगह को शंकर और पार्वती के पूजा स्थलों से जोड़ दिया गया है।

कहीं जलाशय के मध्य में महादेव विद्यमान हैं तो कहीं कुएँ की तलहटी में विद्यमान हैं। कहीं किसी ऊँचे टीले पर हैं तो कहीं शहर के बीचोंबीच विशाल मंदिर में स्थापित हैं। तेजपुर नगर के बीचोंबीच महादेव का विशाल मंदिर है। ऐसी मान्यता है कि वह मन्दिर असुर राज वाणासुर ने बनवाया था। जहाँ वर्तमान के अरुणाचल प्रदेश के सुप्रसिद्ध पहाड़ी स्थान टिप्पी पर उनका किला था। वहाँ से वे प्रतिदिन आज के करीब अस्सी किलोमीटर नीचे आ कर तेजपुर में बने हुये महादेव के मंदिर में पूजा अर्चना करते थे। सच क्या है कुछ कहा नहीं जा सकता है? वाणासुर की बेटी का नाम ऊषा था। वह भी अपनी सखी सहेलियों के साथ मनो विनोद के लिये जिस जगह पर नित्यप्रति आया करती थी वह स्थान भी तेजपुर में ही है। आज उस टीले को ऊषा चबूतरा के नाम से जाना जाता है।

मुझे एक बार अपने परिवार और इष्टमित्रों के साथ पिकनिक (पर्यटन) पर अरुणाचल प्रदेश के ऑर्किड स्टेशन या रिसर्च सेंटर टिप्पी जाने का अवसर मिला। वहाँ लोकरा से चारद्वार होते हुये भालुकपोंग के रास्ते पहुँचते थे। असम और अरुणाचल का प्रवेश द्वार माना जाने वाला स्थान असम का अन्तिम स्थल चारद्वार के नाम से जाना जाता है। चूँकि हम लोगों का टूर सरकारी था इसलिये आर्मी की गाड़ी से अरुणाचल प्रदेश में बिना किसी एंट्री पास के जाने की सुविधा मिल गयी थी अन्यथा किसी को भी वैयक्तिक टूर पर जाने से पहले चारद्वार में ही वहाँ के लिये एंट्री पास बनवाना पड़ता था। हम लोग चारद्वार से भालुकपोंग पहुँचे। वहाँ पर थोड़ी देर रुक कर एक मशहूर होटल में दोसा इडली का लुत्फ लिया। कुछ देर बाद हम लोग वहाँ से टिप्पी के लिये रवाना हो गये। सभी लोग उस ऑर्किड स्टेशन टिप्पी पर तमाम पहाड़ी ऊँचाइयाँ पार करते हुये निरापद पहुँच गये। मार्च का महीना था और ऑर्किड वहाँ के विस्तृत क्षेत्र में फैले वृक्षों पर अपने पूरे शबाब के साथ खिले हुये थे। टिप्पी आर्किड रिसर्च सेंटर में ऑर्किड की प्रजातियाँ बड़ी संख्या में हैं। यह बताया गया था कि वहाँ पर विश्व में ऑर्किड की जितनी भी प्रजातियाँ पायी जाती हैं उन तमाम प्रजातियों की कुल संख्या की एक तिहाई प्रजातियाँ वहाँ पर ही उपलब्ध हैं। इस प्रकार उस आर्किड रिसर्च सेंटर को कमेंग जिले में एक महत्वपूर्ण पर्यटन स्थल के रूप में देखा जाता है। वहाँ का ऑर्किडेरियम, टिश्यूकल्चर लैब, संग्रहालय, हर्बेरियम, उद्यान और कार्यालय भवन का क्षेत्र विशाल था जो उस समय लगभग 10 हेक्टेयर भूमि के क्षेत्र में फैला हुआ था।

उस केंद्र के मुख्य आकर्षणों में से एक उसका आर्किड ग्लास हाउस था जिसमें एक डिस्प्ले गैलरी, फव्वारे के साथ एक केंद्रीय तालाब भी था। तमाम बर्तनों और लटकती टोकरियों में ऑर्किड की लगभग 10000 प्रजातियाँ उपलब्ध थीं। विभिन्न प्रजातियों से संबंधित तमाम आर्किड पौधों की खेती अलग-अलग प्रजातियों के घरों व शेडों में की जाती थी। उन प्रजातियों के संवर्धन व संरक्षण के लिये उस समय वातानिकूलित शेड कुछ इस प्रकार बनाये गये थे जिससे उनके लिये अनुकूल तापमान व पानी आदि की अनवरत उपलब्धता रहती थी। वहाँ पर उस समय एक विजिटर्स बुक भी रखी हुई थी। उस विजिटर्स बुक में मैंने अपना रिमार्क लिखा था **'प्रकृति का अनुपम रंगमंच टिप्पी'**। शायद वह आज भी वहाँ पर उपलब्ध हो। शायद इसलिये कि इसे 1984 से ले कर अब तक काफी समय बीत चुका है।

वर्तमान के परिप्रेक्ष्य में मैंने टिप्पी के महत्व को रेखांकित किया है जो कमेंग नदी के दक्षिणी तट पर स्थित है परन्तु पुरातन मान्यताओं के अनुसार वर्तमान टिप्पी में कमेंग नदी के उत्तरी तट पर बहुत ऊँची पर्वत चोटी पर पत्थर निर्मित एक किले के अवशेष दिखायी देते हैं। वहाँ पर जो गाइड थे उनसे मालूम हुआ कि वह जो ऊँची पर्वत चोटी पर प्राचीन इमारत दिख रही है वह इमारत असुर राज वाणासुर का किला है। वे वहाँ से देवों के देव महादेव की पूजा अर्चना करने प्रतिदिन शोणितपुर अर्थात वर्तमान तेजपुर में स्थित महादेव के मंदिर में जाते थे। वहाँ से तेजपुर आज के हिसाब से करीब अस्सी किलोमीटर है। उस मंदिर में इतना विशाल शिवलिंग है जो लगभग आठ फीट ऊँचा है। उसका इतना बड़ा दायरा है कि यदि सात लोग बाँहें फैला कर एक घेरा बनायें तो भी वह शिवलिंग उनके बाँहों के घेरे में नहीं आयेगा अथवा यह भी कहा जा सकता है कि यदि वह शिवलिंग अन्दर से खोखला हो तो उसके अन्दर पाँच छः लोग बैठ सकते हैं। ऐसे शिवलिंग का निर्माण भी वाणासुर ने ही करवाया था। उन्होंने मंदिर का निर्माण टिप्पी में न करवा कर तेजपुर में करवाया था और नित्यप्रति पूजा अर्चना करने भी उतनी दूर चल कर वहीं जाते थे। कारण जो भी रहे हों पर अरुणाचल प्रदेश में इस तरह के महादेव पार्वती के मन्दिरों की उपलब्धता नगण्य है। अरुणाचल में कई जगहों पर बौद्ध स्थल बने हुये हैं जब कि असम में महादेव के इस तरह के तीर्थ स्थल बिखरे पड़े हैं। असम के ही मन्दिर आस पास के पहाड़ी राज्यों में तीर्थों की कमी को पूरा करते हैं।

मणिपुर में ज्यादातर कृष्ण पूजक रहते हैं। वहाँ के लोगों का भक्ति भाव में मणिपुर से मथुरा वृंदावन तक आवागमन बना रहता है। वह एक मात्र पहाड़ी राज्य ऐसा है

जहाँ पर प्राचीन और नवीन कृष्ण मन्दिर बहुतायत में हैं। वे भी मणिपुर की राजधानी इम्फाल में हैं। पूरा प्रान्त राधा और कृष्ण के मन्दिरों के आकर्षण का केन्द्र बना हुआ है। वर्तामन का इस्कान कृष्ण मन्दिर वहाँ का आकर्षण बना हुआ है। इसके अतरिक्त कुछ बौद्ध स्थल भी हैं परन्तु वहाँ शिव पार्वती के मन्दिरों की संख्या नहीं के बराबर है।

त्रिपुरा राज्य अपने सुंदर हिंदू और बौद्ध मंदिरों के लिए जाना जाता है। त्रिपुरा में कई मंदिर हैं जिनमें से सबसे प्रसिद्ध उदयपुर में 'माता त्रिपुरेश्वरी मंदिर' है। वहाँ यह मान्यता है कि ज़ब सती के तमाम अंग कट कट कर देश के कई स्थानों पर गिरे थे तब वहाँ पर सती के दाहिने पैर का अँगूठा गिरा था। त्रिपुरा के उदयपुर में ही भुवनेश्वरी मंदिर के अतिरिक्त पुराना अगरतला में चौदह देवी मंदिर भी है। मन्दिर, पूजा पाठ, सब कुछ होते हुये भी पूर्वोत्तर राज्यों का मुख्य भोजन मांसाहार ही है।

वर्ष 1983 के अन्त में मेरे चौथे नम्बर के छोटे भाई मदन चन्द्र भी गाँव से तंग आ कर हमारे पास लोकरा आ गये थे। लोकरा में आने पर मैंने उनको आगे पढ़ने के लिये कहा। उसी दौरान मेरी मुलाकात पाँचवीं असम राइफल्स के हवल्दार श्री मुक्तेश्वर सिंह से हुयी। वे उस समय पाँचवी असम राइफल्स बटालियन के टेलीफोन एक्सचेंज में तैनात थे। उन्होंने मुझे परामर्श दी कि ये शादी शुदा बाल बच्चेदार है तो अब पढ़ने के लिये इसके लिये कितना समय रह गया है? इससे तो अच्छा होगा कि आप असम राइफल्स में इसे भर्ती करा दें। उनकी बात मेरी भी समझ में आ गयी तब मैंने अपने भाई को असम राइफल्स में भर्ती होने के लिये कहा और भर्ती की तैयारी करने के लिये भी कहा। मेरे कहने पर वह तैयारी करने के लिये असम राइफल्स ग्राउंड में जाने लगे। वे घर से तो ग्राउंड में तैयारी करने जाते थे परन्तु वहाँ जा कर एकान्त में घंटे दो घंटे बैठ कर वापस चले आते थे। सन 1984 के आरम्भ में जब भर्ती का मौका आया तो इनके पास सर्टिफिकेट नहीं था। तब इनको पुनः घर भेज कर कागज मँगवाये। ये घर जा कर कागज ले आये और साथ में अपने बेटे दीपेन्द्र को भी ले आये। 1984 के अन्तिम महीने में भर्ती प्रक्रिया शुरू होने पर इनको उसमें शामिल कराया। भर्ती करने के लिये रिक्रूटिंग आफीसर उस समय मेजर भट्ट थे। श्री मुक्तेश्वर सिंह ने उनसे मेरी मुलाकात करायी। मेरे केन्द्रीय विद्यालय में शिक्षक होने के नाते उन्होंने मेरा मान रखा और मेरे भाई को विधिवत भर्ती कर लिया। भर्ती होने के बाद मेडिकल में भी पास हो गये। तत्पश्चात ट्रेनिंग के लिये इनको ट्रेनिंग सेंटर दीमापुर जाना था। मैंने पीटी परेड के कपड़े, बाक्स और डेली उपयोग में आने वाले कपड़ों तथा अन्य

सामान की व्यवस्था की साथ ही कुछ रुपयों की भी व्यवस्था कर के ट्रेनिंग के लिये भेज दिया। ट्रेनिंग बहुत सख्त थी। दौड़ भाग के साथ साथ कठिन एक्सरसाइज का दौर महीनों चला। सुबह जब ये लैट्रिन जाते थे तो बैठने के बाद अपने आप उठना मुश्किल हो जाता था। इस वास्ते कि बैठ कर लोग उठ सकें लैट्रिन की दीवारों में सहारे के लिये मोटी मोटी रस्सियाँ बाँध कर लटका दी गयीं थीं। जब तक महीने दो महीने शरीर नहीं पिघलता तब तक उन्हीं रस्सियों का सहारा ले कर लैट्रिन करने के बाद रिक्रूट उठा करते थे। बाद में सब कुछ अभ्यास में आता चला गया।

एक महीना क्या कुछ दिनों बाद ही इन्होंने थकान और कठिन मेहनत के कारण ट्रेनिंग करने में असमर्थता जाहिर करते हुये मुझे एक पत्र लिखा। उस पत्र के जवाब में मैंने लिखा कि नौकरी बार बार नहीं मिलती है फिर तुम अकेले ट्रेनिंग करने वाले नहीं हो। अपने अन्य साथियों की तरह हिम्मत से काम लो कुछ दिनों में शरीर अभ्यस्त हो जायेगा। अगर फिर भी हिम्मत हार रहे हो तो अब मेरे पास लेटर मत डालना और अपनी मर्जी के मुताबिक जो करना चाहो करना। उस बेरुखी कठोर चिट्ठी का इतना असर अवश्य पड़ा कि भाई ने तमाम तकलीफें सहन कर के अपनी ट्रेनिंग पूरी कर ली। वे नौ महीने की ट्रेनिंग के बाद पासिंग आउट परेड पास कर के सिपाही बन कर दो महीने की छुट्टी पर घर आ गये। इस प्रकार मेरे भाई की नौकरी पक्की हो गयी और वे आत्म निर्भर हो सके। दीपेन्द्र और मेरा छोटा बेटा शैलेन्द्र दोनों एक साथ खेलते रहते थे। बाद में भाई अपनी नौकरी पर रहे और उनका लड़का दीपेन्द्र हमारे पास बना रहा।

वर्ष 1984 का नवम्बर माह था। प्राचार्य महोदय श्री पी.एस. शुक्ल जी के प्रयास से मुझे के.वी.एस. गौहाटी संभाग का खेलकूद पर्यवेक्षक बना कर दिल्ली भेजा गया था। वह के.वी.एस. नेशनल स्पोर्ट्स मीट नई दिल्ली झरौंदा कला में आयोजित हुआ था। वहाँ पर गौहाटी संभाग के चयनित तमाम खिलाड़ियों के साथ साथ पूरे भारतवर्ष के सभी संभागों के चयनित खिलाड़ी आये हुये थे। वहाँ मुझे पाँच दिन तक रहने का अवसर मिला। वहाँ पहुँच कर मुझे पता लगा कि श्री रतनलाल जी पी.जी.टी. रसायन विज्ञान के तौर पर के.वी. झरौंदा कला में पोस्टेड हैं। मौका निकाल कर मैं उनसे मिलने उनकी लैब में गया। उनसे मेरी मुलाकात हुयी और आपस मे बातचीत भी हुयी। वे हमारे रिश्ते में फूफा लगते थे क्योंकि वे मेरे फूफाजी के मौसेरे भाई थे। वे घिरोर जिला मैनपुरी के निवासी थे। बातों बातों में उन्होंने मुझसे कान में कहा कि किसी को बताना नहीं कि मैं इस जाति का हूँ। उस समय भी वे जनरल कैटेगरी शायद गुप्ता बन कर रह रहे थे।

जब उनकी नियुक्ति हुयी थी तब (1964 में) उनका चयन जनरल कैटेगरी में ही हुआ था क्योंकि उस समय जिला मैनपुरी आगरा मण्डल में आता था और आगरा मण्डल में कोरी जाति अनुसूचित जाति में नहीं थी बल्कि जनरल में थी। उनकी प्रथम नियुक्ति के.वी. आरआरसी फतेहगढ़ में हुयी थी। उसके बाद वे देहरादून गये फिर वहाँ से दिल्ली गये। इस तरह वे जहाँ भी गये लोक लाज और मान मर्यादा के कारण अपनी जाति छिपा कर ही जिन्दगी बिताते रहे। जाति छिपाने के कारण उन्हें कहीं शर्मा तो कहीं गुप्ता बन कर रहना पड़ा। परिणाम स्वरूप जीनियस होने के बाद भी उनके व्यक्तित्व का ह्रास होता चला गया। उनसे बहुत जूनियर ए.सी., डी.सी. और जे.सी. बनकर रिटायर हुये थे। एक वे जो बमुश्किल अपने रिटायरमेंट से कुछ ही पहले प्राचार्य बन पाये थे। अन्तिम टेन्योर में दिल्ली से रिटायर हो गये। दिल्लीं रह कर उन्हें एक लाभ अवश्य मिला कि उन्होंने अपने बच्चे अच्छी शिक्षा दिलाकर उच्च शिक्षित कर लिये जिससे वे अच्छे अच्छे पदों पर पदस्थापित हो गये। उनके सभी बच्चों की शादियाँ भी अन्तर्जातीय हुयीं। उनमें से कोई दिल्ली में तो कोई विदेशों मे बस गये।

हमारे तीसरे नम्बर के भाई प्रेम चन्द्र को जब पता लगा कि मदन चन्द्र की नौकरी असम राइफल्स में लग चुकी है तो उन्होंने अपने साढ़ू को भी लगवाने के लिये हमारे पास लोकरा भेज दिया। उनके साढ़ू का नाम अमर सिंह था। वे हमारे गाँव के ही पड़ौसी गाँव मेंहदेपुर के रहने वाले थे। अमर सिंह के पिताजी व ताऊजी के साथ हमारे पिताजी के भी बहुत आत्मीय सम्बन्ध थे। करीब छः महीने तक अमर सिंह को अपने पास लोकरा में रखा। वहीं अपने घर पर रख कर उनको दौड़ भाग और व्यायाम का अभ्यास कराया था। अमर सिंह की भी लम्बाई मदन चन्द्र की ही तरह अच्छी थी। मैं एक बार अमर सिंह को मिलाने के लिये उस डॉक्टर के पास ले गया था जिसे भर्ती के बाद उनका मेडिकल करना था। अमर सिंह का रहन सहन बिल्कुल वही गाँव वाला था। कमीज के कफ के बटन और सामने के तीन बटन खुले हुये, दशा मवालियों जैसी थी। मैंने कह कर वह सब ठीक कराया और डॉक्टर से मुलाकात करा के लाया था। जब 1985 में भर्ती हुयी तो असम राइफल्स के अधिकारियों की मदद से वह भर्ती हो गये। भर्ती होने के बाद उनके लिये भी मैंने ट्रेनिंग की पूरी तैयारी की जिसमें उनके लिये किट, कपड़े और कुछ रुपयों का इन्तजाम किया। सारा इन्तजाम कर के उन्हें भी ट्रेनिंग करने के लिये ट्रेनिंग सेंटर दीमापुर भेज दिया। उन्होंने कठिन मेहनत कर के अपनी ट्रेनिंग पूरी की। वे पासिंग आउट परेड पास कर के मुकम्मल

सिपाही बन गये। अमर सिंह ट्रेनिंग पूरी कर के मेरे पास न आ कर सीधे अपने गाँव के लिये रवाना हो गये थे। उन्होंने मुझसे भर्ती होने तक का ही सम्बन्ध रखा था। इस तरह वे भी आत्मनिर्भर हो गये।

सन 1985 अप्रैल माह में प्राचार्य महोदय श्री पी.एस. शुक्ला ने मेरे तीसरे बेटे नीलेन्द्र कुमार का भी कक्षा एक में एडमिशन कर दिया था। उस समय भी कक्षा एक के बच्चों की प्रवेश आयु न्यूनतम पाँच वर्ष थी। जिसकी गणना उस सत्र के तीस सितम्बर की तारीख से की जाती थी। मेरा ये बेटा कुछ शाही मिजाज का रहा है। जो मन में तय कर ले या ठान ले तो वही करेगा। चाहे कोई लाख जतन कर ले उसे उसके संकल्प से डिगा नहीं सकता। यह दृढ़ निश्चय (firm determination) की प्रवृत्ति सब में नहीं होती है जो कि मेरे इस बेटे में है। जो बाल मनोविज्ञान को नहीं समझ पाते हैं वे कई बार मेरी तरह बहुत पछताते हैं। एक बार ऐसा ही हुआ कि मैंने कहा बेटा पढ़ो पर वो अनसुनी कर गया। मेरे कई बार कहने पर भी उसने ध्यान नहीं दिया। मैंने गुस्से में आकर उसके एक ही गाल पर दो तमाचे जड़ दिये। जिससे उसके चेहरे पर निशान तो पड़ ही गये थे साथ ही एक आँख में लालामी भी आ गयी थी। वह लालामी जब दो तीन दिन तक दूर नहीं हुई तो मैं चिन्तित हुआ और अस्पताल लेकर गया। अस्पताल में डॉक्टर नायक ने पूछा चोट कैसे लगी तो मैंने डॉक्टर से झूठ बोल दिया। उनको बता दिया कि खेलते वक्त गिर गया था। डॉक्टर ने कहा यह चोट गिरने की नहीं है बल्कि बेरहमी से मारे हुये थप्पड़ों की है। मुझे अपने झूठ पर और अपने आप पर बहुत ग्लानि हुयी। मेरी वह गलती मेरे लिये एक लम्बे अन्तराल तक पश्चाताप का कारण बनी रही। एक ऐसा पश्चाताप जिसका कोई प्रायश्चित नहीं था। बस एक ही बात समझ में आयी कि बाल हठ का शान्त रह कर सम्मान करना चाहिये इसी में भलाई है।

सन 1985 के एनई रीजन स्पेशल ड्राइव से पूर्व ही 1984 के मध्य श्री होती लाल बड़गोती जो आगरा के रहने वाले थे उन्होंने विद्यालय में प्राइमरी टीचर के पद पर ज्वाइन किया था। श्री होती लाल का हिन्दी का राइटिंग बहु सुन्दर था। इसी तरह श्री डी.बी. लिम्बू प्राइमरी टीचर का अंग्रेजी हैंड राइटिंग बहुत खूबसूरत था। वे दोनों लोग विद्यालय के लिये एसेट थे। प्राचार्य महोदय ने मुझे विद्यालय के कई विभाग (लगभग सभी विभाग) सौंप रखे थे। उन विभागों में छात्र निधि (Pupil fund), परीक्षा विभाग (Exam Dept), क्रय समिति (Purchase Committee),

कोआर्डिनेटरशिप (Coordinatorship), एडमिशन विभाग (Admission Dept), आदि।

उस समय वहाँ पर गृह परीक्षाओं के लिये प्रश्नपत्र छपवाने की सुविधा सुलभ नहीं थी। इसलिये मैं हर क्लास के लिये हर विषय के प्रश्नपत्र सेट करवा के अपनी अलमारी में रख लेता था। परीक्षा घोषित होने के बाद परीक्षा स्कीम के मुताबिक अगले दिन होने वाले प्रश्नपत्र को परीक्षा की पूर्व संध्या में हम पेपर तैयार कर लेते थे। हम चार लोग (मैं, होती लाल, डी.बी. लिम्बू और मजीद) एक कमरे (परीक्षा कक्ष) में बैठ कर पेपर तैयार करते थे। जो पेपर होने वाले होते थे उनमें हिन्दी माध्यम के पेपर की स्टेंसिल तैयार करने का दायित्व श्री होती लाल बड़गोती का था। अंग्रेजी माध्यम के प्रश्नपत्रों के स्टेंसिल तैयार करने दायित्व श्री डी.बी. लिम्बू को सौंप रखा था। ये लोग हाथ से लिख कर स्टेंसिल तैयार करते थे। एक चतुर्थ श्रेणी कर्मचारी मजीद साइक्लोस्टाइल मशीन पर स्टेंसिल चढ़ा कर साइक्लो स्टाइल करता था। इस प्रकार हर कक्षा व विषय के लिये बच्चों की संख्या के अनुरूप गिनती कर के प्रश्नपत्र अलग अलग लिफाफों में बन्द कर के अलमारी में रखते जाते थे। अन्त में प्रयोग किये हुये स्टेंसिल और छपाई में आधे अधूरे खराब हुये पेपर एकत्र कर के मैदान में रख कर आग के हवाले कर देता था ताकि किसी भी प्रश्नपत्र का एक भी प्रश्न रद्दी के टुकड़े के रूप में किसी के हाथ न लगे। इतना काम शाम से लेकर रात के दो बजे तक पूरा हो पाता था। यह काम जब तक परीक्षाएँ चलतीं थी तब तक लगातार चलता रहता था। यही व्यवस्था विद्यालय में जब जब परीक्षा होती थी तब तब लागू रहती थी। यह कार्य जब तक मैं विद्यालय में रहा तब तक उसी टीम के साथ उसी तरह चलता रहा।

सन 1985 में केवीएस के नव चयनित शिक्षकों की भरमार रही। उन शिक्षकों में काफी लोग अच्छे आये और कुछ औसत दर्जे के भी आये। उनमें अधिकांशतः पी.जी.टी. और टी.जी.टी. थे। श्री आर.एस. चौहान पी.जी.टी. गणित जो पश्चिमी यूपी के थे। श्री एस.एन. दीक्षित टी.जी.टी. साइंस पूर्वी यूपी के थे। श्री मंसूर आलम (एम. आलम) टी.जी.टी. अंग्रेजी बिहार के थे। श्री आर.के. सिंह टी.जी.टी. सामाजिक विज्ञान बिहार के थे। श्री आर.सी. दीक्षित टी.जी.टी. हिन्दी पूर्वी यूपी के थे। श्री फौजदार यादव टी.जी.टी. अंग्रेजी पूर्वी यूपी के थे। श्री विद्या सागर टी.जी.टी. गणित समस्तीपुर बिहार के थे। श्री राजेन्द्र सिंह पी.ई.टी. पूर्वी यू.पी. के थे। श्री आर.एन. पाल टी.जी.टी. संस्कृत मछली शहर जिला जौनपुर उत्तर प्रदेश के थे। श्री आर.एन. पाल काफी दिनों तक हमारे साथ बने रहे और हमारे ही घर पर खाना खाते

रहे। बाद में उन्होंने अपनी इच्छा जाहिर की कि खाने का पैसा ले कर आप मुझे अपने यहाँ बना रहने दीजिये पर इतने बड़े परिवार में मेरे लिये यह संभव नहीं था। अन्ततः मैंने लोकरा बस्ती में एक कमरा किराये पर दिलवा दिया और वे अपना परिवार ला कर उसमें रहने लगे।

श्री ओ.पी. राय टी.जी.टी. हिन्दी पूर्वांचल के थे। वे कुछ ही दिनों में पी.जी.टी. हिन्दी बन कर केन्द्रीय विद्यालय न्यू बोंगाईगांव चले गये थे। उनमें अधिकतर एन.ई. रीजन के लिये विशेष प्रावधान के अन्तर्गत चयनित हुये थे। उन सभी का चयन केवल गौहाटी संभाग के लिये ही किया गया था। जिनका चयन भविष्य में ट्रांसफर न होने की शर्त पर हुआ था। उन सभी नियुक्तियों के लिये नियुक्त लोगों को पीले हाथ वाला चयनित शिक्षक कहा जाता था। उस समय श्री एस.पी. पाण्डेय सहायक आयुक्त के.वी.एस. गौहाटी रीजन थे। उनके ही विशेष प्रयास से ये नियुक्तियाँ हुईं थीं और उन्होंने बड़ी ही उदारता से यू.पी. व बिहार के तमाम लोगों का चयन किया था। काफी इच्छुक व योग्य अभ्यर्थी असम के भी चयनित हुये थे। उसी दौर में श्री एस.सी. त्रिवेदी पी.जी.टी. बायो का ट्रांसफर गौहाटी संभाग के केन्द्रीय विद्यालय टेंगावेली अरुणाचल प्रदेश में हो गया था। श्री त्रिवेदी जी वाला क्वार्टर खाली हो गया और वह क्वार्टर प्राचार्य महोदय ने मेरे नाम एलाट कर दिया था। अब मैं एक अच्छे साफ सुथरे क्वार्टर में पहुँच गया था।

उस दौर में एनई रीजन के लिये केन्द्रीय विद्यालय संगठन में टीचर्स भर्ती का स्पेशल ड्राइव चल ही रहा था। उस समय श्री एस.पी. पाण्डेय सहायक आयुक्त गौहाटी संभाग से श्री ए.पी. मिश्रा के काफी मधुर सम्बन्ध थे। उन्होंने अपनी पत्नी को टी.जी.टी. संस्कृत पद के लिये 1985 में एप्लायी करवाया और वह रेगुलर टी.जी.टी. संस्कृत पद पर चयनित हो गयीं। उनको नियुक्ति भी केन्द्रीय विद्यालय मालीगाँव गौहाटी रीजन में मिल गयी। श्री ए.पी. मिश्रा जी ने अपनी पत्नी को वहाँ कार्यभार ग्रहण करा दिया तत्पश्चात कुछ ही महीनों के अन्तराल में उन्होने अपना भी ट्रांसफर केन्द्रीय विद्यालय मालीगाँव में करा लिया।

संयोग से सन 1984 के मध्य में हमारे छोटे भाई कुँअर चन्द्र के चचेरे साले महेश चन्द्र व महेश चन्द्र के फुफेरे भाई गजेंद्र सिंह भी नौकरी की तलाश में लोकरा पहुँचे थे। मेरे निवेदन करने पर प्राचार्य महोदय श्री शुक्ला जी ने महेश चन्द्र को एम.ए. बी.एड. और बी.ए. में हिन्दी होने के कारण अपने विद्यालय में ही टी.जी.टी. हिन्दी तदर्थ पद पर रख लिया था। इस प्रकार वे विद्यालय में 1984-85 के पूरे एक सत्र

तक अध्यापन करते रहे। महेश चन्द्र के साथ जो उनके फुफेरे भाई आये थे उनके लायक कोई काम नहीं मिल पाया था जिससे कुछ दिनों बाद वे अपने घर लौट गये थे। सन 1985 का अन्त आते आते प्राचार्य महोदय श्री पी.एस. शुक्ल जी का ट्रांसफर यू.पी. में हो गया था । उसके बाद महेश चंद्र के लिये अगले वर्ष केन्द्रीय विद्यालय लोकरा में भी अवसर की कोई संभावना नहीं रही। संयोग से उसी दौरान असम राइफल्स पब्लिक स्कूल में शिक्षकों की जगहें निकलीं थीं। महेश चन्द्र को इंटरव्यू देने के लिये लोकरा से गौहाटी होते हुये दीमापुर जाना था सो मैंने उनको तैयार कर के वहाँ भेजा था। वे वहाँ न जा कर बीच रास्ते से ही लौट आये थे। उन्होंने उतनी दूर अकेले रह कर नौकरी करने की असमर्थता जाहिर की थी। इस प्रकार एक अच्छा अवसर उनके हाथ से जाता रहा। उसके बाद वे वापस अपने घर फफूँद के पास गाँव जुआ चले गये थे।

अब हम पुनः केन्द्रीय विद्यालय लोकरा में अपने प्रति किये गये कृत्यों व दुष्कृत्यों की ओर ध्यान आकर्षित करना चाहेंगे। श्री एम.एम. मिश्रा के लाख वैमनस्य फैलाने के बावजूद भी विद्यालय का वातावरण मेरे प्रति विद्वेष पूर्ण व विषाक्त नहीं हो पाया था जितना कि उसने प्रयास किया था। अपने अपने स्वभाव और आचार व्यवहार के कारण वहाँ के लोग मुझसे आत्मीयता रखते थे जब कि एम.एम. मिश्रा से लोगों के काम चलाऊ सम्बन्ध रह गये थे। प्रचार्य महोदय के ट्रांसफर जाने के बाद एम.एम. मिश्रा को सीनियर होने के नाते प्राचार्य पद पर आफीसियेट करने का अवसर मिल गया। वह मेरे साथ तो वैमनस्य मानता ही था। ए.पी. मिश्रा भी वहाँ से केन्दीय विद्यायय मालीगाँव के लिये ट्रांसफर जा चुके थे। अब उसके लिये टारगेट के तौर पर मैं ही रह गया था। उस स्थिति में वह अपनी पूरी ठसक व रुआब दिखाने की कोशिश करता था। अन्ततः 1986 के मध्य तक उसका भी वहाँ से यूपी में ही ट्रांसफर हो गया था अथवा उसने करा लिया था क्योंकि एनई रीजन में रहने का तीन साल का ही टेन्योर था। जो लोग अपनी कोशिश में सफल हो जाते थे उनका ट्रांसफर तीन साल पूरे होते ही हो जाता था।

मुझसे सीनियर दोनों पी.जी.टी. का ट्रांसफर हो चुका था। अब विद्यालय का पूरा कार्यभार मेरे ऊपर आ गया अर्थात अपना क्लास पढ़ाने से आफिसियेट करने तक का सम्पूर्ण दायित्व मेरा था। विद्यालय भी स्टाफ से भरा पूरा था। कुछ ही महीने बीते कि 1986 के अन्त तक आंध्र प्रदेश के निवासी एक सुयोग्य प्राचार्य ने पद भार ग्रहण कर लिया। वे लम्बे कद काठी वाले गेहुआँ रंग के व आत्मीय प्रकृति

के इंसान थे। वे अपने साथियों (स्टाफ) से बहुत ही मधुर सम्बन्ध व व्यवहार रखने वाले थे। उन प्राचार्य महोदय का नाम श्री जे.एस.आर. मोहनदास (पूरा नाम जाट्ती सीता रामा मोहनदास) था अर्थात जाट्ती गाँव का नाम, सीता रामा पिता का नाम तथा मोहनदास उनका अपना नाम था। उस विद्यालय में मेरे समक्ष वे दूसरे प्राचार्य थे। वैसे तो वे अर्थशास्त्र के विद्वान थे परन्तु प्रशासन में उनका कोई शानी (बराबरी करने वाला) नहीं था। उस समय उनकी आयु लगभग पचपन वर्ष रही होगी। उन्होंने प्राचार्य पद ग्रहण करने के बाद विद्यालय को एक नई गति, नई ऊर्जा और नई दिशा प्रदान की। शैक्षणिक क्षेत्र से लेकर प्रशासनिक क्षेत्र तक में उन्होंने प्राण फूँक दिये। स्टाफ में सभी लोगों की योग्यता और क्षमताओं का छात्रों के हित में भरपूर उपयोग किया।

वे बहुमुखी प्रतिभा के धनी थे। आफिस में सेलरी का बिल तैयार करने वाले बाबू बिल तैयार कर के प्राचार्य के तुरन्त हस्ताक्षर करा के ले जाते थे परन्तु उन प्राचार्य के आने के बाद यह सुलभ नहीं हुआ। यू.डी.सी. श्री जी. डे जैसे ही पे बिल तैयार कर के प्राचार्य महोदय के समक्ष लाये और उन्होंने पे बिल हस्ताक्षर करने के लिये कहा। वैसे ही उन्होंने ने पे बिल अपनी मेज पर रखवा लिया और थोड़ी देर बाद ले जाने के लिये बोल दिया। उन्होंने थोड़ी ही देर में पूरा पे बिल चेक कर लिया। संयोग से पे बिल में उनको दस नये पैसे का अन्तर मिला। उन्होंने पे बिल बिना हस्ताक्षर किये वापस कर दिया तथा दुबारा सही बिल बना कर लाने को कहा। उन दिनों वेतन नये पैसों तक में बनाया जाता था। पूरा पे बिल रुपयों से पचास पैसे या उससे ऊपर होने पर अगले रुपये में मान लिया जाता था। पचास पैसे से कम पर पिछले पूर्ण रुपये में ही माना जाता था।

उन प्राचार्य महोदय का खेलों में बैडमिंटन के प्रति विशेष रुझान था। उन्होंने ज्वाइन करने के बाद विद्यालय प्रांगण में बैडमिंटन कोर्ट बनवाया और बैडमिंटन खेलने के लिये प्लेयर तैयार किये। उन प्लेयर्स में उन्होंने मुझे भी खेलने का अवसर दिया था। उन्हीं के साथ बैडमिंटन खेल कर मैंने उस खेल के सारे नियम और खेलने की शैली सीखी थी। वे लगभग एक साल तक विद्यालय में रहे। मैं उनका बैडमिंटन का नियमित साथी खिलाड़ी रहा था।

जब वे आये थे तो उनके कन्धे पर केवल एक एयर बैग था। उन्होंने लेटने बैठने के लिये हल्का सा बिस्तर और खाना बनाने का सामान लोकरा आ कर ही खरीदा था। वे प्राचार्य वाले क्वार्टर में ही ठहरे थे। महीने में एक बार वे प्लेन द्वारा गौहाटी से हैदराबाद की निजी यात्रा करते थे। इस प्रकार उन्होंने करीब एक साल पूरा किया था। एक बार मैंने उनसे पूछा कि सर आपका वेतन तो प्रति माह की हवाई यात्रा में

ही कम पड़ जाता होगा। तब उन्होंने कहा था कि मैं सर्विस केवल शौक के लिये कर रहा हूँ। मेरी पत्नी को मायके से बहत्तर ट्रक दहेज में मिले हैं और उसका कहना है कि नौकरी छोड़ दो इसकी कोई जरूरत नहीं है लेकिन मैं अपने शौक और स्वाभिमान के लिये नौकरी कर रहा हूँ।

मुझे अक्सर प्राचार्य महोदय के अवकाश पर रहने के कारण भी कार्यकारी प्राचार्य रहना पड़ता था। वहाँ पर मेरे कार्यकाल में रीजनल स्पोर्ट्स मीट का आयोजन हुआ था। शायद सन 1986 नवम्बर का महीना रहा होगा। गौहाटी संभाग की ओर से रीजनल स्पोर्ट्स मीट के आयोजन के अन्तर्गत केन्द्रीय विद्यालय लोकरा को खो खो कबड्डी के इवेंट दिये गये थे। मैंने उन इवेंट्स के खिलाड़ियों और एस्कोर्ट के रुकने की व्यवस्था विद्यालय में ही कर दी थी। उनके खानपान की व्यवस्था बाजार के एक भुइयाँ होटल में करवा दी थी। खिलाड़ियों के साथ जो शिक्षक आये थे वे शाम को आपस में खुस फुस कर के खाने के प्रति असन्तोष जाहिर कर रहे थे। उनका मानना था कि उन्हें खाने में नान वेज नहीं मिला। मुझे पता लगा तो मैंने अपने पीईटी को बुला कर उन टीचर्स में से पाँच टीचर्स की एक कमेटी बना दी। साथ ही उनको ये निर्देश दे दिये कि आपको प्रति दिन के हिसाब से जो भी डीए मिलता है। उसके अनुसार सुबह के नाश्ते, दोपहर व शाम के भोजन के लिये मीनू बना लीजिये और उसकी एक प्रति मुझे देकर होटल मैनेजर से तय कर लीजिये ताकि आप सभी लोगों को अपने मिलने वाले डी.ए. का पूरा लाभ मिल सके। उसी बीच एक मंगल पड़ गया और कुछ लोगों ने मंगलवार को व्रत उपवास की बात कही। उन्होंने कहा कि हम नान वेज नहीं लेंगे। उन लोगों ने कहा उसके स्थान पर खीर का इन्तजाम हो जाये तो अच्छा रहेगा। वह बात मुझ तक आयी और मैंने उन्हीं के अनुसार मीनू के लिये हाँ कर दी। उन लोगों की फरमाइस के अनुसार मंगलवार को दोपहर का भोजन बना। उनमें कुछ लोग ऐसे थे जिन्होंने पहले खीर खायी फिर बाद में मीट भी खाया। इससे व्यवधान ये हुआ कि जो वास्तविक खीर खाने वाले थे वे छूट गये। उनको खीर मिल ही नहीं पायी और उन्होंने मंगलवार होने के कारण मीट खाया नहीं। जिससे उन्होंने रोटी दाल और सब्जी से ही काम चलाया। इस प्रकार जो पेटू थे वे बिना शरम के खीर और मीट दोनों खा गये बाकी टापते रह गये। इतना अवश्य हुआ कि उस दुर्व्यवस्था की शिकायत मुझ तक नहीं आयी। इस तरह उस अभाव ग्रस्त जगह में रीजनल स्पोर्ट्स मीट पूरा हुआ और वहाँ से सभी खिलाड़ी अपने शिक्षकों के साथ अपने अपने विद्यालयों को रवाना हो गये।

उसी दौरान कुछ अराजक तत्वों का एक समूह विद्यालय में अप्रत्याशित ही घुस आया था। उन्होंने आ कर प्राचार्य चैम्बर को घेर लिया और वे एक एक कर के चेम्बर में घुस आये तथा विद्यालय बन्द करने का दबाव डालने लगे। इस प्रकार उस समूह ने असम बन्द की घोषणा के तहत लोकरा में केन्द्रीय विद्यालय को भी बन्द कराने के लिये दबाव डाला। वे बोले क्या यह केन्द्रीय विद्यालय असम से बाहर है जो अब तक बन्द नहीं हुआ है? तुरन्त विद्यालय बन्द करिये अन्यथा परिणाम भुगतने के लिये तैयार हो जाइये। मेरे लाख कहने पर कि मुझे अपने दिल्ली हेड क्वार्टर से विद्यालय बन्द करने की अनुमति नहीं है। यह सुन कर वे आपे से बाहर हो गये। जब मुझे उनका रुख हाथापाई वाला मालूम पड़ा तब मैंने उनको कहा कि ठीक है कृपया मुझे अपने विद्यालय के चेयरमैन साहब से परमीशन ले लेने दीजिये। यह कहते हुये मैंने अपने प्राचार्य चैम्बर का फोन उठाया और अपने चेयरमैन साहब को रिंग कर दिया। उस समय विद्यालय प्रबन्ध समिति के अध्यक्ष पाँचवीं असम राइफल्स के कमाण्डेंट कर्नल के.एन. सती साहब थे। मैंने उनको फोन पर ही बताया कि सर कुछ नेता व समाजिक कार्यकर्ता आये हुये हैं जो असम बन्द के आह्वान पर विद्यालय बन्द कराने के लिये दबाव डाल रहे हैं। कृपया जितनी जल्दी हो सके विद्यालय बन्द करने के लिये परमीशन भेज दीजिये। उन्होंने मेरी भाषा और भाव समझ कर आनन फानन में रायफल धारी सिपाहियों से भरा हुआ एक ट्रक भेज दिया। उन फौजियों ने पाँच मिनट के अन्दर ही प्राचार्य चैम्बर व उसके आस पास का इलाका घेर लिया। उनके ट्रूप कमाण्डर ने प्राचार्य चेबर के अन्दर आकर उन तथाकथित नेताओं से कहा कि जितनी जल्दी हो सके उतनी जल्दी यह विद्यालय परिसर छोड़ कर भाग जाओ। इसी में तुम्हारी भलाई है अन्यथा यदि मैंने तुम्हें खदेड़ा तो परिणाम बहुत बुरा होगा। वे लोग तुरन्त वहाँ से उठकर चल दिये और चलते चलते मुझे देख लेने की धमकी दे गये। असम के ऐसे लोगों से मेरा सीधा सीधा पहला साबका था। यद्यपि उनकी धमकी से मुझे काफी दिनों तक डर लगता रहा। वे कहीं एकान्त पा कर हमारे ऊपर हमला न कर दें परन्तु ऐसा हादसा कभी नहीं हुआ।

प्राचार्य श्री जे.एस.आर. मोहनदास के रहते मुझे मार्च 1987 में केन्द्रीय विद्यालय सोलमारा तेजपुर में सेण्ट्रल बोर्ड की परीक्षा का केन्द्र व्यवस्थापक (सेण्टर सुपरिंटेंडेंट) बनने का अवसर मिला। वहाँ तक पहुँचने के लिये उस समय लोकरा से तेजपुर के लिये रोडवेज की एक बस चलती थी। पहले दिन और पहली बार मैं केन्द्रीय विद्यालय सोलमारा के लिये लोकरा से बस द्वारा गया था। बस लोकरा से बालीपारा होते हुये

केन्द्रीय विद्यालय ए.एफ.एस. तेजपुर का गरयीमारी तिराहा (गरयीमारी तिनाली) पड़ा। उसको पार करते हुये आगे सोलमारा तिनाली पहुँचे और वहीं पर बस से उतर गये। वहाँ से किसी के साथ केन्द्रीय विद्यालय सोलमारा पहुँचे। उस समय वहाँ के प्राचार्य श्री जे. प्रसाद थे जो आन्ध्र प्रदेश के निवासी थे। मुझे उन प्राचार्य महोदय से काफी सहयोग मिला। उन्होंने एक पी.जी.टी. व एक चतुर्थ श्रेणी कर्मचारी मेरे सहयोग के लिये तैनात कर दिये थे। वहाँ पी.जी.टी. कोई शर्मा जी थे जो हिस्ट्री विषय के थे और काफी योग्य थे। परीक्षा पेपर उस समय बैंक लाकर से उसी दिन लाने पड़ते थे। उस काम में शर्मा जी का अभूतपूर्व योगदान रहता था। परीक्षा पेपर पैकेट खुलवाने से ले कर परीक्षा की समाप्ति पर परीक्षा पुस्तिकाओं की पैकिंग तक के काम में वे हर वक्त सहायक होते थे। परीक्षा पुस्तिकाओं को बोर्ड भेजने के लिये सील्ड पैकिंग के साथ तेजपुर मुख्य डाकघर पहुँच कर पार्सल करनी पड़ती थी। इस काम के लिये मेरे साथ पोस्ट आफिस जाने के लिये वहाँ का एक चतुर्थ श्रेणी कर्मचारी नियत किया गया था जिसे कानू कह कर पुकारते थे। वह असम का ही मूल निवासी था। परीक्षा समाप्त होने के बाद परीक्षा पुस्तिकाओं की पैकिंग आदि में काफी समय लग जाता था और पोस्ट आफिस पहुँचते पहुँचते काफी समय लग जाता था। लंच का समय बीत कर डिनर का वक्त नजदीक आ जाता था। इसी को ध्यान में रखते हुये मैंने यह उचित समझा कि उसे कुछ खिला दिया जाये। फिर मैंने उसे एक होटल में बिठा कर उसका प्रिय भोजन मछली भात खिला दिया। उसके बाद जब तक परीक्षाएँ चलीं मैं प्रति दिन उसे पोस्ट आफिस से लौटने के बाद भोजन कराता रहा और वह बिना कुछ कहे नित्यप्रति अपनी ड्यूटी को अंजाम देता रहा।

परीक्षा के बाद मेरी मुलाकात वहाँ के कुछ स्टाफ मेंम्बर्स से होती रहती थी। उनमें श्री बी.सी. शर्मा पी.जी.टी. जीव विज्ञान प्रमुख थे। उनकी पत्नी शायद एल.आई.सी. की एजेंट थीं। शर्मा जी ने मुझसे सम्पर्क कर के एक मनी बैक पॉलिसी खरीदने का प्रस्ताव दिया। मैंने अस्सी हजार रुपये का बीमा करा लिया। पंद्रह वर्ष तक त्रैमासिक किस्तें चलाने का कुल समय था। जिसमें हर पाँच वर्ष में बीमित राशि की चौथायी रकम वापस मिल जाती थी तथा बीमा पीरियड पूरा होने पर मय बोनस के बकाया धनराशि का भुगतान हुआ था। उसके बाद शर्मा जी से भी काफी आत्मीय सम्बन्ध बन गये थे। वहाँ का परीक्षा केन्द्र व्यवस्थापक के रूप में मेरा प्रवास बहुत अच्छा और अनुभव परक रहा। प्राचार्य श्री जे.एस.आर. मोहनदास 1987 अप्रैल पूरा होते होते एक साल में ही अपना ट्रांसफर करा के हैदराबाद वापस चले गये। जब वे वापस गये

तब भी उनके कंधे पर वही एयर बैग था जो वे विद्यालय ज्वाइन करते वक्त लाये थे। लोकरा में बिस्तर या किचन का खरीदा हुआ जो भी सामान था वह सब विद्यालय के चतुर्थ श्रेणी कर्मचारियों को दे कर वापस हैदराबाद के लिये रवाना हो गये। श्री जे.एस.आर. मोहन दास जी के ज्ञान, आचरण व मेरे प्रति किये गये व्यवहार से मुझे बहुत कुछ सीखने को मिला। उनका सहज, सरल व मधुर व्यवहार मुझे सदा प्रेरित करता रहा। उनके जाने के बाद पुनः कार्यवाहक प्राचार्य के रूप में मुझ पर विद्यालय की पूरी जिम्मेदारी आ गयी थी।

सन 1983 से 1985 तक मदन चन्द्र व अमर सिंह दोनों लोग असम राइफल्स में लग चुके थे। इन्हीं की देखा देखी 1986 में मेरे चाचाजी का बेटा अवधेश कुमार भी पूछते ढूँढ़ते मेरे पास लोकरा पहुँच गया। उसको भी अपने घर पर कई महीने तक रखा व तैयारी करवायी। जब भर्ती का वक्त आया तो उसे भर्ती के मैदान में भेजा और बाद में मैं भी वहाँ पहुँच गया। संयोग से उस समय भी रिक्रूटिंग आफीसर मेजर भट्ट साहब ही थे। उनका आवास चारद्वार में था। कुछ दिन पूर्व मैं अवधेश को उनके आवास पर ही उनसे मिला लाया था। भर्ती वाले दिन नाप जोख करने वाले आफीसियल्स ने इनको छाँट कर निकाल दिया था। जब मुझे मालूम हुआ तो मैं सी.ओ. साहब के समक्ष सहायता की गुहार के लिये पेश हो गया। वे मुझसे काफी नाराज हुये और मुझे पुनः मेजर भट्ट साहब के पास भेज दिया। भट्ट साहब ने बहुत सहायता की और बिना नाप जोख, माप तौल व दौड़ भाग के चयनित लोगों के दल में उसे शामिल कर लिया। जब मेडिकल की बारी आयी तो डॉक्टर ने भी तरह तरह की कमियाँ निकाल कर बाहर कर दिया। वहाँ भी भट्ट साहब ने ही मदद की थी। उन्होंने डॉक्टर से यहाँ तक कह दिया था कि डॉक्टर यह एक लड़का है और इसे भर्ती करना है बस इतना ही काफी है। डॉक्टर ने कहा ठीक है सर फिर तो कुछ चेक करने का कोई मतलब नहीं है। लीजिये मैं मेडिकल फार्म पर अपने सिग्नेचर कर देता हूँ। इस तरह अवधेश भी भर्ती हो गये।

जो लोग भर्ती हुये थे उनको कुछ समय के लिये चारद्वार में रखा गया था। वहाँ पर किसी दूसरी यूनिट में ट्रेनिंग पर जाने का विकल्प माँगा गया। अवधेश ने वहाँ जाने का अपना विकल्प दे दिया। भट्ट साहब ने मेरे पास खबर भेजी कि आपका भाई दूसरी बटालियन में ट्रेनिंग पर जाने का विकल्प पत्र भर चुका है। नियम के अनुसार दूसरी यूनिट में पहुँचने पर दुबारा मेडिकल होता है और वहाँ पर ये मेडिकल में फेल हो जायेगा इसलिए इसे यहीं पर रोकिये। उनके बताये हुये के अनुसार मैंने अवधेश को

चारद्वार में ही बने रहने को कहा। इस प्रकर उनकी चारद्वार में ही ट्रेनिंग शुरू हो गयी। ट्रेनिंग के दौरान रिक्रूट्स से आर्मी ट्रक से कुछ राशन आदि के बोरे उतारने को कहा गया। अवधेश भी उस टीम में थे और बोरे उतारते वक्त अचानक एक झटका सा लगा जिससे इनके पैर की जाँघ में चोट आ गयी। यूनिट हास्पिटल लोकरा से तेजपुर आर्मी हास्पिटल रेफर किया गया। फिर वहाँ से आर्मी बेस हास्पिटल गौहाटी के लिये भेज दिया गया। वहाँ पर कुछ दिन इलाज हुआ और कुछ आराम मिला। एक बार फिर भट्ट साहब ने ही मुझसे कहा कि अगर बेस हास्पिटल से उन्होंने लिख दिया कि केस जटिल है और ठीक होने की उम्मीद नहीं है। उस स्थिति में असम राइफल उसे निकाल देगा तथा बिना किसी लाभ के सूखा घर भेज देगा। मैंने उनसे पूछा कि मुझे क्या करना चाहिये? तब उन्होंने बताया कि आप वहाँ जा कर उसे बतायें कि जब भी डॉक्टर की विजिट हो तब वह डॉक्टर को बताये कि अब आराम है। उसके वहाँ से डिस्चार्ज हो कर यूनिट हास्पिटल में आने पर सब कुछ ठीक हो जायेगा। अगर यहाँ आ जायेगा तो उसका पूरा पीरियड ट्रेनिंग में जुड़ जायेगा। जब ट्रेनिंग पूरी हो कर पासिंग आउट परेड हो जायेगी तो सिपाही बनने के बाद फिर निकाला नहीं जा सकेगा। उनके कथनानुसार मैं अपनी पत्नी को ले कर बेस हास्पिटल गौहाटी गया। वहाँ जा कर अवधेश को भी समझाया कि क्या करना है? इसके अतिरिक्त वहाँ के डॉक्टर से भी मिला। कुल मिला कर अवधेश वहाँ से डिस्चार्ज हो कर लोकरा आ गये और कुछ दिनों में परेड में खड़े होने लायक हो गये। इस तरह धीरे धीरे ट्रेनिंग पूरी हो गयी और पासिंग आउट परेड भी पास हो गये। इस प्रकार वह सिपाही की वर्दी पहन कर दो महीने की छुट्टी पर घर आ गये। अब वे आत्म निर्भर हो चुके थे।

उसी दौरान हमारे छोटे भाई की ससुराल वालों ने भी एक पाठक का लड़का भेजा था। उसका नाम था राजू पाठक। उन्होंने यह कह कर भेजा था कि अगर गरीबी में उसकी नौकरी लग जायेगी तो उसके परिवार की भी रोटी चलने लगेगी। वह लड़का हमारे पास लोकरा आ गया था। असम राइफल्स में भर्ती का दौर आया और उसको भी मैंने भर्ती दिखायी। कद काठी का अच्छा था इसलिये उसका चयन हो गया और मेडिकल के लिये मैंने डॉक्टर से सिफारिश कर दी जिससे उसका फाइनल सेलेक्शन हो गया। उसके बाद वह ट्रेनिंग के लिये रवाना हो गया। मुझे बाद में यह पता लगा था कि उसकी ट्रेनिंग पूरी हो गयी थी और वह शान से नौकरी भी कर रहा है। उसके बाद एक बार मैं अपने भाई की ससुराल जुआ गया था। उस लड़के राजू की माँ को मेरे वहाँ पहुँचने के बारे में पता लगा होगा। उसने मुझे अपने घर बुलाया और काफी

आदर सत्कार किया तथा अपने बेटे की नौकरी लगवाने के लिये मुझसे प्रसन्नता भी व्यक्त की। इन चार लोगों की नौकरी हमारे लोकरा में रहते हुये लगी। सभी को महीनों घर पर ही खाना बनाया और खिलाया।

इन सभी को खाना बनाने व खिलाने में मेरी पत्नी ने बखूबी पूरी जिम्मेदारी निभायी। सबसे बड़ी बात तो यह थी कि हमारे जितने भी इष्ट मित्रों और अधिकारियों ने जिस किसी भी स्तर से उन चारों लोगों की भर्ती में योगदान दिया। वह पूर्णतः बिना किसी लोभ लालच के रहा। किसी ने भी कभी एक रुपये की भी माँग नहीं की और सारा कुछ बिना पैसे के ही उपकार किया। इतना ही नहीं मैंने या मेरे घर वालों ने इन लोगों पर ही खिलाने पिलाने से ले कर ट्रेनिंग किट और कपड़े खरीद कर देने तथा जेब खर्च के रूप में जो भी लगाया पर हम लोगों ने कभी भी किसी से एक पैसे की अपेक्षा नहीं की। बस मुझे इतनी ही प्रसन्नता है कि मेरे सहारे चार परिवार सुखी व सम्पन्न हो गये।

अब हम वहाँ के वातावरण, रीति रिवाज, आध्यात्मिक और धार्मिक क्रिया कलापों (rituals, spiritual, religious rites & environment) के बारे में चर्चा करना चाहेंगे। वहाँ सही मायनों में 'अतिथि देवो भव' की उक्ति को चरितार्थ किया जाता था। जब कोई अतिथि किसी के यहाँ जाता था तो सर्व प्रथम उसका स्वागत सत्कार एक ताम्बूल भेंट कर के किया जाता था (है)। ताम्बूल का मतलब एक पान के पत्ते पर कत्था व चूना लगा कर उस पत्ते पर कच्ची सुपारी का आधा टुकड़ा रख कर भेंट करना। वहाँ के पूरे समाज में किसी भी आगन्तुक के सम्मान का यह आम तरीका था। यदि उस ताम्बूल की कोई उपेक्षा कर दे तो इसका यही मतलब समझा जाता था कि वह आगन्तुक उस घर का सम्मानित मेहमान बनने का हकदार नहीं है। यदि कोई ताम्बूल खाना पसन्द नहीं भी करता है तो उसे अपने हाथ में लेकर सम्मान स्वरूप अपने माथे से लगा कर वापस कर देना होता था। तब भी यही माना जाता था कि उस आगन्तुक ने उनके स्वागत सत्कार का मान रखा और उनकी उपेक्षा नहीं की।

असम लोकरा जहाँ पर मैं था और उस सम्पूर्ण परिक्षेत्र में विलम्ब से विवाह करने का रिवाज था। किसी भी लड़की की शादी पैंतीस से चालीस वर्ष की अवस्था में ही होती थी। वहाँ पर पितृ सत्तात्मक परिवार होते हुये भी लड़कियों की शादी की परवाह लड़की के माता पिता नहीं करते थे। लड़की के माता पिता का कहना होता था कि हम तो लड़की वाले हैं हमें क्या परवाह हमारा कोई लड़का तो है नहीं जो हम शादी के लिये उतावले घूमें। वहाँ पर शादी के लिये लड़के वाले रिश्ता ढूँढ़ते थे। लड़के वाले लड़की वाले के यहाँ जाते और शादी कितने की और कैसे होगी यह तय करते थे।

इस प्रकार के विवाह को भारतीय संस्कृति के अनुसार असुर विवाह कहते है। अतः लड़की वाले दहेज में जेबर और कपड़े अपनी अपनी हैसियत के अनुसार तय कर के लेते थे तथा लड़के वाले अपनी सामर्थ्य के अनुसार दान दहेज दे कर शादी तय करते थे। इस प्रकार शादी तय हो जाती और शेष विधि विधान सप्तपदी आदि के वही रहते थे अर्थात लड़की की शादी के लिये माता पिता को न तो लड़का ढूँढने की जरूरत थी और न ही दहेज देने की कोई चिन्ता रहती थी। जब कि शेष भारत में अधिक जगहों पर लगभग सभी धर्मों में इसके विपरीत ही सब कुछ पाया जाता है।

वहाँ पर एक रिवाज और भी देखने को मिला कि यदि किसी की बेटी है और उसको पहली बार मासिक धर्म होता है तो उसे धार्मिक उत्सव के रूप में मनाते हैं। यह कह कर कि मेरी बेटी पहली बार माँ बनने के योग्य हुई है। उस अवसर पर माँ बाप अपनी बेटी को एक सप्ताह तक बाहर नहीं निकलने देते और उसकी सफाई व शुद्धता का विशेष ध्यान रखते हैं। एक सप्ताह के बाद मुहूर्त निकलवा कर अपनी बेटी की विधि विधान से शादी रचते हैं। वे अपने रिश्तेदारों व इष्ट मित्रों में निमंत्रण भेज कर सभी को दावत देते हैं। इसी अवसर पर जिस किसी को उपहार स्वरूप लड़की को जेबर या कपड़े देने होते हैं वे उसको देते हैं। इस छोटी सी उम्र में और शादी! है न आश्चर्य की ही बात। रिवाज यह है कि माता पिता अपनी बेटी की शादी केले के कुन्द (कोल गाछ) के साथ सप्तपदी के विधान का निर्वाह करते हुये कर देते हैं। उनका मानना है कि केले के कुन्द में विष्णु भगवान का वास होता है। इस प्रकार वे अपनी बेटी की शादी विष्णु भगवान से करके लम्बे समय तक के लिये फुरसत पा जाते हैं। ये अवसर मुझे लोकरा में रहते हुये अपने क्वार्टर के पड़ौस में रहने वाले असामिया बरुआ परिवार के यहाँ शामिल हो कर मिला था।

दूसरा अवसर एक शादी में जाने का मिला। शादी का आयोजन तेजपुर में था और शादी हमारी स्टाफ मेम्बर मैडम पी. भगवती की थी। जिनकी अवस्था लगभग चालीस वर्ष होने वाली थी। पूरा स्टाफ उनके यहाँ दावत के लिये आमंत्रित था। हम लोग उनके यहाँ पहुँचे। काफी आदर सत्कार किया गया और कुछ समय बाद दाबत दी गयी। पूड़ी परोसने वाले आये और एक बार मे तीन तीन पूड़ी और सब्जी परोस कर चले गये। हम सभी ने परोसी गयीं अपनी तीन तीन पूड़ियाँ खा लीं और पुनः पूड़ियाँ परोसी जाने की राह देखने लगे। जब काफी देर तक कोई पूछने तक नहीं आया कि क्या और पूड़ियाँ चाहिये तो हम लोग पानी पी कर और हाथ पोंछ कर बैठ गये। काफी देर बाद मैडम भगवती आयीं और पधारने का धन्यवाद दे कर चलीं गयीं।

दावत खाने वालों में सभी लोग असम से बाहर के ही रहने वाले थे। थोड़ी देर बाद हम लोग वहाँ से चले आये। शादी के लिये ली हुईं छुट्टियाँ बिताने के बाद मैडम (श्रीमती) पी. भगवती जब विद्यालय आयीं और स्टाफ की ओर से उनका स्वागत सत्कार किया गया। उसी समय किसी ने दबी जुबाज से कह दिया। आपके यहाँ तीन पूड़ियाँ परोसने के बाद कोई दुबारा पूछने तक नहीं आया। इस पर वे बोलीं तो क्या आपके यहाँ दावत में भरपेट खाना खिलाया जाता है? सभी चुप रह गये और सोचने लगे कि हो सकता है वहाँ तीन पूड़ियाँ ही खिला कर आधे पेट रखने का रिवाज हो।

विलम्ब से विवाह करने के कारण चाहे वहाँ के रीति रिवाज रहे हों अथवा पहले कभी होने वाले बाल विवाह के प्रतिकार स्वरूप उक्त चलन आया हो। इससे एक बात तो स्पष्ट हो जाती है कि लड़का या लड़की या दोनों का विवाह जब विलम्ब से होता है तो व्यक्ति का शैक्षिक, सामाजिक, आर्थिक व पारिवारिक ढांचा चरमरा जाता है। क्योंकि जब शादी चालीस वर्ष या उसके बाद होगी तो उसकी सन्तान भी उतनी ही विलम्ब से होगी अर्थात पिता के रिटायरमेंट की उम्र में उसका बच्चा (बेटा या बेटी) यही कोई पन्द्रह या सोलह साल का होगा अर्थात या तो वो दसवीं कक्षा में पढ़ रहा होगा या फिर दसवीं कक्षा पास कर चुका होगा। परिणाम यही सामने आता है कि पिता अपने बच्चे को जैसे तैसे क्लर्क बनने के लायक पढ़ा पाता है फिर उसकी नौकरी की तलाश में लग जाता है। जिससे उसके माता पिता स्वयं के अशक्त होने तक उसकी कमाई पर आश्रित बने रहते हैं। वे अपने बच्चे की भी शादी विलम्ब से ही करते हैं। इस प्रकार का एक जीवन चक्र ही बन जाता है जिसका दुष्प्रभाव सम्पूर्ण समाज पर पड़ता है। हाँ एक लाभ अवश्य होता है कि विलम्ब से शादी करने वाले दम्पति को जनसंख्या नियंत्रण के लिये अलग से कोई प्रयास नहीं करना पड़ता है। यों लेट मैरेज के दुष्प्रभाव से विशेष कर असम और बंगाल दो प्रान्त सर्वाधिक प्रभावित हैं। **इस विलम्बित विवाह पद्धति के लाभ हानि को समझना चाहिये और स्वस्थ व सम्पन्न समाज का निर्माण करने के लिये लोगों को सही दिशा में कदम उठाना चाहिये अर्थात अपने बच्चों का विवाह युवावस्था ढलने से पूर्व प्रौढ़ावस्था में ही कर देना चाहिये।**

तीसरा अवसर मुझे श्रीमती एम. कलिता के घर जाने का मिला। उनके घर पर किसी का श्राद्ध था। विद्यालय से हम कई लोग गये थे। उनके परिवार के सभी लोग (पुरुष) केवल सफेद धोती पहने हुये थे बाकी शरीर पर कुछ नहीं था। हम लोग भी उनके शोक संताप में शामिल हुये। शाम चार बजे के आस पास भोज दिया गया। भोज के

लिये सभी को जमीन पर बिछावन बिछा कर बैठाया गया। सभी के सामने केला का पत्ता थाली या पत्तल की जगह पर डाला गया। उस केले के पत्ते पर दाल भात परोसा गया। सभी ने अपनी अपनी इच्छा के अनुसार भोजन किया। वहाँ कुछ देर रुकने के बाद हम लोग वापस लोकरा आ गये। भारत में क्षेत्रीयता, भाषायी भिन्नता, तिथि-त्यौहार, उत्सव-आयोजन और परस्पर संवाद की स्थितियाँ भले ही भिन्न हों परन्तु जो संस्कार हैं वे सोलह के सोलहों थोड़े अन्तर से सभी जगह एक ही तरह से मनाये या अपनाये जाते हैं। उसी प्रकार अन्य रीति रिवाज और पूजा पद्धतियों में भी कोई बड़ा अन्तर नहीं दिखायी देता है।

चौथा अवसर कुमारी आराधना विश्वास म्यूजिक टीचर के आमंत्रण पर उनके यहाँ जाने का मिला। वह एक बंगाली परिवार था। उन्होंने पूरे स्टाफ को यह कह कर आमंत्रित किया था कि आज हमारे यहाँ भोजन है आप सभी लोग आइये। सभी लोग तैयार हो कर उनके घर शाम को पहुँच गये। काफी अच्छी तैयारी थी। थोड़ी देर में ही वहाँ भजन कीर्तन शुरू हो गया जो काफी देर रात तक चलता रहा। हम जैसे लोग तो यही इन्तजार करते रहे कि कब भजन कीर्तन समाप्त हो और कब भोजन कराया जाये। रात के लगभग ग्यारह बजे होंगे। भजन कीर्तन समाप्त हुआ और सभी को भीगी हुई अंकुरित मूँग और कच्चे नारियल का प्रसाद दिया गया। हम लोगों ने प्रसाद खाया और भोजन का इन्तज़ार करने लगे।

तब तक आराधना विश्वास के पापा जी आये। उन्होंने सभी आने वालों का आभार व्यक्त किया। वे बोले आप लोग आये हम सभी को बहुत अच्छा लगा आपका बहुत बहुत आभार। उस आभार प्रदर्शन के बाद सभी को वहाँ से प्रस्थान करना ही था सो हम सभी लोग उतनी रात को अपने अपने घरों को चले गये। अगले दिन विद्यालय में कुछ लोगों ने आराधना विश्वास से कहा कि भोजन पर बुलाने के बाद भी लोग भोजन नहीं कराते हैं। यह सुनकर आराधना ने कहा आप लोग भोजन पर बुलाते हैं तो क्या सभी को खाना भी खिलाते हैं? आराधना विश्वारा के लिये यह भोजन शब्द भजन व कीर्तन के लिये था। जब कि हम लोगों के लिये भोजन का मतलब खाना या दावत था। कभी कभी किसी शब्द का उच्चारण भाषायी भिन्नता के कारण न समझ पाने से रात रात भर भूखा रहना पड़ सकता है जैसे कि हम लोग भोजन (भजन कीर्तन) को भोजन (दावत) समझ कर शामिल होने गये थे।

असम के त्यौहारों में मुख्य रूप से बिहू मनाया जाता है। बिहू तीन अवसरों पर होता है। पहला तब जब घर से खेतों तक कहीं भी अन्न नहीं होता है। इस बिहू को कंगाली

बिहू के नाम से जाना जाता है। दूसरा बिहू जब खेतों से घर में अन्न आ जाता है। इस बिहू को भोगाली बिहू के नाम से जाना जाता है और तीसरा बिहू बसन्त ऋतु में मनाया जाता है। यह आमोद प्रमोद और मौज मस्ती का त्यौहार होता है। इसे रंगाली बिहू के नाम से जाना जाता है। रंगाली बिहू का अवसर मकर संक्राति पर होता है। यह उत्सव मकर संक्राति के एक सप्ताह पहले से आरम्भ हो जाता है और एक सप्ताह बाद तक (लगभग पन्द्रह दिन तक) लगातार मनाया जाता है। इसमें विवाह योग्य लड़के लड़कियों को अपना जीवन साथी देखने व चुनने का भी मौका मिलता है। इस उत्सव को जगह जगह पर आयोजित किया जाता है। वहाँ युवकों व युवतियों को पारम्परिक नृत्य व गायन कलाओं को प्रदर्शित करने का भी अवसर मिलता है। रंगाली बिहू के ही अवसर पर पंजाब में लोहड़ी और दक्षिणी भारत में पोंगल मनाया जाता है। यह भी मान्यता है कि लोग ऋतुराज बसन्त के आगमन का भव्य स्वागत इन त्योहारों को मना कर ही करते हैं।

अश्वनि (क्वार) मास में लोकरा दरबार (पाँचवीं असम राइफल्स) की ओर से नव दुर्गा में नवमी को बहुत बड़ा धार्मिक आयोजन किया जाता है। उसमें असम राइफल्स के मन्दिर का पुजारी आयोजन का कर्ता धर्ता होता है जो वहाँ का धर्म गुरु या मन्दिर जे.सी.ओ. होता है। नवमी के दिन सुबह से ही आमंत्रित किये गये तमाम लोग एकत्र होने लगते हैं। जिनमें पूर्वोत्तर कमांड के बड़े बड़े अधिकारी व निकटस्थ आर्मी बटालियन या कम्पनींज के हेड आते हैं। उस अवसर पर आर्मी से इतर विभागों के अधिकारी व कर्मचारी भी आमंत्रित किये जाते हैं। इनमें केन्द्रीय विद्यालय भी शामिल है। उस दिन दुर्गा देवी पर बलि चढ़ाने के लिये एक नीरोग और बलिष्ठ भैंसा खरीद कर लाया जाता है। उस भैंसे को एक झटके में काटने के लिये खूब लम्बा चौड़ा भारी व अत्यन्त पैने धारिये या गड़ासे का इन्तजाम किया जाता है। इसके लिये असम राइफल्स का एक हृष्ट पुष्ट ताकतवर हवल्दार तलाशा जाता है। वह व्यक्ति ऐसा होना चाहिये जो उस बलवान भैंसे की गरदन को एक ही झटके में काट दे अन्यथा देवी को बलिदान स्वीकार नहीं होगा। वह हवल्दार मन्दिर के पुरोहित (असम राइफल्स जे.सी.ओ.) के मार्गदर्शन और मंत्रोच्चार के साथ बलिदान प्रक्रिया में अपना योगदान देता है। बलिदान के लिये एक बलि वेदी तैयार की जाती है। जहाँ पर लकड़ी का एक मजबूत खंभा गाड़ा जाता है। उस खंभे में एक मोटी रस्सी के साथ उस भैंसे को इतना कस कर बाँधा जाता है ताकि वह अपना सिर न उठा सके। हवन पूजन के बाद उस भैंसे को रोली अक्षत से तिलक किया जाता है। अतः अब भैंसा बलिदान के लिये तैयार है।

तत्पश्चात असम राइफल्स के कमांडेंट को वही पुजारी तिलक करता है और बलिदान की अनुमति माँगता है। सी.ओ. साहब से अनुमति मिलने के बाद पुजारी जे.सी.ओ. उस हवलदार को बलिदान के लिये आदेश देता है। वह हवलदार गड़ासा ले कर अपनी पूरी ताकत के साथ रस्सियों से जकड़े हुये उस भैंसे की गरदन को एक झटके में खटाक से काट देता है। भैंसे की गरदन कटते ही कई राउंड फायर होता है और दुर्गा माता की जय बोल कर सभी लोग समवेत जयकारा लगाते हैं। बलि चढ़ाने के बाद वह हवलदार शान के साथ अपने दोनों हाथों में गड़ासा थामता है और रक्त से सने हुए गड़ासे को नाक की सीध में ऊपर उठा कर कदम ताल करते हुये मंदिर की ओर प्रस्थान करता है। उसके पीछे पीछे पुजारी भी मंत्रोच्चार करते हुये मंदिर में देवी की मूर्ति के समक्ष पहुँचता है। वहाँ जा कर पुजारी उस गड़ासे से रक्त लेकर अपने हाथ से देवी का रक्त तिलक करता है। वहाँ से वह पुजारी उस हवलदार को ले कर कमांडेट साहब के सामने आ कर प्रस्तुत करता है। कमांडेंट उस फरसे का रक्त अपनी उँगली पर ले कर पहले पुजारी को तिलक करता है। उसके बाद हवलदार को तिलक करता है और उस हवल्दार को एक बन्द लिफाफा पकड़ा देता है। पता लगा कि उस बन्द लिफाफे में उसके लिये एक प्रशस्ति पत्र और उसका प्रमोशन आर्डर होता है। अब वह हवलदार से सूबेदार (जे.सी.ओ.) बन चुका होता है।

इस प्रकार बलिदान पूरा होता है। उसके बाद उस भैंसे के कटे हुये सिर और धड़ को मंदिर के पीछे खाली मैदान में डलवा दिया जाता है। मंदिर के पीछे वाला मैदान असम राइफल्स फेमिली क्वार्टर्स के निकट है। वहाँ से लोग अपनी गड़ासी या कुल्हाड़ी ले कर उस भैंसे के शव का एक एक टुकड़ा काटते हैं और प्रसाद के रूप में अपने घरों में ले जा कर पकाते खाते हैं। इनमें अधिकांशतः नेपाली और बिहारी होते हैं। वहाँ कोई धर्म और जाति आड़े नहीं आते हैं। देवी का प्रसाद मान कर जिसे जो मिलता है वह अपने घर ले जाता है। जो देर से पहुँचते हैं उनके हिस्से में कहो भैंसे की टाँगे या खोपड़ी ही आये। यहाँ तक कि लोग उसकी आँत पचौनी तक समेट कर ले जाते हैं और अपने अपने घरों में बड़े श्रद्धा भाव से पका कर खा जाते हैं। उस जगह पर अवशेष के नाम पर भैंसे के पेट से निकला हुआ अधपचा चारा ही शेष पड़ा रह जाता है। मैं भी उस बलिदान की परम्परा का तीन बार साक्ष्य रहा हूँ।

वहाँ का वातावरण अत्यन्त मनोरम रहता था। वहाँ भी अन्य जगहों की तरह सभी ऋतुओं का आनंद मिलता था। गर्मी की ऋतु में बरसात कुछ जल्दी शुरू हो जाती थी और अप्रैल आते आते बरसात होने लगती थी। वहाँ की बरसात की एक विशेषता थी

कि हर रोज सुबह से दोपहर तक पानी बरसता था और दोपहर से शाम तक कड़क धूप के साथ मौसम साफ हो जाता था। असमय बरसात के कारण कीट पतंगों के साथ जोंक और मच्छरों की बहुतायत रहती थी। कहा जाता है कि प्रकृति वातावरण में स्वतः संतुलन बनाये रखती है। वहाँ पर साँपों की संख्या ज्यादा है और हर प्रजाति के साँप पाये जाते हैं। साँपों की यह विशेषता होती है कि छोटे से छोटा घाव भी उसके लिये जान लेवा हो सकता है। यहाँ तक कि मच्छर का दंश भी साँप के लिये प्राण घाती है। संयोग देखिये कि मच्छर और साँप दोनों ही झाड़ियों में रहते हैं अथवा यों कहें कि साँप झाड़ियों के किनारे और मच्छर पूरी झाड़ियों में रहते हैं क्योंकि साँप को मच्छरों से अपना बचाव करना होता है। यदि किसी साँप को एक भी मच्छर काट लेता है तो उस साँप की मृत्यु सुनिश्चित हो जाती है क्योंकि मच्छर के दंश वाली जगह पर चमड़ी कट जाती है जिससे वहाँ पर चींटियाँ लग जाती हैं। वे चींटियाँ तब तक नहीं छूटतीं हैं जब तक उनको उसके शरीर से भोजन मिलता रहता है। मच्छर भी हमेशा नहीं रहते हैं। वे भी तेज हवा के झोंकों की चपेट में आ कर मरते रहते हैं।

वहाँ के खास वातावरण और प्रदूषित पानी के कारण लोगों में गलाघोंटू (goitre) और पेट की बीमारी ज्यादा होती हैं। इन बीमारियों से मुक्ति पाने के लिये वहाँ की प्रकृति व जलवायु के अनुकूलन से कुछ उत्पाद आसानी से उपलब्ध हो जाते हैं। उनमें मुख्यतः मछली, पान और कच्ची सुपारी (ताम्बूल) बहुतायत में पैदा होते हैं। उस कच्ची सुपारी और पान के पत्ते पर लगे हुये कली चूना को चबाने से गलाघोंटू (goitre) रोग से मुक्ति मिल जाती है और मछली के सेवन से पेट के रोगों से छुटकारा मिल जाता है। शायद इसीलिए किसी आगन्तुक या मेहमान के स्वागत सत्कार में ताम्बूल को पवित्र दर्जा दिया गया है। पुंगीफल अथवा सुपारी को ज्यादा कारगर या असरदार बनाने के लिये उसका प्रसंस्करण (processing) किया जाता है। इसके लिये पेड़ से कच्ची सुपारी तोड़ कर उसको समूचा ही कूड़े के ढेर में दबा देते हैं फिर एक महीने के लिये उसके ऊपर पानी भर उसे छोड़ देते हैं। इस प्रक्रिया से सुपारी का पूरा छिलका सड़ जाता है। जब उसे कूड़े के ढेर से बाहर निकालते हैं तो छिलका मुक्त साफ सुथरी और झन्नाटेदार नशीली सुपारी निकल आती है जो गलाघोंटू जैसी बीमारी के लिये रामबाण औषधि है। यद्यपि एक माह तक कूड़े में दब कर सड़ने के कारण उसमें सड़ाँध या बदबू भी आने लगती है। यद्यपि वहाँ के लोग तो उस सुपारी के सेवन के अभ्यस्त होते हैं परन्तु उस सुपारी के बदबूदार और नशीली होने के कारण कोई बाहरी सामान्य व्यक्ति उसका सेवन नहीं कर सकता है।

अन्य प्रान्तों की अपेक्षा असम में गरीबी कुछ अधिक है। यद्यपि वहाँ के लोगों के द्वारा किये जाने वाले कामों में जो मुझे देखने को मिला। उनमें पहला यह कि हर घर में या घर के बगल में तालाब नुमा एक गड्ढा अवश्य होता है जिसमें मछलियाँ पलती रहती हैं। वहाँ के लोग यदि चाहें तो गड्ढे में जाल डाल कर अपनी जरूरत के अनुसार मछलियाँ पकड़ सकते हैं परन्तु वे ऐसा न कर के कटिया डाल कर कई घंटों में अपनी जरूरत के अनुसार मछलियाँ पकड़ कर प्रसन्न होते हैं। शायद यह आदत उनमें इसीलिए पड़ी होगी क्योंकि काम करने के नाते उनके पास कृषि और मछली पालन के अलावा दूसरा कोई खास व्यवसाय नहीं है। वहाँ की आबादी में इस स्तर का जीवन यापन करने वाले लोग अस्सी प्रतिशत से भी अधिक होंगे। इसके अलावा जो मैंने देखा कि वहाँ हर प्रतिष्ठित घर में चरखा और हथकरघा विद्यमान है। यद्यपि वे लोग वह काम भी शौकिया ही करते होंगे। इतना अवश्य है कि वहाँ की महिलायें ज्यादातर सूती और रेशमी वस्त्रों को अपने परिधानों में प्राथमिकता देती हैं। खाद्य पदार्थों में वहाँ भी अन्य मैदानी प्रान्तों की ही भाँति हर तरह के फल और सब्जियाँ उपलब्ध हैं। अधिकांशतः लोग चावल खाना पसन्द करते हैं। उनका मानना है कि चावल भारी व पूरा भोजन होता है। जब कोई लम्बी बीमारी से उठता है तो डॉक्टर या वैद्य उस मरीज को हल्का खाने को बताता है अर्थात हलके भोजन में वह रोटी खिलाने को कहता है। हमारे यहाँ ठीक इसका उल्टा है। हमारे यहाँ पथ्य में हल्का भोजन चावल खाने के लिये कहा जाता है। वहाँ की आबादी में उस समय तक कई संस्कृतियों के लोग समाहित हो चुके थे। जिनमें वहाँ के असमिया भाषी मूल के थे। बांगला भाषी बंगाल या बांगला देश के थे। नेपाली भाषी नेपाल के या गोरखाली गोरखा लैंड के थे। हिन्दी भाषी यूपी बिहार या दूसरे प्रान्तों के थे। हिन्दी भाषी चाहे वे किसी भी प्रान्त के क्यों न हों उन्हें बिहारी के नाम से ही सम्बोधित किया जाता था। व्यवसाय जगत पर पूरी तरह से थोक व फुटकर व्यापार पर मारवाड़ियों का कब्जा था। चाय की processing या प्रसंस्करण से ले कर marketing या विपणन तक पर भी उन्हीं का कब्जा था। यहाँ तक कि export या निर्यात आदि पर भी मारवाड़ी ही काबिज थे।

वहाँ के अधिकतर लोग किस स्तर के थे? उनका इस बात से अनुमान लगाया जा सकता है कि वे लोग साप्ताहिक हाट बाजार में अपने यहाँ उत्पादित कुछ सब्जियाँ या फल बाजार में लाते थे। वे तौल कर बेंचने वाली वस्तुओं को भी छोटे छोटे ढेर लगा कर बेंचते थे। उदाहरण के तौर पर यदि किसी को अपने घर की जरूरत के अनुसार

तरोई खरीदनी है। उसे एक किलो तरोई की आवश्यकता है तो उन्होंने उस अनुमानित एक किलो तरोई के चार ढेर लगाये हुये हैं। अब उन्होंने प्रत्येक ढेर के हिसाब से उसकी कीमत रखी है। यदि एक ढेर की कीमत चार आना है और आप चाहें कि चार ढेर इकट्ठे लेकर एक रुपया दे दें तो वे आपका हाथ पकड़ लेंगे और कहेंगे क्या हमको मूर्ख समझता है? अब अगर आपको चार ढेर सब्जी लेनी है तो उनको बोलिये एक ढेर सब्जी झोले में डालो और चार आने लो। इसी प्रकार दूसरा तीसरा और चौथा ढेर एक एक कर के झोले में रखवाते जाइये और हर बार चार चार आने देते जाइये। फिर आप चाहे जितने ढेर सब्जी या फल खरोदें एक एक ढेर के हिसाब से पैसे देते जाइये और सामान अपने झोले में रखवाते जाइये। यह उस समय का नजारा था। ऐसे हाट बाजारों में आज भी कोई बहुत ज्यादा फर्क नहीं आया होगा।

असम और उसके साथ लगे हुये पूर्वोत्तर के अन्य छः राज्यों को सात बहनें या सेवन सिस्टर्स (seven sisters) कहा जाता है। वे राज्य असम, अरुणाचल, मेघालय, त्रिपुरा, मणिपुर, मिजोरम व नागालैंड हैं। सभी में थोड़े अन्तर के साथ कमोवेश एक जैसी सामाजिक व्यवस्था है। इन सभी प्रान्तों में खान पान में मांस का विशेष स्थान है। मेघालय मणिपुर में मातृ सत्तात्मक परिवार हैं और वहाँ माता के नाम से परिवार चलता है अर्थात महिलाओं की प्रधानता है। अरुणाचल प्रदेश में बहुत कुछ मिला जुला है। वहाँ के एक बड़े क्षेत्र में बहु विवाह पद्धति का चलन है। वहाँ भी विवाह के लिये असम की तरह लड़के वाले ही लड़की वालों के यहाँ जाते हैं। वहाँ लड़की की शादी में दहेज के तौर पर कौन सा लड़के वाला ज्यादा संख्या में गायें दे सकता है। गायों की कमी होने पर मिथुन (भैंसे की बनावट का एक जानवर जिसको मार कर मांस खाया जाता है) देगा उसी व्यक्ति के साथ माँ बाप अपनी बेटी की शादी कर देते हैं। इस रस्म के मुताविक अगर कोई लड़के वाला दहेज में दो मिथुन देने का वादा कर के गया और उसके बाद कोई अन्य व्यक्ति तीन या उससे अधिक मिथुन देने को तैयार हो जाता है तो पहले वाले की बात खत्म मानी जाती है। इस प्रकार पैसे वाला एक व्यक्ति मिथुन दे कर कई कई विवाह कर लेता है। **भारतीय संस्कृति में ऐसे विवाह को आर्ष विवाह के नाम से जाना जाता है।**

इसके अतिरिक्त जो विशेष बात है वो यह है कि लड़की शादी होने के बाद भी अपनी ससुराल न जा कर मायके में ही रहती है। पुरुष शादी के बाद अपनी ससुराल जाता है और मांस मदिरा में तब तक मस्त रहता है जब तक कि उस लड़की के साल भर में कमाये हुये धन में एक कौड़ी भी शेष रहती है। पुरुष अपनी उस पत्नी की कमाई की

पाई पाई उड़ा कर दूसरी पत्नी के पास चला जाता है और वह अपनी हर ससुराल में जा कर यही प्रक्रिया अपनाता चला जाता है। गरीबी के कारण यदि कोई व्यक्ति एक ही शादी कर पाता है तो वह बारहों महीने जीवन भर अपनी पत्नी के साथ रह कर कमाता खाता है और जो कोई दो, तीन, चार या छः शादियाँ करता है वह उसी के अनुरूप छः चार तीन या दो महीने लगातार अपनी पत्नियों के यहाँ रह कर उनकी कमाई को उड़ाता खाता और आगे बढ़ता रहता है। इस क्रम में ऐसे दम्पतियों के जो बच्चे होते हैं उनकी भी परवरिश माँ ही करती है और बच्चे पिता के साथ या पास न रह कर माँ के पास ही रह जाते हैं। ऐसे बच्चे का नाम भी पिता की अपेक्षा माँ से ही चलता है।

असम के उस क्षेत्र में रहने वाले नेपाली लड़के लड़कियों के विवाह की परम्परा कुछ अलग ही है। जब लड़की और लड़का विवाह योग्य हो जाते हैं तो वे एक दूसरे को पसन्द कर के अपने घरों से भाग जाते हैं और कुछ दिनों या महीनों के बाद वे अपने अपने घरों को वापस लौट आते हैं। उनके इस कृत्य से उनके माता पिता बहुत प्रसन्न होते हैं। उसके बाद ही वे उनकी शादी कर देते हैं। उन लोगों के बच्चों की शादी के लिये किसी के लड़के के साथ किसी की लड़की का भागना अनिवार्य माना जाता है अर्थात यह माना जाता है कि लड़के व लड़की एक दूसरे को पसन्द करते हैं और वे एक दूसरे को प्रेम भी करते हैं। ऐसे विवाह को प्रेम विवाह कहते हैं। भारतीय संस्कृति में इस विवाह पद्धति को गन्धर्व विवाह कहते हैं। वहाँ के निवासियों में नेपालियों के साथ साथ अन्य पूर्वोत्तर के सातों राज्यों की संस्कृतियों, परम्पराओं व खान पान में परस्पर काफी समानता पायी जाती है।

उस क्षेत्र में कुछ आदिवासी कबीले ऐसे भी हैं जिनकी दिनचर्या, रहनसहन, खानपान, पहनावा, कर्मकाण्ड, विवाह पद्धति वहाँ के सामाजिक रीति रिवाजों से भिन्न हैं। डफला और मिरी ट्राइबल कबीले इसके उदाहरण हैं। उनमें अधिकांशतः पुरुष केवल कमर में एक कपड़ा लपेटते हैं और सिर पर बेंत के छिलके की पतली पतली पट्टियों से निर्मित गोल टोपी पहनते हैं। उस टोपी के बीचों बीच सामने की ओर सम्मान के तौर ताज की तरह एक लम्बी सी चोंच लगी होती है। वह चोंच शिकार किये गये आकर्षक हार्न बिल (धनेश पक्षी) की होती है। यदि वह कबीले के हर पुरुष सदस्य के सिर पर न भी हो पर कबीले के सरदार के सिर पर इस ताज का होना अनिवार्य है। हर पुरुष सदस्य के कंधे पर दोधारी तलवार नुमा एक भारी धारदार हथियार भी पड़ा रहता है। जिसका उपयोग वे लकड़ी काटने से ले कर शिकार करने में करते हैं। शायद वे पहले कपड़े के स्थान पर केले के पत्ते आदि का ही उपयोग करते होंगे। उन कबीलों की स्त्रियाँ छाती से ले कर कमर तक के पूरे शरीर को एक ही कपड़े से ढकतीं हैं।

उनमें वैवाहिक रस्म के तौर पर पाया जाता है कि अगर किसी एक कबीले की वयस्क लड़की है तो उससे विवाह करने वाले कई दूसरे कबीलों के सरदार अपना अपना दावा पेश करते हैं। उस लड़की से विवाह वही कर सकता है जो शादी का दावा करने वाले दूसरे कबीलों के सरदारों को पराजित कर सके। किसी भी कबीले में उसके सरदार को ही शादी करने का अधिकार होता है। **भारतीय संस्कृति में इसे राक्षसी विवाह कहा जा सकता है अथवा उनकी अपनी संस्कृति के स्वरूप में भी माना जा सकता है।** यदि किसी कबीले में सरदार के अलावा कोई दूसरा सदस्य विवाह करने का दावा करता है तो उस सदस्य को मल्ल युद्ध में अपने ही सरदार को पराजित करना पड़ता है। उनमें तब तक युद्ध चलता रहता है जब तक कि एक हार न मान ले अथवा दोनों में से एक की मृत्यु न हो जाये। इस प्रकार यदि सरदार की जीत होती है तो कबीले का सरदार वही बना रहता है। यदि सरदार पराजित हो जाता है या मारा जाता है तो उस कबीले का जीतने वाला सदस्य नये सरदार की पदवी ग्रहण करता है। कबीलों के सरदार अपने अपने कबीलों में असन्तोष न उभरे इसके लिये वे खास नीति को अपनाते हैं। नीति है कि वह (कबीले का सरदार) अपने विवाह के कुछ समय पश्चात अपनी उस पत्नी या उससे पहले वाली किसी अन्य पत्नी को कबीले के दूसरे सक्षम सदस्य को सौंप देता है अर्थात विवाह केवल सरदार ही करेगा और वह अपनी इच्छा से विवाह के तुरन्त बाद या कुछ समय वाद अपनी उस पत्नी को अपने कबीले के दूसरे सदस्य को सौंपता चला जाता है। कबीले की वृद्धि के लिये यही रीति नीति अपनायी जाती है। ये लोग ज्यादातर आज भी स्थायी आवास बनाकर नहीं रहते हैं।

अरुणाचल प्रदेश के किन्हीं क्षेत्रों में कुछ लोग बौद्ध धर्म के भी अनुयायी हैं। वे मांस के लिये पशु का वध नहीं करते हैं परन्तु वे मांस खाये बिना भी नहीं रह सकते हैं। ऐसी दशा में वे मिथुन या उस जैसे किसी बड़े जानवर को खदेड़ते हुये किसी ऊँची पहाड़ी की ओर ले जाते हैं और उसको घेर कर तब तक खदेड़ते हैं जब तक वह जानवर उस ऊँची पहाड़ी के नीचे गिर न जाये। उनका मक्सद यही होता है कि वह जानवर पहाड़ी के नीचे स्वयं गिर कर मर जाये। इस प्रकार उसकी हत्या का दोष उनको न लगे ऐसी उनकी मान्यता है। इस प्रकार उस जानवर का मांस अपनी जरूरत के हिसाब से काट काट कर कई कई दिनों तक खाते रहते हैं। क्योंकि पहाड़ी क्षेत्र में तापमान कम रहने के कारण मरे हुए पशु में न तो कीड़े पड़ते हैं और न ही वह सड़ता है अर्थात वे लोग पशुओं को मार कर नहीं बल्कि इस तरह से मरे हुये पशुओं का मांस खाते हैं।

अरुणाचल प्रदेश की कुछ ऐसी ट्राइबल जातियाँ हैं जो कीड़ों मकोड़ों को भी अपना भक्ष्य बनाती हैं। जैसे बर्र के छत्ते तोड़ कर उसे उबलते गरम पानी में डाल देते हैं।

जिससे छत्ते में मौजूद अंडे फूल कर बाहर निकल आते हैं जिन्हें वे भात के साथ बड़े चाव से खाते हैं। मधु मक्खी के छत्ते से उनको दोहरा लाभ होता है। बर्र के छत्ते की तरह अंडे तो मिलते ही हैं साथ में उस छत्ते से उनको शहद भी मिल जाता है। वहाँ की कुछ जगहों पर तो वृक्षों के ऊपर हरे रंग की दो से तीन इंच लम्बी धागे के समान पतली जोंकें (leech) रहती हैं। उनकी विशेषता यह है कि जब कोई जानवर या मनुष्य उस पेड़ के नीचे से निकलता है तो वे उसके ऊपर टपक जातीं हैं। न मालूम उनको कैसे पता लग जाता है कि वहाँ से कोई जा रहा है और वे उस प्राणी के ऊपर गिर जाती हैं। यदि वे किसी आदमी के ऊपर गिरती हैं तो वे शरीर के किसी भी हिस्से पर गिरें पर रेंग कर कंधे के पास गरदन में आ कर चिपक जाती हैं। वहाँ पर वे खून पीना शुरू कर देती हैं। यदि वह व्यक्ति कोई आदिवासी मिरी या डफला है तो जोंक को तिरछी नजर से खून पीता देख देख कर बहुत प्रसन्न होता है और उसे खून पीने देता है। खून पीकर जब वह छोटी पतली जोंक बढ़ कर ब्लेडर नुमा छः सात इंच लम्बी व काफी मोटी हो जाती है तब वह उसे गर्दन के पास से छुटा लेता है। उसके बाद वह उसे अपने मुँह के ऊपर लाता है फिर जोंक को फाड़ कर उसका पूरा खून अपने मुँह में डाल लेता है। इस प्रकार उस जोंक ने जितना भी खून पिया है वह सब गटक जाता है। ये अलग बात है कि हम जैसे लोग जोंक लगना तो दूर उसके नाम से ही झिझक जाते हैं।

नागालैंड के मूल निवासियों का तो स्वाद ही कुछ अलग है। वे लोग साँप के मांस को प्राथमिकता देते हैं और अपने भोजन का परम प्रिय हिस्सा मानते हैं। दूसरे नम्बर पर चूहे के गोश्त को प्राथमिकता देते हैं। तीसरे नम्बर पर कुत्ते का मांस प्रयोग करते हैं। साँप व चूहों की सीमित उपलब्धता के कारण उनका अत्यन्त प्रिय आहार कुत्ता ही होता है। असम राइफल्स में कुछ बटालियन हैं उनमें नागाओं की भी कंपनियाँ होती हैं। जब वे नागालैंड से बाहर पोस्टिंग पर होते हैं तो उन्हें अपने शिकार की उपलब्धता सरल सुलभ हो जाती है। एक बार नागाओं की कुछ कम्पनियाँ लोकरा चारद्वार में तैनात की गयीं थीं। वह समय उनके लिये किसी सुनहरे अवसर से कम नहीं था। चारद्वार और उसके आस पास के पाँच किलोमीटर के दायरे में उनको जितने भी कुत्ते मिले उन्होंने वे सभी पकड़ लिये और बिना किसी किफायत के अपना शिकार बनाना, पकाना व खाना शुरू कर दिया। उनके शिकार की उपलब्धता पर वे भूल जाते हैं कि उनका खाना फौजी लंगर में भी तैयार हो रहा है। उस स्थिति में वे लंगर से केवल रोटियाँ या भात लेते हैं और किसका शिकार कितना बड़ा है उसी के हिसाब से दो

दो चार चार के समूह में अलग अलग अपना अलाव जलाते हैं और अपना अपना शिकार भून कर बिना मिर्च मसाले के ही खूब छक कर खाते हैं। अगर कुत्ता छोटा है तो एक अकेला आदमी ही उसे भून कर खा जाता है। यह दौर हफ्ता पन्द्रह दिन तक निर्बाध चलता रहा जब तक उन्हें आबारा या जंगली कुत्तों की उपलब्धता रही। जब आबारा कुत्तों का अभाव हो गया तो वे आस पास के पालतू कुत्तों पर भी घात लगाने लगे। इसके लिये यदि उनको किसी से भिड़ना भी पड़े या रात में चोरी करनी पड़े तो भी वे नहीं चूकते थे।

शायद इससे यह तो स्पष्ट हो ही गया कि उनका कुत्ता (शिकार) प्रेम कितना बड़ा है। इन प्रान्तों में जहाँ कहीं भी तराई क्षेत्र हैं या नदियों व झीलों के तट हैं वहाँ पर सामान्यतः मछली को ही परम प्रिय खाद्य मानते हैं। वैसे शिकार किसी भी जानवर या जीव जन्तु या कीड़े मकोड़े का क्यों न हो मैदानी भागों के कुछ लोगों को छोड़कर सभी के लिये मांस उनका अपना प्रिय भोजन है। कहीं कहीं पर तो टर्र (मेढक) का भी गोश्त और अचार बहुत पसन्द करते हैं। सबसे बड़ी और विशेष बात यह है कि मनुष्य स्वयं को जीवित रखने के लिये पृथ्वी की भौगोलिक स्थित के अनुसार जिन क्षेत्रों में जो भी खाद्य अखाद्य या भक्ष्य अभक्ष्य मिलता है उसी को अपना आहार बनाता है और स्वयं का अस्तित्व बचाता है।

प्राचार्य श्री जे.एस.आर. मोहनदास के ट्रांसफर के बाद कुछ महीनों तक केन्द्रीय विद्यालय में प्राचार्य का पद रिक्त रहा। मैंने कार्यवाहक प्राचार्य के रूप में अपने विद्यालय की गरिमा अक्षुण्ण बनाये रखने का प्रयास किया और मैं उसमें सफल भी रहा। वह दौर ऐसा था जब तमाम नये शिक्षकों ने कार्यभार ग्रहण किया था। उनमें लगभग सभी अपने अपने क्षेत्र के कुशल लोग थे जो बहुमुखी प्रतिभा के धनी थे। उनमें कुछेक का दूसरे विभागों में भी चयन हो गया था। कुल मिलाकर तब विद्यालय में शिक्षकों की कमी नहीं रही। तब एक बात अवश्य देखने को मिली कि विद्यालय में विज्ञान वर्ग के विद्यार्थी कम हो गये थे। परिणामतः साइंस स्ट्रीम को विभाग की ओर से ड्रॉप कर दिया गया था। इसी बीच 1987 में गर्मी की छुट्टियों में हमारे विद्यालय के नये प्राचार्य श्री आर.एल. दीक्षित साहब का आगमन हुआ। वे मूलतः उत्तर प्रदेश के नगर व जिला हमीरपुर के निवासी थे। वे बहुत लम्बे समय तक केन्द्रीय विद्यालय आई.आई.टी. कानपुर में पी.जी.टी. संस्कृत रह चुके थे। संस्कृत के साथ साथ वे अंग्रेजी के भी बहुत अच्छे विद्वान थे। उनका रंग गोरा, कद काठी लम्बा चेहरा भरा

हुआ, नाज नक्श आकर्षक था। एक विशेषता जो उनमें थी कि वे जिसे अपना आत्मीय समझते थे उसको आप की जगह तुम से सम्बोधित करते थे। मेरा उनसे परिचय हुआ और कुछ दिनों तक वे पूरे स्टाफ के साथ साथ मुझे भी समझने का प्रयास करते रहे। अधिक समय न लगाकर उन्होंने स्वयं में सुलझे हुये होने का परिचय दिया। अतः उन्होंने किसी को भी समझने में न तो देर की और न ही गलती की। उस समय तक पी.जी.टी. मैथ्स श्री आर.एस. चौहान का ट्रांसफर केन्द्रीय विद्यालय न्यू बोंगाई गाँव के लिये हो चुका था। उनकी जगह पर दूसरे पी.जी.टी. मैथ्स श्री रनजीत सिंह आ चुके थे। पी.जी.टी. अंग्रेजी श्री पी.एस. चौहान ने भी कार्य भार ग्रहण कर लिया था। अब हम केवल तीन पी.जी.टी. थे तथा साइंस स्ट्रीम न होने के कारण कोई भी साइंस का पी.जी.टी. नहीं था।

प्राचार्य महोदय के साथ उनका अपना परिवार भी था। वे कार्यभार ग्रहण करते ही प्राचार्य क्वार्टर में रहने लगे थे। उस समय उनके दो बच्चे एक बेटा और एक बेटी साथ में रह गये थे। उनका शेष परिवार वापस कानपुर चला गया था। उनकी बड़ी बेटी छाया उस समय पी.जी.टी. बॉयोलोजी भुवनेश्वर रीजन के किसी केन्द्रीय विद्यालय में थी। उनके बाकी बच्चे हायर एजूकेशन में थे इसलिए वे कानपुर में ही थे। इस प्रकार प्राचार्य महोदय की श्रीमती जी व उनके तीन बच्चे उनके साथ कानपुर में थे और दो बच्चे प्राचार्य महोदय के साथ लोकरा में ही रह रहे थे।

सन 1987 का ग्रीष्मकालीन अवकाश बिता कर मैं वापस विद्यालय पहुँच गया था। विद्यालय की तमाम जिम्मेदारियों के कारण मैं अपने बच्चों पर कोई ध्यान नहीं दे पाया यद्यपि वे अपनी माताजी की देख रेख में स्वतः ही अच्छा परफार्म कर रहे थे। मेरी बेटी मीनेश कुमारी उस समय दसवाँ पास कर चुकी थी। दसवीं की बोर्ड परीक्षा में उसके अच्छे अंक आये थे। बेटा विनय कुमार छठवीं, अनुरोध कुमार चौथी और नीलेन्द्र कुमार कक्षा दो पास कर चुके थे। छोटे बेटे शैलेन्द्र कुमार का एडमिशन अवस्था में एक वर्ष कम होने के कारण नहीं हुआ था। मेरे सभी बच्चे पढ़ने में बहुत अच्छे थे और उन्होंने अपनी अपनी कक्षाओं में जो भी उपलब्धियाँ हासिल कीं थीं वे उनकी खुद की मेहनत की थीं। मैंने उनकी कभी भी अनफेयर मदद नहीं की थी जब कि परीक्षा विभाग पूरी तरह से मेरे ही पास था। मुझे यह अच्छी तरह से मालूम था कि बच्चों की गलत तरह से मदद करने का मतलब उन्हें पंगु बनाना है। यह जिक्र मैंने इसलिए किया क्योंकि हमारे यहाँ जो एम.एम. मिश्रा था वह अपने आफीसियेटिंग दौर में परीक्षा कक्ष में जाकर अपनी लड़की को नकल करा देता था। वह भी सिर्फ इसलिये कि उसकी बेटी कक्षा में फर्स्ट आ सके। यह उसका अपना चरित्र था।

प्राचार्य महोदय श्री आर.एल. दीक्षित की बेटी जो कि उनके साथ लोकरा में रह रही थी। वह कानपुर से ही दसवाँ पास कर के वहाँ पहुँची थी। उसी वर्ष मेरी बेटी ने भी दसवाँ पास किया था। अब दोनों बच्चों को विज्ञान विषयों से प्लस टू में पढ़ना था इसलिए हम दोनों लोगों ने अपनी बेटियों का प्रवेश केन्द्रीय विद्यालय सोलमारा तेजपुर में करा दिया था। क्योंकि सत्र 1987-88 में विज्ञान विषयों से कक्षा गायारह में हमारे विद्यालय में पढ़ने की सुविधा नहीं थी। इस प्रकार सत्र 1987-88 में प्राचार्य महोदय की बेटी ने व मेरी बेटी ने केंद्रीय विद्यालय सोलमारा तेजपुर से ग्यारहवाँ पास कर लिया था। बड़े बेटे ने सातवाँ पास किया था। अनुरोध कुमार ने पाँचवाँ पास कर लिया था तथा नीलेम्द्र कुमार ने तीसरा पास कर लिया था। मेरे सबसे छोटे बेटे शैलेन्द्र कुमार का कक्षा एक में एडमिशन हो गया था।

मैं जैसे ही जून 1988 में गर्मी की छुट्टियाँ बिता कर वापस लोकरा पहुँचा। वहाँ मुझे पता चला कि मेरा ट्रांसफर वहाँ से केन्द्रीय विद्यालय आर.आर.सी. फतेहगढ़ हो गया है। वहाँ से कार्यमुक्त हो कर मैंने जुलाई 1988 के पहले सप्ताह में पी.जी.टी. हिन्दी पद पर केन्द्रीय विद्यालय आर.आर.सी. फतेहगढ़ में कार्यभार ग्रहण कर लिया था। उस समय विद्यालय के प्राचार्य श्री एच.एन. अग्निहोत्री साहब थे। वे कन्नौज के रहने वाले थे। केन्द्रीय विद्यालय आर.आर.सी. फतेहगढ में मैंने अपने सभी बच्चों का एडमिशन जुलाई 1988 में करा दिया था। बेटी मीनेश का एडमिशन बारहवीं विज्ञान कक्षा में हुआ। विनय कुमार का आठवीं कक्षा में हुआ। अनुरोध कुमार का छठी कक्षा में हुआ। नीलेन्द्र कुमार का चौथी कक्षा में हुआ। सबसे छोटे बेटे शेलेन्द्र कुमार का व भाई के बेटे दीपेन्द्र का कक्षा एक में करा दिया था। इस प्रकार हमारे सभी बच्चों का अध्ययन नई जगह पर आरम्भ हो गया था।

फतेहगढ़ आने के बाद मुझे क्वार्टर ढूँढने में कोई दिक्कत नहीं हुयी क्योंकि मुझे पता लग गया था कि श्री आर.बी.एल. सन्त साहब का मकान खाली पड़ा हुआ है। वे उस समय केन्द्रीय विद्यालय दानापुर कैंट बिहार में पी.जी.टी. हिस्ट्री के पद पर पोस्टेड थे। मैं उनके कर्नलगंज वाले घर में आकर रहने लगा था। कुछ महीनों बाद उनका भी ट्रांसफर केन्द्रीय विद्यालय दानापुर कैंट बिहार से केन्द्रीय विद्यालय आर.आर.सी. फतेहगढ़ के लिये हो गया था। उस समय वे आकर अपने मकान के पहले तल पर रहने लगे थे। मैं अपने परिवार के साथ उसी मकान के भूतल पर रह रहा था। कुछ समय बाद सन्त साहब की पत्नी ने ताना मारना शुरू कर दिया। मुझे ऐसा किराया नहीं चाहिये कहीं दूसरी जगह चल फिर कर देखो। जैसे तैसे एक साल कट गया परन्तु

दूसरी साल मुझे लोको कालोनी में रेलवे का एक क्वार्टर किराये पर मिल गया। एक मकान राम भरोसे लाल सन्त का छोड़ा तो दूसरा क्वार्टर राम भरोसे लाल का किराये पर मिल गया जो खूब बड़ा था। वह क्वार्टर ब्रिटिश पीरियड का बना हुआ कोठी नुमा बड़ा बंगला था। जिसमें एक बड़ा हाल तथा एक साइड रूम और एक बरामदा था। वहाँ आस पास जो भी लोग रहते थे वे सभी बहुत ही अच्छे और आत्मीय थे।

हमारे निकटस्थ पड़ोसी श्री घारम सिंह यादव जो रेलवे के कर्मचारी थे। हमारे पीछे की तरफ एक पाल साहब रह रहे थे। वह और उनका परिवार बहुत ही शालीन था। उसी वर्ष हमारे भाई प्रेमचन्द का कहीं दूसरी जगह ट्रांसफर हुआ और वे अपने बच्चों को हमारे पास लोको में ही हमारे क्वार्टर में छोड़ गये। अब वहाँ दो परिवारों की परवरिश की जिम्मेदारी हमारे ऊपर आ गयी थी। हाँ एक बात अवश्य हुई कि मेरे भाई मदन चन्द्र अपने बेटे दीपेन्द्र को वहाँ से अपने साथ असम बुला ले गये थे।

हमारे बच्चे अपनी पढ़ाई में संलग्न थे। एक बार मैंने विद्यालय की ही एक शिक्षिका मिस शशी डी. लाल से निवेदन किया। मैडम आपके मार्ग दर्शन में मेरे दो बेटे पढ़ रहे हैं सो कृपया आप उनका ध्यान रखना। तब उन्होंने मुझसे बच्चों के नाम व कक्षायें पूछीं। जब मैंने उनको बताया कि कक्षा नौ में विनय कुमार तथा कक्षा सात में अनुरोध कुमार हैं। उन्होंने आश्चर्यचकित होकर मुझसे कहा कि वे दोनों बच्चे आपके हैं? असम्भव! मैंने कहा कि आप ऐसा क्यों बोल रही हैं? तब उन्होंने कहा कि विनय कुमार के लिये तो हम एक बार मान भी लेते हैं। परन्तु अनुरोध कुमार के बारे में मैं नहीं मानती। मुझे फिर उनसे वही प्रश्न करना पड़ा। तब उन्होंने बताया कि विनय कुमार तो अपनी कक्षा में ठीक चल रहें हैं पर अनुरोध कुमार की उपलब्धि तो आपका बेटा होते हुये भी हमें बिलकुल अलग लगती है जो मेरे आकलन के हिसाब से खरी नहीं उतरती है। मैंने कहा आप स्पष्ट बताओ कि हमारा बेटा कैसा कर रहा है? तब उन्होंने मुस्कराते हुये बताया कि आपका वह बेटा तो ब्रिलियेंट है। उसके अपने क्लास में उसका कम्पटीशन हमेशा पहली और दूसरी पोजीशन के लिगे रहता है। आपने क्लास में कभी ये फर्स्ट आता है और कभी दूसरा। इसलिये वह आपका बेटा कैसे हो सकता है? मैंने कहा ठीक है मैडम। उसे अपना ही बेटा मान कर संरक्षण दीजिये और उसका ध्यान रखियेगा। वह बोलीं सर मेरा ऐसा कहने का बुरा न मानियेगा। आपके बेटे बहुत अच्छा कर रहे हैं और मैं हमेशा उनका ध्यान रखूँगी।

वह पूरा वर्ष हम लोगों ने लोको कालोनी में बिताया। वहाँ रहते हुये ही सन 1988-89 में हमारी बेटी बारहवाँ पास नहीं कर सकी। उसने इण्टर की परीक्षा 1989-90 में

अच्छे अंकों से पास की। इंटर करने के बाद उसने 1990 के सत्रारंभ होते ही आरपी डिग्री कालेज कमालगंज में बीएससी बॉयो से एडमिशन ले लिया और वहाँ पढ़ाई करने लगी। असम की जलवायु से उत्तर प्रदेश की बदली हुयी जलवायु में आना और लगातार किराये के मकान बदलना। यह सब कुछ मेरे बड़े बेटे को अनुकूल नहीं पड़ा। वह दसवीं की परीक्षा से पहले ही बीमार पड़ गया। अन्ततः उसने जब दसवीं की परीक्षा दी तो उसमें फेल हो गया। इस प्रकार वह तीन चार साल तक बीमारी से पीड़ित रहा और अपनी पढ़ाई में भी पिछड़ गया। हमारा वह बेटा लम्बी बीमारी के कारण मानसिक रूप से तनाव ग्रस्त हो गया। अतः हमारा पूरा परिवार उसकी बीमारी के कारण बहुत परेशान रहा। हम लोग उसके इलाज के लिये फतेहगढ़, फर्रुखाबाद से आगरा, आगरा से कानपुर तथा वहाँ से लखनऊ तक उसको ले कर इस अस्पताल से उस अस्पताल बरसों दौड़ते रहे। बहुत लम्बे समय बाद एक अस्पताल लखनऊ में मिला और वहाँ से नियमित इलाज कराने के बाद वह ठीक हो पाया था। बीमारी के कारण पढ़ाई में पिछड़ गया और बाद में यू.पी. बोर्ड से दसवाँ पास किया था। उसके बाद उसने एम.आई.सी. फतेहगढ़ में ग्यारहवीं में एडमिशन ले लिया और आगे की पढ़ाई करने लगा। शेष बच्चे तो अपने आपको सँभाल ले गये और वे अपनी पढ़ाई में आगे बढ़ते रहे।

संयोग अच्छा था कि उसी साल 1989 में ही मुझे न्यू सिविल लाइंस स्थित दो कमरों व बरामदा वाला मकान मिल गया। जिसके बारे में हमारे विद्यालय के बाबू श्री प्रताप नारायन बाथम ने मुझे बताया था। वे ग्वालटोली फतेहगढं के निवासी थे। उन्होंने कहा कि सर अगर आपको मकान लेना हो तो मेवाराम तिवारी व शोभाराम तिवारी नाम के दो भाई हैं जो अपना मकान बेंचना चाहते हैं। वे कड़हर के निवासी हैं और होमगार्ड में नौकरी करते हैं। मैंने पूछताछ की तो मुझे पता लगा कि वे दोनो भाई मेरे पुराने (1982 के) मित्र श्री माधुरी शरण कर्नलगंज वालों के मुलाकाती हैं। उनका तिवारी द्वय से परिचय है और उनके माध्यम से मैंने बात चलायी जिससे मकान की बात पक्की हो गयी। मैंने कुछ रुपये बचाये थे और कुछ रुपये अपने गाँव चन्दरपुर के रिटायर्ड सूबेदार लालमन से उधार लिये। इस प्रकार इन्तजाम कर के मैंने मकान की रजिस्ट्री कुल ₹60000/- रुपये में दिनांक 15.11.1989 को करा ली थी। रजिस्ट्री कराने के बाद मैंने उस पड़े हुये मकान की सफायी करायी। साथ ही नगर निगम की टंकी के पानी के लिये कनेक्शन लिया और बिजली का भी कनेक्शन लिया। वह मकान तीन तरफ से खुला हुआ बीहड़ के बीच में था। हम लोग उस दो कमरों के बने मकान में 1990 के अन्त तक आ गये थे। मेरे भाई प्रेम चन्द्र का भी परिवार जो

लोको कालोनी में मेरे साथ रह रहा था वो भी वहाँ से उस मकान में ही आ गया था। अब सिर छिपाने के लिये अपना ठिकाना हो गया था।

धनाभाव के कारण मकान बनवाने की सोच भी नहीं सकते थे। इसलिये मसेनी भट्ठे से डेढ़ सौ रुपये प्रति हजार सेम (तीसरे दर्जे की पकी अधपकी) ईंट घर पहुँचती खरीद लाये। उस समय हमारा मकान तीन ओर से जंगल से घिरा हुआ था। केवल पूरब की ओर हमारे पड़ोसी निगम साहब का घर था। जंगली जानवरों से अपने बच्चों की सुरक्षा के लिये घर की सामने व बगल की दीवारें मिट्टी के गारे से ही चिनवा दीं थी। मुख्य दरवाजा लगाने के लिये कबाड़ी के यहाँ से लोहे का एक पल्ला ले आये थे। करीब 6'×4' के उसी पल्ले में कुण्डी कब्जे जड़वा कर गेट लगवा लिया था। इस तरह जैसे तैसे हमने व हमारे परिवार ने अपने घर में निर्वाह किया। अपने घर में आ कर हमें एक लाभ तो अवश्य हुआ कि लोको कालोनी से विद्यालय आने जाने में मेरे व बच्चों के लगने वाले रिक्शे भाड़े की बचत हो गयी और इसके अतिरिक्त समय की भी बचत हो गयी। क्योंकि मेरे अपने घर से केन्द्रीय विद्यालय की दूरी मात्र पाँच सौ मीटर रह गयी। अब बच्चे घर से विद्यालय और विद्यालय से घर स्वतः पैदल ही आने जाने लगे थे। इसके अतिरिक मुझे अपने घर चन्दरपुर से अपनी खेती का अनाज मिलने लगा जो मेरे लिये एक बहुत बड़ी राहत थी। खाद्यान्न घर से मिल जाता था और मकान का किराया भी बचने लगा था।

कुछ दूसरे खर्चों में कटौती की जिससे कुछ बचत हो गयी। तत्पश्चात मैंने एलआईसी से रुपये ₹ 60000/- लोन ले लिया था। उसी समय मकान का नक्शा भी पास करवा लिया था। उस नक्शे के अनुसार 1991-92 तक अतिरिक्त दो कमरे तैयार कर लिये थे। बहुत बाद में एक आरा मशीन से सस्ती लकड़ी खरीद कर लाये जिसके तख्ते चिरवाये और दरवाजे बनवा कर लगवा लिये थे। हमारे मकान का अब घेर भी था और रहने के लिये चार कमरे भी हो गये थे। उसके बाद वे कमरे कई सालों तक बिना प्लास्टर और बिना पक्के फर्श के ही बने रहे थे।

हम अपने निजी घर में रहने तो लगे थे लेकिन हमारे घर में रहने के चलते कई स्थानीय समस्यायें भी थीं। वे समस्याएँ पड़ोसी और मुहल्ला वालों को ले कर थीं। पहली समस्या थी कि हमारे पड़ौसी की गन्दी नाली हमारे आँगन के बीचों बीच से बह रही थी जिस कारण पूरे घर में बदबू फैली रहती थी। दूसरी समस्या हमारी अपनी थी कि हम लोगों को टट्टी पाखाना के लिये बाहर खुले में जाना पड़ता था। चूँकि घर रोड से एक मंजिल नीचा था इसलिये घर से बाहर के लिये ढलान चढ़ कर रोड पर जाना पड़ता था फिर अपने मकान की बगल से रोड से नीचे उतर कर पीछे कैंट की खाली

पड़ी जमीन में जाना होता था। मैंने पूर्व लैंड लार्ड पदम सिंह यादव उर्फ मास्टर राम चन्द्र से अपनी पश्चिमी दीवार में दरवाजा करने के लिये इजाजत माँगी थी। उन्हीं से हमारे मकान का प्लाट मेवा राम व शोभा राम तिवारी ने खरीदा था। दरवाजा बनाने के लिये यादव जी ने एक पल की देर लगाये बिना इनकार कर दी। कुछ समय ऐसे ही बीता उसके बाद मुझे दोनों समस्याओं का एक समाधान सूझा। मैंने अपने पड़ोसी पंकज निगम से बात की और मैंने उससे कहा कि भाई आपके घर की गंदगी खुल्ला हमारे घर के बीच आँगन से बह रही है तो इसका कोई उपाय करो जिससे गंदगी भी खतम हो जाये और भविष्य के लिये यह समस्या भी न रहे।

पंकज व नीरज दो भाई थे। उन्होंने अपनी माँ से परामर्श किया क्योंकि उनके पिता का स्वर्गवास हो चुका था। उनकी माँ सुलझी हुई महिला थीं। उन्होंने मुझसे पूछा कि इस समस्या का क्या समाधान हो सकता है? तब मैंने बताया कि हम दोनों लोग मिल कर अपने घरों से नाला तक पुलिया वाला मोटा पाइप डलवा दें। हम दोनों के घर रोड से एक मंजिल नीचाई में हैं। इसलिए बेहतर होगा कि लगभग 18” व्यास (diameter) वाला पाइप रोड के किनारे किनारे नाला तक डाल दें। इस तरह ढलान में डाले हुये पाइप के माध्यम से दोनों घरों का गंदा पानी बहता हुआ सीधा नाला में जाता रहेगा। इसमें हम लोगों का पाइप खरीदने में जो कुछ खर्च होगा उसका आधा आधा कर लेंगे और जो लेबर चार्ज लगेगा वह पूरा का पूरा हम वहन कर लेंगे। अच्छा हुआ कि हमारा यह सुझाया समाधान उनको पसन्द आ गया। तत्पश्चात हम लोगों ने पता लगाया कि इस तरह के पाइप की उपलब्धता कहाँ पर है तो पता लगा कि जेएनवी रोड की रेलवे क्रासिंग के उस पार पाइप बनाने की एक फैक्ट्री लगी हुयी है। हम लोग वहाँ से करीब दस दस फुट लम्बाई के आठ पाइप खरीद लाये। तत्पश्चात मैंने लेबर मिस्त्री कर के आनन फानन में निगम के घर से अपने घर के सामने से नाले तक पाइप डलवा दिये। उसके बाद मैंने अपने घर में ही अस्थायी लेटिरन बनवा ली और खुले में शौच जाने से छुटकारा मिल गया साथ ही साथ गंन्दगी से भी निजात मिल गयी। इस समस्या के समाधान के लिये भी हम कह सकते हैं कि हमारे एक रुपया में दो काम हो गये अर्थात गंदगी से मुक्ति मिलने के साथ हम दोनों पड़ौसी भी परस्पर सौहार्द्र पूर्ण वातावरण बनाये रखने में सफल रहे।

अब हमारा परिवार फतेहगढ़ के निजी मकान में आ कर स्थिर हो गया था। बार बार मकान बदलने और जब तब की भाग दौड़ से भी छुटकारा मिल गया था। उस समय मुहल्ले की आबादी ज्यादा सघन नहीं थी। हमारे घर के सामने रोड पार मुनीम जी

का बहुत बड़ा मकान था। उनके बगल में एक बाबा जी अपने बहू बेटे के साथ छोटे से मकान में रह रहे थे। कुछ समय बाद बाबा जी के बेटी दामाद भी आ गये। बाबा जी ने अपने मकान का आधा हिस्सा अपनी बेटी को दे दिया था। बहुत बाद में मुनीम जी ने अपना आधा मकान श्री राम नरेश पाल के हाथों बेंच दिया था। मुनीम जी के मकान के पश्चिमी कोने पर नाला किनारे राजा राम की एक आरा मशीन लगी थी। वह जमीन बाद में राजाराम ने मेरे भाई प्रेम चन्द्र व उनकी साली के हाथों बेंच दी थी। इस प्रकार हमारे घर के सामने रोड पार जहाँ दो घर थे। वहाँ पर उतनी ही जगह में पाँच परिवार बस चुके थे।

नाले के किनारे से रोड से दक्षिण की ओर उत्तर को मुखातिब जो मकान बने हैं वे क्रमशः प्रेम चन्द्र व उनकी साली के हैं। फिर मुनीम जी, उसके बाद रामनरेश पाल के हैं। फिर फूल सिंह और श्रीराम मास्टर साहब के हैं। इनके पूरब की ओर मुझसे भी पहले से श्री नरेन्द्र सिंह यादव का मकान बन चुका था जो सेन्ट्रल बैंक में अधिकारी थे। रोड के उत्तर की ओर दक्षिण को मुखातिब मेरा मकान है। मेरे मकान के पूरब में निगम का मकान है तथा उसके पूरब में मास्टर पदम सिंह यादव उर्फ राम चन्द्र का बड़ा सा हाता और मकान है। वे अपने हाते के एक हिस्से में स्कूल चलाते थे। बाद में वह स्कूल बन्द हो गया। उसके काफ़ी बाद में उनका बड़ा सा हाता भी छोटे छोटे हिस्सों में विभाजित हो गया। हमारे मकान के पश्चिम में तथा उत्तर (अर्थात पीछे का) में पूरा बड़ा सा इलाका खाली पड़ा था। जिसके मालिक मास्टर पदम सिंह यादव ही थे। बाद में उन्होंने अपनी जरूरत पर वह पूरा क्षेत्र औने पौने दामों में धीरे धीरे में बेंच दिया था।

मास्टर पदम सिंह यादव बहुत पुराने ख्यालात के व्यक्ति थे। वे किसी के भी यहाँ दावत खाने तक नहीं जाते थे। उनका कहना था कि दावत हमारे बच्चे खाना चाहें तो जायें परन्तु हम कहीं दावत खाने नहीं जाते। उनके व उनके परिवार के पास बहुत बड़े इलाके की जमीन थी जो कैंट गेट की सीमा से ले कर नाला के किनारे किनारे बरगदिया घाट रोड तक फैली हुयी थी। आज जहाँ पर कस्टम आफिस का भवन बना हुआ है। बहुत पहले वह जगह भी इन्हीं के पूर्वजों की थी जिसको सरकार ने अधिग्रहण कर लिया था। उनके मकान के सामने बरतरिया परिवार बहुत पहले से बसा हुआ है। उनके पूर्वज कमालगंज के निकट भोजपुर रियासत के जमींदार थे जो बाद में अपना रिहायशी मकान बनवाकर फतेहगढ़ में आकर रहने लगे थे।

जिला डाकघर चौराहा फतेहगढ़ से जज कालोनी वाला रोड हमारे घर के सामने से गुजरता है। उस रोड का नाम बरतरिया साहब के नाम से था। अर्थात राय साहब पृथ्वी नाथ रोड के नाम से जाना जाता था। वे अंग्रेजों के समय राय साहब की उपाधि से सम्मानित रहे थे। वह रोड आज भी उसी नाम से जाना जाता है। अब कुछ लोग सुविधा के लिये जज कालोनी रोड भी बोलते हैं। विशेष बात यह है कि पृथ्वी नाथ रोड के दक्षिणी किनारे पर बसा पुराना मुहल्ला मछली टोला के नाम से जाना जाता है। अर्थात मेरे घर के सामने रोड पार वाले मकान मछली टोला में हैं और रोड के इस ओर उत्तर की तरफ जहाँ मेरा मकान है वह नया मुहल्ला न्यू सिविल लाइन्स के नाम से जाना जाता है।

ज़ब मैं असम लोकरा से ट्रांसफर पर फतेहगढ़ आया था। उस समय केन्द्रीय विद्यालय संगठन में एस.सी. एस.टी. के अधिकारों की लड़ाई लड़ने वाला कोई यूनियन नहीं था। A.I.K.V.T.A. एस.सी. एस.टी. के सर्विस मैटर के लिये अलग से कोई संघर्ष नहीं करता था। उस समय श्री आर.बी.एल. सन्त ने ए.आई.एस.सी.एस.टी. केवीएसइ म्प्लाईज एसोसियेशन का शुभारम्भ किया था। वह एसोसियेशन कुछ वर्ष पहले संत साहब सी.एल. बौद्ध साहब के साथ झाँसी में चला रहे थे। फतेहगढ़ रहते हुये हम लोगों ने वह एसोसियेशन पुनर्स्थापित किया। सन्त साहब उस एसोसिएशन के अध्यक्ष बने और मैं महामंत्री बना। उस समय श्री एच.एन. अग्निहोत्री साहब विद्यालय के प्राचार्य थे। वे अत्यन्त सरल व मधुर स्वभाव के इंसान थे। मूलतः वे कन्नौज के निवासी से। उनके रहते एसोसिएशन चलाने में हम लोगों को कोई भी असुविधा नहीं हुयी। हम लोगों ने उ.प्र. के कानपुर, बरेली, शाहजहाँपुर व अन्य केन्द्रीय विद्यालयों में सदस्यता ग्रहण करवायी साथ ही साथ अन्य प्रान्तों के कर्मचारियों को भी सदस्यता ग्रहण करवायी। उस समय हम दोनों लोग सेलेक्शन ग्रेड के हकदार थे। हम लोगों के बराबर सेवा काल वाले अन्य लोग भी सेलेक्शन ग्रेड के हकदार थे। अतः हम लोगों ने केन्द्रीय विद्यालय संगठन मुख्यालय को लिखा पढ़ी शुरू की। काफी संघर्ष के बाद हम लोगों को सेलेक्शन ग्रेड स्वीकृत हो गया। इसके लिये दो शर्तें थीं जिनमें कोई एक शर्त पूरी करने पर सेलेक्शन ग्रेड स्वीकृत हो सकता था। एक तो 24 वर्ष सेवा काल पूर्ण किया हो। दूसरी शर्त थी कि केन्द्रीय विद्यालय संगठन के पूरे स्टाफ़ की संख्या के 10% से कम स्टाफ को सेलेक्शन ग्रेड स्वीकृत किया गया हो। नियमानुसार हम लोग दूसरी शर्त के तहत पात्रता रखते थे। इस प्रकार हम लोगों को पी.जी.टी. के पद पर रहते हुये सेलेक्शन ग्रेड स्वीकृत हो गया।

चूंकि मुझे एकाउंट्स के कार्यों में अपने पूर्व केन्द्रीय विद्यालय लोकरा से ही बहुत रुचि थी क्योंकि वहाँ के प्राचार्य महोदय श्री जे.एस.आर. मोहनदास के सानिध्य में रहते हुये मैंने एकाउन्ट्स का काम सीख लिया था। इसलिए मैं फतेहगढ़ में भी अपने कार्यालय के सभी कार्य किया करता था। विद्यालय में किसी का भी एरियर तैयार करना हो या स्टाफ के लोगों का इनकम टैक्स कैलकुलेट करना हो या उनका आई.टी. रिटर्न भरकर आयकर विभाग में जमा करना हो तो विद्यालय के ये सारे काम मैं ही निपटाया करता था। यहाँ तक कि विद्यालय के आडिट करवाने की भी पूरी जिम्मेदारी मेरी ही रहती थी।

हम लोगों का सेलेक्शन ग्रेड स्वीकृति का अदेश विद्यालय में जैसे ही आया वैसे ही मुझे अपना एरियर तैयार करने के लिये अपने पूर्व विद्यालय के ड्यूड्रान स्टेटमेंट की आवश्यकता हुयी। उस समय आज की तरह इंटरनेट की सुविधा नहीं थी जिससे मैं अपना ड्यूड्रान ईमेल पर मँगवा सकता। ऐसी स्थिति में मुझे केन्द्रीय विद्यालय लोकरा असम जाना पड़ा और वहाँ जा कर मैं अपना ड्यूड्रान ले आया। सन्त साहब को भी अपना ड्यूड्रान केन्द्रीय विद्यालय दानापुर कैंट बिहार से लाना पड़ा। दोनों लोगों का एरियर मैंने तैयार किया तथा हम दोनों का वेतन फिक्सेशन के द्वारा प्राचार्य के न्यूनतम वेतन के निकट पहुँच गया। संत साहब का मूल वेतन प्राचार्य के न्यूनतम वेतन से कुछ ऊपर था और मेरा मूल वेतन प्राचार्य के न्यूनतम वेतन से पच्चीस रुपये कम था। इस काम में संघर्ष करते हुये 1989 से 1992 तक करीब तीन साल लग गये। संत साहब को तो पहले टी.जी.टी. स्केल में सेलेक्शन ग्रेड मिला। उसके बाद पी.जी.टी. स्केल में सेलेक्शन ग्रेड मिला। इस प्रकार उनकी पी.जी.टी. में मुझसे जूनियर होते हुये भी ज्यादा बेसिक पे फिक्स हुयी। इस सन्दर्भ में यथासमय जिक्र करता रहूँगा।

मास्टर पदम सिंह ने मुझे अपने मकान में रहने बसने के तौर तरीकों को देखा और आस पास के लोगों के साथ मेरा व्यवहार देखा तो वे गुझरो काफी प्रभावित हुये। तब उन्होंने मुझे अपने मन की बात बतायी। वे बोले, मैंने तय कर लिया था कि कभी किसी एस.सी. और मुसलमान के हाथ अपनी जमीन नहीं बेंचूँगा। उन्होंने अपनी उस जिद का पालन भी किया। जब उनको मेरे बारे में पता लगा कि मैं एस.सी. वर्ग से आता हूँ तो मेरे समक्ष उन्होंने यह रहस्य खोला। वह बोले आपसे मिल कर अब मेरी धारणा ही बदल गयी है क्योंकि जो अत्मीयता व सम्मान मुझे आपसे मिला वह मुझे मेरे अपनों से भी नहीं मिला। अब मैं आपसे कहता हूँ कि अगर आप खरीदना

चाहें तो अपने मकान के पीछे की जितनी जमीन चाहें उतनी जमीन दस हजार रुपये बिस्वा में खरीद सकते हैं। उन्होंने मुझसे कई बार जमीन खरीदने को कहा था परन्तु मैंने असमर्थता जाहिर की। तब उन्होंने यह भी कहा था कि आप खरीद लीजिये और रुपये धीरे धीरे दे देना अन्यथा आप पछताओगे। मुझे उनका वह वाक्य याद आता रहता है परन्तु करें भी तो क्या करें? एक कहावत है कि भले ही कौड़ी ऊँट लगा हो जब पास में कौड़ी ही नहीं तो ऊँट कैसे खरीदा जाये। खैर कुछ ही वर्षों में मुहल्ला पूरी तरह से आबाद हो गया और जो जमीन दस हजार रुपये बिस्वा बिका करती थी वह बीस लाख रुपये बिस्वा की कीमत पर पहुँच गयी।

केन्द्रीय विद्यालय आर.आर.सी. फतेहगढ़ में कार्यभार ग्रहण करने के बाद मुझे घर से लेकर विद्यालय तक बहुत काम करना पड़ा। जैसा कि मैं पहले ही जिक्र कर चुका हूँ कि मुझे विद्यालय में ज्यादातर एकाउंट का काम करने का अवसर मिला। सम्पूर्ण विद्यालय स्टाफ जो इनकम टैक्स की सीमा में आता था उन लोगों की आफिस की ओर से इनकम टैक्स की गणना करना फिर इनकम टैक्स रिटर्न फर्रुखाबाद स्थित कार्यालय में जमा करना, यह दायित्व मैं ही निभाता था। कक्षा शिक्षण के अलावा कोआर्डिनेटर के तौर पर तमाम कार्यक्रमों के संचालन का भी दायित्व मेरा ही था। इन सारे कामों के अतिरिक्त जो दायित्व मुझे मिला था वह विद्यालय की ओर से किया जाने वाला द्विभाषी रूप में पत्राचार अर्थात correspondence था।

केन्द्रीय विद्यालय फतेहगढ़ में उस समय प्राचार्य श्री एच.एन. अग्निहोत्री साहब थे जिनका जिक्र मैं पहले भी कर चुका हूँ। उन्होंने एक बार मुझसे कहा कि आप यहाँ आकर काफी अच्छी लेटर ड्राफ्टिंग सीख गये हो। मैंने हाँ में सिर हिलाकर उनके मन्तव्य का समर्थन कर दिया। विद्यालय में एडमिशन और परीक्षा दोनों ही विभाग उस समय श्री आर.पी. दिवाकर साहब देखते थे। जैसे ही कोई पत्र आता था अथवा किसी पत्र का जवाब के.वी.एस. या सेंट्रल बोर्ड को भेजना होता था तब वे मुझे ही याद करते थे और कहते थे भैया इस पत्र का जवाब बना दो। मैं उस पत्र या उन पत्रों का जवाब बना देता था फिर आफिस में बाबू प्रताप नारायन से टाइप करवाकर उनका यह काम सुलभ कर देता था। यहाँ तक कि स्टाफ के किसी भी सदस्य का कोई विभागीय रिप्रजेंटेशन होता था या कोई किसी तरह का वैयक्तिक पत्राचार करना होता था तब भी ज्यादातर लोग मेरी ही सहायता लेते थे।

उस समय पी.जी.टी. से प्राचार्य पद पर भर्ती की सीधी प्रक्रिया के लिये विभागीय परीक्षा पास करनी पड़ती थी जब कि उससे पूर्व परीक्षा का प्रावधान नहीं था। पी.जी.

टी. में दस साल पूरे होते ही सीधे इंटरव्यू के द्वारा प्राचार्य पद पर चयन का अवसर मिल जाता था। जब हम लोगों के दस साल पूरे हुये तो नियम ही बदल गया। तब हम दोनों लोगों ने अर्थात सन्त साहब व मैंने प्राचार्य पद के लिये विभागीय परीक्षा की तैयारियाँ आरम्भ कर दीं। जिसके लिये मैं कनॉट प्लेस दिल्ली से सेंट्रल सिविल सर्विसेस, वित्त प्रशासन, एफ.आर., एस.आर., मेडिकल रूल्स, लीव रूल्स, प्रशासनिक और अन्य नियम कानून की पुस्तकें खरीद कर लाया था। उसके बाद मैंने बड़ी ही तन्मयता से तैयारी आरम्भ कर दी। यद्यपि उस समय केन्द्रीय विद्यालय आर.आर.सी. फतेहगढ़ में दो अन्य पी.जी.टी. भी प्राचार्य के पद पर विभागीय परीक्षा हेतु पात्र थे। वे श्री एस.पी. सिंह पी.जी.टी. अंग्रेजी व श्री एस.के. गुप्ता पी.जी.टी. भूगोल थे। उन्होंने विभागीय परीक्षा महज इस कारण नहीं दी कि पास हो कर कहीं प्राचार्य पद पर चयन हो गया तो फतेहगढ़ छूट जायेगा। अब हम दोनो लोगों ने ही (सन्त साहब और मैंने) विभागीय परीक्षा की गहन तैयारी की तथा वर्ष 1993 के आरम्भ में परीक्षाएँ दीं। हम दोनों लोगों ने ही पहले एटेम्प्ट में परीक्षाएँ पास कर लीं जब कि लोग कई कई बार फेल होने के बाद बमुश्किल वह परीक्षा पास कर पाते थे।

हम लोगों ने 1993 के अन्त में प्राचार्य पद के लिये फार्म भरा और दिसम्बर 1993 में दोनों लोगों के इंटरव्यू हुये जिसमें सन्त साहब का सेलेक्शन हो गया। उनकी पोस्टिंग केन्द्रीय विद्यालय जोशी मठ में हुयी थी। उन्होंने वहाँ न ज्वाइन कर के अपना पोस्टिंग स्टेशन बदलवा लिया और फरवरी 1994 में केन्द्रीय विद्यालय ए.एफ.एस. रजोकरी दिल्ली में ज्वाइन कर लिया। मेरा चयन उसमें नहीं हो पाया था। मुझे बाद में पता चला कि मेरा चयन इसलिये रुक गया था क्योंकि नव चयनित प्राचार्यों की जो चयन सूची तैयार की गयी थी उसमें सबसे ऊपर ऐसे तीस लोगों के नाम जोड़ दिये गये थे जो उस साक्षात्कार में शामिल नहीं थे। चूँकि उस समय श्री अर्जुन सिंह एच.आर. डी. मिनिस्टर थे इसलिये उन्होंने तीस ऐसे लोगों की सूची केन्द्रीय विद्यालय संगठन को भेजी थी जिनका कोई इंटरव्यू भी नहीं हुआ था। उनके नाम चयन सूची में सबसे ऊपर रखने का आदेश दिया गया था। जिसके चलते नब्बे लोगों की लिस्ट में उनकी लिस्ट के तीस लोगों के नाम टॉप पर रखे गये थे और शेष रहे साठ लोगों को उनके नीचे रखा गया था। परिणामस्वरूप मूल सूची में जो नीचे के तीस लोग थे वे चयन से बाहर हो गये और उन तीस लोगों में मेरे जैसे उनतीस लोग और भी थे।

सन 1994 में ही प्राचार्य पद पर दुबारा रिक्तियाँ निकाली गयीं थीं। मैंने उसमें भी आवेदन किया और मेरा इंटरव्यू लेटर आया। संभवतः उस वर्ष का अक्तूबर माह था। ज़ब मैं वहाँ इंटरव्यू देने गया तो बोर्ड में उपस्थित कुछ एक सदस्यों के मुँह से

निकला अच्छा तो आप एस.सी. हैं। वह सुन कर मुझे एक झटका अवश्य लगा लेकिन मैंने अपना सिर हिला कर हाँ कर दी। उनका ऐसा कहने का मन्तव्य जो भी रहा हो परन्तु उनके हाव भाव से जो मुझे लगा वो यही कि जितने अंकों का इंटरव्यू है उनमें से आधे अंक उन लोगों ने काट कर पहले ही अपनी जेब में रख लिये हों इसलिये अब मुझे इंटरव्यू 50% अंकों में ही देना पड़ेगा। उस समय रिजर्व कैटेगरी के लोगों को इंटरव्यू के कुल अंकों में से बीस या पच्चीस प्रतिशत अंक दे कर चलता करते थे। यद्यपि उस दूसरे मौके पर इंटरव्यू देने के बाद मेरा नाम चयन सूची में आ गया था और मेरा नियुक्ति पत्र मुझे दिसम्बर 1994 के अन्तिम सप्ताह में प्राप्त हो गया था।

उस समय विद्यालय में प्राचार्य श्री आर. कुमार सक्सेना (श्री रवीन्द्र कुमार सक्सेना) थे। वे मूलतः फतेहगढ़ के ही निवासी थे। सुना जाता था कि उनके पिता जमींदार थे। वे फतेहगढ़ व कमालगंज के बीच स्थित इलाका भोजपुर के जमींदार थे। केन्द्रीय विद्यालय फतेहगढ़ चौराहे पर ही स्थित है। जिसकी चारदीवारी चौराहे के उत्तरी पश्चिमी कोने पर स्थित है। उसके सामने वाले कोने पर अर्थात चौराहे के पूर्वी उत्तरी कोने पर उनका (प्राचार्य) पेट्रोल पम्प था। वह पेट्रोल पम्प उसी समय बिक चुका था जब वे केन्द्रीय विद्यालय आरआरसी फतेहगढ़ में प्राचार्य थे। उनका स्वभाव राजसी था और व्यक्तित्व अत्यन्त प्रभावी व आकर्षक था। जब मैंने विभागीय परीक्षा पास की थी तब मेरा परीक्षा में सफल होने का पत्र उनके पास ही आया था। उन्होंने मुझे वह पत्र अपने हाथों से बधाई संदेश लिख कर सौंपा था। उसके बाद प्राचार्य पद के लिये जब मेरा नियुक्ति पत्र आया था तब भी उन्होंने बधाई देते हुये प्रसन्नता जाहिर की थी। उन्होंने कहा था कि यह आपकी योग्यता का पुरस्कार है और आप एक सफल प्राचार्य सिद्ध होंगे।

अब प्राचार्य पद का नियुक्ति पत्र मेरे हाथ में था। मुझे यह भी मालूम था कि पी.जी.टी. से प्राचार्य पद पर कार्यभार ग्रहण करने के बाद जो आर्थिक लाभ होगा वह मात्र पच्चीस रुपये प्रति माह का होगा क्योंकि उस समय मेरी बेसिक पे प्रति माह 2925/- थी और प्राचार्य बनने के बाद मेरी पहली बेसिक पे 3000/- रुपये प्रति माह होगी। मैं फतेहगढ़ रहते हुये अपने बच्चों की समुचित देखभाल भी कर सकता था। जब मैंने अपने आपको इस तरह की उधेड़ बुन और तमाम तरह की समस्याओं से घिरा पाया तो मुझे मेरे परिवार वालों ने प्राचार्य का पदभार ग्रहण करने के लिये प्रेरित किया। मुझे भी ये महसूस हुआ कि कोई अवसर बार बार नहीं मिलता है। अतः मैंने केन्द्रीय विद्यालय फतेहगढ़ से अपने नये पोस्टिंग स्थल पर जाकर कार्यभार ग्रहण करने का निर्णय ले लिया।

उस समय हमारे साथ श्री हाकिम सिंह ज्वाइन कराने के लिये सारनी गये थे। वे हमारे बहुत पुराने साथी थे और हमारे ही घर में किराये पर रह रहे थे। उस समय वे भी केन्द्रीय विद्यालय फतेहगढ़ में कार्यरत थे। हमारे सभी साथियों ने मेरे प्राचार्य पद पर चयन के लिये खुशियाँ मनायीं। मुझे नया स्थान मध्य प्रदेश स्थित केन्द्रीय विद्यालय सारनी मिला था जो इटारसी से करीब अस्सी किलोमीटर आगे नागपुर की तरफ है। सारनी जिला बैतूल में घोड़ा डोंगरी रेलवे स्टेशन के निकट WCL व MPEB के क्षेत्र के बीच स्थित है। मेरे लिये वह स्थान बिलकुल नया था। नयी जगह और सुदूर होने के नाते मुझे एक साथी कि जरूरत थी जिसके लिये मुझे श्री हाकिम सिंह से बेहतर कोई नजर नहीं आया। मैंने अपने साथ जाने के लिये उनसे ही निवेदन किया और उन्होंने मेरा निवेदन सहर्ष स्वीकार कर लिया।

केंद्रीय विद्यालय आरआरसी फतेहगढ़ से मैं दिनांक 29.12.1994 को दोपहर बाद रिलीव हुआ। हम दोनों लोग फतेहगढ़ से आगरा गये। वहाँ से रेलगाड़ी द्वारा बिना किसी रिजर्वेशन के भोपाल के लिये चल पड़े। श्री हाकिम सिंह किसी भी सुविधा का दूसरा नाम हैं। उनके साथ रहते हुये मुझे किसी भी कठिनाई का सामना नहीं करना पड़ा फिर चाहे उनको टी.टी. से टाई अप करना पड़ा हो या देशज भाषा में कहें कि उसे पटाना पड़ा हो। इस तरह से हम लोग आराम से सुबह तक रेलवे स्टेशन भोपाल पहुँच गये। वहाँ से प्रातः ही हम लोग केन्द्रीय विद्यालय संगठन क्षेत्रीय कार्यालय मैदामिल भोपाल पहुँच गये। वहाँ पहुँच कर हम लोग सहायक आयुक्त के कार्यालय पहुँचे। हमारी पहली मुलाकात वहाँ पर मौजूद डॉक्टर एम.एम. स्वामी से हुयी क्योंकि वे उस समय वहाँ इंचार्ज सहायक आयुक्त थे परन्तु मूलतः वे शिक्षा अधिकारी थे। जब मैंने उनको अपना परिचय दिया तो वे बहुत प्रसन्न हुये और उन्होंने मेरे सफल भविष्य के लिये मुझे शुभकामनाएँ दीं तत्पश्चात उन्होंने मुझे केन्द्रीय विद्यालय सारनी के प्राचार्य पद का कार्यभार ग्रहण कराया। उन्होंने केन्द्रीय विद्यालय संगठन भोपाल रीजन के अन्तर्गत एक नये प्राचार्य के रूप में मेरा स्वागत किया।

तदुपरान्त हम लोग वहाँ से निकल कर सारनी जाने के लिये भोपाल बस स्टेशन पर आये। बस मिलते ही हम लोग वहाँ से सारनी के लिये रवाना हो गये। भोपाल से सारनी की दूरी करीब सौ किलोमीटर है। जो सामान्य तौर पर बस द्वारा तीन घंटे में तय की जा सकती है लेकिन हम लोगों को उतनी बस यात्रा में आठ घंटे लग गये। वहाँ के रोड जो उस समय थे क्या कहें मछली की पीठ तो फिर भी चौड़ी होती है। ऐसे

रोड वह भी बुरी तरह से उखड़े व टूटे हुये। यह कह पाना मुश्किल था कि रोड में गड्ढे हैं या गड्ढों में रोड है। भोपाल से सारनी पहुँचते पहुँचते रात हो गयी थी साथ ही पूरे शरीर की हड्डियाँ हिल गयीं सो अलग। हम लोग घोड़ा डोंगरी से दूसरी बस पर सवार हो कर सारनी स्टेडियम के सामने तिराहे पर उतर पड़े। बस से उतरे तो काफी अँधेरा हो चुका था। विद्युत नगरी होने के बाद भी उस दिन अंधकार से जूझना पड़ा। बस से उतरने वालों में जो लोग वहाँ पर पहले से रह रहे थे वे तो अपने अपने घरों को चले गये।

अब बचे हम दो लोग सो काफी देर तक वहाँ केन्द्रीय विद्यालय सारनी का पता पूछने के लिये खड़े रहे। काफी इन्तजार किया कि कोई व्यकि मिले जिससे हम पूछ सकें। यद्यपि केन्द्रीय विद्यालय वहाँ से कोई दो सौ कदम पर ही था जैसा कि कुछ देर इंतजार करने के बाद मिले एक व्यक्ति ने बताया था। उस व्यक्ति के बताये हुये के अनुसार हम लोग केन्द्रीय विद्यालय परिसर में पहुँच गये। वहाँ जा कर मैंने देखा मुख्य द्वार पर चैनल बन्द और उसमें ताला लगा था। हम लोग कुछ देर गेट पर खड़े रहे पर कोई आहट न पाकर हाकिम सिंह ने 'कोई है' कह कर आवाज लगायी। काफी जोर से दो तीन आवाज लगाने के बाद एक आदमी अन्दर से अंडर वियर और बनियान में चैनल के पास आया। उसने पूछा कौन हो तब हाकिम सिंह ने परिचय देते हुये बताया कि इस विद्यालय के नये प्राचार्य महोदय गेट पर खड़े हैं। खैर ताला खुला और हम लोग अन्दर पहुँच गये। पूछताछ करने पर पता लगा कि वह व्यक्ति विद्यालय का नाइट गार्ड था जिसका नाम गुणवन्त राव डोंगरे था। वह रात हम लोगों ने विद्यालय के गेस्ट रूम में ही बितायी थी। अगले दिन 31.12.1994 को प्रात: मैं आफिस के बाबू को साथ लेकर केन्द्रीय विद्यालय सारनी के चेयरमैन के पास गया। वहाँ श्री जे.पी. शर्मा चीफ इंजीनियर एम.पी.ई.बी. सतपुड़ा थर्मल पावर को मैंने अपनी प्राचार्य पद की ज्वाइनिंग रिपोर्ट दी जो कि केन्द्रीय विद्यालय सारनी के चेयरमैन थे। तत्पश्चात मैं वहाँ से पुनः विद्यालय के गेस्ट रूम में आ गया। सुबह शाम खाना खाने के लिये सारनी बाजार में एक मारवाड़ी ढाबा में जाया करते थे। अगला दिन नये साल का पहला दिन था अर्थात एक जनवरी सन 1995 का दिन। हम दोनों लोगों ने नया साल वहीं सारनी में ही मनाया। उसके अगले दिन मैंने अपने मित्र श्री हाकिम सिंह जी को वहाँ से फतेहगढ़ के लिये विदा किया।

मेरे वहाँ पर ज्वाइन करते समय केवल आफिस स्टाफ और सब स्टाफ ही था। जिनमें एक यू.डी.सी. पी.के. शास्त्री व दो एल.डी.सी. प्रवीन तेम्भुरने और कमल कुमार गौहर थे। उनमें से प्रवीन महाराष्ट्र अमरावती के निवासी थे तथा शेष दोनों लोग मध्य

प्रदेश के ही थे। सब स्टाफ में गुणवन्त राव डोंगरे, नेपाल सिंह, लखन लाल लोखंडे, हरी, छांछी और सदाशिव सोलंकी थे। ये सभी मध्य प्रदेश के ही रहने वाले थे। दस दिन के विंटर ब्रेक के बाद दिनांक 02.01.1995 को विद्यालय खुला था। पूरे विद्यालय स्टाफ और विद्यार्थियों के मध्य नये प्राचार्य के रूप में प्रार्थना सभा में मेरा परिचय दिया गया। उस समय परिचय दाता के रूप में जो व्यक्ति थे वे उप प्राचार्य श्री आर.बी. खाटी साहब जो महाराष्ट्रीयन ब्राह्मण थे। खाटी साहब अत्यन्त सरल स्वभाव के व्यक्ति थे। वे पिछले नौ वर्षों से उप प्राचार्य के रूप में उस विद्यालय में अपनी सेवायें दे रहे थे। उस विद्यालय में उनके कार्यकाल का मैं तीसरा प्राचार्य था। वह भी पिछले नौ वर्षों से सारनी बाजार के उसी मारवाड़ी ढाबा में खाना खा रहे थे जिसमें मैं खाना खा रहा था। मैंने उनसे उस ढाबा के खाने की गुणवत्ता के बारे में पूछा तो वे बोले सर बरोबर है। महाराष्ट्र व उससे लगे हुये क्षेत्र के लोग चाहे वे मध्य प्रदेश के हों या गुजरात के हों या आंध्र प्रदेश के हों। जब उन्हें कुछ पसन्द आता है तो वे अच्छा है या ठीक है न कह कर बरोबर है, कहते हैं। खाटी साहब भी अपनी हर पसन्द पर बरोबर है यही कहते थे। खाटी साहब के बारे में यथावसर चर्चा करता रहूँगा।

प्राचार्य के रूप में मैंने दिनांक 10.01.1995 को उप प्राचार्य श्री आर.बी. खाटी से अपने विद्यालय का विधिवत चार्ज लिया। वहाँ पर एसेट तो कम पर लाइबिलिटी ज्यादा मिलीं। पूरे अफिस का सिस्टम अस्त व्यस्त मिला। विद्यालय का भवन बहुत सुन्दर होते हुये भी घटिया रख रखाव के कारण जीर्णशीर्ण हो चुका था। उस दो मंजिली इमारत में कई जगहों पर बड़ी बड़ी दरारें पड़ चुकीं थीं जिनको देखने से साफ नजर आता था कि वह बिल्डिंग खतरे से बाहर नहीं है। ऐसे विद्यालय भवन में बच्चों और स्टाफ का जीवन खतरे में बना रहता था। विद्यालय में बच्चों की उपस्थिति से ले कर कक्षा की पढ़ाई तक सब कुछ लचर चल रहा था। काम न करने वाले के लिये वहाँ कोई काम नहीं था और काम करने वाले के लिये इतना काम था कि नींद भी न आये। यही हमारे साथ हुआ कि विद्यालय की हर तरह से दीन हीन दशा देख कर हमारी नींद हराम हो गयी।

उस समय विद्यालय में दो स्ट्रीम चल रहीं थी, कला और विज्ञान। वहाँ पर पी.जी. टी. और टी.जी.टी. कुल नौ अध्यापक संविदा पर थे। वह विद्यालय अराजकता का केन्द्र बना हुआ था। कई रेगुलर अध्यापक स्वभाव व शिक्षण दोनों में ही बहुत अच्छे थे उनमें श्री जे.ए. टेम्भुरने (जानिबा अकडू टेम्भुरने) पी.जी.टी. इतिहास थे। श्रीमती रेवा आर्या पी.जी.टी. भूगोल थीं। कुमारी ए. माथुर पी.जी.टी. अर्थशास्त्र

थीं। उनके ट्रांसफर जाने के बाद जगह खाली हुयी और उस पद पर कुछ समय बाद श्री विजय रत्नम आये। वे बहुत अच्छे व योग्य शिक्षक थे। इस प्रकार आर्ट साइड में तीनों पी.जी.टी. बहुत ही अच्छे थे। श्री आर.डी. निगम पी.जी.टी. हिन्दी थे जो ग्वालियर के पास के रहने वाले थे। वे A.I.K.V.T.A. शिक्षक एसोसियेशन के नेता भी थे। प्राचार्य के विरुद्ध रहना उनके स्वभाव में शामिल था। पी.जी.टी. अंग्रेजी पद पर एक बहुत अच्छे व्यक्ति श्री एस. बाला जी थे। कुछ समय बाद उनका ट्रांसफर हो गया था। उनके बाद एक आसुदानी ने पी.जी.टी. अंग्रेजी के पद पर विद्यालय में कार्यभार सँभाला था। वे नेत्रहीन थे पर अपनी कक्षा नियमित रूप से लेते थे। पी.जी.टी. गणित पद पर एस. पोंड्रिक थे उनका पढ़ाना न पढ़ाना एक जैसा था। पी.जी.टी. रसायन शास्त्र का पद खाली था जिस पर बहुत बाद में आंध्रा निवासी एक महिला श्रीमती जया लक्ष्मी ने कार्यभार ग्रहण किया था वे पढ़ाने में ठीक थीं। पी.जी.टी. बायो श्री एम.के. तिवारी थे जो पढ़ाने के साथ साथ दुनियादारी में भी काफी रुचि लेते थे। विद्यालय में श्री तिवारी जी सभी पी.जी.टी. में वरिष्ठ थे इसलिये उन पर विद्यालय के काफी विभागों का दायित्व था। निगम जी को विद्यालयीय गतिविधियों के संचालन हेतु मैंने कोआर्डिनेटर बना दिया था। निगम जी कुछ तुनक मिजाज थे परन्तु उनका दुहरा चरित्र नहीं था। वे प्रसन्न हैं या गुस्सा हैं उनके चेहरे पर सब कुछ स्पष्ट झलक जाता था जब कि तिवारी जी मुश्किल से जाहिर होने देते थे कि क्या वे कभी गुस्सा भी हो लेते हैं। मेरे मुँह पर मेरे जैसी और तेरे मुँह पर तेरे जैसी कहना उनको बखूबी आता था फिर भी वे सामाजिक रूप से घातक नहीं थे।

केन्द्रीय विद्यालय सारनी का वातावरण क्षेत्रीय लोगों और एम.पी.ई.बी. के कुछ अधिकारियों से ज्यादा प्रभावित था। वे लोग प्राचार्य कक्ष में ऐसे चले आते थे जैसे कहीं किसी की चौपाल में जा रहे हों जो मुझे अटपटा लगता था। कुछ समय तक अध्ययन करने के बाद मैंने व्यवस्था ठीक करने का प्रयास किया। मेरे उप प्राचार्य महोदय श्री आर.बी. खाटी साहब चेम्बर में जब तब बैठ जाते थे। जब वे बैठे होते थे और मैं व्यवस्था से सम्बन्धित कोई बात करता था अथवा कोई परामर्श लेता था तो वे ध्यान से सुनते रहते थे और काफी देर तक बिना कोई प्रतिक्रिया दिये अचानक उठकर बाहर निकल जाते थे। वे बाहर जा कर धीरे से बोलते जाते थे कैसा प्रिंसिपल है कुछ भी बोलता है। काफी दिनों तक उनका ये पेट डायलाग चलता रहा। शायद उन्हें ऐसा लगता होगा कि बोलने से भी क्या फायदा जैसा चल रहा है वैसा ही ठीक है। कहाँ तक सुधार संभव है अर्थात जो चल रहा है वही ठीक है। उनके हिसाब से

यही था कि किसी से पंगा लेने की क्या जरूरत है? खाटी साहब के उस विद्यालय में पहले प्राचार्य श्री उमा शंकर मित्रा साहब थे जो कि बंगाली थे। उनके समय का रिकार्ड देखने से मालूम हुआ कि संस्था के प्रति उनका लगाव या समर्पण मात्र हाजिरी देना और वेतन लेना भर था। उनके समय के तमाम ऑडिट ऑब्जेक्शन पड़े हुये थे। वे अपने हस्ताक्षर इतने लम्बे करते थे कि किसी भी कागज की चौड़ाई कम पड़ जाये।

मेरे वहाँ पहुँचने से ठीक पहले प्राचार्य श्री एस.वाई. झा साहब थे जो कि बिहार मधुबनी के रहने वाले थे। शायद उनका पूना के लिये ट्रांसफर हो गया था। उनके जाने के बाद ही मैं वहाँ पर पहुँचा था। मेरे सामने वे एक बार सारनी आये थे। तब मैंने उन्हें अपने क्वार्टर पर ही ठहराया था। उस समय मैं वहाँ अकेला ही रह रहा था। मैंने चपरासी के हाथों खाना घर पर ही बनवाया था। मुझे याद है कि उस रोज आलू गोभी की सब्जी बनी थी। मैंने सोचा कि उनको खाना खिलाने के बाद ही मैं खाऊँगा। जब उनको खाना परोसा तो रोटी तोड़ने से पहले गोभी की सब्जी के जितने भी बड़े बड़े टुकड़े थे वे सभी उन्होंने उठा उठा कर खा लिये। मैं वह सब कुछ देख रहा था। उन्हें दुबारा सब्जी परोसी गयी और इस तरह उन्होंने रोटियाँ तो पाँच छः ही खायीं होंगी लेकिन सब्जी दोनों लोगों की वे अकेले ही खा गये। उनको खाना खिलाने के बाद मैंने भी खाना खाया। वे मुझे भी खाना खाते हुये देख रहे थे। जब मैं खाना खा चुका तो उन्होंने मुझसे कहा कि आप सब्जी कम खाते हो। मैंने जवाब दिया कि हाँ सर मैं सब्जी कम ही खाता हूँ। प्राचार्य महोदय झा साहब को देख कर मुझे लोकरा में रह रहे फुन्नू पाण्डेय के परिवार की याद आ गयी। वे केवल पति पत्नी दो लोग और साथ में उनकी एक छोटी सी बेटी थी। वे लोग अगर बैंगन की भी सब्जी बनाते थे तो एक बार के लिये दो किलो से कम की नहीं बनाते थे। वे लोग भी बिहार से लगे हुये पूर्वी उत्तर प्रदेश जिला गाजीपुर के रहने वाले थे। कहने का तात्पर्य यह है कि चाहे पूर्वी उत्तर प्रदेश लोग हों या बिहार के लोग हों वे दो दिन में जितनी सब्जी का सेवन करते हैं उतनी सब्जी हम लोगों के पूरे परिवार के लिये एक सप्ताह के लिये पर्याप्त होती है।

झा साहब की विशेषता यह थी कि उनकी ऊँचाई साढ़े छः फुट से भी अधिक थी। वे हजारों की भीड़ में पहचाने जा सकते थे। वे खड़े हों तो कोई भी उन्हें दूर से ही देख सकता था कि वो देखो झा साहब खड़े हैं क्योंकि वे काफी लहीम शहीम भारी भरकम शरीर वाले थे। वे अधिकांशतः धोती कुर्ता पहने थे और वे एक बार राष्ट्रपति पद के उम्मीदवार के तौर पर चुनाव भी लड़ चुके थे। उन्होंने खाटी साहब को सेकेण्डरी कक्षाओं के सुपर विजन के लिये पहली मंजिल पर बैठने की व्यवस्था कर दी थी। जब

तक विद्यालय में झा साहब रहे और मेरे पहुँचने तक खाटी साहब उस दूसरी मंजिल पर ही अपनी ड्यूटी करते थे। सुबह प्रार्थना सभा के बाद खाटी साहब ऊपर चढ़ जाते थे और वे वहाँ बैठ कर केवल इण्टरवल और छुट्टी की घंटी का इंतजार करते थे। जैसे ही छुट्टी की घंटी लगती थी वैसे ही खाटी साहब जीने से उतर कर सीधे चैनल से बाहर हो जाते थे और अपने क्वार्टर को रवाना हो जाते थे। मेरे सामने भी काफी दिनों तक उनका यही रवैया चलता रहा। शायद इसी कारण उनको हमारी बात अटपटी लगती होगी क्योंकि मुझसे पहले दो प्राचार्यों ने उनसे कभी रुख मिला कर बात नहीं की होगी। इसलिए वे जब मेरे पास से उठ कर बाहर जाते थे तो अपनी पुरानी शैली में कहते जाते थे कि ये कैसा प्रिंसिपल है कुछ भी बोलता है।

उस विद्यालय में कई बहुत अच्छे अध्यापक के साथ साथ बहुत अच्छे इंसान भी थे। आफिस स्टाफ व सब स्टाफ के सभी लोग बहुत अच्छे थे। वहाँ पर कई भाषा भाषी लोग कार्यरत थे जिससे कहा जा सकता है कि वहाँ पर देश के अधिकतर प्रान्तों का प्रतिनिधित्व था। उस समय वहाँ के जो स्टाफ मेम्बर्स थे उनमें क्रमशः श्री एम.के. तिवारी पी.जी.टी. बॉयो थे जिनकी प्रशंसा पहले ही की जा चुकी है। श्री संदीप पोंड्रिक पी.जी.टी. गणित थे जो नये होने के कारण अध्यापन और व्यवहार दोनों में ही अपरिपक्व थे पर दिये हुये कार्य को शालीनता से करते रहते थे। उनका अधिकतर लगाव संविदा पर काम करने वाले शिक्षकों के प्रति था।

कुछ समय पश्चात उनका ट्रांसफर कहीं दूसरे विद्यालय में हो गया था। उनके स्थान पर श्री मदी अलगन आये थे जो काफी कर्मठ और योग्य थे। श्रीमती जया लक्ष्मी जो कि पी.जी.टी. केमिस्ट्री थीं जो कि आंध्रा की रहने वाली थीं और हमारे कार्यभार ग्रहण करने बाद ही विद्यालय में आयीं थीं। वे स्वभाव से सौम्य और अध्यापन कार्य में निपुण थीं। श्रीमती संगीता अरोरा पी.जी.टी. फिजिक्स थीं जो सीधी, सरल व योग्य शिक्षिका थीं। श्री जे.ए. टेम्भुरने पी.जी.टी. हिस्ट्री थे जो महाराष्ट्र के निवासी थे। उनका व्यवहार सभी लोगों के प्रति अत्यंत संयमित था। वे अध्यापन में काफी अच्छे थे। श्रीमती रेवा आर्या पीजीटी भूगोल थीं और वे एक कुशल शिक्षिका होने के साथ साथ एक अच्छी व व्यवहार कुशल महिला थीं।

श्री विजय रत्नम पी.जी.टी. अर्थशास्त्र थे जो मेरे वहाँ पहुँचने के काफी समय बाद आये थे। वे अपने विषय में पारंगत थे तथा शिक्षण व व्यवहार में कुशल थे। वे अत्यन्त हँसमुख और प्रसन्न चित्त व्यक्ति थे। वे मूलतः आंध्रप्रदेश के रहने वाले थे। उनमें अधिक से अधिक सीखने की ललक रहती थी। उनका यह स्वभाव मुझे

अत्यन्त अच्छा लगा। इस विशेषता के कारण मैंने उन्हें प्रशासनिक कार्यों में सीखने का अवसर दिया। मुझे बाद में पता चला कि वे अपनी मेहनत, लगन और योग्यता के बल पर कम समय में ही प्राचार्य बन गये। वे प्राचार्य बन कर केन्द्रीय विद्यालय सिंगरौली मध्य प्रदेश में पहुँचे। वहाँ पर अपनी सेवायें देने के बाद अपने गृह प्रदेश में प्राचार्य पद पर ही ट्रांसफर हो कर चले गये। वहाँ से वे प्राचार्य के रूप में ही बंगलोर पहुँचे। वहाँ पर वे एक कुशल प्रशासक व शिक्षाविद के रूप में पहचाने गये। कुछ समय बाद उनका चयन केन्द्रीय विद्यालय संगठन में सहायक आयुक्त के पद पर हो गया संप्रति वे केन्द्रीय विद्यालय संगठन कलकत्ता संभाग में पदासीन हैं।

श्री आर.डी. निगम पी.जी.टी. हिन्दी जो कि काफी तेज तर्रार व नेता किस्म के इंसान थे। वे ए.आई.के.वी.टी.ए. के विद्यालय स्तर के पदाधिकारी थे और एक अच्छे अध्यापक के साथ साथ स्वाभिमानी व्यक्ति थे। किसी भी प्राचार्य के साथ शायद ही कभी उनकी पटरी बैठी हो अथवा प्राचार्य के प्रति उनकी यही धारणा रही हो कि वह इस दुनिया का प्राणी न हो कर किसी दूसरी दुनिया का ही प्राणी होता है। एक बार उन्हें टीचर्स एसोसियेशन की मीटिंग करनी थी। उन्होंने मीटिंग करने के लिये अनुमति माँगी। वे विद्यालय समय के पश्चात भी विद्यालय परिसर में मीटिंग की अनुमति पाकर कुछ सोचने के लिये विवश हो गये। शायद उनको लगा होगा कि विद्यालय परिसर में मीटिंग करने की अनुमति इतनी असानी से नहीं मिल पायेगी। शायद उनको पूर्व विद्यालयों में या मेरे वहाँ पहुचने से पूर्व उसी विद्यालय में ऐसा अनुभव हुआ हो जिससे उनमें हिचकिचाहट रही हो। उन्होंने मीटिंग करने के बाद एक दिन मुझसे कहा, सर इतनी आसानी से तो विद्यालय परिसर में मीटिंग की अनुमति कोई नहीं देता है परन्तु आपने बिना आनाकानी के अनुमति दे दी साथ ही बिछाने के लिये विद्यालय की दरियाँ भी दे दीं।

मैंने उनको समझाया कि निगम साहब! जिस एसोसिएशन में अभी आप काम कर रहे हो उसमें मैं करीब दस वर्ष पहले पदाधिकारी रह चुका हूँ। एसोसिएशन स्टाफ की समस्याओं के समाधान के लिये होती है जो स्टाफ व अधिकारी के बीच में अथवा स्टाफ और संगठन के बीच में सेतु का काम करता है न कि दोनों के मध्य तनाव की स्थिति पैदा करने के लिये। अतः ऐसी बैठकें तो संस्था और स्टाफ के लिये कल्याणकारी ही होतीं हैं फिर खींचतान कैसी? निगम साहब को मैंने यही संदेश देने का प्रयास किया कि स्टाफ और प्राचार्य दोनों ही संस्था व विद्यार्थियों के कल्याण के लिये होते हैं। दोनों के द्वारा मिल कर काम करने से ही संस्था का कल्याण व निर्माण

किया जा सकता है। शायद यह बात निगम साहब के जेहन में घर कर गयी जिससे उनके रुझान और व्यवहार में बहुत बड़ा परिवर्तन देखने को मिला। मैंने उनको जो संदेश देना चाहा था वह यही था कि हम सब मिलवत रह कर एक जगह पर दायित्व का निर्वाह करें। हम लोग मिल कर अपना अपना काम करें तो बात ही अलग है जिसके समान कोई दूसरी अच्छी बात हो ही नहीं सकती है। उसके बाद से मुझे महसूस हुआ कि निगम साहब का व्यक्तित्व तनाव रहित हो गया। उसके बाद वे पूर्ण समर्पण के साथ विद्यालय के हित में लग गये।

श्रीमती आई. हसन टी.जी.टी. हिन्दी बहुत ही सौम्य स्वभाव की व्यवहार कुशल और शिक्षण में निपुण शिक्षिका थीं। वे मध्यप्रदेश की ही रहने वाली थीं। श्रीमती संध्या डोंगरे टी.जी.टी. हिन्दी जो अत्यन्त सरल और कर्मठ शिक्षिका थीं। उनके जाने के कुछ समय बाद श्री एम.पी. सिंह टी.जी.टी. हिन्दी आये जो कि उत्तर प्रदेश के निवासी थे। वे बहुत ही योग्य शिक्षक थे और स्काउट गाइड में उनका अच्छा योगदान रहता था। श्री के. प्रसाद टी.जी.टी. गणित थे जो कि पूर्वी उत्तर प्रदेश के निवासी थे। वे शिक्षण में कुशल थे तथा एक अच्छे अध्येता भी थे जो पी.जी.टी. हिस्ट्री बनकर केन्द्रीय विद्यालय नलिया गुजरात चले गये थे। वहाँ से ट्रांसफर पर केन्द्रीय विद्यालय अम्बाला कैंट पंजाब आ गये और फिर बाद में प्राचार्य बन कर उत्तर प्रदेश के केन्द्रीय विद्यालय बलिया में पहुँचे।

मोहम्मद शाकिर टी.जी.टी. अंग्रेजी थे जो जिला हरदोई उत्तर प्रदेश के निवासी थे। वे एक अच्छे शिक्षक और काफ़ी अध्ययनशील व्यक्ति थे। उनका व्यक्तित्व सरल व व्यवहार अत्यंत मधुर था। वे बाद में पी.जी.टी. अंग्रेजी बन कर केन्द्रीय विद्यालय डलहौजी चले गये थे। श्रीमती मीता वर्मा टी.जी.टी. अंग्रेजी जो कि बहुत अच्छी शिक्षिका थीं। वे भी मध्यप्रदेश की ही रहने वाली थीं। दूसरी टी.जी.टी. अंग्रेजी थीं श्रीमती सुनीता पाण्डेय जो औसत दर्जे की शिक्षिका थीं। श्री वीरेन्द्र सिंह चौहान टी.जी.टी. गणित थे जो बहुत ही विनम्र, शान्त स्वभाव और अपने विषय के पारंगत अध्यापक थे। वे हमारे ही गृह जनपद फर्रुखाबाद उत्तर प्रदेश के निवासी थे तथा उनका घर हमारे गाँव से दो किलोमीटर दूर पड़ोसी गाँव हाथिन में था। मेरे पहुँचने के कुछ ही महीनों बाद उनका स्थानान्तरण केन्द्रीय विद्यालय ए.एफ.एस. बरेली में हो गया था। वहाँ से वे पी.जी.टी. गणित बन कर केन्द्रीय विद्यालय जूनागढ़ गुजरात गये थे और वहाँ से भी अल्प समय में ही स्थानान्तरण पर केन्द्रीय विद्यालय सूरत पहुँच गये। संप्रति वे रिटायर हो कर फतेहगढ़ में घर बना कर रह रहे हैं। उनके बाद में श्री

जे.के. खांडेश्वर टी.जी.टी. गणित आये जो महाराष्ट्र के रहने वाले थे और बहुत ही कुशल अध्यापक व शालीन व्यक्ति थे।

श्री के. प्रसाद के जाने के बाद उनके स्थान पर श्री जोग टी.जी.टी. गणित आये थे जो कि महाराष्ट्र के निवासी थे। वे अपने अध्यापन में औसत थे तथा उनका स्वभाव भी असामान्य था अर्थात वे काम के कच्चे और गाँठ के पूरे थे। श्रीमती अलका गुनी टी.जी.टी. साइंस थीं जो कि मध्य प्रदेश की रहने वाली थीं और बहुत ही कर्मठ व शालीन शिक्षिका थीं। श्री वीरेन्द्र सिंह टी.जी.टी. गणित के जाने के बाद श्री आर.डब्ल्यू. लोहकरे टी.जी.टी. गणित आये थे जो दायित्व निर्वहन, हावभाव और व्यवहार से औसत दर्जे के थे और वे भी महाराष्ट्र के ही रहने वाले थे। श्रीमती सुशीला तिर्की टी.जी.टी. एस.एस.टी. थीं जो अत्यन्त सरल व शान्त स्वभाव की योग्य अध्यापिका थीं। उनका ध्येय था अपने काम से काम रखना। वे तत्कालीन बिहार और वर्तमान के झारखण्ड की रहने वाली थीं। श्री आर.जी. देहरिया टी.जी. टी. एस.एस.टी. थे जो मध्यप्रदेश के निवासी थे। वे हँसमुख व मधुर स्वभाव के इंसान थे। वे एक कुशल शिक्षक थे और अपने काम में विश्वास रखते थे। श्रीमती वी.एस. एफ्राइम टी.जी.टी. एस.एस.टी. भी एक अच्छी शिक्षिका थीं। श्री आर.सी. आर्या टी.जी.टी. संस्कृत थे जो एक अच्छे शिक्षक और व्यवहार कुशल इंसान थे।

श्री डी.एस. राजपूत लाइब्रेरियन थे। वे जिला सागर मध्य प्रदेश के रहने वाले थे और बहुत ही योग्य व अपने कार्य क्षेत्र में दक्षता रखने वाले लाइब्रेरियन थे। उन्होंने लाइब्रेरी को नित नई ऊँचाइयों पर पहुँचाने के लिये तमाम योगदान दिये। यथा वे अद्यतन सूचनाएँ रखने वाले, वेदशास्त्र उपनिषद व उनकी टीकाओं का संग्रह रखने वाले, तमाम साहित्यकारों के उन्यासों की श्रंखलायें, काव्य संग्रह, नाटक संग्रह व विविध भाषाओं का प्रचुर साहित्य रखने वाले, विविध विषयों में एनसाइक्लोपीडिया और हिन्दी, अंग्रेजी व संस्कृत तीनों भाषाओं में शब्दकोष, थिसारस, और बहुत सारे संदर्भ ग्रंथ रखने वाले संगठन में पहले लाइब्रेरियन थे। जहाँ तक मेरा मानना है कि वे पुस्तकों की अपने बच्चों की तरह देखभाल करने वाले थे। हस्तलिखित भारतीय संविधान की एक प्रति एवं उसमें हुये अद्यतन संशोधनों का एक ग्रन्थ पार्लियामेंट दिल्ली की लाइब्रेरी से मँगवा कर पुस्तकालय की गरिमा बढ़ाने वाले सौम्य व्यक्तित्व वाले लाइब्रेरियन थे। आज भी मुझे हजारों लाइब्रेरियन में से एक का चयन करने को कहा जाये तो उस स्थिति में भी मैं श्री डी.एस. राजपूत को ही चुनूंगा। उनके कार्य

करने की शैली और सीखने की उत्कट अभिलाषा उनकी ही इस उक्ति से समझी जा सकती है यथा~

'सर आपका आशीर्वाद है। आपके सानिध्य में बिताया समय व आपसे जो सीखने को मिला, बहुत याद आता है।' संप्रति वे सेवानिवृत्त हो चुके हैं।

उनके सेवानिवृत्ति के अवसर पर मैंने उन्हें बधाई और शुभ कामना संदेश भेजा था। उस संदेश के बाद उन्होंने आभार के रूप में कुछ शब्द लिख कर मेरे पास भेजे थे जो उद्धृत हैं।

आदरणीय सर !

आपके आशीर्वाद से संगठन में 34 साल 9 महीने की सेवा के बाद मैं कल सेवानिवृत हो गया। सारनी में आपके सानिध्य में कार्य करने एवं सीखने का जो अवसर मिला, वह सेवाकाल का श्रेष्ठ समय था। यह मेरे शेष सेवाकाल में बड़े काम आया।

सर, कल के.वि. सारनी 1996 बैच के दो बच्चे भोपाल व पुणे से इस अवसर पर सागर पधारे। साथ ही सारनी के first batch की छात्रा जो सागर में ही है, पर मुझे अपरिचित थी, इन बच्चों से पता चलने पर मिलने घर आई।

आपके आशीर्वाद का आकांक्षी

दिनेश सिंह राजपूत,
सागर, मध्य प्रदेश।

श्री एल.पी. लाडिया एस.यू.पी.डब्ल्यू. टीचर जो कि जिला सागर मध्यप्रदेश के निवासी थे। वे एक शान्त स्वभाव के अपने कर्तव्य क्षेत्र में महारत रखने वाले शिक्षक थे। श्रीमती एस.के. पिल्लई कला शिक्षिका थीं। वे काफी लगनशील, अपने विषय में कुशल अध्यापिका थीं। श्री संजय दीक्षित पी.ई.टी. जो कि प्रभावी व्यक्तित्व के मालिक थे। वे भी मध्यप्रदेश के ही निवासी थे। वे माइक पर बोलने में बहुत संकोच करते थे परन्तु प्रार्थना सभा में मैंने उनको बोलने को प्रेरित किया और बोलने की कला भी सिखायी। अन्ततः उन्होंने भी बोलने की कला सीख कर अंधकार से प्रकाश में पहुँचने जैसा अनुभव किया। डॉ. संतोष कुमार गुर्जर संगीत विषय के एक बहुत बड़े विद्वान और अच्छे संगीत शिक्षक थे और मध्य प्रदेश के ही निवासी थे।

एक बार विजय पर्व के रूप में एम.पी.ई.बी. टाउनशिप सारनी में कारगिल विजय पर्व पर कार्यक्रम का आयोजन हुआ था। उसमें केन्द्रीय विद्यालय सारनी की ओर से भी गायन प्रस्तुति देनी थी। डॉ. संतोष कुमार गुर्जर ने मुझसे कहा कि सर मेरी इच्छा है कि कारगिल विजय पर आपकी कोई स्वरचित कविता मिल जाये जिसको मैं संगीत दे कर वहाँ पर प्रस्तुत कर सकूँ। मेरे लिये वह प्रस्ताव कुछ कठिन था क्योंकि आशु कवि की भूमिका मेरे लिये कठिन थी परन्तु मैंने प्रयास किया और अगली सुबह एक गेय कविता 'वो कौन हैं! भारत के वीर जवान!' (वीर रस की कविता) तैयार कर के उनको सौंप दी। दूसरे ही दिन कार्यक्रम था जिसके लिये उन्होंने अच्छी तरह से बच्चों को तैयार किया। उन्होंने उस कार्यक्रम में वहाँ पहुँच कर अपने बच्चों की प्रस्तुति दी। विद्यालय की ओर से दी गयी उस प्रस्तुति की काफी सराहना हुयी। उससे मेरा भी उत्साह बढ़ा और मैं बे हिचक किसी भी अवसर पर सामयिक काव्य रचना करने लगा।

श्रीमती एस.एल. नायक पी.आर.टी. वहाँ पर वरिष्ठ शिक्षिका थीं। उसी के अनुरूप उनका कार्य व स्वभाव भी था। वे मुझे अपना बड़ा भाई स्वीकार कर के राखी बाँधने लगीं थीं। श्री जे.आर. सावरकर पी.आर.टी. जो एक अच्छे इंसान थे। वे एक अच्छे शिक्षक व एक अच्छे कवि भी थे। उनके माध्यम से विद्यालय परिसर में भी कई कवि गोष्ठियाँ और साहित्यिक कार्यक्रम हुये। उस परिक्षेत्र में मुझे भी कई कवि सम्मेलनों में जाने तथा अपनी रचनाएँ प्रस्तुत करने का मौका मिला जिसका श्रेय श्री जे.आर. सावरकर को ही जाता है।

वहाँ पर एक साहित्यिक संस्था 'मुक्तिबोध साहित्य सरनी पाथाखेड़ा' काम कर रही थी। उस संस्था के माध्यम से आभा नाम की एक मासिक साहित्यिक पत्रिका प्रकाशित होती थी। जिसे 'नव सर्जना की सहचरी' का सम्मान प्राप्त था। उस पत्रिका का प्रथम अंक दिसम्बर 1997 में निकाला गया था। जिसमें कई स्थापित तथा कई नवोदित कवि शामिल थे। उस पत्रिका का प्रथम अंक महान कवि और रचनाकार गजानन माधव मुक्तिबोध को समर्पित था। उनके व्यक्तित्व और कृतित्व पर आधारित 'मुक्तिदूत' के नाम से पहली बार मेरी कविता प्रकाशित हुयी थी। उसी संस्था से जुड़े हुये कवियों में जो कवि थे उनमें श्री दशरथ पाल 'सागर', श्री जैन साहब और श्री जे.आर. सावरकर तीनों लोग सारनी से ही थे। इनके अलावा अधिकतर कवि साहित्यकार पाथाखेड़ा व शोभापुर कोल फील्ड के अधिकारी व कर्मचारी थे। उन साहित्यकारों के बारे में आगे कभी जिक्र करेंगे।

संजय काटोले पी.आर.टी. जो कि एक अच्छे अध्यापक थे। वे हमारे सामने ही पी.जी.टी. हिन्दी पद पर चयनित हुये थे और वहाँ से केन्द्रीय विद्यालय भुज गुजरात चले गये थे। श्री बी.आर. (भुजंग राव) गायकवाड़ पी.आर.टी. जो कि मध्य प्रदेश के रहने वाले थे। वे एक अच्छे, योग्य, सरल व मधुर स्वभाव के शिक्षक थे। श्रीमती मनीषा सावरकर पी.आर.टी. जो कि श्री जे.आर. सावरकर की पत्नी थीं। वे एक अच्छी शिक्षिका के साथ साथ एक अच्छी इंसान थीं। श्रीमती निशि चतुर्वेदी पी.आर.टी. थीं जो उत्तर प्रदेश में उरई जिला जालौन की रहने वाली थीं। वे अपने पूरे परिवार के साथ सारनी में ही रहतीं थीं। वे अति विनम्र और सौम्य स्वभाव की थीं जो एक अच्छी शिक्षिका के साथ साथ मृदुभाषी और कर्मठ थीं। उनका मायका कानपुर के मुहल्ला पाण्डुनगर में था।

श्री डी.एस.राम पी.आर.टी. जो कि पूर्वी उत्तर प्रदेश के रहने वाले थे। वे शिक्षण कार्य में निपुण थे और उनका स्वभाव अच्छा था। उन्होंने एक बार मुझे अपने आवास पर भोजन के लिये बुलाया था। उनके यहाँ जाने से पहले मैंने उनसे मक्के की रोटी बनवाने का आग्रह किया था। जब मैं उनके यहाँ पहुँचा तो मेरे निवेदन के अनुरूप ही उन्होंने भोजन बनवाया था। जब मैं खाने को बैठा तो उन्होंने मुझे दाल और दो रोटियाँ परोस दीं। मैंने जैसे तैसे एक रोटी खायी जिससे मेरा पेट तो भर ही गया था साथ ही भूख भी तृप्त हो गयी थी। उनके अधिक कहने पर भी मुझसे और नहीं खाया जा सका। तब वे बोले कि सर आपने तो एक ही लिट्टी खायी है। इतना तो छोटे छोटे बच्चे भी खा लेते हैं। मैंने उनसे पूछा कि आप ऐसी कितनी लिट्टी खा लेते हैं? तब उन्होंने कहा कि कम से कम चार और कभी कभी पाँच भी खा लेता हूँ।

मुझे आश्चर्य अवश्य हुआ क्योंकि एक लिट्टी कम से कम ढाई सौ ग्राम आटा की बनती होगी जिसके लिये कहा जा सकता है कि तोड़ो नहुँ भर औ हो जाये मुँह भर। पर उनकी खानगी के हिसाब से उनका कद काठी और शरीर भी काफी सुगठित था। श्री आर.बी. राम पी.आर.टी. भी पूर्वी उत्तर प्रदेश के रहने वाले थे। वे कुछ संकोची स्वभाव के थे। उनके संकोच को हम मितभाषी तो कह ही सकते हैं। उनकी संप्रेषणीयता में भी एक कला छिपी रहती थी। उनके किसी भी प्रश्न के जवाब में हाँ के रूप में उनकी मधुर मुस्कान अवश्य शामिल रहती थी। जिससे उनका संकोच भी शिष्टाचार की श्रेणी में आ जाता था।

श्रीमती एस.एल. जैन पी.आर.टी. थीं जो कि एम.पी.ई.बी में कार्यरत एक इंजीनियर साहब की पत्नी थीं जो पढ़ाने में कुशल थीं। वे वहीं एम.पी.ई.बी. आफीसर्स आवासीय

परिसर में रहतीं थी। श्रीमती शारदा चौहान पी.आर.टी. जो कि W.C.L. पाथाखेड़ा कोल माइन के एक अधिकारी की पत्नी थीं। वे कुशल व मृदुभाषी शिक्षिका थीं। श्री जी.एस. समकारिया पी.आर.टी. थे जो पंजाब के रहने वाले थे और भूतपूर्व सैनिक भी थे। काफी अनुशासित और योग्य शिक्षक थे और स्काउट गाइड के कार्यक्रमों में निष्ठापूर्वक अपना योगदान देते थे। श्री पी.के. शास्त्री यू.डी.सी. थे। वे मेरे पहुँचने के कुछ समय बाद वहाँ से दूसरे केन्द्रीय विद्यालय में ट्रांसफर चले गये थे। उनकी विशेषता यह थी कि वे कुछ भी पूछने या परामर्श लेने पर एक ही उत्तर देते थे 'ठीकी है' अर्थात ठीक ही है। ऐसा सुना गया है कि वर्तमान में वे के.वी.एस. हेड क्वार्टर दिल्ली में कार्यरत हैं। उनके स्थान पर थोड़े समय के बाद श्री पंजाब राव गव्हारे यू.डी.सी. का आना हुआ। वे मध्यप्रदेश के निवासी थे और अपने काम में माहिर थे। मुझे भी आफिस की ओर से कुछ निश्चिंतता हुयी। श्री प्रवीन टेम्भुरने एल.डी.सी. जो कि महाराष्ट्र आमरावती के निवासी थे। वे बहुत ही जिज्ञासु प्रकृति के इंसान थे। उनमें अधिक से अधिक सीखने की ललक थी। उन्होंने मेरे सामने ही बी.ए. का फार्म भरा था और संकोच करते करते मुझसे कहा था, सर परीक्षा के लिये यदि आप मुझे कुछ गाइड कर दें तो मेरा भला हो जायेगा। मैंने उनको परीक्षा के दौरान गाइड कर दिया। परिणाम स्वरूप उनके काफी अच्छे अंक आये थे और उन्होंने मेरा आभार भी जताया था।

श्री कमल कुमार गोहर एल.डी.सी. जो मध्यप्रदेश जिला बैतूल के निवासी थे। वे बहुत ही शालीन और अनुशासित व्यक्ति थे। सौंपे हुये काम को निष्ठा पूर्वक निपटाते थे। उनमें भी सीखने की उत्कट जिज्ञासा थी। लैब अटेंडेंट श्री दयाल सोलंकी फिजिक्स लैब में थे। लैब अटेंडेंट श्री के.एन. जायसवाल केमिस्ट्री लैब में थे। लैब अटेंडेंट श्री के.एल. सोनी बॉयो लैब में थे। श्री नेपाल सिंह ग्रुप डी, श्री लखन लाल लोखंडे ग्रुप डी, श्री सदाशिव सोलंकी ग्रुप डी, श्री गुणवंत राव डोंगरे ग्रुप डी, श्री हरी ग्रुप डी, श्रीमती चांची ग्रुप डी। ये सभी वहाँ पर कर्मठ और निष्ठावान साथी थे और सब के सब मध्यप्रदेश के निवासी थे।

श्री वीरेन्द्र सिंह चौहान टी.जी.टी. गणित, श्री एम.पी.सिंह टी.जी.टी. हिन्दी, मोहम्मद शाकिर टी.जी.टी. अंग्रेजी, श्रीमती निशी चतुर्वेदी पी.आर.टी., श्री आर.सी.आर्या टी.जी.टी. संस्कृत,ये सभी लोग उत्तर प्रदेश के ही रहने वाले थे। उनमें श्री एम.पी. सिंह के अलावा वहाँ पर सभी पहले से ही थे। श्री आर्या जी व श्रीमती चतुर्वेदी दोनों सारनी में ही रहते थे। शेष सभी आवासीय परिसर W.C.L. पाथाखेड़ा और शोभापुर

में रहते थे। इन सभी लोगों से मेरे पारिवारिक व आत्मीय सम्बन्ध थे। उस समय मैं वहाँ अकेला ही रह रहा था। इसलिए कुछेक को छोड़ कर सभी ने मुझे एक एक दो दो बार अपने अपने घरों में भोजन पर भी बुलाया था।

एक बार उप प्राचार्य श्री आर.बी. खाटी साहब ने मुझे अपने घर पर भोजन के लिये बुलाया था। वे सारनी में ही रह रहे थे। जब मैं उनके घर पहुँचा तो उनकी पत्नी व उन्होंने मेरा काफी स्वागत सत्कार किया। कुछ देर बैठने के बाद खाना परोसा गया। खाने से पहले मैंने जो देखा कि दाल चावल सब्जी रोटी सब कुछ था परन्तु परोसने की विधि अलग थी। मसलन चावल परोसा गया तो परोसने से पहले उस भात को एक कटोरी में भर कर उसे खूब दबाया गया फिर भात से भरी हुयी उस कटोरी को थाली में उलट दिया गयाi जिससे थाली में रखा हुआ भात गुम्बदनुमा आकार में दिखाई दे रहा था। दूसरी खासियत यह थी कि रोटी को चार टुकड़े कर के परोसा गया। खाना खाते वक्त जितनी बार रोटी माँगी तो हर बार टुकड़े करके ही दी गयी। तीसरी खास बात यह थी कि उनके वहाँ खानें में नमक के साथ पिसी हुयी लाल मिर्च भी परोसी गयी। मैंने उनके यहाँ इच्छा भोजन किया। खाना खाते हुये मेरे दिमाग में उत्तर भारत की वह कहावत याद आयी। अक्सर लोग कहते हुये पाये जाते हैं 'मेरे टुकड़ों पर ही पले हो और मुहसे ही जबान लड़ाते हो'। कोई भी अपने आश्रित के लिये यही कहता है। शायद उन लोगों का ऐसा ध्येय न रहा हो परन्तु रोटी के टुकड़े कर के परोसने का चलन कब से चला आ रहा होगा यह एक रहस्य ही बना रहा।

मध्यप्रदेश के उस सम्पूर्ण क्षेत्र में सभी रीति रिवाज यहाँ तक कि भाषिक प्रभाव भी महाराष्ट्र का ही देखने को मिलता है। वहाँ किसी के घर पर एक बड़ी दावत में जाने का अवसर मिला था। शायद वह किसी का श्राद्ध रहा होगा। वहाँ पहुँच कर देखा कि लोगों को फर्श पर पंक्तिबद्ध बैठाया गया था। सभी के सामने पत्तल डाल दी गयी थी। पत्तल पर क्रमशः पहले भात परोसा गया। उसके बाद दूसरा व्यक्ति कढ़ी परोसने आया। कढ़ी खूब पतली थी जिससे परोसने से पहले पत्तल पर परोसे गये भात के ढेर में गड्ढा करने को बोला गया। गड्ढा करने के बाद ही वह व्यक्ति कढ़ी परोसता था। उसके बाद तीसरा आदमी पिसी हुई मिर्च परोस गया और अंत में खाने के लिये कहा गया था। बाद में मुझे पता चला कि मध्यप्रदेश के उस हिस्से से पूरे महाराष्ट्र और उससे लगे हुये आन्ध्र प्रदेश के कुछ क्षेत्र में यही रिवाज है। वे पूरे साल भर के खर्च के लिये लाल मिर्च पिसवा कर स्टाक कर लेते हैं। उसका औसत होता है कि साल भर के लिये चार पाँच सदस्यों के परिवार के लिये लगभग तीस किलो मिर्च पिसवाते

हैं। बड़े परिवार के लिये साठ सत्तर किलो मिर्च पिसवाकर स्टाक कर लेते हैं जब कि उत्तर भारत के लोग गर्मियों में साल भर खाने के लिये अनाज का स्टाक करते हैं।

सम्पूर्ण भारतवर्ष में खाने परोसने की अलग अलग विधियाँ हैं। परन्तु अन्तर होते हुये भी भारत का पूर्वोत्तर क्षेत्र हो अथवा पश्चिमी किनारे से ले कर उत्तर भारत तक का क्षेत्र हो। अथवा उत्तर भारत से मध्य भारत तक का क्षेत्र हो सभी जगह एक ही रीति देखने को मिली। वह यह कि किसी के यहाँ श्राद्ध में कढ़ी भात का परोसा जाना। वह भी जमीन पर बैठा कर खाना खिलाना। फिर उपलब्धता के अनुरूप चाहे केले के पत्ते पर खिलायें या फिर पत्तों से बनी पत्तल में खिलायें या आज के समय में मिलने वाली थर्मोकोल की पत्तल में परोस कर खिलायें। यह रस्म भारत के बहुत बड़े भू-भाग में एक जैसी मिली।

वह क्षेत्र खनिज सम्पदा में कोयले की खदान के लिये वेस्टर्न कोल फील्ड पाथाखेड़ा के नाम से विख्यात है जो मध्यप्रदेश के जिला बैतूल के अन्तर्गत आता है। पाथाखेड़ा कोल फील्ड का मुख्यालय नागपुर में है। पाथाखेड़ा के उस क्षेत्र में उस समय लगभग पाँच हजार कर्मचारी काम करते थे जो कि सभी वैतनिक थे। उनके अतिरिक्त हजारों श्रमजीवी लोगों की भी आजीविका वहाँ से चलती थी। उस पूरे क्षेत्र में तमाम बुद्धिजीवी भी थे जो कोल फील्ड में अधिकारी या कर्मचारी होने के साथ साथ साहित्यिक गतिविधियों में भी अपना योगदान देते थे। उनमें कई स्थापित साहित्यकार थे और उनमें से कुछ के रचना संग्रह भी प्रकाशित हो चुके थे। उन साहित्यकारों में मुख्य रूप से कवि रामदास शर्मा 'कौशिक', कवि धन्नूलाल डाबर 'उत्पल', लेखक व कवि कुँवर बहादुर सिंह जी जो कि पाथाखेड़ा इंटर कालेज के प्रधानाचार्य थे। कवि बनवारी लाल मालवीय, कवि योगेन्द्र नाथ सिंह, कवि नर्मदेश्वर प्रसाद, कवि सतीश दुबे, कवि गोपाल विश्वास, कवि डॉ. एम.के. मजूमदार, कवि काली दीन वर्मा, कवि और गजलकार के.एम.एच. कुरैशी व कवि योगेन्द्र कुमार झा आदि तमाग कवि तथा लेखक थे। वे अपनी नौकरी के साथ साथ साहित्य साधना में भी लीन थे।

वहाँ के साहित्यकारों के आदर्श थे जाने माने साहित्यकार कवि, लेखक और समीक्षक गजानन माधव मुक्तिबोध। वे भूखे, प्यासे, शोषित, पीड़ित, वंचित आम आदमी की अन्तर्वेदना व व्यथित मानवता की आवाज थे। जिन्हें चमकते हुये चाँद के स्वरूप में भी आकाश में तैरती हुयी रोटी दिखायी देती है। वे मध्यप्रदेश के श्योपर मुरैना के निवासी थे। दूसरे थे महाकवि श्रीकृष्ण सरल जिन्होंने स्वतंत्रता सेनानियों के व्यक्तित्व और कृतित्व पर तमाम महाकाव्यों की रचना की। उनका महाकाव्य

'क्रान्तिगंगा' अत्यधिक प्रतिष्ठित ग्रन्थों में से एक है। वे उज्जैन मध्यप्रदेश के रहने वाले थे। कहा जाता है कि उन्होंने अपने ग्रन्थों के प्रकाशन के लिये अपने खेत भी बेंच दिये थे। तभी तो किसी कवि सम्मेलन में बालकृष्ण वैरागी ने मंच संचालन के दौरान कहा था कि सरल जी ने जितने ग्रंथ लिखे हैं उतनी संख्या में तो किसी प्रेमी ने अपनी प्रेमिका के लिये प्रेमपत्र भी नहीं लिखे होंगे।

मुक्तिबोध साहित्य सरनी पाथाखेड़ा के सदस्य कवि, लेखक और समीक्षक तमाम नवोदित कवियों को निष्क्रियता व गुमनामी के गर्त में जाने से बचा लेते थे। यहाँ तक कि जो भी लोग संस्था से जुड़े थे वे उनको प्रेरित कर के या विषय वस्तु देकर, लेख, निबन्ध, कविता, या नाटक की रचना करवा ही लेते थे और वे परस्पर प्रेरक बनते थे। सभी अध्येता थे और लेखन के नये क्षितिज तलाशते रहते थे। उनमें से मुझे भी प्रेरणा देने वाले प्रमुख रूप से थे कविवर धन्नूलाल डाबर उत्पल, कविवर रामदास शर्मा कौशिक और लेखक, समीक्षक व कवि कुँवर बहादुर सिंह। कई बार उन लोगों ने आभा पत्रिका में प्रकाशन के लिये मुझे लेखन के लिये विषय दिये थे। मसलन इक्कीसवीं सदी कैसी होगी? अन्तर्राष्ट्रीय मजदूर दिवस और विश्व पटल पर मानव के सफल जीवन के सापेक्ष स्वनिर्मित चुनौतियों के समाधान। ऐसे विषयों पर लेखन के लिये प्रेरित करना उनका बहुत बड़ा व सफल प्रयास रहा है। जिनके लिये मुझे क्रमशः इक्कीसवीं सदी, अन्वेषी व प्रतिध्वनि जैसी कवितायें और लेख सामाजिक फलक पर उतारने का अवसर मिला।

कविवर रामदास शर्मा कौशिक का कविता संग्रह 'बाँसुरी' प्रकाशित हुआ था। उस कविता संग्रह पर परिचर्चा व समीक्षा के लिये गोष्ठी का आयोजन किया गया था। उस गोष्ठी में कई लोगों ने 'बाँसुरी' कविता संग्रह की समीक्षा की थी। समीक्षक के रूप में मुझे भी अवसर मिला था। सभी समीक्षकों की समीक्षाओं में से मेरी समीक्षा की अत्यधिक सराहना हुयी थी। कहने का आशय यह कि वहाँ पर साहित्य की हर विधा पर चर्चा और परिचर्चा हुआ करती थी। उन तमाम कवियों लेखकों में जो सबसे अधिक मेरे निकट थे। वे थे श्री धन्नूलाल डाबर उत्पल, श्री रामदास शर्मा कौशिक और श्री कुँवर बहादुर सिंह जी (के.बी.सिंह)। श्री के.बी.सिंह पाथाखेड़ा इंटरमीडिएट कालेज के प्रधानाचार्य होने के नाते अक्सर मुझे अपने कालेज के किसी भी सांस्कृतिक या अन्य कार्यक्रम में आमंत्रित करते थे। मैं भी उन्हें अपने विद्यालय में आमंत्रित करता रहता था। जहाँ तक मैं उन्हें समझ पाया हूँ वे अत्यन्त सरल, मधुर और निर्मल स्वभाव के व्यक्ति थे। श्री केबी सिंह जी हमारे विद्यालय की प्रबंध समिति के Eminent Educationist के तौर पर सदस्य भी थे।

एक बार उन्होंने प्रसंग वश मेरे समक्ष एक मुशायरे का दृश्य प्रस्तुत किया जिसमें फिराक गोरखपुरी और उनके एक मित्र का जिक्र किया था। मुशायरा पूरे शबाब पर था उसी समय फिराक साहब के मित्र शायर को शायरी पढ़ने का बुलावा हुआ। वे बैठे बैठे ही शायरी पढ़ने लगे जिसके बोल थे 'शाकी कह दे...' इतना ही बोल पाये कि बस आँखें बन्द कर लीं और चुप हो गये। कुछ देर बाद पुनः उन्हें कहा गया तो वे एक झटके के साथ फिर जागे और वही मुखड़ा दोहराया कि 'शाकी कह दे कि मैं....'। वे बार बार इसी अधूरे मुखड़े को दुहराते रहे और उधर श्रोता बोर होते रहे तथा खिसियाते रहे। परन्तु फिराक साहब दाद देने में और वाह वाही करने में लगे रहे। वे यही बोलते रहे 'वाह वाह क्या बात है'! वे दोनों शायर फिराक साहब व उनके मित्र शराब के नशे में धुत्त थे। जब श्रोताओं के धैर्य का बाँध टूट गया और वे चिल्लाने लगे कि आगे तो बोल! तब कहीं बमुश्किल वे अपना मुखड़ा पूरा कर पाये। 'शाकी कह दे कि मैं शराब हूँ।' इसके बाद तो श्रोताओं में हंगामा हो गया। श्रोता चिल्लाते हुये बोले कि इसमें ऐसा क्या है जो फिराक साहब वाह वाही करते नहीं अघाते। तब फिराक साहब ने उस मुखड़े के भाव को समझाया।

वे बोले यह हमारे इस लोक को परलोक से जोड़ता है। शराब जिसे हम होंठों से लगाते हैं तो उससे हमारे होंठ अर्थात त्वचा तृप्त होती है। आँख से देखते हैं तो नेत्र (दृष्टि) तृप्त होते हैं। सूँघने पर नासिका तृप्त होती है और चखने पर जिह्वा तृप्त होती है। परन्तु कान तब तक अतृप्त रहते हैं जब तक कि उनमें 'मैं शराब हूँ' यह आवाज न पड़े। इसलिये शायर बार बार शाकी से यही गुज़ारिश करता है कि शाकी 'कह दे मैं शराब हूँ।' कहने का आशय यही है कि पाँच ज्ञानेंद्रियों में चार तो आप ही आप तृप्ति पा जातीं हैं। परन्तु एक ज्ञानेन्द्री (कान) अतृप्त रह जाती है जो आवाज सुन कर तृप्त होती है। **अर्थात जब पाँचों ज्ञानेन्द्रियाँ किसी विषय को आत्मसात कर लेती हैं तभी तो ज्ञान पूर्णता को प्राप्त होता है। तभी तो आनन्द प्राप्त होता है। उसे ही कहा जाता है 'काव्यानन्द'।** अर्थात 'काव्यानन्द ब्रह्मानंद सहोदर' अर्थात सामान्य विषय वस्तु को परस्पर लौकिक से पारलौकिक को जोड़ देना। बात भी यही है कि हम जब किसी विषय वस्तु को पाँचों ज्ञानेन्द्रियों के द्वारा समग्रतः आत्मसात करते हैं तो वह ज्ञान स्थायित्व को प्राप्त होता है अर्थात वह ज्ञान कामनसेंस (wisdom) कहलाता है फिर चाहे उसे विवेक भी कह सकते हैं।

वहाँ केन्द्रीय विद्यालय कर्मियों से के.वी.एस. इंसेंटिव एवार्ड के लिये फार्म भरवाये गये थे। वांछित पात्रता व शर्तों के आधार पर पूरे विद्यालय में केवल एक ही शिक्षक पात्र थे अर्थात उसके लिये श्री जे.आर. सावरकर ही उपयुक्त निकले। मैंने उनको

आवेदन फार्म भरने के लिये दे दिया। उन्होंने तीन दिन के बाद वह फार्म खाली ला कर मेरे सामने रख दिया और कहा कि सर मेरी समझ में नहीं आ रहा है कि इस फार्म में क्या भरें? मैंने उनसे फार्म के अनुसार वांछित सूचनायें एकत्र करने को कहा और जब वे सूचनाएँ इकट्ठी कर के लाये तो मैंने फार्म भरवाने में उनकी सहायता की। तत्पश्चात उनका फार्म भरवाकर के.वी.एस. संभागीय कार्यालय भोपाल भेज दिया। भोपाल संभाग में आये हुये प्रतियोगियों में सबसे बेहतर प्रस्तुतियाँ छाँटी गयीं और वहाँ से अन्तिम चयन के लिये केन्द्रीय विद्यालय संगठन मुख्यालय नई दिल्ली भेज दी गयीं। केन्द्रीय विद्यालय संगठन मुख्यालय नई दिल्ली में राष्ट्रीय स्तर पर श्री जे.आर. सावरकर का चयन हो गया। वे उसी वर्ष 05 सितम्बर 1998 में शिक्षक दिवस पर पुरस्कार ग्रहण करने के लिये गये और अपना पुरस्कार नई दिल्ली में एम.एच. आर.डी. मंत्री के हाथों से ले आये जिससे उनकी पहचान में चार चाँद लग गये।

ऐसा ही वाकया श्री आर.बी. खाटी साहब का है। वे पिछले आठ नौ वर्षों से उस विद्यालय में उप प्राचार्य पद पर कार्यरत थे और इतने लम्बे सेवा काल के बाद भी उनका प्रमोशन नहीं हुआ था। इसके लिये कारण जो भी रहे हों परन्तु मेरे वहाँ पहुँचने के बाद जब उनके प्राचार्य पद पर प्रमोशन की बात आयी तो मैंने उनसे कहा खाटी साहब आप अपनी ए.सी.आर. लिख कर ले आओ। वे वांछित बिन्दुओं पर एक अलग कागज पर अपनी ए.सी.आर. स्वतः लिख कर लाये। उन्होंने हर जगह पर गुड लिखा था तब मैंने उनसे कहा कि खाटी साहब जब आप अपनी रिपोर्ट ऐसी लिख कर लाये हो तो अगर आपको हमारी या किसी अन्य साथी की ए.सी.आर. लिखने का मौका मिले तब आप कैसी लिखोगे? इस पर उन्होंने कहा कि सर मैं तो बिल्कुल ठीक लिख कर लाया हूँ। उनकी उस बात पर मैंने उनको बताया कि इस ए.सी.आर. पर आप अगले कई वर्षों तक प्राचार्य नहीं बन सकते हो। वह भी तब तक जब तक कि आपके बैच का एक भी व्यक्ति शेष रहता है क्योंकि आपने अपनी ए.सी.आर. पाँच अंकों में से दो अंकों की लिखी है। अब मैं आपकी ए.सी.आर. लिखूँगा और आने वाले स्वतंत्रता दिवस पर आप अपने विद्यालय में जा कर राष्ट्रध्वज फहराने के लिये तैयार हो जाइये। वही हुआ कि उनका प्रमोशन लेटर जुलाई में ही आ गया और उनको केन्द्रीय विद्यालय रतलाम मिला था। उन्होंने कहा कि सर मेरे लिये रतलाम बहुत दूर पड़ेगा इसलिए आप स्थान परिवर्तन के लिये संगठन को मेरा प्रार्थना पत्र भेज दें। यदि हमारा विद्यालय बदल जायेगा तो हमारे तथा हमारे परिवार के हित में रहेगा। खैर खाटी साहब की नियुक्ति का स्थान बदलने का प्रार्थना पत्र

मैंने केन्द्रीय विद्यालय संगठन नई दिल्ली को भेज दिया। संगठन मुख्यालय ने उनका निवेदन स्वीकार कर लिया क्योंकि उनका सेवा काल भी लगभग तीन वर्ष ही शेष रह गया था। केंद्रीय विद्यालय संगठन ने उनका निवेदन स्वीकार करते हुये उन्हें केन्द्रीय विद्यालय रतलाम के स्थान पर केन्द्रीय विद्यालय बीना कर दिया।

खाटी साहब केन्द्रीय विद्यालय सारनी से कार्य मुक्त हो कर केन्द्रीय विद्यालय बीना पहुँचे। वहाँ पर उन्होंने प्रचार्य पद पर सन 1997 में पन्द्रह अगस्त से पहले कार्यभार ग्रहण कर लिया था। उनका वह विद्यालय अत्यंत छोटा था। वहाँ पर मय ग्रुप डी के कुल बाईस का स्टाफ था और लगभग सवा दो सौ बच्चे थे। एक दिन मेरे पास खाटी साहब का फोन आया। वे अपनी प्रसन्नता जाहिर करते हुये बोले सर बहुत छोटा विद्यालय है और कोई समस्या भी नहीं है। कम बच्चे और छोटा स्टाफ है लेकिन मुझे तनख्वाह उतनी ही मिलती है जितनी आपको मिलती है। उनके इस कथन को कोई भी अन्यथा ले सकता था परन्तु मुझे पता था कि खाटी साहब अत्यन्त सरल स्वभाव के हैं इसलिए उन्होंने बिना किसी लाग लपेट के सद्भाव के साथ अपने उद्गार प्रकट कर दिये।

बाद में उनसे मेरी मुलाकत प्राचार्य सम्मेलन में हुयी। वे चाहे किसी भी रूम में क्यों न ठहरे हों परन्तु मुझे ढूँढ़ कर अपनी चारपायी ला कर मेरे पास ही डालते थे। शाम को या जब भी किसी दूसरे से मिलते थे तो खाटी साहब सभी को मेरी ओर इशारा कर के बताते थे कि सर हमारे प्रिंसिपल थे। इसके अलावा पूरी मीटिंग में साथ रहना साथ में खाना खाने जाना तथा साथ साथ टहलना भी होता था। खाटी साहब जब प्रसन्न होते थे तथा मेरी प्रशंसा करना चाहते थे तो वे कहते थे कि सर मेरी मिसेस आपकी बहुत तारीफ करती है। शायद प्रशंसा करने का उनका यही स्टाइल हो। एक बार उन्होंने मुझे अपने विद्यालय में भी बुलाया था। सारनी से जब मैं अपने घर जाता था तो बीना रास्ते में ही पड़ता था सो एक बार घर जाते वक्त मैं ट्रेन से उतर कर केन्द्रीय विद्यालय बीना गया था। खाटी साहब ने काफी स्वागत सत्कार किया था जिस प्रकार कोई भी अपने आदरणीयों का स्वागत सम्मान करता है।

सारनी रह कर मुझे काफी कुछ देखने और समझने का अवसर मिला। कुछ घटनायें ऐसी हैं जिनको मैं भुला नहीं सका। उन्हीं घटनाओं में से मैं वहाँ की एक घटना का जिक्र करना चहूँगा। एक विद्यार्थी अपनी पढ़ाई में अत्यन्त लगनशील था परन्तु कई दिनों से वह विद्यालय में अनवरत विलम्ब से आ रहा था। शिक्षकों ने उसकी शिकायत मुझ तक पहुँचायी। मैंने उसको अपने चेम्बर में बुला कर डाँटा और उसे घुटनों के बल

जमीन पर बैठा दिया। कुछ ही क्षण के बाद मुझे लगा कि इस बच्चे के मन की बात पूछी जाये। मैंने उस बच्चे को निकट बुला कर उसके देर से आने का कारण पूछा। मेरे पूछते ही वह फफक फफक कर रोने लगा और रोते हुये ही बोला कि सर मेरी माँ बहुत बीमार है। मेरी माँ के अलावा मेरे छोटे भाई बहन भी हैं। माँ, भाई बहनों व अपने लिये मैं ही खाना बनाता हूँ। फिर सभी को खाना खिला कर माँ को दवा खिलाता हूँ। उसके बाद खुद खाना खाता हूँ। कभी कभी तो बिना खाये ही इंटरवल में खाने के लिये दो रोटी ले कर विद्यालय आ जाता हूँ। सर मैं कितनी भी जल्दी करूँ तब भी विद्यालय आते आते देर हो जाती है। उस बच्चे का दास्तान सुन कर मुझे उसकी बातों में सच्चाई मालूम पड़ी। यहाँ तक कि कुछ क्षणों के लिये मैं भी भावुक हो गया। कई बार इस तरह की मुसीबतों में घिर कर बच्चे अपनी भावनाओं को व्यक्त नहीं कर पाते हैं। कई बार वे अपने घर के भावनात्मक दबाव व विद्यालय के मानसिक दबाव को सहन नहीं कर पाते हैं। परिणामतः वे परेशान हो जाते हैं और कभी कभी अवसाद ग्रस्त भी हो जाते हैं। ऐसी दशा से बचने के लिये ही शिक्षकों को प्रशिक्षण के समय बाल मनोविज्ञान पढ़ाया जाता है। दुनिया में पैरेंट्स के बाद बच्चों का यदि कोई सबसे बड़ा शुभचिन्तक है तो वह शिक्षक ही हो सकता है। इसलिये सच्चे अर्थों में शिक्षक वही कहलाता है जो अपने विद्यार्थियों को उनकी माँ की तरह जानता हो और उन्हें उसी तरह से प्रेम भी करता हो।

वहाँ पहुँच कर मुझे विरासत में कुछ ऐसा मिला जो अत्यन्त अप्रिय था। जैसे कि मेरे वहाँ ज्वाइन करने से पहले ही नौ तदर्थ अध्यापक काम कर रहे थे। उनको विद्यालय में केवल तीस अप्रैल तक के लिये रखा गया था। इस शर्त पर कि कोई रेगुलर टीचर किसी भी वक्त आ कर ज्वाइन करे तो उस विषय के तदर्थ शिक्षक की सेवायें तत्काल प्रभाव से समाप्त मानी जायेंगी अन्यथा की दशा में उनकी सेवायें तीस अप्रैल को स्वतः समाप्त मानी जायेंगी। लेकिन वे लोग तीस अप्रैल से पहले ही मध्य प्रदेश हाईकोर्ट जबलपुर से स्टे आर्डर ले आये। आदेश था कि इनको कोर्ट के अगले आदेश तक विद्यालय से हटाया नहीं जा सकता है। जब उन लोगों ने हाई कोर्ट के स्टे आर्डर की कापी मुझे दिखायी तो मैंने उसमें स्थगन आदेश का कारण देखा। उसमें लिखा था कि भारतीय संविधान के अनुच्छेद 225 व 226 के अनुसार स्थगन आदेश दिया जाता है। उस समय वहाँ (सारनी में) एस.टी.डी. टेलीफोन व फैक्स की सुविधा नहीं थी। इसलिए उप प्राचार्य खाटी साहब को मैंने निकटस्थ कस्बा घोड़ाडोंगरी भेजा। वहाँ से सहायक आयुक्त भोपाल संभाग को फैक्स द्वारा हाईकोर्ट के स्थगन आदेश की सूचना भिजवायी। साथ ही पुछवाया कि उन लोगों को तीस अप्रैल के

बाद भी सेवाओं को जारी रखा जा सकता है। यदि हाँ तो उनकी सेवा को जारी रखने की अनुमति प्रदान करें। सहायक आयुक्त भोपाल संभाग ने हाईकोर्ट के आदेश का सम्मान करते हुये उन लोगों को सतत सेवाओं के लिये आगे की अनुमति दे दी।

उन लोगों को कोर्ट स्थगन आदेश के आधार पर जो बल मिला उसके आधार पर वे अब चाहे पढ़ायें अथवा न पढ़ायें उनको वेतन पूरा मिलेगा। इस कारण से विद्यालय में अनुशासनहीनता फैल गयी। जब मैंने जबलपुर हाईकोर्ट जा कर वहाँ पर के.वी. एस. के वकील से मुलाकात की तो उसने भी रुख मिला कर बात नहीं की। बाद में पता चला कि वादी और प्रतिवादी दोनों के वकील एक हो गये हैं। मैंने भारतीय संविधान की धारा 225 व 226 के बारे में विस्तृत जानकारी के लिये अपने विद्यालय पुस्कालय में भारतीय संविधान की एक प्रति दिल्ली से मँगवायी। उक्त दोनों धाराओं का अध्ययन किया तब पता चला कि उक्त धाराओं के अन्तर्गत न्यायाधीश को विवेकाधिकार होता है जिसके आधार पर वह किसी भी केस में स्थगन आदेश पारित कर सकता है बशर्ते जज को यह महसूस होना चाहिये कि वादी के साथ अन्याय हुआ है अथवा अन्याय हो रहा है।

मैं जब तक वहाँ पर रहा तब तक मैं स्वतः कोर्ट जाता रहा यहाँ तक कि वकील भी बदलना पड़ा फिर भी नतीजा वही ढाक के तीन पात रहा। मेरा लगातार हर तारीख पर जबलपुर जाना, वकील से मिलना, उसकी माँग के अनुसार कागज उपलब्ध कराना, उसे बार बार खटखटाना आम बात थी। तब भी उम्मीद के मुताबिक काम न हो पाना या कोर्ट का कोई भी फैसला न हो पाना अत्यन्त दुखद रहा। संयोग की बात थी कि उसी समय हमारा विभागीय वकील विवेक तनखा महाधिवक्ता हाईकोर्ट Advocate General जबलपुर बन गया। उसके बाद जो वकील मिला उसको मैं अपने विद्यालय का केस समझाने में सफल हो गया। परिणाम स्वरूप नौ में से सात केस एक साथ फाइनल हो गये जो एक जैसे थे। इस प्रकार केन्द्रीय विद्यालय संगठन जीत गया। वहाँ से मेरा ट्रांसफर होने तक दो केस फिर भी पेंडिंग रह गये थे।

वहाँ पर अप्रिय विरासतों में दायित्व के तौर पर मुझे विद्यालय का जर्जर भवन मिला था। भवन दो मंजिला था जिसके क्लास रूम काफी बड़े बड़े थे। उन कमरों में प्रत्येक कमरे की लम्बाई चौड़ाई 40'×30' रही होगी। भवन नया था पर उसके निर्माण कार्य में तकनीकी खराबी थी जिसके चलते बरामदों में बने हुये गोलाकार खम्भों में बड़ी बड़ी दरारें पड़ गयीं थीं। भूतल पर बने हुये खम्भों के ऊपर बनाये गये खम्भे एक के ऊपर एक सीध में नहीं बने थे। जिससे पहली मंजिल का वजन भूतल के खम्भों पर न

हो कर असंतुलित हो गया था। परिणाम स्वरूप पूरे भवन में जहाँ तहाँ बड़ी बड़ी दरारें आ गयीं थीं। भवन देखने से ही मालूम पड़ता था कि जब से उसका निर्माण हुआ था तब से उसके रख रखाव पर कोई ध्यान नहीं दिया गया था। जिसकी वजह से बहुत बड़ी दुर्घटना की संभावनायें बनी रहतीं थी।

उसकी दुरुस्ती के लिये मैंने कई बार एम.पी.ई.बी. प्रशासन को लिखित सूचना दी परन्तु उन्होंने उस भवन के जिम्मेदार होते हुये भी कोई ध्यान नहीं दिया। लगभग दो वर्ष तक लगातार लिखा पढ़ी करने के बाद जब मुझे लगा कि भवन के आधिकारिक रूप से जिम्मेदार लोग कोई ध्यान नहीं दे रहे हैं। तब मैंने एक पत्र विद्यालय चेयरमैन, चीफ इंजीनियर थर्मल पावर एम.पी.ई.बी. सारनी को लिखा। उसमें स्पष्ट कर दिया कि विद्यालय भवन इतना जर्जर हो चुका है कि वह कभी भी ढह सकता है। जिससे लगभग तेरह सौ लोगों (विद्यार्थियों तथा स्टाफ) की एक साथ कंडोलेंस कभी भी हो सकती है। उस पत्र की एक प्रति एम.पी.ई.बी. प्रशासन जबलपुर को भेजी। एक प्रति जिलाधिकारी बैतूल को भेजी। एक प्रति केन्द्रीय विद्यालय संगठन भोपाल संभाग को भेजी तथा एक प्रति केन्द्रीय विद्यालय संगठन मुख्यालय दिल्ली को भेज दी। उस पत्र का परिणाम पन्द्रह दिनों के अन्दर सामने आ गया। पत्र भेजने के अगले ही दिन विद्यालय चेयरमैन ने एक सर्वे टीम विद्यालय में भेजी। भवन की जाँच करवायी और मुझे भी मौखिक संदेश भेजा कि प्रिन्सिपल साहब आपको ऐसा पत्र नहीं लिखना चाहिये था जिसमें पूरे प्रशासन को ही गैर जिम्मेदार ठहरा दिया गया हो।

उनकी टीम ने जा कर उनको जो भी रिपोर्ट दी हो कुछ पता नहीं परन्तु जबलपुर एम.पी.ई.बी. हेड क्वार्टर से इंजीनियर्स व कांट्रेक्टर्स की एक टीम आयी। उन्होंने पूरे भवन का सर्वे करवाया साथ ही तत्सम्बन्धित अधिकारियों को भवन मरम्मत व रंगाई पुताई का एस्टीमेट बनाने के निर्देश दे दिये। उन अधिकारियों ने मुझसे भी सम्पर्क किया और विद्यालय भवन के मरम्मत कार्य की निगरानी मुझे सौंपी। भवन का मरम्मत कार्य एक महीने के अन्दर शुरू हो गया और लगातार तीन महीने तक चला। उसके बाद मय रंगाई पुताई के पूरा भवन जगमगाने लगा। जो खम्भे बारह इंच व्यास के गोलाकार थे उनको मजबूती प्रदान करने के लिये नींव से ले कर दो मंजिली छत की मुंडेर तक। सौ सेमी लम्बाई व अस्सी सेमी चौड़ाई अर्थात 100×80 वर्ग सेमी के चोकोर कालम तैयार किये गये। वर्गाकार भवन में इसी आकार के कुल बत्तीस खम्भे पुराने खम्भों को केन्द्र में लेकर तैयार किये गये। उन कालमों के बन जाने के बाद जहाँ कहीं दरारें और टूट फूट थी उन सबकी भी मरम्मत हो गयी।

अब पूरे भवन में नये पंखे, नये ट्यूब लाइट, पानी के नलों की नयी टोंटी सब कुछ लग गये तथा नये शौचालय बन गये। परिसर में सांस्कृतिक कार्यक्रमों के लिये एक टूटा फूटा स्टेज पड़ा था उसका भी जीर्णोद्धार हो गया। उस बड़े परिसर की बाउण्ड्रीवाल जो तमाम जगहों से लोगों ने ईंटें उखाड़ कर अपनी झोपड़ियाँ बना लीं थीं, वह बाउण्ड्रीवाल भी दुरुस्त कर दी गयी। इसके अलावा जो भी छोटी मोटी कमियाँ थीं वह सब दूर कर दी गयीं। अब वह भवन केन्द्रीय विद्यालय के भवन जैसा दिखने लगा था। बच्चों व शिक्षकों के लिये वह इमारत निरापद व समस्त सुविधाओं से सम्पन्न हो चुकी थी। शैक्षिक, सांस्कृतिक व क्रीड़ा के क्षेत्र में भी विद्यालय ने कीर्तिमान स्थापित किये। जहाँ संभागीय स्तर पर किसी प्रतियोगिता के लिये विद्यालय को कोई अवसर नहीं मिलता था वहीं अब कोई साल ऐसा नहीं जाता था जब संभागीय खेलकूद प्रतियोगिताओं, विज्ञान व समाजिक विज्ञान प्रदर्शनी के लिये विद्यालय को अवसर न मिले। विज्ञान प्रदर्शनी में विद्यालय ने पूरे संगठन में अपना स्थान बना कर विदेश तक में प्रतिभागिता की थी। खेलकूद में भी बच्चों ने उत्कृष्ट प्रदर्शन किया और वे केन्द्रीय विद्यालय संगठन में अपना स्थान बना कर एस.जी.एफ.आई. के लिये चयनित हुये तत्पश्चात उन्होंने विदेशों में भी प्रतिभागिता की। सांस्कृतिक कार्यक्रमों में भी विद्यालय के अतिरिक्त क्षेत्रीय स्तर पर भी तहलका मचाया। शिक्षा के क्षेत्र में भी विद्यार्थियों ने अपना विशेष स्थान बनाया जब कि वह विद्यालय अत्यन्त पिछड़े क्षेत्र में आता है। कुल मिलाकर विद्यालय की छवि न केवल संभागीय स्तर पर बनी अपितु राष्ट्रीय स्तर पर भी चमक उठी।

हमारे विद्यालय का नाम ऊँचा होने से हमारा भी नाम ऊँचा हुआ। केन्द्रीय विद्यालय संगठन के राष्ट्रीय स्तर के एकाउंट, शैक्षणिक, प्रशासनिक कार्यों से सम्बंधित जो भी सेमीनार होते थे। उन तमाम सेमीनारों तथा सम्मेलनों में मुझे प्राचार्य के तौर पर शामिल होने का अवसर मिला। एक बार केन्द्रीय विद्यालय संगठन की ओर से राष्ट्रीय स्तर पर एक प्रशिक्षण शिविर का अयोजन हुआ जिसका विषय था 'रिटायरमेंट एण्ड पेंशनरी बेनिफिट'। वह प्रशिक्षण शिविर दिनांक 17.05.1999 से 20.05.1999 तक केन्द्रीय विद्यालय नाल नेशनल एरोनॉटिक्स लिमिटेड बंगलोर (Kendriya Vidyalaya N.A.L. /National Aeronautics Limited Bangalore) में रखा गया। उस सेमीनार में पाँच लोग केन्द्रीय विद्यालय संगठन भोपाल संभाग की ओर से शामिल हुये थे। दो प्राचार्य थे जिनमें एक मैं और दूसरे प्राचार्य श्री जी.ए. नायक केन्द्रीय विद्यालय ओ.एफ. चान्दा महाराष्ट्र से थे और तीन लोग संभागीय

कार्यालय भोपाल से थे। जिनमें श्री यू.एन. खबारे शिक्षाधिकारी, श्री आर.एन. सिंह (A.O.) प्रशासनिक अधिकारी तथा श्री आर.सी. वर्मा लेखा अधीक्षक थे। बंगलोर प्रशिक्षण केन्द्र पर मैं अकेला पहले ही पहुँच गया था। वहाँ पहुँचते पहुँचते मुझे काफी देर हो गयी थी। रात होने तथा नयी जगह होने के कारण मुझे उस केन्द्रीय विद्यालय परिसर में कोई व्यक्ति ऐसा नहीं मिला जिससे मैं पूछ सकूँ कि ट्रेनिंग के लिये आये हुये लोग कहाँ ठहरे हुये हैं?

उस परिसर में ही एक ओर दो मंजिले से आवाजें आ रहीं थीं। उन आवाजों को सुन कर मैं जीने से चढ़ कर उस कमरे तक पहुँच गया। वहाँ पहुँच कर देखा कि वहाँ करीब आठ दस लोग बैठे बातें कर रहे थे। शायद वे भवन पुताई करने वाले लोग थे। मैंने उन लोगों से ट्रेनिंग में आये हुये लोगों के ठहरने के बारे में पूछा। पहले हिन्दी में पर किसी ने कोई जवाब नहीं दिया। उसके बाद मैंने वही बात अंग्रेजी में दुहरायी तब भी कोई नहीं बोला। शायद कन्नड़ के अलावा हिन्दी और अंग्रेजी उनको न आती हो और कन्नड़ मुझे नहीं आती थी/है। मजबूरन मैं वहाँ से सॉरी बोल कर नीचे आ गया। मैं जीने से उतर कर नीचे पहुँचा ही था कि उन्हीं लोगों में से एक नवयुवक दौड़ता हुआ आया और उसने मुझे रुकने के लिये आवाज लगायी। जब तक मैं रुका तब तक वह व्यक्ति मेरे पास आ गया। वह आते ही मुझसे बोला साहब मुझे पता है कि वे लोग कहाँ पर ठहरे हुये हैं चलिये मैं आपको वहाँ पर भेज कर आता हूँ। वह युवक मुझे वहाँ तक भेज कर आया जहाँ पर ट्रेनिंग के लिये आये हुये लोग ठहरे थे। मैंने नवयुवक को वहाँ पहुँचाने के लिये उसका धन्यवाद किया और उससे एक सवाल भी किया। सवाल यही था कि भाई मैं यह जगह जानने के लिये आपके पास उस कमरे तक गया था जहाँ पर आप कई साथी बात कर रहे थे। परन्तु आपने मुझे वहाँ पर कुछ नहीं बताया था जब कि आप मुझे रास्ता बताने के लिये दौड़ते हुये नीचे उतर कर मेरे पास तक आ गये। भाई इसकी वजह क्या है कि आपने वहाँ मुझे कुछ नहीं बताया जब कि आप तो अच्छी हिन्दी बोल लेते हैं। तब उस नवयुवक ने कहा कि मैं उन लोगों के सामने कन्नड़ के अलावा किसी भाषा में नहीं बोल सकता था। इसीलिए मैं आपके पास दौड़ता चला आया। वह बोला रात में जगह न ढूँढ़ पाने से आपको बहुत परेशानी हो सकती थी। साहब मुझे कन्नड़ तो आती ही है, मुझे हिन्दी भी आती है। साहब अंग्रेजी भी कुछ कुछ समझ लेता हूँ। हिन्दी मुझे इसलिए आती है क्योंकि मेरे घर पर उर्दू बोली जाती है और उर्दू जानने वाले को हिन्दी समझने में कोई दिक्कत नहीं होती है। मेरे घर पर उर्दू इसलिए बोली जाती है क्योंकि मैं एक मुसलमान हूँ।

अब मैं आपको वह बात बताता हूँ जिससे आप पूरे भारतवर्ष में कहीं भी जायें। जहाँ हिन्दी न भी बोली जाती हो तो वहाँ किसी मुसलमान व्यक्ति से आप हिन्दी में ही बिना किसी झिझक के पूछ सकते हैं। यह जानने के लिये कि मुसलमान कौन है? आपको ज्यादा कवायद नहीं करनी पड़ेगी। आपको दाढ़ी रखाये हुये व कुर्ता पाजामा और गोल टोपी पहने हुये लोग अक्सर मिल जायेंगे। ढूँढना इसलिए भी असान है कि हमारी यह वेशभूषा देशव्यापी है। मैंने उस नवयुवक का धन्यवाद किया और मैं ट्रेनिंग में आये हुये साथियों के बीच पहुँच गया।

उसके बाद हम लोगों का प्रशिक्षण आरम्भ हुआ। प्रशिक्षण का विषय गंभीर होने के साथ साथ रोचक भी था क्योंकि वहाँ पर जो प्रशिक्षण दिया जाना था उसका विषय रिटायरमेंट के लाभों से जुड़ा हुआ था। वहाँ पर प्रशिक्षक के तौर पर के.वि.सं. से श्री के.एन. सिंह भी आये हुये थे। वे हमारे पूर्व परिचित थे और वे ए.ओ. श्री ए.एन. सिंह के बड़े भाई थे। उनके अलावा भी कई योग्य लोग आये हुये थे जो अपने अपने क्षेत्र के अच्छे विद्वान थे। वह एक ऐसा प्रशिक्षण था जिसमें देश के सभी प्रान्तों के लोग आये हुये थे क्योंकि वहाँ पर के.वि.सं. के सभी संभागों से पाँच पाँच लोग आये हुये थे। वह एक अच्छा समागम था जहाँ भारत का लगभग हर भाषा भाषी मौजूद था। सम्पूर्ण भारतवर्ष के हर क्षेत्र के लोगों की वैयक्तिक समझ और रुझान से भी रूबरू होने का अवसर मिला। वहाँ पर जो लोग मौजूद थे उनमें महाराष्ट्र से ले कर अन्य दक्षिणी प्रान्तों तक के लोगों का रवैया कुछ अलग दिखा। वे लोग कुछ अधिक ही आत्म केन्द्रित व अपने पारिवारिक सदस्यों के प्रति सचेष्ट मालूम पड़े। शायद यह गुण उनमें उनकी कर्तव्यनिष्ठा और उनके अपने परिवार के प्रति समर्पण के कारण रहा हो। मसलन यदि दो मित्र एक साथ बैठे हैं तो उत्तर भारत के लोग तो अपने मित्र के साथ तब तक बैठे रहते हैं जब तक कि वह स्वतः उठ कर जाने की इजाजत न माँगे।

इसका प्रमुख कारण यही होता हे कि हमारे यहाँ अपने मित्र को उसकी इच्छा के अनुरूप समय देना ही शिष्टाचार माना जाता है। समय न दे पाने से यही संकोच लगा रहता है कि कहीं मित्र बुरा न मान जाये। परन्तु यदि आप वहाँ किसी मित्र के घर जाओ तो वह बिना किसी संकोच और लाग लपेट के बोल देगा सॉरी सर क्या आप और बैठेंगे क्योंकि मुझे अपना काम करना है। अब चाहे उसको अपने बच्चे को गाइड ही क्यों न करना हो या स्वयं उसको बाजार से कोई सामान लाना हो। वह निःसंकोच बोल देगा कि मुझे अमुक कार्य करना है। वह यह कह कर चला जायेगा कि हम लोग फिर कभी मिल सकते हैं। हम उत्तर भारतीयों में अधिकांश लोगों को इस बात से

सबक लेना चाहिये। किसी आगन्तुक के आने पर न चाहते हुये भी अनर्गल वर्तालाप में समय बिता देते हैं। केवल इसलिये कि मित्र या आने वाला व्यक्ति क्या सोचेगा, कहीं वह मित्र यह न सोचे कि मुझे बैठने नहीं दिया अथवा मुझसे रुख मिला कर बात नहीं की। दक्षिण भारतीयों वाली यही सोच गुजरातियों में भी पायी जाती है।

प्रशिक्षण के दौरान ही एक दिन वहाँ के प्रशिक्षकों व प्रशिक्षुओं ने सिरडी के साँईं धाम यात्रा की योजना बनायी। दर्शनार्थ एक (भाड़े की) रिजर्व बस से वे लोग वहाँ गये। मैं और मेरे जैसे एक दो साथी उन लोगों के साथ तीर्थ यात्रा पर नहीं गये। वह पूरा दिन उन लोगों ने इधर उधर तीर्थ और देशाटन में बिताया। मैंने उन लोगों के साथ न जा कर उस प्रशिक्षण में बतायी गयी विषय वस्तु को दुहराया और उसके नोट्स तैयार कर लिये। क्योंकि आगे चल कर संभागीय स्तर पर प्रशिक्षुओं को प्रशिक्षण देने में वही काम आने थे। इस प्रकार हमारा वह चार दिवसीय प्रशिक्षण कार्य विधिवत पूर्ण हुआ और हम सभी लोग प्रशिक्षण ले कर वापस अपने अपने कार्य स्थल को चले आये।

उसके बाद अगले कुछ ही दिनों में दिनांक 25.05.1999 से 27.05.1999 के मध्य ऑफिस स्टाफ के लिए प्रशिक्षण शिविर आयोजित हुआ व दिनांक 28.05.1999 व दिनांक 29.05.1999 के मध्य हम लोगों को पूरे भोपाल संभाग के प्राचार्यों को वही प्रशिक्षण देना था। प्रशिक्षण के लिये वेन्यू केन्द्रीय विद्यालय ऑर्डनेंस फैक्ट्री इटारसी में रखा गया। हम पाँचों प्रशिक्षक समय से एक दिन पूर्व वहाँ पहुँच गये और वहाँ पहुँच कर ट्रेनिंग व्यवस्था देखी। यद्यपि व्यवस्था देखने के लिये वहाँ के प्राचार्य श्री आर.के. सोनी साहब को वेन्यू निदेशक बनाया गया था फिर भी कोर्स डायरेक्टर का दायित्व होता है कि वह प्रशिक्षण के अनुकूल अपेक्षित सारी व्यवस्था जाँच परख ले। कोर्स डायरेक्टर श्री यू.एन. खबारे साहब शिक्षा अधिकारी केन्द्रीय विद्यालय संगठन भोपाल संभाग से थे। शेष हम चार लोग रिसोर्स पर्सन थे अर्थात श्री जी.ए. नायक प्राचार्य केन्द्रीय विद्यालय चान्दा महाराष्ट्र, मैं प्राचार्य केन्द्रीय विद्यालय सारनी मध्य प्रदेश, ए.एन. सिंह प्रशासनिक अधिकारी (A.O.) और आर.सी. वर्मा लेखा अधीक्षक भोपाल संभाग थे।

एक दिन पहले ही हम लोगों ने पूरे पाँच दिन के प्रशिक्षण के लिये टाइम टेबल बना लिया। टाइम टेबल बनाते समय खबारे साहब व नायक साहब ने मुझसे पूछा कि आपको कौन से टॉपिक दिये जायें? मैंने उनसे कहा कि सारे टॉपिक्स में जो सबसे कठिन हो वही दे दें अथवा आपके हिसाब से जो सबसे नीरस हो वही टॉपिक मुझे दे दीजिये। उन लोगों ने अपने अपने माफिक के टॉपिक छाँट लिये और मुझे दिया

रिकार्ड मेंटीनेंस। इसी के साथ मुझसे पूछा कि एक एक घंटे के पीरियड होंगे पर आपको कितने मिनट का पीरियड दिया जाये। तब मैंने पूछा कि इस टॉपिक पर कोई आधिक से अधिक कितने समय तक टिक सकता है? उस पर नायक साहब बोले हार्डली बीस मिनट। मैंने उनसे कहा कि फिर भी मुझे कम से कम एक घंटे का समय तो दीजिये ही। इस तरह से प्रशिक्षण के लिये पूरा कार्यक्रम तैयार हो गया।

शाम को भोजन करने बाद हम लोग अपने कमरे पर गये। हम पाँचों लोग एक ही कमरे में रुके हुये थे। खबारे साहब, नायक साहब, ए.ओ. साहब व लेखा अधीक्षक महोदय ने अगले दिन की कक्षाओं में प्रस्तुति के लिये अपना अपना अध्ययन शुरू कर दिया। कोई एकाउंट मेंटीनेंस की तैयारी करने लगा। कोई पेंशन व रिटायरमेंट टॉपिक पर तैयारी कर रहा था। कोई डिसिप्लिनरी प्रोसीडिंग्स के टॉपिक की तैयारी कर रहा था। अतः सभी लोग पेंशन रूल्स व पेंशन कम्प्यूटिंग, पेंशन पात्रता, वी.आर. एस. और सेवानिवृत्ति पेंशन आदि के गहन अध्ययन में जुट गये। मैंने अपना बिस्तर लगाया और लेट गया। मुझे लेटा हुआ देख कर खबारे साहब व नायक साहब बोले क्या पढ़ना नहीं है कल क्या पढ़ाओगे? मैंने उनकी चुटकी लेते हुये कहा आप लोग पढ़िये अभी मुझे पढ़ने की जरूरत नहीं है क्योंकि मैं तो सब कुछ तभी पढ़ चुका था जब पढ़ रहा था अब तो मैं पढ़ा रहा हूँ। आप लोग तब पढ़े नहीं होंगे इसलिये अब पढ़ना पड़ रहा है। वे लोग काफी रात तक पढ़ते रहे और मेरे न पढ़ने के बारे में भी सोचते रहे।

अगले दिन 25.05.1999 को सुबह उठकर सभी लोग तैयार हुये और चाय नाश्ता के बाद नौ बजे प्रशिक्षण का प्रथम सत्र आरम्भ किया। परिचयात्मक वार्ता के बाद खबारे साहब ने क्लास आरम्भ किया जिसमें उन्होंने पेंशन की पात्रता के बारे में विस्तृत चर्चा की। उन्हें आधा घंटा का भी पीरियड पूरा करना भारी पड़ गया और तीस मिनट पूरे होते होते लगने लगा था कि अब उनके पास बोलने के लिये कुछ शेष नहीं बचा है। उसके बाद लंच ब्रेक हुआ फिर जी.ए. नायक साहब ने दूसरे सत्र में करीब चार बजे से पाँच बजे तक का अपना एक घंटा का क्लास लिया। इस प्रकार एक दिन का प्रशिक्षण पूरा हुआ। अगले दिन 26.05.1999 को आरम्भिक सत्र में प्रातः 9.00 बजे मुझे आमंत्रित किया गया। मुझसे कहा गया कि दस बजे तक एक घंटा का समय आपको दिया जाता है। नायक साहब बोले यदि आप से कुछ समय बचेगा तो उस समय में मैं अपना टॉपिक जारी रखूँगा क्योंकि दस बजे से ग्यारह बजे के मध्य का समय लेखा अधीक्षक श्री आर.सी. वर्मा जी को दिया गया था। मैंने

अपना रिकार्ड मेंटेनेंस का टॉपिक शुरू किया तो सबसे पहले मैंने सर्विस बुक और पर्सनल फाइल के रख रखाव की बात आरम्भ की। सर्विस बुक और पर्सनल फाइल के बीच के सम्बन्ध को बताया। मैंने बताया कि इन दोनों का सम्बन्ध ठीक वैसा ही होता है जैसा कि चोली और दामन का होता है।

जिसमें सबसे पहले देखना होता है कि क्या पर्सनल फाइल के अनुरूप सर्विस बुक के तमाम भागों की विभिन्न प्रविष्टियाँ पूर्ण हैं और पर्सनल फाइल में लगाए गये कागजात के अनुरूप सर्विस बुक के मुख्य भागों में प्रविष्टियाँ की गयीं हैं अथवा नहीं उसी के आधार पर पूरा रिकार्ड देखना पड़ता है। इसका विस्तृत ब्योरा नीचे दिये गये तथ्यों के आधार पर बताया गया~

1- सर्विस रिकार्ड का पहला मुख्य भाग सर्विस बुक होता है जो कुल सात भागों में विभाजित होता है यथा —

1(A) प्रथम भाग कर्मचारी का मय फोटोग्राफ के सम्पूर्ण विवरण होता है। उसमें उसके गृहनगर का पता, विभाग में कार्यभार ग्रहण करने की तिथि, उसका नाम, पिता का नाम, शैक्षिक और शैक्षणिक योग्यता, कार्यभार ग्रहण करने का पद, वेतनमान, स्वास्थ्य प्रमाण पत्र और चरित्र प्रमाण पत्र आदि।

1(B) दूसरे भाग में सेवा सत्यापन-कार्यभार ग्रहण करने से सेवा समापन के दिन तक प्रति वर्ष का सेवा सत्यापन होता है। यथा प्रतिवर्ष की वेतनवृद्धि, पदोन्नति, पदावनति, सेवाकाल के दौरान यदि कोई योग्यता या विशेष योग्यता अर्जित की गयी हो उसकी प्रविष्टि करना। स्थानान्तरण, प्रतिनियुक्ति पर किसी दूसरे विभाग में जाना या किसी दूसरे विभाग से सर्विस छोड़ कर आना अर्थात फारेन सर्विस का विवरण या रिकार्ड।

1(C) तीसरे भाग में जी.पी.एफ., सी.पी.एफ. या अन्य जो भी हो उसका विवरण, कर्मचारी के नामिनी का विकल्प पत्र आदि का पूरा विवरण होता है।

1(D) चौथे भाग में A.I.L.T.C./Home Town L.T.C. या रियायती यात्रा विवरण अखिल भारतीय अथवा गृहनगर के लिये जो भो हो उसका विवरण होता है।

1(E) पाँचवें भाग में विविध अवकाशों यथा अर्जित, चिकित्सीय, अवैतनिक, अर्द्ध वेतन अवकाश आदि का विवरण होता है।

1(F) छठवें भाग में कर्मचारी के आश्रित सभी पारिवारिक सदस्यों का विवरण यथा नाम, पिता/पति का नाम, जन्मतिथि, लिंग व कर्मचारी से सम्बन्ध आदि कि प्रविष्टि की जाती है।

1(G) सातवें भाग में अनुशासनात्मक कार्यवाही का विवरण यदि कोई हो तो सेवा पंजिका में रिकार्ड करना होता है।

2- सर्विस रिकार्ड का दूसरा प्रमुख भाग है पर्सनल फाइल या वैयक्तिक पत्रावली जिसमें सेवा में आने की तिथि से पदभार ग्रहण करने से लेकर सेवानिवृत्ति तक के पूरे सेवा काल के सारे कागजात रखे जाते हैं। अतः सर्विस रिकार्ड के बिन्दु 1(A-G) में उल्लिखित विवरण के अनुसार सभी कागजात क्रमागत तिथियों के अनुसार रखे जाते हैं। यथा सेवा में आने के लिये भरे गये फार्म। हर एक तरह के प्रार्थना पत्र (जो कि सेवा पंजिका के अन्तर्गत कई भागों मे दर्शाये गये कामों के लिये) रखे जाते हैं या किसी भी तरह का कर्मचारी की सेवा से सम्बन्धित पत्र या प्रपत्र, सब कुछ सेवा की वैयक्तिक पत्रावली में रखा जाता है। सर्विस रिकार्ड के ये दोनों भाग परस्पर अन्योन्याश्रित हैं। यदि इन अभिलेखों का रख रखाव करने वाला अभिरक्षक custodian निष्ठावान व ईमानदार हो तो कभी भी किसी भी कर्मचारी या अधिकारी को कठिनाइयों का सामना नहीं करना पड़ता।

इसके लिये करना यही पड़ता है कि जो विवरण सेवा पंजिका में दर्ज किया गया है उस प्रविष्टि के सापेक्ष पुष्टि में जो भी पत्र या प्रपत्र या फार्म वैयक्तिक पत्रावली में रखा गया हो उसे कुछ इस तरह से रखना चाहिये कि उस कागज को जो भी क्रमांक दिया गया हो वही क्रमांक सेवा पंजिका के उस पेज में की गयी प्रविष्टि के सम्मुख भी अंकित किया जाये। सेवा पंजिका का वह पेज संख्या भी सेवा पत्रावली में संलग्न पत्र पर अंकित कर दिया जाये। यही प्रक्रिया सेवा पंजिका की प्रत्येक एंट्री और वैयक्तिक पत्रावली के प्रत्येक संलग्नक के साथ अपनायी जानी चाहिये। इसके लिये सेवा पंजिका में एक पेज पर इंडेक्स भी तैयार किया जा सकता है ताकि पता रहे कि प्रवृष्टि के साक्ष्य स्वरूप पत्र या प्रपत्र को सेवा पत्रावली में कौन सा नम्बर दिया गया है। यही इंडेक्स सेवा पत्रावली में भी तैयार किया जाना चाहिये जिससे यह स्पष्ट हो सके कि अमुक नम्बर का पत्र या प्रपत्र सेवा पंजिका के अमुक पेज पर अंकित किया गया है।

यदि इस तरह की प्रक्रिया अपनायी जाती है तो किसी भी परिस्थिति में कभी कोई हेराफेरी या रद्दोबदल नहीं कर सकता है। भले ही कोई अपने ही रिकार्ड को अपने हाथों से अपने पक्ष में क्यों न करना चाहता हो। ऐसी प्रक्रिया अपना कर कहा जा सकता है कि सेवा पंजिका और सेवा पत्रावली के मध्य सर्विस रिकार्ड के रखरखाव का मजबूत और निर्विवाद सम्बन्ध (Bond) बन जाता है। यह दायित्व फलदायी या उद्देश्य की पूर्ति करने वाला होगा अर्थात सर्विस रिकार्ड के दोनों भागों के रखरखाव का यही पवित्र सम्बन्ध चोली दामन की तरह अन्योन्याश्रित होगा। अब असानी से अनुमान लगाया जा सकता है कि किसी प्रशिक्षण शिविर में सर्विस रिकार्ड मेंटेनेंस को इतने करीने से संप्रेषण के लिये क्या दो घंटे से कम समय लगेगा? हुआ भी यही कि जो क्लास मैंने नौ बजे आरम्भ किया था वह लगभग ग्यारह बजे पर समाप्त हुआ था। श्री वर्मा जी का भी एक घंटा का समय मैंने ही ले लिया था। यद्यपि मैंने कोर्स डायरेक्टर खबारे साहब से ज्यादा समय लगने के कारण क्लास जारी रखने की अनुमति ले ली थी। जब क्लास पूरा हुआ तो खबारे साहब और नायक साहब दोनों ही बोल पड़े। ये हिन्दी वाले तो माइक पकड़ने के बाद छोड़ने का नाम ही नहीं लेते हैं। उन लोगों ने इतना समय लगने की उम्मीद नहीं की थी। वह भी ऐसे नीरस टॉपिक में और न ही उन्होंने यह उम्मीद की थी कि ऐसा टॉपिक इतना रोचक भी हो सकता है। टी ब्रेक के बाद वर्मा जी को अवसर मिला तथा आर.एन. सिंह के बाद चालीस मिनट जो नायक साहब को मिलने थे उसमें से उनको बमुश्किल आधा ही समय मिल पाया था।

अगला तीसरा दिन भी इसी तरह से रोचक सम्प्रेषण और विचारों के आदान प्रदान के साथ पूरा हुआ। उस सेमीनार में जितने भी आफिस स्टाफ के प्रतिभागी थे वे सभी प्रभावित हुये। जिन लोगों ने उस सेमीनार में प्रतिभागिता की थी उन सभी को रिकार्ड के रखरखाव की समस्त जानकारी बिना किसी अथक प्रयास के केवल सुनने मात्र से ही हासिल हो गयी। मैंने खबारे साहब व नायक साहब को इसके बावजूद भी संकेत दे दिया था कि यदि आप लोगों को कोई टॉपिक भारी पड़ रहा हो या अरुचिकर हो तो कृपया मुझे बता दीजियेगा, मैं सँभाल लूँगा। सेमीनार के अन्तिम दिवस पर समापन के पश्चात सभी प्रतिभागी (आफिस स्टाफ) सौहार्दपूर्वक अपने अपने गन्तव्य को लौट गये। इसी प्रकार दिनांक 28.05.1999 एवं दिनांक 29.05.1999 को केन्द्रीय विद्यालय संगठन भोपाल संभाग के सभी प्राचार्यों का दो दिवसीय प्रशिक्षण पूर्ण हुआ और सभी लोग अपने अपने कार्य स्थल को वापस चले गये।

केन्द्रीय विद्यालय संगठन भोपाल संभाग की ओर से निरीक्षण परीक्षण के लिये मेरा विद्यालय शिक्षाधिकारी (E.O.) श्री यू.एन. खबारे (उदय नारायन खबारे) साहब को सौंपा गया था। एक साल में वे कम से कम एक बार तथा कभी कभी दो बार भी पैनल इंस्पेक्शन पर आते थे। वे तत्कालीन बिहार के देवघर के रहने वाले थे जो अब झारखण्ड में आता है। वे झारखण्ड के देवघर के कुलीन ब्राह्मण थे। एक बार निरीक्षण पर खबारे साहब आये और उनके साथ दूसरे पेनलिस्ट श्री झा साहब थे। वे पूर्निया बिहार के मैथिली ब्राह्मण थे। वे केन्द्रीय विद्यालय नं.3 भोपाल में प्राचार्य थे। ये लोग जब भी आते थे तो कम से कम दो दिन का कार्यक्रम बना कर आते थे।

सारनी में पहाड़ी के ऊपर एम.पी.ई.बी. का एक शानदार गेस्ट हाउस था। उसी गेस्ट हाउस में हम उन लोगों के ठहरने व खाने की व्यवस्था कर देते थे। वे लोग मेरे समय में निरीक्षण पर जब पहली बार आये थे तो उन्होंने निरीक्षण के साथ साथ उस क्षेत्र को देखना चाहा। खास तौर पर कोयला खदान को अन्दर से घुस कर देखने की इच्छा व्यक्त की। संयोग से मैंने उन लोगों को कोयला खदान दिखवाने का आग्रह माइनिंग के जिस आधिकारी से किया था उन्होंने अपनी जीप भेज कर हम लोगों को खदान क्षेत्र में बने अपने चेम्बर में बुलवा लिया था। यह भी मात्र एक संयोग ही था कि कोल माइन के वह अधिकारी भी झा साहब ही थे। अब परिचय के साथ ही दोनों झा लोगों का निकट का सम्बन्ध स्थापित हो गया। माइनिंग अधिकारी झा साहब ने हम सभी लोगों को खदान में उतरने के लिये तैयार करवाया।

उनके कर्मचारी हम लोगों को पहनने के लिये जंगल बूट और हैलमेट ले आये। हम तीनों लोगों ने जंगल बूट पहने और हैलमेट लगा लिया फिर हम लोग उनके कर्मचारी गाइड के साथ खदान के निकट गये। खदान में अन्दर उतरने के लिये टीला नुमा पहाड़ी में एक द्वार (गुफा की तर्ज पर) बना हुआ था। हम लोगों ने उस द्वार में प्रवेश किया। उसमें अन्दर घुसते ही कुछ दूरी तक तो हल्का ढलान मिला। जैसे ही जैसे हम लोग आगे बढ़ते गये वैसे ही वैसे ढलान भी बढ़ती जा रही थी। लगभग एक फर्लांग अन्दर पहुँचने के बाद वहाँ देखा कि उसमें लगभग दस फुट चौड़ाई व आठ फुट ऊँचाई के आकार में सुरंग थी। वहीं से उस सुंरग की तीन दिशाओं में शाखाएँ विभाजित हो गयीं थीं। जैसे ही जैसे आगे बढ़ते जाते थे वैसे ही हर दस फुट पर उन शाखाओं में अन्य तीन तीन विभाजन (मोड़) मिलते जाते थे। कहने का आशय यह कि अन्दर ही अन्दर करीब दस दस फुट लम्बे चौड़े और आठ फुट ऊँचे चौकोर कालम छूटते जाते थे या छोड़े जाते थे जिससे कि कहीं खदान धँस न जाये। कोयले

की उन चट्टानों में ड्रिल कर के उपयुक्त विस्फोटक अर्थात डायनामाइट इस युक्ति (Mechanism) से लगाया जाता था जिससे किसी भी दशा में कोयले की पर्त जमीन से लगभग छः फुट के आयत के आकार से ज्यादा न टूटे। फिर वहाँ पर स्पार्किंग करने के लिये तार लगा दिये जाते हैं। खदान कर्मी तारों को पसारते हुये बाहर निकलते आते हैं। बाहर से ही उन तारों द्वारा करेंट से स्पार्किंग करके अन्दर लगाये गये विस्फोटक का विस्फोट किया जाता है। विस्फोट होने से पूर्व यह सुनिश्चित कर लिया जाता है कि खदान के अन्दर या उसके आसपास कोई मनुष्य या जानवर रह तो नहीं गया है। उस खदान कर्मी ने हम लोगों को बताया कि काफी अन्दर तक इसी तरह के ब्लाक तैयार किये जाते हैं। अन्दर का कोयला बाहर लाने के लिये बड़े बड़े पट्टे या कन्वेयर बेल्ट Conveyor Belt लगे होते हैं जिन पर मशीनों के द्वारा और कभी कभी हाथों हाथ लोगों के द्वारा कोयला लाद दिया जाता है। वह कन्वेयर बेल्ट अन्दर से बाहर की ओर रोटेट हो कर कोयला लाता रहता है। खदान के काफी अन्दर जाने पर भी गर्मी या घुटन महसूस नहीं होती है। पूछने पर पता चला कि उस सुरंग का एक दूसरा द्वार भी है। उस द्वार पर लगभग आठ फुट व्यास का बहुत बड़ा एक एक्झास्ट फैन (Exhaust Fan) लगा हुआ है जो लगातार एक बड़े जेनरेटर से चलता रहता है। जिसके परिणाम स्वरूप खदान के अन्दर की कार्बन डाई आक्साइड गैस तथा अन्य विषैली गैसें बाहर निकलती रहती हैं और पूरी खदान में दूसरे मुहानों से बाहर की ताजा हवा अन्दर पहुँचती रहती है। खदान की खुदाई होती चली जाती है और 10’×10’×8’ के कालम छूटते जाते हैं और दस बाई आठ की गैलरी बनती जाती है।

यह प्रक्रिया अपनाते हुये खदान कर्मी खुदाई करते हुये खदान के अन्दर ही अन्दर दूसरे छोर तक निकल जाते हैं या जहाँ तक कोयला मिलता जाता है वहाँ तक खोदते चले जाते हैं। पूरी खदान मिट्टी की एक बहुत मोटी पर्त से ढकी रहती है अथवा यों कह सकते हैं कि खदान के ऊपर हजारों टन मिट्टी की मोटी पर्त लदी रहती है। उसके ऊपर पेड़ पौधे भी खड़े रहते हैं। कई बार खदान इतनी गहरी होती जाती है कि कोयला नदी, नालों और तालाबों के निकट से भी निकाल लिया जाता है। उन जलाशयों का धरातल फूटने नहीं पाता है जिससे पानी खदान की तलहटी में नहीं जा पाता है। अन्त में जब खदान के आगे बढ़ने की संभावना समाप्त हो जाती है तो वे वापसी करते समय कोयले की गैलरी का ऊपर नीचे वाला सारा कोयाला निकालते चले आते हैं और अंत में छत को रोकने के लिये छूटे हुये कालम भी एक एक कर के

तोड़ते और कोयला निकालते हुये चले आते हैं। बीच बीच में उन कालमों में से कुछ एक कालमों को छोड़ देते हैं ताकि अचानक खदान के धंसने का भय न रहे। जब काफी एरिया का खदान कोयला से रिक्त हो जाता है तो उस खदान की छत पर जहाँ तहाँ ड्रिल कर के विस्फोटक लगा देते हैं और उस सतह को ब्लास्ट कर दिया जाता है और वह खदान धँस जाती है। खदान से कोयला निकालने की प्रक्रिया बताने में जितनी सरल मालूम पड़ती है वास्तविकता में वह काम धरातल पर उससे कई गुना ज्यादा कठिन और जोखिम (Risk) से भरा हुआ है। उस काम में कदम दर कदम आदमी की जिन्दगी खतरे से घिरी रहती है फिर भी कठिन से कठिन काम आदमी ही करता है।

हम लोगों को खदान के अन्दर इतना देखने और समझने में करीब चार घंटे लग गये। उसके बाद हम सभी लोग झा साहब के चैम्बर में पहुँचे। वहाँ उन्होंने चाय नाश्ता करवाया। उसके बाद हम वहाँ से जीप में जा कर बैठ गये। हम लोगों के पीछे पीछे एक खदान कर्मी आया। वह आखबार में लपेट कर प्राचार्य झा साहब को कुछ दे गया। खबारे साहब यह सब कुछ देखते रहे। अन्ततः झा साहब से उन्होंने पूछ ही लिया। ये झा जी इसमें क्या है? झा साहब को न चाहते हुये भी बताना पड़ा। खबारे साहब इसमें जूते (जंगल बूट) हैं। खबारे साहब फिर भी संतुष्ट न हुये। उन्होंने वह पैकेट खोल कर दिखाने को कहा फिर वह पैकेट खोला गया तो उसमें जूते (जंगल बूट) ही निकले। अब खबारे साहब से न रहा गया। वे बोले ये झा जी मुझे भी (जूते) दिलवाइये न! कई बार कहने के बाद झा साहब ने खबारे साहब से उनके पाँव का नम्बर पूछा फिर उन्हें भी उसी नम्बर (नौ नंबर) के एक जोड़ी जूते दिलवा दिये। अब हम लोग वहाँ से गेस्ट हाउस में आ गये। वहाँ पर उन लोगों के खान पान की व्यवस्था करके मैं भी अपने क्वार्टर पर चला आया। ये दास्तान बताने का मेरा आशय यही है कि कोई भी व्यक्ति कितना ही बड़ा अधिकारी क्यों न बन जाये पर उसकी नियत का पता हमेशा उसके व्यवहार से लग जाता है। किसी भी मनुष्य को अपने मान सम्मान की परवाह किये बिना मानवीय स्तर से इतना नीचे नहीं गिरना चाहिये। एक अदना सी चीज (जंगल बूट) को मुफ्त में हासिल करने की ऐसी कोशिश नहीं करनी चाहिये जो कोशिश खबारे साहब ने की थी। शायद वे एक पुरोहित परिवार से थे इसीलिए यह सब कुछ उनके लिये सामान्य सी बात थी। जब मैं रिटायर हो गया उसके बाद पता चला कि वे पदोन्नत होते हुये केन्द्रीय विद्यालय संगठन मुख्यालय दिल्ली में संयुक्त आयुक्त एकेडेमिक (Joint Commissioner Academics) पद तक पहुँच गये। उस क्षेत्र के लोगों में अत्मीयता बहुत थी। जितना भी हमारा ग्रुप डी स्टाफ था

उनमें सभी लोग मुझसे घुल मिल गये थे। मैं अपना भोजन सिन्धी ढाबा से मँगवाता था। भोजन अक्सर लखन लाल लोखंडे लाया करते थे। उस समय मैं विद्यालय गेस्ट रूम में ही रह रहा था। कई बार बेस्वाद भोजन के कारण मेरी खाने की इच्छा नहीं होती थी। कभी कभी तो दोपहर का भोजन शाम तक रखा रहता था। कभी थोड़ा खा लेता था और कभी लखन लाल लोखंडे या नेपाल सिंह को बोल देता था, तुम्हीं खा लो। एक दो बार तो नेपाल सिंह ही अपने घर से भोजन लाये थे। एक बार साबुत मेथी दाना की भुजिया बनवा कर लाये थे। मैंने पहली बार उबले हुये मेथी दाना की भुजिया खायी थी वह वास्तव में बहुत स्वादिष्ट लगी। उसके बाद भी मैंने नेपाल सिंह से कह कर एक दो बार मेथी दाना की सब्जी मँगवा कर खायी थी। यह व्यवस्था अधिक समय तक नहीं चली। मुझे सी-43 नम्बर क्वार्टर आवंटित हो गया था जो कि सारनी एम.पी.ई.बी. आवासीय परिसर में ही था। उसके बाद तो खान पान की व्यवस्था स्वयं की हो गयी। खाना अपने क्वार्टर पर ही बनाने लगे। खाना पकाने में ज्यादातर लखन लाल लोखंडे, सदाशिव सोलंकी और नेपाल सिंह सहायता कर देते थे।

एक बार लखन लाल लोखंडे से बातचीत होने लगी। बातों बातों में वहाँ के शादी विवाह और रीति रिवाज पर चर्चा हुयी। वहाँ पर भी उत्तर भारत की तरह लड़की के लिये लड़का ढूँढना पड़ता है लेकिन वहाँ पर एक अन्तर सुनने को मिला। वह अन्तर यह था कि उस लड़की वाले को लड़का आसानी से मिल जाता है जिसका अपना खुद का लड़का शादी के योग्य हो। वह इसलिये कि वहाँ जब भी कोई लड़का ढूँढने जाता है तो लड़का वाला पहला सवाल यही करता है कि क्या आपका कोई लड़का है? क्योंकि वह लड़का वाला भी अपनी लड़की की शादी अपने उस सम्बन्धी के लड़के से करता है जो उसके यहाँ लड़का देखने जाता है। है न अनोखी बात? शादी विवाह की इस परम्परा को वहाँ की भाषा में आटा-साटा कहते हैं। इस परम्परा को अदला बदली भी कह सकते हैं। यदि दोनों के बेटा बेटी विवाह योग्य होते हैं तो वे अपनी बेटी की उसके बेटे के साथ और उसकी बेटी की अपने बेटे के साथ शादी कर लेते हैं। इस प्रकार हुये विवाह सम्बन्धों के पश्चात उनका रिश्ता बराबर का हो जाता है। ऐसा रिश्ता होने के बाद पुरुष एक दूसरे के साले बहनोई भले ही न हो पायें। परन्तु उन दोनों की पत्नियाँ परस्पर बहन के रिश्ते में ही होती हैं न कि सरहज के रिश्ते में। इसी तरह एक बार गुणवन्त राव डोंगरे ने अपने घर से अवकाश के लिये प्रार्थना पत्र भेजा था। उसमें आवकाश लेने का कारण दिया था कि वह रेलवे स्टेशन से अपनी सिस्टर को लेने जा रहा है। अगले दिन जब वह विद्यालय आया तो मैंने पूछा कि कितने भाई बहन हो? ये कौन सी बहन थी छोटी या बड़ी? तब डोंगरे ने बताया कि सर वह मेरी पत्नी की भाभी

है। हम लोग पत्नी की भाभी को सिस्टर बोलते हैं। हम लोग अपनी सगी सिस्टर से कहीं बढ़ कर उसे सम्मान देते हैं। यहाँ तक कि हम लोग उसको चारपायी पर बिठाते हैं और वहीं पर उसके हाथ में ही खाना पानी देते हैं। हमारे यहाँ पत्नी की भाभी के साथ जीजा सरहज (साले की पत्नी) का रिश्ता नहीं चलाते हैं बल्कि बहन भाई का रिश्ता चलाते हैं। क्योंकि हमारे यहाँ शादी की परम्परा ही आटा-साटा पर आधारित है अर्थात यदि मेरी बहन उसकी पत्नी है तो उसकी बहन मेरी पत्नी हो सकती है। यदि आटा साटा की परम्परा से किसी की शादी नहीं भी हुयी है तब भी साले की पत्नी को सिस्टर ही कहा जायेगा।

कभी कभी कुछ घटनायें देखने में बहुत छोटी लगती हैं जब कि वास्तविकता उससे अलग होती है। मुझे ऐसी ही एक घटना की याद आ रही है। एक लड़का पाथाखेड़ा कोयला खदान कर्मचारी का था। उस लड़के ने बाजार में एक दूकानदार से कोई सामान देने के लिये कहा। वह दूकानदार जैसे ही सामान निकालने में व्यस्त हुआ वैसे ही उस लड़के ने दूकानदार की नजर बचा कर उसकी गुल्लक से कुछ रुपये निकाल लिये। जब वह लड़का बिना सामान लिये ही वहाँ से चल पड़ा तो दूकानदार को उस पर शक हुआ पर वह कुछ बोला नहीं। उसके बाद अन्य ग्राहक ने सामान लिया और पैसे दे कर बचे हुये पैसे वापस करने को कहा। दूकानदार ने पैसे वापस करने के लिये गुल्लक खोली तो वह सन्न रह गया। गुल्लक से रुपये गायब थे। बेचारा दूकानदार मन मसोस कर रह गया। वही लड़का अगले दिन स्कूल से इण्टरवल में उसी दूकान पर फिर से कुछ लेने पहुँचा और सामान देने के लिये कहा। दूकानदार सामान निकालने में व्यस्तता जरूर दिखा रहा था परन्तु पिछले दिन की घटना के शक के कारण उस लड़के पर नजर रखे हुये था। जैसे ही वह लड़का गुल्लक खोल कर रुपये निकालने को हुआ वैसे ही दूकानदार ने झपट कर उसको रंगे हाथों पकड़ लिया। पूछताछ कर दूकानदार उस लड़के का हाथ पकड़ कर हमारे सामने विद्यालय में ले आया। दूकानदार ने लड़के के खिलाफ शिकायत दर्ज की और चला गया।

मैंने जब उस लड़के से पूछताछ की तो वह कुछ भी बताने को तैयार नहीं था। छानबीन करने पर उसके साथियों से पता चला कि वह लड़का इस तरह की हरकत अलग अलग दूकानों से कई बार कर चुका है। मैंने उस लड़के के अभिभावक को बुलाया और पूछताछ की तब पता चला कि वह घर से भी जेब खर्च ले कर आता है। आश्चर्य की बात तो यह थी कि वह अपने घर से भी पैसे लाता था और दूकानों से भी पैसे चोरी करता था परन्तु बाजार में अपने लिये खाने पीने तक की कोई चीज कभी

नहीं खरीदता था फिर ये पैसा जाता कहाँ है? कई दिनों तक बहला फुसला कर तथा सुरक्षा का आश्वासन देने के बाद उसने जो रहस्य बताया वह रहस्य वास्तव में अत्यन्त चिन्ताजनक था। उसने बताया कि मैं जैसे ही घर से निकलता हूँ वैसे ही उस क्षेत्र के कुछ आबारा लड़के मुझे घेर कर मेरे पैसे छीन लेते हैं। इतना ही नहीं, अगले दिन और पैसे लाने को कहते हैं। वे यह भी कहते हैं कि अगर पैसे नहीं लायेगा तो तेरा पेट फाड़ देंगे और यह बात किसी को बतायेगा तो भी तुझे मार देंगे। इसी वजह से मैं बाजार में चोरी करता हूँ। क्योंकि घर से भी रोजाना पैसे नहीं माँग सकता हूँ। कोई दूसरा रास्ता नजर नहीं आता इसलिए मुझे मजबूरन ये सब करना पड़ता है।

जब कक्षा सात के बच्चे पर यह सब बीत रहा हो तो उसके व्यक्तित्व का विकास किस दिशा में होगा इसका अनुमान लगाना बहुत मुश्किल काम नहीं है। उस बच्चे के परिवार वाले अधिक पढ़े लिखे व प्रभावशाली नहीं थे इसीलिये यह सब हो पा रहा था। जब उसके पिता को पुनः विद्यालय बुला कर इस समस्या के बारे में बताया तो वह भी दंग रह गये। मैंने उनके समक्ष इस घटना को गुप्त रखने का सुझाव दिया और कहा कि अपने बेटे को भेजने के लिये साथ आयें लेकिन कुछ दूरी पर पीछे पीछे चल कर जायजा लें। अगर कुछ गड़बड़ होगा तो सामने आ जायेगा। यह सब पता करने के लिये वह अपने बच्चे के पीछे कई दिनों तक चलते रहे पर उस तरह की घटना फिर नहीं घटी। संभवतः उन शातिर लोगों को पता चल गया होगा कि उनकी निगरानी की जा रही है। इसलिए उन्होंने फिर कभी उस बारदात को दुहराने का साहस नहीं किया। यह सत्य है कि दुष्ट को दुष्टता करने का अवसर ढूँढ़ना पड़ता है और दुष्टता से उत्पन्न विपरीत परिस्थितियों में खुद का बचाव भी करना पड़ता है इसलिए वे अधिक चेतन्य होते हैं। इस तरह की अप्रत्याशित घटनाओं की जानकारी के अभाव का दुष्प्रभाव क्या हो सकता है? ऐसे दुष्परिणाम देख कर किसी की भी रूह काँप जायेगी। जो बालक पढ़ लिख कर देश व समाज का एक जिम्मेदार नागरिक बनता वह इस तरह की परिस्थियों में फँस कर एक अपराधी तथा समाज का विनाशक तत्व बन जाता है। जब कि यह सब कुछ न चाहते हुये भी परिस्थिति जन्य कारणों से होता है। इसलिए हमें अपने प्रति, अपने परिवार के प्रति और अपने परिवेश व समाज के प्रति सजग और उत्तरदायी रहना चाहिये।

सारनी में शुरू के एक दो वर्षों तक मैं अकेला रहा था। एक बार दीपावली पर मैं अपने घर फतेहगढ़ आ रहा था। मुझे अक्सर बिना रिजर्वेशन के ही ट्रेन का सफर करना पड़ता था क्योंकि मुझे अनायास ही वहाँ से चलना पड़ता था। मैं वहाँ से चल कर रेलवे

स्टेशन आगरा उतरा। वहाँ से बस स्टेशन बिजली घर आया। बस स्टेशन पर कुछ देर प्रतीक्षा के बाद मुझे फर्रुखाबाद के लिये बस मिल गयी। मैं बस में बैठा और मेरे साथ अन्य सह यात्री भी सवार हुये। जिस सीट पर मैं बैठा था उसी सीट पर मेरे साथ अगल बगल दो लोग और भी बैठ गये। जब बस शिकोहाबाद पहुँची और बस स्टेंड पर रुकी तो मेरी इच्छा हुयी कि बस से उतर कर स्टेशन पर चाय पी लूँ। मैंने अपना ब्रीफकेस बस में ही छोड़ दिया और मैं उससे उतर कर चाय के स्टाल की तरफ बढ़ा तो पाया चाय स्टाल बन्द है। मैं तुरन्त बस पर चढ़ा तो देखा मेरा ब्रीफ केस गायब है और मेरे अगल बगल बैठे हुये वे दोनों लोग भी वहाँ से गायब हैं। शायद जैसे ही मेरा बस से उतरना हुआ वैसे ही वे दोनों लोग मेरा ब्रीफकेस ले कर चम्पत हो गये। उस ब्रीसकेस में एक जोड़ी कपड़े, एक डायरी तथा करीब पाँच हजार रुपये थे। वह सब कुछ चला गया और मैं घर पर आया तो खाली हाथ था। दीपावली का त्योहार था और घर पर भी पैसे का अभाव था। अब ऐसे में करें भी तो क्या करें कुछ सूझ नहीं रहा था। हम लोगों का पूरा त्योहार ही फीका रहा और सारी छुट्टियाँ भी अभाव में बीतीं। मुझे वापस सारनी जाने के लिये श्रीमती जी ने अपने पास से किराया दिया तब कहीं मैं सारनी वापस जा पाया।

मुझे अक्सर सारनी से अपने घर महीने या दो महीने में एक बार आना ही पड़ता था। परिस्थितियाँ ही कुछ ऐसी थीं। मेरे सभी बच्चे पढ़ रहे थे। बेटी डी.बी.एस. कालेज कानपुर से एम.एस.सी. (बॉटनी से) कर रही थी। मैंने उसका एडमीशन सारनी जाने पूर्व ही करवा दिया था। मेरे जाने के बाद बेटी को पढ़ने के लिये कानपुर ले जाने व ले आने का सम्पूर्ण दायित्व उनकी माताजी ने सँभाल लिया। उस समय मेरे एक बेटे का इलाज लखनऊ से चल रहा था। उसका भी दायित्व व देखभाल उनकी माताजी के ही जिम्मे में था। बाकी बेटों में अनुरोध कुमार गंजडुँडवारा डिग्री कालेज से बी.एस. सी. कर रहे थे। नीलेन्द्र कुमार व शैलेन्द्र कुमार केन्द्रीय विद्यालय फतेहगढ़ में पढ़ रहे थे। सभी बच्चों की देखभाल और खाने पीने का सारा इन्तजाम, पढ़ाई लिखाई, चिकित्सा व्यवस्था देखना यह सब कुछ मेरी पत्नी ने ही सँभाला था। ऐसे में जब पैसे का टोटा (कमी) हो तो वे दिन कितने भयावह हो जाते हैं जिसका अनुमान लगाना ज्यादा मुश्किल नहीं है। इन सारी परिस्थितियों को देखते हुये मेरी चिन्ता अपने आप बढ़ जाती थी। इसीलिये मुझे द्वितीय शनिवार व रविवार के साथ एक दो दिन की छुट्टी मिला कर वहाँ से फतेहगढ़ आना ही पड़ता था।

अब मैंने आने जाने के लिये आगरा वाला रूट छोड़ दिया था तथा वाया कानपुर आना जाना शुरू कर दिया था। एक बार मुझे फतेहगढ़ से सारनी वापस जाना था। चेन्नई एक्स्प्रेस में रिजर्वेशन करवा लिया था। रेलवे की सेकेंड क्लास बर्थ कानपुर से घोड़ाडोंगरी (सारनी के लिये अन्तिम रेलवे स्टेशन) तक की थी। मैं ट्रेन पर सवार हो कर कानपुर से शाम लगभग चार बजे रवाना हुआ और अपने जूते उतार कर अपनी ऊपरी बर्थ पर रख कर आराम से लेट गया। मैंने हिफाजत की वजह से अपने जूते अपने सिरहाने बैग के नीचे रख लिये थे। लगभग ग्यारह बजे होंगे हमारी ट्रेन झाँसी के निकट स्टेशन से पहले ट्रेक पर पहुँच ही थी और जैसे ही ड्राइवर ने ट्रेन को प्लेटफार्म पर लेने के लिये डाइवर्ट किया कि अनायास एक दम ट्रेन के हिचकोले लेने से जो जहाँ लेटा बैठा था वह एक झटके के साथ खड़बड़ा गया। परिणाम यह हुआ कि बैठे हुये लोग आपस में टकरा गये और जो लेटे हुये थे वे गिरते गिरते बचे। उस झटके में मैं तो नहीं गिरा पर मेरे जूते जो मेरे सिरहाने रखे थे वे नीचे गिर गये। जब मैंने बर्थ से नीचे उतर कर देखा तो वहाँ सिर्फ एक जूता रह गया था। एक जूता बर्थ से गिरते समय खिड़की से निकल कर बाहर जा गिरा। कुछ ही पल में गाड़ी रेलवे स्टेशन झाँसी के प्लेटफार्म एक पर जा कर रुकी। मैंने स्टेशन पर उतर कर पीछे लौट कर अपना वह गिरा हुआ जूता खोजने का असफल प्रयास भी किया। मुझे इस बात की भी चिन्ता थी कि कहीं ट्रेन ही न छूट जाये और मैं जूता ही खोजता रह जाऊँ। खैर मैं अपने मन में खीझ लिये वापस अपनी बर्थ पर आ गया और जो एक जूता बचा था वह भी मैंने वहीं प्लेटफार्म पर फेंक दिया। इस तरह मैं अगले दिन सुबह नंगे पाँव रेलवे स्टेशन घोड़ाडोंगरी पहुँच कर उतर गया।

मैं वहीं स्टेशन पर बैठ कर नौ बजने का इन्तजार करने लगा क्योंकि उससे पहले तो बाजार में जूते चप्पल की कोई दूकान खुलनी नहीं थी। कुछ देर बाद मैं वहाँ से घोड़ाडोंगरी कस्बा में नंगे पाँव ही दूकान खोजने के लिये निकला। पूछते पूछते एक दूकान पर पहुँच गया। उस दूकान से मैंने एक जोड़ी हवाई चप्पल खरीदी क्योंकि जूते पहनने भर के लिये रुपये नहीं थे। वहाँ से चप्पल पहन कर पुनः रेलवे स्टेशन के पास प्राइवेट बस स्टेंड पर आया फिर वहाँ से अपने विद्यालय सारनी पहुँचा। मैंने इस सबका जिक्र इसलिए किया जिससे मैं बता सकूँ कि किस तरह से कंगाली में आटा गीला होता है अर्थात अभाव ग्रस्तता में कभी कभी किस तरह के धक्के लगते हैं।

मैं फतेहगढ़ आया हुआ था। एक दिन मेरा केन्द्रीय विद्यालय आर.आर.सी. फतेहगढ़ जाना हुआ। उस समय मेरे दो बेटे नीलेन्द्र कुमार व शैलेन्द्र कुमार केन्द्रीय विद्यालय में ही पढ़ रहे थे। अन्य बच्चों की अपेक्षा मेरे एक बेटे नीलेन्द्र कुमार का रुझान व

झुकाव पढ़ने लिखने के साथ साथ खेल कूद और एन.सी.सी. की तरफ ज्यादा था। नीलेन्द्र कुमार ने दसवाँ पास करने के बाद इण्टरमीडिएट आर्ट में एडमीशन लिया था। उस समय केन्द्रीय विद्यालय फतेहगढ़ में पी.जी.टी. अर्थशास्त्र सुश्री चित्रा राजे महलवाल थीं। उन्होंने मुझसे कहा, क्या नीलेन्द्र आपका बेटा है? मैंने कहा हाँ कहिये क्या बात है? वे बोलीं वह खेल कूद के आगे पढ़ाई में ध्यान कम लगाता है। मैंने उनसे कहा मैडम मैं तो बाहर रहता हूँ इसलिये वर्तमान में टीचर और गार्जियन दोनों की भूमिका में आप ही हैं। उन्होंने मेरे इस कथन का मौन सहमति के साथ स्वागत किया फिर भी मैंने घर आ कर अपने बेटे से वह बात बतायी। मुझे प्रसन्नता है कि फिर मुझे दुबारा कभी नहीं कहना पड़ा। उसका इण्टर का परीक्षा परिणाम अपेक्षा से कहीं ज्यादा अच्छा आया अर्थात दसवीं में 57% तो बारहवीं में 75% की तर्ज पर परिणाम आया। परिणाम देख कर मैडम महलवाल ने भी प्रसन्नता व्यक्त की। मेरा कहने का आशय यही है कि मेरे सभी बच्चे बहुत ही शालीन, विनम्र, संवेदनशील और कर्मठ रहे। मुझे उनके कार्य व्यवहार एवं उनकी शैक्षणिक उपलब्धियों से कभी निराशा नहीं हुयी।

ऐसी विषम परिस्थितियों में मेरे सभी बच्चों ने अपनी माताजी के साथ रह कर तमाम मुश्किलों का सामना किया यहाँ तक कि भूखे रह कर भी सब कुछ सँभाल लिया। उन्होंने अपने अपने दायित्व का निर्वाह पूरी मेहनत, तत्परता, लगन और जिम्मेदारी से किया। उन्होंने अपनी क्षमताओं का शत प्रतिशत परिणाम दिया। पूरे परिवार को सहेजना व सही दिशा देने का दायित्व श्रीमती जी ने पूरी सफलता के साथ निभाया। जहाँ तक मैं समझ पाया हूँ कि बच्चों की परवरिश और उनके भविष्य के निर्माण में 95% योगदान उनकी माँ का होता है और शेष पिता का होता है। किसी और की तो मैं नहीं जानता हूँ पर अपने बारे में मेरी यही अवधारणा है। मेरे अपने बच्चों के निर्माण में उनकी माताजी के सापेक्ष मेरा अत्यल्प योगदान रहा है।

यद्यपि मैंने विभागीय क्वार्टर सी-43 एम.पी.ई.बी. कालोनी में 1995 में ही आबंटित करवा लिया था परन्तु उस क्वार्टर में हम स्थायी तौर पर नहीं रह रहे थे। तब भी काफी समय तक हम अपने विद्यालय के गेस्ट रूम में ही रहते रहे। वहीं पर बाजार के ढाबे से खाना मँगवा कर खाते रहे। बीच बीच में परिवार के सभी सदस्य गर्मी की छुट्टियों में जब सारनी पहुँचते थे तब हम अपने क्वार्टर में पहुँच जाते थे। मेरी बेटी ने 1993 में बी.एस.सी. कर लिया था। बी.एस.सी. में उसका परसेंटेज बहुत अच्छा था। अतः मैंने उसका टी.जी.टी. विज्ञान पद के लिये केन्द्रीय विद्यालय संगठन में फार्म भरवा दिया था। इंटरव्यू के लिये के.वि.सं. चंडीगढ़ संभाग से काल लेटर भी आ गया था।

परन्तु मैंने ही उसको इंटरव्यू में जाने से मना कर दिया था क्योंकि सर्विस में आने के बाद आगे की पढ़ाई बाधित हो जायेगी। इसीलिये मैंने अपनी बेटी का एडमिशन 1993-94 में एम.एस.सी. बॉटनी से करने के लिये डी.बी.एस. कालेज कानपुर में करा दिया था क्योंकि मैं उस समय फतेहगढ़ में ही था। तत्पश्चात बेटी ने एम.एस.सी. प्रीवियस करने के बाद ही आगरा विश्वविद्यालय से बी.एड. का फार्म भी भर दिया था। गंजडुंडवारा डिग्री कालेज में एडमिशन ले कर 1996 में जुलाई तक उसने बी.एड. की डिग्री पूरी कर ली थी। तत्पश्चात जुलाई 1996 से जुलाई 1997 तक के बीच एम.एस.सी. फाइनल की पढ़ाई पूरी कर ली और परीक्षाएँ भी दे दीं थी जिसका परीक्षा परिणाम बाद में आया था।

समय तेजी से कदम बढ़ा रहा था। मैं अब तक सारनी में अकेला ही रह रहा था। खान पान और रहन सहन की अव्यवस्था के कारण मैं वहाँ बीमार पड़ गया। वहाँ मुझे अस्पताल में भर्ती होना पड़ा। कई दिन के इलाज के बाद मैं ठीक हो सका। बीमारी के कारण मैं काफी कमजोर हो चुका था। उस अवस्था में मुझे छुट्टी ले कर घर आना पड़ा। उसके बाद जब सारनी के लिये हमारी वापसी हुयी तो हमारे साथ बेटी व उनकी माताजी भी साथ में गयीं। अब हम तीनों लोग सारनी आ कर अपने क्वार्टर में रहने लगे थे। जब छुट्टियाँ होती थीं तब सभी बच्चे भी वहीं पहुँच जाते थे।

बेटी का बी.एस.सी. बी.एड. पहले ही हो चुका था। अभी एम.एस.सी. का परीक्षा परिणाम आना शेष था। इस बीच मैंने बेटी को लगवाने के लिये गायत्री विद्यापीठ सारनी में संभावनायें तलाशीं जो कि हमारे केन्द्रीय विद्यालय के ही निकट संचालित था। मैंने सोचा कि यदि वहाँ कोई रिक्ति हो तो उसमें कुछ समय के लिये पढ़ाने हेतु रख दिया जाये। उस विद्यालय में एक बोबड़े साहब अध्यापक थे उन्होंने मेरे इस काम में सहायता की। उनके माध्यम से मेरी बेटी को वहाँ पढ़ाने का अवसर मिल गया। स्कूल कालेज में पढ़ते पढ़ते जब एकाएक पढ़ाना पड़ जाये तो कुछ कठिनाई तो होती ही है। ऐसी स्थिति में बेटी को गाइड करने के लिये मुझे समय निकालना पड़ता था। अगले दिन जो पढ़ाना होता था उसका प्लान तैयार करवाना पड़ता था। बेटी की लिखावट अच्छी होने के बावजूद ओवर राइटिंग और कटिंग बहुत होती थी। मैंने कई बार कहा कि ओवर राइटिंग व कटिंग से देखने व पढ़ने वाले के मस्तिष्क में गलत संदेश जाता है। उसके मन में यही धारणा बनती है कि लिखने वाले में आत्मविश्वास की कमी है। इस कमी को दूर करने के लिये मैंने उसको एक मंत्र बताया कि जब लिखो तो एक बात का ध्यान रहे 'नो कटिंग नो ओवर राइटिंग'। परन्तु कई बार

समझाने के बाद भी उसके लेखन में कहीं न कहीं कटिंग और ओवर राइटिंग हो ही जाती थी।

मैं एक दिन उसकी कापी चेक कर रहा था तो कई जगह पर कटिंग ओवर राइटिंग दिखायी दी। मुझे गुस्सा आ गया और मैंने बड़बड़ाते हुये कापी कमरे से बाहर फेंक दी। मेरा यह कृत्य बेटी को अच्छा नहीं लगा होगा। वह कापी तो बाहर से उठा लायी लेकिन बहुत देर तक रोती रही। मुझे भी अपने उस कृत्य पर ग्लानि हुई। मुझे कई दिनों तक असहज महसूस होता रहा। यद्यपि मेरी बेटी ने अथक प्रयास व अभ्यास किया और कुछ ही दिनों में उसकी ओवर राइटिंग और कटिंग की कमी में सुधार हो गया। राइटिंग भी अनवरत अभ्यास के कारण सुधर गया। अब तो उसका हिन्दी व अंग्रेजी का राइटिंग देख कर बहुत अच्छा लगता है और गर्व भी महसूस होता है। आज हम यह कह सकते हैं कि हजारों क्या लाखों में हमारी बेटी का राइटंग बेहतर है। वैसे राइटिंग तो मेरे सभी बच्चों का बहुत सुन्दर है फिर चाहे हिन्दी का हो अथवा अंग्रेजी का हो।

अब केन्द्रीय विद्यालय में पढ़ने के लिये वर्ष 1997 तक केवल मेरा छोटा बेटा ही रह गया था। कक्षा नवीं पास करने के बाद सन 1997 अगस्त में मैं अपने बेटे शैलेन्द्र कुमार को अपने साथ सारनी ले गया। वहाँ पर केन्द्रीय विद्यालय आर.आर.सी. फतेहगढ़ से कक्षा दस अध्ययनरत की टी.सी. से कक्षा दस में उसका एडमिशन कर लिया। अब हम लोग अपने क्वार्टर में ही रहने लगे थे। बाकी बच्चों में विनय कुमार भी अब स्वस्थ हो चुके थे। हाईस्कूल पास करने के बाद उन्होंने एम.आई.सी. फतेहगढ़ से 1998 में इण्टर कर लिया था तत्पश्चात डी.एन. डिग्री कालेज फतेहगढ़ में बी.ए. में दाखिला ले लिया था। वर्ष 1998 में अनुरोध कुमार ने गंजडुंडवारा डिग्री कालेज से बी.एस.सी. कर लिया था। तत्पश्चात उसी वर्ष जुलाई में आगरा कालेज आगरा में एम.एस.सी. (फिजिक्स) में दाखिला ले लिया था। नीलेन्द्र कुमार ने डी.एन. डिग्री कालेज फतेहगढ़ में 1997 में ही बी.ए. में दाखिला ले लिया था। सभी लोग अपनी अपनी पढ़ाई लिखाई में व्यवस्थित ढंग से लगे हुये थे।

मेरा ज्यादा समय विद्यालय में ही बीत जाता था। तब तक मेरा छोटा बेटा वहीं गेस्ट रूम में बैठा रहता था। मुझे स्कूल से जब फुर्सत मिलती थी तब कहीं हम दोनों लोग क्वार्टर पर जाते थे। शैलेन्द्र कुमार पढ़ाई में काफी तेज रहा है। मसलन दसवीं के गणित में ही मेरे ज्यादा कहने पर मुझसे कभी कभी कुछ पूछ लेता था। यद्यपि पूछने के लिये वह पूछ तो लेता था परन्तु सही समाधान देने पर भी कोई खुशी जाहिर नहीं

करता था। मैंने पूछा कि क्या समझ में नहीं आता है या कुछ गलत मालूम पड़ता है। तब वह कहता था कि सवाल तो सही हल किया है लेकिन यह बताओ कि ये सब कब पढ़ा था और किस किताब से पढ़ा था? तब बताना पड़ा था कि यह सब 1968-69 में यूपी बोर्ड की कक्षा ग्यारहवीं और बारहवीं की गणित की किताबों से पढ़ा था। तब कहीं वह सिर हिला कर हल्की मुस्कान के साथ स्वीकारोक्ति में हामी भरता था। उसका मानना था कि यदि पढ़ा हुआ है तब तो ठीक है अन्यथा अटकल लगाना या टप्पेबाजी को विश्वसनीय नहीं माना जा सकता है।

केन्द्रीय विद्यालय संगठन से टी.जी.टी. साइंस की जगहें निकलीं थी। मैंने बेटी को एम.एस.सी. फाइनल की पढ़ाई करते समय ही आवेदन फार्म भरवा दिया था। तब तक एम.एस.सी. का रिजल्ट नहीं निकल पाया था। टी.जी.टी. साइंस का इंटरव्यू माह अगस्त 1997 में केन्द्रीय विद्यालय संगठन पटना संभाग की ओर से आयोजित हुआ था। इंटरव्यू केन्द्रीय विद्यालय कंकड़बाग पटना बिहार में हुआ था। वहाँ का भी एक रोचक किस्सा है। जब बेटी के कागजात चेक हो रहे थे तो बाबू परसेंटेंज को उलटा पढ़ रहा था। वह 75% को 57% की तर्ज पर पढ़ रहा था। मैं वहीं निकट में खड़ा हुआ था। मैंने उनको कहा कि ठीक से देख कर पढ़ो तो इतने पर भी वह यही बोला कि ठीक तो पढ़ रहा हूँ आखिरकार उसको टोकना ही पड़ा। मैंने कहा 75% को 57% क्यों पढ़ रहे हो? तब कहीं उसकी समझ में आया और उसने सॉरी कह कर अपनी गलती सुधारी। जानबूझ कर या अनजाने में लोग कितना बड़ा नुकसान कर सकते हैं इसका अनुमान इसी घटना से लगाया जा सकता है। अन्तोगत्वा वहाँ इंटरव्यू पूरा हुआ और हम लोग वापस अपने घर सारनी आ गये थे।

केन्द्रीय विद्यालय संगठन की ओर से चयन का परिणाम भी तीस दिन के अन्दर ही आ गया था। बेटी का नियुक्ति पत्र मेरे घर पर फतेहगढ़ आया था। सम्पूर्ण केन्द्रीय विद्यालय संगठन की चयन सूची में मेरी बेटी का नाम दूसरे स्थान पर था। वास्तव में वह प्रसन्नता का मौका था। पत्नी, बच्चे सभी लोग मेरे पास सारनी पहुँच गये थे। उस समय मेरी माताजी व मेरे पिताजी भी बच्चों के साथ सारनी गये हुये थे। काफी लम्बे अरसे के बाद हम सभी लोग वहाँ पर इकट्ठे हुए थे। संगठन की ओर से बेटी को नियुक्ति पत्र में केन्द्रीय विद्यालय एन.टी.पी.सी. रिहन्द नगर (बीरपुर), जिला सोनभद्र मिला था। वह स्थान उत्तर प्रदेश में होते हुये भी मध्य प्रदेश और बिहार की सीमाओं पर स्थित है। मैं सारनी से अपनी पत्नी के साथ बेटी को ले कर सोनभद्र पहुँच गया। वहाँ पहुँच कर हम लोग सीधे केन्द्रीय विद्यालय में ही पहुँचे।

उस समय उस केन्द्रीय विद्यालय में प्राचार्य श्री सी.एल. बौद्ध साहब थे। उनका नाम हम फतेहगढ़ में अपने साथी श्री आर.बी.एल. सन्त से सुन चुके थे। मैंने उनसे मिल कर अपना परिचय दिया और वहाँ पहुँचने का कारण बताया। वे बहुत प्रसन्नता के साथ मिले और वहाँ के अन्य स्टाफ मेम्बर्स से भी मिलवाया। उनको भी मालूम हुआ कि बेटी को टी.जी.टी. साइंस पद पर ज्वाइन कराने आयें हैं। जिन लोगों को केवल इतना मालूम हुआ कि किसी को ज्वाइन कराने आये हैं तो उनमें से किसी किसी ने यह भी कहा कि मैडम इससे पहले किस केन्द्रीय विद्यालय में थीं और ये आपकी बेटी किस कक्षा में पढ़ती हैं। तब उनको भी स्पष्ट करना पड़ा कि मेरी बेटी ही टी.जी. टी. साइंस पद पर ज्वाइन करेंगी। इस तरह बेटी को वहाँ 15 अक्टूबर 1997 को ज्वाइन कराया। उस दिन दोपहर के भोजन की व्यवस्था भी बौद्ध साहब ने ही अपने यहाँ की थी। प्राचार्य महोदय श्री बौद्ध साहब ने उसी दिन एन.टी.पी.सी. के अरावली हॉस्टल में एक कमरा एलॉट करवा दिया था। अब हम तीनों लोग उस हॉस्टल के कमरे में पहुँच गये। मैंने वहाँ दो दिन रुक कर खाने पीने के लिये राशन आदि की व्यवस्था की। उसके बाद बेटी और उनकी माताजी को वहीं छोड़ कर मैं सारनी लौट आया।

मैं अपने बच्चों व माताजी पिताजी को सारनी में ही छोड़कर रिहन्द नगर गया था। वहाँ से वापस आने के बाद हम सभी लोग कुछ दिनों तक साथ साथ रहे। उसके बाद संभवतः अक्टूबर 1997 में दीपावली की छुट्टी हुयी और बेटी व उनकी माताजी भी रिहन्द नगर से सारनी पहुँच गये। इस प्रकार हम सभी लोगों ने एक साथ दीपावली वहीं मनायी। उसके बाद तीनों बेटे वहाँ से अपने अपने गन्तव्य को लौट गये अर्थात अनुरोध कुमार आगरा चले गये और विनय कुमार व नीलेन्द्र कुमार फतेहगढ़ चले गये। मीनेश कुमारी और उनकी माताजी पुनः रिहन्द नगर चली गयीं। बाकी हम चार लोग सारनी में रह गये। गर्मी की छुट्टियाँ हुईं और हम सभी लोग जहाँ तहाँ से फतेहगढ़ पहुँचे गये और वहाँ पर कुछ दिन साथ साथ रहे।

सन 1998 जुलाई से ही बिखराव का दौर शुरू हुआ। बेटी और उनकी माताजी स्थायी रूप से रिहन्द नगर के वासी हो गये। अनुरोध कुमार आगरा से एम.एस.सी. कर रहे थे सो वे आगरा चले गये। विनय कुमार व नीलेन्द्र कुमार डी.एन. डिग्री कालेज फतेहगढ़ से बी.ए. कर रहे थे सो वे फतेहगढ़ में ही रह गये। मैं और शैलेन्द्र कुमार दोनों लोग सारनी आ गये। सभी को अपना और अपने खान पान व रहन सहन का ख्याल खुद ही रखना पड़ता था। अब सारनी में हम दो लोग (मैं और शैलेन्द्र कुमार), रिहन्द में दो लोग (बेटी मीनेश और उनकी माताजी), आगरा में अकेले अनुरोध कुमार और घर पर फतेहगढ़ में दो लोग (विनय कुमार और नीलेन्द्र कुमार) रह रहे थे। इसके

अलावा माताजी व पिताजी दोनों लोग भाई के पास चन्दरपुर चले गये। इस प्रकार सभी लोग अलग अलग जगहों पर बहुत ही मितव्ययिता (किफायत) से रह कर काम चला रहे थे। सभी बच्चे अपनी अपनी पढ़ाई लिखाई कर रहे थे। मेरे बच्चों ने मुझे कभी भी यह आभास नहीं होने दिया कि वे आभावग्रस्त हैं। सभी लोग अपना अपना काम सँभाले हुये थे। परन्तु जैसा मुझे बाद में पता चला कि फतेहगढ़ में तमाम घर परिवार के लोगों और रिश्तेदारों का जमावड़ा लगा रहता था। कभी कभी भीड़ होने के कारण पैसे से हाथ खाली हो जाता था। उस दशा में नीलेन्द्र कुमार और विनय कुमार को कई कई दिनों तक सूखे ब्रेड और टोस्ट से ही निर्वाह करना पड़ा। इसी तरह आगरा में रह कर अनुरोध कुमार को भी काफी किफायत करनी पड़ी तथा कष्ट उठाने पड़े। धीरे धीरे वह दौर भी निकल गया। सन 2000 जुलाई तक अनुरोध कुमार ने आगरा से एम.एस.सी. (फिजिक्स) पूरा कर लिया। नीलेन्द्र कुमार ने डी.एन. डिग्री कालेज फतेहगढ़ से बी.ए. पूरा कर लिया। शैलेन्द्र कुमार ने केन्द्रीय विद्यालय सारनी मध्य प्रदेश से इंटरमीडिएट पूरा कर लिया। विनय कुमार का बी.ए. फाइनल होना शेष रह गया था।

इसी के साथ मुझे एक बड़ी उपलब्धि यह हुयी कि मेरा ट्रांसफर केन्द्रीय विद्यालय सारनी से कानपुर हो गया था। मैंने जुलाई 2000 में केन्द्रीय विद्यालय नं.2 अर्मापुर कानपुर में कार्यभार ग्रहण कर लिया था। मेरे इस ट्रांसफर से भी जुड़ा हुआ एक रोचक किस्सा है। वर्ष 1999 में ही मैंने केन्द्रीय विद्यालय फतेहगढ़ में ट्रांसफर के लिये फार्म भरा था। संगठन की मेहरबानी से मेरा ट्रांसफर केन्द्रीय विद्यालय आई.टी. बी.पी. ट्रेनिंग सेंटर करेरा मध्यप्रदेश कर दिया गया था जब कि मेरे ट्रांसफर हेतु दिये गये पाँच विकल्पों में से कोई भी विकल्प करेरा नहीं था। मैं केन्द्रीय विद्यालय संगठन दिल्ली अपने ट्रांसफर का स्थान करेरा से फतेहगढ़ या कानपुर बदलवाने के लिये गया था परन्तु ट्रांसफर का स्थान नहीं बदला गया बल्कि ट्रांसफर ही निरस्त कर दिया गया। सन 2000 के आरम्भ में मैंने पुनः ट्रांसफर फार्म भरा। उसमें मैंने पुनः पाँच स्थान विकल्प के रूप में भरे। पिछली साल पाँच विकल्पों में से पहला विकल्प फ़तेहगढ़ के लिये भरा था। उसके बाद कानपुर, इलाहाबाद, आगरा आदि भरे थे। उन पाँचों विकल्पों को छोड़ कर करेरा दिया गया था। मैंने जब दुबारा फार्म भरा तो कानपुर, इलाहाबाद, आगरा, लखनऊ के बाद पाँचवां विकल्प केन्द्रीय विद्यालय फतेहगढ़ का दिया था। तब पहले चार विकल्प छोड़कर पाँचवें विकल्प पर फतेहगढ़ ट्रांसफर कर दिया गया तो मुझे अत्यन्त प्रसन्नता हुयी। सोचा देर से ही सही पर दुरुस्त आये। मैं केन्द्रीय विद्यालय सारनी से रिलीव हो कर फतेहगढ़ आ गया। रात भर

अपने घर पर फतेहगढ़ में रहा और अगले दिन कार्यभार ग्रहण करने के लिये केन्द्रीय विद्यालय आर.आर.सी. फतेहगढ़ गया।

वहाँ पहुँचने पर पता चला कि मेरे ट्रांसफर के प्रति दुबारा खेल हो गया। खेल यों हुआ कि एक जे.एस. राठौर केन्द्रीय विद्यालय आर.आर.सी. फतेहगढ़ में वाइस प्रिंसिपल थे। उनका सेवा काल मात्र छः माह शेष रह गया था। उन्होंने अपनी बात तत्कालीन सहायक आयुक्त केन्द्रीय विद्यालय संगठन लखनऊ संभाग डॉ. एम.एस. वर्मा साहब से रखी। डॉक्टर वर्मा और राठौर साहब किसी समय पी.जी.टी. के तौर पर कहीं एक साथ रह चुके थे अतः डॉक्टर वर्मा ने राठौर साहब का सपोर्ट कर दिया। उन्होंने केन्द्रीय विद्यालय फतेहगढ़ में मेरे पहुँचने से पहले ही स्टेशन कमाण्डेंट फतेहगढ़ कैंट और वी.एम.सी. चेयरमैन के पास मुझको ज्वाइन न कराने के बारे में फैक्स कर दिया। जब मैं वहाँ ज्वाइनिंग लेटर लेकर गया तो उन्होंने सहायक आयुक्त लखनऊ संभाग का फैक्स दिखाते हुये कहा कि ये आपके साहब का हुकुमनामा आया है। अब आप इनसे बड़े साहब का आदेश ले आइये तो मैं आपको ज्वाइन करा लूँगा मुझे कोई आपत्ति नहीं है। केन्द्रीय विद्यालय आर.आर.सी. फतेहगढ़ वी.एम.सी. चेयरमैन के यहाँ से लौट कर मैं सीधे एस.टी.डी. बूथ पर गया। वहाँ से डॉक्टर एम.एस. वर्मा से बात की और उनसे अपनी ज्वाइन कराने की बात कही। इतने पर वे चुहल करते हुये बोले महराज आपका घर है फतेहगढ़ में। कुछ दिन रुकिये, रहिये, खाइये, पीजिये उसके बाद देखा जायेगा। मुझे उनका यह कथन अच्छा नहीं लगा। मैंने उनको बोला कि मैं यहाँ ज्वाइन करने आया हूँ न कि मौज करने। इतने पर उन्होंने फोन काट दिया फिर मैं खिन्न मन वहाँ से अपने घर आ गया।

उसी दिन शाम को मैं दिल्ली रवाना हो गया। अगले दिन प्रातः मैं केन्द्रीय विद्यालय संगठन मुख्यालय पहुँच गया। वहाँ पहुँच कर मैं ज्वाइंट कमिश्नर एडमिन श्री एम.के. श्रीवास्तव से मिला। उन्होंने बिना कोई ध्यान दिये बाहर बैठ कर इंतजार करने के लिये बोल दिया। मैं बाहर आ गया और बाहर पड़ी हुयी बेंच पर बैठ गया। मैं बेंच पर बैठा ही था कि उनका चपरासी मेरे पीछे ही चला आया और वह बोला आपको साहब ने बुलाया है। मैं वापस उनके चेम्बर में गया। जैसे ही मैं अन्दर पहुँचा वैसे ही उन्होंने मुझसे बैठने को कहा। मैं सामने की कुर्सी पर बैठ गया। जैसे ही मैं अपनी बात रखने को हुआ वैसे ही वे कहने लगे कि मुझे आपकी समस्या पता है क्योंकि लखनऊ संभाग के सह आयुक्त का मेरे पास फैक्स आया था और अभी अभी फोन भी आया था। इस प्रकार ज्वाइंट कमिश्नर एडमिन ने मुझे ब्योरेवार सब कुछ बताया। इसी के

साथ उन्होंने मुझसे अपनी ओर से कहा कि मुझे आपके बारे में केन्द्रीय विद्यालय सारनी की भी रिपोर्ट मिल चुकी है। वहाँ पर उस विद्यालय का आपने कायाकल्प कर दिया है। अब हम चाहेंगे कि आप केन्द्रीय विद्यालय नं.2 अर्मापुर में जाकर ज्वाइन करें क्योंकि हमारा वह विद्यालय वर्षों से उपेक्षित पड़ा हुआ है। इसके अलावा उस विद्यालय की नयी बिल्डिंग बनी है सो वहाँ की सारी व्यवस्था सँभालनी है और उसका रखरखाव भी देखना है। कुल मिलाकर कहा जा सकता है कि विद्यालय परिसर ही जंगल के रूप में दिखायी दे रहा है। इसके साथ ही वे बोले यह सब कुछ मुझे सहायक आयुक्त डॉक्टर एम.एस. वर्मा ने ही बताया है।

मैं समझता हूँ कि उस विद्यालय को आपकी जरूरत है जिससे उस विद्यालय को भी केन्द्रीय विद्यालय संगठन के स्तर पर लाया जा सके। यह सब कुछ सहेजने और उस विद्यालय को ऊँचाइयों पर ले जाने की आप में ही क्षमता है। उनके इस कथन पर मैं उनसे बस इतना ही बोल सका कि सर मेरी इच्छा तो केन्द्रीय विद्यालय फतेहगढ़ में काम करने की थी लेकिन जब आप ऐसा सोच रहे हैं तो मैं आपके आदेश का पालन करूँगा। उन्होंने उसी वक्त मेरा नया ट्रांसफर आर्डर तैयार करवाया और तुरन्त मेरा ट्रांसफर आर्डर, वी.एम.सी. चेयरमैन की कापी तथा विद्यालय की कापी मुझे सौंप दी। वे बोले आप जाओ और उस विद्यालय में कार्यभार ग्रहण करो। मैं अपने अमेंडेड ट्रांसफर आर्डर की तीनों प्रतियाँ ले कर वहाँ से अपने घर फतेहगढ़ आ गया।

अगले दिन मैं अपने ट्रांसफर आर्डर के साथ केन्द्रीय विद्यालय नं.2 अर्मापुर पहुँचा। जैसे ही मैं मेंन गेट के अन्दर ग्राउंड में पहुँचा वैसे ही मेरी पहली मुलाकात जिन महाशय से हुयी वे थे वहाँ के हेड क्लर्क श्री जे.पी. शुक्ला। जिन्होंने मुझे देखा और एक पाँव की एड़ी पर वजन देकर एक फिरकी (चक्कर) ली और स्टाइल में ही मुझसे प्रश्न किया कहिये किससे मिलना है? मैंने शालीनता के साथ कहा मुझे विद्यालय के प्राचार्य महोदय से मिलना है। वह बोले क्या आपका कोई काम है? मैंने कहा जी हाँ मैं इस विद्यालय का नया प्राचार्य हूँ और मैं ज्वाइन करने आया हूँ। अब शुक्लाजी का हावभाव, पोस्चर, भाषा व संवाद का स्टाइल पल भर में सब कुछ बदल गया। वह बोले योर ऑनर मुझे फोन कर दिया होता तो मैं आपको स्टेशन से रिसीव कर के ले आता। मैंने उनको कहा कि इतना समय नहीं था कि मैं आप लोगों को फोन करता। मैं तो अभी अपने घर फतेहगढ़ से आ रहा हूँ। वैसे भी मैं अपने आपको रिसीव करवाने या खैर मकदम करवाने वाले लोगों में से नहीं हूँ। खैर, शुक्ला जी मुझे सम्मान के साथ प्राचार्य कक्ष में ले गये। पल भर में मेरे पहुँचने की सूचना पूरे विद्यालय में पहुँच गयी।

उस समय विद्यालय में इंचार्ज प्राचार्य के रूप में श्री के.पी. सिंह थे जो वहाँ पी.जी.टी. गणित थे। वे मुझसे अत्यन्त आत्मीयता से मिले।

मेरे पहुँचने की खबर केन्द्रीय विद्यालय नं.1 अर्मापुर भी पहुँची। वहाँ के तत्कालीन प्राचार्य श्री एस.बी. लाल भी मुझसे मिलने आये। औपचारिक बातचीत के बाद ज्वाइनिंग रिपोर्ट देने के लिये वी.एम.सी. चेयरमैन के पास जाना था। वहाँ मेरे साथ जाने के लिये श्री एस.बी. लाल तैयार हो गये। हम दोनों लोग विद्यालय चेयरमैन के पास पहुँचे और मैंने उनको अपनी ज्वाइनिंग रपोर्ट दे दी। उसी के साथ ट्रांसफर आर्डर की चेयरमैन वाली प्रति भी सौंप दी। इस प्रकार मैंने केन्द्रीय विद्यालय नं.2 अर्मापुर में 08 जुलाई सन् 2000 को प्रातः प्राचार्य पद का कार्यभार ग्रहण कर लिया।

कानपुर ट्रांसफर आने तथा विद्यालय ज्वाइन करने के बाद मैंने श्री के.पी. सिंह से विद्यालय का विधिवत चार्ज लिया। उसके बाद कुछ ही महीने बीते होंगे कि उनका दूसरी जगह के लिये ट्रांसफर आ गया। उस समय मेरे रहने का कोई ठिकाना नहीं था इसलिये मैं कुछ दिनों तक अपने बेटों के पास गीतानगर कमरे पर बना रहा। अनुरोध कुमार सन् 2000 में आगरा से एम.एस.सी. करने के बाद कानपुर गीतानगर में किराये पर कमरा ले कर रहने लगे थे। वहीं पर अपनी प्रतियोगी परीक्षाओं की तैयारी करने लगे। केन्द्रीय विद्यालय सारनी से बारहवीं बोर्ड की परीक्षा के बाद सन 2000 में ही मेरा छोटा बेटा शैलेन्द्र कुमार भी गीतानगर कानपुर में अपने भाई के साथ रहने लगा। वह कानपुर काकादेव में बी.टेक. की कोचिंग करने लगा था। ये दोनों लोग मेरे कानपुर ट्रांसफर पहुँचने से पहले ही वहाँ पर रहने लगे थे।

मैंने कानपुर के केन्द्रीय विद्यालय नं.2 अरमापुर के माहौल के बारे में काफी कुछ सुन रखा था। उस पूरे क्षेत्र में कई ऐसे गेंग काम कर रहे थे जो अर्मापुर के दोनों केन्द्रीय विद्यालयों में पैसा दे कर एडमिशन करवाते थे। इसके अलावा विद्यालय के अन्दर भी कुछ लोग थे जो ऐसे गेंग या रैकेट में शामिल हो कर उस काम में संलग्न थे। विद्यालय में शैक्षणिक वातावरण जैसी कोई बात नजर नहीं आती थी। स्टाफ के लोग भी मनमानी करने के अभ्यस्त थे। विद्यालय समय में ही जिसका जब मन चाहा वो विद्यालय से बाहर चला जाता था। जिसका जब मन चाहा तब आने जाने के लिये स्वतंत्र था। कुल मिलाकर कहा जा सकता है कि लोगों ने विद्यालय को चरागाह बना रखा था।

मेरे ज्वाइन करने के दिन विद्यालय की छुट्टी हुयी और मैं गीता नगर कमरे पर जाने के लिये गेट से बाहर निकला ही था कि गेट के बाहर एक व्यक्ति मेरा इन्तजार कर रहा था। जैसे ही मैं बाहर पहुँचा कि उस व्यक्ति ने आकर मेरे पैर छुये और कहा सर मैं आपके लिये एक छोटी सी भेंट लाया हूँ। मैंने कहा कि क्या भेंट है और बिना किसी परिचय व जान पहचान के यह भेंट कैसी? वह बोला कि मेरे स्कूटर की डिग्गी में सत्तर हजार रुपये हैं जो मैं आपको भेंट करना चाहता हूँ। मैंने कहा कि इतनी बड़ी रकम एक अपरिचित को दूसरे अपरिचित के द्वारा दिये जाने का क्या औचित्य है? वह बोला मैं तो आप लोगों की ही सेवा करता रहता हूँ। मैंने कहा इस सेवा के बदले में कुछ पाने की भी इच्छा रखते होंगे। वह बोला हाँ सर मैं आपके केन्द्रीय विद्यालयों में एडमिशन करवाता हूँ। जिससे आप लोगों की भी सेवा करता रहता हूँ और मेरा भी भला होता रहता है। मेरे मुँह से निकल गया क्या तुम महेश हो क्योंकि मैंने किसी के मुँह से उसका नाम बहुत पहले ही सुन रखा था। उस व्यक्ति ने मेरे प्रश्न का उत्तर एक हल्की सी मुस्कान के साथ दिया। मैंने उससे बहुत ही शालीनता से कहा कि मेरा इस तरह के उपहार और सेवा लेने का कोई इरादा नहीं है। आप आज के बाद भविष्य में इस तरह की कोई कोशिश भी न करना। आप अपनी भेंट के साथ वापस जा सकते हैं। खैर वह वहाँ से चला गया और मैं अपने बच्चों के पास गीता नगर कमरे पर चला गया।

उस व्यक्ति ने किसी तरह मेरे रहने के ठिकाने का पता लगा लिया था। वह हमारा पीछा करते करते एक दिन हमारे उस निवास पर पहुँच गया जहाँ मैं रह रहा था। उसने बाहर से किसी के माध्यम से मेरे पास खबर भिजवायी। खबरची ने बताया कोई व्यक्ति आपसे मिलने के लिये बाहर इन्तजार कर रहा है। मैं दूसरी मंजिल पर बने कमरे से नीचे आया और उसे देखते ही मेरे मुँह से निकला तुम! यहाँ कैसे आना हुआ है? मेरा पता किसने बताया तब वह बोला बस सर मुझे पता लग गया। मैं आपसे पुनः निवेदन करने आया हूँ और मैं आपकी सेवा करता रहूँगा। मुझे यह सब सुन कर बहुत अटपटा लगा। मैंने कहा ये तो अति हो गयी तुमने मेरे घर तक धावा बोल दिया यह तो बहुत ही आपत्तिजनक है। अब आप यदि भविष्य में ऐसा करेंगे तो मुझे पुलिस में रिपोर्ट करनी पड़ेगी। खैर वह व्यक्ति वहाँ से चला गया पर उसके मन में अपनी विफलता के कारण कुण्ठा घर कर गयी थी। उसने आगे चल कर कई प्रकार की समस्याओं को जन्म दिया जिनका जिक्र मैं समय समय पर करता रहूँगा।

वास्तव में केन्द्रीय विद्यालय नं.2 अर्मापुर उस समय कई तरह की समस्याओं से ग्रसित था। विद्यालय का भवन भी नया बना था। ऐसा सुना जाता है कि उस भवन का टेक ओवर प्राचार्य स्तर पर नहीं हुअ था बल्कि संगठन के अधिकारियों के मध्य उच्च स्तर पर किया गया था। इसी वजह से विद्यालय परिसर तमाम कूड़ा कचड़ा और गन्दगी से पटा पड़ा था। भवन परिसर में बरसाती पानी का भी समुचित निकास नहीं था। पन्द्रह एकड़ के पूरे कैम्पस में प्ले ग्राउंड से लेकर स्टाफ क्वार्टर तक सर्वत्र जंगल ही जंगल खड़ा था। भवन निर्माण में निकलने वाला कचड़ा भी विद्यालय परिसर के अन्दर बाहर चहुँ ओर फैला हुआ था। विद्यालय के मुख्य द्वार के सम्मुख गेट तक पहुँचने के लिये लगभग आठ फुट चौड़ी रोड तो बनी हुयी थी परन्तु उस रोड को बनाने के लिये जो मिट्टी उपयोग में लायी गयी थी वह मिट्टी उसी के दोनों ओर से खोद कर डाल दी गयी थी। जिससे मेंन गेट के सामने रोड के दोनों ओर गहरे गहरे गड्ढे क्या नाले बने हुये थे।

विद्यालय मेन गेट पर ही ब्रिटिश पीरियड का ओ.एफ.सी. एरिया के लिये एक बड़ा सा बूचड़खाना (स्लाटरहाउस) बना हुआ था। सुना जाता है कि उस क्षेत्र में रहने वाले गोरे लोगों को मांस की आपूर्ति के लिये छोटे बड़े जानवर वहीं काटे जाते थे। वर्तमान में भी उस पूरे एस्टेट के लोग अपने बकरे आदि वहीं ला कर काटते थे। वे लोग उस काटे गये जानवर की छोटी बड़ी हड्डियाँ वहीं छोड़ कर चले जाते थे। जानवर काटने से उसका जो रक्त निकलता था वह भी नाली के रास्ते बहकर विद्यालय की बाउंड्रीवाल के पास आ जाता था। उस बूचड़खाना की वजह से विद्यालय मेंन गेट का दृश्य अत्यन्त वीभत्स बना रहता था।

विद्यालय में जिस स्थान पर प्रार्थना होती थी वहाँ स्टेज के सम्मुख ऊबड़ खाबड़ ग्राउंड था जिसमें बड़ी बड़ी घास खड़ी थी। प्रार्थना के समय बच्चों को कितना भी दूरी रख कर खड़े होने को कहा जाता था परन्तु झाड़ियों की वजह से वे बार-बार खिसक कर आगे साफ जगह में आ कर खड़े हो जाते थे। बिल्डिंग के साथ किनारे पर नाली भी नहीं थी जिसके द्वारा छत से उतरा हुआ बरसाती पानी बाहर जा सके। विद्यालय भवन नया होने के बावजूद भी देखने में पुराना लग रहा था।

ऐसा ही बुरा हाल वहाँ पर अनुशासन और पढ़ाई लिखाई का था। विद्यार्थी और शिक्षक अपनी मर्जी के मालिक थे। अतः जो जब चाहता विद्यालय में आता और जब चाहता बाहर चला जाता था। सब कुछ फ्री स्टाइल में चल रहा था। ऐसा भी देखने

में आया कि चाट व नमकीन बेंचने वाले तक इंटरवल के समय विद्यालय में आकर ही बेंचते थे। किसी भी तरह से विद्यालय जैसा वातावरण नहीं लग रहा था। प्राचार्य कक्ष में दरवाजे पर पर्दे के नाम पर सवा मीटर का एक पुराना कपड़ा टँगा था। स्टाफ रूम और प्राचार्य कक्ष आमने सामने थे। स्टाफ के लोग टॉयलेट के लिये प्राचार्य कक्ष के टॉयलेट में ही आते थे। वहाँ से हाथ धोकर निकलते वक्त दरवाजे पर टँगे हुये उस पर्दे में हाथ पोंछते थे। उसके बाद ही वे स्टाफ रूम में जा कर बैठते थे। प्राचार्य को बैठने के लिये एक लकड़ी की कुर्सी व मेज पड़ी हुयी थी। टूटा फूटा एक पुराना सोफा भी पड़ा हुआ था। किसी भी दशा में उसे प्राचार्य कक्ष नहीं कहा जा सकता था। कक्षाओं में अच्छा फर्नीचर नहीं था। विद्यालय खुलने के बाद से शायद कभी भी फर्नीचर की मरम्मत नहीं करवायी गयी थी। फर्नीचर की दशा देख कर यही लगता था कि कक्षाओं में पूरा कबाड़ भरा हुआ है।

विद्यालय की दशा देख कर यही लग रहा था कि कौन सा काम करवाया जाये और कौन सा छोड़ा जाये? सब कुछ नये सिरे से ही करना व करवाना था फिर चाहे वह विद्यालय परिसर का सुन्दरीकरण हो अथवा शैक्षणिक वातावरण में सुधार करना हो। सुनने में आया था कि जिस मैदान में विद्यालय का निर्माण करवाया गया था वह पूरा क्षेत्र एक श्मशान के तौर पर प्रयोग किया जाता था। वहाँ जिनको शव जलाना होता था वे जलाते थे और जिनको दफनाना होता था वे दफनाते थे। अर्थात सभी के लिये अपने धर्म के अनुरूप अन्तिम संस्कार करने की सुविधा थी। विद्यालय बनने के बाद भी आस पास के लोग परिसर के बाहर शव दाह अथवा शव दफन करते थे। यह सिलसिला बहुत लम्बे अर्से तक चलता रहा। कई साल बाद विद्यालय परिसर के बगल में उत्तर की ओर अर्मापुर एस्टेट का पावर स्टेशन बनाया गया उसके बाद ही उस क्षेत्र में लोगों ने मुर्दे जलाना या दफनाना बन्द किया था। उस पूरे क्षेत्र में एक अलग तरह का भयावह सन्नाटा पसरा रहता था। पन्द्रह एकड़ के कैम्पस में कहीं पर एक भी छायादार वृक्ष नहीं था। सोचना यही पड़ा कि कौन सा काम किस सिरे से शुरू किया जाये? मैंने विद्यालय के आफिस का वित्तीय जायजा लिया। वित्तीय रूप से विद्यालय बिल्कुल खाली था और किसी हद तक कुछ देनदारी भी शेष थी फिर भी मैंने आफिस के बाबू और एक स्टाफ मेम्बर को नर्सरी भेजा और वहाँ से पुष्पित पौधे लगे हुये करीब सौ गमले मँगवाये। उन लोगों को दोपहर छुट्टी के बाद भेजा था और वे शाम तक विद्यालय में पुष्पित पौधों वाले गमले लेकर आ गये थे। उन गमलों को भवन के पोर्च से लेकर अन्दर गैलरी तक सभी जगह करीने से रखवा दिये थे जिससे

भवन के बाहर से अन्दर तक का दृश्य मनोरम दिखने लगा था। अगले दिन प्रातः जब विद्यालय खुला तो पूरा स्टाफ उस दृश्य को देख कर भौंचक्का रह गया। कुछ लोगों ने तो प्रसन्नता जाहिर की यह सोचकर कि अब विद्यालय का वातावरण बदलने जा रहा है। कुछ लोग असमंजस में पड़ गये और वे सोचने लगे कि इतना बड़ा काम तीन चार दिन में ही हो गया। कुछ तो पूछने ही चले आये कि सर इतने गमलों के पैसों का पेमेंट कैसे होगा अर्थात जैसे लोग वैसे विचार। परन्तु अब बाहर पोर्च से लेकर एंट्रेंस हाल और प्रशासनिक विंग की गैलरी तक पूरा एरिया फूलदार पौधों के गमलों से भरा हुआ था तो पहली बार यह दृश्य देख कर लोगों का अचंभित होना स्वाभाविक था। अब धीरे धीरे ग्रुप डी से ले कर सफायी कर्मियों तक सभी को काम पर लगाना पड़ गया था। उस समय विद्यालय के पूरे आवासीय परिसर में कुल तीन चार लोग ही रह रहे थे। उनमें एक नाइट गार्ड का परिवार भी शामिल था। प्राचार्य का बंगला जंगल झाड़ी खड़ी होने के कारण भूत बंगला लग रहा था। मैंने कुछ लोगों को लगा कर वहाँ का जंगल साफ करवाया। तमाम ऊबड़ खाबड़ जमीन को समतल करवाया। उसकी अंदर बाहर सफायी करवायी। उसके बाद कुछ दिन ड्यूटी करके मैं अपना सामान लेने के लिये सारनी चला गया।

सारनी पहुँच कर मैंने कुछ निजी और जरूरी काम निपटाये जिनमें बैंक खाता बन्द करवाना था, टेलीफोन का कनेक्शन कटवाना तथा घरेलू सामान लाने के लिये ट्रक हायर करना था। मेरे वहाँ पहुँचने की सूचना वहाँ के स्टाफ को मिल गयी थी। कुछ लोगों ने मेरे पास आ कर ट्रांसफर पर जाने के कारण मुझे विदाई पार्टी देने का मन्तव्य जाहिर किया। मैंने उनकी इच्छा का सम्मान करते हुये हामी भर दी। मेरे वहाँ पहुँचने के तीसरे दिन उन लोगों ने विदायी समारोह का आयोजन किया इस प्रकार वहाँ से मुझे सम्मानपूर्वक विदायी दी गयी। उसके बाद अगले दिन मैंने अपने क्वार्टर का भी चार्ज एम.पी.ई.बी. को सौंप दिया। मैं वहाँ से उसी दिन ट्रक पर सामान लदवाकर कानपुर के लिये रवाना हुआ। वहाँ करीब साढ़े पाँच साल रहने के बाद ही मेरा ट्रांसफर हुआ था। परिवार के साथ रहने के कारण मेरे पास फर्नीचर सहित काफी सामान हो गया था जिसमें बेटी की शादी में देने के लिये खरीदा हुआ फर्नीचर भी था। इसके अलावा हमारा घर गृहस्थी का भी सामान था। वहाँ से मैं दोपहर के बाद ही प्रस्थान कर पाया था। मैं सामान से लदे हुये ट्रक पर ही ड्राइवर के साथ बैठ कर चल पड़ा था। ट्रक जिस रास्ते से आया था उस रास्ते की जानकारी मुझे भोपाल तक की ही थी। उसके बाद ड्राइवर कहाँ से हो कर आया था मुझे कुछ पता नहीं चला। अगले

दिन सबेरे ट्रक जिस शहर में पहुँचा था और जब मैंने ड्राइवर से उस शहर का नाम पूछा तो पता लगा कि हम लोग मध्यप्रदेश के शिवपुरी शहर में पहुँच गये हैं। शिवपुरी में ही हम लोगों ने हलका सा चाय नाश्ता किया तत्पश्चात वहाँ से रवाना हुये। संभवतः तीन घंटे चलने के बाद ट्रक मध्यप्रदेश और उत्तर प्रदेश की सीमा पर पहुँच गया।

सीमा पर स्थित उस चेक पोस्ट का नाम करेरा बताया गया था। शायद यह वही करेरा था जहाँ पर एक साल पहले मेरा ट्रांसफर हुआ था। टोल नाका कर्मी ने ट्रक रोक लिया। ड्राइवर को उतार कर अपने आफिस में ले गया। मैं ट्रक में ही बैठे बैठे काफी देर तक ड्राइवर के आने का इन्तजार करता रहा। जब काफी देर हो गयी तो मैं भी उस आफिस में पहुँच गया। मुझे देख कर चुंगी बाबू ने बड़े अदब से मुझे नमस्ते किया और बोला साहब आप क्यों आ गये हो? ये ट्रक ड्राइवर तो हमारे रिश्तेदार होते हैं। जब हमारी इनकी बात (सौदा) पूरी हो जाती है तब हम स्वतः ही इनको विदा कर देते हैं। कृपया आप चल कर बैठिये मैं इनको अभी भेजता हूँ। मैं वहाँ से चला आया और आकर अपनी सीट पर बैठ गया। थोड़ी देर में ड्राइवर भी आ गया और हम लोग वहाँ से चल पड़े।

जब हम लोग मध्य प्रदेश की सीमा पार करते हुये उत्तर प्रदेश के झाँसी नगर में पहुँचे। वहाँ एक चौराहे पर कुछ गुण्डा टाइप के लोगों ने हमारा ट्रक रोक लिया। वे लोग अवैध वसूली करने वाले थे। वे प्रशासन की मिलीभगत से अवैध वसूली करते थे। ज्यादा पूछने पर उन लोगों ने बताया था कि हम लोग समाज सेवी हैं। निर्धारित शुल्क दिये बिना आपको आगे नहीं जाने दिया जायेगा। बहुत अधिक बहस और तकरार की गुंजाइश नहीं थी। जब उनसे शुल्क पूछा तो उन्होंने ₹50/- बताया था। जैसे ही उनको भुगतान किया वैसे ही उन्होंने मुझे एक कूपन दे दिया जिस पर लिखा था 'हम पंछी एक डाल के'। उन्होंने कहा कि आगे शहर में कोई पुलिस वाला रोके अथवा कोई अन्य रोके तो आप उसे यह कूपन दिखा देना फिर आपको कोई भी नहीं रोकेगा। वही हुआ कि कई जगह पुलिस वालों ने हमारा ट्रक रोका। उनको हम वही कूपन दिखाते हुये नगर के बाहरी नाके पर आ गये परन्तु किसी ने ट्रक नहीं रोका। जब हमारा ट्रक झाँसी के बाहर पहुँचा तो अचानक कुछ वर्दीधारी लोगों ने रोक लिया। वे लोग आर.टी.ओ. के सिपाही थे। एक सिपाही ड्राइवर से बात कर के गाड़ी के कागजात व ड्राइविंग लाइसेंस चेक करने लगा। कोई ट्रक पर चढ़ कर सामान चेक करने लगा। गाड़ी के कागजात ठीक मिलने पर भी वे छोड़ नहीं रहे थे। ट्रक में

सागौन का घरेलू फर्नीचर लदा हुआ था। वे बोले सागौन की लकड़ी का फर्नीचर है इसकी रसीद दिखाइये। काफी देर तक यह हुज्जत चलती रही अन्ततः मुझे ट्रक से उतर कर आर.टी.ओ. के पास जाना पड़ा। वह दूर रोड के किनारे अपनी सरकारी गाड़ी में बैठे हुये थे। मैंने वहाँ जा कर अपना परिचय दिया उसके बाद मैंने बताया कि मेरा ट्रांसफर केन्द्रीय विद्यालय सारनी मध्य प्रदेश से केन्द्रीय विद्यालय नं.2 अर्मापुर कानपुर में हुआ है। मैं अपना घरेलू सामान सारनी से अर्मापुर कानपुर लिये जा रहा हूँ। आपके ये लोग सामान की रसीदें माँग रहे हैं जैसे किसी फर्म की कोई सप्लाई हो। जब मैंने अपनी पूरी बात समझायी तब कहीं मुझे वहाँ से जाने की इजाजत मिली।

उसके बाद मैं वहाँ से अविराम चलता चला आया और लगभग रात के नौ बजे केन्द्रीय विद्यालय नं.2 अर्मापुर पहुँच गया। रात में ही जैसे तैसे गार्ड व स्टाफ के कुछ साथियों को बुलाया और ट्रक से सामान उतरवाकर अपने बँगले में रखवा दिया। फिर ड्राइवर का हिसाब चुका कर उसे वहाँ से रुखसत कर दिया। समय ज्यादा होने के कारण वह रात मुझे अपने बँगले में ही बितानी पड़ी।

मेरे कानपुर पहुँचने के बाद से मेरी घरेलू परिस्थितियाँ कुछ सामान्य सी हो चलीं थीं। मेरे बेटों में अनुरोध कुमार का एम.एस.सी. हो चुका था। नीलेन्द्र कुमार का बी.ए. हो चुका था। विनय कुमार का बी.ए. फाइनल चल रहा था। शैलेन्द्र कुमार का इंटरमीडिएट हो चुका था बेटी मीनेश कुमारी की सर्विस लग चुकी थी। मेरे प्राचार्य बनने के बाद का वह पहला अवसर था जब हमारा सम्पूर्ण परिवार कानपुर में इकट्ठा हुआ था। अनुरोध कुमार ने मेरे कानपुर पहुँचने से पहले ही छत्रपति शाहूजी महाराज विश्वविद्यालय में एम.सी.ए. में एडमिशन ले लिया था। शैलेन्द्र कुमार ने सन 2000 की गर्मियों में ही बी.टेक. की कोचिंग कानपुर में आरम्भ कर दी। कोचिंग के लिये वह अपने भाई अनुरोध कुमार के पास आ गये थे। दोनों लोग गीतानगर कानपुर में किराये का कमरा ले कर रह रहे थे। जिसका जिक्र मैं पहले ही कर चुका हूँ। नीलेन्द्र कुमार ने माह जुलाई 2000 में क्राइस्टचर्च डिग्री कालेज कानपुर में एम.ए. हिस्ट्री में एडमिशन ले लिया था। अब सभी लोग यथाविधि अपनी अपनी पढ़ाई करने लगे।

इसी बीच केन्द्रीय विद्यालय संगठन मुख्यालय नई दिल्ली की ओर से प्राचार्यों के लिये दिनांक 18.09.2000 से दिनांक 24.09.2000 तक कम्प्यूटर ट्रेनिंग कार्यक्रम का पत्र आ गया था। वह ट्रेनिंग टी.टी.टी.आई. भोपाल (T.T.T.I. Bhopal) में होनी थी। मैं उस प्रोग्राम में कानपुर से भोपाल गया था। संयोग की बात है कि उसी प्रोग्राम में केन्द्रीय विद्यालय दिल्ली से श्री आर.के. सिंह भी आये हुये थे। मेरे

विद्यालय ज्वाइन करने से पहले वे ही केन्द्रीय विद्यालय नं.2 अर्मापुर में प्राचार्य थे और वे ट्रांसफर पर दिल्ली चले गये थे। वे बहुत ही सौम्य स्वभाव के थे। मैंने उनसे केन्द्रीय विद्यालय नं.2 के स्टाफ के बारें कुछ फीड बैक लेना चाहा तब उन्होंने सीधा सा जवाब दिया था कि मैं कुछ बताऊँ भी उससे कोई फायदा नहीं अब आप स्वयं जो अनुभव करेंगे वही ज्यादा काम का होगा। हम लोग एक सप्ताह तक वहाँ पर रहे। उस ट्रेनिंग में कम्प्यूटर की बेसिक जानकारी हासिल की। एक दिन बात बात में केन्द्रीय विद्यालय नं.2 अरमापुर के स्टाफ के सम्बन्ध में उनके मुँह से निकल गया। 'They have sucked my blood' उन्होंने मेरा खून चूस लिया है। श्री आर.के. सिंह साहब का वह वाक्य मुझे जब तब याद आता रहा क्योंकि विद्यालय स्टाफ में ज्यादातर लोग ऐसे ही थे। हम लोग भोपाल से कम्प्यूटर कोर्स कर के अपने अपने गंतव्य को वापस हो गये।

उस समय कम्प्यूटर का शुरुआती दौर था। विद्यालयों के आफिस में कहीं कहीं कम्प्यूटर लगाये जा चुके थे। ज्यादातर प्राचार्यों ने कम्प्यूटर आफिस की अपेक्षा अपने चेम्बर में लगवा लिये थे। बाद में केन्द्रीय विद्यालय संगठन की ओर से हर विद्यालय में कम्प्यूटर लैब तैयार करने की व्यवस्था की गयी।

जब मैंने कानपुर आ कर ज्वाइन किया था उस समय कानपुर में कुल नौ केन्द्रीय विद्यालय थे यथा केन्द्रीय विद्यालय नं.1 अर्मापुर कानपुर, केन्द्रीय विद्यालय नं.2 अर्मापुर कानपुर, केन्द्रीय विद्यालय आई.आई.टी. कानपुर, केन्द्रीय विद्यालय ओ.ई.एफ. कानपुर, केन्द्रीय विद्यालय कैण्ट कानपुर, केन्द्रीय विद्यालय रक्षा विहार कानपुर, केन्द्रीय विद्यालय नं.1 चकेरी कानपुर, केन्द्रीय विद्यालय नं.2 चकेरी कानपुर, केन्द्रीय विद्यालय नं.3 चकेरी कानपुर। उन केन्द्रीय विद्यालयों में जो प्राचार्य कार्यरत थे उनमें से केन्द्रीय विद्यालय नं. 2 अर्मापुर, कानपुर में तो मैं ही था। केन्द्रीय विद्यालय नं.1 अर्मापुर, कानपुर में श्री एस.बी. लाल साहब थे। वे अत्यन्त शान्त स्वभाव के शालीन व्यक्ति थे जो लखनऊ के निवासी थे। मेरे पहुँचने के थोड़े समय बाद ही उनका वहाँ से ट्रांसफर हो गया था। केन्द्रीय विद्यालय आई.आई.टी. कानपुर में प्राचार्य श्री वाई भारद्वाज थे। उनका कद काठी सामान्य व रंग गोरा था। वे सौम्य होने के साथ साथ काफी कड़क थे। उनमें एक विशेष गुण था वह यह कि ऊपर वाले को चाटो और नीचे वाले को काटो। आम जनों में शायद ही किसी से उनके आत्मीय सम्बन्ध रहे हों। उनका अपने विद्यालय में और विभाग में काफी नाम था। वे वर्तमान उत्तराखण्ड के निवासी थे। केन्द्रीय विद्यालय ओ.ई.एफ. कानपुर में प्राचार्य श्री वी.के. त्रिपाठी साहब थे। वे कद काठी से दुबले पतले स्वच्छ छवि के इंसान थे।

उनका स्वभाव अत्यन्त कोमल व व्यवहार अत्यन्त मधुर था। वे कानपुर के निवासी थे और मेरे प्रति उनकी विशिष्ट आत्मीयता थी। केन्द्रीय विद्यालय रक्षा विहार कानपुर में प्राचार्य श्री टी. सिंह थे। वे गोरे रंग के दुबले पतले व छोटे कद के थे। कुछ समय बाद उनका वहाँ से ट्रांसफर हो गया था। केन्द्रीय विद्यालय कैण्ट कानपुर में प्राचार्य श्री ए.एन. सक्सेना साहब थे। वे अत्यन्त विनम्र, गंभीर व योग्य इंसान थे। उनका गेहुआँ रंग और सुगठित शरीर था। वे अत्यन्त व्यवहार कुशल व आत्मीय थे।

सन 2000 में मैंने अपनी बेटी का वैवाहिक संदेश आगरा से निकलने वाली पत्रिका झलकारी संदेश में छपवाया था। उस पत्रिका के सम्पादक आगरा के ही श्री आर.ए. माहौर साहब थे। संयोग से उसमें दिये गये संदेश को पढ़ कर लखनऊ के श्री सी.बी. सिंह (चन्द्र भान सिंह) का मेरे पास फोन आया। सम्पर्क के लिये मैंने अपने विद्यालय का ही फोन नम्बर दे रखा था। फोन पर ही मेरी उनसे विस्तृत चर्चा हुयी। उन्होंने मुझे लखनऊ आने के लिये आमंत्रित किया और सम्पर्क करने के लिये अपना लैंडलाइन का फोन नम्बर दिया था वह उनका अपना घर का नम्बर था।

मैं अवसर पाकर उनके घर के लिये रवाना हुआ। जब मैं लखनऊ रेलवे स्टेशन पहुँचा तो वहाँ से मैंने एस.टी.डी. बूथ पर जा कर उनको लखनऊ रेलवे स्टेशन पर अपने पहुँचने की सूचना दी। वे रेलवे स्टेशन आ कर मुझे अपने घर बुला ले गये। स्टेशन से सिटी बस में बैठ कर जब हम दोनों लोग बातें करते हुये उनके घर जा रहे थे तभी मैंने उनसे बात चलाई। मैंने कहा कि आप कैसी शादी करेंगे तो वे बोले कैसी शादी का क्या मतलब है मैं समझा नहीं। मैंने कहा आजकल तीन तरह की शादियाँ होती हैं। पहली तरह की शादी में लड़के वाले खुल कर दहेज माँगते हैं। उनकी माँग में यदि एक रुपया भी कम रह जायेगा तो वे समझौता नहीं करते हैं। दूसरी तरह की शादी में लड़के वाले का कहना होता है कि हम माँगेंगे नहीं लड़की वाला जो दे देगा वही ले लेंगे। तीसरी प्रकार की शादी में लड़के वाला साफ साफ कह देता है कि मुझे दहेज में कुछ नहीं चाहिये। अब आप बतायें कि इन तीन तरह की शादियों में से कौन सी शादी करना पसंद करेंगे? उन्होंने मुझे कोई जवाब न दे कर उलटे मुझसे ही पूछ लिया कि आप किस तरह की शादी करना पसन्द करेंगे? मैंने उनको बताया कि पहली तरह की शादी अच्छी है क्योंकि दहेज की रकम सामर्थ्य के अन्दर होगी तो डटेंगे नहीं तो दूसरा दरवाजा देखेंगे। तीसरी तरह की भी शादी अच्छी है परन्तु दूसरी तरह की शादी मुझे बिल्कुल पसन्द नहीं है क्योंकि लड़के वाले को चाहे जितना भी दे दिया जाये वे ले लेंगे

परन्तु वह कभी भी पर्याप्त नहीं होगा। भले ही लड़की वाला अपना पूरा घर खोद कर उनको क्यों न दे दे। ऐसी शादी के बाद भी लड़की को ताने सुनने की गुंजाइश हमेशा बनी रहती है 'अरे तेरे बाप ने क्या दे दिया'?

हमारी शर्तों को सुन कर उन्होंने एक ही मुस्कान में तीनों शर्तों को खारिज कर दिया और वे बोले क्या कोई चौथा विकल्प नहीं है? मैंने कहा वह कौन सा विकल्प हो सकता है तब उन्होंने बताया यही कि जैसे आप करना चाहें हमें मंजूर है। पर हम इतना अवश्य चाहेंगे कि आप अपनी बेटी की शादी लखनऊ से ही करें। हमारे बारातियों व रिश्तेदारों को देशी घी की दावत दें। उनका यह कथन मुझे अटपटा नहीं लगा क्योंकि मैं तो अपने घर से बाहर ही था। मुझे तो शादी की जैसी व्यवस्था फतेहगढ़ में जा कर करनी पड़ती वैसी ही कानपुर में रह कर करनी पड़ती। इससे तो बेहतर लखनऊ ही था। इस तरह का वार्तालाप करते करते हम लोग उनके घर पहुँच गये।

वहाँ पहुँच कर मैंने उनके बेटे को देखा उसके बाद कुछ देर तक हम लोगों के मध्य चाय नाश्ते के साथ साथ आत्मीय वार्तालाप भी हुआ। दोनों लोगों के बीच सकारात्मक बातचीत हुयी। मैंने अपनी बात यही कहते हुये आगे बढ़ायी कि यदि लड़का व लड़की दोनों एक दूसरे को देख कर पसन्द कर लेंगे और जब वे हामी भरेंगे तभी रिश्ता पक्का होगा। तत्पश्चात बात आगे बढ़ी और जब लड़का लड़की ने एक दूसरे को देख कर हामी भरी तभी आगे की रस्म अदायगी शुरू हुयी। उसके बाद रुकाई, सगाई, तिलक आदि सभी रस्में पूरी हुयीं और शादी की तिथि 30.11.2000 भी तय हो गयी। तिलक के बाद मैंने लखनऊ जा कर गेस्ट हाउस तय कर दिया। मेरे इस काम में भी उन्होंने पूरा सहयोग दिया। मैंने लगे हाथ उनसे पूछा कि कुल कितने बाराती होंगे तो उन्होंनें करीब तीन सौ लोगों की संख्या बतायी थी। इस प्रकार तीन सौ बाराती और लगभग एक सौ लोग हमारी ओर से भी होंगे यही अनुमान लगाकर मैंने उनसे निवेदन किया कि अब आप कुल चार सौ लोगों की दावत के लिये व्यवस्था करें। देसी घी, राशन, रसोइया, पुरोहित और गेस्ट हाउस व मण्डप आदि की साज सज्जा की व्यवस्था भी आप ही करें अर्थात यह सब कुछ आप ही करेंगे और इन सभी कामों में जो कुछ भी खर्च आयेगा उसका भुगतान मैं करूँगा। उन्होंने मेरे इस निवेदन को सहर्ष स्वीकार कर लिया उसके बाद शादी की तैयारियाँ शुरू हो गयीं। मैंने भी वहाँ जा कर बीच बीच में व्यवस्था में सहयोग किया तथा यथावसर सामान खरीद का भुगतान करने के लिये भी मैं लखनऊ जाता रहा।

बेटी की शादी की तैयारियाँ लगभग पूरी हो चुकी थीं। बेटी और उनकी माताजी

अधिकतर रिहन्द नगर में ही रहती थीं। करीब एक सप्ताह पहले मैंने उन लोगों को वहाँ से कानपुर बुला लिया था। जहाँ कहीं भी निमन्त्रण बाँटे जाने थे, बाँटे जा चुके थे। दिनांक 29.11.2000 को प्रातः हमारा पूरा परिवार, हमारे माताजी-पिताजी, बुआजी-फूफाजी व भाई आदि सभी लोग के.वि.सं. संभागीय कार्यालय लखनऊ के आवासीय परिसर के एक क्वार्टर में पहुँच गये थे। वह क्वार्टर हमें डॉक्टर एम.एस. वर्मा साहब, सहायक आयुक्त लखनऊ संभाग की मेहरवानी के कारण कुछ दिन ठहरने के लिये मिल गया था। एक रात वहाँ पर रह कर हम सभी लोग दिनांक 30.11.2000 को प्रातः गेस्ट हाउस निशातगंज पहुँच गये थे। उसी दिन कानपुर से हमारे स्टाफ के एक साथी जोखू लाल लोडर में शादी का सामान लाद कर लखनऊ (गेस्ट हाउस) पहुँच गये थे। दिनांक 30.11.2000 और दिनांक 01.12.2000 की रात को (शाम से लेकर सुबह तक) विवाह की सारी रस्में सौहार्दपूर्ण वातावरण में सम्पन्न हो गयीं। शादी के अवसर पर हमारे कई रिश्तेदार और इष्ट मित्र व शुभचिन्तक आये थे। डॉक्टर एम.एस. वर्मा, सहायक आयुक्त व श्री एस.बी. सचान शिक्षाधिकारी ने भी पधारकर कार्यक्रम की शोभा बढ़ायी। हमारे समधी साहब मूलतः हरियाणा के रहने वाले थे। उनके बहुत से रस्म रिवाज हम लोगों से मेल नहीं खाते थे फिर भी परस्पर सहकार से समस्त वैवाहिक कार्यक्रम सम्पन्न हुये। बेटी को विदा कर के हमारा परिवार व सगे सम्बन्धी कानपुर वापस आ गये। बेटी को विदा करने के बाद वहाँ से वापसी पर हमें ऐसा लग रहा था जैसे हमारा सब कुछ वहीं छूट गया है। हमारे छोटे बेटे ने कठिन मेहनत कर के बी.टेक. कोचिंग करके यू.पी.टी.यू. एंट्रेंस परीक्षा पास कर ली थी। यू.पी.टी.यू. 2001 की एंट्रेंस परीक्षा की मेरिट में उसने पूरे उत्तर प्रदेश में सातवाँ स्थान पाया था। एच.बी.टी.आई. कानपुर एलॉट किया गया। वह संस्थान मिलना किसी भी प्रवेशार्थी के लिये गौरवपूर्ण उपलब्धि थी। एच.बी.टी.आई. जैसे इंस्टीट्यूट में किसी भी ब्रांच में एडमिशन लेने का उसे अवसर मिला था पर उसने बॉयोकेमिकल इंजीनियरिंग में एडमिशन ले लिया। अभी बी.टेक. के कुछ ही महीने बीते होंगे कि कठिन मेहनत, देर सबेर खाना खाना और भागमभाग के कारण वह बीमार पड़ गया। उस समय मेरे बच्चों ने व उनकी माताजी ने उसे आनन फानन अस्पताल में भर्ती करवा दिया और इलाज करवाया। इस प्रकार उन्होंने उन विषम परिस्थितियों को सँभाल लिया क्योंकि मैं उस समय किसी आवश्यक काम से दिल्ली गया हुआ था। यही कहा जाता है कि जब संकट आता है तो कह कर नहीं आता है।

अब हमारे बेटों को पढ़ाई के साथ साथ अपनी अपनी नौकरी की भी चिन्ता होने

लगी। उन्होंने अपने अपने हिसाब से फार्म भरना आरम्भ कर दिया। विनय कुमार ने 2001 में डी.एन. डिग्री कालेज फतेहगढ़ व छत्रपति शाहूजी महाराज विश्वविद्यालय कानपुर से बी.ए. कर लिया था। अनुरोध कुमार ने एम.सी.ए. फाइनल छोड़कर 2001 में बी.एड. में एडमिशन ले लिया था। वे बी.एड. की परीक्षा दे चुके थे तभी फैजाबाद से आगे एन.टी.पी.सी. टाँडा के बाल भारती पब्लिक स्कूल में पी.जी.टी. फिजिक्स पद के लिये फार्म भर दिया था। अभी बी.एड. का रिजल्ट भी नहीं निकला था कि अन्ट्रेण्ड के तौर पर ही उनका वहाँ से इंटरव्यू काल लेटर आ गया और उन्होंने वहाँ जा कर इंटरव्यू दे दिया था। शायद वह जुलाई 2002 का आरम्भ था जब मैं भी उनके साथ में गया था। वहाँ से लौटने के बाद एक सप्ताह के अन्दर ही ज्वाइनिंग लेटर आ गया था। बाल भारती संस्था डी.पी.एस. की तरह काफी प्रतिष्ठित संस्थाओं में से एक थी जिसका मुख्यालय दिल्ली में था। केन्द्रीय विद्यालयों के समतुल्य वेतन तथा क्वार्टर आदि की सुविधा से लैस वह पब्लिक स्कूल था। वहाँ ज्वाइन करने के बाद क्वार्टर भी एलॉट हो गया था और शिक्षण कार्य सुव्यवस्थित ढंग से चलने लगा था। वह जब टाँडा में ही थे उसी समय बी.एड. का रिजल्ट भी निकला था। उसी बीच उत्तर प्रदेश पब्लिक सर्विस कमीशन इलाहाबाद से जी.आई.सी. के लिये फिजिक्स लेक्चरर की जगहें निकलीं थीं। उसके लिये भी अनुरोध कुमार ने फार्म भर दिया था और उस पद हेतु इलाहाबाद में इंटरव्यू भी दे आये थे। कुछ महीने बाद वहाँ से भी ज्वाइनिंग लेटर आ गया फिर टाँडा बाल भारती पब्लिक स्कूल से रिजाइन कर दिया और जी.आई.सी. चरखारी में कार्यभार ग्रहण कर लिया। इस प्रकार वे भी सरकारी नौकरी में व्यवस्थित हो गये।

नीलेन्द्र कुमार का अध्ययन क्राइस्टचर्च पीजी कालेज कानपुर में एम.ए. हिस्ट्री से चल रहा था। सन 2001 में एम.ए. प्रीवियस अच्छे अंकों से पास कर लिया था तथा जुलाई 2002 आते आते एम.ए. फाइनल कर लिया था। वे उस वर्ष हिस्ट्री से एम.ए. फाइनल में पूरे कालेज में सेकेण्ड टॉपर रहे जो उनकी गरिमामय उपलब्धि थी। उन्होंने फतेहगढ़ रहते हुये बी.ए. करते वक्त डी.एन. डिग्री कालेज से ही एन.सी.सी. 'सी' सर्टीफिकेट पूरा कर लिया था। उसमें भी उनका फायरिंग और डिबेट में फर्स्ट प्लेस आया था। उसी दौरान उन्होंने एस.एस.सी. से पैरा मिलिट्री फोर्स में सब इंस्पेक्टर पद के लिये फार्म भर दिया था और उन्होंने लिखित परीक्षा भी पास कर ली थी पर मुझे तब मालूम हुआ जब उनका जून 2002 में फिजिकल टेस्ट के लिये काल लेटर आ गया।

उस समय फिजिकल परीक्षण में मैं भी उनके साथ देहरादून गया था। मेरा रोल इतना ही था कि बस साथ देता रहूँ अर्थात उनका बैग बैगेज रखाता सँभालता रहूँ। फिजिकल टेस्ट में करीब डेढ़ हजार मीटर की दौड़ रखी गयी जिसका आयोजन सीमाद्वार देहरादून, आई.टी.बी.पी. स्टेडियम में किया गया था। उस दौड़ को करीब सात मिनट में पूरा करना था। जून माह की भयंकर धूप और तपन में जितने भी प्रतिभागी थे उनको नंगे पाँव दौड़ाया गया। उनमें अधिकतर ने इसमें सफलता पायी उसके बाद हर्डल रेस, बीम लगाना और लम्बी कूद जैसी शारीरिक दक्षता के लिये अन्य परीक्षण भी हुये। ये परीक्षण दो दिन तक चलते रहे फिर दूसरे दिन दोपहर के पश्चात इंटरव्यू हुये। जब तक परीक्षण व इंटरव्यू चले तब तक मैं प्राचार्य केन्द्रीय विद्यालय सीमाद्वार के कक्ष में ही बैठा रहता था। मैं उनके आने पर केवल यही पूछ लेता था कि आज क्या कैसा हुआ? मेरे पूछने के बाद जैसा मुझे मालूम हुआ कि इंटरव्यू देते वक्त उनसे कई तरह के सवाल पूछे गये और बीच बीच में यह भी पूछा गया कि आप दूसरी सेवाओं में क्यों नहीं गये जबकि आप एम.ए. कर चुके हो।

सिविल सर्विसेस की बजाय आपने फोर्स को ही क्यों चुना तो बेटे ने इसका भी सटीक जवाब दिया और कहा कि फोर्स मेरी पहली पसन्द है। इसीलिए मैंने एन.सी.सी. 'सी' सर्टिफिकेट कोर्स किया है। उन्होंने काफी विचलित करने (समझाने) का प्रयास किया। उन्होंने कहा कि लगातार जिन्दगी भर बर्फ़ीली पहाड़ियों में ही रहना पड़ेगा। इसलिए एक बार फिर से विचार कर लो लेकिन कई तरह से समझाने के बाद भी वे विचलित नहीं कर पाये। इस तरह वहाँ से फिजिकल परीक्षण व इंटरव्यू पूर्ण हुआ उसके बाद वहाँ से हम लोग कानपुर आ गये। अगस्त 2002 के शुरू ही में नीलेन्द्र कुमार का नियुक्त पत्र आ गया जिसमें निर्दिष्ट था कि आई.टी.बी.पी. अकादमी मसूरी में जा कर रिपोर्ट करो जहाँ पर ट्रेनिंग होगी। मैं भी उनके साथ मसूरी गया था और वहाँ पर दिनांक 17.08.2002 को उन्हें ज्वाइन करवाया और अकेले ही वापस कानपुर आ गया।

अब सन 2002 के अन्त तक बेटी सहित मेरे तीन बच्चे सरकारी सेवाओं में आ चुके थे। केवल दो बेटे विनय कुमार व शैलेन्द्र कुमार पढ़ाई कर रहे थे। विनय कुमार ने जुलाई 2001 में अर्मापुर पी.जी. कालेज में एडमिशन ले लिया और वह एम.ए. हिन्दी से पढ़ाई करने लगे। शैलेन्द्र कुमार एच.बी.टी.आई. से बी.टेक. कर ही रहे थे। अब मुझे पारिवारिक परिस्थितियों से काफी निजात मिल चुकी थी।

जी.आई.सी. चरखारी में रहते हुये अनुरोध कुमार ने प्रवक्ता फिजिक्स पोलीटेक्निक पद के लिये यू.पी.पी.एस.सी. इलाहाबाद से फार्म भरा था। उस पद के लिये केवल एक वैकेंसी थी। वहाँ पर भी इंटरव्यू दे आये और उस पद के लिये भी उनका चयन हो गया। उन्होंने जी.आई.सी. में लगभग एक साल कार्य करने के पश्चात वहाँ से त्यागपत्र दे दिया तत्पश्चात पॉलीटेक्निक शामली मुजफ्फरनगर में जनवरी 2005 में ज्वाइन कर लिया।

मैं अपने परिवार की ओर से काफी चिन्ता मुक्त हो चुका था परन्तु विद्यालय में तमाम तरह के कामों का बोझ था जिसकी वजह से चौबीस घंटों में से अट्ठारह घंटे काम में लगना पड़ता था। जैसा कि मैंने तमाम तरह के कामों का ज़िक्र किया है उनमें से शैक्षणिक व प्रशासनिक कार्यों की व्यस्तता तो थी ही उसके अलवा शिक्षकों, विद्यार्थियों व वहाँ के अन्य लोगों को अनुशासनात्मक व्यवस्था भी देनी थी। सम्पूर्ण परिसर का विकास व रख रखाव प्रमुख तौर पर देखना था। वह सब कुछ अपने आप में एक चुनौती के समान था। सबसे बड़ी अचरज की बात तो यह थी कि इतने बड़े विद्यालय के मेंटीनेंस के लिये विभाग की ओर से कोई ग्रांट नहीं दी जाती थी। आदरणीय एच.एम. कैरे कमिश्नर साहब जो उस समय के.वी.एस. प्रमुख थे। उनकी दूरदर्शिता के कारण विद्यार्थी निधि के स्थान पर विद्यालय विकास निधि को लागू किया गया। उस समय विद्यार्थियों से पन्द्रह रुपये प्रति माह से बढ़ा कर चालीस रुपये प्रति माह कर दिया गया था इसके साथ ही कुछ निर्देश भी दिये गये थे। जैसे एकत्र की गयी पूरी की पूरी धनराशि विद्यार्थियों के हित में व्यय की जायेगी अर्थात उनके शैक्षिक और क्रियात्मक उन्नयन में व विद्यालय परिसर के विकास में व्यय की जायेगी।

मेरे पहुँचने से पूर्व उस विद्यालय में लगभग नौ सौ विद्यार्थी थे। उस जंगल की तरफ कोई झाँकना नहीं चाहता था। चूँकि मैं वहाँ जुलाई में ही पहुँच गया था इसलिए मैंने पहली ही साल में एडमिशन कर के छात्र संख्या एक हजार से अधिक पहुँचा दी थी जिसके चलते विद्यालय विकास निधि के संग्रह में काफी इजाफा हुआ। तब मैंने विद्यालय में काम करवाना शुरू कर दिया। पहले चरण में प्राथमिकता के आधार पर स्टेज के सामने प्रार्थना स्थल का कायाकल्प करवाया। उस जगह का जंगल साफ करवाया फिर उसका समतलीकरण करवाया। तत्पश्चात कार्यालय की ओर से ईंट खरीद की अपेक्षित टेंडर की कार्यवाही की गयी। इस प्रकार ईंटें खरीद कर लगभग दो सौ फुट लम्बाई और डेढ़ सौ फुट चौड़ाई के प्रेयर गाउंड में बिछवा दीं। अब बच्चों को खुल कर खड़े होने की पर्याप्त जगह हो गयी साथ ही पी.टी., परेड व योग करने के लिये भी अपेक्षित सुविधा हो गयी।

मेरा अधिकतर समय विद्यालय के कार्य में ही बीतता था। एक शाम हम कुछ लोग प्रेयर ग्राउंड में खड़े थे तो देखा कि साइकिल स्टेंड के पास पड़े हुये कचड़े के ढेर से अचानक एक काला साँप निकल पड़ा। वह स्टेज के सामने से होता हुआ खेल के मैदान की ओर जा रहा था। मैंने पास में खड़े लैब अटेंडेंट रामऔतार को उसे मारने को कहा। वह बोला सर कैसे मारेंगे यहाँ तो लाठी भी नहीं है। वह बोल ही रहा था कि मैंने वहाँ पड़ा हुआ ईंट का टुकड़ा उठा कर साँप के मारा। संयोग से वह ईंट साँप के बीचो बीच लगी और वह बीच से कट गया। वह दृश्य याद आने पर आज भी मेरे रोंहटे खड़े हो जाते हैं। मैं सोच विचार में पड़ गया और सोचा कि ऐसे झाड़ झंखाड़ से साँप निकल कर विद्यालय समय में किसी बच्चे या किसी अन्य को डस ले तो कितना बड़ा अनर्थ हो सकता है।

अतः मैंने सफाई और विकास के क्रम में तय किया कि पहले विद्यालय भवन व स्टाफ क्वार्टर के आस पास चारों ओर सफाई करायी जाये। वहाँ मौजूद कूड़ा करकट और झाड़ियाँ साफ करवाई जायें। इस काम पर दो ट्रेक्टर और चार मजदूर लगा दिये। कचड़े को ट्राली में भर भर कर मेंन गेट के सामने रोड के दोनों ओर के गड्ढों में डालने (पाटने) के लिये बता दिया। लगभग एक दर्जन मजदूर झाड़ियाँ काटने के लिये लगा दिये। यह काम करीब एक सप्ताह तक लगातार चलता रहा। परिसर से लगभग नब्बे ट्राली कचड़ा निकला था। उससे मेंन गेट के सामने रोड के दोनों ओर पड़े हुये गड्ढे पट गये थे। इस प्रकार एक रुपया में दो काम करने वाली कहावत यहाँ भी चरितार्थ हुयी अर्थात उतनी ही धनराशि में परिसर के अन्दर का कचड़ा भी साफ हो गया और मेन गेट के बाहर के गड्ढे भी भर गये। अब विद्यालय के अन्दर प्रवेश करने में निरापद सा लगने लगा था परन्तु पम्प हाउस से ले कर प्ले ग्राउंड तक करीब दस एकड़ जगह में फैला जंगल साफ करवाना शेष रह गया था।

विद्यालय परिसर की साफ सफाई के साथ साथ शैक्षणिक वातावरण में भी आमूल चूल बदलाव अपेक्षित था। वहाँ रह कर मुझे ऐसा महसूस हो रहा था कि पढ़ाई पीछे रह गयी है क्योंकि विद्यालय समय में स्टाफ के लोगों के वैयक्तिक अथवा घरेलू काम उनकी पहली प्राथमिकता थे। जैसा कि मैं पहले जिक्र कर चुका हूँ। जिसका जब मन चाहा तब विद्यालय से बाहर चला जाता था फिर अगर इच्छा हुयी तो विद्यालय छूटने से पहले वापस आ जाता था अन्यथा अगले दिन अपने इच्छित समय पर विद्यालय आता था। मेंन गेट पर रहने वाले गार्ड की उपेक्षा कर के बाहर जाना या बाहर से अन्दर चले आना सामान्य सी बात थी इस पर नियंत्रण पाने के लिये मैंने काफी विचार

किया। उसके बाद मेंन गेट पर गार्ड पोस्ट (रूम) बनवाया। फिर पूरे स्टाफ की मीटिंग ली और उनको आगाह किया कि विद्यालय का कोई भी सदस्य विद्यालय समय में बिना लिखित अनुमति के बाहर नहीं जायेगा। वह लिखित अनुमति की पर्ची प्राचार्य से प्राप्त करेगा तथा उस पर्ची में जाने का समय भी अंकित किया जायेगा। इसके साथ ही एक शार्ट लीव रजिस्टर पर दिनांक सहित अपना नाम, समय तथा जाने का कारण लिखकर अपने हस्ताक्षर करेगा। उसके बाद वह पर्ची मेंन गेट पर ड्यूटी कर रहे गार्ड को सौंपेगा तथा गार्ड के पास रखे हुये रजिस्टर में जाने के लिये हस्ताक्षर व समय डाल कर बाहर अपने काम से जायेगा। यदि वह उसी दिन वापस आता है तो आने का समय भी डालेगा और पुनः हस्ताक्षर करेगा। विद्यालय की छुट्टी होने के बाद गार्ड वह सारी पर्चियाँ मुझे सौंप कर हर व्यक्ति के जाने आने की रिपोर्ट देता था। इसके अतिरिक्त लेट आने वालों को भी प्रार्थना सभा के बाद स्टाफ को दो मिनट वहीं रोक कर कार्नर मीटिंग में ही नियत समय पर विद्यालय आने के लिये आगाह कर दिया करता था परन्तु कुछ लोग विलम्ब से आने से बाज नहीं आ रहे थे। ऐसे लोगों को चेम्बर में बुला कर समय से ड्युटी पर आने के लिये कई-कई बार समझाना पड़ा। इससे काफी सुधार आया परन्तु सत्तर के स्टाफ में दो चार लोग अपने आप में कोई सुधार नहीं ला पा रहे थे। एक महिला स्टाफ मेम्बर को उसके लगातार विलम्ब से आने का कारण पूछा तो उसने बताया कि रेलवे क्रासिंग बन्द हो जाने के कारण विलम्ब हो जाता है। मैंने उनको विभागीय क्वार्टर में रहने का परामर्श दिया। मेरी उस सलाह पर उस महिला ने तपाक से कहा कि प्रिंसिपल साहब जितना बड़ा आपका क्वार्टर है उससे ज्यादा कमरे तो हमारे मकान में खाली पड़े रहते हैं। मुझे स्टाफ क्वार्टर ले कर क्या करना है? मैंने उनसे पुनः यही कहा कि फिर तो आप अपने घर से कम से कम इतना पहले चलो जिससे आपको रेलवे क्रासिंग खुली मिले और आप विद्यालय नियत समय पर आसानी से पहुँच सको। करीब एक महीने तक मैंने उनमें सुधार की उम्मीद की फिर भी जब उनमें से एक दो लोग रह गये जो नियमित नहीं हो पाये थे। ऐसे लोगों की वजह से मैं रिपोर्टिंग टाइम के पाँच मिनट बाद स्टाफ अटेंडेंस रजिस्टर अपने चेम्बर में उठवा लेता था ताकि लेट आने वाला अपने हस्ताक्षर मेरे सामने आ कर करे और उसे कुछ शर्म संकोच लगे। काफी खींचतान करने के बाद सभी की लेट आने की आदत में सुधार हो गया।

विद्यालय सुनसान जगह पर होने के कारण उस क्षेत्र में लोग आना जाना कम पसंद करते थे। विद्यालय परिसर में संध्या काल से ले कर अगली सुबह तक चारों ओर

सन्नाटा पसरा रहता था। वैसे भी उसके चारों ओर करीब आधा किलोमीटर तक कोई आबादी नहीं थी। इसलिए वह क्षेत्र बिल्कुल उपेक्षित सा दिखता था। ऐसे में यदि उस क्षेत्र में आस पास कहीं मर्डर भी होता था तो लोग लाश को लाकर उसी क्षेत्र में फेंक जाते थे। आये दिन ऐसे दृश्य देखने में आते रहते थे। मेंन गेट के सामने करीब 200 मीटर की दूरी पर अर्मापुर से रावतपुर की ओर जाने के लिये सम्पर्क मार्ग बना हुआ था। जिस पर दिन दोपहर लुटेरे लूटपाट कर लेते थे। जिसके परिणाम स्वरूप मुझे विद्यालय परिसर के बाहर चारों ओर करीब बीस बीस मीटर की चौड़ाई में तमाम झाड़ियाँ कटवानी पड़ीं ताकि जो भी अराजक तत्व विद्यालय के आस पास आयें तो उन्हें दूर से ही देखा जा सके। इसके अलावा विद्यालय की बाउंड्रीवाल के साथ बाहर की ओर बिल्डर ने जो मिट्टी के तमाम ऊँचे ऊँचे टीले नुमा ढ़ेर छोड़ रखे थे। जिससे किसी का भी और किसी भी तरफ से विद्यालय के अन्दर लाँघ कर आना सम्भव था। विद्यालय प्ले ग्राउंड की झाड़ियाँ जैसे जैसे साफ होती जातीं थीं वैसे ही वैसे उसमें छोटे बड़े तमाम गड्ढे दिखाई देने लगे। उनमें मिट्टी भरने के लिये बाउंड्रीवाल के साथ वाली बाहर की मिट्टी खुदवा कर भरवाते जाते थे। परिसर के अन्दर व बाहर कूड़े कचड़े और झाड़ियों का सफाया करीब एक साल में हो पाया था।

अब पूरे परिसर में स्टाफ क्वार्टर से ले कर विद्यालय भवन तक और संपूर्ण खेल के मैदान में कहीं भी गंदगी शेष नहीं बची थी। खेल का मैदान साफ अवश्य हो गया था परन्तु ऐसा नहीं हो पाया था कि बच्चे उसमें खेल सकें क्योंकि उसमें झाड़ियों की नुकीली जड़े छूट गयीं थीं और जहाँ तहाँ कंकड़ पत्थर भी पड़े हुये थे। गर्मी की छुट्टियों में कोई काम नहीं हो पाया था। उस काम के लिये बरसात का इन्तजार करना पड़ा। जैसे ही हल्की बरसात से मिट्टी नम हुई वैसे ही मैंने पूरे ग्राउंड की ट्रेक्टर व हैरो से दो तीन बार जुताई करवा दी। उसके बाद पूरे ग्राउंड को लेवलर से समतल करवा दिया। पूरा ग्राउंड समतल होने के बाद उसमें दो बार रोड रोलर चलवागा ताकि फूली हुयी मिट्टी दब जाये। जब पूरा ग्राउंड तैयार हो गया तत्पश्चात उसमें वृक्षारोपण हेतु योजना बनायी। उसके लिये एक ट्रेक्टर चालित ड्रिल मशीन मँगवायी और पूरे कैम्पस में बाउंड्री वाल के साथ चारों ओर अन्दर की तरफ करीब तीन तीन मीटर की दूरी पर 2000 गड्ढे खुदवाये। उन गड्ढों की गहराई भी ढाई से तीन फुट और गोलाई डेढ़ फुट व्यास की रही होगी। बरसात के आरम्भ में ही वन विभाग से विविध प्रकार के छायादार हरियाली वाले पौधे मँगवा कर लगवा दिये। मेन गेट से अन्दर की ओर भवन तक रोड के दोनों ओर पाम ट्री लगवाये। बीच बीच में अशोक के वृक्ष भी

लगवाये साथ ही विद्यालय मेंन गेट से परिसर के दूसरे सिरे पर लगे पम्प हाउस तक रोड के दोनों ओर एक गज चौड़ी क्यारियाँ बनवायीं। उनमें नवरंग और दहेलिया के पौधे लगवाये जिनमें नवरंग के फूल तो फूलने के बाद एक महीने से अधिक समय तक बने रहते थे।

बरसात के बाद ग्राउंड में हरी हरी दूब के साथ तमाम जंगली पौधे उग आये थे। उन पौधों को फूलने से पहले ही मजदूरों से उखड़वा दिया ताकि वे पौधे फूलने फलने न पायें और उनके बीज दुबारा जमीन में न गिरें और न ही बार बार उगें, फूलें और फलें। अब पूरा ग्राउंड दूब घास की हरियाली से भर गया था परन्तु उस बेतरतीब घास को नियंत्रण में लाना एक बड़ा काम था। उसके लिये विद्युत चालित लॉन मूवर खरीदा जिससे साल भर में दो या तीन बार पूरे 10 एकड़ प्ले ग्राउंड की घास कटाई होती थी। एक राउंड घास काटने में करीब दो सप्ताह लग जाते थे। इस प्रकार पूरा खेल का मैदान हरी मखमली कारपेट बिछी हुयी सा लगता था। अब हमारे विद्यालय का परिसर केन्द्रीय विद्यालय के अनुरूप दिखने लगा था।

इतना सब कुछ करने के बाद विद्यालय परिसर में केवल छोटे छोटे लॉन के लिये जगह बच गयी थी। मेंन गेट में घुसते ही दाहिनी ओर साइकिल स्टेण्ड तक उत्तर से दक्षिण करीब दस गुणा दस मीटर के दो लॉन तैयार करवाये। विद्यालय भवन के पोर्च के सामने दक्षिण की ओर पश्चिम से पूरब तक चार चार सौ वर्ग मीटर के दो लॉन तैयार करवाये। इस प्रकार कुल चार लॉन तैयार हो गये। सभी लॉनों में हरी घास लगवाई। उनके किनारे किनारे गुलाब के पौधे लगवाये। चारों लॉनों के सेंटर में एरोकेरिया के पौधे लगवाये। अब विकसित करने के लिये केवल दो स्थान बच गये थे। एक स्थान तो साइकिल स्टेंड के पूरब से दक्षिणी बाउंड्री वाल के साथ में स्टाफ क्वार्टर की बाउंड्री वाल तक था। उस क्षेत्र के करीब आठ सौ वर्ग मीटर में गुलाब लगवाये। दूसरा स्थान पम्प हाउस से पूर्वी बाउंड्री वाल तक करीब एक हजार वर्ग मीटर के क्षेत्र में स्काउट गाइड कार्नर तैयार करवाया फिर उसमें चारों ओर वृक्ष लगवाये। अब हमारे विद्यालय परिसर का आवासीय परिसर सहित हर कोना सुसज्जित हो चुका था।

उसके बाद भी जो बड़ा काम रह गया था वह विद्यालय भवन व स्टाफ क्वार्टर्स की रंगायी पुतायी थी। उसके लिये मैंने अपेक्षित वित्तीय औपचारिकता के बाद पूरे विद्यालय भवन तथा स्टाफ क्वार्टर्स की रंगाई पुताई भी करवा दी वह भी एम.ई.एस. के पारम्परिक रंग से अलग थी। विद्यालय भवन तथा स्टाफ क्वार्टर्स के कमरों के अन्दर सफेद और बाहरी दीवारों पर ऑफ ह्वाइट कलर तथा टेरिस नीले कलर से

पुतवा दिये। अब पूरा परिसर व पूरा भवन किसी नामी गिरामी पब्लिक स्कूल की साज सज्जा से हजार गुना अच्छा दिख रहा था। इतने सारे काम करवाते हुये मुझे साल डेढ़ साल लग गये।

हमारे विद्यालय के हर क्षेत्र में काम ही काम था फिर चाहे विकास से सम्बन्धित हो या अनुशासन से सम्बन्धित हो। शिक्षण से सम्बन्धित हो या बाहरी लोगों, अभिभावकों व आगन्तुकों आदि के आवागमन से सम्बन्धित हो। मैंने वहाँ अपने शुरुआती दौर में देखा कि जिस तरह से चरागाह में आवारा पशु खुले विचरण करते हैं वही दशा विद्यालय के वातावरण की थी। विद्यालय परिसर को विकसित करने के साथ साथ पठन पाठन के स्तर को भी सुधारना था। सारे काम समानान्तर व समान गति से चल रहे थे। विद्यालय में शिक्षकों और विद्यार्थियों से सम्बन्धित अनुशासन की समस्या तो थी ही पर मेन गेट पर गार्ड के लगाने से उसमें काफी सुधार हुआ। बाहरी तत्वों का भी आवागमन सीमित तथा संयत हो गया। अब कोई भी अवांछित व्यक्ति विद्यालय में नहीं आ सकता था। यह संदेश पूरे क्षेत्र में पहुँच चुका था कि अब केन्द्रीय विद्यालय नं.2 अरमापुर में अनुशासन व शिक्षण के स्तर में गुणात्मक सुधार हुआ है।

वहाँ के अभिभावकों को यह विश्वास हो गया था कि नये प्राचार्य के आने से बच्चों का भविष्य सुरक्षित हो गया है। अब कोई भी बाहरी व्यक्ति सीधे किसी भी क्लास में नहीं जा सकता था। इस प्रवृति को नियंत्रित करने की आवश्यकता इसीलिए पड़ी क्योंकि जो भी आता था वह शिक्षक या बच्चे से मिलने के लिये सीधा क्लासरूम तक चला जाता था। इस कृत्य से उन सारी कक्षाओं का ध्यान उस ओर आकर्षित होता था जिन कक्षाओं के सामने से वह व्यक्ति निकल कर जाता था। मेरे इस कदम की आलोचना हुई और हर तरफ यही कहा गया कि इतनी सख्ती की क्या जरूरत है 'सेण्ट्रल स्कूल है कोई सेण्ट्रल जेल नहीं'। खैर कुछ दिनों तक तो आलोचनाओं का दौर चला परन्तु जब लोगों में यह संदेश पहुँचने लगा कि जो भी हो रहा है वह बच्चों के हित में ही है। वह सब कुछ तभी संभव हो पाया था जब बच्चों ने स्वयं अपने घरों में अपने माता पिता या संरक्षकों को विद्यालय में हुये अभूतपूर्व सुधार के बारे में बताया। इस तरह से विद्यालय की व्यवस्था और पढ़ाई लिखाई में गुणात्मक सुधार हो चुका था। इससे यह भी सिद्ध हो गया कि गलत संदेश जितनी जल्दी समाज में लोगों तक पहुँचता है उससे कहीं अधिक तेजी से अच्छाई का संदेश उन लोगों तक पहुँच जाता है।

जब अनुशासनात्मक रूप से शिक्षकों, विद्यार्थियों पर शिकंजा कसा गया तो विद्यार्थियों के अभिभावकों की ओर से तो विश्वास भाव प्रकट किया गया। अधिकतर शिक्षकों ने भी मेरे इस कदम की सराहना की और सच का साथ दिया परन्तु कुछ स्वेच्छाचारी शिक्षकों ने इसका विरोध किया। उन्होंने यह तर्क देते हुये विरोध किया था कि ऐसा तो कहीं नहीं होता है। मैंने तो ऐसा किसी भी केन्द्रीय विद्यालय में नहीं देखा है। पूरे स्टाफ का आकलन करने के पश्चात मैंने यह अनुभव किया कि किसी भी संस्था अथवा सामाजिक संगठन में तीन तरह के लोग होते हैं। एक तो वे जिनकी सोच सकारात्मक होती है। वे न तो कभी गलत करते हैं और न ही कभी गलत सोचते हैं। उनका ध्येय केवल सकारात्मकता का और निर्माणकारी होता है। ऐसे लोगों की संख्या कुल पाँच प्रतिशत होती है। दूसरे वे लोग होते हैं जिनकी सोच हमेशा नकारात्मक होती है वे कभी भी सही सोच ही नहीं सकते और न ही कभी अच्छा कर सकते हैं। नकारात्मकता ऐसे लोगों का आजीवन पीछा नहीं छोड़ पाती है। विध्वंश और विपर्यय में ही उनके प्राण बसते हैं। ऐसे लोग भी कुल पाँच प्रतिशत ही होते हैं। शेष तीसरे प्रकार के नब्बे प्रतिशत वे लोग होते हैं जो संस्था या समाज के प्रति उदासीन होते हैं परन्तु वे अपने स्वयं के प्रति अति चौकन्ने होते हैं। उन्हें इस बात का पता होता है कि जीत किसकी हो रही है। ऐसे लोगों को हारना पसन्द नहीं है और न ही वे अच्छे या बुरे से कोई परहेज करते हैं। वे तो जो जीतता या जीतने वाला (अच्छा या बुरा पाँच प्रतिशत इधर या उधर) होता है उसी के पक्ष में समर्थन दे कर उसे पच्चानवे प्रतिशत का स्वामी बना देते हैं। यह फार्मूला फोर्स के लिये लागू नहीं होता है।

इसे अधिक स्पष्टता से समझने के लिये गणित की नम्बर लाइन का उदाहरण लिया जा सकता है अर्थात नम्बर लाइन पर जीरो से दायीं ओर सकारात्मक (पोजिटिव) सोच वाले पाँच प्रतिशत लोग होते हैं। उसी प्रकार जीरो से बायीं ओर नकारात्मक (निगेटिव) सोच वाले भी पाँच प्रतिशत ही लोग होते हैं। ऐसे लोग अपनी जगह से टस से मस नहीं होते हैं अर्थात उनमें कोई परिवर्तन सम्भव नहीं होता है। शेष नब्बे प्रतिशत लोग कूड़े के ढेर की तरह जीरो पर पड़े रहते हैं। वे केवल यही आकलन करते रहते हैं कि जीत किसकी हो रही है? क्या जीत सकारात्मक सोच वालों की हो रही है अथवा नकारात्मक सोच वालों की हो रही है? उनमें जिस किसी की भी जीत की संभावना होती है वे उसी ओर लुढ़क कर उसकी संख्या बढ़ा कर पच्चानवे प्रतिशत कर देते हैं। इसे यों भी कह सकते हैं कि नब्बे प्रतिशत लोग कूड़े के ढेर की मानिन्द संवेदनहीन होते हैं जिन्हें न तो बुरे से कोई परहेज है और न अच्छे से ही कोई मतलब

है। वे अपने में परिवर्तन भी नहीं लाना चाहते हैं और वे जिस हालत में पड़े हैं बस उसी में संतुष्ट रहते हैं। यहाँ पर एक तथ्य आश्चर्यजनक परन्तु सत्य है कि पॉजिटिव सोच वाले पाँच प्रतिशत लोग ब्राह्मण वर्ग के लोग थे जिनमें बी.एस. पाण्डेय, आर.एन. मिश्रा, साधना चतुर्वेदी, सुमन मिश्रा, रंजना त्रिपाठी, शालिनी दीक्षित, सुनिती खन्ना, एस.सी. गुप्ता जैसे लोग थे। साथ ही निगेटिव सोच वाले पाँच प्रतिशत लोग भी ज्यादातर ब्राह्मण ही थे जिनका नाम यथावसर आता ही रहेगा। शेष लोग नब्बे प्रतिशत कि श्रेणी वाले ही थे।

विद्यालय के वातावरण और व्यवस्था में आमूल चूल परिवर्तन हो चुका था जो पूरे कानपुर के सभी केन्द्रीय विद्यालयों के लिये एक नज़ीर के रूप में दर्ज हुआ। मेंन गेट पर गार्ड रूम बनवा कर गार्ड तैनात करना। सम्पूर्ण विद्यालय भवन की आकर्षक साज सज्जा होना। विद्यालय के प्ले ग्राउंड का रखरखाव होना। आवासीय परिसर का रखरखाव होना। विद्यालय बाउंड्रीवाल के साथ अन्दर व बाहर साफ सफाई होना। लगाये हुये तमाम वृक्षों का हरा भरा होना। कई लॉनों का विकसित होना। यह सब कुछ कराये गये कार्यों का गवाह बना जो कानपुर के सभी केन्द्रीय विद्यालयों के लिये दिशा बोधक बना।

अब मेंन गेट के सामने स्लाटर हाउस (बूचड़खाना) बचा रहा गया था। वह विद्यालय के लिये चाँद में धब्बे की तरह दिख रहा था। उसे हटवाने के लिये ओ.एफ.सी. प्रशासन से कई बार सम्पर्क करना पड़ा। इस काम के लिये ही मुझे उनसे महीने में कम से कम दो बार मिलना पड़ता था। अन्ततः ओ.एफ.सी. के जी.एम. को मैं अपनी बात मनवाने में सफल हो गया। उन्होंने वह स्लाटर हाउस (बूचड़खाना) तोड़वा दिया और उसका सारा मलवा भी वहाँ से हटवा दिया। अब विद्यालय फ्रंट साफ सुथरा हो चुका था।

उसके बाद मैंने विद्यालय मेंन गेट से आगे की ओर जाने वाली सार्वजनिक रोड तक उसके दोनों तरफ दो दो मीटर पर छायादार वृक्ष लगवा दिये। अब विद्यालय का दृश्य अन्दर से बाहर तक आकर्षक लगने लगा था। इतना करने के बाद उस परिवेश के लोगों का विद्यालय के प्रति लगाव बढ़ गया था। अब लोग सुन्दर विकसित लान तथा फुलवारी देखने के लिये लालायित होने लगे। महीने के अन्त में पी.टी.ए. मीटिंग में जहाँ पैरेंट्स झाँकते नहीं थे अब वे मीटिंग के दिन बड़ी संख्या में आने लगे। मीटिंग के दिन मैं उनके लिये चाय बिस्कुट की भी व्यवस्था करता था। मेरा यह प्रयास भी दूसरे केन्द्रीय विद्यालयों के लिये प्रेरक सिद्ध हुआ।

इतना सब कुछ हो पाने के बाद ही वह विद्यालय गरिमामय स्तर पर पहुँच पाया। कुछ महीनों बाद ही केन्द्रीय विद्यालय नं.1 अरमापुर के प्राचार्य श्री एस.बी. लाल का ट्रांसफर हो गया और उनके जाने के बाद उस स्थान पर श्री आर.पी. मिश्रा आये। पारम्परिक तौर पर मैं उनको वी.एम.सी. चेयरमैन के पास कार्यभार ग्रहण कराने हेतु ले गया था। वहाँ ज्वाइनिंग रिपोर्ट देने के बाद हम दोनों लोग वापस आ गये। उसके बाद महीने में तीन या चार बार मिश्रा जी हमारे विद्यालय में आते रहे। वे मेरे द्वारा कराये हुये काम को देखते समझते रहे। कुछेक महीने काम समझने के पश्चात उन्होनें भी अपने विद्यालय में ताबड़ तोड़ काम कराना शुरू कर दिया। उनका ध्येय, श्रेय और प्रेय केवल और केवल उनके अपने लिये था। उदाहरण के तौर पर उन्होंने कैंटीन के लिये शेड बनवाया तो उसका ही उद्घाटन करवा के अपने नाम का पत्थर लगवा दिया। एक लॉन बनवाया तो उसका भी उद्घाटन करवा के अपने नाम का पत्थर लगवा दिया। कोई कार्नर तैयार करवाया तो उसका भी अपने नाम का एक पत्थर लगवा दिया। कहने का तात्पर्य यह कि उन्होंने जो भी छोटा या बड़ा काम करवाया उसका अपने नाम से शिलापट्ट अवश्य लगवा दिया ताकि उस किये हुये काम का श्रेय कोई दूसरा न ले सके। लगभग दो वर्ष के कार्यकाल के दौरान उन्होंने कई काम करवाये। उतने ही समय में उन्होंने कुछ स्वेच्छाचारी और अनुशासनहीन शिक्षकों को अनुशासनात्मक कार्यवाही करके दण्डित भी करवा दिया। मिश्राजी ने भी अर्मापुर एस्टेट में प्राचार्य के रूप में अपने काम के माध्यम से अपनी उपस्थिति दर्ज करवायी। उनका लक्ष्य था मेरे विद्यालय के स्तर की बराबरी करना परन्तु उतनी ऊँचाई पर नहीं पहुँच पाये। यद्यपि उस क्षेत्र के लोग तुलना अवश्य करने लगे थे। उसके बाद उन लोगों का आकलन यही होता था कि केन्द्रीय विद्यालय नं.2 के सापेक्ष केन्द्रीय विद्यालय नं.1 कहीं नहीं ठहरता।

जब मैंने इतना सब कुछ करवा दिया उसके बाद मिश्रा जी की शिलापट्ट कल्चर को देखते हुये मेरे भी मन में विचार आया कि क्यों न मैं भी अपने नाम का एक पत्थर ऐसा लगवाऊँ ताकि जब तक विद्यालय भवन रहे तब तक वह शिलापट्ट बना रहे। इसको ध्यान में रखते हुये मैंने डॉ. एम.एस. वर्मा तत्कालीन सहायक आयुक्त लखनऊ संभाग को सम्पर्क साधा। उनसे विद्यालय भवन के उद्घाटन हेतु कमिश्नर केन्द्रीय विद्यालय संगठन श्री एच.एम. कैरे (श्री हर्ष महान कैरे) से निवेदन करने को कहा। मेरे आग्रह को स्वीकार करते हुये उन्होंने कैरे साहब को विद्यालय का उद्घाटन करने के लिये राजी कर लिया तथा दिन तिथि नियत कर दी गयी। मैंने उसी के

अनुरूप विद्यालय भवन के उद्घाटन के लिये शिलापट्ट तैयार करवाया। वह शिलापट्ट एंट्रेंस हाल में गेट के साथ वाली पश्चिमी दीवार में लगवा दिया। केन्द्रीय विद्यालय संगठन प्रमुख श्री कैरे साहब नियत तिथि 24.11.2001 को पूर्वाह्न विद्यालय में पधारे। उनके साथ में सहायक आयुक्त केंद्रीय विद्यालय संगठन लखनऊ संभाग डॉ एम.एस. वर्मा भी थे। उन्होंने उद्घाटन से पहले घूम-घूम कर पूरे विद्यालय परिसर के कोने-कोने का अवलोकन किया। उस वक्त डॉ. एम.एस. वर्मा सहायक आयुक्त जो उनके साथ थे वे कैरे साहब को विद्यालय की शुरुआती दशा के बारे में भी बताते जाते थे। जिससे यह साफ तौर पर स्पष्ट होता चला गया कि किस युद्ध स्तर पर विद्यालय परिसर का विकास कार्य करवाया गया।

कैरे साहब शायद ही किसी के काम से प्रसन्न होते हों परन्तु वे मेरे द्वारा कराये गये काम से पूर्णतः संतुष्ट नजर आये। तत्पश्चात भवन का उद्घाटन धूमधाम के साथ समारोह पूर्वक हुआ। उस अवसर पर कई गणमान्य हस्तियाँ उपस्थित थीं। माननीय एच.एम. कैरे जिन्होंने उद्घाटन किया था, डॉ. एम.एस. वर्मा सहायक आयुक्त जिनके प्रयास से समारोह संभव हुआ था और प्रतिनिधि जनरल मैनेजर ओ.एफ.सी. एवं अन्य गणमान्य अतिथि उस अवसर पर उपस्थित थे।

उद्घाटन के पश्चात सभी अतिथियों के साथ मुख्य अतिथि कैरे साहब को मैं अपने प्राचार्य कक्ष में ले गया। कक्ष में घुसते ही कैरे साहब के मुँह से निकला प्राचार्य का इतना बड़ा कमरा! अन्दर पहुँच कर जब उन्होंने रेड कार्पेट, दो सेट सोफे और एसी लगा हुआ देखा। वह सब कुछ देखकर वे काफी प्रभावित हुये। वहाँ बैठा कर मैंने उन्हें चाय नाश्ता करवाया। तत्पश्चात मैंने उनसे विजिटर्स बुक पर आशीर्वाद स्वरूप दो शब्द लिखने का निवेदन किया।

उन्होंने मेरे निवेदन को स्वीकार करते हुये प्रशंसा में केवल एक वाक्य लिखा था। जो शायद ही उन्होंने किसी के लिये कभी लिखा हो। उन्होंने यों लिखा था कि **'Commendable efforts so far as up keep is concerned'**. इसी प्रकार डॉ. एम.एस. वर्मा साहब ने भी लिखा था। डॉ. वर्मा साहब ने तो चलते चलते मुझसे यह भी पूछा था कि राम चन्द जी यह तो बताओ कि इतने बड़े कैम्पस में यह विकास कार्य आपने किस कोने से शुरू कराया था? क्योंकि जब मैं पहली बार यहाँ पर आया था तब मेंन गेट के अन्दर तक घुसने का साफ सुथरा रास्ता नहीं था। उस समय मुझे गेट पर ही नारियल फोड़ कर वापस जाना पड़ा था। वे उद्घाटन के उस अवसर पर अत्यधिक प्रसन्न थे। इस प्रकार विद्यालय में उद्घाटन कार्यक्रम पूरा हुआ। अतिथियों

का लंच केन्द्रीय विद्यालय नं.1 अर्मापुर में नियत था। अतः हम अतिथियों के साथ सभी लोग वहाँ गये और लंच किया। वहाँ से पूरी टीम केन्द्रीय विद्यालय कानपुर कैंट के लिये रवाना हुयी। उन सभी लोगों के साथ मैं भी था। मैंने अवसर पा कर कैरे साहब से कहा सर, चेयरमैन या उनके नामिनी सहहस्ताक्षरी के तौर पर चेक साइन करने में मुश्किलें खड़ी करते हैं। उस समय कोसिग्नेटरी चेयरमैन हुआ करता था। कैरे साहब ने मुझसे तुरंत कहा कौन चेयरमैन है अभी बदल देता हूँ। तब मैंने उनसे निवेदन किया कि सर चैयरमैन बदलना समाधान नहीं है। इसका तो समाधान यही हो सकता है कि चेक पर सहहस्ताक्षरी विद्यालय का उप प्राचार्य हो और उसकी अनुपस्थिति में सीनियर पीजीटी हो। उन्होंने मेरी यह बात ध्यान में रखी और कार्यवाही करने का आश्वासन दिया। अब हम सभी लोग केन्द्रीय विद्यालय कानपुर कैंट पहुँच चुके थे। वहाँ पर भी पहुँच कर कैरे साहब ने पूरे विद्यालय का भ्रमण किया। कई जगह विद्यालय भवन में टूट फूट तथा घटिया रखरखाव देखा। वह देखकर उन्होंने वहाँ के प्राचार्य से नाराजगी जतायी। उस समय उस विद्यालय के प्राचार्य श्री ए.एन. सक्सेना थे। वहाँ से सभी लोग कानपुर के अन्य विद्यालयों में चले गये लेकिन मैं वहीं से वापस अपने विद्यालय आ गया।

कैरे साहब ने दिल्ली मुख्यालय पहुँचते ही पहला काम यही किया। उन्होंने चेक में चेयरमैन कोसिग्नेटरी/सहहस्ताक्षरी की जगह पर विद्यालय का वाइस प्रिंसिपल या सीनियर पीजीटी को बना दिया। उसे सहहस्ताक्षरी के रूप में प्राचार्य के द्वारा अधिकृत करने का आदेश भी पारित करके पूरे देश में भेज दिया। उनके इस आदेश से संगठन के प्राचार्यों को चेयरमैन द्वारा होने वाले विलम्ब से मुक्ति मिल गयी। मेरे कार्यभार ग्रहण करने के मात्र सोलह सत्रह महीनों में ही विद्यालय का कायाकल्प कैसे हो पाया अब यह अनुमान लगाना कठिन नहीं है।

एक कहावत है कि काम केवल करने वालों के लिये ही होता है निकम्मों के लिये कभी कोई काम नहीं होता है। यह कहावत उस विद्यालय में ठीक मेरे लिये चरितार्थ होती थी क्योंकि मेरे पहुँचने से पहले वहाँ एक ही सिद्धान्त काम करता था कि जो जहाँ जैसा है उसे वहाँ वैसा ही पड़ा रहने दो। माना कि वह विद्यालय नवनिर्मित भवन में शिफ्ट किया गया था जिसे विकसित करने के लिये ज्यादा समय की आवश्यकता थी। परन्तु विद्यालय जहाँ पुराने भवन में चल रहा था वहाँ भी तो पर्याप्त और अच्छे फर्नीचर आदि की आवश्यकता थी लेकिन वहाँ भी बच्चों व स्टाफ के लिये अच्छा व पर्याप्त फर्नीचर नहीं था। यहाँ तक कि कार्यालय, लैबोरेटोरीज व लाइब्रेरी आदि का भी पर्याप्त फर्नीचर नहीं था। गुणवत्तापरक फर्नीचर की तो बात ही छोड़

दीजिये। मैंने सबसे पहले प्राथमिकता के आधार पर विद्यार्थियों के लिये फर्नीचर की व्यवस्था की जिसके लिये पुराना फर्नीचर रिपेयर करवाया और विभागीय ग्रांट के अनुसार फर्नीचर खरीद की योजना बनायी। फर्नीचर के लिये मय सेम्पल के कोटेशन मँगवाये। सीमित तीन कोटेशन मँगवाने के स्थान पर समाचारपत्रों में ओपेन टेंडर दिया। इस प्रक्रिया से तमाम फर्मों को अपनी गुणवत्ता दिखाने का अवसर मिला। परिणामतः समुचित दर पर बहुत अच्छा सामान आया। तत्पश्चात पुस्तकालय के लिये संस्कृत, हिन्दी, अंग्रेजी व अन्य विषयों की पुस्तकें खरीदीं। जिनमें विभिन्न विधाओं की पुस्तकें संदर्भ ग्रन्थ, थिसारस और शब्दकोष आदि शामिल थे। खेलकूद आदि की सामग्री खरीदी। प्रयोगशालाओं के लिये अद्यतन उपकरण और अपेक्षाओं के अनुरूप साल्ट केमिकल आदि खरीदे। निर्धारित विभागीय क्रय प्रक्रिया विद्यालय में उपलब्ध ग्रांट के अनुसार अपनायी गयी। यह प्रक्रिया लगातार तीन साल तक चलती रही और विद्यालय के हर विभाग में पर्याप्त क्रय किया गया जिससे विद्यालय के हर विभाग में आवश्यकता के अनुरूप अद्यतन सामग्री और नया फर्नीचर हो चुका था। अब पूरे विद्यालय में भौतिक संसाधनों की कोई कमी नहीं रह गयी थी। अन्त में जो कुछ थोड़ा सा टूट फूटा अनुपयोगी फर्नीचर बचा था उसकी भी नियमानुसार कबाड़ के तौर पर नीलामी कर दी गयी थी।

उक्त कार्य होने के बाद भी विद्यालय में बरसाती पानी का उचित निकास नहीं था। एम.ई.एस. के इंजीनियर्स ने पूरे भवन की छतों से उतरने वाले वर्षा जल को बाहर जाने की व्यवस्था नहीं की थी। जब इस सम्बन्ध में उनसे पूछा गया तो उन्होंने यही तर्क दिया कि बड़ा सा कच्चा ग्राउंड है ही इसीलिये बाहर की ओर कोई बड़ी नाली नहीं बनाई गयी। अन्ततः एम.ई.एस. से उस काम को पूरा करने की कोई उम्मीद नहीं रह गयी थी। अतः वह काम भी मुझे ही विद्यालय स्तर पर पूरा करवाना पड़ा। इतना सब कुछ होने के बाद विद्यालय परिसर में अब केवल रखरखाव का ही काम शेष रह गया था। इसके लिये परिसर में प्ले ग्राउंड के चारों कोनों तक पानी का छिड़काव अथवा सिंचन संभव नहीं था। इसलिए विद्यालय परिसर की पश्चिमी बाउंड्रीवाल के निकट मध्य में एक दूसरी बोरिंग करवानी पड़ी। अब परिसर के चप्पे चप्पे में पानी की सुविधा हो चुकी थी। जिससे जितने भी लान बने हुये थे, दो हजार वृक्ष लगे हुये थे उन सभी के लिये पानी की समुचित व्यवस्था हो चुकी थी।

इसके बाद भी कुछ काम शेष रहे गये थे यथा विद्यालय भवन में पहली मंजिल पर दीवार में पड़ी दरारें ठीक कराना। विद्यालय के ओवरहेड टैंक का लीकेज ठीक कराना। टैंक की साफ-सफाई के लिये ऊपर चढ़ने के लिये सीढ़ी बनवाना। इन कामों

में काफी रिस्क थी। साथ ही साथ काफी धनराशि की भी आवश्यकता थी। संयोग से उसी वक्त विद्यालय भवन निर्माण की बकाया धनराशि दस लाख रुपये बिल्डर को भुगतान के लिये विद्यालय में भेजी गयी। जिसके भुगतान के लिये निर्देशित किया गया था कि विद्यालय की ओर से यूपी पी.डब्ल्यू.डी. के इंजीनियर से बिल्डिंग का कम्पलीशन सर्टिफिकेट लिया जाये। तत्पश्चात एम.ई.एस. के माध्यम से बिल्डर को भुगतान कर दिया जाये। जब भवन का मुआयना करावाया गया तब पता चला कि उक्त कमियों के अलावा क्लास रूम्स में पंखे नार्म्स के हिसाब से नहीं लगे हैं और जो पंखे लगे हुये थे वे अलग अलग कम्पनियों के कई आकार व रंग के लगाये गये थे। जब बिल्डर ने विद्यालय में अपने भुगतान के लिये सम्पर्क किया तो उसको विद्यालय का बकाया काम करने के लिये कहा गया। विद्यालय के बरामदे की दीवारों में पड़ी हुयी दरारें ठीक करवायीं। क्लास रूम्स में पंखे और ट्यूब लाइट भी बदलावा दिये परन्तु ओवरहेड टैंक का लीकेज व अन्य कमियाँ ठीक नहीं हो पायीं। जब उसको ठीक करने के लिये कहा गया तो उसने मना कर दिया फिर भी अब विद्यालय भवन निरापद हो चुका था।

केन्द्रीय विद्यालय नं.1 व नं.2 दोनों विद्यालयों में तीनों स्ट्रीम (मानविकी, विज्ञान व वाणिज्य) की पढ़ाई चल रही थी। हमारे विद्यालय में प्री प्राइमरी क्लास भी चल रहा था। उस समय दोनों विद्यालयों के लिये वाणिज्य स्ट्रीम (Commerce Stream) के बच्चे पूरे नहीं हो पा रहे थे। इसलिये संगठन की ओर से दोनों विद्यालयों में से एक में वाणिज्य स्ट्रीम चलाने की बात आयी। दोनों विद्यालयों के प्राचार्यों से राय ली गयी। केन्द्रीय विद्यालय नं.1 के प्राचार्य महोदय ने अपने यहाँ कामर्स स्ट्रीम बन्द करने का निर्णय लिया। हमारे यहाँ कामर्स स्ट्रीम जारी रही। इस प्रकार उन दोनों विद्यालयों में से हमारा विद्यालय बड़ा हो गया। उस पूरे अर्मापुर एस्टेट के लोगों का रुझान हमारे विद्यालय की ओर बढ़ गया था। उन दिनों कानपुर के नौ केन्द्रीय विद्यालयों में से केवल दो विद्यालयों में प्री प्राइमरी क्लास था। एक हमारे यहाँ और दूसरा केन्द्रीय विद्यालय कैंट कानपुर में था। अब हमारा विद्यालय कानपुर के नौ केन्द्रीय विद्यालयों में सर्वश्रेष्ठ था जो पढ़ाई के साथ-साथ खेलकूद में भी आगे था। प्ले ग्राउंड और भौतिक संसाधनों में तो कानपुर क्या लखनऊ संभाग के सभी सत्तावन विद्यालयों में से सर्वश्रेष्ठ था। उस समय आयोजित किये जाने वाले रीजनल व नेशनल स्पोर्ट्स मीट में एथलेटिक्स और इंडोर इवेंट्स का वेन्यू हमारे विद्यालय में ही रखा जाता था। यह क्रम जब तक मैं वहाँ रहा तब तक सालों साल लगातार चलता रहा।

संभवतः 2001-2002 का सत्र रहा होगा। विद्यालय में कम्प्यूटर लैब स्थापित होनी थी। जिसके लिये संगठन मुख्यालय से पच्चीस लाख रुपये की ग्रांट विद्यालय में आयी थी। विभागीय निर्देशों के अनुरूप कम्प्यूटर लैब स्थापित की गयी। इसके लिये टेंडर आदि की समस्त औपचारिकतायें पूरी की गयीं। निर्देशानुसार कम्प्यूटर प्रोसिसिंग यूनिट, ऑपरेटिंग सिस्टम, सर्वर, मॉनिटर, यू.पी.एस. आदि का क्रय किया गया साथ ही ए.सी. और फर्नीचर का भी क्रय किया गया। इस प्रकार गुणवत्ता युक्त कम्प्यूटर लैब की स्थापना हो गयी।

सन 2001 के अन्त तक पढ़ाई व खेलकूद में हमारा विद्यालय संभाग के प्रथम दस विद्यालयों में आ चुका था। इसके अलावा विज्ञान प्रदर्शनी, समाजिक विज्ञान प्रदर्शनी व स्काउटिंग में भी हमारा विद्यालय आगे था। इसके बावजूद भी एक बात आश्चर्यजनक किन्तु सत्य थी कि इतनी बड़ी प्रगति भिन्न प्रकृति वालों को रास नहीं आ रही थी। मसलन ऑडिट वालों को तो विद्यालय की प्रगति दिख ही नहीं रही थी। उनको खरीदे गये सामान की गुणवत्ता भी नहीं दिख रही थी। वे तो बस परचेज की कीमत के अनुपात में अपना शेयर ढूँढ रहे थे। उन्होंने कहा कि कम्प्यूटर लैब में यू.पी.एस. और फर्नीचर की खरीद में गड़बड़ी है। इसके जवाब में मुझे यही कहना पड़ा कि आपके लखनऊ संभाग के ही कई विद्यालयों में यही यू.पी.एस. ₹7200/- रुपये में खरीदा गया है वही यू.पी.एस. हमारे यहाँ पर ₹2700/- रुपये में खरीदा गया है। इस पर वे इतना ही बोल सके कि आपको महँगा खरीदने के लिये किसने मना किया था? उनका आशय तथा संकेत मेरी समझ से परे थे, परिणामतः मुझे काफी कुछ झेलना पड़ा जिसका जिक्र मैं समय समय पर करता रहूँगा।

जैसा मैं पहले भी कह चुका हूँ कि जो जैसा जहाँ चल रहा है वो वहाँ वैसा ही चलने दीजिये। तब आप बिना मान प्रतिष्ठा और पहचान के माटी के मदार की तरह पड़े रहिये कभी कोई आपको छेड़ेगा नहीं लेकिन जिस सामाजिक दायित्व को पूरा करने के लिये आपको पदासीन किया गया है उसकी पूर्ति आप कदापि नहीं कर सकते है। अर्थात ऐसा व्यक्ति सामाजिक कलंक होता है जो अपने कर्तव्यों का निष्ठापूर्वक निर्वाह नहीं करता है।

उस विद्यालय में मुझे तमाम तरह की चुनौतियाँ विरासत में मिलीं थीं। उनमें से काफी चुनौतियों का जिक्र मैं पहले ही कर चुका हूँ। जिनका मैंने डटकर मुकाबला किया और उन पर विजय भी पायी। कुछ चुनौतियाँ ऐसी भी होती हैं जो समाज से जातीय आधार पर प्राप्त होती हैं। जिसमें उस व्यक्ति का कोई दोष नहीं होता है। कुछ लोग

जातीयता का दंश न झेलना पड़े इसलिये वे अपनी जाति छिपा लेते हैं या अपना उपनाम बदल लेते हैं। लेकिन सबसे बड़ी विसंगति यही है कि जब कोई व्यक्ति सिविल सर्विसेस के विभागों में ज्वाइन करता है तो उसके वहाँ पहुँचने से पहले ही उसकी जाति पहुँच जाती है। तब उसे सामान्य स्थिति से कहीं ज्यादा मुश्किलों का सामना करना पड़ता है। यह भी सत्य है कि विषम परिस्थितियों में भी उस व्यक्ति को सामाजिक सुरक्षा नहीं मिलती है।

जब कि सवर्ण समाज के व्यक्ति को हर तरह से सामाजिक सुरक्षा मिलती है फिर चाहे वो चारित्रिक दृष्टि से कितना ही गलीज और पतित क्यों न हो। उसके बावजूद भी उसे पूरा सम्मान मिलता है। मेरे बारे में विद्यालय के स्टाफ और परिवेश में सभी को पता चल गया था फिर भी मेरे काम को और काम करने की शैली को जब लोगों ने समझ लिया तब किसी भी व्यक्ति को मेरा सामना करने की हिम्मत नहीं हुयी। यद्यपि वे सभी मेरी कमजोरियों को पकड़ने का प्रयास करते रहते थे। साथ ही पीठ पीछे मेरी बुराई करने में भी लगे रहते थे परन्तु मेरी दृढ़ता के समक्ष उनकी एक न चली। अन्ततः कोई भी नियत कार्य में बाधक नहीं बन पाया। यद्यपि वे अपने कुत्सित प्रयास में सतत प्रयत्नशील रहते थे।

प्रति वर्ष एक बार मुझे काफी असहज महसूस होता था जब विद्यालय में कक्षा एक से लेकर अन्य कक्षाओं में एडमिशन होते थे। उस क्षेत्र में एडमिशन करवाने के लिये कई रैकेट (माफिया) काम करते थे। उनको नियम कानून की कोई परवाह नहीं थी। बस जैसे भी हो उनके ग्राहक के पालित का एडमिशन हो। ऐसा महसूस होता था कि विद्यालय के अन्दर के लोग भी ऐसे लोगों के साथ मिले हुये थे। इस काम के लिये उन्हें भी उनका हिस्सा मिलता था।

मुझे पता लगा कि कुछ वर्ष पूर्व केन्द्रीय विद्यालय अरमापुर नं.1 और नं.2 के प्राचार्यों में रुपये लेकर एडमिशन करने की होड़ चलती थी। सुना जाता है कि उस समय सन 1990 के आस पास एक एडमिशन के रेट पाँच हजार रुपये होते थे। यदि दोनों प्राचार्यों में से कोई भी एक उस रकम से ज्यादा वसूल करता तो दूसरा भी अपने रेट बढ़ देता था। संयोग से दोनों विद्यालयों के प्रचार्य ब्राह्मण ही थे। कमाल की बात तो यह थी कि ऐसे लोगों के पास मिलने के लिये जो भी लोग जाते थे वे वहाँ पहुँचते ही उनके पैर छूते थे और जब वापस आते थे तब भी उनके पैर छूते थे। वे महान लोग अब इस दुनिया में नहीं हैं। उन्हीं लोगों के समय दोनों विद्यालयों में काफी लोग दलाली का धन्धा करने लगे थे। यद्यपि विद्यालयों के अन्दर ऐसे लोगों की संख्या कम

थी फिर भी कुछ लोग तो थे जो उस सीजन का भरपूर लाभ उठाते थे। इस बात का जिक्र मैंने इसलिये किया क्योंकि ऐसे लोगों का उल्लू जब मुझसे सीधा नहीं हुआ तो उन्होंने विभागीय अधिकारियों को मेरे खिलाफ पैसे लेकर एडमीशन करने के बेनामी शिकायती पत्र भेजना शुरू कर दिया। इतना ही नही बल्कि समाचार पत्रों में भी मेरे विरुद्ध शिकायतें भेजना और छपवाना शुरू कर दिया।

उसके बाद तो कानपुर के दैनिक जागरण, आज और अमर उजाला में आये दिन मेरे खिलाफ समाचार छापे जाते थे। यहाँ तक कि आधा आधा पेज केवल मेरे ही खिलाफ समाचार छापते थे। उस क्षेत्र के तथा स्टाफ के कुछ बद दिमाग लोग यहीं पर नहीं रुके। उन्होंने पेपर कटिंग लगाते हुये संभागीय कार्यालय लखनऊ को बेनामी शिकायती पत्र भेजे और ऐसे ही पत्र केन्द्रीय विद्यालय संगठन मुख्यालय दिल्ली के लिये भी भेजना शुरू कर दिया। जिसके परिणाम स्वरूप हर स्तर से मेरे विरुद्ध जाँच के आदेश पारित होते रहे और समय समय पर जाँच कमेटियाँ आती रहीं। लोगों का केवल एक ही लक्ष्य था कि वे किसी तरह से हमारा मनोबल गिरा पायें। इस षड्यंत्र में ओ.एफ.सी. के कुछ अधिकारी भी शामिल थे। अर्मापुर एस्टेट के तथाकथित कांग्रेस और अन्य पार्टियों के छुटभैये नेता भी उसी कतार में खड़े थे। ओ.एफ.सी., एस.ए.एफ. और फील्ड गन फैक्ट्री कानपुर के ट्रेड यूनियनों के पदाधिकारी भी इन षडयंत्रों में शामिल थे। हमारे विद्यालय स्टाफ के ब्राह्मण कम्युनिटी के नब्बे प्रतिशत सदस्य भी इसमें शामिल थे। उन लोगों की शिकायतों में मुख्य मुद्दा था कि यह प्रिंसिपल बिना रिश्वत के एडमिशन नहीं करता है। विद्यालय में जितना भी विकास कार्य करवाया गया है उसमें बहुत पैसा खाया है। विद्यालय में पच्चीस लाख रुपये से जो कम्प्यूटर लैब तैयार की गयी है उसमें आधा रुपया खा लिया है। विद्यालय की गुलाब वाटिका लाखों रुपये लगा कर तैयार करायी गयी है। पुस्तकालय में जो पुस्तकों की खरीद की गयी है उसमें भी कमीशन खाया है।

इसके साथ ही एक घटना घटित हुयी जो भुलाई नहीं जा सकती है। मेरे विद्यालय में ज्वाइनिंग के लगभग दूसरे ही वर्ष में एक व्यक्ति से मेरी मुलाकात हुयी। जिसका नाम था इरफान खान। वह ओ.एफ.सी. के अधिकारियों के मिलन के दौर में ही उन्हीं के माध्यम से मुझे मिला था। वह व्यक्ति चाल ढाल और व्यवहार वार्तालाप में मुझे कुछ भरोसे का लगा। उससे मेरी निकटता बढ़ती चली गयी। परिणामतः हम लोग मित्रवत व्यवहार करने लगे। अब मैं उस पर काफी भरोसा करने लगा था। वह व्यक्ति भी पहले कभी ओ.एफ.सी. में कर्मचारी के तौर पर रह चुका था। जिसके

आधार पर उसने ओ.एफ.सी. के कर्मचारी के रूप में अपने दो बच्चों का एडमिशन करा लिया था। शायद वह तब भी ओ.एफ.सी. के स्टाफ से मिला हुआ था। बच्चे भी उसके इतने होशियार थे कि उन्होंने कभी भी यह आभास नहीं होने दिया कि वे इरफान खान के बच्चे हैं। इरफान खान ने भी कभी मुझे यह महसूस नहीं होने दिया कि वो कोई फरेबी व्यक्ति है।

मुझे आश्चर्य हुआ जब एक दिन अनायास ही दैनिक जागरण अखबार का रिपोर्टर आ धमका। शायद वह 2002 का अक्टूबर माह रहा होगा। वह मेरे पास आया और सीधे सीधे बिना लागलपेट के बोला, प्रिंसिपल साहब आपके विरुद्ध रिश्वत लेने की काफी शिकायतें मिल रही हैं और वह भी लाखों की नहीं करोड़ों की हैं। मैंने उससे पूछा कितने करोड़ रुपये रिश्वत की शिकायत मिली? वह बोला यही कोई चार करोड़ रुपये की। मैंने कहा फिर तो यह स्टोरी आपको अपने पेपर में छाप देनी चाहिये थी। तब वह बोला कि मुझे इस खबर के सत्यापन के लिये भेजा गया है कृपया आप बतायें कि आपके अनुसार वास्तविकता क्या है?

मैंने उससे कहा सुनो चार करोड़ की रकम शायद आपके लिये छोटी होगी। परन्तु मेरे हिसाब से इतनी रकम का पूरा विद्यालय नहीं होगा। मैं बताता हूँ कैसे? विद्यालय का पूरा पन्द्रह एकड़ का परिसर मात्र एक रुपया की लीज पर है जो भारतीय रक्षा मंत्रालय से केन्द्रीय विद्यालय संगठन को निन्यानवे साल के लिये लीज पर मिला है। करीब दो करोड़ रुपये लागत की बिल्डिंग बनी है जो मेरे आने से पहले बन चुकी थी। पूरे विद्यालय में सारे एसेट अर्थात सम्पूर्ण विद्यालय का फर्नीचर व अन्य सभी विभागों का पूरा सामान एक करोड़ रुपये का नहीं होगा। अधिकांशतः सामान मेरे आने से पहले का ही खरीदा हुआ है।

हाँ, मेरे द्वारा दो साल में सभी विभागों के लिये कुल सामान बमुश्किल चालीस लाख का खरीदा गया होगा। जिसमें पच्चीस लाख रुपये की दो कम्प्यूटर प्रयोगशालायें भी सम्मिलित हैं और पूरे विद्यालय परिसर के विकास कार्यों में भी लगभग पन्द्रह लाख रुपये व्यय हुये होंगे। यदि सत्यापन की नौबत आ जाये तो जो सामान विद्यालय में क्रय किया गया है उसके मूल्यों व बाजार के मूल्यों का तुलनात्मक आकलन करवाया जा सकता है। जब पूरे विद्यालय में सभी मदों की खरीद और विकास कार्यों को मिलाकर कुल रकम साठ लाख नहीं हो रही है तो फिर महाशय बताइये कि मुझे चार करोड़ की रिश्वत कहाँ से मिली और किसने दी। यह सब कुछ सुन कर वह असहज होते हुये अपना सा मुँह ले कर वापस चला गया।

उस समय आये दिन उच्चाधिकारियों को कोई न कोई शिकायत भेजी जाती थी और लगातार जाँच पर जाँच चलती रहती थी। कभी एडमिशन में रुपये लेने की शिकायत पर तो कभी विद्यालय के विकास कार्यों में रुपये लेने की शिकायत पर। एक शिकायत विद्यालय में गुलाब की क्यारियाँ लगाने के सम्बन्ध में की गयी जिसमें आरोप था कि महज गुलाब लगवाने में ही अस्सी हजार रुपये के बाउचर लगा कर धनराशि हड़प ली गयी। संभागीय कार्यालय लखनऊ की ओर से तत्कालीन शिक्षा अधिकारी श्री ए.के. वाजपेयी ने मुझसे तमाम बिल बाउचर की फोंटो कापी लगाते हुये तत्काल प्रभाव से स्पष्टीकरण माँग लिया। अतः मैंने बिल बाउचर के साथ अपना स्पष्टीकरण लिखित रूप से उनको प्रस्तुत कर दिया था। जिस काम के लिये अस्सी हजार रुपये व्यय की शिकायत की गयी थी उस काम में मात्र छः हजार रुपये लागत के रूप में खर्च हुये थे। यह सारा षड्यंत्र कुछ शातिर दिमाग़ लोगों की करतूत थी। वे चाहते थे कि प्रिंसिपल को ऐसी फर्जी शिकायतों और जाँचों में उलझाये रहो ताकि उनकी मर्जी के मुताबिक विद्यालय में उनका सितारा बुलन्द बना रहे। शायद वह समय वर्ष 2002 के अवसान का था। जब हमारे विद्यालय में नये उप प्राचार्य के पद पर श्री आर.के. सिंह ने कार्यभार ग्रहण किया था। वे हरियाणा निवासी थे जो अत्यन्त विनम्र और सौम्य थे। उनके आने से मुझे काफी राहत मिली क्योंकि उनसे पहले प्रशासनिक, शैक्षणिक व विद्यालय के विकासात्मक आदि सभी कार्य मुझे ही देखने व सँभालने पड़ते थे। शैक्षणिक कार्यों में उनकी सहभागिता काफी सराहनीय रहती थी। वे काफी मिलनसार व व्यवहार कुशल व्यक्ति थे। उन्होंने अपनी शादी पचास वर्ष की उम्र के बाद ही की थी संभवतः उप प्राचार्य बनने के बाद। कानपुर में रहते हुये उन्हें पुत्र रत्न की प्राप्ति हुयी। मुझे प्रसन्नता है कि वे उप प्राचार्य के रूप में तीन वर्ष पूरे करते करते प्राचार्य बन गये थे और उन्होंने बिहार देवघर के निकटस्थ केन्द्रीय विद्यालय में कार्यभार ग्रहण किया था।

जहाँ तक मैं समझ पाया वह विद्यालय केन्द्रीय विद्यालय संगठन के लिये ऐसा केन्द्र बन चुका था जहाँ दूसरे केन्द्रीय विद्यालयों के उपद्रवी अध्यापकों को भेज दिया जाता था। ऐसे ही नमूनों में एक टीचर था एन.पी. सिंह पी.जी.टी. हिन्दी जो बिहार का रहने वाला था। उसके दोनों पैर किसी दुर्घटना में कट चुके थे और आर्टिफिशियल पैरों पर खड़ा हो कर चल पाता था। कहीं भी आने जाने के लिये तिपहिया साइकिल का प्रयोग करता था। वह केन्द्रीय विद्यालय आई.आई.टी. कानपुर में कार्यरत था। वहाँ पर उसने प्राचार्य से झगड़ा कर दिया था जिससे उसका ट्रांसफर केन्द्रीय विद्यालय नं.2

अर्मापुर कर दिया गया। वह मेरे वहाँ पहुँचने से पहले ही ज्वाइन कर चुका था। उस एन.पी. सिंह के दुष्ट साथी उसकी इस दुर्बलता का प्राचार्य के विरुद्ध अस्त्र के रूप में प्रयोग करते थे। उसको उकसाकर या शेखी पर धर कर पूर्णकालिक षड्यंत्र में लगाये रखते थे। उसके साथ में दस पी.जी.टी. में चार पी.जी.टी., ग्यारह टी.जी.टी. में से सात शातिर दिमाग टी.जी.टी.., अन्य स्टाफ के पंद्रह लोगों में से सात लोग षड्यंत्र करने व उसे शह देने में लगे हुये थे। वे सभी भारतीय समाज की श्रेष्ठतम कहे जाने वाले वर्ण या कही जाने वाली जाति के लोग थे। वे मेरे विरुद्ध मात्र जातीय विद्वेष के जहर से भरे हुये थे जो उनको चैन से नहीं बैठने देता था। उसी विद्वेष के कारण वे इस उधेड़बुन में रहते थे कि इस प्राचार्य को कैसे नीचा दिखाया जाये या झुका कर रखा जाये? यही उनका वन प्वाइंट प्लान रहा करता था।

कुछ लोग अच्छे भी थे परन्तु ऐसे कम ही थे जिनकी मैं मुक्त कंठ से सराहना कर सकूँ। प्राइमरी में मुख्य अध्यापिका का दायित्व श्रीमती शशि नागरथ देख रहीं थीं जो अत्यंत कर्मठ और शालीन थीं। अन्य बीस प्राथमिक शिक्षकों में से श्री एस.सी. गुप्ता, श्री मोहित राम केवल दो लोग ही टी.जी.टी. बन पाये थे परन्तु बाकी लोग वही उदासीन की श्रेणी वाले थे। नब्बे प्रतिशत लोग ऐसे ही थे जिनका मोटो यही रहता था कि किसी की आँखें फूट रही हों तो फूटें और अच्छी हो रही हों तो अच्छी हो जायें। अर्थात वही कहावत कि राम करे अच्छी हो जायें या राम करे फूट जायें उनके ठेंगे से।

वहाँ टी.जी.टी. में एक दो को छोड़कर ज्यादा लोग ऐसे ही थे जो मानवता की श्रेणी से फिसल चुके थे। ऐसे लोगों को सुधारना कठिन ही नहीं अपितु नामुमकिन होता है। उन पर समय, श्रम, शक्ति व संसाधन का बड़ा हिस्सा लगाने पर भी कोई परिवर्तन सामने नहीं आता है। ऐसे लोगों का चरित्र कुत्ते की दुम की तरह होता है जिसे सीधा करने के लिये भले ही बारह वर्ष तक पत्थर के नीचे दबा कर रखा जाये परन्तु जब निकाली जायेगी तब टेढ़ी ही निकलेगी। ऐसे लोग अपना तथा अपने बच्चों का भविष्य भी दाँव पर लगा देते हैं। वे विभागीय अथवा सरकारी कानून कायदों की उपेक्षा करने में भी नहीं चूकते व हिचकिचाते हैं। अर्थात उनका नाम न लेना भी गंदगी के ढेर से दूर रहना ही होगा फिर भी प्रसंग आने पर ऐसी दुरात्माओं का नाम आ ही जायेगा।

एन.पी. सिंह की आदत थी कि वह जब भी प्राचार्य कक्ष में आता था तो वह दरवाजा अपने हाथ से न खोलकर अपनी छड़ी से धकेल कर खोलता था। एक बार पूरे स्टाफ का इनकम टैक्स फरवरी के वेतन से पूर्व सूचना के अनुसार काट लिया गया था। एक दिन उस कटौती के चलते वह (एन.पी. सिंह) तमतमाया हुआ प्राचार्य कक्ष में आया।

शायद उसके रिंग लीडर द्वारा उसे भेजा गया था। उसने अपनी आदत के अनुसार दरवाजा अपनी छड़ी से धकेल कर खोला और चीखते हुये बोला। आपने हमारा इनकम टैक्स क्यों काटा है? मैं तो बाद में जमा करता। मेरे लाख समझाने पर भी वह आक्रामक होता चला गया और बोला आप नहीं जानते कि मैं क्या कर सकता हूँ? मैंने कहा क्या कर सकते हो? इतने पर उसने कुर्सी पर बैठे ही बैठे अपने दोनों कृत्रिम पैर निकाल कर जमीन पर फेंक दिये और खुद मेंढक की तरह कुर्सी से फुदक कर नीचे फर्श पर मुँह के बल पसर गया। फर्श पर ही पसरे हुये जोर जोर से चिल्लाने लगा कि मुझे मार डाला, मैं मर गया। उसकी चीख सुन कर वे लोग धड़धड़ाते हुये चेम्बर में घुस आये। शायद वे सभी चेम्बर के बाहर पूर्व नियोजित योजना के अनुसार खड़े थे। वे अन्दर आते ही उसे उठा कर सहलाते हुये बोले क्या मार ही डालोगे? उस गेंग का लीडर था ए.के. द्विवेदी। वे लोग उसको बाहर उठा ले गये और मैं भौंचक्का हो कर वह दृश्य देखता रह गया। मैं सोचता रह गया कि क्या लोग इस हद तक नीचे गिर सकते हैं। वह घटना आशातीत थी।

धीरे धीरे ऐसे लोगों का जखीरा बढ़ता जा रहा था जिनको किसी भी दशा में विरोध करना ही था। उन लोगों को कुछ क्षेत्रीय अराजक तत्वों का प्रश्रय मिला हुआ था। उनके साथ अर्मापुर के दोनों केन्द्रीय विद्यालयों में दलाली से एडमिशन करवाने वाले लोगों का भी जखीरा था। जिसमें ओ.एफ.सी. कानपुर तथा केन्द्रीय विद्यालय संगठन लखनऊ संभाग के कुछ अधिकारी भी शामिल थे। इसी श्रेणी में विद्यालय के ही एक महाशय थे गोपी कृष्ण एस.यू.पी.डब्ल्यू. टीचर जो उभर कर सामने आये। वे पहले उन लोगों के साथ मिल कर छुपे रुस्तम के तौर पर वार करते थे। इसी कोटि में लाइब्रेरियन एस.पी. सेठ को शामिल कर लिया गया।

विद्यालय में जितने भी विभागों के इंचार्ज थे वे सभी अपने अपने विभागों को अपनी टेरीटोरी मानने लगे थे। वे सभी बच्चों की पढ़ाई लिखाई व उनके हित के अलावा सारे काम करते थे। मुझसे पहले वहाँ जो भी प्राचार्य आये वे सभी या तो समय की धारा में बहाव के साथ बहते रहे या फिर घुट घुट कर अपना समय काटते रहे और वहाँ से ट्रांसफर ले कर चलते बने। मैंने वहाँ पहुँच कर इन सभी परिस्थितियों और दायरों का जायजा लिया। धीरे धीरे जिनमें कुछ सुधार सम्भव था उनमें सुधार किया और उन्हें विद्यालय के स्तर पर लाकर स्थापित किया। जिनमें सुधार की गुंजाइश नहीं दिखायी दी उनमें से अधिकांश लोग मेरे सामने मोर्चा ले कर डट गये। परिणामतः कुछ लोगों के बारे में केन्द्रीय विद्यालय संगठन को लिखना पड़ा जिससे दशकों से जमे पड़े लोगों

में से कुछ का ट्रांसफर हो गया। उन लोगों में एस.यू.पी.डब्ल्यू. टीचर, लाइब्रेरियन, गेम्स टीचर और इंचार्ज बॉयो लैब पी.जी.टी. बॉयो जैसे धुरन्धर शामिल थे। उन चारों में से लाइब्रेरियन व गेम्स टीचर का पहले ट्रांसफर आया। उसी क्रम में उनको रिलीव करते गये। उस समय केन्द्रीय विद्यालय संगठन प्रमुख श्री एच.एम. कैरे साहब का सख्त आदेश था कि जैसे ही किसी का ट्रांसफर आर्डर आये उसे तत्काल प्रभाव से विद्यालय से कार्यमुक्त कर दिया जाये। उसके बाद गोपी कृष्ण का ट्रांसफर आया। उसे पता लग गया था कि उसका ट्रांसफर आर्डर आ चुका है। विद्यालय की छुट्टी होते ही वह अपने घर चला गया। उस दिन की डाक जैसे ही विद्यालय समय के बाद आफिस के बाबू द्वारा मेरे सम्मुख प्रस्तुत की गयी वैसे ही मुझे उसमें गोपी कृष्ण का ट्रांसफर आर्डर मिला। उसका ट्रांसफर केन्द्रीय विद्यालय ए.एफ.एस. तेजपुर असम के लिये हुआ था। मैंनें तुरन्त उसका रिलीविंग आर्डर बनवाया और उसे वह आर्डर रिसीव कराने के लिये दो चतुर्थ श्रेणी कर्मचारी उसके घर भेज दिये। उनको यह निर्देश भी दे दिया कि यदि वह घर पर नहीं मिलता है तो उसके दरवाजे पर बतौर सूचना उस आर्डर को चस्पा कर देना तत्पश्चात साक्ष्य के तौर पर आफिस कापी पर दोनों लोग 'चस्पा किया गया' लिख कर अपने हस्ताक्षर कर देना और आफिस में रिकार्ड के तौर पर जमा कर देना।

फिर वही हुआ जिसकी आशंका थी कि गोपी कृष्ण अपने घर से नदारद था। दरवाजे पर ताला लटक रहा रहा था। उसने सोचा होगा रिलीविंग आर्डर रिसीव न करने से राहत मिल जायेगी परन्तु उसने अपने घर वापस आने पर पाया होगा कि रिलीविंग आर्डर की प्रति दरवाजे के पल्ले पर चस्पा की जा चुकी है। जिसमें तत्काल प्रभाव से अपने नये विद्यालय में जा कर कार्यभार ग्रहण करने का निर्देश दिया गया था। अगले ही दिन उसने एक प्रार्थना पत्र विद्यालय में भिजवाया जिसमें एक्सिडेंट होने के कारण पैर में चोट लगने की बात लिखी हुयी थी और पन्द्रह दिन के अर्जित अवकाश की माँग की गयी थी। उसका प्रार्थना पत्र ले कर जो व्यक्ति आया था उसी ने आकर यह भी बताया था कि छुट्टी लेने के लिये चोट तो उसका एक बहाना है।

मैंने उसके उस प्रार्थना पत्र को लिखित रूप से टिप्पणी करते हुये उसे वापस कर दिया जिसमें उसको अपने नये विद्यालय में भावी पत्र व्यवहार करने की सलाह भी दे दी गयी थी। जब उसका वह दाँव भी खाली गया तो उसने अगले दिन अपने एस.यू. पी.डब्ल्यू. विभाग का चार्ज सौंपने की बात लिख भेजी। पुनः उसके उस प्रार्थना पत्र पर भी यही परामर्श भेजना पड़ा कि अपने नये विद्यालय में कार्यभार ग्रहण करने बाद

जब वहाँ से चार्ज हैंडिंग टेकिंग के लिये भेजा जाये तभी इस विद्यालय में उस नियत कार्य के लिये आना। अन्ततः कुछ दिनों बाद उसने तेजपुर असम जा कर अपने नये विद्यालय में कार्यभार ग्रहण कर लिया जिसकी सूचना हमारे आफिस में आ गयी। ऐसे नगीनों के बारे में यथासमय जिक्र करता रहूँगा।

जब मैंने विद्यालय ज्वाइन किया था उसके कुछ महीने बाद ही छब्बीस जनवरी 2001 में गुजरात के भुज क्षेत्र में विनाशकारी भूकम्प आया था। वहाँ पर बहुत बड़े क्षेत्र की जमींन धँस गयी थी तथा तमाम इमारतें जमींदोज हो गयीं थीं। केन्द्रीय विद्यालय भुज का भवन भी धराशायी हो चुका था। उस समय वहाँ के प्राचार्य श्री आर.जे. राम (राम जनम राम) थे। उस विद्यालय भवन का निर्माण उनकी देखरेख में युद्ध स्तर पर कराया गया था। तत्कालीन कमिश्नर श्री कैरे साहब ने उनकी कर्मठता की सराहना की। उन्होंने वहाँ से उनका रिक्वेस्ट ट्रांसफर सन 2003 में केन्द्रीय विद्यालय नं.1 अर्मापुर में कर दिया था। उनके साथ ही उनकी धर्मपत्नी श्रीमती विद्यादेवी का भी स्थानान्तरण हमारे यहाँ केन्द्रीय विद्यालय नं.2 अर्मापुर में एच.एम. पद पर हो गया। राम साहब को भी ज्वाइन कराने के लिये विद्यालय चेयरमैन एवं सीनियर जनरल मैनेजर ओ.एफ.सी. के पास मैं ही ले गया था। उसके बाद वहाँ से वापस विद्यालय आकर उनकी पत्नी श्रीमती विद्यादेवी को अपने विद्यालय में ज्वाइन कराया।

श्री आर.जे. राम साहब ने केन्द्रीय विद्यालय नं.1 अरमापुर के प्राचार्य पद का कार्यभार श्री आर.पी. मिश्रा के बाद ग्रहण किया था। इसलिए उन्हें अपने और एक ब्राह्मण के बीच की कार्यशैली के अन्तर को पाटने में काफ़ी मशक्कत करनी पड़ी। मिश्रा जी की कार्यशैली इस कहावत के अनुरूप थी। यथा-

मेरो पेट हाऊ औ मैं न देहौं काऊ।

इसके अनुरूप राम साहब कहीं पर सफल हुये और कहीं पर असफल हुये परन्तु सब कुछ सँभाल ले गये। उनके ज्वाइन करते ही कानपुर के कतिपय भ्रष्टाचारी लोग फ़र्जी एडमिशन करवाने के लिए सक्रिय हो गये थे। उन लोगों का एक ही सिद्धान्त था कि किसी से भी कोई एक बार गलत काम करवा लिया जाये उसके बाद उस गलत काम में फँसा देने की धमकी देकर लगातार दूसरे गलत काम करवाते रहो। चूँकि मैं वहाँ पर पहले से था इसलिए मैंने राम साहब को फर्जी एडमिशन करवाने वालों से सावधान रहने के लिये आगाह किया था। कुछ कहा नहीं जा सकता है कि मेरी सलाह को उन्होंने कितनी गंभीरता से लिया था परन्तु वे अपना काम करते हुये वहाँ पर एक कुशल प्रशासक के रूप में स्थापित हुये।

ओ.एफ.सी. के अधिकारियों का दोनों केन्द्रीय विद्यालयों में फर्जी एडमिशन कराने के लिये काफी दखल रहता था। ओ.एफ.सी. का सर्वोच्च अधिकारी सीनियर जनरल मैनेजर हुआ करता था जो कि दोनों केन्द्रीय विद्यालयों का चेयरमैन होता था। चेयरमैन ने दोनों विद्यालयों के लिये अलग अलग नोमिनी चेयरमैन नियुक्त किये थे। मेरे विद्यालय में जब तक नामिनी चेयरमैन डिप्टी जीएम सक्सेना साहब रहे तब तक सब कुछ अच्छा चलता रहा। बाद में चेयरमैन नामिनी के तौर पर दूसरे डिप्टी जीएम काम्बोज साहब को रखा गया और केन्द्रीय विद्यालय क्रमांक एक का नॉमिनी डिप्टी जीएम ए.के. तिवारी को बनाया गया। राम साहब का तो मुझे कुछ पता नहीं था परंतु हमारे यहाँ कम्बोज साहब का रवैया कुछ अलग था। वे अपने परिचितों को उपकृत करने में ज्यादा रुचि रखते थे। उनकी कार्यशैली पर यथा समय चर्चा होती रहेगी।

हमारे विद्यालय में स्पोर्ट्स की बेहतर सुविधायें तो थीं ही जिनके कारण अधिकतर खेलकूद व स्काउट गाइड के संभागीय स्तर के तमाम कार्यक्रम हमारे विद्यालय को ही दिये जाते थे। अप्रैल 2004 का महीना रहा होगा। मेरे विद्यालय को खेल शिक्षकों के सेवाकालीन कोर्स के लिये चुना गया। उस समय लखनऊ संभाग क्या पूरे संगठन में अपने कार्य क्षेत्र में नाम रखने वाले श्री राम नरेश चौधरी क्रीड़ा शिक्षक हमारे ही विद्यालय में तैनात थे। केन्द्रीय विद्यालय संगठन की ओर से मुझे डायरेक्टर इनसर्विस कोर्स में सेमिनार के लिए केन्द्रीय विद्यालय खड़गपुर भेजा गया। वह केन्द्रीय विद्यालय आई.आई.टी. खड़गपुर के प्रबन्धन में चलता था। उस डायरेक्टर्स सेमीनार को सम्पन्न करवाने का पूरा दायित्व श्री ए.बी. सरकार का था। वे केन्द्रीय विद्यालय संगठन भुवनेश्वर संभाग के तत्कालीन सहायक आयुक्त थे।

मैं उस सेमीनार में कानपुर से वाया कलकत्ता गया था क्योंकि मुझे जो ट्रेन मिली थी वह कलकत्ता तक की ही थी। कानपुर से चल कर मैं सीधा हावड़ा स्टेशन पर उतरा। वहाँ पहुँचने का वह मेरा पहला अवसर था। जिस प्लेटफार्म पर मैं उतरा था वहाँ से खड़गपुर की ट्रेन पकड़ने के लिये दूसरे प्लेटफार्म पर पहुँचना था। वह उसके दूसरी ओर काफी दूर पड़ता था। मुझे एक प्लेटफार्म से दूसरे प्लेटफार्म तक जाने के लिये स्टेशन के अन्दर ही अन्दर काफी दूर तक पैदल ही जाना पड़ा था। मैंने पूरे देश के तमाम रेलवे स्टेशन देखे हैं लेकिन हावड़ा रेलवे स्टेशन से ज्यादा गंदगी मुझे कहीं नहीं मिली। कहीं कूड़े की सड़ांध तो कहीं मछलियों के स्टोर। वहाँ आस पास के इलाके में फैली हुयी बदबू अच्छे खासे व्यक्ति को बेहोश कर देने के लिये पर्याप्त थी। अन्ततः मैं खड़गपुर जाने वाली ट्रेन के प्लेटफार्म पर पहुँच गया और वहाँ से खड़गपुर की ट्रेन पकड़ने में सफ़ल हो गया। इस प्रकार मैं समय से केन्द्रीय विद्यालय खड़गपुर पहुँच गया।

वहाँ आयोजित सेमीनार के प्रथम सत्र का शुभारम्भ हुआ। उसमें सभी प्रतिभागियों, विशेषज्ञों, अतिथियों व आगन्तुकों का परस्पर परिचय हुआ। इस प्रकार त्रिदिवसीय सेमीनार शुरू हो गया। खेलकूद व योग आदि से सम्बन्धित तमाम विशेषज्ञों ने अपने विषय की बारीकियाँ बतायीं। उनकी उपयोगिताओं पर भी प्रकाश डाला। वहाँ पर उपस्थित तमाम लोगों के मध्य उस सेमीनार के डायरेक्टर श्री ए.बी. सरकार आकर्षण का केन्द्र बने हुये थे। हर सत्र के बाद उनको अगली कार्यवाही से पूरे सदन को अवगत कराना होता था। जब वे बोलते थे तो ऐसा मालूम पड़ता था जैसे उन्हें बोलने के लिये काफी ताकत जुटानी पड़ती हो। जब वे बोलना शुरू करते थे तो आवाज कुछ यों निकलती थी जैसे किसी ने कोई भरा हुआ घड़ा लुढ़का दिया हो और उस घड़े का पानी झटके के साथ भभभभ करके निकल रहा हो। बोलते समय उनके कथन के आरम्भ में या कभी कभी कथन के मध्य में इस तरह की आवाज निकल जाती थी। इसे हम हकलाना नहीं कह सकते हैं। संभव है कि कभी उनको कोई बीमारी हो गयी हो जिसका दुष्प्रभाव उनकी स्वर तंत्रियों पर पड़ा हो और उनकी आवाज प्रभावित हो गयी हो। इसके साथ साथ उनका स्वभाव भी कुछ इस तरह से बदला हुआ मालूम पड़ता था जैसे वे सामान्य वार्तालाप के दौरान ही बोलते बोलते किसी को डाँटने लगे हों।

सेमीनार में विशेषज्ञों को भारतवर्ष के नामी गिरामी संस्थानों से बुलाया गया था। जिनमें स्पोर्ट्स एथारिटी आफ इण्डिया एवं अन्य बड़े बड़े क्रीड़ा संस्थानों के लोग शामिल थे। पहला दिन तो परिचय सत्र से आरम्भ हो कर व्याख्यान आदि में बीत गया। पहले दिन का भोजन भी सामान्य रहा। अगले दिन के लिये विशिष्ट भोजन की व्यवस्था की गयी थी जिसमें वेज और नानवेज दोनों थे। सेमीनार का पहला व्याख्यान सत्र पूरा होने के बाद टी ब्रेक हुआ। उसके बाद दूसरा सत्र आरम्भ हो कर मध्याह्न भोजनावकाश तक चला। मध्याह्न भोजन में शाकाहारियों के लिये सब्जी पूड़ी के साथ खीर बनवाई गयी थी। खीर खिलाने की भी कमाल की व्यवस्था थी।

मांसाहारियों का तो मुझे पता नहीं लग पाया पर शाकाहारियों के लिये खीर जिस कटोरी में परोसी गयी थी वह कटोरी शायद चाय पीने वाले प्लास्टिक के गिलास को नीचे की तरफ से दो इंच ऊँचा काट कर बनायी गयी होगी जिसमें खीर परोसी गयी। उसी के आनुपातिक आकार की एक छोटी सी प्लास्टिक की चम्मच भी दे दी गयी। वह खीर ठीक वैसे ही थी जैसे ऊँट के मुँह में जीरा अथवा खीर मुँह में तो पहुँची थी परन्तु वो गले से नीचे उतरते हुये पेट तक पहुँची हो इसकी गारंटी नहीं। किसी भी

व्यक्ति के व्यक्तित्व का प्रभाव उसके हर काम व हर व्यवस्था पर दिखायी पड़ता है। शायद श्री ए.बी. सरकार के व्यक्तित्व का ही असर वहाँ की खान पान व्यवस्था पर भी रहा हो। अगले अर्थात तीसरे दिन सेमीनार का समापन हुआ और सभी लोग यथास्थान वापस चले गये।

वहाँ से लौटने के बाद मई की छुट्टियों में क्रीड़ा शिक्षकों का इक्कीस दिवसीय इनसर्विस कोर्स आरम्भ हुआ। उसमें दूर दूर से कई संभागों के गेम्स टीचर आये हुये थे। उनके ठहरने व भोजन की व्यवस्था विद्यालय में ही की गयी थी। जिसका सारा उत्तरदायित्व मैंने अपने विद्यालय के पी.ई.टी. श्री एन.के. चौधरी को सौंप दिया था। उस समय उन लोगों को भोजन के लिये डी.ए. कुल ₹120/- प्रति दिन के हिसाब से मिलता था। उतने ही रुपये में प्रति व्यक्ति के हिसाब से मैंने उन सभी को ठहरने के लिये चारपायी व बिस्तर का इन्तजाम किया था और साथ ही उनको गर्मी से निजात दिलाने के लिये कूलर की भी व्यवस्था करवायी थी। उस समय विद्यालय में कैंटीन चल ही रही थी सो वहाँ पर उनके भोजन की व्यवस्था करवा दी। उसके लिये भी श्री एन.के. चौधरी की देखरेख में मीनू बनाने के लिये एक कमेटी बना दी जिसमें कुछ सदस्य प्रतिभागियों में से भी थे।

खाने में सुबह चाय नाश्ता, दोपहर को भोजन और शाम को भोजन था। जिसमें हर दूसरे दिन नानवेज की व्यवस्था की गयी थी। शायद ही उनमें से कोई पी.ई.टी. रहा हो जो शाकाहारी हो फिर भी शाकाहारियों के लिये खीर की भी व्यवस्था की जाती थी जब कि कानपुर में ही दूसरे विद्यालय में चल रहे इनसर्विस कोर्स में मिलने वाले उतने ही डी.ए. में वे केवल खाना ही दे पाये थे। जहाँ तक प्रशिक्षण कि गुणवत्ता कई बात है सो केंद्रीय विद्यालय संगठन के योग्य पी.ई.टी. एवं विश्वविद्यालय के व अन्य स्पोर्ट्स संस्थानों के विशेषज्ञ बुला कर प्रशिक्षुओं को गुणवत्ता पूर्ण ट्रेनिंग दिलवायी गयी। इस प्रकार लोगों को प्रवास के स्थान पर घर से दूर अपने एक दूसरे घर में रहने जैसा आनंद मिला। इक्कीस दिवसीय वह सेवाकालीन प्रशिक्षण शिविर बहुत ही सद्भाव से पूरा हो गया। विदाई के समय सभी प्रतिभागियों के चेहरों पर प्रसन्नता झलक रही थी। किसी किसी ने तो इनसर्विस कोर्स की सराहना करते हुये रहने खाने की व्यवस्था की भी तारीफ की थी। उन्होंने यहाँ तक कहा कि यहाँ रह कर हम लोगों का इन इक्कीस दिनों में ही पाँच पाँच किलो वजन बढ़ गया। इस प्रकार वे लोग खुशी खुशी अपने अपने गन्तव्य को लौट गये।

मैं स्वयं को गौरवान्वित अनुभव कर रहा हूँ कि मैं भारत सरकार के उस उपक्रम का एक सदस्य रहा हूँ जिसे केन्द्रीय विद्यालय संगठन के नाम से जाना जाता है। जहाँ मुझे शिक्षण के क्षेत्र में मुझे अपनी क्षमताओं और अपने कौशलों को प्रस्तुत करने का अवसर मिला है क्योंकि केन्द्रीय विद्यालय संगठन को भारत सरकार की शिक्षा नीतियों के क्रियान्वयन की प्रयोगशाला माना जाता है। इसके साथ ही शिक्षा के क्षेत्र में जो भी नये प्रयोग होते हैं उन सभी की परख केन्द्रीय विद्यालय संगठन में ही की जाती है। इसलिए इसको स्कूली शिक्षा के क्षेत्र में गति निर्धारित करने वाली संस्था (Pace setting institution in the field of school education) के रूप में जाना जाता है। दुनिया भर में स्कूली शिक्षा के अन्तर्गत गुणवत्ता युक्त शिक्षण को सुनिश्चित करने के लिये यह एक आदर्श संस्थान है। यहाँ तमाम शिक्षण विधियों, तकनीकों और माध्यमों के आविष्कार किये जाते हैं।

भारतवर्ष में इन नयी नयी शिक्षण विधियों और तकनीकों का आविष्कार करना एन.सी.ई.आर.टी. का काम है परन्तु उनके क्रियान्वयन का दायित्व केन्द्रीय विद्यालय संगठन का रहता है। इसके अतिरिक्त एन.सी.ई.आर.टी. के द्वारा नयी नयी नीतियों और समय के अनुरूप पाठ्य पुस्तकें तैयार की जाती हैं। उन पुस्तकों को एन.सी.ई.आर.टी. और सी.बी.एस.ई. के संयुक्त प्रयासों से सर्वप्रथम केन्द्रीय विद्यालय संगठन में ही लागू कर के परखा जाता है। इन सारे क्रिया कलापों के केन्द्र में विद्यार्थियों के सर्वांगीण विकास की अवधारणा ही रखी जाती है।

कोई विद्यार्थी शैक्षणिक रूप से पिछड़ने न पाये इसके लिये उसके जीवन के तमाम पहलुओं को निरखा परखा जाता है। ऐसे निरीक्षणों और परीक्षणों में कक्षा शिक्षण के अन्तर्गत विद्यार्थियों के पिछड़ने के कारणों का भी पता लगाना होता है तत्पश्चात उनके उस पिछड़ेपन को दूर किया जाता है। इसे उपचारात्मक शिक्षण के नाम से जाना जाता है। इस क्षेत्र में केन्द्रीय विद्यालय संगठन की भूमिका अग्रणी रही है। वैसे तो देश के सभी शिक्षण संस्थानों में उपचारात्मक शिक्षण (Remedial Teaching) का बोलबाला सुनायी देता है। तमाम लोग स्वघोषित शिक्षाविद व तकनीकविद हैं परन्तु उनमें अधिकतर लोग उपचारात्मक शिक्षण का मतलब विद्यार्थी को अधिक अभ्यास कराना जानते व मानते हैं जो किसी भी दशा में तर्कसंगत व उचित नहीं हो सकता।

केन्द्रीय विद्यालय संगठन प्रत्येक विषय में अपने शिक्षकों के लिये हर पाँच वर्षों के अन्तराल से ग्रीष्मकालीन शिविरों (इनसर्विस कोर्स) का अयोजन करता है। इन

प्रशिक्षण शिविरों के माध्यम से शिक्षा/ शिक्षण जगत में हुये अद्यतन परिवर्तनों तथा नवीनतम शिक्षण तकनीकों से अवगत कराया जाता रहा है। ऐसे प्रशिक्षण शिविर के आयोजन हेतु अप्रैल 2005 में मुझे टी.जी.टी. हिन्दी कोर्स डायरेक्टर के रूप में ज़ीत (Z.I.E.T.) मैसूर भेजा गया। साथ में वेन्यू डायरेक्टर के तौर पर केन्द्रीय विद्यालय क्रमांक-1, अरमापुर के प्राचार्य महोदय राम साहब को भी भेजा गया था। हम दोनों लोगो का एक साथ जाना तय हुआ था परन्तु उनके छोटे भाई उस समय मद्रास (चेन्नई) में ओ.एन.जी.सी. में मैनेजर के पद पर पोस्टेड थे, अतः वे कुछ दिन पहले ही उनके पास चले गये थे।

मैं वहाँ अपने नियत समय पर ही गया था। चूँकि मैं पहले भोपाल के आगे घोड़ा डोंगरी के पास केन्द्रीय विद्यालय सारनी में रह चुका था और वहाँ के लिये मैं कानपुर से लखनऊ मद्रास एक्स्प्रेस से ही जाता था। इसलिये मैसूर जाने के लिये मैंने कानपुर से मद्रास तक का रिजर्वेशन उसी ट्रेन से करवा लिया। मैंने कानपुर स्टेशन पर पहुँच कर यथासमय अपनी गाड़ी पकड़ी और मैं उसी गाड़ी से भोपाल नागपुर के रास्ते रामागुण्डम होते हुये तीसरे दिन प्रातः चेन्नई पहुँच गया। चेन्नई रेलवे स्टेशन से मुझे अपने साथी प्राचार्य श्री आर.जे. राम साहब के छोटे भाई के आवास पर पहुँचना था जहाँ पर वे पहले ही पहुँच चुके थे। मैं स्टेशन से निकल कर बाहर पहुँचा जहाँ से ऑटो पकड़ कर मुझे राम साहब के भाई के आवास पर जाना था।

बाहर जाकर मैंने एक ऑटो वाले से हिन्दी में उस जगह का पता पूछा तो वह कुछ न बोलकर अनसुनी कर के दूसरी ओर देखने लगा फिर मैंने अपनी बात अंग्रेजी में रखी तब भी उसने अनसुनी कर दी। उसके बाद मैंने वहाँ खड़े हुये कई ऑटो चालकों से एक एक करके पूछा पर किसी ने मुझसे रुख मिला कर बात नहीं की। अन्त में वहाँ से कुछ दूरी पर मुझे एक ऑटो वाला खड़ा दिखायी दिया। उसके पास जा कर मैंने पता दिखाते हुये इशारे में ही स्टेशन से वहाँ तक का भाड़ा पूछा तो उसने दोनों हाथों के पंजे खोल कर दो बार हाथ ऊपर नीचे किये। मैंने हामी में सिर हिलाते हुये भाड़ा स्वीकार किया। मैं ऑटो में सवार हो कर स्टेशन से कुछ ही दूर रोड पर पहुँचा था कि उस ऑटो चालक ने अपने टेप रिकार्डर से हिन्दी गाना लगा कर मस्ती में झूमना शुरू कर दिया। गाने के बोल थे, 'इन्हीं लोगों ने ले लीन्हा दुपट्टा मेरा' जब मैंने उससे पूछा कि क्या तुम्हें हिन्दी गाना समझ में आता है? तब उसने जवाब दिया जी हाँ मुझे हिन्दी गाना समझ में आता है और मैं हिन्दी बोल भी लेता हूँ। इतना संवाद उससे हिन्दी में ही हुआ। उसकी बातें सुन कर मुझे आश्चर्य हुआ। मैंने उससे प्रश्न किया कि तुम रेलवे स्टेशन पर मुझ से मुँह खोलकर भाड़ा क्यों नहीं माँग रहे थे। तब उसने

कहा कि मैं रेलवे स्टेशन पर हिन्दी नहीं बोल सकता हूँ क्योंकि वहाँ पर जो भी ऑटो वाले थे वे सभी तमिल भाषी थे। यदि मैं वहाँ हिन्दी बोलता तो वे मुझे मार मार कर भूत बना देते।

उसके इतना बोलते ही मुझे अपने बेंगलोर के प्रवास की घटना याद आ गयी। वहाँ किस तरह एक मुसलमान नव युवक ने मुझे मेरे गन्तव्य तक पहुँचा कर मेरी सहायता की थी हो सकता है वह ऑटो वाला नव युवक भी मुसलमान ही हो जिसने मुझे अपने ऑटो से मेरे गन्तव्य तक पहुँचाया था। वहाँ पहुँचकर मैं एक रात राम साहब के साथ उनके छोटे भाई के यहाँ रुका। मुझे भी वहाँ वही सम्मान व आत्मीयता मिली जो राम साहब को मिलती होगी। उनके यहाँ की आवभगत व स्वागत सत्कार अविस्मरणीय रहा। अगले दिन हम लोग वहाँ से चेन्नई रेलवे स्टेशन पहुँचे और मैसूर की ट्रेन पकड़ कर शाम होते होते मैसूर पहुँच गये।

रेलवे स्टेशन मैसूर पहुँच कर हम लोगों ने ऑटो पकड़ा और वहाँ से केन्द्रीय विद्यालय संगठन ज़ीट (Z.I.E.T.) कैम्पस पहुँच गये। मैसूर रेलवे स्टेशन से हम लोगों को ऑटो पकड़ने में ज्यादा असुविधा नहीं हुयी क्योंकि मैंने बेंगलोर के प्रवास के दौरान वहाँ के नव युवक द्वारा बताये गये मंत्र का उपयोग किया था अर्थात वहाँ पर भी मैंने मुसलमान ऑटो वाला ही पकड़ा और इस तरह हम लोग आसानी से अपनी मंजिल पर पहुँच गये। वहाँ पहुँच कर व्यवस्था के अनुसार हम लोगों ने अपना अपना रजिस्ट्रेशन कराया और जिस जगह ठहराया गया था उस कमरे में पहुँच कर अपना बिस्तर जमा लिया। वहाँ की व्यवस्था में बिस्तर तो ठीक था परन्तु लेटने के लिये जो बेंचनुमा तखत या चौकी दी गयी थी वह विशेष साइज की थी। उसकी विशेषता यह थी कि वह लम्बाई में तो आदमी की लम्बाई के लगभग बराबर थी परन्तु चौड़ाई में कुछ ज्यादा ही किफायत की गयी थी। उसकी चौड़ाई यही कोई सवा दो या ढाई फुट रही होगी। उस तखत पर दुबला पतला व्यक्ति तो सांस साध कर लेटा रह सकता था लेकिन थोड़ा भी मोटा होने पर उसे करवट बदलने में तखत के नीचे गिरने का डर था। एक कहावत है कि समस्या समाधान की जननी होती है सो बिना ज्यादा देरी के हम लोगों ने चाहे अनचाहे अपने अपने मित्र साथियों के साथ जोड़ा बनाया। फिर दो दो चौकियों को मिला कर अपना बिस्तर बनाया और रात में सुख पूर्वक लेटे।

जिनको किसी भाई के साथ लेटने में असुविधा हुयी वे या तो उसी चौकी पर जैसे तैसे रातें गुजारते रहे या फिर ऐसे लोगों ने अपना बिस्तर जमीन पर लगा कर गुजारा किया। किसी को भी ये अवसर नहीं मिला कि वह मोटा होने पर भी अपने लिये दो

तखत प्राप्त कर सके। वहाँ पर भोजन का प्रबन्ध भी बहुत उत्साहवर्धक नहीं था। सुबह का नाश्ता तो हर रोज साँभर बड़ा या साँभर इडली से हो जाता था। दोपहर का व शाम का भोजन साँभर भात और दोसा साँभर में जो पसन्द हो वही लिया जा सकता था। कभी कभी रोटी सब्जी भी मिल जाती थी। वहाँ का पंच दिवसीय प्रवास बहुत ही अनुभव से भरपूर रहा।

पहले ही दिन सायंकाल प्रशिक्षण सत्र के उपरान्त करीब पाँच बजे से हम लोग मैसूर शहर का भ्रमण करने निकल गये। किसी दिन बाजार का भ्रमण किया तो किसी दिन अंग्रेजों के परम मित्र वहाँ के महाराजा वाडियार के किले का भ्रमण किया। उससे पहले मैंने आगरा और दिल्ली के किले देखे थे तथा फतेहपुर सीकरी का मोइनुद्दीन चिश्ती का मकबरा व लखनऊ का इमामबड़ा भी देखा था। जब मैंने वह किला देखा तो मुझे ऐसा लगा ही नहीं कि उस किले का निर्माण पन्द्रह बीस वर्षों से आधिक पहले किया गया हो। उसकी वास्तु कला अत्यधिक आकर्षक व अनूठी थी। उस किले के किसी भी हिस्से पर कहीं भी खरोंच तो दूर की बात थी उसकी दीवारों का प्लास्टर और पेंट तक मैला नहीं हुआ था। किले के अन्दर घुस कर देखने का भी अवसर मिला था।

उसके अन्दर देश विदेश से मँगवाया गया सुन्दर फर्नीचर सजा हुआ था। संगीत और कला के विविध प्रकार के अप्रतिम वाद्य यंत्र रखे हुये थे। अंग्रेजों के उस जमाने में भी खूबसूरत सोफे, पलँग और साज सज्जा के सामान देखते ही बनते थे। कई जगहों पर आकर्षक कलाकृतियाँ भी लगी हुयीं थीं। एक जगह पर राजा रवि वर्मा के द्वारा बनाया हुआ नारी का एक मांसल चित्र लगा हुआ था। वह इतना खूबसूरत, आकर्षक और मनमोहक था जिससे ऐसा लगता था कि उसे देखते ही रहो। उसकी चित्रकारी व उसमें किये गये रंगों का संयोजन उसकी आभा और मांसलता को उभारता हुआ प्रतीत हो रहा था। ऐसा बताया जाता है कि भारत के तमाम देवी देवताओं का आकर्षक और मोहक चित्रण राजा रवि वर्मा ने ही किया है। अट्ठारहवीं शताब्दी के पूर्वार्द्ध तक देश भर में एलोरा और अजन्ता की गुफाओं के आलावा ऐसी कलाकृतियाँ, चित्र और पच्चीकारी अद्भुत व अमिट रंग संयोजन के साथ कहीं अन्यत्र उपलब्ध नहीं थीं।

दूसरे दिन भी हम लोगों को प्रशिक्षण के दौरान नियत टाइम टेबल के अन्तर्गत कई तकनीकी शिक्षण-विधियों से अवगत कराया गया। नये नये इलेक्ट्रॉनिक गजेट का भी इस्तेमाल करना सिखाया गया। प्रशिक्षण के मुख्य आधार बिन्दु इस प्रकार थे:

(i) शिक्षकों मे छात्रों और समाज की जरूरतों को पूरा करने की क्षमता विकसित करना।

(ii) शिक्षार्थियों को शिक्षा के क्षेत्र में उत्कृष्टता हासिल करने की प्रतिबद्धता के प्रति जागृत करना।

(iii) जीवन के प्रति सकारात्मक दृष्टिकोण और बच्चे की क्षमता में विश्वास रखने के प्रति प्रेरित करना।

(iv) विशेष रूप से कक्षा में और सामान्य रूप से स्कूल में प्रभावी ढंग से प्रदर्शन करने की तैयारी।

अतः उक्त बिन्दुओं के आधार पर शिक्षकों की सामान्य आवश्यकताओं को ध्यान में रखते हुये उन्हें प्रशिक्षित करने के लिये सेवाकालीन शिक्षण व प्रशिक्षण शिविर की कार्य योजना तैयार की गयी थी। यथा-

(i) विषयवस्तु संवर्धन: शिक्षकों की दक्षता बढ़ाने के लिए समय-समय पर उनके ज्ञान की सामग्री को समृद्ध करना।

(ii) शैक्षणिक विकास: शिक्षण सामग्री का ज्ञान चाहे कितना भी पूर्ण क्यों न हो लेकिन पर्याप्त नहीं है। जब तक कि छात्रों के सीखने के उन्नत स्तर में अनुवादित न किया जाये। विभिन्न साधनों और गतिविधियों का उपयोग करके एक अवधारणा को अलग-अलग तरीकों से पढ़ाया जा सकता है। शैक्षणिक परिवर्तनों पर शिक्षकों को नियमित रूप से अद्यतन करने के लिए इस कोर्स का आयोजन करना मुख्य लक्ष्य था।

(iii)प्रासंगिक रणनीतियाँ: किसी भी समय कक्षा अभ्यासों के बारे में शिक्षकों की पसंद केवल ज्ञान का उत्पाद नहीं है बल्कि विशिष्ट निर्देशात्मक सेटिंग में किसी विशेष अभ्यास की व्यवहार्यता और वांछनीयता पर निर्भर करती है। केन्द्रीय विद्यालयों में छात्र बहु भाषाई पृष्ठभूमि से होते हैं जिनमें ग्रामीण, शहरी और कुछ मामलों में झुग्गी क्षेत्रों के निवासी भी होते हैं। अलग अलग निर्देशात्मक प्रथाओं और कक्षा प्रबंधन रणनीतियों को अपनाया जाना अपरिहार्य है। इन क्षेत्रों में सेवाकालीन प्रशिक्षण आवश्यक है।

(iv)मूल्यांकन दक्षताएँ: शिक्षकों को विभिन्न औपचारिक और अनौपचारिक स्थितियों में सीखने के मूल्यांकन करने के लिए प्रशिक्षण अपेक्षित है।

(v) माता-पिता और समुदाय के साथ काम करना: शिक्षक एक सुविधा प्रदाता है। अतः बच्चे के सीखने की सुविधा के लिए शिक्षक को उनके माता-पिता और समुदाय का समर्थन, सामाजिक संपर्क, स्थितियों को आंकना, बनाना और संसाधन जुटाना महत्वपूर्ण है। शिक्षकों को शैक्षिक लाभों के लिए उपलब्ध संसाधनों का उपयोग करने के लिए तैयार करना।

(vi)शिक्षा में उभरते मुद्दों के बारे में जागरूकता: सफल शिक्षकों के लिए शिक्षा में उभरते मुद्दों के बारे में जागरूकता आवश्यक है। इसके लिये कक्षा में प्रौद्योगिकी का उपयोग, जनसंख्या शिक्षा, यौन शिक्षा, एड्स शिक्षा, आपदा प्रबंधन, जीवन कौशल शिक्षा, भावनात्मक प्रशिक्षण और तनाव प्रबंधन आदि जैसे मुद्दों पर विचार करना।

उसी दिन (दूसरे दिन) सायं कालीन सत्र के बाद हम लोग उस परिसर में पहुँचे जहाँ पर मुख्य द्वार के अन्दर पहुँचते ही एक बहुत बड़ा प्रांगण मिला। उस प्रांगण में मुख्य द्वार के ठीक सामने एक मूर्ति युयुत्स (युद्धातुर) मुद्रा में लगी हुयी थी वह मूर्ति महाराजा महिषासुर की थी। उनके दाहिने हाथ में तलवार और बाएँ हाथ में एक दण्ड था। उस दण्ड का स्वरूप एक नाग के आकार का था जिसके फन की ओर का हिस्सा महाराज महिषासुर के हाथ में था और दूसरा पूँछ वाला हिस्सा जमीन पर टिका हुआ था। तत्कालीन शिल्पकारों/ मूर्तिकारों/ मूर्ति के स्थापत्यकारों का महाराज महिषासुर के हाथों में नाग के आकार का जो दण्ड थमाया गया था। संभवतः उसके पीछे उनका यही दर्शन रहा होगा कि बिना कुछ व्याख्या किये जनमानस में यह संदेश पहुँच जाये कि महाराज महिषासुर एक नागवंशी यशस्वी सम्राट व अप्रतिम योद्धा थे।

इन्हीं महाराज महिषासुर के नाम से उस नगर का नाम शायद पहले महिषासुर रहा हो जो बदलते बदलते महिषासुर से महिसुर हुआ हो फिर महिसुर से मैसुर और अन्ततः मैसूर हो गया हो। उस मूर्ति के दायीं ओर कुछ दूरी पर दुर्गा देवी का एक मन्दिर है। उस मन्दिर के आगे एक मन्दिर शनि देव का भी है। वहाँ के लोगों की यह मान्यता है कि शनि देव दुर्गा देवी की रक्षा करते रहते हैं। वहाँ पर दुर्गा देवी का पहले से ही बना हुआ काफी पुराना एक मन्दिर है। उसके अलावा उसी के सामने एक दूसरा भी नया भव्य विशाल मन्दिर बना रखा है। वह परिसर ऐसा है जहाँ पर लोग अपनी आस्था के अनुसार अपने अपने इष्टों को नमन करते हैं। नागवंशी लोग अपने इष्ट महाराज महिषासुर को नमन करते हैं तथा दुर्गा पूजक लोग दुर्गा देवी का नमन व आराधन करते हैं। इनके अतिरिक्त भी उस परिसर में तरह तरह की मूर्तियाँ तथा कला कृतियाँ विद्यमान थीं। कुल मिला कर वहाँ का वातावरण काफी पौराणिक लग रहा था।

किसी भी शिक्षण और प्रशिक्षण के अन्तर्गत एक दिन के लिये शैक्षिक भ्रमण अवश्य होता है। अतः हम लोगों को तीसरे दिन शैक्षणिक भ्रमण का अवसर मिला। वहाँ से बस द्वारा हम सभी लोग सीधे मांड्या जिला में स्थित ऐतिहासिक नगर रंगपट्टनम गये। जहाँ महान बादशाह टीपू सुल्तान के मैसूर साम्राज्य की राजधानी थी। वहाँ पहुँच कर सबसे पहले टीपू सुल्तान का किला देखा। संभवतः वह किला पन्द्रहवीं शताब्दी के उत्तरार्द्ध में बना होगा। कालान्तर में टीपू सुल्तान के पिता हैदरअली ने उस पर अधिकार कर लिया था। हैदरअली की मृत्यु के बाद टीपू सुल्तान सिंहासन पर बैठा। वह किला कावेरी नदी के तट पर स्थित है जो मैसूर से करीब बीस किलोमीटर दूरी पर है। उस समय वह किला क्या उसके अवशेष ही बचे थे।

टीपू सुल्तान की एक स्वाभिमानी सम्राट होने के नाते अंग्रेजों से ठनी रहती थी जिसका परिणाम यही हुआ कि अंग्रेजों ने तोपों से गोलाबारी करके उसके किले को ध्वस्त कर दिया था। टीपू सुल्तान एक दयालु और मानवता प्रेमी सम्राट था। उस समय दक्षिण भारत में शूद्र स्त्रियों को अपने स्तन ढकने का अधिकार नहीं था। उस घृणित प्रथा को टीपू सुल्तान ने अपने साम्राज्य में कानून बना कर रोक दिया था। इसी कारण समूचे दक्षिण भारत के तमाम धार्माधिकारी और जागीरदार जो इस कुप्रथा के पोषक थे, वे उनके खिलाफ हो गये। वे टीपू सुल्तान के द्वारा उस सामाजिक कलंक (स्तन खोले रखने की कुप्रथा को) को मिटाने के कारण असंतुष्ट हो गये और अंग्रेज शासकों के पक्ष में जा कर मिल गये। ऐसे लोग समय समय पर अंग्रेजों से टीपू सुल्तान की चुगली कर के उस पर आक्रमण के लिये उकसाते रहे। वह एक ऐसा न्यायप्रिय शासक था जो सच्चे अर्थों में प्रजापालक था। अट्ठारहवीं शताब्दी के अन्त में उस पर अंग्रेजों द्वारा निरन्तर आक्रमण किये गये और अन्ततः उनके द्वारा 1799 में उसकी हत्या कर दी गयी। सुना जाता है कि टीपू सुल्तान अपनी तलवारबाजी के लिये काफी मशहूर था। उसकी तलवार भी विशेष थी। अंग्रेजों ने उसके साम्राज्य के साथ साथ उसकी उस तलवार को भी अपने कब्जे में ले लिया था।

उस समय आततायियों को सजा देने के लिये टीपू सुल्तान ने मृत्यु दण्ड के लिये एक विशेष प्रणाली ईजाद की थी। चूँकि उसका किला कावेरी तट पर बना हुआ था इसलिए किसी अपराधी को शूली या फाँसी पर चढ़ाने की अपेक्षा उसी प्रणाली को अपनाया था। वह प्रणाली कुछ इस प्रकार थी कि उसने बरामदानुमा लम्बा सा तमाम दरवाजों वाला एक भवन बनवाया था। जिसके अन्दर तक का दृश्य बाहर से ही काफी दूर खड़े रह कर देखा जा सके। उस भवन की फर्श कावेरी नदी के तल से

करीब दस फुट गहरी/नीची रही होगी। उस भवन की पिछली दीवार जो कावेरी तट की ओर थी उस दीवार में आदमी के कन्धों तक की ऊँचाई पर पत्थर के दो दो कर के तमाम खूँटे गड़वा रखे थे। उन खूँटों के बीच की दूरी आदमी की मोटायी के बराबर थी। इस तरह की व्यवस्था पूरी दीवार में की गयी थी ताकि एक साथ में सौ सौ लोगों को मृत्यु दण्ड दिया जा सके।

पत्थर के उन गोलाकार समानान्तर खूँटों के बीच में दीवार से सटाकर अपराधियों को खड़ा किया जाता था जिससे उस व्यक्ति की बाँहें खूँटों के ऊपर आ जातीं थीं अथवा यों कहा जा सकता है कि वे खूँटे व्यक्ति की बगलों में आ जाते थे। वह दृश्य ऐसा होता था मानों व्यक्ति को बाहों के बल उन खूँटों पर टाँग / लटका दिया गया हो। इस तरह से एक साथ सैकड़ों अपराधियों को उस दीवार में बने ख़ूटों से लटका कर के दण्ड देने की व्यवस्था थी। जितने भी अपराधी होते थे उनको दीवार में बने उन खूँटों के बीच कंधों से टाँगकर जंजीर से बाँहें कस दी जाती थीं और उनको इस तरह से बाँध कर कावेरी नदी के पानी की एक पतली धार उसमें छोड़ दी जाती थी जिससे धीरे धीरे पानी भरता जाता था और उस पानी का तल धीरे धीरे ऊपर उठता जाता था।

परिणामतः जल का स्तर पहले घुटनों तक, फिर कमर, नाभि, छाती, फिर गले तक पहुँच जाता है। ज़ब पानी उन लोगों के गले तक पहुँच जाता था तब फिर कुछ देर के लिये पानी को रोक दिया जाता था। पानी के भराव के रोकने का एक ही कारण होता था कि उन सभी में यदि कोई अपराधी अपने अपराध के लिये क्षमा याचना करते हुये अपराध छोड़कर इंसानी जिन्दगी जीने का वचन देता है तो उसे मुक्त कर दिया जाता था। जो ऐसा करने के लिये राजी नहीं होता था या जो राजद्रोही होता था उसको उसी दशा में बँधा हुआ छोड़कर दुबारा पानी छोड़ दिया जाता था और देखते ही देखते ऐसे वे अपराधी जलमग्न हो जाते थे। जिनकी पानी में डूब कर दम घुटने से मृत्यु हो जाती थी। मृत्युदण्ड की यह व्यवस्था किले के ही निकट की गयी थी। वहाँ का ये सारा नजारा देखने के बाद हम सभी लोग उस परिसर में गये जहाँ पर हैदरअली, टीपू सुल्तान और उसके परिवार वालों की क्रमशः कतारबद्ध कब्रें बनी हुयीं थीं। उन वीर शहीदों को श्रद्धांजलि देकर दोपहर होते होते हम लोग वहाँ से लौट पड़े।

हम लोग रंगपट्टनम से लौट कर वृन्दावन गार्डन पहुँचे जो मैसूर सिटी से करीब 22 किलोमीटर दूर कावेरी नदी के तट पर कन्नमबाडी में बना हुआ है। वहाँ कावेरी नदी पर कृष्ण राज सागर बांध है जो कर्नाटक के स्वदेशी इंजीनियर सर मोक्षगुंडम विश्वेश्वरैया ने बनाया था। वह बाँध 1911 से 1932 के मध्य तब के 81 लाख रुपये की लागत से बना था। वह बाँध करीब 90 वर्षों से लगातार कर्नाटक और तमिलनाडु के करोड़ों लोगों को जलापूर्ति के संदर्भ में जीवनधारा बना हुआ है।

कावेरी के बेशुमार पानी के जरिए मैसूर के राजा कुछ ऐसा करना चाहते थे जिससे कई मकसद साधे जा सकें। यथा इससे बिजली पैदा हो, सिंचाई की जरूरतें पूरी हों और विशाल जलाशय बनाकर उस बड़े से परिक्षेत्र के अंतर्गत गर्मी में पानी की कमी को दूर किया जा सके। मैसूर का कृष्णराज सागर बाँध दुनिया का पहला और सबसे बड़ा ग्रेविटी बाँध है। इस बाँध को के.आर.एस. (कृष्ण राज सागर) बाँध कहा जाता है। कृष्ण राज नाम मैसूर के तत्कालीन राजा के नाम पर पड़ा जिन्होंने इस बाँध को बनाने की अनुमति ही नहीं दी बल्कि बाँध बनने में कोई अड़चन न आये इसलिए इंजीनियर एम. विश्वेश्वरैया के पीछे ताकत बनकर खड़े रहे। यह बाँध 130 फुट ऊँचा हैं और 8600 फुट लम्बा है। इस बाँध के 48 आटोमेटिक लोहे के गेट हैं जो खास तकनीक से बनवाये गये थे। वे गेट पानी ज्यादा होने पर अपने आप ही खुल जाते हैं और पानी कम होने पर बंद भी हो जाते हैं।

इंजीनियर सर मोक्षगुंडम विश्वेश्वरैया के द्वारा बाँध बनाने के बाद पानी प्रचुर मात्रा में उपलब्ध हुआ जिसके चलते बाँध के ठीक बगल में विश्व प्रसिद्ध विशाल वृंदावन गार्डन को विकसित किया जिसका क्षेत्रफल लगभग 170 एकड़ था। उसमें फूल, फल और साज सज्जा के पेड़ पौधे लगाये गये। वह तैयार किया गया गार्डन अपने आप में दुनिया का अकेला गार्डन है। उस गार्डन की विशेषता यही है कि जिस प्रकार पहाड़ी क्षेत्र में सीढ़ीनुमा खेती की जाती है उसी तर्ज पर बाँध के दक्षिणी पूर्वी सिरे से उत्तरी सिरे की ओर तमाम क्यारियाँ और बगीचे तैयार किये गये। बाँध में बने हुये गेट से अतिरिक्त पानी निकल कर कावेरी नदी की जलधारा को आगे बढ़ाता है।

वहाँ दक्षिण से उत्तर की ओर सीढ़ीनुमा जो बड़ी बड़ी क्यारियाँ बनी हैं उनमें विविध प्रजातियों के पौधे लगे हुये हैं। वहाँ उपलब्ध पौधों की विविधता यदि मैंने कहीं अन्यत्र देखी है तो वह अरुणाचल प्रदेश के आर्किड स्टेशन टिप्पी में देखी है। ऊपर से नीचे की ओर बनी उन क्यारियों में पौधों को सींचने की भी ऑटोमेटिक व्यवस्था है। उन क्यारियों में लगे हुये पौधों को कब पानी की आवश्यकता है उसके अनुसार ही टाइमिंग सेट की गयी है जिससे जितना पानी अपेक्षित होता है उतना ही पानी बह कर अपने आप बन्द हो जाता है।

उन क्यारियों के बीच बीच में ऊपर से नीचे की ओर पतली पतली नालियाँ बनी हुयी हैं। जिनके द्वारा सिंचायी में प्रयुक्त अतिरिक्त पानी उनसे होता हुआ कावेरी नदी की धारा में मिल जाता है। उन बड़ी बड़ी क्यारियों के बीच बीच बड़े बड़े लॉन बनाये गये हैं। जिनमें बैठने के लिये बेंच लगे हुये हैं। पर्यटक वहाँ पहुँच कर उस मनोरम दृश्य का

आनंद लेते हैं। वहाँ पर सबसे ऊपर दक्षिणी किनारे पर (जहाँ से गार्डेन की शुरुआत होती है) एक संग्रहालय भी बना हुआ है। वहाँ पर उस बाँध के निर्माता तथा गार्डेन के जनक इंजीनियर सर मोक्षगुण्डम विश्वेश्वरैया की मूर्ति भी लगी हुयी है। वहाँ के उस दृश्य को देखकर किसी का भी मन मुग्ध हो जाता है।

वहाँ पर वृंदावन गार्डन के सौन्दर्य का दर्शन लाभ लेने के साथ साथ हम लोगों ने एक अजूबा और भी देखा। वो अजूबा था कि एक आदमी काफी मोटा तगड़ा और लम्बा था। उस आदमी की लम्बाई यही कोई नौ फुट रही होगी। उसकी लम्बाई का आकलन यों किया जा सकता है कि वहाँ हमारे मित्र श्री आर.जे. राम साहब उसे देखते देखते अचानक उसकी बगल में जा कर खड़े हो गये। उस व्यक्ति ने उन्हें दुलारते हुये उनके कन्धे पर बायाँ हाथ रखा और अपने दायें हाथ से उनकी ठुड्डी पकड़ के हिलाने लगा। वह दृश्य हम लोगों के लिये मनोरंजन का अवश्य था परन्तु जब यह देखा कि करीब 5’6” के राम साहब उस व्यक्ति की नाभी तक ही पहुँच पाये थे। उस तथ्य को पूछने पर पता चला कि उस व्यक्ति को वहाँ के प्रशासन ने बतौर अपना कर्मचारी रख रखा था। उसे वेतन के तौर पर मात्र खाने, पहनने, ठहरने और चिकित्सा आदि की सुविधा दे रखी थी। उसे देखकर मुझे महसूस हुआ कि उसको सात फुट ऊँचे दरवाजे वाले कमरे में काफी झुक कर घुसना पड़ता होगा। उसके सोने के लिये कमरा भी बीस फुट लम्बा चौड़ा बनाया गया होगा। मुझे वह बाँध, वह गार्डन और वह व्यक्ति तीनों ही अद्भुत लगे। वहाँ से हम लोग भरपूर आनंद लेते हुये चल पड़े और मैसूर के बाजार में पहुँच गये। उस बाजार से मैंने भी अपने बच्चों के लिए व उनकी माताजी के लिए कुछ कपड़े व साड़ियाँ खरीदीं। वहाँ से हम सभी लोग अपने गंतव्य (Z.I.E.T.) मैसूर को वापस चले गये। अगले दो दिनों तक प्रशिक्षण शिविर चला। तमाम शैक्षिक व शैक्षणिक गतिविधियों पर विस्तृत परिचर्चा होती रही जो विद्यार्थियों के भविष्य निर्माण के लिये अपेक्षित थीं। इसके बाद अन्तिम दिन हम सभी लोग अपने अपने गंतव्य के लिये रवाना हो गये। मुझे वापसी के लिये जो ट्रेन मिली वह मैसूर से सीधी झाँसी के लिये थी। करीब दो दिन की यात्रा के बाद हम कानपुर पहुँचे।

कानपुर आने के बाद टी.जी.टी. हिन्दी के लिये मई 2005 में ग्रीष्मकालीन प्रशिक्षण शिविर का आयोजन हुआ। प्राचार्य केन्द्रीय विद्यालय क्रमांक-1 अर्मापुर जो कि वेन्यू डायरेक्टर थे और मुझे कोर्स डायरेक्टर बनाया गया। उस समय कुल 21 दिवसीय कोर्स चलाया जाता था। उस कोर्स के लिये पूरे इक्कीस दिनों का टाइम टेबल तैयार कर लिया गया था। जिसमें कोर्स आरम्भ होने से पूर्व प्रशिक्षुओं की पहली परीक्षा हुयी। कोर्स के मध्य तथा कोर्स के अन्त में विभागीय व्यवस्था के अनुसार कोर्स में

आये प्रतिभागियों की लिखित परीक्षाओं का भी आयोजन हुआ अतः पहले दिन उनकी परीक्षा ली गयी। प्रशिक्षण के प्रातः कालीन सत्र में केवल योगाभ्यास कराया जाता था जो कोर्स का एक हिस्सा था। कोई योग अध्यापक न भेजे जाने के कारण यह दायित्व भी मुझे ही निभाना पड़ा था। इसके लिये सुबह छः से सात बजे तक का समय नियत किया गया था। उसके बाद पूर्वाह्न शिक्षण व प्रशिक्षण का कार्यक्रम प्रातः नौ बजे प्रार्थना सभा से आरम्भ हो कर एक बजे तक चलता था। उसके बाद दोपहर का भोजनावकाश होता था। पुनः भोजोपरान्त दो बजे से पाँच बजे अपराह्न तक शिक्षण व प्रशिक्षण शिविर आयोजित किया जाता था। इसके अन्तर्गत शिक्षकों को कतिपय प्रमुख प्रशिक्षण रणनीतियों (Training Strategies) के आधार पर प्रशिक्षित किया जाता था। यथा-

सेवाकालीन प्रशिक्षण की रणनीतियाँ:
In service course Training Strategies.

1- व्याख्यान सह चर्चा
Lecture cum Discussion.

2- प्रदर्शन
Demonstration.

3- विचार मंथन
Brainstorming.

4- लिखित कार्य
Written Assignment.

5- समूह कार्य
Group Work

6- अनुकरण का अभ्यास करना
Simulation Exercise.

7- भूमिका अदा करना
Role Play.

8- किसी मामले का अध्ययन
Case Study

9- परियोजना विधि
Project Method

10- विद्यालय की फील्ड ट्रिप आदि।
School Field Trip etc.

शिक्षकों को इन्हीं नीतियों के आधार पर विद्यार्थियों को मुख्यतः कौशल चतुष्टय अर्थात सुनना, बोलना, पढ़ना और लिखना आदि का अभ्यास कराने के लिये प्रशिक्षित किया जाता है। जिससे कि इन्हीं के माध्यम से शिक्षक किसी भी विषयवस्तु को अपने विद्यार्थियों को समझाने में सफल हो सके। जिसका उद्देश्य समझना (understanding) होता है। आगे भी हम समय समय पर विस्तार से इन गतिविधियों का जिक्र करते रहेंगे। पूरे शिविर काल में शिक्षकों को इस प्रकार से तैयार कर दिया जाता है जिससे वे अपने शिक्षण कौशल के माध्यम से विद्यार्थियों के जीवन को सँवारने में सहायक सिद्ध हो सकें।

इसके अतिरिक्त भी विद्यार्थियों के अध्ययन अधिगम को प्रभावित करने वाले कुछ कारक हैं। उन पर भी चर्चा अपेक्षित है। वे मूलतः सात कारक होते हैं। यथा-

1- पर्यावरणीय कारक,
Environmental Factor

2- शारीरिक कारक,
Physical Factor

3- मानसिक कारक,
Mental Factor

4- मनोवैज्ञानिक कारक,
Psychological Factor

5- भावनात्मक कारक,
Emotional Factor

6- सीखने के कारक,
Learning Factor

7- शिक्षण अधिगम में शिक्षक के व्यक्तित्व की भूमिका।
Role of teacher's personality in teaching learning process

कुल मिलाकर इन कारकों को दो वर्गों में रख सकते हैं।

प्रथम प्रकार के कारक विद्यार्थी के परिवेश से जुड़े हुये होते हैं और

दूसरे प्रकार के कारक उसकी स्वयं की वैयक्तिकता से सम्बन्धित होते हैं।

इसके साथ विद्यार्थी को पढ़ाने वाला शिक्षक कैसा है? यह भी समझना अनिवार्य है। यथा ~

i) क्या वह न्याय प्रिय है?
Does he love justice?

ii) क्या वह सदाशयी है?
Is he in good faith?

iii) क्या वह पक्षपात रहित है?
Is he unbiased?

iv) क्या वह कुशल है?
Is he efficient?

v) क्या वह अपने विद्यार्थियों से सौहार्दपूर्ण व्यवहार रखने वाला है या नहीं।
Whether he is cordial with his students or not?

यदि कोई शिक्षक अपने विद्यार्थी को अपने आप से ज्यादा जानता है तो वह अपने कर्तव्य के प्रति तथा अपने विद्यार्थी के जीवन निर्माण के प्रति न्याय कर सकता है। शिक्षक अपने विद्यार्थियों को तभी समझ पायेगा व उनके प्रति न्याय कर पायेगा जब उक्त कारकों को ईमानदारी से जाति धर्म, ऊँच नीच, अमीर गरीब आदि की परिधियों से बाहर निकल कर समझने का प्रयास करेगा।

कुछ कारक जो विद्यार्थियों की सामाजिक पृष्ठभूमि के अन्तर्गत आते हैं।

यथा-

i) उनकी पारिवारिक पृष्ठभूमि क्या और कैसी है?
What and how is his family background?

ii) उनकी सामुदायिक पृष्ठभूमि क्या और कैसी है?
What and how is his community background?

iii) उनकी मित्र मंडली कैसी है?
How is the circle of friends?

iv) स्कूल का माहौल कैसा है?
How is the school environment?

v) माता-पिता की अपेक्षाएँ क्या हैं?
What are the expectations of the parents?

vi) आर्थिक और शैक्षिक पृष्ठभूमि कैसी है?
How is the economic and educational background?

vii) धार्मिक एवं सांस्कृतिक पृष्ठभूमि कैसी है?
What is the religious and cultural background?

इन सभी तत्वों का उनके शिक्षण अधिगम पर सीधा सीधा प्रभाव पड़ता है। शिक्षक का विद्यार्थी के प्रति किसी भी स्तर पर भेदभाव न केवल उसके पठन पाठन पर विपरीत प्रभाव डालता है अपितु उसके व्यक्तित्व का भी ह्रास कर देता है।

विद्यार्थी के तमाम पर्यावरणीय कारकों के प्रति सहज भाव रखने के बाद भी यदि कहीं उनके धार्मिक व सांस्कृतिक परिवेश की उपेक्षा कर दी गयी जो भले ही छोटी लगती हो या ऐसा लगता हो कि यह तो व्यक्ति का नितान्त निजी मामला है। उस अवस्था में उनके धर्म की उपेक्षा शिक्षक को अपने लक्ष्य की प्राप्ति में भारी पड़ सकती है। इसके सापेक्ष यदि शिक्षक अपने विद्यार्थियों को यह संदेश देने में सफल हो जाता है कि धर्म निजी मामला होने के बावजूद हम एक दूसरे के धर्म के प्रति आदर भाव रखते हैं तो वह शिक्षक सुगमता से सफल हो सकता है। अतः उसे अपने हर विद्यार्थी के जाति धर्म का सम्मान करना चाहिये।

कुछ कारक जो विद्यार्थियों की वैयक्तिकता के अन्तर्गत आते हैं। चूँकि मुझे अपने शिक्षक प्रशिक्षण के दौरान उपचारात्मक शिक्षण में विशेषज्ञता (specialisation in remedial teaching) प्राप्त करने का अवसर मिला था जैसा कि मैं इससे पूर्व में जिक्र कर चुका हूँ। केन्द्रीय विद्यालयों में प्रति वर्ष विद्यार्थियों की शारीरिक विकलताओं और दुर्बलताओं का पता लगाने के लिये उनका चिकित्सकीय परीक्षण होता है। अधिकांशतः प्राचार्य विद्यार्थियों का चिकित्सकीय परीक्षण कराना ही चाहिये इसलिये कराते हैं। परन्तु यह परीक्षण क्यों कराया जाता है इसकी मूल भावना तक वे नहीं पहुँच पाते हैं। बच्चों का मेडिकल चेकअप कराने का मुख्य कारण यही है कि उसकी शारीरिक अक्षमता का पता लगाया जा सके। विद्यार्थी के पठन पाठन में उसकी जो अक्षमताएँ बाधक हैं। वे मूलतः इस प्रकार हैं:

i) श्रवण हानि या बहरापन।

   Hearing loss or deafness

ii) दृष्टि की कमी।

   Lack of vision

iii) स्वर तंत्र का विकार या हकलाना।

   Disorder of vocal system or stammering

iv) ऑर्थो समस्या या विकलांगता।

   Ortho problem or disability

v) पुरानी बीमारी और

   Chronic disease and

vi) ग्रंथियों की विकृति या असमानता।

   Deformity or abnormality of glands.

इन कमियों को दूर करने के लिये चिकित्सक के परामर्श से ऐसे बच्चों के अभिभावकों को उनके इलाज के लिये प्रेरित करना चाहिये। शिक्षकों को भी अपने उन विद्यार्थियों के प्रति पूरी तरह से संवेदनशील होना चाहिये ताकि उनके सहपाठी उनका उपहास न कर सकें।

शिक्षक पाठ योजना बनाते समय उनकी शारीरिक कमजोरियों का विशेष ध्यान रखें। विद्यार्थियों की इन शारीरिक कमियों पर बिना ध्यान दिये जो शिक्षक शिक्षण कार्य

करते रहते हैं वे उनके साथ अन्याय करते हैं। यही बच्चे कक्षा में पिछड़ जाते हैं और इस प्रकार जो बच्चे कक्षा की अगली पंक्ति में बैठने वाले होते हैं। वे बच्चे धीरे धीर स्वयं को अपने साथियों के स्तर का न समझ कर हीन भावना से ग्रसित हो जाते हैं और खिसकते खिसकते पिछली बेंच तक पहुँच जाते हैं। इतना ही नहीं एक दिन ऐसा आ जाता है कि वे कक्षा में बैठना ही छोड़ देते हैं और कक्षा की अपेक्षा खेल के मैदान में या किन्ही अन्य जगहों पर अपना समय बिताना पसन्द करते हैं। इस अवस्था में उनकी पीड़ा को समझे बिना विद्यालय अथवा घर से जब भी पढ़ने का दबाव बनाया जाता है तो ऐसे बच्चे स्वयं को अन्दर से असहज महसूस करते हैं। उनके जीवन में एक समय ऐसा आ जाता है जिससे वे स्कूल ही छोड़ जाते हैं या समाज ही छोड़ देते हैं या दुनिया ही छोड़ देते हैं या फिर वे यह सब कुछ न भी करें तो उस स्थिति में समाज की अपेक्षाओं के विपरीत जाकर विद्रोही रुख अख्तियार कर लेते हैं और देश तथा समाज के लिये समस्या बन जाते हैं। इन सब बातों को दृष्टि में रखते हुये आसानी से समझा जा सकता है कि शिक्षक की भूमिका विद्यार्थियों के भविष्य निर्माण में कितनी महत्वपूर्ण है। जो शिक्षक अपने विद्यार्थी को समझ लेगा वही अपने दायित्व का न्यायपूर्ण निर्वहन कर सकेगा।

विद्यार्थी के व्यक्तित्व निर्माण में कुछ वैयक्तिक तत्व ऐसे होते हैं जो उसके व्यक्तित्व विकास में निर्णायक सिद्ध होते हैं। यथा मानसिक, मनोवैज्ञानिक, भावनात्मक तत्व आदि। इन पर संक्षेप में प्रकाश डालना उपयुक्त रहेगा।

(1) इनमें से मानसिक कारक (mental factor) के अन्तर्गत निम्नलिखित तत्व आते हैं ~

i) बुद्धिमत्ता
Intellect

ii) दृष्टिकोण
Attitude

iii) अभिरुचि
Aptitude

iv) रुचि
Interest

v) एकाग्रता
   Concentration

vi) मानसिक स्वास्थ्य
   Mental Health

vii) मंदता आदि।
   Retardedness/Slowness etc.

इन सभी का सीखने की प्रक्रिया में विशेष योगदान होता है। मुख्यतः जिन बच्चों का बौद्धिक स्तर और मानसिक स्वास्थ्य अच्छा होता है। उनके समक्ष उपचारात्मक शिक्षण की आवश्यता न के बराबर होती है और जिन बच्चों का बौद्धिक स्तर और मानसिक स्वास्थ्य कम अच्छा होता है या जो धीमी गति से सीख पाते अर्थात जो Slow Learner हैं वे पिछड़ जाते हैं। ऐसे ही विद्यार्थियों को उपचारात्मक शिक्षण की आवश्यकता होती है। इतना अवश्य है कि शिक्षक अपने प्रभावी शिक्षण के द्वारा बच्चों में अपने विषय के प्रति जितनी रुचि उत्पन्न कर लेगा उतना ही वह शिक्षक सफल सिद्ध होगा।

(2) कुछ मनोवैज्ञानिक कारक (psychological factor) भी अपना प्रभाव डालते हैं जो इस प्रकार हैं यथा-

i) तत्परता
   Readiness

ii) प्रेरणा
   Motivation

iii) निराशा
   Disappointment

iv) सीखने की प्राकृतिक क्षमता
   Natural ability to learn

v) क्षमता के व्यक्तिगत अंतर
   Individual differences of ability

vi) विफलताओं का डर
Fear of failure

vii) अभिविन्यास
Orientation

viii) महारत उन्मुख
Mastery oriented

ix) प्रदर्शनोन्मुख आदि।
Performance oriented etc.

इन कारकों को दृष्टिगत रखते हुये विद्यार्थियों में अधिगम के प्रति उनकी प्राकृतिक क्षमता या अभिरुचि या aptitude का उपयोग करते हैं। जिससे उनको सफलता के प्रति भयमुक्त किया जा सकता है। इनके माध्यम से उनको अध्ययन के प्रति प्रेरित करते हुये उनमें रुचि उत्पन्न की जा सकती है।

3) विद्यार्थी की अभिरुचि (aptitude) का उपयोग करते हुये इन तत्वों की सहायता ली जा सकती है यथा-

i) प्रोत्साहन
Incentive

ii) प्रशंसा
Appreciation

iii) नैतिक समर्थन
moral support

iv) स्नेह
Affection

v) मान्यता
Recognition/ Validation

vi) प्रेरणा
Motivation

vii) पुरस्कार आदि।
Award etc.

शिक्षक की उसके शिक्षण में सफलता इस बात पर निर्भर करती है कि वह अपने विद्यार्थियों को किस हद तक अपना नैतिक समर्थन, स्नेह, प्रशंसा, व प्रोत्साहन दे सकता है। जिससे वे प्रेरित हो सकें और अपने शिक्षक के प्रति भरोसा एवं आदर का भाव रख सकें।

(4) शिक्षकों और विद्यार्थियों के मध्य शिक्षण अधिगम (Teaching learning) में सह संबंधों की कमी का भी दुष्प्रभाव होता है। कुछ खास तत्व इस प्रकार हैं। यथा -

i) शैक्षिक दृष्टिकोण की कमी
Lack of educational approach

ii) शिक्षकों और शिक्षार्थियों के बीच समन्वय की कमी
Lack of coordination among teachers and learners

iii) सिखाए गए और पढ़ाए जाने वाले विषयों में सहसंबंध की कमी और
Lack of correlation in the subjects taught and to be taught and

iv) असहज वातावरण आदि।
Uncomfortable environment etc.

इन तत्वों का भी विद्यार्थी के अध्ययन पर गहरा प्रभाव पड़ता है। इसके लिये सरस शैक्षिक वातावरण अनिवार्य है। यदि शिक्षक के पढ़ाने का स्तर उसके विद्यार्थियों के स्तर से मेल नहीं खाता है तो भी शिक्षण लाभकारी नहीं होगा। जो कुछ भी पढ़ाया जा रहा हो वह विद्यार्थी के पूर्वज्ञान पर आधारित नहीं होगा तो भी सुखद परिणाम नहीं मिलेगा। यदि शिक्षक अपने विद्यार्थियों की ग्राह्य क्षमता से अधिक तेजी से व ऊँचे स्तर पर पढ़ाता है तो भी उसका शिक्षण फलदायी नहीं होगा। अतः शिक्षक को अपने शिक्षण में उक्त बिन्दुओं के अनुसार अत्यन्त सतर्क रहना चाहिये।

(5) सफल शिक्षक में कुछ विशेषतायें होना अपेक्षित है। यथा-

i) मधुर प्रकृति
Sweet natured

ii) मृदुभाषी
Soft spoken

iii) उचित उपचार
Fair treatment

iv) नैतिक रूप से मजबूत
Morally strong

v) मानसिक रूप से मजबूत
Mentally strong

vi) हितधारकों के प्रति स्नेह
Love to stakeholders

vii) अध्येता
Studious

viii) सकारात्मक दृष्टिकोण
Positive Attitude

ix) न्यायिक चरित्र
Judicial Character

x) देखभाल
Caring

xi) मान्यता
Validation

xii) मानवीय मूल्य
Human values

xiii)मेहनती/उद्यमी

Hard Working / Entrepreneur/ Industrious

xiv)शैक्षणिक दृष्टिकोण

Pedagogical approach

xv) मूल्य उन्मुख आदि

Value oriented etc.

यदि शिक्षक में उक्त गुण हैं तो वह अपने विद्यार्थियों का दिल जीत कर उनका पसंदीदा (favourite) शिक्षक बन जाता है। ऐसा शिक्षक अपने आचार व्यवहार व ज्ञान कौशल से कम मेहनत में ही बड़ी उपलब्धियाँ हासिल कर लेता है।

जब भी उपचारात्मक शिक्षण की बात आती है तो सबसे पहले हमें बच्चे के

i) उपलब्धि परीक्षण Performance test की आवश्यकता होती है। या किसी विषय विशेष में पाठ्यक्रम के कुछ अंश से पूरी कक्षा का एक सामान्य परीक्षण कर लेते हैं तथा उनमें कौन से विद्यार्थी सामान्य स्तर से नीचे के हैं यह देख लेते हैं। तत्पश्चात ऐसे बच्चों से अलग अलग पढ़वा कर, लिखवा कर तथा वार्तालाप कर के उनकी वर्तनीगत, उच्चारणगत, पूर्वज्ञान की न्यूनता के कारणों का पता लगा लेते हैं। उसके बाद उन्हीं क्षेत्रों पर आधारित उसके

ii) निदानात्मक परीक्षण (Diagnostic test) का आयोजन करते हैं। निदान किन समस्याओं का अथवा अध्ययन को प्रभावित करने वाले किन कारकों का किया जाये। इसके लिये शिक्षार्थी के शिक्षण में कौन कौन से कारक उसे प्रभावित करते हैं? उनका पता लगाना नितान्त आवश्यक होता है।

जब विद्यार्थी के शैक्षणिक पिछड़ेपन के कारणों तथा पिछड़ेपन के खारा बिन्दुओं अथवा क्षेत्रों का पता लग जाता है तो उसके बाद ही

iii) उपचारात्मक परीक्षण (Remedial test) का आयोजन किया जाता है। इस परीक्षण में उन बिन्दुओं पर आधारित छोटे छोटे प्रश्न दिये जाते हैं जिन क्षेत्रों में विद्यार्थी कठिनाई महसूस करता है और जरूरत के मुताबिक उसकी सहायता भी करते जाते हैं। इसी प्रकार के कुछ प्रश्न घर से करने के लिये भी दिये जा सकते हैं। ऐसे बच्चों को कुछ अलग से और ज्यादा समय देना होता है। उन पर ज्यादा ध्यान भी देना पड़ता है। शिक्षक के लिये यह कार्य कठिन अवश्य

है पर असम्भव नहीं है। इस प्रकार के शिक्षण को उपचारात्मक शिक्षण अथवा Remedial Teaching कहते हैं।

संसार में कोई भी प्राणी ऐसा नहीं है जो अपनी पहचान के प्रति सचेत न हो। पशु पक्षी भी अपने सामने वाले से स्वयं को श्रेष्ठ दर्शाने का उपक्रम करते हैं। भले ही उन्हें बल प्रदर्शन क्यों न करना पड़े। बैल भी जब अपने प्रतिद्वंद्वी को पछाड़ देता है तो पछाड़ने या पराजित करने के बाद प्रसन्नचित्त हो कर विजयी मुद्रा में दहाड़ता है। शायद बैलों के इसी प्रदर्शन को बल (बैल) प्रदर्शन कहते हैं। क्या इसका प्रदर्शन मनुष्य नहीं करता है? वह भी अपना मान सम्मान बनाये रखने के लिये हर सम्भव प्रयास करता है।

शिक्षकों को अपने विद्यार्थियों के प्रति इतना संवेदनशील रहना चाहिये ताकि कहीं वे अनजाने में भी अपमानित महसूस न करें। इसलिए शिक्षक को अपने विद्यार्थियों के द्वारा किये गये थोड़े से भी अच्छे काम की प्रशंसा कर देनी चाहिये। जिससे वे गौरवान्वित अनुभव कर सकें। शिक्षक को इस बात का विशेष ध्यान रखना चाहिये कि वह अपने विद्यार्थी की प्रशंसा सबके सामने करे और यदि अपरिहार्य कारणों से डाँटना ही पड़े तो उसे एकान्त व अकेले में डाँटे या समझाये। यदि कोई शिक्षक अपने शिक्षण में उक्त मापदण्डों का अनुपालन नहीं कर पाता है और अन्यथा की स्थिति में है तो

वह बिना दूध की गाय और बिना पानी के बादल की भाँति है।

है न शिक्षक की भूमिका अत्यधिक कठिन! परन्तु रोचक और महत्वपूर्ण।

एक बार मुझे पाँच दिवसीय ट्रेनिंग प्रोग्राम में दिनांक 22.08.2005 से दिनांक 26.08.2005 तक के लिये दिल्ली जाने का अवसर प्राप्त हुआ था। वहाँ पर केन्द्रीय विद्यालय संगठन और श्री सत्य साईं बाबा ट्रस्ट के समन्वित प्रयास से एक सेमीनार आयोजित किया गया था जो मूल्यों पर आधारित नेतृत्व उन्मुख शिक्षा पर था। इसको श्री सत्य साईं इंटरनेशनल सेंटर फार ह्यूमन वेल्यूज दिल्ली में स्कूल शिक्षकों, छात्रों और अभिभावकों के लिये आयोजित किया गया था।

जैसा मैंने बताया कि सत्य साईं इंटरनेशनल सेंटर फार ह्यमन वेल्यूज दिल्ली में आयोजित स्कूल शिक्षकों, छात्रों और अभिभावकों के लिए मूल्यों पर आधारित नेतृत्व उन्मुख सेमीनार (Seminar On Value Oriented Leadership for the school teachers, students & parents) का आयोजन किया गया था।

जिसमें तमाम जीवन मूल्यों (life values) से सम्बन्धित तत्वों पर विस्तृत चर्चा हुयी थी। यथा-

जीवन मूल्य (life values) यथा-

i) नैतिक मूल्य
(Moral Values/ Ethical Values),

ii) मानवीय मूल्य
(Human Values),

iii) आध्यात्मिक मूल्य
(Spiritual Values),

iv) सामाजिक मूल्य
(Social Values),

v) शाश्वत मूल्य
(Eternal Values),

vi) सार्वभौमिक मूल्य आदि।
Universal Values etc.

उक्त मूल्यों को मानसिक, मनोवैज्ञानिक, भावात्मक, आध्यात्मिक और सार्वभौमिक परिप्रेक्ष्य में व्याख्यायित किया गया। उससे मुझे ऐसा लगा जैसे मेरा सम्पूर्ण व्यक्तित्व अंधकार के भटकाव से उजाले में आ गया हो। उपचारात्मक शिक्षण के मूलभूत उपयोगी कारकों की महत्ता आप ही आप साकार हो उठी। वहीं पर मैंने अनुशासन की विशिष्टता को परखा। शिक्षक के जीवन में विद्यार्थी के व्यक्तित्व विकास के लिये केवल एक ही तत्व प्रेम का क्या महत्व है? यह समझ लें और अनुशासन (Discipline) के सापेक्ष प्रेम का क्या महत्व है ? इसे कुछ इस प्रकार से समझा जा सकता है। यथा-

प्रेम (Love)

अनुशासन (DISCIPLINE)

Love as DISCIPLINE is divinity.

अनुशासन के रूप में प्रेम दिव्यता है।
D- Love as DUTY is Devotion.

D- कर्तव्य के रूप में प्रेम भक्ति है।
I- Love as INTEREST is achievement.

I- रुचि के रूप में प्रेम उपलब्धि है।
S- Love as SINCERITY is success .

S- ईमानदारी के रूप में प्रेम ही सफलता है।
C- Loveas CONSCIOUSNESS is wisdom.

C- चेतना के रूप में प्रेम ज्ञान है।
I - Love as INTUITION is affection.

I- प्रेम के रूप में अन्तः प्रज्ञा स्नेह है।
P- Love as PASSION is dedication.

P- जुनून के रूप में प्यार समर्पण है।
L- Love as LOYALTY is grace.

L- वफादारी के रूप में प्यार अनुग्रह है।
I- Love as INTEGRITY is Character.

I- सत्यनिष्ठा के रूप में प्रेम चरित्र है।
N- Love as NON RIVALRY is humanity.

N- गैर प्रतिद्वंद्विता के रूप में प्रेम मानवता है।
E-Love as EMPOWERMENT is the welfare of mankind.

E- प्रेम शक्ति के रूप में मानव जाति का कल्याण है।

सार्वभौमिक मूल्यों में अभी केवल प्रेम (Love) की महत्ता को रेखांकित किया गया है। इसके अतिरिक्त चार मूल्य और भी हैं यथा सत्य (Satya), अहिंसा (Non Violence), धर्म Righteous conduct और शान्ति (Peace) आदि। जो सत्य का पालन करे। मन वचन व कर्म से अहिंसा को अपनाये। सदाचार का आचरण करते हुये अपने कर्त्तव्य का पालन करे और प्राणि मात्र के प्रति करुणा का भाव रखे। वही अच्छा शिक्षक (लीडर) हो सकता है।

एक अच्छे शिक्षक (लीडर) में जो विशेषतायें होनी चाहिये वे इस प्रकार हैं। यथा-

अच्छे शिक्षक (लीडर) की विशेषतायें
Characteristics of a good teacher (leader)

1- सबसे पहली विशेषता तो यही है कि उसमें जो क्षमताएँ हैं। उनके प्रति उसे पूरा आत्मविश्वास होना चाहिये।
The first characteristic is the capabilities he has. He should have full confidence in them.

2- दूसरी विशेषता यह है कि जो भी विद्वत्ता उसके अन्दर है। उसका वह बखूबी दूसरों के समक्ष सफल प्रस्तुतीकरण कर सके।
The second characteristic is whatever scholarship/ ability is within him. He can present it successfully to others.

3- तीसरी विशेषता यह है कि वह जिनकी अगुवाई कर रहा है। उनकी शक्तियों और कमजोरियों को भली भाँति जानता हो और यथासमय उनकी अपेक्षाओं की खबर रखते हुये उनकी सहायता कर सके या उन्हें गाइड कर सके।
The third characteristic is those whom he is leading. Knows their strengths and weaknesses very well and can help or guide them by being aware of their expectations at the right time.

4- चौथी विशेषता यह है कि वह अपनी लीडरशिप अपने काम (Job) के माध्यम से दिखाये न कि अपने भाषण के द्वारा।
The fourth characteristic is that he should show his leadership through his work. Not through his speech.

अतः केवल वही व्यक्ति एक अच्छा नेता अथवा शिक्षक है-

i) जिसके विचार, शब्द और कर्म सामंजस्य में हों। अर्थात मन, वचन और कर्म से सम्यक हो।
Only that person is a good leader or teacher whose thoughts, words and deeds are in harmony.

ii) यदि ऐसा नहीं है तो वह व्यक्ति केवल चालाक और स्वार्थी हो सकता है न कि अच्छा नेता या शिक्षक।

If not then that person can only be clever and selfish and not a good leader or teacher.

इस प्रकार उपचारात्मक शिक्षण के संदर्भ में उपयोगी तत्वों और अच्छे शिक्षक (लीडर) की भूमिका पर विस्तार से प्रकाश डाला गया है।

इस संसार में असंख्य लोग ऐसे हैं जो सोचते कुछ, बोलते कुछ और करते कुछ हैं। ऐसे लोग समाज के लिये विनाशक होते हैं। फिर उनमें यदि कोई शिक्षक ऐसा है तब तो वह व्यक्ति समाज और देश के लिये खतरनाक सिद्ध होता है। वह व्यक्ति घोर स्वार्थी, अन्यायी, पक्षपाती, दंभी और चारित्रिक रूप से पतित होता है जो अपनी ही भावी पीढ़ियों को बर्बाद कर देता है।

हमारे विद्यालय में कुछ लोग इस कोटि के थे। वे अपनी अकर्मण्यता को छिपाने के लिये और स्वार्थ पूर्ति के लिये हर दिन कोई न कोई नया प्रपंच रचते थे। ऐसे लोगों में से कई लोगों का जिक्र मैं पहले ही कर चुका हूँ। एक शिक्षक एन.पी. सिंह जो विद्यालय में पहले ही हंगामा खड़ा कर चुका था। एक दिन एनजाइना दर्द को लेकर वह रीजेंसी अस्पताल कानपुर में भर्ती हो गया। उसका आभा मंडल (उसे उकसाने वाले) उसे सपोर्ट कर रहा था। उसने हास्पिटल से ही अपने ट्रीटमेंट/ टेस्ट आदि के लिये एडवांस लेने के लिये डॉक्टर के परामर्श के अनुसार एप्लीकेशन भेजा। यद्यपि उसे भी पता था कि मेडिकल बिल तो विद्यालय स्तर पर पास हो सकता है लेकिन मेडिकल एडवांस देने का कोई प्रावधान नहीं है फिर भी उसने मेडिकल एडवांस के लिये लिखकर प्रार्थना पत्र भेजा। मैंने प्रकरण की गंभीरता को समझते हुये संभाग के उच्चाधिकारियों के अनुमोदन पर उसको मेडिकल एडवांस दे दिया। वह अपना समुचित इलाज करवा के विद्यालय ड्यूटी पर आ गया। जो लोग उसे यह सब कुछ करने के लिये उकसाने वाले थे उन्हीं लोगों में से एक व्यक्ति के मुँह से स्टाफ रूम में यह निकल गया, प्रिंसिपल को फँसाने के लिये एडवांस लेने वाला यह दाँव भी खाली गया। बीच बीच में मैंने उसे काफी समझाने का प्रयास किया जिससे वह इस तरह के क्रिया कलापों से दूर रहे और अपने बच्चों व परिवारी जनों का शान्तिपूर्वक भरण पोषण करे परन्तु उसकी समझ में कुछ नहीं आया। ये सच है कि किसी भी संस्था का वातावरण दूषित करने के लिये एक ही व्यक्ति काफी होता है ठीक वैसे ही जैसे पूरे तालाब को गंदा करने के लिये एक ही मछली काफी होती है।

हमारे अपने लोगों की भी अजीब विडम्बना है। वे बिना आगा पीछा देखे काम करते हैं। एक बार एन.पी. सिंह ने हमारे खिलाफ श्री रामनाथ कोबिन्द जी से शिकायत की। उसने कहा केन्द्रीय विद्यालय नं.2 अर्मापुर का प्रिंसिपल मुझे प्रताड़ित करता है क्योंकि वह जनरल कैटेगरी का है और मैं रिजर्व कैटेगरी का हूँ जब कि प्रकरण बिल्कुल उल्टा था। एन.पी. सिंह जनरल का था और मैं रिजर्व कैटेगरी का।

कोबिन्द जी उस समय राज्य सभा के सदस्य थे। उन्होंने किसी भी स्रोत से यह जानने का प्रयास नहीं किया कि जमीनी हकीकत क्या है? वे चाहते तो फोन करके भी छानबीन कर सकते थे परन्तु उन्होंने ऐसा नहीं किया। उन्होंने मेरे विरुद्ध जो भी प्रताड़ना की, रिश्वत की, गबन की व कमीशन की जितनी भी शिकायतें थीं सारी की सारी के.वी.एस. मुख्यालय दिल्ली को अपने लेटर पैड पर नोट लगा कर भेज दीं। उस शिकायत की जाँच के लिये केन्द्रीय विद्यालय संगठन मुख्यालय से वित्त विभाग का सर्वोच्च अधिकारी डिप्टी कमिश्नर फाइनेंस आया और उसने तीन दिन तक पूरे विद्यालय के विकास कार्यों व परचेज की व्योरे वार जाँच की।

उन तमाम शिकायतों में एक शिकायत टी सेट ज्यादा कीमत पर खरीदे जाने की भी थी। जब जाँच अधिकारी अग्रवाल साहब जाँच कर रहे थे तब उसी में कप प्लेट खरीद का भी जिक्र आया। मैंने कहा सर जिस कप में आप चाय पी चुके हैं इसी टी सेट की शिकायत की गयी है। इस तरह तीन दिन तक जाँच चलती रही और हर काम तथा हर सामान के परचेज के बिल बाउचर की फोटो कापी करवा कर वो अपनी कस्टडी में रखते चले गये। तीसरे दिन जब पूरी जाँच हो चुकी तब उन्होंने पूरे दस्तावेजों की फोटो कापी इकट्ठी कीं और नम्बरिंग डाल कर दस्तावेज इकट्ठे किये तो आफिस के तीन फोल्डर बँध कर तैयार हुये। इसी के साथ साथ अन्य प्रकरणों की भी जाँच की गयी तो वास्तविकता शिकायत के बिल्कुल विपरीत निकली। अग्रवाल साहब को मैंने स्टेशन तक भेज आने के लिये कहा तो उन्होंने मना कर दिया और तीनों फोल्डर टैक्सी पर लदवाकर वहाँ से रवाना हो गये। उस जाँच का क्या परिणाम रहा मुझे कुछ पता नहीं चला। संभवतः उस जाँच में मेरे विरुद्ध कुछ भी नहीं मिला अन्यथा कुछ न कुछ तो कार्यवाही की ही गयी होती।

उस एन.पी. सिंह के खिलाफ केन्द्रीय विद्यालय आई.आई.टी. कानपुर के जिस प्रकरण में जाँच चल रही थी। उसकी जाँच टीम भी जाँच करने के लिये हमारे ही विद्यालय में आयी थी। तमाम गवाह पेश हुये और उस जाँच में वह दोषी पाया गया। परिणामस्वरूप केन्द्रीय विद्यालय संगठन मुख्यालय दिल्ली के द्वारा उसका

स्थानान्तरण दक्षिण भारत के किसी सुदूर केन्द्रीय विद्यालय में कर दिया गया था। वहाँ पर जा कर उसे ज्वाइन करना पड़ा। पूरे परिवार को वहाँ ले जाना और वहाँ उसे व्यवस्थित करना अपने आप में एक समस्या थी। काफी लम्बे अरसे तक उसने केन्द्रीय विद्यालय संगठन मुख्यालय में अपनी फरियाद की तब कहीं उसका ट्रांसफर वहाँ से हरियाणा स्थित किसी केन्द्रीय विद्यालय में हो गया।

उसी दौरान वह किसी काम से कानपुर आया था और मुझसे मिलने के लिये केन्द्रीय विद्यालय नं.2 अरमापुर आया। विद्यालय की छुट्टी हो चुकी थी और मैं अपने क्वार्टर पर पहुँच चुका था। वह मेरे पास क्वार्टर पर आ कर मिला। उसने मिलते ही मुस्कराकर दोनों हाथ जोड़ कर नमस्ते की और बोला सर मुझे माफ कर दीजिये। मैंने कहा अब तो आप यहाँ से चले गये हैं फिर इस तरह माफी माँगने की कोई आवश्यकता नहीं रह जाती है। तब उसने भावुक हो कर कहा सर यहाँ रहते हुये मुझसे जो गलतियाँ हुयी थीं उनके लिये मैं क्षमा प्रार्थी हूँ। मैंने कहा कि मैं उन सब बातों को कब का भूल चुका हूँ परन्तु इतना अवश्य कहना चाहूँगा कि यदि हो सके तो भविष्य में शालीनता से अपनी नौकरी करना ताकि आपके बच्चों को आपकी वजह से कोई मुसीबत न झेलनी पड़े क्योंकि उन बेचारों का कोई कसूर नहीं है। बाद में संभवतः उसका ट्रांसफर दिल्ली के किसी विद्यालय में हो गया था और यह भी पता लगा था कि अब वह एक अच्छे इंसान की तरह आचरण करने लगा है।

इसी कोटि का दूसरा व्यक्ति गोपी कृष्ण जिसका जिक्र पहले ही किया जा चुका है। वह केन्द्रीय विद्यालय ए.एफ.एस. तेजपुर में ज्वाइन करने के बाद हमारे यहाँ आया क्योंकि उसे एस.यू.पी.डब्ल्यू. वर्कशाप का चार्ज सौंपना था। विद्यालय आकर उसने मुझे रिपोर्ट किया और मैंने उससे चार्ज लेने के लिये नवागत एस.यू.पी.डब्ल्यू. टीचर को आदेश कर दिया। गोपी कृष्ण को अपने घर पर ज्यादा दिनों तक रुकने का मौका मिल सके मात्र इसलिए उसने स्टाक रजिस्टर के हर पेज पर हर एंट्री को मिलान करते हुये चार्ज देना शुरू किया। पूरे दिन में चार पाँच पेज का सत्यापन तथा हैंडिंग टेकिंग कर पाता या करता था। जो काम एक दिन का भी नहीं था उसमें उसने उसका आधा काम करने में ही पाँच दिन लगा दिये। जब मैंने पता किया तो रिपोर्ट मिली कि पूरा काम होने में अभी चार पाँच दिन और लगेंगे। मैंने जब उसे बुला कर पूछा तो उसने ताव खाते हुये कहा मैं तो इसी तरह चार्ज दे पाऊँगा।

मैंने उसको चार्ज देनें में विलम्ब होने का कारण लिखित में पूछ लिया और विद्यालय छोड़ने से पहले जवाब देने को कहा। इस बात पर वह आक्रामक होते हुये बोला अब

मैं आपके अधीन नहीं हूँ जो आप मुझे मेमो दे सकें। मैंने कहा गोपी कृष्ण जिस दिन व समय से तुमने मुझे यहाँ रिपोर्ट किया है तभी से तुम मेरे अण्डर में हो। अब मैं आदेश देता हूँ कि पूरा काम कल तक निपटा दो जिससे कि मैं चार्ज सौंपे जाने की रिपोर्ट संगठन को भेज सकूँ अन्यथा यहाँ रिपोर्टिंग के बाद तुम्हारे गायब होने की सूचना संगठन व केन्द्रीय विद्यालय ए.एफ.एस. तेजपुर को भेज दूँगा। इतना कहने पर वह हड़बड़ा गया और अगले ही दिन उसने कम्प्लीट चार्ज दे कर रिपोर्ट सौंप दी। उसी दिन मैंने उसे विद्यालय से रिलीव कर दिया। गोपी कृष्ण के इस वृत्तांत से यह तो स्पष्ट हो ही जाता है कि स्वार्थ और अहंकार में व्यक्ति के चरित्र का कितना ह्रास हो जाता है। ऐसे लोग केवल स्वयं के लिये जीवित रहते हैं उनके लिये समाज और देश जाये भाड़ में उनके ठेंगे से।

कानपुर के कुछ ब्राह्मणों में कमाल का जातीय दंभ भरा हुआ है। वैसे तो सम्पूर्ण भारतवर्ष में कुछ को अपवाद स्वरूप छोड़ कर यही कहा जा सकता है। ब्राह्मण नाम का प्राणी अन्य धर्मों व जातियों के लिये पूर्ण कालिक षड्यंत्रकारी के रूप में पाया जाता है। परन्तु कानपुर वालों का तो कहना ही क्या? वे अपनी जमात के अन्दर तो देखने में 'तीन के तेरह' (तितर बितर) दिखायी पड़ते हैं परन्तु जब बाहर के (अन्य जातियों के) लोगों की बात आती है तो वे लोग 'तीन और तेरह' मिल कर सोलह (संगठित) हो जाते हैं। इनका बन्दा किसी विभाग में चपरासी ही क्यों न हो परन्तु उसकी अभिलाषा यही रहती है कि जब भी कोई दूसरा व्यक्ति उससे मिले तो पहले अभिवादन वही व्यक्ति करे। अपनी जातीय श्रेष्ठता को कायम रखने के लिये उनको मानवीय तथा चारित्रिक रूप से कितना भी नीचे क्यों न गिरना पड़े वे गिर जायेंगे इसमें उन्हें कोई हया शर्म नहीं होगी।

कानपुर रहते हुये जो मैंने अनुभव किया उसके अनुसार एक दो उदाहरण यहाँ पर प्रस्तुत हैं। एक बार ठाकुर जाति का एक व्यक्ति केन्द्रीय विद्यालय नं.1 के प्राचार्य श्री आर.पी. मिश्रा के पास मिलने गया था। संयोग से मैं भी उनके यहाँ जा रहा था। वे उस समय अर्मापुर के आफीसर्स क्वार्टर में रह रहे थे। उनके क्वार्टर के पास हमारी और उस व्यक्ति की भेंट हो गयी। भेंट होते ही उसने मुझसे नमस्ते करते हुये कहा आज मैं आपके मिश्रा जी को खरी खोटी सुनाने जा रहा हूँ। मैंने कहा फिर आप पहले हो आइये और मैं उनसे बाद में मिल लूँगा। वह व्यक्ति बोला मुझे कोई डर नहीं है आप भी साथ चल सकते हैं। खैर हम दोनों लोग वहाँ पहुँचे और हमारी मिश्रा जी की दुआ सलाम हुयी। उस व्यक्ति को देखते ही मिश्रा जी ने पूछा कि ठाकुर साहब आप

का इधर कैसे आना हुआ? उस व्यक्ति ने मिश्रा जी के पैर छुये और बोला सर ऐसे ही आपके दर्शन करने चला आया। मैं तो वहाँ बैठा रहा परन्तु उस व्यक्ति ने कहा कि सर मैं बाद में आऊँगा और उसने जाते वक्त फिर मिश्रा जी के पैर छुये और वहाँ से चला गया।

कहने का आशय यही कि जो व्यक्ति मिश्रा जी को खरी खोटी सुनाने गया था वह ब्राह्मण की जातीय श्रेष्ठता के कारण मुँह नहीं खोल पाया और वहाँ पहुँचते ही उनके पैर छुये और वहाँ से वापस आते वक्त भी पैर छुये। यह घटना तो सामान्य आचार व्यवहार की है। दूसरी घटना घोर पक्षपात करने के प्रमाण स्वरूप प्रस्तुत है। हमारे विद्यालय में एक ओ.एफ.सी. कर्मचारी का लड़का ग्यारहवीं विज्ञान में पढ़ रहा था। उसका अपने साथ पढ़ने वाली लड़कियों के प्रति आचरण विपरीत था। शिकायत आने पर मैंने उसको तलब किया और पूछताछ की पर उसने कोई संतोषजनक जवाब नहीं दिया। कुछ दिनों बाद फिर शिकायत मिली जिसमें यह भी पता चला कि वह लड़का पहले ही बी.एस.सी. कर चुका है और लड़कियों के चक्कर में वह पुन: दसवाँ पास कर के केन्द्रीय विद्यालय में ग्यारहवें में भर्ती हो गया। इसके अलावा एक दो शिक्षिकाओं के प्रति उसका नजरिया आपत्तिजनक था। यह सब जान समझ कर मैंने उस लड़के के पिता को बुलाया और उससे कहा कि आप अपने बेटे की टी.सी. यहाँ से ले जायें इसी में आपकी और आपके पुत्र की भलाई है अन्यथा मुझे कानूनी कार्यवाही करनी पड़ेगी।

अब विद्यालय का पचास प्रतिशत से अधिक ब्राह्मण स्टाफ इस जुगत में लग गया कि किसी तरह इस लड़के को बचाया जाये। उन लोगों ने आपस में मिलकर परामर्श किया और तय किया कि शुक्ला जी को प्राचार्य के पास भेजा जाये। वे ही इस सम्बन्ध में कुछ कर सकते हैं। अन्ततोगत्वा आफिस के हेड शुक्ला जी मेरे पास आये और बोले योर ऑनर लड़के से गलती हो गयी, ब्राह्मण है, उसे छोड़ दीजिये। मैं हतप्रभ्र रह गया यह सुन कर कि ब्राह्मण है उसे छोड़ दीजिये। उनके इस प्रकार के निवेदन से स्पष्ट हो गया कि ब्राह्मणों को स्वार्थ सिद्धि के लिये व अपनों को बचाने के लिये कितना भी नीचे गिरना पड़े उन्हें जरा सी भी हिचक नहीं होती है। यद्यपि उस लड़के के पिता को प्रकरण की गंभीरता का अहसास हो गया था जिससे वह उसकी टी.सी. लेकर चला गया। बाद में पता चला कि वह लड़का विद्यालय में ही पढ़ने वाली दो लड़कियों को उनके घर ट्यूशन पढ़ाने जाता था। वह मौका पाकर उन्हें भगा ले गया और बंगाल में ले जाकर किसी के हाथ उन्हें बेंच दिया। इतनी चरित्रहीनता के बाद भी ये दूध के धुले बने रहते हैं और समाज में इनकी प्रतिष्ठा बरकरार रहती है।

शायद गोस्वामी तुलसीदास ने खास तौर पर कानपुर के ऐसे ही कुछ ब्राह्मणों के लिये लिखा होगा।

पूजिय विप्र शील गुन हीना!
शूद्र न गुन गन ज्ञान प्रवीना!!

कानपुर के तमाम ब्राह्मणों को उस विद्यालय में मेरी उपस्थिति काँटे की तरह खटकती थी। उन लोगों ने मुझे वहाँ से ट्रांसफर कराने या दण्डित कराने की पुरजोर कोशिश की। इसके चलते राजनैतिक दबाव भी बनाया गया तथा समय समय पर कभी शुक्ला जी के घर तो कभी तिवारी जी के घर पर षड्यंत्रकारी बैठकें हुआ करती थीं। मजे की बात तो यह थी कि वे दोनों लोग ही विद्यालय में मेरे नजदीकी थे। उनके द्वारा मेरे विरुद्ध योजनाबद्ध तरीके से बेनामी शिकायतें विभागीय अधिकारियों को भेजी जाती रहीं। जिसकी वजह से कोई महीना ऐसा खाली नहीं गया जिसमें मेरे विरुद्ध जाँच न आयी हो। एक बार शिक्षा अधिकारी वैंकैया साहब लखनऊ संभाग की ओर से जाँच अधिकारी के रूप में आये और साथ में केन्द्रीय विद्यालय आई.आई.टी. कानपुर के प्राचार्य श्री वाई. भारद्वाज भी आये। शिकायती पत्र ओ.एफ.सी. कानपुर के एक कार्मिक के नाम से भेजा गया था। उस पत्र में कार्मिक का आवासीय पता भी दिया गया था।

वैंकैया साहब ने आते ही मुझे बताया कि आपके खिलाफ रुपये लेकर एडमिशन करने की शिकायत है और शिकायतकर्ता ओ.एफ.सी. का कर्मचारी है और वह यहीं अर्मापुर एस्टेट का निवासी है। यह सब कुछ बताते हुये उन्होंने मुझसे कहा कि आप किसी के द्वारा इस आदमी को बुलवा लीजिये ताकि उससे पूछताछ की जा सके। मैंने कहा सर मेरे ही विरुद्ध शिकायत है और मैं ही उस शिकायतकर्ता को बुलवाऊँ क्या यह उचित होगा? क्योंकि बाद में मेरे ऊपर जाँच प्रभावित करने का दूसरा भी चार्ज लग जायेगा। इसलिए उसको मैं बुलवाऊँ यह उचित नहीं होगा। मैं किसी को आपके साथ भेज देता हूँ जो आपको लेकर उस व्यक्ति के आवास पर चला जायेगा। वहाँ पहुँच कर आप पूरी जाँच पड़ताल कर लीजिये। मेरी बात से सहमत होते हुये वे बोले ठीक है तो मैं ही किसी को भेज कर उसे यहाँ बुलवाता हूँ। उन्होंने दो ग्रुप डी बुलाये और दोनों को कहा कि इस शिकायत कर्ता के घर जाओ और उसे यहाँ बुला लाओ ताकि पूछताछ की जा सके।

यदि वह आने से मना करे तो एक कागज पर न आने का कारण लिखवा लेना। यदि वह लिखने से भी मना करता है तो तुम दोनों लोग अपना ही बयान लिख कर दे देना। यदि वह व्यक्ति घर पर न मिले तो उसके घरवालों से या उसके पड़ोसियों के बयान ले

कर लिख लेना और सत्यापन के तौर पर अपने हस्ताक्षर कर के मेरे पास ला कर जमा कर देना। इन निर्देशों के साथ जब वे दोनों ग्रुप डी वहाँ गये। उन्होंने दर्शाये गये उस पते पर शिकायतकर्ता का पता लगाया तो पड़ोसियों ने बताया कि इस नाम का कोई भी व्यक्ति यहाँ पर कभी भी नहीं रहा है। उन्होंने कहा कि पिछले बीस साल से तो मैं ही रह रहा हूँ। वे दोनों कर्मचारी वहाँ से वापस आ गये और दोनों ने अपने बयान में वहाँ की हकिकत लिख कर दे दी। वैंकैया साहब को जब असलियत का पता चला तो वे बोले यहाँ के लोग बे सिर पैर की झूठी शिकायतें करते रहते हैं। वे बोले अरे बाबा यहाँ का आदमी कैसा कैसा है! विभाग की तमाम जाँचों में इसी तरह के षड्यंत्रों का भंडाफोड़ होता रहा लेकिन न तो शिकायतें रुकीं और न जाँचें रुकीं और न ही कभी किसी शिकायत पर चार्ज सिद्ध हो पाया।

इन सभी झंझावातों के मध्य विद्यालय का मुख्य उद्देश्य, विद्यार्थियों की पढ़ाई भी देखनी व संभालनी थी। विद्यालय का वातावरण बिगाड़ने की लाख कोशिश की गयी मगर षड्यंत्रकारी सफल नहीं हो पाये। विद्यालय में पढ़ाई का स्तर दिनों दिन उन्नयन पर था। दुष्ट प्रकृति के लोग भी मुख्यधारा में जुड़ने लगे थे। वे स्वेच्छा से ऐसा नहीं कर रहे थे बल्कि लोक लाज के कारण ऐसा करने को विवश थे क्योंकि तब तक वहाँ के पूरे समाज में विद्यालय की शोहरत फ़ैल चुकी थी। कुछ शिक्षक खुद तो शिक्षण कार्य में रुचि नहीं ही ले रहे थे और विद्यालय में दूसरे शिक्षकों के कार्य में बाधक बन रहे थे। इसी वजह से जागरूक अभिभावकों ने उन्हें समय समय पर टोकना व ज़लील करना शुरू कर दिया था। कहने का आशय यही कि विद्यालय के वातावरण में लोगों को विवश होकर सकारात्मक सहयोग देना पड़ा।

जिस टाउनशिप में वे लोग रह रहे थे वहाँ के लोगों का उपेक्षा भाव उनकी सहनशक्ति के बाहर हो चुका था। यहाँ तक कि उस व्यक्ति का भी फोन एक दिन मेरे पास आया जो मेरे ज्वाइन करने के समय फ्राड एडमिशन के लिये रिश्वत देने आया था जिसका जिक्र मैं पहले ही कर चुका हूँ। उसका कहना था कि सर आप मुझे एक बार विद्यालय में प्रवेश की अनुमति दे दीजिये तो मैं आपके सारे विभीषणों को लाकर आपके चरणों में डाल दूँगा। विभीषणों से उसका तात्पर्य उन शिक्षकों से था जो हमारे खिलाफ हर समय कोई न कोई षड्यन्त्र रचते रहते थे। मैंने उस व्यक्ति को कहा कि जब मुझे विभीषण का भाई (रावण) बना ही दिया है तो कान खोल कर सुन लो। मैं वो रावण नहीं हूँ जो अपने भाई विभीषण को लात मार कर निकाल दूँ।

हमारे समाज में कोई बात फैलते ज्यादा समय नहीं लगता है फिर वह बात यदि धुर विरोधियों के द्वारा फैलायी जाये तो जंगल में आग की तरह फैलती है। 'मैं वह रावण

नहीं हूँ कि अपने विभीषणों को लात मार कर निकाल दूँ' यह बात समाज में फैलने के साथ साथ विद्यालय के उन लोगों तक पहुँच गयी जो हमारे विद्यालय में विभीषण की कोटि में आते थे। उनमें से कइयों ने तो शर्मिंदगी महसूस की और वे अपराध बोध के साथ मुझसे एकान्त में मिले और क्षमा याचना करते हुये स्वयं में सुधार लाने का संकल्प लिया। उनमें से कुछ एक तो विद्यालय के लिये अच्छे, कर्मठ व सत्यनिष्ठ सदस्य सिद्ध हुये फिर भी कुछ में कोई सुधार नहीं आया और कुंठा में ही उनका समय व्यतीत हुआ।

माह दिसम्बर 2005 में के.वि.सं. की राष्ट्रीय खेलकूद प्रतियोगिता 2005 (K.V.S. National Sports Meet Competition-2005) का आयोजन चंडीगढ़ में हुआ था। उसके लिये मुझे केन्द्रीय विद्यालय संगठन लखनऊ संभाग की ओर से रीजनल पर्यवेक्षक Regional Observer बना कर भेजा गया था और मेरे साथ केन्द्रीय विद्यालय क्रमांक-3 झाँसी की प्राचार्या मैडम को सह-पर्यवेक्षक co-observer के रूप में भेजा गया था। हम दोनों लोगों को अन्य संभागों से आये पर्यवेक्षकों के साथ नेशनल इंस्टीटयूट आफ टेक्निकल टीचर्स ट्रेनिंग के हॉस्टल सेक्टर-26 (National Institute Of Technical Teachers Training Hostel sector-26) में ठहराया गया था। वहाँ पर रहने व भोजन की बहुत अच्छी व्यवस्था थी।

उस समय केन्द्रीय विद्यालय संगठन चंडीगढ़ संभाग के सहायक आयुक्त श्री एस.एस. सेहरावत साहब थे जो उससे ठीक पहले केन्द्रीय विद्यालय संगठन लखनऊ संभाग में हमारे सहायक आयुक्त रह चुके थे। उनके जाने के बाद उस स्थान पर लखनऊ संभाग के सहायक आयुक्त बनकर श्री सतीश कुकरेजा साहब आये थे। वहाँ पहुँचने के बाद हम दोनों प्राचार्यों ने एक टैक्सी किराये पर ले रखी थी। उसका भाड़ा मात्र ₹600/- प्रतिदिन होता था। उतने भाड़े में वहाँ के नियमों के अनुसार प्रतिदिन 80 किलोमीटर की यात्रा सुबह आठ बजे से शाम आठ बजे तक की जा सकती थी। यदि किसी दिन यह दूरी 80 किलोमीटर से अधिक हो जाती थी तो भाड़ा बढ़कर आठ रुपये प्रति किलोमीटर हो जाता था। फिर भी पूरे दिन का भाड़ा कभी भी आठ सौ या नौ सौ रुपये से ज्यादा नहीं हो पाता था।

केन्द्रीय विद्यालय संगठन लखनऊ संभाग की ओर से राष्ट्रीय खेलकूद प्रतियोगिता के प्रभारी बना कर तत्कालीन शिक्षा अधिकारी श्री एस.के. गुप्ता साहब को भेजा गया था जो मूलतः चंडीगढ़ के ही रहने वाले थे। केन्द्रीय विद्यालय संगठन राष्ट्रीय खेलकूद प्रतियोगिता 2005 का उद्घाटन समारोह स्पोर्ट्स स्टेडियम पंचकूला में हुआ

था। तत्पश्चात पूरे चंडीगढ़, नाभा और पटियाला में जहाँ जैसी सुविधा थी उसी के अनुरूप वेन्यू बनाकर प्रतियोगिताएँ आरम्भ करा दी गयीं। हम तीनों लोग एक साथ पूरे चंडीगढ़ की तमाम उन जगहों पर जाते थे जहाँ आयोजित होनेवाले खेलों में अपने संभाग के खिलाड़ियों की सुविधा का ध्यान रख सकें। उन जगहों पर हम लोग प्रतिदिन जाते थे ताकि हम यह सुनिश्चित कर सकें कि उन्हें कोई असुविधा न होने पाये। यदि कोई असुविधा या विवाद संज्ञान में आता था तो उसका निराकरण करते अथवा स्थानीय प्रबन्धकर्ताओं से मिल कर समाधान करवाते थे।

चंडीगढ़ शहर को सिटी ब्यूटीफुल (City Beautiful Chandigarh) के नाम से पुकारा जाता है। चंडीगढ़ शहर भारतवर्ष का वह शहर है जिसका डिज़ाइन अन्य शहरों से बिल्कुल भिन्न है। उस समय उसका विस्तार कुल 46 सेक्टरों में था। माना जाता है कि भारत के प्रथम प्रधानमंत्री पंडित जवाहर लाल नेहरू के स्वप्नों के अनुसार उस शहर का नियोजन किया गया था जो भारतवर्ष का ही नहीं अपितु दुनिया का इकलौता शानदार नियोजित शहर है। उस शहर का डिजाइन फ्रांस के प्रसिद्ध वास्तुकार कार्बुजियर ने तैयार किया था। वह एक ऐसा शहर है जो आजादी के तुरन्त बाद करीने से बसाया गया पहला शहर था। प्रत्येक सेक्टर के मध्य चौड़ी चौड़ी सड़कें, बड़े बड़े लॉन, बड़े बड़े पार्क, स्टेडियम, शॉपिंग सेंटर, होटल, भोजनालय, मन्दिर आदि बने हुये हैं। उन्हीं के साथ-साथ आवासीय परिसर भी एक जैसी डिजाइन में बनाये गये हैं।

वहाँ मुझे एक सप्ताह के प्रवास में काफी जगहों पर भ्रमण करने का अवसर मिला। मुख्यतः पंचकुला स्टेडियम, मुहाली स्टेडियम, नाभा कैम्प, एयरफोर्स स्टेशन चंडीगढ़, आर्मी स्टेशन चंडीगढ़, एस्ट्रो टर्फ हॉकी स्टेडियम चंडीगढ़, पटियाला कैम्प, अम्बाला कैंट आदि। इसके अलावा भी चंडीगढ़ के अलग अलग सेक्टरों में स्थित केन्द्रीय विद्यालयों में खेलकूद प्रतियोगिताएँ आयोजित हुयीं। जिन केन्द्रीय विद्यालयों में खेलकूद नहीं भी आयोजित हुये थे तो उनमें पूरे भारतवर्ष से पहुँचे खिलाड़ियों को ठहराया गया था। यही वजह थी जिससे कि हम लोगों को चंडीगढ़ का बहुत बड़ा भाग देखने व घूमने को मिला। चंडीगढ़ में एक प्रसिद्ध मन्दिर है जो चंडी (दुर्गा) मन्दिर के नाम से जाना जाता है। इसी चंडी देवी के गढ़ के नाम पर शहर का नाम चंडीगढ़ पड़ा।

वहाँ के हर सेक्टर में कोई न कोई बड़ा गार्डन अवश्य है। ऐसा ही एक गार्डन सेक्टर-1 में है जिसे रॉक गार्डन के नाम से जाना जाता है। चंडीगढ़ का रॉक गार्डन भारत में एक ख्याति प्राप्त मूर्तिकला उद्यान है। इसके संस्थापक नेक चंद थे। उनके नाम

पर इसे नेक चंद रॉक गार्डन भी बोला जाता है। वे एक सरकारी अधिकारी थे और उन्होंने 1957 में अपने खाली समय में गुप्त रूप से उस उद्यान की शुरुआत की थी। आज वह गार्डन 40 एकड़ अर्थात (161874.25 वर्ग मीटर) के क्षेत्र में फैला हुआ है। उसकी विशेषता यह है कि वह कृत्रिम होते हुये भी प्राकृतिक मालूम पड़ता है। उस विशाल रॉक गार्डन में मैंने देखा कि पूरे भारतवर्ष में जितना टूटा फूटा सामान या कबाड़ या भंगार जो कई वर्षों में निकला होगा उसका प्रयोग वहाँ पर बनी हुयी कलाकृतियों के निर्माण में किया गया था।

जब वहाँ पर बनी हुयी एक एक कलाकृति को देखा तो ऐसा लगा कि देश में ही क्या दुनिया में जितने भी चीनी मिट्टी (China Clay) के सामान टूटे होंगे (कप, प्लेट, मर्तवान, जग आदि) अथवा फीरोजाबाद की जितनी चूड़ियाँ टूटी होंगी उन सभी का उपयोग वहाँ की कलाकृतियों के निर्माण में किया गया। कलाकृतियों का निर्माण भी रासलीला, रामलीला, श्रीमद्भगवद्गीता, रामायण, महाभारत, आदि आदि पर आधारित था। रॉक गार्डन परिसर के अन्तर्गत तमाम नाले, मंडप, झरनों आदि का निर्माण किया गया था जिनमें कृत्रिम साज सज्जा का ही प्रयोग किया गया था जब कि वे बनावटी नहीं अपितु प्राकृतिक मालूम पड़ते थे।

नाले को पार करने के लिये उसके ऊपर से पेड़ के मोटे तने को उसके आर पार ऐसे रखा गया था मानो कोई पेड़ गिर गया हो जो नाले के ऊपर पड़ा हो। वह भी सीमेंट गिट्टी से बना हुआ था जो कृत्रिम होते हुये भी प्राकृतिक मालूम पड़ता था। ऐसी असंख्य चीजें वहाँ पर बनी हुयी थीं। उस रॉक गार्डन के स्थापत्यकार या शिल्पकार की अनुपम कल्पनाशीलता को मैं नमन करता हूँ। शिल्पकार श्री नेक चंद जी अपनी उस अभूतपूर्व रचनात्मकता के लिये चिरकाल तक लोगों की स्मृतियों में छाये रहेंगे और उनकी श्रद्धा व सम्मान के पात्र बने रहेंगे।

चंडीगढ़ प्रवास के दौरान शिक्षाधिकारी श्री एस.के. गुप्ता जी ने कई बार हम लोगों को अपने घर पर ही जलपान कराया। उनके साथ हम लोगों को उनके एक परिचित के यहाँ शादी समारोह में सम्मिलित होने का अवसर मिला। जिस मैरिज लॉन में आयोजन था वह लॉन करीब बीस एकड़ में फैला हुआ था। वहाँ पर शादी विवाह से लेकर खानपान व ठहरने की व्यवस्था अभूतपूर्व थी। मुझे महसूस हुआ कि उस समय की उस एक शादी की लागत में सौ लखपतियों की बेटियों की शादी सम्पन्न हो सकतीं

थी। उस पूरे परिसर में मेला सा लगा हुआ था।

उस शादी समारोह को देखने के बाद मुझे नागपुर महाराष्ट्र में हुयी एक शादी का स्मरण हो आया। वह शादी ऐसी थी कि लड़की वाले तो एक दिन पूर्व शाम को ही वहाँ गेस्ट हाउस में पहुँच गये थे क्योंकि उन्हें खानपान व अन्य व्यवस्थाओं को देखना सँभालना था और सभी अतिथियों को अगले दिन सुबह नौ बजे बुलाया गया था। वहाँ पहुँचते ही भोजन करके शादी के पंडाल में पहुँचने को कहा गया। प्रातः ग्यारह बजे तक विवाह की सारी रस्में पूरी हो गयीं और लड़के वाले विदा करवा के वहाँ से अपने घर के लिये प्रस्थान कर गये। उसी के आधा घंटा बाद में लड़की वाले भी आगन्तुकों का आभार व्यक्त कर के अपने घर के लिये रवाना हो गये। दोपहर बारह बजे तक देखते देखते शादी का गेस्ट हाउस खाली हो गया।

चंडीगढ़ का वह बीस एकड़ का परिसर जो साज सज्जा व बिजली की रंग बिरंगी रोशनी से जगमगा रहा था। तमाम पंडाल लगे हुये थे जिनमें शाकाहरियों के लिये अलग, मांसाहारियों के लिये अलग, पीने वालों के लिये अलग और न पीने वालों के लिये अलग भोजन की व्यवस्था की गयी थी जहाँ एक तरफ अतिथियों का शादी समारोह में एक दिन पूर्व दोपहर से ही आना शुरू हो गया था। उन सब पंडालों के बीच की दूरी इतनी अधिक थी कि एक पंडाल में परोसे जाने वाले पकवानों की खुशबू दूसरे पंडाल तक नहीं पहुँच पा रही थी। कहने का आशय यही कि शादी के लिये शानो शौकत का तामझाम इतना अधिक और वी.आई.पी. था जो मध्यम वर्गीय लोगों के लिये स्वप्न सदृश था।

वहीं दूसरी ओर नागपुर वाली शादी की व्यवस्था देखी जिसके लिये समय ही नियत किया गया था सुबह नौ बजे से दोपहर बारह बजे तक का। वहाँ न कोई धूम धड़क्का, न कोई बिजली की साज सज्जा से होने वाली फिजूल खर्ची न कोई समय व श्रम का अपव्यय। सब कुछ जन सामान्य की पहुँच में था। आज भी लोग अपनी क्षमता से अधिक खर्चीली शादियाँ करते हैं जबकि वही शादी सादगी से भी की जा सकती है जिससे समय श्रम व पूँजी की बचत की जा सके। चंडीगढ़ की रिहाइश अन्य जगहों की अपेक्षा जन सामान्य के स्तर से ऊपर की है इसलिये वहाँ पर किसी भी उत्सव में लोग अपनी हैसियत से कहीं अधिक खर्च करते हैं फिर भले ही उन्हें अभावों का सामना क्यों न करना पड़े। उक्त घटनाओं के उद्घाटन से मेरा आशय किसी की निन्दा या स्तुति करना बिल्कुल नहीं है परन्तु दोनों तरह के आयोजनों की बात इसलिए रखी जिससे कि एक आयोजन में अतिव्यय व दूसरे आयोजन में मितव्यय के अन्तर को

स्पष्ट किया जा सके।

केन्द्रीय विद्यालय संगठन राष्ट्रीय खेल कूद प्रतियोगितायें अपने समापन की ओर थीं। समापन समारोह के एक दिन पूर्व श्री कुकरेजा साहब भी चंडीगढ़ पहुँच गये थे। शायद वे शिक्षाधिकारी श्री गुप्ता जी के यहाँ ही ठहरे हुये थे। हम दोनों प्राचार्य लोग भी नित्य की तरह गुप्ता जी के यहाँ ही पहुँच गये थे। वहाँ पर मेरी मुलाकात कुकरेजा साहब से हुयी। उनसे मेरी काफी खुल कर बातें हुयीं। तब मैंने उनको अपनी व्यथा सुनायी कि सर आप हर महीने मेरे खिलाफ एक या दो जाँचें भेज देते हो जब कि कभी भी आपको कोई गलती नहीं मिली। तब कुकरेजा साहब ने मुझसे कहा मैं कोई जाँच वाँच नहीं भेजता हूँ और न ही मेरे मन में आपके प्रति कोई दुर्भावना है। वो तो के.वी.एस. हेड क्वार्टर से डी.सी.पी. इनक्वारी भेजता है जिससे मुझे मजबूर होकर किसी न किसी को आपके यहाँ भेजना पड़ता है। मैंने पूछा डी.सी.पी. कौन तो उन्होंने बताया, डिप्टी कमिश्नर पर्सनल राजवीर सिंह। तब मैंने उनको बताया कि वह संगठन मुख्यालय में डी.सी.पी. अवश्य है लेकिन ओ.एफ.सी. कानपुर में अधिकारी के तौर पर वह मात्र डी.जी.एम. है। तभी कानपुर ओर्डिनेंस फैक्ट्री के अधिकारी मुझसे कहा करते हैं कि मेरा जूनियर राजवीर सिंह आपके संगठन में कमिश्नर है। फैक्ट्री के अपने साथियों व उच्च अधिकारियों को वह स्वयं को कमिश्नर ही बताता था जिससे फैक्ट्री के अधिकारी केन्द्रीय विद्यालय संगठन के विभागाध्यक्ष को भी कमतर आँकते थे। मैंने कुकरेजा साहब से कहा सर जिस दिन वह वहाँ से अपने खुद के विभाग (फैक्ट्री) में वापस आयेगा। उस समय यदि मैं भी वहाँ रहा तो वह मेरे सामने अपने आपको बौना महसूस करेगा। खैर कुकरेजा साहब को मेरी बात समझ में आ गयी और वे यही कहते रहे कि मुझे आपसे कोई शिकायत नहीं है पर कुकरेजा साहब का व्यक्तित्व भरोसा करने से परे था।

अगले ही दिन केन्द्रीय विद्यालय संगठन राष्ट्रीय खेलकूद प्रतियोगिताओं का समापन समारोह चंडीगढ़ के सेक्टर-42 स्थित प्रसिद्ध एस्ट्रोटर्फ हॉकी स्टेडियम में रखा गया। वह कार्यक्रम भी यादगार हुआ। वहाँ पर भी मुझे अपने एक पुराने साथी एस.सी. त्रिवेदी मिल गये जो लोकरा असम में पी.जी.टी. बॉयो हमारे साथ थे। उस समय तक वे भी प्राचार्य बन चुके थे और केन्द्रीय विद्यालय भटिंडा पंजाब में तैनात थे। उसी दिन संध्या काल में चंडीगढ़ के एक केन्द्रीय विद्यालय में पूरे देश से आये हुये प्रभारियों, पर्यवेक्षकों व गणमान्य अतिथियों का सम्मान सत्कार किया गया। सभी को मोमेंटो भेंट किया गया। इस प्रकार सभी लोगों का वहाँ का प्रवास यादगार रहा। उसके बाद वहाँ से अपने अपने गन्तव्य को रिजर्वेशन या अन्य वापसी व्यवस्था के

अनुरूप प्रस्थान कर गये।

उस समय केन्द्रीय विद्यालय संगठन मुख्यालय की एडमिशन गाइड लाइन के अनुसार कक्षा एक की एडमिशन लिस्ट चेयरमैन से एप्रूव करानी पड़ती थी जिसके लिये प्राचार्य को ही चेयरमैन के पास जाना पड़ता था। मैं उनके पास एडमिशन लिस्ट ले कर गया तो उन्होंने पूछा केन्द्रीय विद्यालय में एडमिशन का क्या आधार है। मैंने उनको बताया कि विभाग के द्वारा एडमिशन गाइड लाइन भेजी जाती हैं जिसके आधार पर एडमिशन लिस्ट तैयार की जाती है।

उस समय डिफेन्स सेक्टर के विद्यालय में पाँच कैटेगरी होतीं थी। मेरा विद्यालय डिफेंस कैटेगरी में ही था। पहली कैटेगरी में भारत सरकार या डिफेंस के वे केंद्रीय अधिकारी व कर्मचारी आते थे जिनके पिछली पाँच साल में ट्रांसफर हुये हैं? उसी वरीयता क्रम में उनके बच्चों के नाम रखे जाते थे। दूसरी कैटेगरी में केन्द्र सरकार या डिफेंस के वे अधिकारी व कर्मचारी आते थे जिनका कोई ट्रांसफर न हुआ हो उनके बच्चे रखे जाते थे। तीसरी कैटेगरी में ऑटोनोमस बाडी केन्द्र सरकार के लोगों के बच्चों को रखा जाता था। चौथी कैटेगरी में प्रान्तीय सरकार के कर्मचारियों के बच्चों को रखा जाता था तथा पाँचवीं कैटेगरी में आम जनता को रखा जाता था। जब उन्होंने इतनी लम्बी प्रक्रिया जानी तो बस यही कह सके प्रिन्सिपल साहब आप कहाँ इन नियमों कानूनों के चक्कर में पड़े हो। इन किताबों को रख दो एक कोने में और मैं बताऊँ उस तरह से एडमिशन लिस्ट तैयार करो जिसमें कुछ नाम अपने रख लो और बाकी नाम मैं बताऊँ बस लिस्ट तैयार हो जायेगी आप भी कमाओ और मैं भी कमाऊँ।

ये दुनिया कैसे लोगों की है मैं यही सोचता रह गया। आखिर मुझे कहना ही पड़ा कि सर बेचारे उन लोगों का क्या कसूर है जिनका हक मारा जाएगा। जिनके लिये मूलतः ये विद्यालय बनाये गये हैँ। मैंने उनके इस प्रस्ताव को नकार दिया जिससे उनको बहुत बड़ा झटका लगा। परिणाम स्वरूप वे नाराज हो गये और उन्होंने भी मेरे खिलाफ मोर्चा खोल दिया। वे भी षड्यंत्रकारियों में शामिल हो गये। अब उन्होंने एडमिशन से ले कर परचेज तक हर किसी काम में अड़ंगा लगाना शुरू कर दिया तथा हमारे विरुद्ध केन्द्रीय विद्यालय संगठन को लिखना शुरू कर दिया। जहाँ तक मैं समझ पाया हूँ कि परिस्थितियों से समझौता न करने वाला व्यक्ति परेशान तो हो सकता है परंतु पराजित नहीं होता है।

संयोग से उस समय श्री राजवीर सिंह ओर्डिनेंस फेक्टरी का एक डिप्टी जी.एम. था जो डेपुटेशन के आधार पर केन्द्रीय विद्यालय संगठन मुख्यालय दिल्ली में डी.सी.पी. (डिप्टी कमिश्नर पर्सनल) के पद पर पदस्थ हो गया था। मैं जब भी अपने विद्यालय चेयरमैन नामिनी कम्बोज साहब के पास मिलने जाता था तब वह मुझसे यही कहते थे कि आपका वो जो कमिश्नर है राजवीर, वह हमारा जूनियर है। कई बार उनका ये भाषण सुन कर मैंने उन्हें बताया सर वह वहाँ पर भी डिप्टी कमिश्नर ही हैं और कमिश्नर के अधीनस्थ इस रैंक के आधा दर्जन अधिकारी होते हैं। यह सुनकर उन्हें एक बार फिर झटका लगा और वे अपने अन्दर से असहज हो गये। उस समय तक सहायक आयुक्त केन्द्रीय विद्यालय संगठन लखनऊ संभाग श्री कुकरेजा साहब ज्वाइन कर चुके थे। अब तिकड़ी काम करने लगी थी जिसमें संगठन मुख्यालय में डी.सी.पी. राजवीर सिंह, संभागीय कार्यालय लखनऊ में ए.सी. कुकरेजा साहब और विद्यालय के चेयरमैन नामिनी कम्बोज साहब शामिल थे।

अब कम्बोज साहब की बल्ले बल्ले थी क्योंकि उनका जूनियर संगठन मुख्यालय में श्री राजवीर सिंह था और राजवीर सिंह के जूनियर लखनऊ संभागीय कार्यालय में कुकरेजा साहब थे और कुकरेजा साहब का अधीनस्थ मैं था। इस प्रकार एक लम्बे अरसे बाद मेरे खिलाफ लिखा पढ़ी और जाँचों का सिलसिला फिर चालू हो गया। एक बार केन्द्रीय विद्यालय संगठन मुख्यालय से श्री राजवीर सिंह का प्राचार्य केन्द्रीय विद्यालय नं.1 श्री आर.जे. राम को फोन आया। उन्होंने राम साहब के माध्यम से तीन बच्चों के एडमिशन के लिये कहलवाया था। जिसके बच्चे थे वह व्यक्ति पहले ही मुझसे मिल चुका था। उसके तीनों बच्चे एडमिशन टेस्ट में फेल हो चुके थे। मैंने राम साहब को बताया कि वे तीनों बच्चे टेस्ट में फेल हो चुके हैं। इसलिए उनका एडमिशन अब नहीं हो सकता है।

राम साहब का कहना था कि वे तीनों एडमिशन केन्द्रीय विद्यालय संगठन मुख्यालय में पदासीन डिप्टी कमिश्नर कार्मिक के है। यदि एडमिशन हो जाये तो अच्छा रहेगा। उनके ऐसा कहने के बावजूद भी मैंने मना कर दिया। मैंने उनसे कहा कि आप उनको मना कर दें, एडमिशन नहीं हो पायेंगे। राम साहब ने पलट कर मुझसे कहा कि क्या मैं उन्हें सीधे सीधे ऐसे ही बता दूँ। मैंने उनसे कहा कि अगर आप इससे भी बेहतर तरीके से बता सकते हैं तो बता दें। राम साहब ने मेरे कथन को राजवीर सिंह के पास ज्यों का त्यों पहुँचा दिया। मेरा इनकार सुनते ही राजवीर सिंह का फोन तुरन्त ही मेरे पास आ गया। उन्होंने फोन पर अपना परिचय दिया। फोन पर मैंने उनका नाम

सुनते ही नमस्कार किया। उन्होंने नमस्ते का जवाब देते हुये ही कहा प्रिंसिपल साहब क्या मुझे जानते हो मैं कौन हूँ? मैंने कहा हाँ सर मैं जानता हूँ आप केन्द्रीय विद्यालय संगठन मुख्यालय में DC Personnel (डीसी कार्मिक) हैं। वे बोले फिर भी मेरे भेजे हुये बच्चों का एडमिशन करने से मना कर दिया। मैंने उन्हें भी वही बताया जो श्री आर.जे. राम साहब को बताया था। यह सुन कर वे काफी उत्तेजित हुये और बोले मैं देख लूँगा। मैंने कहा सर देखने को तो आप साहब हैं और कभी भी देख सकते हैं परन्तु मैं तो आपकी ही भेजी हुयी एडमिशन गाइड लाइंस को फालो कर रहा हूँ। अब आपकी उन गाइड लाइंस से हट कर या उनका उल्लंघन करना कहाँ तक उचित रहेगा। इससे बेहतर होगा कि आप अपने लेटर पैड पर तीनों बच्चों के नाम, पता तथा कक्षाएँ लिख कर एडमिशन गाइड लाइंस से इतर एडमिशन करने का आदेश भेज दीजिये मैं एडमिशन कर दूँगा। इस तरह का मेरा जवाब सुन कर वे झुंझला गये और बिना कुछ कहे फोन पटक कर रख दिया।

उसके बाद तो वही हुआ जो कल्पना से परे था। अब तो तिकड़ी के द्वारा हर संभव यही प्रयास रहता था कि किस तरह किस केस में वे मुझे फँसा सकें? मेरे विरुद्ध जो गति शिकायतों और जाँचों की चल रही थी वह दो तीन गुनी बढ़ गयी थी। उन शिकायतों व जाँचों से मैं काफी अशान्त रहा लेकिन हार नहीं मानी। कारण यह था कि हर कोई अपना गलत काम करवाने की फिराक में रहता था परन्तु कहीं वैधानिक फँसान फँस जाने पर कोई भी मददगार दिखायी नहीं देता था। न समाज, न कोई आधिकारी और न शासन ही इसलिये लोगों की अपेक्षाओं के अनुरूप न चल कर मैं केवल नियम कानूनों के सहारे ही चलता रहा और अन्त तक मेरा कोई कुछ नहीं बिगाड़ पाया।

हमारे विद्यालय में एक अच्छे वातावरण और अच्छी पढ़ाई लिखाई का ऐसा सकारात्मक प्रभाव पड़ा। जिससे विद्यालय का परीक्षा परिणाम शत प्रतिशत आने लगा और बारहवीं विज्ञान की परीक्षा में एक विद्यार्थी आनन्द चौरे की अखिल भारतीय स्तर पर तेरहवीं रैंक आयी। यह उपलब्धि केन्द्रीय विद्यालय संगठन लखनऊ संभाग के सभी विद्यालयों में सर्वोपरि थी। इससे विद्यालय का तो नाम ऊँचा हुआ ही जो शिक्षक उस कक्षा को पढ़ाते थे उनका भी मस्तक गर्व से ऊँचा हो गया। यद्यपि वह विद्यार्थी (आनंद चौरे) अत्यन्त मेधावी था और मेरा उसके प्रति इतना ही योगदान रहा कि मैंने पढ़ाई के लिये उसे अच्छा वातावरण दिया और अनुसूचित जाति का होने के नाते

उसके साथ प्रेक्टिकल आदि में कोई पक्षपात व अन्याय नहीं होने दिया जिससे वह निरापद हो कर अपना श्रेष्ठतम दे सका।

उसी के बाद पी.आई. अथवा परफारमेंस इंडेक्स माँगा जाने लगा। वह दौर बहुत ही महत्वपूर्ण साबित हुआ क्योंकि कक्षा दस व बारह का परफारमेंस इंडेक्स विद्यालय के लिये तो निकाला ही जाता था साथ में प्रत्येक शिक्षक का उसके अपने विषय का भी परफारमेंस इंडेक्स निकाला जाने लगा था। परिणाम स्वरूप हर शिक्षक की जवाबदेही बढ़ गयी थी तथा उनके वार्षिक रिपोर्ट में भी इसे शामिल कर लिया गया था। केन्द्रीय विद्यालय संगठन के शिक्षकों में अनुशासन हीनता दूर करने व निष्ठा पूर्वक काम करवाने का यह एक सुधारवादी कदम साबित हुआ।

उसी बीच केन्द्रीय विद्यालय संगठन की ओर से शिक्षकों के लिये राष्ट्रीय पुरस्कार देने के लिये फार्म भरवाये गये। विद्यालय में प्रत्येक पद के लिये शिक्षकों व अन्य कर्मचारियों से आवेदन माँगे गये थे। मैंने अपने विद्यालय के स्टाफ के सभी सदस्यों को सूचित कर दिया था। आवेदन फार्म में जो सूचनायें माँगी गयी थीं उनके अनुसार स्वतः ही लोग अपने आपको अयोग्य अनुभव कर रहे थे। पूरे स्टाफ में केवल एक व्यक्ति ऐसा निकला जिसने फार्म भरने का साहस दिखाया। जिसका नाम था डॉ. अनिल तिवारी, पी.जी.टी. कामर्स। डॉ. अनिल तिवारी ने फार्म लिया तथा आधा अधूरा भरने के बाद असमर्थता जाहिर करते हुये कहा सर आगे कैसे भरा जायेगा कृपया इसके लिये मुझे गाइड करें। मैंने डॉ. अनिल तिवारी का फार्म भरवा दिया उसके बाद का पूरा दारोमदार मुझ पर था कि मैं अपनी रिपोर्ट कैसी लगाता हूँ। मैंने अपनी श्रेष्ठतम रिपोर्ट लगाई तथा डॉ. अनिल तिवारी के पक्ष में बहुत अच्छी टिप्पणी भी लिखीं।

परिणामतः केन्द्रीय विद्यालय संगठन लखनऊ संभाग के स्तर पर उनका चयन हो गया फिर वहाँ से केन्द्रीय विद्यालय संगठन मुख्यालय दिल्ली में चयन समिति को भेज दिया गया। वहाँ पर चयन समिति के द्वारा पूरे देश के सैकड़ों लोगों के मध्य डॉ. अनिल तिवारी का राष्ट्रीय स्तर पर शिक्षक सम्मान के लिये चयन हो गया। यह गौरव कानपुर के सभी केन्द्रीय विद्यालयों में पहली बार केन्द्रीय विद्यालय नं.2 अरमापुर को प्राप्त हुआ। उस वर्ष संभवतः केन्द्रीय विद्यालय संगठन लखनऊ संभाग के पी.जी.टी. में इकलौते व्यक्ति डॉ. अनिल तिवारी थे जिन्हें यह सम्मान मिला था। यह पुरस्कार मेरे द्वारा रिपोर्ट लिखने पर मेरे विद्यालय के शिक्षक को मिला। **जिससे मुझे भी गर्व का अनुभव हुआ साथ में मुझे यह भी कचोट हुयी कि काश कोई मेरी भी इतनी**

अच्छी रिपोर्ट लिखता जिससे मुझे यह सम्मान मिल पाता जब कि उस सम्मान के लिये मैं सभी शर्तें पूरी करता था।

डॉ. अनिल तिवारी जब शिक्षक दिवस पर दिल्ली में आयोजित पुरस्कार समारोह में गये और वहाँ से पुरस्कार लेकर वापस विद्यालय आये तो उन्होंने प्रसन्नता पूर्वक बताया। सर रिपोर्ट में जो कमेंट आपने लिखे थे वहाँ समारोह के संयोजक ने वही कमेंट बोलकर मुझे पुकारा था। तब कहीं मुझे आपके द्वारा लिखे गये कमेंट्स की महत्ता समझ में आयी थी साथ ही उन्होंने कहा कि यह सम्मान मुझे आपकी वजह से मिला है इसके लिये मैं आपका आभारी हूँ।

इस प्रकार केन्द्रीय विद्यालय नं.2 अर्मापुर एक से बढ़कर एक नये कीर्तिमान स्थापित करता चला जा रहा था। केन्द्रीय विद्यालय संगठन लखनऊ संभाग के रीजनल स्पोर्ट्स मीट के आयोजन में अधिकतर ईवेंट्स कानपुर में ही रखे जाते थे। जिनमें पूरे के पूरे फील्ड ईवेंट्स हमारे विद्यालय में ही रखे जाते थे। केन्द्रीय विद्यालय संगठन लखनऊ संभाग के सभी केन्द्रीय विद्यालयों की अपेक्षा खेलकूद के आयोजन से लेकर रहने व खाने का सबसे अच्छा इन्तजाम हमारे यहाँ ही रहता था। खिलाड़ी व उनके एस्कोर्ट्स हमारे यहाँ आने के लिये उत्सुक रहते थे। सम्भवतः सन् 2007 में बरसात के बाद हमारे यहाँ रीजनल स्पोर्ट्स मीट का आयोजन हुआ था। उसके औचक निरीक्षण अर्थात surprise visit पर केन्द्रीय विद्यालय संगठन लखनऊ संभाग के अधिकारियों की टीम में सहायक आयुक्त श्री पी.आर.एल. गुप्ता व अन्य लोग हमारे विद्यालय में आये थे। क्योंकि उस समय तक कुकरेजा साहब का स्थानान्तरण हो चुका था और श्री गुप्ता जी लखनऊ संभाग का कार्यभार ग्रहण कर चुके थे।

उन्होंने काफी समय देकर पूरे आयोजन का जायजा लिया। दोपहर को लंच करने के लिये मैंने उनसे निवेदन किया तो वे लोग लंच करने के लिये मान गये। जब सभी लोग लंच कर रहे थे तभी सहायक आयुक्त श्री पी.आर.एल. गुप्ता ने कहा। क्या आप खिलाड़ियों को हर रोज इतना अच्छा खाना देते हैं या आज हमारी वजह से स्पेशल खाना बनवाया गया है? मैंने कहा सर इस प्रश्न का जवाब तो प्रतिदिन खाना खाने वाले लोग ही दे सकते हैं। मेरी इस बात को सुनकर कई लोग एक साथ बोल पड़े सर यहाँ पर हर रोज ही इसी तरह का वी.आई.पी. खाना बनता है। उन लोगों ने कहते कहते यहाँ तक कह दिया कि इतना अच्छा खाना पूरे संगठन में कहीं भी नहीं मिलता है। खैर ए.सी. साहब व उनकी टीम के सभी सदस्य संतुष्ट नजर आये।

मैंने मेन्यू तय करने के लिये भी कमेटी बना रखी थी। वह कमेटी हर अगले दिन का नाश्ता, लंच व डिनर तय करती थी तथा उसी के अनुसार खाना तैयार किया जाता था। हर दूसरे दिन नान वेज का प्रवधान था। जो शाकाहारी थे उनके लिये अलग से शाकाहर की व्यवस्था थी। इस प्रकार ग्राउंड से लेकर कैंटीन (किचिन) तक हर जगह पारदर्शिता थी। खान-पान व रहन-सहन से लेकर खेलकूद के परिणामों तक कोई पक्षपात व विवाद की स्थिति नहीं आने पाती थी। इस प्रकार जब तक मैं उस विद्यालय में रहा रीजनल मीट से लेकर नेशनल मीट (जब कभी लखनऊ रीजन में रखा गया) तक सारे फील्ड ईवेंट्स वहीं पर होते रहे। इसके अतिरिक्त साइंस एक्जीबीशन व सोशल साइंस एक्जीबीशन भी लखनऊ संभाग की ओर से हमारे यहाँ ही दिये जाते थे। कहने का आशय यही कि काम की गुणवत्ता व उसके क्रियान्वयन में पारदर्शिता अनुकरणीय थी जिससे संगठन के अधिकारियों का, विद्यालय के शिक्षकों का, क्षेत्रीय अधिकारियों और अभिभावकों का दिनों दिन विश्वास दृढ़ होता चला गया।

जहाँ तक मैं समझता हूँ कि ऐसी परिस्थितियों का डट कर मुकाबला कर के ही उन पर विजय प्राप्त की जा सकती है। अल्लामा इकबाल का यह शेर भी यही बयां करता है कि

खुदी को कर बुलन्द इतना कि हर तकदीर से पहले
खुदा बन्दे से खुद पूछे बता तेरी रजा क्या है?

कुछ अन्य घटनाओं का भी जिक्र करना अपेक्षित है। मेरे बड़े बेटे विनय कुमार की शादी वाले कानपुर के गुजैनी मुहल्ले से आये थे। लड़की वाले हमारे छोटे भाई कुँअर चन्द्र के चचेरे साले जुआ निवासी राकेश कुमार के रिश्ते में मौसिया ससुर थे। वे लोग उस समय लखनऊ में रहते थे परन्तु उनकी लड़की कानपुर में अपनी मौसी के यहाँ रह कर बी.ए. कर रही थी। शादी तय हो गयी और गोद भरायी तक हो चुकी थी। राकेश कुमार के ससुर का मेरे यहाँ आना जाना चालू हो गया। उन्होंने अपने मुहल्ले वालों तथा अन्य परिचितों को बता रखा था कि केन्द्रीय विद्यालय नं.2 अर्मापुर के प्रिंसिपल साहब हमारे रिश्तेदार हैं। जिससे लोगों ने अपने बच्चों के एडमिशन के लिये उनको घेरना शुरू कर दिया था साथ ही उन्हें कुछ लालच (रिश्वत) देने का आश्वासन भी दिया। मेरे पास एक दिन उनका फोन आया कि प्रिंसिपल साहब बच्चों का एडमिशन करें तो बहुत कमाई हो सकती है। जिससे आपका भी भला होगा और हमारा भी भला होता रहेगा। यह सुन कर मुझे बहुत झुंझलाहट हुयी।

मैंने सोचा जिस बीमारी से बचने के लिये मैंने विद्यालय के स्टाफ से लेकर पूरे अर्मापुर और आस पास के लोगों से मोर्चा लिया। वह बीमारी तो अब हमारे घर में आ कर घुस गयी है। मैंने उन महाशय को मना कर दिया। परिणाम यही हुआ कि वे भी रुष्ट हो गये तथा कुंठित होकर उन्होंने अपने साढ़ू (जिनकी बेटी थी) को हमारे तथा हमारे परिवार व बेटे के विरुद्ध भड़काना शुरू कर दिया। उनके कारण रुकायी व सगायी के बाद भी लड़की वालों ने शादी से इनकार कर दिया। अधिकांश लोग तो यही कहते हैं कि आज कल ईमानदार वही है जिसको बेईमानी का अवसर नहीं मिला। इस संबन्ध में मेरा कहना है कि भले ही आज ईमानदार लोग कम हों परन्तु जो हैं भी उनको बेईमान बनाने में लोग कितनी ताकत लगाते हैं।

मुझे अपने आप पर गर्व है कि हजार कोशिश करने के बाद भी लोग मुझको बेईमानी के दलदल में नहीं घसीट सके। हाँ इतना अवश्य हुआ कि उस स्कूल में मेरा पल पल चुनौती भरा रहा और कई बार ऐसा भी समय आया कि वहाँ मेरे परिवार के अलावा मुझे कोई एक भी व्यक्ति ऐसा नहीं मिला जिसके साथ मैं बैठ सकूँ, बात कर सकूँ या विचार साझा कर सकूँ। यह सब देख व समझ कर ऐसा महसूस होता है कि क्या दुनिया में केवल स्वार्थ ही रह गया है?

उक्त घटना के अलावा और भी कई घटनायें हैं। एक बार एक व्यक्ति बी.एस.पी. का जिलास्तरीय पदाधिकारी की हैसियत से मुझसे मिलने आया। उसकी अवस्था यही कोई तीस वर्ष के आस पास रही होगी। मैंने उसको बैठाया और चाय पिलायी। सामाजिक सौहार्द की बातें हुयीं उसके बाद वह चला गया। अगले ही दिन मुझे पता चला कि कोई व्यक्ति गेट के बाहर लोगों को रोक कर उनके बच्चों का एडमिशन कराने का ठेका लेने लगा है। उस समय कक्षा ग्यारहवीं के एडमिशन चल रहे थे। वह व्यक्ति लोगों को यही कह कर अपना परिचय देता था कि प्रिंसिपल साहब तो हमारे मित्र हैं और पैसा लगेगा पर एडमिशन गारंटी के साथ हो जायेगा। मैंने जब उस व्यक्ति को बुलवाया तो मैं दंग रह गया। मैंने देखा कि यह तो वही व्यक्ति है जिसको मैंनें अपने चैम्बर में बैठा कर चाय पिलायी थी। मुझे काफी बुरा लगा और गुस्सा भी आया। मैं सोचने लगा कि क्या किसी से इंसानियत से पेश आना भी इतना घातक होता है? मैंने उस व्यक्ति को काफी लताड़ा और भविष्य में ऐसी गलती न दुहराने की हिदायत देकर भगा दिया। इतना अच्छा रहा कि वह फिर कभी वहाँ नहीं आया और न ही कभी उसके बारे में कोई शिकायत मिली।

उनके अलावा कई दूसरे लोग भी बहुत बड़े हितैषी बन कर आये लेकिन वहाँ के लोगों

में न मालूम कौन सा रोग था फिर चाहे तो कोई ओ.एफ.सी. का अधिकारी रहा हो या फिर आम पब्लिक का कोई भी व्यक्ति रहा हो मुझे हजारों लोगों में शायद ही कोई एक दो लोग ऐसे मिले हों जिन्होंने हराम की कमाई का लालच छोड़ कर मुझसे परिचय और मेल जोल बढ़ाया हो। एक ही चाल ढाल और स्वभाव के लोगों को मैं नकारता चला गया जो लोग मेरा लाभ उठाने के लिये मुझसे सम्बन्ध बढ़ाते थे।

हमारे बड़े बेटे विनय कुमार की शादी सगाई के बावजूद भी मध्यस्थता करने वालों ने अड़ंगा लगा कर मना करवा दी। जैसा कि मनाही के कारण का जिक्र मैं ऊपर कर चुका हूँ। उसी बीच दूसरी शादी तय हो गयी और सभी वैवाहिक कार्यक्रम हँसी खुशी से सम्पन्न होते चले गये। अन्ततः बस व कई कारों के साथ बारात कानपुर से धमियाँपुर पहुँची। उस समय हमारा परिवार कानपुर से फतेहगढ़ अपने स्थायी निवास पर पहुँच चुका था। इस प्रकार 10 जुलाई 2005 को विवाह सम्पन्न हुआ और बारात लौटकर फतेहगढ़ आ गयी। बारात के लौटते ही उसी दिन शाम को फतेहगढ़ में रिसेप्शन था। उस आयोजन में अच्छी खासी भीड़ एकत्र हुयी थी। इस प्रकार हमारे बेटे विनय कुमार की शादी भव्यता के साथ धूम धाम से सम्पन्न हुयी।

कई बार व्यक्ति को सही समय पर निर्णय न लेने से काफी पश्चाताप करना पड़ता है। कुछ ऐसा ही मेरे साथ मेरे बड़े बेटे को लेकर हुआ। मेरे बेटे विनय कुमार का सन 2003 में एम.ए. हो चुका था। बी.एड. करने के लिये कानपुर के एक कालेज से सम्पर्क किया तो उसने पूरी फीस साठ हजार रूपये माँगी थी। मुझे लगा वह व्यक्ति ज्यादा फीस माँग रहा है तो मैंने उसको मना कर दिया था परन्तु उस वर्ष चूक जाने के बाद उसी बी.एड. के लिये मुझे 2004 में आगरा विश्वविद्यालय के दूसरे कालेज में अस्सी हजार रूपये का भुगतान कर के एडमिशन कराना पड़ा। जो बी.एड. कानपुर विश्वविद्यालय से 2004 में पूरा हो चुका होता वही बी.एड. एक साल चूकने के कारण 2005 में पूरा हो पाया परन्तु उसका रिजल्ट समय पर न निकल कर विलम्ब से निकला। उस विलम्ब के कारण उत्तर प्रदेश प्राथमिक शिक्षा विभाग में आवेदन फार्म नहीं भरा जा सका। यदि 2004 में बी.एड. पूरा हो गया होता तो उत्तर प्रदेश प्राथमिक शिक्षा विभाग में मेरिट पर चयन हो गया होता। उसका दुष्परिणाम यह हुआ कि वह आज तक बेरोजगारी का दंश झेल रहा है। जहाँ तक मैं समझ पाया हूँ कि जीवन में अनिर्णय कि स्थिति अत्यंत घातक और पश्चाताप पूर्ण होती है। यदि मैंने समय से निर्णय ले लिया होता तो आज मुझे असफलता के लिये पश्चाताप नहीं करना पड़ता। इसलिये यदि पछताना भी पड़े तो निर्णय लेकर ही पछताना चाहिये फिर वह

निर्णय भले ही गलत क्यों न लिया गया हो।

सन 2005 में ही हमारे सबसे छोटे पुत्र ने एच.बी.टी.आई. कानपुर से बायो केमिकल इंजीनियरिंग से बी.टेक. कर लिया था। उसको समय से प्लेसमेंट नहीं मिला जिससे वह अवसाद ग्रस्त हो गया और उसके तीन साल बरबाद हो गये। तत्पश्चात सन 2008-09 व 2009-10 में उसने एम.बी.ए. बिजनिस इकोनामिक्स में छत्रपति शाहूजी महाराज विश्वविद्यालय कानपुर से किया। अंततः ज़ब कोई मार्ग नहीं मिला तो उसने 2012 में बी.टी.सी. किया और सन 2013 में उत्तर प्रदेश बेसिक शिक्षा परिषद से प्राथमिक शिक्षकों कि रिक्तियाँ निकलीं जिनमें उसने आवेदन किया और मेरिट के आधार पर उसका चयन हो गया। कई जगहों से आवेदन किया था परन्तु फर्रुखाबाद का नियुक्ति पत्र पहले प्राप्त हो गया जिससे अगस्त 2014 में उसने कार्यभार ग्रहण कर लिया।

हमारे विद्यालय का वातावरण धीरे धीरे बदलता चला गया। ऐसे लोगों को जब यह एहसास हो गया कि कुछ भी कर लो दाल गलने वाली नहीं है। धीरे धीरे वहाँ के बच्चों के अभिभावकों में व जन सामान्य में यह संदेश गया कि अब विद्यालय के रख रखाव, पढ़ाई लिखाई, अनुशासन में अभूतपूर्व सुधार हुआ है और बोर्ड की परीक्षाओं के उत्कृष्ट परिणाम आने शुरू हो गये। तब कहीं दुष्ट प्रकृति के लोग धीरे धीरे रास्ते पर आते चले गये। फिर चाहे वे विद्यालय के अन्दर के रहे हों या विद्यालय के बाहर के रहे हों। ऐसे लोग प्रशंसा तो नहीं करते थे परन्तु उनके मुँह से विद्यालय की बुराई सुनना भी कोई पसन्द नहीं करता था। यह उन विरोधियों के मुँह पर एक करारा तमाचा था।

मेरा 2005 का पूरा वर्ष केन्द्रीय विद्यालय संगठन के द्वारा सौंपे गये तमाम कार्यों में ही बीता। माह अप्रैल सन 2006 में पुनः हम दोनों लोगों (मुझे व राम साहब) को टी.जी.टी. हिन्दी के लिये सेवाकालीन प्रशिक्षण का दायित्व सौंपा गया अर्थात मुझे व राम साहब को कार्यक्रम डायरेक्टर कोर्स के लिये जीट (Z.I.E.T.) ग्वालियर भेजा गया। वहाँ पर भी वही पारम्परिक प्रशिक्षण दिया गया जैसा कि मैसूर में दिया गया था। ग्वालियर का रहना व खाना मैसूर की अपेक्षा काफी स्तरीय था। वहाँ पर भी शैक्षिक भ्रमण का मौका मिला। उस शैक्षिक भ्रमण में ग्वालियर के कई ऐतिहासिक स्थल देखने का अवसर मिला। मुख्यतः रानी लक्ष्मीबाई की समाधि और सिन्धिया का किला देखा। रानी लक्ष्मीबाई की समाधि तो मात्र एक स्मारक के रूप में थी परन्तु सिन्धिया का किला अवश्य काफी दमकता हुआ था। उसमें भी कहीं पर खरोंच तक

नहीं आयी थी। उसके सापेक्ष देश के दूसरे किलों को अंग्रेजों ने बमबारी कर के नष्ट भ्रष्ट कर दिया था। वह किला भी ठीक वैसे ही सुसज्जित था जैसे बिना किसी टूट फूट या खरोंच के मैसूर के राजा वाडियार का किला था क्योंकि उन दोनों राजाओं की अंग्रेजों से नजदीकी थी। ग्वालियर के किले में भी देश विदेश का बेहद खूबसूरत फर्नीचर तथा अन्य साज-सज्जा का सामान भरा पड़ा था। पूरे भारतवर्ष में मैसूर के महाराजा वाडियार और ग्वालियर के महाराजा सिंधिया, अंग्रेजों के शासन काल में ये दोनों ही सुरक्षित रह सके। कारण स्पष्ट था कि ये दोनों ही अंग्रेजों के प्रति मित्रवत थे और उन्होंने कभी अंग्रेजों के विरुद्ध मोर्चा नहीं खोला। बाकी जितने भी राजे रजवाड़े थे सब के सब तहस नहस हो गये। Z.I.E.T. ग्वालियर से हम लोग ओरिएंटेशन कोर्स पूरा करके वापस कानपुर आ गये।

इस बार कोर्स का वेन्यू हमारे विद्यालय को बनाया गया और मुझे उस कोर्स का वेन्यू डायरेक्टर बनाया गया। श्री आर.जे. राम साहब को कोर्स डायरेक्टर बनाया गया। ग्रीष्म कालीन अवकाश आरम्भ होते ही मई 2006 में कोर्स शुरू हो गया। कोर्स में रिसोर्स पर्सन के तौर पर केन्द्रीय विद्यालय अलीगंज लखनऊ से पी.जी.टी. हिन्दी डॉ.ओ.पी. राय आये थे तथा केन्द्रीय विद्यालय सुल्तानपुर से पी.जी.टी. हिन्दी श्री एस.सी. मिश्रा आये थे। ये दोनों ही लोग अपने विषय के प्रकाण्ड विद्वान थे जो केन्द्रीय विद्यालय संगठन की ओर से भेजे गये थे। योगा के लिये इस बार मैंने अपने पुराने साथी श्री आर.बी. शर्मा योगा टीचर को केन्द्रीय विद्यालय ए.एम.सी. लखनऊ से बुला लिया था। वे हमारे साथ केन्द्रीय विद्यालय आर.आर.सी. फतेहगढ़ में रह चुके थे। श्री शर्मा जी भी अपने कार्य क्षेत्र के महारथी रहे हैं। कार्य योजना और व्यवस्था के अनुसार ग्रीष्मकालीन प्रशिक्षण शिविर अपनी पूरी गरिमा के साथ चला।

वैसे तो कोर्स की सम्पूर्ण विषय वस्तु नियत कार्यक्रम के आनुसार रिसोर्स पर्सन ही सँभालते थे परन्तु बीच बीच में हम डायरेक्टर्स को भी क्लास लेना पड़ता था। इसके अलावा विश्वविद्यालय व महाविद्यालयों से विशेषज्ञ के तौर पर विद्वानों को भी बुलाते थे अथवा अपनी अपनी विधा के स्थापित साहित्यकारों को भी उपलब्धता के अनुरूप आमंत्रित करते थे। मुझे स्मरण है कि कक्षा में वार्ता के दौरान डॉ.ओ.पी. राय ने कुछ शब्द युग्मों का जिक्र किया था। जिनका वास्तविक आशय बहुत ही गंभीर तथा भाव बहुत ही सम्मानजनक है लेकिन आजकल वे शब्द युग्म गाली के रूप में प्रयुक्त होते हैं। जैसे नंगा-लुच्चा, समण-बमण (श्रमण-भ्रमण) आदि। ज्यादातर लोग यही

कहते हुये पाये जाते हैं क्या मुझे नंगा-लुच्चा समझ रखा है? अर्थात क्या मैं इतना गया गुजरा हूँ, नीच हूँ। जब कि नंगा-लुच्चा बौद्धों का बौद्ध भिक्षु बनाने के लिये एक संस्कार है। इसी संस्कार के द्वारा बौद्ध धर्मावलम्बी बौद्ध भिक्षु बनाये जाते हैं।

बौद्ध भिक्षु बनने के लिये उस व्यक्ति का लुंचन किया जाता है अर्थात सिर का एक एक बाल खींच कर निकाला जाता है। यद्यपि यह क्रिया अत्यन्त पीड़ा दायक होती है परन्तु सिर का मुण्डन करने की बजाय लुंचन किया जाता है। तत्पश्चात स्नान करवाया जाता है और पूरे शरीर को एक ही चीवर (कासेय वस्त्र) से ऊपर से नीचे तक आवृत्त किया जाता है अर्थात पहनाया जाता है। चूँकि पूरे शरीर पर चीवर के आतिरिक्त दूसरे वस्त्र के रूप में कमर पर लँगोटी तक नहीं होती है इसलिये उन बौद्ध भिक्षुओं को बौद्ध धर्म से इतर धर्मावलम्बियों के सिरफिरों ने नग्न या नंगा कहा है और सिर का लुंचन होने की वजह से लुच्चा कहा है। इस प्रकार बौद्धों के एक पवित्र संस्कार को कुछ समय तक तो एक गाली के तौर पर प्रचारित किया गया और कालान्तर में ये शब्द युग्म गाली के रूप में रूढ़ हो गया। वैसे लुंचन शब्द से लुंच्च व लुंच्च से लुच्च और अन्ततः लुच्च से लुच्चा शब्द प्रचलन में आया हुआ लगता है।

समाज में तमाम शब्दों का प्रयोग होता रहता है। वे शब्द चलते चलते घिस जाते हैं। वे अपने वास्तविक अर्थ को खो देते हैं या वे शब्द मर जाते हैं। हमारे समाज में शातिराना अन्दाज से शब्दों की बाजीगरी करने वाले लोग प्राचीन काल से विद्यमान रहे हैं जो वस्त्र धारण किये हुये को नंगा कह देते हैं और जिस किसी के शरीर पर वस्त्र के नाम पर एक धागा भी न हो उसे दिगम्बर घोषित कर देते हैं। दिगम्बर अर्थात दिशायें ही अम्बर हैं जिसकी अर्थात नंगा। जहाँ एक शब्द (नंगा) सुनने में अश्लील है वहीं दूसरा शब्द दिगम्बर (नंगा) सुनने में शिष्ट और शालीन लगता है।

प्रशिक्षण के दौरान श्री आर.जे. राम साहब शिक्षकों को विषय वस्तु की स्पष्टता के लिये कभी कभी चुटकुले भी सुनाते थे। जैसे एक महाशय प्रात:काल टहलने के लिये अपने साथ अपने पुत्र को भी ले जाते थे। उनका मानना था कि उनका बेटा सामाजिक जीवन की बारीकियाँ समझता चले। कुछ अन्य आवश्यक जानकारियाँ स्वाभाविक रूप से प्रारम्भिक अवस्था से ही प्राप्त करता चले। वे टहलते हुये जिस रास्ते से जाते थे उस रास्ते पर घोड़े पर सवार शिवाजी की एक मूर्ति मिलती थी। वे सामान्य ज्ञान के तौर पर उस मूर्ति के पास जा कर अपने पुत्र को इशारा कर के बताते थे बेटा देखो ये वीर शिवाजी महाराज हैं। ऐसा करते करते जब कई महीने बीत गये तो एक दिन पुत्र ने अपने पिता से जिज्ञासावश पूछ लिया। पिताजी यह बतायें कि

ये तो शिवाजी हैं परन्तु इनके ऊपर जो बैठे हैं वो कौन हैं? पिता अपने बेटे का प्रश्न सुन कर झेंप गये क्योंकि उन्होंने अपने बेटे को कभी यह नहीं बताया था कि यह शिवाजी हैं और अपने घोड़े पर सवार हैं। इसलिए बेटा घोड़े को ही शिवाजी समझता रहा। अर्थात अपने पिता के द्वारा बताये हुये के अनुसार पुत्र अन्त तक घोड़े को ही शिवाजी समझता रहा और अन्ततः उसने जिज्ञासावश पूछ ही लिया कि ये जो इनके (घोड़े) ऊपर बैठे हैं वो कौन हैं? कहने का आशय यही है कि शिक्षक जब भी अपने विद्यार्थियों को किसी भी विषय वस्तु को बताये तो विद्यार्थियों को समझने व समझाने में कोई अस्पष्टता न रहे।

ये कक्षाएँ शिक्षकों की चला करतीं थीं जिनमें पढ़ने वाले और पढ़ाने वालों की योग्यता एक समान ही होती थी। जब बच्चे ही अपने स्तर से अपने शिक्षक के समक्ष शिक्षण के क्षेत्र में चुनौती पेश करते हैं तो फिर वे तो शिक्षक ठहरे। इनमें बहुत से लोगों को तो पाँच साल में एक बार इक्कीस दिवसीय सेवा कालीन प्रशिक्षण कोर्स करना होता था या करना पड़ता था इसलिये विभागीय औपचारिकता पूरी करने के लिये सहभागिता करते थे। ऐसे लोगों को किसी विशिष्टता से सरोकार नहीं था परंतु कुछ प्रतिभागी कोर्स में प्रतिभागिता के लिये आने से पूर्व ही विषय के विविध क्षेत्रों की अच्छी तैयारी कर के आते थे या आते हैं ताकि वे बढ़ चढ़ कर सहभागिता कर सकें। यहाँ तक कि अपने विशिष्ट प्रश्नों या समस्याओं को रख कर विषय विशेषज्ञों को भी उनके निराकरण में चुनौती पेश कर सकें अथवा उनको समाधान देने में असहज कर सकें।

यद्यपि इसके लिये कक्षा छः से लेकर कक्षा दस तक की सभी पाठ्य पुस्तकों की समीक्षाएँ पहले ही करवा ली जाती थीं तथा उन लोगों में किसी विषय विशेष में कुछ खास जानने की जिज्ञासा पूछ कर उन्हें सूचीबद्ध कर लेना होता था। तदनुरूप एक कुशल रणनीति के तहत सभी रिसोर्स पर्सन और डायरेक्टर्स आपस में मिलकर अपनी अपनी अभिरुचि के अनुरूप टॉपिक बाँट लेते थे अर्थात उनमें अलग अलग क्षेत्रों में रुचि और तैयारी के अनुसार पूरे पाठ्यक्रम का वितरण हो जाता था। इसके अतिरिक्त जहाँ कहीं ऐसा मालूम पड़ता था कि विषय विशेषज्ञों की आवश्यकता है तो उनके अनुरूप विषय विशेषज्ञों को बुला कर व्याख्यान करवा दिये जाते थे ताकि प्रशिक्षुओं को कोई शंका न रह जाये।

यद्यपि डायरेक्टर्स को अधिक कक्षायें नहीं लेनी पड़ती थीं क्योंकि साहित्य की सभी विधाओं, व्याकरण, रस, छन्द, अलंकार और अद्यतन शिक्षण विधियों व नवाचारों के प्रशिक्षण के लिये रिसोर्स पर्सन पर्याप्त होते थे। लेकिन जब कोई खास प्रकरण

सामने आया हो और उसको प्रस्तुत करने के लिये विशेषज्ञ भी उपलब्ध नहीं हों तब वह विषय सँभालने या उस प्रकरण के शिक्षण का दायित्व डायरेक्टर्स का ही होता था। मेरे समक्ष भी ऐसा ही एक प्रकरण आया जो व्याकरण से सम्बंधित था। यथा वैयाकरण पाणिनि के द्वारा प्रस्तुत चौदह शिव सूत्र (रूप मंत्र) कौन कौन से हैं और अद्यतन हिन्दी व्याकरण और भाषा के विविध क्षेत्रों में उनकी क्या उपादेयता है? यद्यपि प्रश्नगत प्रकरण अत्यन्त नीरस और उबाऊ था परन्तु मुझे अत्यन्त प्रिय था क्योंकि मैंने अपने एम.ए. हिन्दी में भाषा विज्ञान और ध्वनिविज्ञान विशेष प्रश्नपत्र के रूप में ले कर अध्ययन किया था।

उन शिव सूत्रों की प्रस्तुति के साथ साथ हिन्दी वर्णमाला की क्रमिक प्रस्तुति पर भी विषद अध्ययन था। जिसमें वर्ण से अक्षर, अक्षर से शब्द, शब्द से पद, पद से वाक्य के निर्माण की व्यवस्था दी गयी। इसी प्रकार संधियाँ व उनके विच्छेद का वैज्ञानिक निरूपण किया गया साथ ही साथ उपसर्ग, प्रत्यय, विभक्तियों और सामासिक पदावली का क्रमिक विन्यास प्रस्तुत किया गया। कुल मिलाकर पाणिनि ने न केवल संस्कृत अपितु हिन्दी व्याकरण और भाषा को आधार प्रदान किया। यद्यपि प्रश्नगत प्रकरण बहुत विस्तृत था फिर भी प्राथमिकता के आधार पर मैंने बहुत कुछ समेटने का प्रयास किया और विषय वस्तु को वैज्ञानिकता के साथ प्रशिक्षुओं तक सम्प्रेषित किया।

शुभारम्भ पाणिनि के द्वारा प्रस्तुत उन चौदह शिव सूत्रों (रूप मंत्रों) से ही किया गया जो इस प्रकार हैं-

क्रमांक	**सूत्र**	**क्रमांक**	**सूत्र**
प्रथम सूत्र:	अइउण्	अष्टम सूत्र:	झभञ्
द्वितीय सूत्र:	ऋलृक्	नवम सूत्र:	घढधष्
तृतीय सूत्र:	एओङ्	दशम सूत्र:	जबगडदश्
चतुर्थ सूत्र:	ऐऔच्	एकादश सूत्र:	खफछठथचटतव्
पंचम सूत्र:	हयवरट्	द्वादश सूत्र:	कपय्
षष्ठम सूत्र:	लण्	त्रयोदश सूत्र:	शषसर्
सप्तम सूत्र:	ञमङणनम्	चतुर्दश सूत्र:	हल्

ऐसा माना जाता है कि शंकर ने एक बार तांडव नृत्य (तंडु से तांडव इसे तंडु या ढक्का या डमरू नृत्य भी कहते हैं) किया था। उस तांडव नृत्य के अवसान पर उन्होंने चौदह बार डमरू बजाया था। उस आवाज से पाणिनि ने जो ध्वनियाँ ग्रहण कीं थीं। उन

ध्वनियों को चौदह समूहों में व्यवस्थित कर प्रस्तुत किया था। यही चौदह वर्ण समूह चौदह शिव सूत्र के नाम से जाने जाते हैं। इन सूत्रों से उन्होंने भाषायी सुगमता के लिये प्रत्याहारों का निर्माण किया था। प्रत्याहार का मतलब किसी तथ्य का संक्षिप्तीकरण।

इन चौदह सूत्रों में से प्रथम चार सूत्रों के लिये अच् प्रत्याहार का प्रयोग किया है। इस अच् के अन्तर्गत पहले सूत्र अइउण् से अ और चौथे सूत्र ऐऔच् से च् को ले कर अच् का निर्माण किया गया जो स्वर वर्णों का प्रतिनिधित्व करता है।

उसी प्रकार व्यंजन वर्णों का प्रतिनिधित्व करने वाला प्रत्याहार हल् कहलाता है। पाणिनि के अनुसार कुल 41 प्रत्याहार हैं। इनमें दो प्रत्याहार और जुड़ गये। इस प्रकार कुल 43 प्रत्याहर हुये। वैसे तो सैकड़ों प्रत्याहार बनाये जा सकते हैं। नीचे दी गयी सारणी में चौदह सूत्रों के साथ उनके प्रत्याहार भी दिये गये हैं। इन प्रत्याहारों का निर्माण किसी सूत्र के प्रथम वर्ण के साथ उसी सूत्र या उसके बाद वाले सूत्र के अन्तिम वर्ण के साथ मिल कर होता है।

प्रत्याहार

<table>
<tr><th>सूत्र क्र</th><th>सूत्र</th><th>प्रत्याहार</th><th>सूत्र क्र.</th><th>सूत्र</th><th>प्रत्याहार</th></tr>
<tr><td>प्रथम</td><td>अइउण्</td><td>अण्</td><td>अष्टम</td><td>झभञ्</td><td>झञ्</td></tr>
<tr><td>द्वितीय</td><td>ऋलृक्</td><td>ऋक्</td><td>नवम</td><td>घढधष्</td><td>घष्</td></tr>
<tr><td>तृतीय</td><td>एओङ्</td><td>एङ्</td><td>दशम</td><td>जबगडश्</td><td>जश्</td></tr>
<tr><td>चतुर्थ</td><td>ऐऔच्</td><td>ऐच्</td><td rowspan="2">एकादश</td><td rowspan="2">खफछठ
थचटतव्</td><td rowspan="2">खव्</td></tr>
<tr><td colspan="3">अतः अच्=अण् से अ और
ऐच् से च् अर्थात अच्</td></tr>
<tr><td>पंचम</td><td>हयवरट्</td><td>यट्</td><td>द्वादश</td><td>कपय्</td><td>कय्</td></tr>
<tr><td>षष्ठम</td><td>लण्</td><td>लण्</td><td>त्रयोदश</td><td>शषसर्</td><td>शर्</td></tr>
<tr><td>सप्तम</td><td>ञमङणनम्</td><td>ञम्</td><td>चतुर्दश</td><td>हल्</td><td>हल्</td></tr>
</table>

'अच्' स्वर प्रत्याहार है जो प्रथम सूत्र 'अइउण्' के 'अ' और चतुर्थ सूत्र 'ऐऔच्' के 'च्' से मिल कर बनता है। अच् में कुल नौ स्वर होते हैं यथा: अ, इ, उ, ऋ, लृ, ए, ऐ, ओ, औ। इनके अतिरिक्त चार दीर्घ स्वर होते हैं जो क्रमशः अ, इ, उ, ऋ से समान स्वरों के मेल से बनते हैं यथा: अ+अ= आ, इ+इ= ई, उ+उ= ऊ, ऋ+ऋ= ॠ। इस प्रकार कुल तेरह स्वर होते हैं।	'हल्' व्यंजन प्रत्याहार है जो पंचम सूत्र के 'हयवरट्' के 'ह' से चतुर्दश सूत्र 'हल्' के 'ल्' से मिल कर बनता है। इसमें कुल तैंतीस व्यंजन वर्ण हैं यथा: क, ख, ग, घ, ङ, च, छ, ज, झ, ञ, ट, ठ, ड, ढ, ण, त, थ, द, ध, न, प, फ, ब, भ, म, य, र, ल, व, श, ष, स, ह। इनके अतिरिक्त चार संयुक्त व्यंजन होते हैं जो दो व्यंजनों से मिल कर बनते हैं यथा: क्+ष= क्ष, त्+र= त्र, ज्+ञ= ज्ञ, श्+र= श्र।

1- प्रत्याहर निरूपण :- प्रत्याहार का आशय किसी विस्तृत विषय वस्तु को संक्षेप में प्रस्तुत करना। किसी भी सूत्र/सूत्रों का प्रत्याहार उसके/उनके प्रथम वर्ण और अन्तिम हलन्त् वर्ण से बनता है। निम्नलिखित सारणी में दिये गये कुछ प्रत्याहार:

प्रत्याहार स्वर

2(A)- स्वर विधान :-

i) अण् अर्थात 'अइउण्' के तीन मूल स्वर अ, इ, उ हैं। इन तीन समान मूल स्वरों के परस्पर मेल से निर्मित तीन दीर्घ स्वर प्राप्त होते हैं वे क्रमशः इस प्रकार हैं-

(अ + अ = आ) ;

(इ + इ = ई) ;

(उ + उ = ऊ)

अर्थात आ, ई, ऊ तीन दीर्घ स्वर प्राप्त होते हैं।

सूत्र क्र.	सूत्र से	प्रत्याहार	सूत्र युग्म से	प्रत्याहार	प्रत्याहार युग्म से	प्रत्याहार
प्रथम	अइउण्	अण्	अइउण्, ऋलृक्	अण+ऋक्= अक्	लृक्	लृक्
द्वितीय	ऋलृक्	ऋक्	इउण्, ऋलृक्	इण+ऋक्=इक्	उण्+ऋक्	उक्
तृतीय	एओङ्	एङ्	अक्, एओङ्	अक्+एङ्=अङ्	अङ्	अं
चतुर्थ	ऐऔच्	ऐच्	अङ्, ऐऔच्	अङ्+ऐच्=अच्	एङ्+ऐच्	एच्
पंचम	हयवरट्	यट्	अच्, हयवरट्	अच्+यट्=अट्	अह	अः

षष्ठम	लण्	लण्	लण्	लण्	यट्+लण्	यम्
सप्तम	ञमङणनम्	ञम्	लण् ञमङणनम्	लण्+ञम्=लम्	यण्+ञम्	यम्
अष्टम	झभञ्	झञ्	लम्, झभञ्	लम्+झञ्=लञ्	यम्+झञ्	यञ्
नवम	घढधष्	घष्	लञ्,घढधष्	लञ्+घष्=लष्	यञ्+घष्	यष्
दशम	जबगडदश्	जश्	लष्,जबगडदश्	लष्+जश्=लश्	यष्+जश्	यश्
एकादश	खफछठथ चटतव्	खव्	लश्,खफछठथ चटतव्	लश्+खव्=लव्	यश्+खव्	यव्
द्वादश	कपय्	कय्	लव्, कपय्	लव्+कय्=लय्	-	-
त्रयोदश	शषसर्	शर्	लय्, शषसर्	लय्+शर्=लर्	यव्+शर्	यर्
चतुर्दश	हल्	हल्	लर्, हल्	लर्+हल्=लल्	यर्+हल्	यल्

ii) ऋक् अर्थात 'ऋलृक्' के दो मूल स्वर ऋ लृ हैं। इन ऋ, लृ दो समान मूल स्वरों के परस्पर मेल से निर्मित दो दीर्घ स्वर प्राप्त होते हैं वे क्रमशः इस प्रकार हैं-

ऋ + ऋ = ॠ

लृ + लृ = ॡ

अर्थात ॠ, ॡ दो दीर्घ स्वर प्राप्त होते हैं।

iii) अक्: अर्थात अण्+ऋक् = अइउऋलृक्। अर्थात पाँच मूल स्वर = अ इ उ ऋ लृ और पाँच दीर्घ स्वर प्राप्त होते हैं यथा~

(अ + अ = आ) ;

(इ + इ = ई) ;

(उ + उ = ऊ) ;

(ऋ + ऋ = ॠ) ;

(लृ + लृ = ॡ)।

iv) एङ् अर्थात सूत्र एओङ् से दो संयुक्त स्वर ए, ओ, अर्, अल् प्राप्त होते हैं। इनमें अ के बाद असमान स्वर इ उ ऋ लृ का मेल होता है।

यथा अ+इ = ए, अ+उ = ओ, अ+ ऋ= अर्, अ+लृ= अल् अर्थात ए, ओ, अर्, अल्।

v) ऐच् अर्थात अ+एङ् = ऐ औ अर्थात अ+ए = ऐ, अ+ओ = औ अर्थात दो

संयुक्त स्वर ऐ औ प्राप्त होते हैं।

vi) अच् अर्थात अण्+ऋक्+एङ्+ऐच् अर्थात अ से च् तक पहले और दूसरे सूत्र से पाँच मूल स्वर (अ, इ, उ, ऋ, लृ) तथा तीसरे और चौथे सूत्र से चार संयुक्त स्वर ए, ओ, ऐ, औ अथवा ए, ऐ, ओ, औ प्राप्त होते हैं।

पाँचों समान मूल स्वरों के मेल से उन्ही स्वरों के दीर्घ रूप पाये जाते हैं अर्थात अ+अ = आ, इ+इ = ई, उ+उ = ऊ, ॠ+ॠ = ॠ, लृ+लृ = लृ।

चूँकि हिन्दी में लृ (दीर्घ रूप) का प्रयोग न के बराबर होता है।

इसलिये कुल 5+4+4 = 13 स्वर मिलते हैं। जिनका क्रम इस प्रकार है। अ, आ, इ, ई, उ, ऊ, ऋ, ॠ, लृ, ए, ऐ, ओ, औ, जिनकी कुल संख्या तेरह है।

2(B) स्वर प्रत्याहार :- इन्हें अच् कहते हैं। (अच् = अण्+ऋक्+एङ्+ऐच्) अण् का प्रथम वर्ण 'अ' और ऐच् का अन्तिम वर्ण 'च्' मिलकर अच् का निर्माण करते हैं।

स्वर किसे कहते हैं ?

जिन वर्णों का उच्चारण स्वर तंत्रियों में बिना किसी रुकावट या बाधा के साथ होता है। वे वर्ण स्वर कहलाते हैं।

स्वर कितने प्रकार के होते हैं ?

स्वर वर्ण कुल तीन प्रकार के होते हैं।

(i) ह्रस्व स्वर

(ii) दीर्घ स्वर

(iii) प्लुत स्वर

(i) ह्रस्व स्वर :- वे स्वर जिनके उच्चारण में अत्यल्प समय लगे। इस समय को एक मात्रा कहते हैं। इन्हें मूल स्वर भी कहते हैं। यह वे वर्ण हैं जो भाषा की छोटी से छोटी इकाई कहलाते हैं। यह वह छोटी इकाई है जिसके टुकड़े न किये जा सकें। इन्हें ह्रस्व स्वर कहलाते हैं। यथा: अ, इ, उ, ऋ, लृ ।

(ii) **दीर्घ स्वर :-** वे स्वर जिनके उच्चारण में ह्रस्व स्वर से दो गुना समय लगे अथवा दो मात्राओं का समय लगे। इसका विभाजन कर के दो मूल स्वर प्राप्त किये जा सकते हैं। इन्हें दीर्घ स्वर कहते हैं। यथा: आ, ई, ऊ, ॠ, ए, ऐ, ओ, औ।

(iii) **प्लुत स्वर :-** वे स्वर जिनके उच्चारण में दीर्घ स्वर के उच्चारण से अधिक समय लगे। अर्थात तीन मात्राओं के बराबर समय लगे। इन्हें प्लुत स्वर कहते हैं। ऐसे स्वरों के बाद हिन्दी का अंक ३ लिखा जाता है। इन स्वरों का प्रयोग किसी का नाम पुकारने में या संस्कृत के मंत्रों के उच्चारण में या संगीत की सरगम का अभ्यास करने में किया जाता है। यथा: ओ३म् , सा३, रे३, गा३, मा३, पा३, धा३, नी३, सा३, नाम (कृष्णा३) ले कर बुलाना आदि।

व्यञ्जन

2(C) व्यञ्जन :- स्वरों की सहायता से उच्चरित ध्वनियाँ व्यञ्जन कहलाती हैं। हयवरट् के 'ह' से ले कर हल् के 'ल्' तक। इसमें कुल तैंतीस व्यञ्जन होते हैं। अर्थात 'हल्' में पंचम सूत्र से चतुर्दश सूत्र तक के वर्ण आते हैं।

(i) हयवरट् :- अर्थात पंवम सूत्र से (चार व्यंजन) पहला 'ह' ऊष्म व्यंजन और शेष तीन य, र, व अन्तःस्थ व्यंजन हैं।

(ii) लण् ;- अर्थात षष्ठम से एक व्यंजन 'ल' प्राप्त होता है जो अंतःस्थ व्यंजन है।

(iii) ञमङ·णनम् :- अर्थात सप्तम सूत्र से पाँच अनुनासिक व्यंजन ञमङ·णनम् अर्थात हर वर्ग का पंचम व्यंजन है।

(iv) झभञ्:- अर्थात अष्टम सूत्र से दो व्यंजन चवर्ग और पवर्ग के चौथे व्यंजन झ एवं भ हैं।

(v) घढधश् :- अर्थात नवम सूत्र से कवर्ग, टवर्ग और तवर्ग के चौथे व्यंजन के तीन व्यंजन घ ढ ध हैं। अर्थात आठवें व नवें सूत्रों में प्रत्येक वर्ग के चौथे व्यंजन हैं।

(vi) जबगडदश् :- अर्थात दशम सूत्र में हर वर्ग के तीसरे व्यंजन अर्थात (पाँच व्यंजन) ज, ब, ग, ड, द हैं।

(vii) खफछठथचटतव् :- अर्थात एकादश सूत्र में हर वर्ग के दूसरे व्यंजन (पाँच व्यंजन ख, फ, छ, ठ, थ) हैं और चवर्ग, टवर्ग और तवर्ग के प्रथम व्यंजन तीन व्यंजन च, ट, त हैं।

(viii) कपय् :- अर्थात द्वादश सूत्र में कवर्ग और पवर्ग के प्रथम व्यंजन (दो व्यंजन

क, प) हैं।

(ix) शषसर् :- अर्थात त्रयोदश सूत्र में तीन ऊष्म व्यञ्जन श, ष, स प्राप्त होते हैं।

(x) हल् :- अर्थात चतुर्दश सूत्र से एक ऊष्म व्यंजन 'ह' प्राप्त होता है। इस प्रकार कुल तैंतीस व्यञ्जन हुये।

संयुक्त व्यञ्जन :- एकाधिक व्यञ्जनों से सृजित ध्वनियाँ संयुक्त व्यञ्जन कहलाती हैं। यथा क्ष, त्र, ज्ञ, श्र।

द्विगुण व्यञ्जन :- वे ध्वनियाँ जो क्रमशः टवर्ग के तृतीय और चतुर्थ वर्णों के नीचे डॉट या बिन्दु रख कर तैयार होती हैं यथा ड़ एवं ढ़।

अरबी/फारसी भाषाओं के कुछ व्यञ्जन: कवर्ग के प्रथम, द्वितीय, तृतीय वर्णो, चवर्ग का तृतीय और पवर्ग का द्वितीय वर्ण, इनके नीचे डॉट अथवा बिन्दु रख कर निर्माण किया जाता है यथा क़, ख़, ग़, ज़ फ़। हिन्दी में इनका प्रयोग नहीं के बराबर होता है।

3- वर्ण और अक्षर में अन्तर:-

i) वर्ण:- भाषा की छोटी से छोटी इकाई जिसका विभाजन न किया जा सके। परन्तु एक झटके (प्रयास) में उसका उच्चारण किया जा सके। उसे वर्ण कहते हैं। इसके अन्तर्गत मुख्यतः मूल स्वर अ, इ, उ, ऋ, लृ आते हैं।

ii) अक्षर :- अक्षर भाषा की वह छोटी इकाई है जिसका उच्चारण एक झटके (प्रयास) में किया जा सके तथा किसी भी अक्षर को, (मूल स्वरों को छोड़ कर) कम से कम दो भागों में तो विभाजित किया ही जा सकता है। इसमें सभी दीर्घ स्वर और स्वर युक्त सभी व्यंजन आते हैं।

iii) संयुक्ताक्षर :- दो व्यंजनों के मेल से बनते हैं यथा~

क्ष= क्+ ष,

त्र= त् + र,

ज्ञ= ज्+ञ,

श्र= श्+ र

4- सन्धियाँः कुल तीन संधियाँ हैं।

i) स्वर सन्धि ;

ii) व्यंजन सन्धि ;

iii) विसर्ग सन्धि।

स्वर सन्धिः

जब स्वरों का समान या असमान स्वरों से मेल होने पर अन्य स्वर प्राप्त होता है तो इस परिवर्तन को स्वर सन्धि कहते हैं।

4(A) स्वर सन्धि के भेद

(i) दीर्घ स्वर सन्धि (अक्) 'अकः सवर्णे दीर्घः'।

(ii) गुण सन्धि (अङ्·) 'आद्गुणा'।

(iii) पूर्वरूप सन्धि (एङ्·) 'एङ्·पदान्तादति'।

(iv) पररूपम् सन्धि (एङि·) 'एङि·पररूपम्'।

(v) प्रकृति भाव सन्धि (अच्) 'प्लुतप्रगृह्य अचि नित्यम'।

(vi) वृद्धि संधि (ऐच्) 'वृद्धिरेचि'।

(vii) यण सन्धि (इक्+यण्) 'इकोयणचि'।

(viii) अयादि सन्धि (एच्) 'यचोऽयवायावः'।

वर्णमाला						
स्वर भेद	संख्या	स्वर				
मूल स्वर अथवा ह्रस्व स्वर	कुल पाँच	अ	इ	उ	ऋ	ऌ
दीर्घ स्वर	कुल चार	आ	ई	ऊ	ॠ	-
संयुक्त स्वर	कुल चार	ए	ऐ	ओ	औ	-

अयोगवाह (अनुस्वार, विसर्ग, अनुनासिक)	कुल तीन	अं	अः	अँ	-	-
व्यंजन भेद	**संख्या**	**व्यंजन**				
स्पर्श व्यंजन पाँच वर्ग कवर्ग से पवर्ग तक	कुल पच्चीस	प्रथम वर्ण	द्वितीय वर्ण	तृतीय वर्ण	चतुर्थ वर्ण	पंचम वर्ण
कवर्ग (कण्ठ्य व्यञ्जन)	कुल पाँच	क्	ख्	ग्	घ्	ङ्
चवर्ग (तालव्य व्यञ्जन)	कुल पाँच	च्	छ्	ज्	झ्	ञ्
टवर्ग (मूर्धन्य व्यञ्जन)	कुल पाँच	ट्	ठ्	ड्	ढ्	ण्
तवर्ग (दन्त्य व्यञ्जन)	कुल पाँच	त्	थ्	द्	ध्	न्
पवर्ग (ओष्ठ्य व्यञ्जन)	कुल पाँच	प्	फ्	ब्	भ्	म्
अन्तःस्थ व्यंजन अथवा अर्द्ध स्वर, ऊष्म व्यंजन, संयुक्त व्यंजन						
अन्तःस्थ व्यंजन अथवा अर्द्ध स्वर	कुल चार	य्	र्	ल्	व्	-
ऊष्म व्यंजन	कुल चार	श्	ष्	स्	ह्	-
संयुक्त व्यंजन	कुल चार	क्ष्	त्र्	ज्ञ्	श्र्	-
द्विगुण व्यंजन	कुल दो	ड़	ढ़			-
विदेशी भाषा (अरबी/ फारसी) के व्यंजन	कुल पाँच	क़	ख़	ग़	ज़	फ़
मात्राएँ: अ(-),अ(ऽ),आ(ा),ऑ(ॉ),इ(ि),ई(ी),उ(ु),ऊ(ू),ऋ(ृ),ए(े),ऐ(ै),ओ(ो),औ(ौ),अं(ं),अः(:),अँ(ँ)						
उदाहरण: क, कऽ, का, कॉ, कि, की, कु, कू, कृ, के, कै, को, कौ, कं, कः, कँ । (केऽ, कोऽ)						

(i) अक् के साथ अक् के समान स्वरों के मेल से होने वाले परिवर्तन को दीर्घ स्वर सन्धि कहते हैं और इसका सूत्र है अकः सवर्णे दीर्घः। यथा ~

अ+अ =आ

इ +इ = ई

(ii) **'अइ्'** :- जब 'अ' के बाद 'अक्' स्वरों का मेल हो तो क्रमशः ए, ओ, अर्, अल् प्राप्त होते हैं। यथा

अ+इ = ए

अ+उ = ओ

अ+ऋ = अर्

अ+लृ = अल्

अर्थात इनसे होने वाले परिवर्तन को (अङ्·) अथवा गुण सन्धि कहते हैं और इसका सूत्र 'आद्गुणा' है।

(iii) **पूर्वरूप सन्धि :-** अतः एङ्·(ए, ओ) के बाद ह्रस्व स्वर 'अ' आये तो पूर्व पद और पश्च पद के बीच 'अ' के स्थान पर अकार 'ऽ' हो जाता है। इस परिवर्तन को पूर्वरूप सन्धि कहते हैं और इसका सूत्र 'एङ्·पदान्तादति' होता है। उदाहरणत:-

ए+अ = एऽ,

ओ+अ = ओऽ

(iv) **पररूपम् सन्धि :-** अकारन्त उपसर्ग 'अ' के बाद एङ्· ('ए' और 'ओ') के मिलने पर ए, ओ का क्रमाशः 'ऐ' और 'औ' हो जाता है। इस परिवर्तन को पररूप सन्धि कहते हैं। इसका सूत्र 'एडि·पररूपम्' है। यथा

अ+ए = ऐ

आ+ए = ऐ

अ+ओ = औ

आ+ ओ = औ

(v) **प्रकृति भाव सन्धि:** अर्थात (अच्) 'प्लुतप्रगृह्य अचि नित्यम'।

प्लुत स्वर या संज्ञा या कोई ऐसा पद जो सुगमता से ग्रहणीय हो और उसके बाद 'अच्' आये तो इनके मिलने से उनमें कोई परिवर्तन नहीं होता है। वे ज्यों के त्यों बने रहते हैं। इसे प्रकृति भाव सन्धि कहते हैं। इसका सूत्र 'प्लुतप्रगृह्य अचि नित्यम' है। यथा-

दीर्घ ईकारान्त, ऊकारान्त व एकारन्त के बाद यदि अच् आये अर्थात

बालिके, हरी, मुनी, कवी, विष्णू, वटू, लते, फले, नेत्रे आदि के बाद अच् आने पर- अर्थात

ई, ऊ, ओ, ए के बाद अ, आ आये तो प्लुतप्रगृह्य संज्ञा होती है-

(vi) ऐच्:- जब 'अ' से 'एङ्' का मेल होता है तो क्रमशः 'ऐ' तथा 'औ' प्राप्त होते हैं। यथा

अ+ए = ऐ

अ+ओ = औ

अर्थात इनसे होने वाले परिवर्तन को ('एडि·') 'वृद्धि सन्धि' कहते हैं और इसका सूत्र है 'वृद्धिरेचि'।

(vii) इक् :- 'अइउण्' के 'इ' से ऋलृक् के 'क्' तक सभी वर्ण 'इक्' कहलाते हैं।

यथा इ उ ऋ लृ।

यदि इक् के बाद में 'अ' का मेल हो तो क्रमशः य, व, र, ल अर्थात य, र, ल, व वर्ण प्राप्त होते हैं। यथा~

इ+अ= य,

उ+अ= व,

ऋ+अ= र,

लृ+अ= ल

इन्हें अर्द्ध स्वर या अन्तःस्थ व्यंजन कहते हैं। ये सभी यण सन्धि के अन्तर्गत आते हैं। अतः इसका सूत्र 'इकोऽयणचि' कहलाता है।

(viii)- **एच्** :- 'एओङ्' के 'ए' से 'ऐऔच्' के 'च्' तक के सभी वर्ण 'एच्' कहलाते हैं। यथा ए ओ ऐ औ अर्थात ए ऐ ओ औ।

यदि ए के बाद अ आये तो अय, ऐ के बाद अ आये तो आय हो जाता है। ओ के बाद अ आने पर अव तथा औ के बाद अ होने पर आव हो जाता है। यथा

ए+अ = अय

ऐ+अ = आय

ओ+अ = अव

औ+अ = आव

इसे अयादि सन्धि कहते हैं और इसका सूत्र 'एचोऽयवायाव:' है।

4(B) व्यंजन सन्धि :-

जब व्यञ्जन का व्यञ्जन या स्वर के मेल से कोई परिवर्तन या विकार उत्पन्न हो तो उसे व्यञ्जन सन्धि कहते हैं।

इसे हल् सन्धि भी कहते हैं क्योंकि इसमें माहेश्वर सूत्रों में पाँचवें सूत्र हयवरट् के 'ह' से ले कर चौदहवें सूत्र हल् के 'ल्' तक के दस सूत्रों के सभी वर्ण (व्यञ्जन) आते हैं।

-: व्यञ्जन सन्धि के भेद :-

(i)- श्चुत्व (स्तो: चुना श्चु:)

स और तवर्ग होने पर स का श और तवर्ग का चवर्ग में बदल जाता है। यथा

स्+श = श्श

त्+च = च्च

त्+ज = ज्ज

(ii)- ष्टुत्व (ष्टुना ष्टु:)

यदि 'स' के पहले या बाद में 'ष' आये तो 'स' के स्थान पर 'ष' हो जाता है। यथा

स्+ष = ष्ष

ष्+स = ष्ष

यदि 'टवर्ग' से पहले 'स' अथवा 'ष' हो तो 'स' का 'ष' हो जाता है और 'ष' वैसा ही बना रहता है उसी प्रकार 'टवर्ग' भी वैसा ही बना रहता है। यथा

स्+ट = ष्ट

ष्+ ट = ष्ट

(iii)-जश्त्व सन्धि: सूत्र झलां जशोऽन्ते

(a) प्रत्येक वर्ग के प्रथम वर्ण के बाद किसी भी वर्ग के तीसरे अथवा चौथे वर्ण (अर्थात दशम सूत्र के 'जबगडद' व एकादश सूत्र 'खफछठथ') के मिलने पर वह अपने ही वर्ग के तीसरे वर्ण में बदल जाता है। यथा क् से ग्, च् से ज्, ट् से ड्, त् से द् और प् से ब् हो जाता है।

(b) अथवा प्रत्येक वर्ग के प्रथम वर्ण के बाद कोई स्वर अथवा य र ल व ह के मिलने पर वह अपने ही वर्ग के तीसरे वर्ण में बदल जाता है। यथा क् से ग्, च् से ज्, ट् से ड्, त् से द् और प् से ब् हो जाता है।

(c) अथवा प्रत्येक वर्ग के प्रथम वर्ण के बाद य र ल व ह के मिलने पर वह अपने ही वर्ग के तीसरे वर्ण में बदल जाता है। यथा क् से ग्, च् से ज्, ट् से ड्, त् से द् और प् से ब् हो जाता है।

अर्थात: क् / च् / ट् / त् / प् + किसी वर्ग का तीसरा या चौथा वर्ण अर्थात जश् या झश् अथवा य र ल व ह अथवा कोई स्वर आता है तो क् से ग्, च् से ज्, ट् से ड्, त् से द् और प् से ब् हो जाता है।

4(C) विसर्ग सन्धि

विसर्ग के बाद यदि कोई स्वर अथवा व्यंजन आये तो जो परिवर्तन होता है उसमें विसर्ग का लोप हो जाता है और उस विसर्ग का स्थान कोई व्यंजन ले लेता है। यथा

नमः+ते = नमस्ते

निः+छल = निश्छल

निः+आहार = निराहार

मनः+ बल = मनोबल

निः+शंक = निश्शंक

इस प्रकार चार दिन में लम्बे लम्बे पीरियड लेने के बाद प्रकरण को यहीं पर समाप्त किया। इसके आगे शब्द, समास, पद विन्यास, मुहावरे, लोकोक्तियाँ, वाक्यांश, वाक्य विन्यास आदि बहुत विस्तृत विषय वस्तु शिक्षण हेतु शेष रह जाती है जो सभी शिक्षक अपने अपने शिक्षण के दौरान सामान्यतः पढ़ाते ही हैं। यहाँ पर यह नीरस प्रस्तुति देने का मेरा कोई इरादा नहीं था फिर भी परिस्थिति जन्य कारणों से मुझे यह सब प्रस्तुत करना पड़ा। कारण वही कि जितना बड़ा पद उतना ही बड़ा दायित्व फिर मेरे जैसे लोग जो स्वाभिमानी हों उन्हें उस कहावत के अनुरूप सदा सदा के लिये तैयार रहना चाहिये। अर्थात (Hope for the best and ready for the worst) अच्छे की उम्मीद रखो और बुरे के लिये तैयार रहो।

धीरे धीरे समय बीतता चला गया और पूरा ग्रीष्मकालीन प्रशिक्षण शिविर लगभग

समापन पर था। कार्यक्रम के अनुसार सभी प्रतिभागियों को एक दिवसीय शैक्षिक भ्रमण के लिये बस द्वारा लखनऊ लेकर गये। लखनऊ में तमाम दर्शनीय स्थल हैं। वहाँ पर पहुँचकर सर्वप्रथम वहाँ का चिड़ियाघर देखा। उसके बाद वहाँ से जा कर बीरबल साहनी बॉटनिकल गार्डन देखा। वहाँ से जा कर एक एक करके बेगम हजरत महल पार्क, कम्पनी बाग, इमामबाड़ा, भूल भुलैया और अन्त में सिकन्दर बाग देखा। इन सभी स्थलों का शैक्षणिक व ऐतिहासिक महत्व है। बीरबल साहनी बॉटनिकल गार्डन जो कि एक विशाल वानस्पतिक शोध केन्द्र है। वहाँ पर बॉटनी या वनस्पति जगत से जुड़े हुये शोधार्थी शोध (रिसर्च) करते हैं। कम्पनी बाग जो अंग्रेजों की रेजीडेंसी के नाम से प्रसिद्ध है। उसी तरह नवाब वाजिद अली शाह ने अपनी बेगम हजरत महल की याद में एक पार्क का निर्माण कराया था जो अंग्रेजों के समय का एक प्रमुख स्थल था। वहाँ से छोटा व बड़ा इमामबाड़ा और भूल भुलैया देखा। इमामबाड़ा के अन्दर बहुत सा क्षेत्र ऐसा है जिस जगह पर जाना वर्जित है। सुना जाता है कि वहाँ जाकर कोई भी व्यक्ति वापस आने का रास्ता नहीं ढूँढ़ पाता है। जहाँ जाकर कोई भी भ्रमित हो सकता है इसलिये उन जगहों को बन्द कर दिया गया।

वहाँ से अगले प्रसिद्ध स्थल सिकन्दरबाग गये। सिकन्दर बाग का अपना ऐतिहासिक महत्व है। इसका नामकरण सिकन्दर महान के नाम पर किया गया। इसका एक युद्ध स्थल के रूप में भी महत्व है। यह वही स्थल है जहाँ पर बेगम हजरत महल के नेतृत्व में वीरंगना ऊदा देवी पासी ने अंग्रेजों से लोहा लिया था और उनके छक्के छुड़ा दिये थे। अन्त में अंग्रेजों की विशाल सेना का सामना करते करते हुये वे शहीद हो गयीं। अन्ततः महाराजा बिजली पासी का भी किला देखा और उसके बाद रास्ते में पड़ने वाला नवाबगंज पक्षी विहार देखते हुये वापस कानपुर आ गये। इस प्रकार वह इक्कीस दिवसीय प्रशिक्षण शिविर सम्पन्न हुआ और समस्त प्रतिभागी अपने अपने गंतव्य को वापस चले गये।

समय अपनी गति से बीत रहा था। हमारे स्टाफ के अधिकांशतः लोग मेरे विरुद्ध उनके स्वयं के द्वारा किये गये षड्यन्त्र और अप्रिय व्यवहार के कारण भयभीत और आशंकित रहते थे। वे इसी चिंता में डूबे रहते थे कि कहीं प्रिंसिपल साहब उनके रिकार्ड में प्रतिकूल प्रविष्टि न कर दें। यद्यपि पच्चानवे प्रतिशत लोग रास्ते पर आ चुके थे। परन्तु पाँच प्रतिशत लोग कुत्ते की दुम की तरह सीधे नहीं हो पाये। धीरे धीरे वर्ष 2006 अवसान पर पहुँच गया। वर्ष 2007 आते आते उन पाँच प्रतिशत लोगों के भी व्यवहार में बहुत बड़ा परिवर्तन दिखायी दिया। वे लोग भी अपनी स्वामिभक्ति दर्शाने के लिये अवसर तलाशने लगे। अब दो तीन प्रतिशत लोग रह गये होंगे जिनमें

सुधार की संभावनायें तलाशना फिजूल में समय नष्ट करना था।

उस समय वातावरण में बहुत कुछ सुधार तो एन.पी. सिंह, एस.पी. सेठ व गोपी कृष्ण के ट्रांसफर जाने के कारण हो गया था क्योंकि तब शातिर दिमाग लोगों को बन्दूक चलाने के लिये कोई कंधा नहीं मिल पा रहा था। यद्यपि मेरे लिये उन विषम परिस्थितियों में सच्चाई के रास्ते पर डटे रहना किसी चुनौती से कम नहीं था। उन परिस्थितियों में मैंने अनुभव किया कि जो लोग परिस्थितियों के कारण अपने सत्पथ से विचलित हो जाते हैं वे निश्चित रूप से पराजित तो होते ही हैं साथ ही साथ अपमानित भी होते हैं। इतना सब कुछ होने के बाद भी मुझे कभी भी हताशा का सामना नहीं करना पड़ा और न ही कभी मेरा मनोबल गिरने पाया। मैं सदैव आत्मविश्वास से लबरेज विजयी मुद्रा में प्रसन्न चित्त बना रहा।

तमाम झंझटों के बाद भी वर्ष 2006 हमारे परिवार के लिये विशिष्ट रहा। जनवरी 2006 में अपने बेटे अनुरोध कुमार के परामर्श के अनुसार हम लोगों ने कानपुर आवास विकास क्रमांक एक में मकान खरीदने की योजना बनायी। उस काम के लिये मैंने अपने गेम्स टीचर श्री ए.के. शुक्ला को लगाया। उन्होंने अपने स्तर पर पूछताछ कर के कई मकान मुझे दिखाये। उनमें से लोकेशन के हिसाब से हम लोगों को एक मकान H-1288 केशव पुरम केशव वाटिका के निकट वाला पसंद आया। उस मकान की कीमत पता की गयी तत्पश्चात मकान का आवंटन अनुरोध कुमार के नाम से हो गया था। उसकी कीमत करीब साढ़े बारह लाख रुपये थी। उस कीमत की चौथाई रकम आवास आवंटन के लिये जमा करनी थी। उस समय मेरे बेटे सहित मेरी पूरी बचत भी उतनी नहीं हो पायी थी। उसके लिये भी हमें कुछ रुपये लोगों से उधार लेने पड़े। तब कहीं वह रकम आवास विकास के खाते में जमा कर पाये थे जिससे आबंटन लेटर मिल पाया था क्योंकि उसी के आधार पर बैंक से होम लोन लिया जा सकता था।

मैंने यूनियन बैंक शाखा अर्मापुर कानपुर में लोन के लिये सम्पर्क किया। वहाँ उन्होंने बेटे के वेतन के आधार पर कुल चार लाख रुपये लोन स्वीकृति की बात कही। उसके बाद स्टेट बैंक आफ इण्डिया की शाखा स्वरूप नगर कानपुर में सम्पर्क किया। वहाँ भी नौ लाख रुपये लोन देने से मना कर दिया। जब वहाँ के मैनेजर से बात की तो उसने बताया कि यदि एक लोन के लिये साझे में दो लोग फार्म भरें तो संभव हो सकता है। उस दशा में हम दोनों लोगों को अपने सेलरी सर्टिफिकेट लगाने पड़े। तब कहीं नौ लाख रुपये तमाम औपचारिकताएँ पूरी करने के बाद स्वीकृत हुये। यह रकम बैंक

से सीधे आवास विकास कल्यानपुर के खाते में ट्रान्सफर होनी थी। लोन देने व उसके भुगतान के लिये बैंक शाखा फूलबाग के पास कानपुर में अलग थी। वहाँ पर खरीदी जाने वाली प्रापर्टी का बीमा कराना अनिवार्य बताया गया। बीमा की करीब एक लाख की रकम बतायी गयी। वह रकम भी लोन के साथ मिला दी गयी। जिससे बीमा सहित कुल लोन दस लाख रुपये से ऊपर पहुंच गया। तत्पश्चात एस.बी.आई. लोन शाखा से आवास विकास के बैंक खाते में लोन ट्रान्सफर कर दिया गया।

होम लोन स्वीकृति में ही एक महीना से ज्यादा समय बीत गया। धीरे धीरे मार्च का महीना समापन की ओर था। आवास की रजिस्ट्री करवानी थी और वह रजिस्ट्री विक्रेता के तौर पर आवास विकास कानपुर के अधिकारी के द्वारा की जानी थी एवं क्रेता के तौर पर हमारे बेटे अनुरोध कुमार को रजिस्ट्री करवानी थी। रजिस्ट्री करवाने हेतु मैं आवास विकास कार्यालय से पूर्ण भुगतान का प्रमाण पत्र लेने गया था। वहाँ पर मैं जैसे ही सम्बन्धित बाबू के पास प्रमाण पत्र लेने के लिये गया तो उसने मुझसे एक हजार रुपये की माँग की। जब मैंने रुपये देने से इनकार कर दिया तो उसने प्रमाण पत्र नहीं दिया। ज्यादा कहने पर उसने मुझे एकाउन्ट्स आफीसर के पास भेज दिया। वह बोला कि अगर एकाउन्ट्स आफीसर कह देंगे तो मैं दे दूँगा।

मैं एकाउन्ट्स आफीसर के पास गया तो वह कागजात देखता रहा। उसके बाद उसने बाबू को बुला कर पूछा। क्या तुमने इनसे विज्ञापन शुल्क लिया है? बाबू ने न में अपना सिर हिला दिया। तब एकाउन्ट्स आफीसर ने बाबू को हड़काते हुये कहा। मैं अभी तुझसे लिखित स्पष्टीकरण माँगता हूँ। मैं यह सब कुछ देख सुन रहा था। मैंने कहा इन फिजूल की बातों में क्या रखा है? आप विज्ञापन शुल्क बताइये कितना हुआ? तब उसने शायद सात सौ पच्चीस रुपये बताये थे। जब मैंने कहा रुपये जमा कर लो। तब उसने बताया कि रुपये तो बैंक में जमा होंगे। इस कार्यालय में नकद जमा नहीं किया जाता है। यह सब कहा सुनी करते करते शाम के चार बज चुके थे। बैंक बन्द हो चुके थे। अगले दिन मैंने विज्ञापन शुल्क के रुपये बैंक में जमा करा दिये। वह जमा रसीद ले कर मैं आवास विकास कार्यालय पहुँचा और बाबू को सौंप दी। रसीद लेने के बाद रजिस्ट्री के कागज देने के लिये बाबू ने मुझे बैठने को कहा। मैं काफी देर तक बैठा रहा। कहीं कोई सुनवाई नहीं। जब मैं वहाँ के उच्च अधिकारी से मिलने गया तो उसके भारी भरकम चपरासी ने अन्दर जाने से मुझे रोक दिया। जब मैंने ऊँची आवाज में बोलना शुरू किया तो आवाज सुनकर उस अधिकारी ने मुझे अपने पास बुला लिया।

मैंने चेम्बर में घुस कर अधिकारी से अपनी बात रखी। तब उस अधिकारी ने बाबू को

बुला कर कागजों के बारे में पूछा। बाबू के अनुसार कागज तब तक तैयार नहीं हुये थे। उस अधिकारी के डाँटने के बाद ही कागज तैयार किये गये। वह दिन मार्च का अन्तिम दिन था अर्थात 31.03.2006 जो कि फाइनेंसियल वर्ष का अन्तिम दिन था। उधर रजिस्ट्रार आफिस में मैंने अपने साथी ए.के. शुक्ला को कह कर वकील तैयार रखा था। मुझे आफिस से कागज मिलते मिलते शाम के सात बज गये थे। चूँकि अगले दिन नये फाइनेंसियल वर्ष से सर्किल रेट बढ़ने वाले थे। इसलिये रजिस्ट्री कार्यालय में देर रात तक रजिस्ट्री होती रहीं। हमारे बेटे के आवास की भी रजिस्ट्री काफी रात गये हो पायी थी। मुझे तीन दिन तक आवास विकास के आफिस की खाक मात्र इसलिये छाननी पड़ी क्योंकि मैंने उनको रिश्वत के तौर पर एक हजार रुपये नहीं दिये थे। कुछ भी हो गलत काम के लिये नीचे से ऊपर तक अधिकारी से कर्मचारी तक एक साथ मिल कर एक सुर में बात करते हैं। काफी पापड़ बेलने के बाद हम आवास की रजिस्ट्री कराने में सफल हो पाये। यह सब कुछ लिखने का मेरा आशय मात्र इतना रहा है कि लीक से हट कर चलने में कितना झेलना पड़ता है।

कानपुर में रहते हुये शायद 2004 में ही हमारे एक मित्र बन चुके थे उनका नाम श्री संजय तिवारी था। उन्होंने मुझे बताया था कि मन्धना के आगे तात्यागंज गाँव में एक बीघा जमीन बिकाऊ है। यदि आप इच्छुक हों तो खरीद लें। उस जमीन की कीमत भी करीब एक लाख रुपये थी। लोकेशन को देखते हुये कीमत ठीक थी। वह जमीन तात्यागंज जीटी रोड से गाँव के बीच से उत्तर की ओर जाने वाले गढ़ेवा लिंक मार्ग पर थी। अच्छे लोकेशन की वजह से मेरा भी मन हुआ कि वह जगह खरीद ली जाये। जब मैंने अपनी बचत टटोली तो पता चला कुल तीस हजार रुपये ही मेरे पास थे। उसके बाद शायद साठ हजार रुपये मैंने अपने जीपीएफ एकाउंट से लोन लिया। कुछ रुपये अपने इष्ट मित्रों से उधार लिये। इस प्रकार जोड़ तोड़ कर के वह जमीन हमने सन 2006 के अक्टूबर तक खरीद ली।

वह जमीन सड़क से करीब तीन फुट नीची थी क्योंकि जमीन मालिक ने खेत की मिट्टी चिमनी भट्टा वाले के हाथों बेंच दी थी। उसके बाद कई सालों तक खाली पड़ी रहने के कारण उसमें झाड़ियाँ उग आयीं थीं। मैंने उस जंगलनुमा असमतल पड़ी जमीन को जेसीबी व लेबलर की सहायता से साफ कराते हुये समतल करवाया। उसके बाद दो एक लोगों ने परामर्श दिया कि उस जमीन (खेत) को बटाई पर किसी को दिया जा सकता है। मैंने वहीं तातियागंज निवासी एक व्यक्ति को वह खेत बटाई पर दे दिया। वह व्यक्ति खेत में गेहूँ व धान की फसलें करता था। इस प्रकार उस खेत से हम लोगों

को साल भर खाने लिये अनाज मिल जाता था।

मैंने आवास विकास कल्यानपुर स्थित आवास H-1288 मार्च 2006 में ही खरीद लिया था। उस चार कमरों के मकान को आवास विकास वालों ने स्टोर बना रखा था। जिससे उसमें काफी टूट फूट हो गयी थी। अतः उस उपेक्षित पड़े हुये मकान में मैंने वर्ष 2006 के अन्तिम माह से मरम्मत करवाना आरम्भ करवा दिया था। आवास मरम्मत का काम धनाभाव के कारण गति नहीं पकड़ सका। इसलिये जैसे जैसे पैसे का इन्तजाम होता गया वैसे वैसे काम आगे बढ़ता गया। मुख्य काम था फर्श ऊँचा करवा के उसे पक्का करवाना। यदि वह काम न कराया जाता तो गली का बरसाती पानी मकान में ही भरता रहता। फर्श ऊपर उठाने से मकान के दरवाजे नीचे हो गये जिससे उन सभी कमरों के दरवाजों को भी ऊँचा करना पड़ा और दीवारों का प्लास्टर भी दुबारा करना पड़ा। काम ज्यादा न होने के बावजूद भी काफी उबाऊ था जिससे समय अधिक लग गया। वह पूरा काम मैंने विनोद कुमार गौतम को रोजनदारी के हिसाब से करवाने के लिये सौंप दिया था। उस समय राज मिस्त्री मात्र एक सौ साठ रुपये और लेबर अस्सी से सौ रुपये में रोजाना के हिसाब से मिल जाते थे। इस प्रकार काम धीरे धीरे चलता रहा और लगभग दो साल में पूरा हो गया था।

मैंने अपने बेटे अनुरोध कुमार की शादी का विज्ञापन दैनिक जागरण समाचार पत्र के वैवाहिकी अंक में दिया था। संभवतः वह वर्ष 2006 का सितम्बर माह रहा होगा। अनुरोध कुमार उस समय पॉलीटेक्निक शामली जिला मुजफ्फरनगर में कार्यरत थे। विज्ञापन पढ़ कर केन्द्रीय विद्यालय मुजफ्फर नगर के प्राचार्य श्री एन. सिंह जी का मेरे पास फोन आया। उन्होंने कहा क्या आपके बेटे की शादी में आपकी कुछ माँग है? मैंने कहा कि आपकी अपनी जो भी सामर्थ्य है आप उसी के अनुसार शादी कर सकते हैं। अगर आपने अन्यथा कमाया होगा तो अलग बात है वरना मैं साफ तौर पर समझ सकता हूँ कि आप जो बनियान पहने हैं उसमें कितने छेद हैं। मैंने उनसे यही निवेदन किया कि यदि लड़का और लड़की एक दूसरे को देखकर पसन्द कर लेते हैं तो शादी दहेज के बिना नहीं रुकेगी।

अन्ततः उन्होंने लड़की दिखाने के लिये दिन तय कर दिया। हम लोग नियत समय पर कानपुर से मुजफ्फरनगर उनके आवास पर पहुँच गये। अनुरोध कुमार भी शामली से अपने एक साथी अरुण कुमार के साथ नियत समय पर उनके यहाँ पहुँच गये। प्रथम दृष्टया मेरे रंग रूप को देखते हुये उन लोगों ने अनुमान लगाया कि लड़का तो कुछ ज्यादा ही काला है। जब प्रिंसिपल साहब और उनके बच्चों ने परस्पर बातचीत की

तो समझ पाये कि उस काले लड़के के साथ वाला जो दूसरा लड़का है उसकी शादी होनी है। यह जान कर उन्हें कुछ तसल्ली हुयी और उनके परिवार वालों की स्थिति कुछ सामान्य हुयी। उन लोगों ने हम सबकी अच्छी आवभगत के साथ भोजन कराया तत्पश्चात लड़की व लड़का दिखायी हुयी। दोनों ने एक दूसरे को देखा, बातचीत की तथा एक दूसरे ने शादी के लिये हाँ कर दी। कुछ वैवाहिक रस्म अदायगी के साथ तेरह जनवरी 2007 की तिथि विवाह के लिये नियत हो गयी।

जब बारात ले जाने के लिये मैंने उनसे पूछा कि मुझे कितने बाराती लाने चाहिये तो वे बोले मैं तो यहाँ पर अपने आपको अकेला महसूस करता हूँ। क्या ऐसा नहीं हो सकता है कि मैं बेटी सहित अपना परिवार ले कर कानपुर आ जाऊँ और वहीं से शादी हो जाये? मुझे भी महसूस हुआ कि यही ज्यादा अच्छा रहेगा। वे अपने परिवार को लेकर एक दिन पहले कानपुर आ गये और मुझे भी कानपुर सेण्ट्रल रेलवे स्टेशन से उन्हें रिसीव करने का अवसर मिला। मैंने उन लोगों को रेलवे स्टेशन से लाकर दीप होटल गोविन्द नगर में ठहरा दिया। वह पूरा तीन मंजिला दीप होटल मैंने तीन दिनों के लिये बुक कर लिया था। उनके आलावा मेरे जो भी अन्य रिश्तेदार या आगन्तुक आये थे उनको भी वहीं ठहरा दिया था। नियत समय पर सद्भाव पूर्वक विवाह सम्पन्न हुआ और हँसी खुशी से सभी लोग यथा स्थान वापस चले गये। मेरे लिये किसी बेटी वाले को अपने यहाँ बुला कर विवाह करना बिल्कुल अलग और पहला मौका था मगर सब कुछ सोल्लास सम्पन्न हो गया और मुझे भी आत्मसंतोष मिला।

इसी के समानान्तर एक और खुशी का अवसर मिला। वह यह कि 2006 के ही अन्त में मेरे बेटे नीलेन्द्र कुमार का फोन आया। वे उस समय हिमाचल प्रदेश के सरहन में पोस्टेड थे। वहाँ से उन्होंने कहा कि पिताजी एक बात बताना चाहता हूँ। मैंने कहा हाँ बेटा बताओ। उन्होंने कहा मैंने शादी के लिये एक लड़की देखी है। वे लोग जालन्धर पंजाब के रहने वाले हैं और हिमाचल प्रदेश में पोस्टेड हैं। मैंने पूछा कि क्या शादी इंटर रिलीजन की है या इंटर कास्ट की है तब बताया इंटरकास्ट है। मैंने पुनः पूछा कि क्या लड़की पसन्द है तो उन्होंने उत्तर में हाँ कह दिया। साथ ही यह भी कहा कि आप लोग लड़की व घर द्वार परिवार को देख लें। अगर आप लोगों को पसन्द हो तभी ठीक है। संभवतः हम लोग जनवरी 2007 में लड़की देखने जालन्धर गये थे। हम लोगों को भी औपचारिकता वश ही जाना था क्योंकि जो बेटे की पसन्द है वही हम लोगों की भी पसन्द है।

वैसे हम लोगों को लड़की व उनके माता पिता स्वभाव व व्यवहार से बहुत अच्छे लगे। हम लोगों ने घर आकर जवाब देने की बजाय वहीं पर हाँ कर दी थी। कुछ औपचारिकताओं के बाद छब्बीस मार्च 2007 की तिथि विवाह के लिये तय हो गयी। तेरह जनवरी 2007 को अनुरोध कुमार की शादी के बाद नीलेन्द्र कुमार की शादी की तैयारियाँ शुरू हो गयीं। इस बार हम लोगों को बारात लेकर जालन्धर जाना था। यथा समय हम लोगों ने ट्रेन से बारातियों के लिये रिजर्वेशन करवाया और अन्य तैयारियाँ पूरी कीं। पच्चीस मार्च 2007 को सायं चार बजे के आस पास हम लोग ट्रेन के द्वारा कानपुर सेण्ट्रल स्टेशन से रवाना हुये। पूरी रात यात्रा करने के बाद अगले दिन लगभग दोपहर को हम लोग जालन्धर पहुँच गये। वहाँ हम लोगों को एक होटल में ठहराया गया।

वहाँ पहुँच कर ही मैंने बारातियों की शुमार की क्योंकि बेटे के कुछ साथी सीधे बारात में ही पहुँचे थे। उस बारात में कई रिश्तेदारों के साथ साथ गाँव से हमारे पिताजी व भाई भी गये हुये थे। शाम को ही बारात की अगवानी हुयी तथा अन्य रस्में पूरी हुयीं। अगले दिन विवाह सम्पन्न हुआ। वहाँ की एक बात मुझे बहुत अच्छी लगी थी कि कोई भी कार्यक्रम रात्रि की अपेक्षा दिन में पूरा हुआ। वहाँ के विदायी और भेंट उपहार का कार्यक्रम भी बहुत अच्छा था जो उत्तर प्रदेश के रस्मोरिवाज़ से बिल्कुल अलग था। इस प्रकार विवाह सम्पन्न हुआ और हम लोग विदाई करवा कर वापस कानपुर आ गये।

हम लोगों ने कानपुर आकर बहू के आगमन पर अभिनंदन स्वरूप रिसेप्शन का वृहद आयोजन किया और बारात में गये हुये सभी बारातियों के आभार स्वरूप और जो बारात में नहीं पहुँचे थे उनके स्वागत सत्कार स्वरूप प्रीति भोज दिया। पूरा कार्यक्रम व प्रीति भोज का शानदार आयोजन मैंने विद्यालय परिसर में ही करवाया था। उस समय केन्द्रीय विद्यालय संगठन की ओर से कोई भी पारिवारिक कार्यक्रम करने की मनाही थी। परन्तु मैंने वह रिसेप्शन विद्यालय परिसर में ही करने के लिये लखनऊ संभाग के तत्कालीन सहायक आयुक्त श्री एस.के. कुकरेजा साहब से अनुमति ले ली थी। उन्होंने बिना किसी मीनमेख के खुशी खुशी अनुमति दे दी। उस कार्यक्रम में बेटी दामाद व तीनों बहुएँ और तीनों बेटों सहित मंच पर चारों जोड़ों को स्थान मिला। वह विशाल आयोजन भव्यता के साथ पूर्ण हुआ। इस प्रकार अनुरोध कुमार व नीलेन्द्र कुमार दोनों बेटों के विवाह तीन महीनों के भीतर सम्पन्न हो गये।

वर्ष 2007 का समय धीरे धीरे ढल रहा था। अब मेरा सेवानिवृत्ति का समय निकट आ गया था। मुझे अपने रिटायरमेंट पेंशन के लिये पेपर केन्द्रीय विद्यालय संगठन

को भेजने थे क्योंकि वह पेपर छः माह पहले भेजने होते थे। मैंने अपने समस्त पेपर तैयार कर के संभागीय कार्यालय लखनऊ को भेज दिये क्योंकि वहाँ से जाँच के बाद संस्तुत कागजात केन्द्रीय विद्यालय संगठन मुख्यालय नई दिल्ली को भेजे जाते थे। इस प्रकार सेवानिवृत्ति की समस्त औपचारिकतायें पूरी हो गयीं। उस समय तक विभागीय व्यवस्था के अनुसार एक बात बहुत अच्छी थी। वह यह कि सेवानिवृत्ति के अन्तिम दिन से पहले पेंशन स्वीकृत हो जाती थी और उसके बाद ही जी.पी.एफ. व ग्रेचुटी आदि का ड्राफ्ट भी उस व्यक्ति को मिल जाता था। पेंशन की गणना के लिये मुख्यतः दो सूचनायें जरूरी होतीं थीं। पहली सूचना उस व्यक्ति का पूरा सेवाकाल कितना है और दूसरी सूचना उस व्यक्ति का अवकाश प्राप्ति के दिन का अन्तिम वेतन कितना है ?

उस समय पूरी पेंशन के लिये न्यूनतम सेवाकाल तेंतीस वर्ष था। तब पेंशन की गणना के लिये व्यक्ति की सेवा के अन्तिम माह के मूल वेतन का पचास प्रतिशत ही पेंशन योग्य होता था। मूल वेतन के पचास प्रतिशत वाले नियम का अनुसरण अब भी होता है। उस समय पेंशन के लिये न्यूनतम सेवा काल तेंतीस वर्ष था अर्थात तेंतीस वर्ष की कुल छमाहियों की संख्या अधिकतम 66 या फिर उससे जितनी कम हो उसका गुणा अंतिम माह के पचास प्रतिशत वेतन से किया जाता था फिर उस पूरी संख्या को कुल 66 छमाही की संख्या से भाग दे कर प्रति माह की पेंशन दर मालूम की जाती थी। अर्थात पुराने नियमों के अनुसार पेंशन की गणना निम्नवत की जाती थी--- (अंतिम मूल वेतन का 50% × कुल सेवा (तेंतीस वर्ष या उससे कम की अर्द्ध वार्षिक संख्या) ÷ (66 अर्धवार्षिक)=मासिक पेंशन।

उपर्युक्त नियम पाँचवें वेतन आयोग के अनुसार था परन्तु छठे वेतन आयोग के बाद पेंशन में पहले की पेंशन में लगभग दो गुनी वृद्धि हुयी। अर्थात जिससे सेवानिवृत्ति के बाद कुछ राहत महसूस हुयी क्योंकि तब पेंशन के लिये न्यूनतम सेवाकाल तेंतीस वर्ष से घटा कर बीस वर्ष कर दिया गया था। उसके बाद पेंशन अन्तिम माह के मूल वेतन का पचास प्रतिशत हो गयी थी। यद्यपि सातवें वेतन अयोग में पेंशन गणना की शर्ते वही रहीं परन्तु छठे वेतन आयोग की पेंशन राशि को बढ़ाकर 2.57 गुना कर दिया गया। मैं वेतन निर्धारण के इन सभी नियमों का साक्ष्य रहा।

अब चलते चलते बताना चाहेंगे कि जिस इरफान खान की अप्रत्याशित मुलाक़ात का जिक्र मैं पहले कर चुका हूँ, उसके माध्यम से इतना अवश्य था कि उस क्षेत्र में या विद्यालय के स्टाफ के द्वारा मेरे विरुद्ध जो भी षड्यन्त्र रचा जाता था उसकी जानकारी

मुझे उस व्यक्ति के माध्यम से प्राप्त हो जाती थी। जिससे मैं अपना बचाव करने का रास्ता खोज लेता था। यह सिलसिला मेरे रिटायरमेंट के साल के कुछ महीनों पहले तक चलता रहा। मेरे रिटायरमेंट के कुछ महीनों पहले से ही उसने मेरा साथ छोड़ दिया था। उसके साथ छोड़ जाने के पश्चात स्टाफ के कुछ लोग जो उसमें और मुझमें दोनों में रुचि रखते थे उन्होंने मुझे बताया कि सर इरफान खान से मैंने पूछा था कि अब आप साहब के पास क्यों नहीं बैठते हो तो उसने इरफान खान के कथन को दुहराते हुये बताया **"साहब अब रिटायर होने वाले हैं इसलिये साथ बैठना न बैठना दोनों ही बातें कोई मायने नहीं रखती हैं क्योंकि डूबती नाव का सहारा कौन लेता है उसे तो चूहे भी छोड़ कर चले जाते हैं।"** खैर लोगों के द्वारा जो बताया गया उसका मुझे कुछ बुरा नहीं लगा जिसका कारण यही था कि उससे मुझे हमेशा एक अच्छे मित्र जैसा साथ मिला। जिससे मुझे कभी भी अकेलापन महसूस नहीं हुआ फिर क्या पता कि हमारे स्टाफ का वह सदस्य सही बोल रहा था या झूठ बोलकर दुविधा पैदा करना चाहता था।

वर्ष 2008 जनवरी माह से ही मैंने विद्यालय कार्यालय के तमाम कार्यों का पुनरावलोकन करना आरम्भ कर दिया था। सभी फाइलों की लिस्टिंग करना आरम्भ कर दिया था। जितने भी गोपनीय दस्तावेज थे उन सभी को जाँचा परखा छाँटा। जितने भी ऐसे कागजात जो मेरे समय के थे और जिनसे किसी के कैरियर पर दुष्प्रभाव पड़ सकता था उन सभी कागजों को अलग करके जलवा दिया फिर चाहे वे कागज कितनी ही दुष्टता करने वाले स्टाफ मेम्बर के भले ही रहे हों। कारण था कि उसकी मूर्खता की वजह से उसके पारिवारिक सदस्य मुसीबत का सामना न करने पायें क्योंकि उन बेचारों का कोई दोष नहीं। यद्यपि यह सामाजिक दायित्व सभी का होना चाहिये ताकि किसी 'करीम की सजा जुम्मन' को न मिले।

धीरे धीरे वर्ष 2008 का वह समय निकट आ रहा था जब मेरा रिटायरमेंट होना था अर्थात 31.03.2008 की तारीख। स्टाफ की ओर से कुछ खबरें छन छन कर आ रहीं थीं कि इस प्रिंसिपल को रिटायरमेंट की विदाई पार्टी नहीं देंगे। यह खबर जब मुझ तक आयी तो मैंने अपनी तात्कालिक प्रतिक्रिया देना उचित नहीं समझा। सारे लोग असमंजस में पड़े रहे। उनमें से कुछ लोग ऐसे भी आगे आये जो यह कहते हुये पाये गये कि जिसे विदाई पार्टी नहीं देनी है वह न दे परन्तु मैं तो विदाई दूँगा। धीरे धीरे यह दूसरा पक्ष काफी प्रबल हो गया। यहाँ तक कि पूरे स्टाफ में अब दो बराबर

के गुट दिखायी देने लगे। विदाई न देने वाले गुट की अगुवाई ए.के. द्विवेदी टी.जी.टी. (मैथ) कर रहे थे। दूसरी ओर विदाई देने वाले गुट की अगुवाई अभ्यास यादव पी.जी.टी. (केमिस्ट्री) कर रहे थे। जिन लोगों का मुझे विदाई देने का इरादा नहीं था, मैंने उन लोगों को संदेश भिजवा दिया कि मुझे उनकी विदाई नहीं चाहिये क्योंकि मेरी सेवानिवृत्ति उन लोगों की विदायी पर निर्भर नहीं है।

जब उन विरोधियों के सापेक्ष समर्थकों का दूसरा ग्रुप ज्यादा प्रबल होता दिखायी दिया। तब विरोधी प्रकृति के लोग भी विदाई देने को तैयार हो गये। उन लोगों ने अपनी इच्छा (शर्त रखी) व्यक्त की। यदि प्राचार्य महोदय हम लोगों के विरुद्ध हुयी कार्यवाही के कागजात नष्ट कर दें तो हम लोग भी विदाई समारोह में शामिल होंगे। मैंने उनकी यह शर्त अस्वीकार कर दी। मैंने उनको साफ संदेश भेज दिया कि सशर्त या बिना शर्त मुझे किसी भी रूप में विदाई नहीं चाहिये। धीरे धीरे दूसरा गुट ज्यादा मजबूत होता चला गया और उन लोगों ने मुझे विदाई देने कि अपनी इच्छा हमारे समक्ष व्यक्त की। उनके ज्यादा कहने पर मैंने विदाई सम्मान के लिये हामी भर दी। विदाई का दिन आते आते विरोधियों की संख्या उँगलियों पर गिनने लायक रह गयी थी। परिणामतः वे लोग भी मजबूर होकर विदाई समारोह में शामिल हुये। शायद अब उनमें लीक से हट कर चलने का साहस शेष नहीं रह गया था।

मार्च का महीना था शैक्षणिक व वित्तीय वर्ष का समापन था। बच्चों की परीक्षायें तथा उन परीक्षाओं के परिणाम घोषित होने थे। वित्तीय कार्य भी पूर्ण होने थे पूरे स्टाफ की ए.सी.आर. की भी औपचारिकता पूरी करनी थी। जिसके लिये पूरे स्टाफ के सेल्फ एसेसमेंट फार्म भरवा कर रख लिये थे। पूरे विद्यालय का चार्ज भी उप प्राचार्य को सौंपना था और आखिर में प्राचार्य क्वार्टर का भी चार्ज देना था। इन समस्त कार्यों के लिये आफिस में कई कई घंटे अतिरिक्त समय देना पड़ता था। मार्च 2008 के अन्त तक विद्यालय के सारे कार्य पूर्ण हो चुके थे। फिर चाहे परीक्षायें हों या वित्तीय सत्र का समापन हो। विद्यालय का चार्ज हस्तान्तरण के समस्त कागजात विधिवत पूरे किये जा चुके थे केवल हस्ताक्षर करना भर शेष रह गये थे।

विद्यालय का जो काम मेरे स्तर का था वह तो मैंने स्वयं पूरा कर लिया था परन्तु पूरे विद्यालय का चार्ज हस्तान्तरण उप प्राचार्य को वी.एम.सी. चेयरमैन के समक्ष प्रतिहस्ताक्षर/ Counter Signature करवा के करना पड़ता था। अतः 31.03.2008 को अपराह्न इधर विद्यालय में सेवानिवृत्ति के बाद के विदाई समारोह

की तैयारियाँ होने लगीं उधर मैं अपने उप प्राचार्य श्री एस.एन. मिश्रा को लेकर वी.एम.सी. चेयरमैन के यहाँ गया। वहाँ हम दोनों लोगों ने हैंडिग टेकिंग पर हस्ताक्षर किये उसके बाद चेयरमैन के प्रतिहस्ताक्षर करवाये। इस प्रकार मैंने विद्यालय का चार्ज उप प्राचार्य श्री एस.एन. मिश्रा को सौंप दिया। चेयरमैन के यहाँ से वापस आने तक विद्यालय में मेरी विदाई की तैयारियाँ हो चुकीं थीं। मैं वहाँ से लौट कर सीधा अपने क्वार्टर पर चला गया था।

जब स्टाफ मेंम्बर्स को मालूम हुआ कि मैं अपने आवास पर हूँ तो कई लोग महिलाएँ व पुरुष मिल कर विदाई में सम्मिलित होने के लिये मुझे व मेरी श्रीमती जी को मेरे आवास से ससम्मान बुला ले गये। विदाई का कार्यक्रम विद्यालय पुस्तकालय में आयोजित किया गया था। जैसे ही हम लोग पुस्तकालय में पहुँचे पूरे स्टाफ ने खड़े हो कर तालियाँ बजा कर स्वागत किया। गुलदस्ता देकर व शाल भेंट करके हम लोगों को सम्मानित किया। कार्यक्रम का संचालन श्री नीरज अस्थाना पी.जी.टी. फिजिक्स ने किया था। कई लोगों ने एक एक करके अपने अपने अनुभव और विचार व्यक्त किये। कुछ गिने चुने लोग अपना मुँह बन्द रखने में ही सुख का अनुभव कर रहे थे।

जब मुझे कुछ कहने का अवसर मिला तो मैंने सभी को उनके मंगलमय भविष्य का संदेश दिया। इसके साथ ही जो मुझसे वैचारिक भिन्नता रखते थे और जिनको मेरे द्वारा अनिष्ट होने की आशंका थी उन लोगों को भी मैंने अभय दान दे दिया। मैंने उनको बताया कि जब आप लोगों का आपके विरुद्ध की गयी अनुशासनात्मक कार्यवाही के कागजात नष्ट करने की शर्त पर विदाई देने का प्रस्ताव मेरे पास आया था। उसके एक सप्ताह पूर्व ही मैं उन सभी लोगों के ऐसे कागजात जला चुका था जिनसे किसी के भी कैरियर को नुकसान पहुँच सकता था। आज मेरी विदाई बेला पर आप समस्त साथी अनुशासनात्मक कार्यावाही के जंजाल से मुक्त हैं। आप सभी लोग अपने भावी कैरियर को सँवारिये और आगे बढ़िये। मेरी शुभकागनायें आपके व आपके परिवार के साथ हैं। इस प्रकार विदाई कार्यक्रम सम्पन्न हुआ तत्पश्चात सभी लोग हमें हमारे आवास तक भेजने गये।

मैंने अपना सरकारी क्वार्टर अपने रिटायरमेंट के दिन ही खाली करने का प्लान बना लिया था। अतः मैंने कुछ लड़के अपने घर का सामान पैक करने के लिये लगा दिये थे। विनोद कुमार गौतम को लगाकर एक ट्रक से दो राउण्ड में ही रात भर में पूरा सामान कल्यानपुर स्थित अपने निजी आवास में पहुँचा दिया था। यह वही आवास था जो आवास विकास परिषद से मैंने अपने बेटे अनुरोध कुमार के नाम आवंटित

करवाया था और मामूली सी मरम्मत करवा कर उसको रहने लायक करवा लिया था। अब हम लोग सपरिवार सरकारी आवास छोड़कर अर्मापुर केन्द्रीय विद्यालय परिसर से दिनांक 01.04.2008 को ही प्रातः अपने निजी आवास कल्यानपुर में पहुँच गये थे।

हम लोगों ने अपने पूर्व नियोजित प्लान के मुताबिक नये घर में पहुँच कर अपने पूरे स्टाफ और इष्ट मित्रों को गृह प्रवेश या अपनी रिटायरमेंट पार्टी के लिये उसी एक अप्रैल की शाम को आमंत्रित किया था। जिस किसी को भी बुलाना था उनको फोन से ही आमंत्रित कर दिया था। उस शाम को हमारे आवास पर काफी भीड़ हुयी थी फिर भी कुछ लोग अप्रैल फूल के चक्कर में फँस कर उस कार्यक्रम में नहीं पहुँचे थे। वह पार्टी देने का मेरा एक उद्देश्य यह भी था कि मेरे समस्त परिचितों तक यह संदेश पहुँच जाये कि अब मैं रिटायमेंट के बाद अपना विभागीय आवास छोड़ कर अपने निजी आवास में पहुँच चुका हूँ। इस प्रकार मेरा केन्द्रीय विद्यालय संगठन का जो सफर दिनांक 09.12.1982 से आरम्भ हुआ था वह दिनांक 31.03.2008 को पूर्ण हुआ। मैंने अपनी ये दास्तान अपने जन्म से लेकर अपने साठ वर्ष की आयु पूरी होने अर्थात केंद्रीय विद्यालय संगठन से सेवानिवृत्त होने तक की प्रस्तुत की। मैंने अपने जीवनवृत्त का एक एक धागा प्रस्तुत करने का प्रयास किया। यदि मुझे अवसर मिला तो मैं अपने सेवानिवृत्ति के बाद के अपने जीवन से जुड़े पहलुओं को अगले अंक में प्रस्तुत करने का प्रयास करूंगा।

~~~~~~~©~~~~~~~
~~~~~~~